U0117875

最新社会保障法律政策全书

中国法制出版社
CHINA LEGAL PUBLISHING HOUSE

导　读

社会保障体系与人们的生活、工作息息相关，也是整个社会的“安全网”，它对社会稳定、社会发展有着重要的意义。党的十七大报告指出，我国的社会保障体系要以社会保险、社会救助、社会福利为基础，以基本养老、基本医疗、最低生活保障制度为重点，以慈善事业、商业保险为补充。报告并明确要求促进企业、机关、事业单位基本养老保险制度改革，探索建立农村养老保险制度；全面推进城镇职工基本医疗保险、城镇居民基本医疗保险、新型农村合作医疗制度建设；力争建立覆盖城乡居民的社会保障体系，人人享有基本生活保障。目前，失业保险、工伤保险和生育保险等相关的制度建设正在进一步完善的过程中，国家也正在制定统一的社会保险法。此外，社会救助体系不断健全，优抚安置工作的展开有条不紊，为解决城市低收入家庭住房困难的措施不断完善。本书内容即包括养老保险、医疗保险、失业保险、工伤保险、生育保险、优抚安置、最低生活保障、住房、工作时间及休假、工资待遇十大方面，收录最新最全法律政策文件，方便读者参考查询。

第一部分**“综合”**，收录了社会保险及社会福利方面综合性的文件。在社会保险方面，主要包括社会保险费征缴、社保基金监督管理、社保争议处理等内容。基本养老保险费、基本医疗保险费、失业保险费以及工伤保险费的征缴，都应按照《社会保险费征缴暂行条例》的规定执行。2008 年 12 月，人力资源和社会保障部等三个部门联合发出通知，允许困难企业在 2009 年之内缓缴社会保险费，缓缴期限最长不超过 6 个月，职工应享受的各种社保待遇不受影响；统筹地区可在 2009 年之内适当降低城镇职工基本医疗、失业、工伤和生育保险费率，但不得擅自降低养老保险费率；不裁员或少裁员的困难企业可在 2009 年之内使用失业保险基金支付社保补贴和岗位补贴，补贴期限最长不超过半年。社会福利方面主要包括社会福利机构登记管理、社会福利基金的使用管理、社会福利行业标准、福利企业资格认定等内容。我国以老年人、残疾人、孤儿等社会特殊困难群体为主要对象的社会福利事业取得了长足发展。国家适时提出了社会福利事业社会化的意见，改变过去由国家和集体包办的结构，大力推动投资主体多元化、服务对象公众化、服务方式多样化、服务队伍专业化发展。

第二部分**“养老保险”**。1991 年《国务院关于企业职工养老保险制度改革的决定》确立了基本养老保险与企业补充养老保险和职工个人储蓄性养老保险相结合的制度，改变养老保险完全由国家、企业包下来的办法，实行国家、企业、个人三方共同负担，职工个人也要缴纳一定的费用。到 1995 年，《国务院关于深化企业职工养老保险制度改革的通知》提出了基本建立适应社会主义市场经济体制要求，适用城镇各类企业职工和个体劳动者，资金来源多渠道、保障方式多层次、社会统筹与个人账户相结合、权利义务相对应、管理服务社会化的养老保险体系的目标。基本养老保险逐步做到各类企业和劳动者统一制度、统一标准、统一管理和统一调剂使用基金。1997 年《国务院关于建立统一的企业职工基本养老保险制度的决定》再次重申了这个目标，并对企业、职工个人的缴费比例及其调整办法作出了具体规定。根据该决定，1997年12月22日国家劳动保障行政主管部门颁发了《职工基本养老保险个人账户管理暂行办法》，规定个人养老保险个人账户的建立、管理、支付、转移及继承等相关事宜。至2005年《国务院关于完善企业职工基本养老保险制度的决定》规定，为与做实个人账户相衔接，从2006年1月1日起，个人账户的规模统一由本人缴费工资的11%调整为8%。在基本养老保险制度外，为了建立多层次的养老保险制度，更好地保障企业职工退休后的生活，2004年出台了《企业年金试行办法》，规定企业及职工在依法参加基本养老保险的基础上，还可以自愿建立企业年金这种补充养老保险制度。

第三部分**"医疗保险"**。我国从1998年起开始建立城镇职工基本医疗保险制度。1998年12月14日《国务院关于建立城镇职工基本医疗保险制度的决定》在总结医保改革试点经验的基础上，决定在全国范围内进行城镇职工医疗保险制度改革，其覆盖面包括企业、机关、事业单位、社会团体、民办非企业单位及其职工。随后出台一系列相关配套规定，包括医保定点医疗机构的管理、用药管理、诊疗项目管理等等。之后，又启动了新型农村合作医疗制度试点，建立城乡医疗救助制度。在这方面，2003年国务院同意了由卫生部、财政部及农业部提出的《关于建立新型农村合作医疗制度的意见》。意见指出：新型农村合作医疗制度是由政府组织、引导、支持，农民自愿参加，个人、集体和政府多方筹资，以大病统筹为主的农民医疗互助共济制度；从2003年起，合作医疗先行试点，取得经验后逐步推开；到2010年，实现在全国建立基本覆盖农村居民的新型农村合作医疗制度的目标，减轻农民因疾病带来的经济负担，提高农民健康水平。到2007年，《国务院关于开展城镇居民基本医疗保险试点的指导意见》又进一步指出，当前没有医疗保障制度安排的主要是城镇非从业居民。针对这部分人群，国务院决定开展城镇居民基本医疗保险的试点工作，逐步将基本的医疗保险覆盖到全体城镇非从业人员，建立起以大病统筹为主的城镇居民基本医疗保险制度。例如2008年国办发〔2008〕119号文件即决定，将大学生纳入城镇居民基本医疗保险的试点范围。

在医疗方面还需要提请注意的是医保的药品目录问题。目前适用的药品目录是2004年《国家基本医疗保险和工伤保险药品目录》，但是其中部分内容已经经过了修订，个别药品则被删除。比如劳社厅函〔2007〕226号、劳社厅函〔2007〕248号、劳社厅函〔2008〕36号文件分别删除了目录中的替加色罗制剂、培高利特制剂以及抑肽酶注射剂。2007年《关于城镇居民基本医疗保险儿童用药有关问题的通知》对目录增补了部分儿童临床诊疗必需的药品品种，对目录的凡例进行了补充，修订了部分药品的限定支付范围。

第四部分**"失业保险"**。《失业保险条例》适用城镇企业事业单位、城镇企业事业单位职工。城镇企业事业单位和城镇企业事业单位职工缴纳失业保险费，其中企业事业单位按照单位工资总额的2%缴纳失业保险费，职工按照本人工资的1%缴纳失业保险费。但是城镇企业事业单位招用的农民合同制工人本人不缴纳失业保险费。所在单位和本人已经按照规定履行缴费义务满1年、非因本人意愿中断就业、已办理失业登记并有求职要求的失业人员，可以依法领取失业保险金。具体的申领办法按照《失业保险金申领发放办法》的规定执行。

第五部分**"工伤保险"**。工伤保险领域的基本法律依据是《工伤保险条例》。条例对工伤保险基金的管理、工伤认定、劳动能力鉴定、工伤保险待遇等问题都作了规范。工伤认定的程序方面还有《工伤认定办法》。要注意的是申请工伤认定的期限问题。按照条例的规定，所在单位应当在事故发生或者被诊断、鉴定为职业病之日起30日内提出工伤认定申请；单位没有按照规定提请认定工伤的，工伤职工或其直系亲属、工会组织在事故发生之日起或者工伤职工被诊断、鉴定为职业病之日起1年内，可以申请工伤认定。对这里的“1年”期限的理解，在实践中，尤其是在交通事故引发的工伤认定问题上，可能产生一些不同理解。对此，国务院法制办在2006年曾专门对该问题作出过解释。工伤待遇与工伤职工的劳动能力等级挂钩，因此劳动能力鉴定也是工伤问题方面非常重要的内容。从2007年5月1日起，劳动能力鉴定启用新的鉴定标准《劳动能力鉴定　职工工伤与职业病致残等级》。对于新旧标准如何衔接的问题，劳动和社会保障部在2007年3月6日发出通知，作了说明。

第六部分**“生育保险”**。关于女职工生育待遇的问题，早在1951年的《中华人民共和国劳动保险条例》中就已经作了规定。1988年国务院制定了《女职工劳动保护规定》，从1988年9月10起开始施行。《中华人民共和国劳动保险条例》中有关女职工生育待遇的规定被《女职工劳动保护规定》废止。1994年劳动部发布了《企业职工生育保险试行办法》，对企业女职工在生育期间的必要经济补偿和医疗保健问题，作了专门的规定。

第七部分**“优抚安置”**。优抚安置主要是指国家和社会抚恤烈士家属，保障残废军人的生活，优待军人家属，妥善安排和管理退出现役的军人的一种社会保障制度，内容包括退伍军人、军转干部等的安置，现役、服现役或退出现役的残疾军人、复员军人、退伍军人、烈士遗属、因公牺牲军人遗属、病故军人遗属、现役军人家属等的抚恤与优待问题。在这方面，《退伍义务兵安置条例》、《中国人民解放军士官退出现役安置暂行办法》、《军队转业干部安置暂行办法》、《军人抚恤优待条例》、《伤残抚恤管理办法》等行政法规、部门规章，以及相关的政策文件构成了主要的法律政策依据。

第八部分**“最低生活保障”**。根据《城市居民最低生活保障条例》的规定，持有非农业户口的城市居民，凡共同生活的家庭成员人均收入低于当地城市居民最低生活保障标准的，均有从当地人民政府获得基本生活物质帮助的权利。申请享受城市居民最低生活保障待遇的，由户主向户籍所在地的街道办事处或者镇人民政府提出书面申请，经批准后由主管机关以货币形式按月发放，必要时也可以给付实物。根据《农村五保户供养工作条例》，在农村实行五保供养制度。五保供养指在吃、穿、住、医、葬方面给与村民的生活帮助和物质照顾。老年、残疾或者未满16周岁的村民，无劳动能力、无生活来源又无法定赡养、抚养、扶养义务人，或者其法定赡养、抚养、扶养人无赡养、抚养、扶养能力的，享受五保供养待遇。

第九部分**“住房”**，收录关于住房保障方面的法律政策文件，包括经济适用住房、廉租住房、住房公积金等方面的规定。2007年11月，国务院修订了《经济适用住房管理办法》，确定经济适用住房是政府提供政策优惠，限定套型面积和销售价格，按照合理标准建设，面向城市低收入住房困难家庭供应，具有保障性质的政策住房。同月，建设部等九部委联合颁布了《廉租住房保障办法》，确定廉租住房保障方式实行货币补贴和实物配租相结合。近来，国家连续调整了住房公积金贷款购房的利率水平，最近一次调整是2008年10月30日《关于调整个人住房公积金存贷款利率等有关问题的通知》作出的。①

---

① 在本书即将付印之际，央行再次调整了存贷款基准利率，公积金贷款利率下调0.18个百分点，调整后的公积金贷款利率为：五年以下（含五年）的利率为3.33%，五年以上的为3.87%。

第十、十一部分分别是**"工作时间及休假"、"工资待遇"**。2007年国务院修订了《全国年节及纪念日放假办法》，颁布实施了《职工带薪年休假条例》。由于法定节假日的变化，影响到了职工全年月平均工作时间和工资的折算，为此，国家劳动和社会保障行政主管部门专门发布了《关于职工全年月平均工作时间和工资折算问题的通知》，明确职工制度工作时间为每月20.83天。但是在日工资的折算问题上，不是按照制度工作时间计算，而是按照月计薪天数计算。月计薪天数为21.75天，而《全国年节及纪念日放假办法》施行之前是按照20.92天来折算日工资的。另外需要一提的是，按照《最低工资规定》，省、自治区、直辖市发布实施最低工资标准后，应当根据相关因素适时调整，并且最少每两年调整一次。近期由于经济形势的原因，人力资源和社会保障部于2008年11月发出通知，决定暂缓调整企业最低工资标准，以帮助企业渡过难关、稳定就业局势。

目　录

一、综　合

（一）社会保险

（二）社会福利

二、养老保险

三、医疗保险

四、失业保险

五、工伤保险

（一）综　　合

（二）工伤保险适用范围

（三）工伤保险基金管理及业务流程

（四）工伤认定

（五）职业病防护、诊断与鉴定

（六）劳动能力鉴定

（七）工伤待遇与赔偿

六、生育保险

七、优抚安置

八、最低生活保障

九、住房

十、工作时间及休假

十一、工资待遇

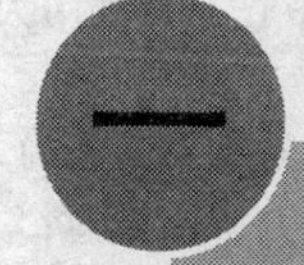

综　合

（一）社会保险

中华人民共和国劳动保险条例①

（1951年2月26日政务院发布　1953年1月2日政务院修正发布）

第一章　总　　则

第一条　为了保护工人职员的健康，减轻其生活中的困难，特依据目前经济条件，制定本条例。

第二条　本条例的实施，采取逐步推广办法，目前的实施范围暂定如下：

甲、有工人职员100人以上的国营、公私合营、私营及合作社经营的工厂、矿场及其附属单位；

乙、铁路、航运、邮电的各企业单位与附属单位；

丙、工、矿、交通事业的基本建设单位；

丁、国营建筑公司。

关于本条例的实施范围继续推广办法由中央人民政府劳动部根据实际情况随时提出意见，报请中央人民政府政务院决定之。

第三条　不实行本条例的企业及季节性的企业，其有关劳动保险事项，得由各该企业或其所属产业或行业的行政方面或资方与工会组织，根据本条例的原则及本企业、本产业或本行业的实际情况协商，订立集体合同规定之。

第四条　凡在实行劳动保险的企业内工作的工人与职员（包括学徒），不分民族、年龄、性别和国籍，均适用本条例，但被剥夺政治权利者除外。

---

① 本条例中有关女工人、女职员生育待遇的规定已被《女职工劳动保护规定》（1988年9月10日施行）废止。

第五条　凡在实行劳动保险的企业内工作的临时工、季节工与试用人员，其劳动保险待遇在本条例实施细则中另行规定之。

第六条　本条例适用范围内的企业，因经济特殊困难不易维持，或尚未正式开工营业者，经企业行政方面或资方与工会基层委员会双方协商同意，并报请当地人民政府劳动行政机关批准后，可暂缓实行本条例。

第二章　劳动保险金的征集与保管

第七条　本条例所规定之劳动保险的各项费用，全部由实行劳动保险的企业行政方面或资方负担，其中一部分由企业行政方面或资方直接支付，另一部分由企业行政方面或资方缴纳劳动保险金，交工会组织办理。

第八条　凡根据本条例实行劳动保险的企业，其行政方面或资方须按月缴纳相当于各该企业全部工人与职员工资总额的3%，作为劳动保险金。此项劳动保险金，不得在工人与职员工资内扣除，并不得向工人与职员另行征收。

第九条　劳动保险金的征集与保管方法如下：

甲、企业行政方面或资方，须按照上月份工资总额计算，于每月1日至10日限期内，一次向中华全国总工会指定代收劳动保险金的国家银行，缴纳每月应缴的劳动保险金。

乙、在开始实行劳动保险的头两个月内，由企业行政方面或资方按月缴纳的劳动保险金，全数存于中华全国总工会户内，作为劳动保险总基金，为举办集体劳动保险事业之用。自开始实行的第三个月起，每月缴纳的劳动保险金，其中30%，存于中华全国总工会户内，作为劳动保险总基金；70%存于各该企业工会基层委员会户内，作为劳动保险基金，为支付工人与职员按照本条例应得的抚恤费、补助费与救济费之用。

第十条　企业行政方面或资方逾期未缴或欠缴劳动保险金时，须每日增交滞纳金，其数额为未缴部分1%。如逾期20日尚未缴纳，对于国营、地方国营、公私合营或合作社经营的企业，由工会基层委员会通知当地国家银行从其经费中扣缴；对于私营企业，由工会基层委员会报告当地人民政府劳动行政机关，对该企业资方追究责任。

第十一条　劳动保险金的保管，由中华全国总工会委托中国人民银行代理之。

第三章　各项劳动保险待遇的规定

第十二条　因工负伤、残废待遇的规定：

甲、工人与职员因工负伤，应在该企业医疗所、医院或特约医院医治。如该企业医疗所、医院或特约医院无法治疗时，应由该企业行政方面或资方转送其他医院医治。其全部诊疗费、药费、住院费、住院时的膳费与就医路费，均由企业行政方面或资方负担。在医疗期间，工资照发。

乙、工人与职员因工负伤确定为残废时，按下列情况，由劳动保险基金项下按月付给因工残废抚恤费或因工残废补助费：

一、完全丧失劳动力不能工作退职后，饮食起居需人扶助者，其因工残废抚恤费的数额为本人工资75%，付至死亡时止。

二、完全丧失劳动力不能工作退职后，饮食起居不需人扶助者，其因工残废抚恤费的数额为本人工资60%，付至恢复劳动力或死亡时止。劳动力恢复后应由企业行政方面或资方给予适当工作。

三、部分丧失劳动力尚能工作者，应由企业行政方面或资方分配适当工作，并由劳动保险基金项下，按其残废后丧失劳动力的程度，付给因工残废补助费，其数额为残废前本人工资的10%～30%，但与残废后复工时的工资合计不得超过残废前本人工资。详细办法在实施细则中规定之。

丙、工人与职员因工负伤而致残废者，其残废状况的确定与变更，由残废审查委员会审定。详细办法在实施细则中规定之。

第十三条 疾病、非因工负伤、残废待遇的规定：

甲、工人与职员疾病或非因工负伤，在该企业医疗所、医院、特约医院或特约中西医师处医治时，其所需诊疗费、手术费、住院费及普通药费均由企业行政方面或资方负担；贵重药费、住院的膳费及就医路费由本人负担，如本人经济状况确有困难，得由劳动保险基金项下酌予补助。患病及非因工负伤的工人职员，应否住院或转院医治及出院时间，应完全由医院决定之。

乙、工人与职员因病或非因工负伤停止工作医疗时，其停止工作医疗期间连续在6个月以内者，按其本企业工龄的长短，由该企业行政方面或资方发给病伤假期工资，其数额为本人工资60%至100%；停止工作连续医疗期间在6个月以上时，改由劳动保险基金项下按月付给疾病或非因工负伤救济费，其数额为本人工资40%至60%，至能工作或确定为残废或死亡时止。详细办法在实施细则中规定之。

丙、工人与职员因病或非因工负伤医疗终结确定为残废，完全丧失劳动力退职后，病伤假期工资或疾病非因工负伤救济费停发，改由劳动保险基金项下发给非因工残废救济费，其数额按下列情况规定之：饮食起居需人扶助者为本人工资50%，饮食起居不需人扶助者为本人工资40%，至恢复劳动力或死亡时止；部分丧失劳动力尚能工作者不予发给。关于残废状况的确定与变更，适用第十二条丙款的规定。

丁、工人与职员疾病或非因工负伤痊愈或非因工残废恢复劳动力后，经负责医疗机关提出证明，该企业行政方面或资方应给予适当工作。

戊、工人与职员供养的直系亲属患病时，得在该企业医疗所、医院、特约医院或特约中西医师处免费诊治，手术费及普通药费，由企业行政方面或资方负担1/2，贵重药费、就医路费、住院费、住院时的膳费及其他一切费用，均由本人自理。

第十四条　工人与职员及其供养的直系亲属死亡时待遇的规定：

甲、工人与职员因工死亡时，由该企业行政方面或资方发给丧葬费，其数额为该企业全部工人与职员平均工资3个月；另由劳动保险基金项下，按其供养的直系亲属人数，每月付给供养直系亲属抚恤费，其数额为死者本人工资25%至50%，至受供养者失去受供养的条件时为止。详细办法在实施细则中规定之。

乙、工人与职员因病或非因工负伤死亡时，由劳动保险基金项下付给丧葬补助费，其数额为该企业全部工人与职员平均工资两个月；另由劳动保险基金项下，按其供养直系亲属人数，付给供养直系亲属救济费，其数额为死者本人工资6个月到12个月。详细办法在实施细则中规定之。

丙、工人与职员因工负伤致成残废完全丧失劳动力退职后死亡时，应按本条甲款的规定，付给丧葬费及供养直系亲属抚恤费。退职养老后死亡时或非因工残废完全丧失劳动力退职后死亡时，应按本条乙款的规定，付给丧葬补助费及供养直系亲属救济费。

丁、工人与职员供养的直系亲属死亡时，由劳动保险基金项下付给供养直系亲属丧葬补助费：死者年龄在10周岁以上者，其数额为该企业全部工人与职员平均工资1个月的1/2；1周岁至10周岁者，为平均工资1个月的1/3；不满1周岁者不给。

第十五条　养老待遇的规定：

甲、男工人与男职员年满60岁，一般工龄满25年，本企业工龄满5年者，可退职养老。退职后，由劳动保险基金项下，按其本企业工龄的长短，按月付给退职养老补助费，其数额为本人工资的50%～70%，付至死亡时止。合于养老条件，但因该企业工作的需要，留其继续工作者，除发给原有工资外，应由劳动保险基金项下，按其本企业工龄的长短，每月付给在职养老补助费，其数额为本人工资10%～20%。详细办法在实施细则中规定之。

乙、女工人与女职员年满50岁，一般工龄满20年，本企业工龄满5年者，得享受本条甲款规定的养老补助费待遇。

丙、井下矿工或固定在华氏32度以下的低温工作场所或华氏100度以上的高温工作场所工作者，男工人与男职员年满55岁，女工人与女职员年满45岁，均得享受本条甲款规定的养老补助费待遇。计算其一般工龄及本企业工龄时，每在此种场所工作1年，均作1年零3个月计算。

丁、在提炼或制造铅、汞、砒、磷、酸的工业中及其他化学、兵工工业中，直接从事有害身体健康工作者，男工人与男职员年满55岁，女工人与女职员年满45岁，均得享受本条甲款规定的养老补助费待遇。计算其一般工龄及本企业工龄时，每从事此种工作1年，均作1年零6个月计算。

第十六条　生育待遇的规定：

甲、女工人与女职员生育，产前产后共给假56日，产假期间，工资照发。

乙、女工人与女职员怀孕不满7个月小产时，得根据医师的意见给予30日以内的产假，产假期间，工资照发。

丙、女工人与女职员难产或双生时，增给假期14日，工资照发。

丁、女工人与女职员怀孕，在该企业医疗所、医院或特约医院检查或分娩时，其检查费与接生费由企业行政方面或资方负担，其他费用均按第十三条甲款的规定处理。

戊、产假期满（不论正产或小产）仍不能工作者，经医院证明后，按第十三条关于疾病待遇的规定处理之。

己、女工人与女职员或男工人与男职员之妻生育时，由劳动保险基金项下发给生育补助费4万元。

第十七条 集体劳动保险事业的规定：

甲、凡在实行劳动保险的企业内工作的工人与职员，均有享受集体劳动保险事业的权利。详细办法由中华全国总工会制定之。

乙、各企业工会基层委员会得根据各该企业的经济情况及工人与职员的需要，与企业行政方面或资方共同办理疗养所、业余疗养所、托儿所等集体劳动保险事业。详细办法在实施细则中规定之。

丙、中华全国总工会可举办或委托各地方或各产业工会组织举办下列各项集体劳动保险事业：

一、疗养所；

二、休养所；

三、养老院；

四、孤儿保育院；

五、残废院；

六、其他。

第十八条 凡在实行劳动保险的企业内工作的工人与职员，未加入工会者，除因工负伤、残废、死亡待遇，生育待遇，因病或非因工负伤治疗待遇，供养直系亲属疾病治疗待遇，均得按本条例的规定享受外，其他各项，如疾病或非因工负伤医疗期间的工资与救济费，非因工残废救济费，供养直系亲属救济费，养老补助费，丧葬补助费，只能领取规定额的半数。

第四章 享受优异劳动保险待遇的规定

第十九条 凡对本企业有特殊贡献的劳动模范及转入本企业工作的战斗英雄，经工会基层委员会提出，并经各省、市工会组织或产业工会全国委员会的批准，得享受下列较优异的劳动保险待遇：

甲、疾病或非因工负伤的贵重药费、就医路费、住院膳费，概由企业行政方面或资方负担。

乙、疾病或非因工负伤医疗期间前6个月工资照发。疾病或非因工负伤救济费及非因工残废救济费，一律付给本人工资60%。因工残废抚恤费为本人工资100%。因工残废补助费为残废前本人工资与残废后复工时本人工资的差额。因工死亡供养直系亲属抚恤费为本人工资30%至60%。退职养老补助费为本人工资60%至80%。在职养老补助费为本人工资20%至30%。详细办法在实施细则中规定之。

丙、有享受集体劳动保险事业的优先权。

第二十条　残废军人转入本企业工作者，疾病或非因工负伤停止工作医疗期间，不计本企业工龄长短，前6个月工资照发；6个月以后，仍按第十三条乙款规定办理。

第五章　劳动保险金的支配

第二十一条　劳动保险金的支配办法如下：

甲、劳动保险总基金由中华全国总工会用以举办集体劳动保险事业。

乙、劳动保险基金由工会基层委员会用以支付各项抚恤费、补助费与救济费及本企业集体劳动保险事业的补助费。每月结算一次，其余额全部转入省、市工会组织或产业工会全国委员会户内，作为劳动保险调剂金（以下简称调剂金）。

丙、调剂金由省、市工会组织或产业工会全国委员会用于对所属各工会基层委员会劳动保险基金不足开支时的补助或举办集体劳动保险事业之用。各产业工会全国委员会得授权其地方机构，掌管调剂金的调用。中华全国总工会对所属各省、市工会组织、各产业工会全国委员会的调剂金，有统筹调用之权，并得用以举办集体劳动保险事业。如省、市工会组织或产业工会全国委员会调剂金不足开支，得申请中华全国总工会调拨调剂金补助之。

第二十二条　劳动保险金，除用于劳动保险事业外，不得移作其他用途。

第二十三条　各企业的会计部门，均须设立劳动保险基金的独立会计，负责办理劳动保险基金的收支事宜。劳动保险基金会计制度，由中央人民政府劳动部会同中华全国总工会制定之。

第二十四条　劳动保险调剂金的收支事宜，由各级工会组织的财务部门根据中华全国总工会的规定办理之。

第六章　劳动保险事业的执行与监督

第二十五条　各工会基层委员会，为执行劳动保险业务的基层单位，其主要工作为：督促劳动保险金的缴纳；决定劳动保险基金的支付；监督本条例所规定由企业行政方面或资方直接支付的各项费用的开支；推动该企业改进集体劳动保险事业及医疗卫生工作；执行一切有关劳动保险的实际业务；每月编造劳动保险基金月报表，每年编造预算、决算、业务计划书及业务报告书，报告省、市工会组织和产业工会全国委员会及当地人民政府劳动行政机关；并向工会全体会员大会或代表大会报告工作。

第二十六条 各工会基层委员会的经费审查委员会，应按月审核劳动保险基金收支账目及本条例所规定的由企业行政方面或资方直接支付的各项费用，并公布之。

第二十七条 各省、市工会组织，各产业工会全国委员会或地区委员会对所属各工会基层委员会的劳动保险业务，负指导督促之责，审核劳动保险基金的收支月报表、预算、决算及劳动保险基金的收支有无错误，接受工人与职员有关劳动保险事件的申诉，每月编造劳动保险基金及调剂金的收支月报表，每年编造预算、决算、业务计划书及业务报告书，并依下列程序报告：

甲、各省、市工会组织向当地人民政府劳动行政机关及大行政区工会组织报告；

乙、各产业工会全国委员会向中华全国总工会及中央人民政府劳动部报告。

第二十八条 各大行政区工会组织对所属各省、市工会组织及其区域内产业工会组织的劳动保险工作，负指导督促之责，审核省、市工会组织劳动保险基金及调剂金的收支月报表、预算、决算、业务计划书及业务报告书，并每3个月编造劳动保险基金收支报告，每年编造预算、决算、业务计划书及业务报告书，报告所在地大行政区人民政府劳动部、中央人民政府劳动部及中华全国总工会。

第二十九条 中华全国总工会为全国劳动保险事业的最高领导机关，统筹全国劳动保险事业的进行，督导所属各地方工会组织、各产业工会组织有关劳动保险事业的执行；审核并汇编劳动保险基金及总基金的收支报告表，每年编造劳动保险金的预算、决算、业务计划书及业务报告书，并送中央人民政府劳动部、财政部备查。

第三十条 各级人民政府劳动行政机关应监督劳动保险金的缴纳，检查劳动保险业务的执行，并处理有关劳动保险事件的申诉。

第三十一条 中央人民政府劳动部为全国劳动保险业务的最高监督机关，负责贯彻劳动保险条例的实施，检查全国劳动保险业务的执行，其检查制度另订之。

第七章 附　　则

第三十二条 本条例由中央人民政府政务院通过后发布施行，修改时同。

社会保险登记管理暂行办法

（1999年3月19日中华人民共和国劳动和社会保障部令第1号发布　自发布之日起施行）

第一章　总　则

第一条　为加强和规范社会保险登记管理，根据《社会保险费征缴暂行条例》（以下简称条例）的规定，制定本办法。

第二条　凡依据条例第二条、第三条、第二十九条的规定应当缴纳社会保险费的单位，应当按照本办法的规定办理社会保险登记，领取社会保险登记证。

第三条　县级以上劳动保障行政部门的社会保险经办机构（以下简称社会保险经办机构）主管社会保险登记。

第四条　社会保险经办机构应当与有关部门相互配合，加强对社会保险登记的管理。

第二章　登　记

第五条　从事生产经营的缴费单位自领取营业执照之日起30日内、非生产经营性单位自成立之日起30日内，应当向当地社会保险经办机构申请办理社会保险登记。条例施行前尚未参加社会保险的缴费单位，应当依据条例第八条，持本办法第七条规定的证件和资料到当地社会保险经办机构办理社会保险登记。

条例施行前已经参加社会保险的缴费单位，应当按照前款规定到当地社会保险经办机构补办社会保险登记。

第六条　社会保险登记实行属地管理。

缴费单位具有异地分支机构的，分支机构一般应当作为独立的缴费单位，向其所在地的社会保险经办机构单独申请办理社会保险登记。

跨地区的缴费单位，其社会保险登记地由相关地区协商确定。意见不一致时，由上一级社会保险经办机构确定登记地。

第七条　缴费单位申请办理社会保险登记时，应当填写社会保险登记表，并出示以下证件和资料：

（一）营业执照、批准成立证件或其他核准执业证件；

（二）国家质量技术监督部门颁发的组织机构统一代码证书；

（三）省、自治区、直辖市社会保险经办机构规定的其他有关证件、资料。

第八条　对缴费单位填报的社会保险登记表、提供的证件和资料，社会保险经办机构应当即时受理，并在自受理之日起10个工作日内审核完毕；符合规定的，予以登记，发给社会保险登记证。

第三章 变更登记

第九条 缴费单位的以下社会保险登记事项之一发生变更时，应当依法向原社会保险登记机构申请办理变更社会保险登记：

（一）单位名称；

（二）住所或地址；

（三）法定代表人或负责人；

（四）单位类型；

（五）组织机构统一代码；

（六）主管部门；

（七）隶属关系；

（八）开户银行账号；

（九）省、自治区、直辖市社会保险经办机构规定的其他事项。

第十条 缴费单位应当自工商行政管理机关办理变更登记或有关机关批准或宣布变更之日起 30 日内，持下列证件和资料到原社会保险登记机构办理变更社会保险登记：

（一）变更社会保险登记申请书；

（二）工商变更登记表和工商执照或有关机关批准或宣布变更证明；

（三）社会保险登记证；

（四）省、自治区、直辖市社会保险经办机构规定的其他资料。

第十一条 申请变更登记单位提交材料齐全的，由社会保险经办机构发给社会保险变更登记表，并由申请变更登记单位依法如实填写，经社会保险经办机构审核后，归入缴费单位社会保险登记档案。

社会保险变更登记的内容涉及社会保险登记证件的内容需作更改的，社会保险经办机构应当收回原社会保险登记证，并按更改后的内容，重新核发社会保险登记证。

第四章 注销登记

第十二条 缴费单位发生解散、破产、撤销、合并以及其他情形，依法终止社会保险缴费义务时，应当及时向原社会保险登记机构申请办理注销社会保险登记。

第十三条 缴费单位应当自工商行政管理机关办理注销登记之日起 30 日内，向原社会保险登记机构申请办理注销社会保险登记；按照规定不需要在工商行政管理机关办理注销登记的缴费单位，应当自有关机关批准或者宣布终止之日起 30 日内，向原社会保险登记机构申请办理注销社会保险登记。

缴费单位被工商行政管理机关吊销营业执照的，应当自营业执照被吊销之日起30日内，向原社会保险登记机构申请办理注销登记。

第十四条　缴费单位因住所变动或生产、经营地址变动而涉及改变社会保险登记机构的，应当自上述变动发生之日起30日内，向原社会保险登记机构办理注销社会保险登记，并向迁达地社会保险经办机构办理社会保险登记。

第十五条　缴费单位在办理注销社会保险登记前，应当结清应缴纳的社会保险费、滞纳金、罚款。

缴费单位办理注销社会保险登记时，应当提交注销社会保险登记申请、法律文书或其他有关注销文件，经社会保险经办机构核准，办理注销社会保险登记手续，缴销社会保险登记证件。

第五章　登 记 证 件

第十六条　社会保险登记证的样式由劳动和社会保障部制定。社会保险登记证由省、自治区、直辖市劳动保障行政部门统一印制，必要时可印制副本。

第十七条　社会保险登记证号冠以省、自治区、直辖市简称标识，并在省、自治区、直辖市范围内统一编码。省、自治区、直辖市社会保险经办机构应当将本省、自治区、直辖市的地区编码表报劳动和社会保障部备案。

第十八条　社会保险登记证由缴费单位保管。缴费单位在办理招聘和辞退职工手续时应当出示社会保险登记证。

第十九条　社会保险登记表、登记证填写的相关内容应当真实并且一致。

第二十条　社会保险经办机构对已核发的社会保险登记证件，实行定期验证和换证制度。缴费单位应当在规定的期限内到社会保险经办机构办理验证或换证手续。

第二十一条　社会保险登记证件不得伪造、变造、转让、涂改、买卖和损毁。

遗失社会保险登记证件的，应当及时向原社会保险登记机构报告，并申请补办。

第六章　附　　则

第二十二条　省、自治区、直辖市人民政府确定由税务机关征收社会保险费的，社会保险经办机构应当按月向税务机关提供当月缴费单位社会保险登记、变更登记及注销登记的情况。

第二十三条　省、自治区、直辖市劳动保障行政部门可以根据本办法制定实施办法。

第二十四条　本办法自发布之日起施行。

附件：1. 社会保险登记表（样式）（略）

2. 社会保险变更登记表（样式）（略）
3. 社会保险登记证（样式）和印制标准（略）

社会保险费征缴暂行条例

（1999年1月14日国务院第13次常务会议通过　1999年1月22日中华人民共和国国务院令第259号发布　自发布之日起施行）

第一章　总　　则

第一条　为了加强和规范社会保险费征缴工作，保障社会保险金的发放，制定本条例。

第二条　基本养老保险费、基本医疗保险费、失业保险费（以下统称社会保险费）的征收、缴纳，适用本条例。

本条例所称缴费单位、缴费个人，是指依照有关法律、行政法规和国务院的规定，应当缴纳社会保险费的单位和个人。

第三条　基本养老保险费的征缴范围：国有企业、城镇集体企业、外商投资企业、城镇私营企业和其他城镇企业及其职工，实行企业化管理的事业单位及其职工。

基本医疗保险费的征缴范围：国有企业、城镇集体企业、外商投资企业、城镇私营企业和其他城镇企业及其职工，国家机关及其工作人员，事业单位及其职工，民办非企业单位及其职工，社会团体及其专职人员。

失业保险费的征缴范围：国有企业、城镇集体企业、外商投资企业、城镇私营企业和其他城镇企业及其职工，事业单位及其职工。

省、自治区、直辖市人民政府根据当地实际情况，可以规定将城镇个体工商户纳入基本养老保险、基本医疗保险的范围，并可以规定将社会团体及其专职人员、民办非企业单位及其职工以及有雇工的城镇个体工商户及其雇工纳入失业保险的范围。

社会保险费的费基、费率依照有关法律、行政法规和国务院的规定执行。

第四条　缴费单位、缴费个人应当按时足额缴纳社会保险费。

征缴的社会保险费纳入社会保险基金，专款专用，任何单位和个人不得挪用。

第五条　国务院劳动保障行政部门负责全国的社会保险费征缴管理和监督检查工作。县级以上地方各级人民政府劳动保障行政部门负责本行政区域内的社会保险费征缴管理和监督检查工作。

第六条　社会保险费实行三项社会保险费集中、统一征收。社会保险费的征收机构由省、自治区、直辖市人民政府规定，可以由税务机关征收，也可以由劳动保障行政部门按照国务院规定设立的社会保险经办机构（以下简称社会保险经办机构）征收。

第二章　征缴管理

第七条　缴费单位必须向当地社会保险经办机构办理社会保险登记，参加社会保险。

登记事项包括：单位名称、住所、经营地点、单位类型、法定代表人或者负责人、开户银行账号以及国务院劳动保障行政部门规定的其他事项。

第八条　本条例施行前已经参加社会保险的缴费单位，应当自本条例施行之日起6个月内到当地社会保险经办机构补办社会保险登记，由社会保险经办机构发给社会保险登记证件。

本条例施行前尚未参加社会保险的缴费单位应当自本条例施行之日起30日内，本条例施行后成立的缴费单位应当自成立之日起30日内，持营业执照或者登记证书等有关证件，到当地社会保险经办机构申请办理社会保险登记。社会保险经办机构审核后，发给社会保险登记证件。

社会保险登记证件不得伪造、变造。

社会保险登记证件的样式由国务院劳动保障行政部门制定。

第九条　缴费单位的社会保险登记事项发生变更或者缴费单位依法终止的，应当自变更或者终止之日起30日内，到社会保险经办机构办理变更或者注销社会保险登记手续。

第十条　缴费单位必须按月向社会保险经办机构申报应缴纳的社会保险费数额，经社会保险经办机构核定后，在规定的期限内缴纳社会保险费。

缴费单位不按规定申报应缴纳的社会保险费数额的，由社会保险经办机构暂按该单位上月缴费数额的110%确定应缴数额；没有上月缴费数额的，由社会保险经办机构暂按该单位的经营状况、职工人数等有关情况确定应缴数额。缴费单位补办申报手续并按核定数额缴纳社会保险费后，由社会保险经办机构按照规定结算。

第十一条　省、自治区、直辖市人民政府规定由税务机关征收社会保险费的，社会保险经办机构应当及时向税务机关提供缴费单位社会保险登记、变更登记、注销登记以及缴费申报的情况。

第十二条　缴费单位和缴费个人应当以货币形式全额缴纳社会保险费。

缴费个人应当缴纳的社会保险费，由所在单位从其本人工资中代扣代缴。

社会保险费不得减免。

第十三条　缴费单位未按规定缴纳和代扣代缴社会保险费的，由劳动保障行政部门或者税务机关责令限期缴纳；逾期仍不缴纳的，除补缴欠缴数额外，从欠缴之日起，按日加收2‰的滞纳金。滞纳金并入社会保险基金。

第十四条　征收的社会保险费存入财政部门在国有商业银行开设的社会保

障基金财政专户。

社会保险基金按照不同险种的统筹范围，分别建立基本养老保险基金、基本医疗保险基金、失业保险基金。各项社会保险基金分别单独核算。

社会保险基金不计征税、费。

第十五条 省、自治区、直辖市人民政府规定由税务机关征收社会保险费的，税务机关应当及时向社会保险经办机构提供缴费单位和缴费个人的缴费情况；社会保险经办机构应当将有关情况汇总，报劳动保障行政部门。

第十六条 社会保险经办机构应当建立缴费记录，其中基本养老保险、基本医疗保险并应当按照规定记录个人账户。社会保险经办机构负责保存缴费记录，并保证其完整、安全。社会保险经办机构应当至少每年向缴费个人发送一次基本养老保险、基本医疗保险个人账户通知单。

缴费单位、缴费个人有权按照规定查询缴费记录。

第三章 监督检查

第十七条 缴费单位应当每年向本单位职工公布本单位全年社会保险费缴纳情况，接受职工监督。

社会保险经办机构应当定期向社会公告社会保险费征收情况，接受社会监督。

第十八条 按照省、自治区、直辖市人民政府关于社会保险费征缴机构的规定，劳动保障行政部门或者税务机关依法对单位缴费情况进行检查时，被检查的单位应当提供与缴纳社会保险费有关的用人情况、工资表、财务报表等资料，如实反映情况，不得拒绝检查，不得谎报、瞒报。劳动保障行政部门或者税务机关可以记录、录音、录像、照相和复制有关资料；但是，应当为缴费单位保密。

劳动保障行政部门、税务机关的工作人员在行使前款所列职权时，应当出示执行公务证件。

第十九条 劳动保障行政部门或者税务机关调查社会保险费征缴违法案件时，有关部门、单位应当给予支持、协助。

第二十条 社会保险经办机构受劳动保障行政部门的委托，可以进行与社会保险费征缴有关的检查、调查工作。

第二十一条 任何组织和个人对有关社会保险费征缴的违法行为，有权举报。劳动保障行政部门或者税务机关对举报应当及时调查，按照规定处理，并为举报人保密。

第二十二条 社会保险基金实行收支两条线管理，由财政部门依法进行监督。

审计部门依法对社会保险基金的收支情况进行监督。

第四章　罚　　则

第二十三条　缴费单位未按照规定办理社会保险登记、变更登记或者注销登记，或者未按照规定申报应缴纳的社会保险费数额的，由劳动保障行政部门责令限期改正；情节严重的，对直接负责的主管人员和其他直接责任人员可以处1000元以上5000元以下的罚款；情节特别严重的，对直接负责的主管人员和其他直接责任人员可以处5000元以上1万元以下的罚款。

第二十四条　缴费单位违反有关财务、会计、统计的法律、行政法规和国家有关规定，伪造、变造、故意毁灭有关账册、材料，或者不设账册，致使社会保险费缴费基数无法确定的，除依照有关法律、行政法规的规定给予行政处罚、纪律处分、刑事处罚外，依照本条例第十条的规定征缴；迟延缴纳的，由劳动保障行政部门或者税务机关依照本条例第十三条的规定决定加收滞纳金，并对直接负责的主管人员和其他直接责任人员处5000元以上2万元以下的罚款。

第二十五条　缴费单位和缴费个人对劳动保障行政部门或者税务机关的处罚决定不服的，可以依法申请复议；对复议决定不服的，可以依法提起诉讼。

第二十六条　缴费单位逾期拒不缴纳社会保险费、滞纳金的，由劳动保障行政部门或者税务机关申请人民法院依法强制征缴。

第二十七条　劳动保障行政部门、社会保险经办机构或者税务机关的工作人员滥用职权、徇私舞弊、玩忽职守，致使社会保险费流失的，由劳动保障行政部门或者税务机关追回流失的社会保险费；构成犯罪的，依法追究刑事责任；尚不构成犯罪的，依法给予行政处分。

第二十八条　任何单位、个人挪用社会保险基金的，追回被挪用的社会保险基金；有违法所得的，没收违法所得，并入社会保险基金；构成犯罪的，依法追究刑事责任；尚不构成犯罪的，对直接负责的主管人员和其他直接责任人员依法给予行政处分。

第五章　附　　则

第二十九条　省、自治区、直辖市人民政府根据本地实际情况，可以决定本条例适用于本行政区域内工伤保险费和生育保险费的征收、缴纳。

第三十条　税务机关、社会保险经办机构征收社会保险费，不得从社会保险基金中提取任何费用，所需经费列入预算，由财政拨付。

第三十一条　本条例自发布之日起施行。

社会保险费征缴监督检查办法

（1999 年 3 月 19 日中华人民共和国劳动和社会保障部令第 3 号发布　自发布之日起施行）

第一条　为加强社会保险费征缴监督检查工作，规范社会保险费征缴监督检查行为，根据《社会保险费征缴暂行条例》（以下简称条例）和有关法律、法规规定，制定本办法。

第二条　对中华人民共和国境内的企业、事业单位、国家机关、社会团体、民办非企业单位、城镇个体工商户（以下简称缴费单位）实施社会保险费征缴监督检查适用本办法。

前款所称企业是指国有企业、城镇集体企业、外商投资企业、城镇私营企业和其他城镇企业。

第三条　劳动保障行政部门负责社会保险费征缴的监督检查工作，对违反条例和本办法规定的缴费单位及其责任人员，依法作出行政处罚决定，并可以按照条例规定委托社会保险经办机构进行与社会保险费征缴有关的检查、调查工作。

劳动保障行政部门的劳动保障监察机构具体负责社会保险费征缴监督检查和行政处罚，包括对缴费单位进行检查、调查取证、拟定行政处罚决定书、送达行政处罚决定书、拟定向人民法院申请强制执行行政处罚决定的申请书、受理群众举报等工作。

社会保险经办机构受劳动保障行政部门的委托，可以对缴费单位履行社会保险登记、缴费申报、缴费义务的情况进行调查和检查，发现缴费单位有瞒报、漏报和拖欠社会保险费等行为时，应当责令其改正。

第四条　劳动保障监察机构与社会保险经办机构应当建立按月相互通报制度。社会保险经办机构应当及时将需要给予行政处罚的缴费单位情况向劳动保障监察机构通报，劳动保障监察机构应当及时将查处违反规定的情况通报给社会保险经办机构。

第五条　县级以上地方各级劳动保障行政部门对缴费单位监督检查的管辖范围，由省、自治区、直辖市劳动保障行政部门依照社会保险登记、缴费申报和缴费工作管理权限，制定具体规定。

第六条　社会保险费征缴监督检查应当包括以下内容：

（一）缴费单位向当地社会保险经办机构办理社会保险登记、变更登记或注销登记的情况；

（二）缴费单位向社会保险经办机构申报缴费的情况；

（三）缴费单位缴纳社会保险费的情况；

（四）缴费单位代扣代缴个人缴费的情况；

（五）缴费单位向职工公布本单位缴费的情况；

（六）法律、法规规定的其他内容。

第七条　劳动保障行政部门应当向社会公布举报电话，设立举报信箱，指定专人负责接待群众投诉；对符合受理条件的举报，应当于 7 日内立案受理，并进行调查处理，且一般应当于 30 日内处理结案。

第八条　劳动保障行政部门应当建立劳动保障年检制度，进行劳动保障年度检查，掌握缴费单位参加社会保险的情况；对违反条例规定的，应当责令其限期改正，并依照条例规定给予行政处罚。

第九条　劳动保障监察人员在执行监察公务和社会保险经办机构工作人员对缴费单位进行调查、检查时，至少应当由两人共同进行，并应当主动出示执法证件。

第十条　劳动保障监察人员执行监察公务和社会保险经办机构工作人员进行调查、检查时，行使下列职权：

（一）可以到缴费单位了解遵守社会保险法律、法规的情况；

（二）可以要求缴费单位提供与缴纳社会保险费有关的用人情况、工资表、财务报表等资料，询问有关人员，对缴费单位不能立即提供有关参加社会保险情况和资料的，可以下达劳动保障行政部门监督检查询问书；

（三）可以记录、录音、录像、照相和复制有关资料。

第十一条　劳动保障监察人员执行监察公务和社会保险经办机构工作人员进行调查、检查时，承担下列义务：

（一）依法履行职责，秉公执法，不得利用职务之便谋取私利；

（二）保守在监督检查工作中知悉的缴费单位的商业秘密；

（三）为举报人员保密。

第十二条　缴费单位有下列行为之一，情节严重的，对直接负责的主管人员和其他直接责任人员处以 1000 元以上 5000 元以下的罚款；情节特别严重的，对直接负责的主管人员和其他直接责任人员处以 5000 元以上 1 万元以下的罚款：

（一）未按规定办理社会保险登记的；

（二）在社会保险登记事项发生变更或者缴费单位依法终止后，未按规定到社会保险经办机构办理社会保险变更登记或者社会保险注销登记的；

（三）未按规定申报应当缴纳社会保险费数额的。

第十三条　对缴费单位有下列行为之一的，依照条例第十三条的规定，从欠缴之日起，按日加收 2‰的滞纳金，并对直接负责的主管人员和其他直接责任人员处以 5000 元以上 2 万元以下罚款：

（一）因伪造、变造、故意毁灭有关账册、材料造成社会保险费迟延缴纳的；

（二）因不设账册造成社会保险费迟延缴纳的；

（三）因其他违法行为造成社会保险费迟延缴纳的。

第十四条 对缴费单位有下列行为之一的，应当给予警告，并可以处以5000元以下的罚款：

（一）伪造、变造社会保险登记证的；

（二）未按规定从缴费个人工资中代扣代缴社会保险费的；

（三）未按规定向职工公布本单位社会保险费缴纳情况的。

对上述违法行为的行政处罚，法律、法规另有规定的，从其规定。

第十五条 对缴费单位有下列行为之一的，应当给予警告，并可以处以1万元以下的罚款：

（一）阻挠劳动保障监察人员依法行使监察职权，拒绝检查的；

（二）隐瞒事实真相，谎报、瞒报，出具伪证，或者隐匿、毁灭证据的；

（三）拒绝提供与缴纳社会保险费有关的用人情况、工资表、财务报表等资料的；

（四）拒绝执行劳动保障行政部门下达的监督检查询问书的；

（五）拒绝执行劳动保障行政部门下达的限期改正指令书的；

（六）打击报复举报人员的；

（七）法律、法规及规章规定的其他情况。

对上述违法行为的行政处罚，法律、法规另有规定的，从其规定。

第十六条 本办法第十二条、第十三条的罚款均由缴费单位直接负责的主管人员和其他直接责任人员个人支付，不得从单位报销。

第十七条 对缴费单位或者缴费单位直接负责的主管人员和其他直接责任人员的罚款，必须全部上缴国库。

第十八条 缴费单位或者缴费单位直接负责的主管人员和其他直接责任人员，对劳动保障行政部门作出的行政处罚决定不服的，可以于15日内，向上一级劳动保障行政部门或者同级人民政府申请行政复议。对行政复议决定不服的，可以自收到行政复议决定书之日起15日内向人民法院提起行政诉讼。

行政复议和行政诉讼期间，不影响该行政处罚决定的执行。

第十九条 缴费单位或者缴费单位直接负责的主管人员和其他直接责任人员，在15日内拒不执行劳动保障行政部门对其作出的行政处罚决定，又不向上一级劳动保障行政部门或者同级人民政府申请行政复议，或者对行政复议决定不服，又不向人民法院提起行政诉讼的，可以申请人民法院强制执行。

第二十条 劳动保障行政部门和社会保险经办机构的工作人员滥用职权、徇私舞弊、玩忽职守，构成犯罪的，依法追究刑事责任；尚不构成犯罪的，给予责任人员行政处分。

第二十一条 本办法自发布之日起施行。

社会保险费申报缴纳管理暂行办法

（1999年3月19日中华人民共和国劳动和社会保障部令第2号发布　自发布之日起施行）

第一条　为规范社会保险费的申报和缴纳管理工作，根据《社会保险费征缴暂行条例》（以下简称条例）的规定，制定本办法。

第二条　本办法规定的社会保险费是指基本养老保险费、失业保险费和基本医疗保险费。工伤保险费和生育保险费的申报、缴纳可参照本办法执行。

第三条　缴费单位进行缴费申报和社会保险经办机构征收社会保险费适用本办法。由税务机关征收社会保险费的缴纳管理办法另行制定。

第四条　缴费单位应当到办理社会保险登记的社会保险经办机构办理缴费申报。

第五条　缴费单位应当在每月5日前，向社会保险经办机构办理缴费申报，报送社会保险费申报表（以下简称申报表）、代扣代缴明细表以及社会保险经办机构规定的其他资料。

缴费单位到社会保险经办机构办理社会保险缴费申报有困难的，经社会保险经办机构批准，可以邮寄申报。邮寄申报以寄出地的邮戳日期为实际申报日期。

第六条　缴费单位因不可抗力因素，不能按期办理社会保险缴费申报的，可以延期办理。但应当在不可抗力情形消除后立即向社会保险经办机构报告。社会保险经办机构应当查明事实，予以核准。

第七条　社会保险经办机构应当对缴费单位送达的申报表和有关资料进行即时审核。对缴费单位申报资料齐全、缴费基数和费率符合规定、填报数量关系一致的申报表签章核准；对不符合规定的申报表提出审核意见，退缴费单位修正后再次审核；对不能即时审核的，社会保险经办机构应当自收到缴费单位申报表和有关资料之日起，在最长不超过2日内审核完毕。

第八条　缴费单位不按规定申报应缴纳的社会保险费数额的，社会保险经办机构可暂按该单位上月缴费数额的110%确定应缴数额；没有上月缴费数额的，社会保险经办机构可暂按该单位的经营状况、职工人数等有关情况确定应缴数额。缴费单位补办申报手续并按核定数额缴纳社会保险费后，由社会保险经办机构按照规定结算。

第九条　缴费单位必须在社会保险经办机构核准其缴费申报后的3日内缴纳社会保险费。缴费单位和缴费个人应当以货币形式全额缴纳社会保险费。

第十条 缴费单位必须按照条例第十二条的规定严格履行代扣代缴义务。缴费单位依法履行代扣代缴义务时，任何单位或个人不得干预或拒绝。

第十一条 缴费单位的缴费申报经核准后，可以采取下列方式之一缴纳社会保险费：

（一）缴费单位到其开户银行缴纳；

（二）缴费单位到社会保险经办机构以支票或现金形式缴纳；

（三）缴费单位与社会保险经办机构约定的其他方式。

履行前款规定的申报核准程序后，银行可以根据社会保险经办机构开出的托收凭证从缴费单位基本账户中划缴社会保险费。

第十二条 征收的社会保险费，应当进入社会保险经办机构在国有商业银行开设的社会保险基金收入户。社会保险经办机构应当按照有关规定定期将收到的基金存入财政部门在国有商业银行开设的社会保障基金财政专户。

第十三条 社会保险经办机构对已征收的社会保险费，根据缴费单位的实际缴纳额（包括代扣代缴额）、代扣代缴明细表和有关规定，按以下程序进行记账：

（一）个人缴纳的基本养老保险费、失业保险费和基本医疗保险费，分别计入基本养老保险基金、失业保险基金和基本医疗保险基金，并按规定记录基本养老保险和基本医疗保险个人账户；

（二）单位缴纳的社会保险费按照该单位三项基金应缴额的份额分别计入基本养老保险基金、失业保险基金和基本医疗保险基金。

第十四条 社会保险经办机构应当为缴费单位和缴费个人建立缴费记录，并负责安全、完整保存。缴费记录应当一式两份。

缴费单位、缴费个人有权按照规定查询缴费记录。

第十五条 社会保险经办机构应当至少每年向缴费个人发送一次基本养老保险、基本医疗保险个人账户通知单。

第十六条 缴费单位应当每年向本单位职工代表大会通报或在本单位住所的显著位置公布本单位全年社会保险费缴纳情况，接受职工监督。

第十七条 社会保险经办机构应当至少每半年一次向社会公告社会保险费征收情况，接受社会监督。

第十八条 缴费单位办理申报后，未及时、足额缴纳社会保险费的，社会保险经办机构应当向其发出《社会保险费催缴通知书》；对拒不执行的，由劳动保障行政部门下达《劳动保障限期改正指令书》；逾期仍不缴纳的，除补缴欠缴数额外，从欠缴之日起，按日加收2‰的滞纳金。滞纳金分别并入各项社会保险基金。

第十九条 社会保险经办机构应当定期稽核缴费单位的职工人数、工资基数和财务状况，确认缴费单位是否依法足额缴纳社会保险费。被稽核的单位应当提供与缴纳社会保险费有关的用人情况、工资表、财务报表等资料，如实反映情况，不得拒绝稽核，不得谎报、瞒报。

社会保险经办机构在接到有关缴纳社会保险费的举报后，应当及时向劳动保障行政部门报告，并调查被举报单位的缴费情况。

第二十条　省、自治区、直辖市人民政府确定由税务机关征收社会保险费的，社会保险经办机构应当及时把缴费单位的缴费申报情况提供给当地负责征收的税务机关；税务机关应当及时向社会保险经办机构提供缴费单位和缴费个人的缴费情况。

第二十一条　社会保险经办机构应当按月将单位和个人缴纳失业保险费的情况提供给负责支付失业保险待遇的经办机构。

第二十二条　社会保险费申报表样式由劳动和社会保障部统一制定。

第二十三条　本办法自发布之日起施行。

社会保险基金监督
举报工作管理办法

（2001年5月18日中华人民共和国劳动和社会保障部令第11号发布　自发布之日起施行）

第一条　为了规范社会保险基金举报管理，加强社会保险基金监督，制定本办法。

第二条　劳动保障行政部门受理和办理社会保险基金监督举报适用本办法。

第三条　公民、法人和其他社会组织有权对养老保险基金、医疗保险基金、失业保险基金、工伤保险基金、生育保险基金收支、管理方面的违法违纪行为进行检举、控告。

公民、法人和其他社会组织就本条前款所列行为进行的检举、控告，劳动保障行政部门应当受理。

第四条　县级以上各级人民政府劳动保障行政部门负责社会保险基金监督的机构（以下简称监督机构）具体承办举报受理和办理工作。

负责受理、办理举报案件的工作人员必须忠于职守、廉洁奉公、保守秘密。

第五条　社会保险基金监督举报应当接受社会监督。举报人的合法权益依法受到保护。

任何单位和个人不得以任何借口阻拦、压制或打击报复举报人。

第六条　劳动保障行政部门应当开设社会保险基金监督电话，向社会公布监督电话号码、传真号码、通讯地址、邮政编码和受理举报的范围，并为举报人提供其他便利条件。

第七条　监督机构受理当面举报，应当指定专人接待，做好笔录，必要时可以录音。笔录应由举报人签名或者盖章，但举报人可以不留姓名或拒绝录音。

受理电话举报，应当如实记录，在征得举报人同意后，可以录音。

受理电报、传真、信函和其他书面方式的举报，应当指定专人拆阅、登记。对内容不详的署名举报，应当及时约请举报人面谈或通过其他方式索取补充材料。

第八条 对涉及重大问题和紧急事项的举报，监督机构应当立即向有关领导报告，并在职责范围内依法采取必要措施。

第九条 对不属于本办法受理范围的举报，监督机构应当告知举报人向有处理权的单位反映，或者将举报材料及时移送有处理权的单位。

第十条 凡符合本办法受理范围的举报，监督机构应当自受理之日起30日内办结。情况复杂的可以适当延长，但最长不得超过60日。

第十一条 下级劳动保障行政部门对上级劳动保障行政部门交办的举报案件，应当及时办理，并向交办单位书面报告调查处理意见。

第十二条 上级劳动保障行政部门发现下级劳动保障行政部门对举报案件的处理确有错误的，应当责成下级劳动保障行政部门重新处理，必要时也可以直接处理。

第十三条 举报人要求答复本人所举报案件办理结果的，监督机构应当负责将办理结果告知举报人。

第十四条 监督机构应当严格管理直接办理的举报材料和交办处理的举报材料，逐件登记举报人和被举报人、举报案件的主要内容和办理结果。

第十五条 举报材料和记录应当按国家保密规定列入密件管理。办结的举报案件，应当立卷归档。

第十六条 监督机构对举报案件应当每季度进行一次汇总分析，并于每季度结束后15日内将汇总情况报告上级监督机构。上级监督机构要求专门报告的，下级监督机构应当及时按照要求报告有关情况。

第十七条 监督机构及其工作人员受理、办理举报案件时，应当遵守以下保密规定：

（一）不得私自摘抄、复制、扣押、销毁举报材料；

（二）严禁泄露举报人的姓名、单位、住址等情况；

（三）不得向被调查单位和被调查人出示举报材料；

（四）对匿名的举报材料不得鉴定笔迹；

（五）宣传报道和奖励举报有功人员，除征得举报人的同意外，不得公开举报人的姓名和单位等内容。

第十八条 举报受理、办理工作人员及其负责人，推诿、敷衍、拖延举报处理或徇私舞弊的，由劳动保障行政部门给予批评教育；情节严重的，依法给予行政处分；构成犯罪的，由司法机关依法追究刑事责任。

第十九条 省、自治区、直辖市劳动保障行政部门可以根据本办法制定实施细则。

第二十条　本办法自发布之日起施行。

社会保险行政争议处理办法

（2001 年 5 月 27 日中华人民共和国劳动和社会保障部令第 13 号发布　自发布之日起施行）

第一条　为妥善处理社会保险行政争议，维护公民、法人和其他组织的合法权益，保障和监督社会保险经办机构（以下简称经办机构）依法行使职权，根据劳动法、行政复议法及有关法律、行政法规，制定本办法。

第二条　本办法所称的社会保险行政争议，是指经办机构在依照法律、法规及有关规定经办社会保险事务过程中，与公民、法人或者其他组织之间发生的争议。

本办法所称的经办机构，是指法律、法规授权的劳动保障行政部门所属的专门办理养老保险、医疗保险、失业保险、工伤保险、生育保险等社会保险事务的工作机构。

第三条　公民、法人或者其他组织认为经办机构的具体行政行为侵犯其合法权益，向经办机构或者劳动保障行政部门申请社会保险行政争议处理，经办机构或者劳动保障行政部门处理社会保险行政争议适用本办法。

第四条　经办机构和劳动保障行政部门的法制工作机构或者负责法制工作的机构为本单位的社会保险行政争议处理机构（以下简称保险争议处理机构），具体负责社会保险行政争议的处理工作。

第五条　经办机构和劳动保障行政部门分别采用复查和行政复议的方式处理社会保险行政争议。

第六条　有下列情形之一的，公民、法人或者其他组织可以申请行政复议：

（一）认为经办机构未依法为其办理社会保险登记、变更或者注销手续的；

（二）认为经办机构未按规定审核社会保险缴费基数的；

（三）认为经办机构未按规定记录社会保险费缴费情况或者拒绝其查询缴费记录的；

（四）认为经办机构违法收取费用或者违法要求履行义务的；

（五）对经办机构核定其社会保险待遇标准有异议的；

（六）认为经办机构不依法支付其社会保险待遇或者对经办机构停止其享受社会保险待遇有异议的；

（七）认为经办机构未依法为其调整社会保险待遇的；

（八）认为经办机构未依法为其办理社会保险关系转移或者接续手续的；

（九）认为经办机构的其他具体行政行为侵犯其合法权益的。

属于前款第（二）、（五）、（六）、（七）项情形之一的，公民、法人或者其他组织可以直接向劳动保障行政部门申请行政复议，也可以先向作出该具体行政行为的经办机构申请复查，对复查决定不服，再向劳动保障行政部门申请行政复议。

第七条 公民、法人或者其他组织认为经办机构的具体行政行为所依据的除法律、法规、规章和国务院文件以外的其他规范性文件不合法，在对具体行政行为申请行政复议时，可以向劳动保障行政部门一并提出对该规范性文件的审查申请。

第八条 公民、法人或者其他组织对经办机构作出的具体行政行为不服，可以向直接管理该经办机构的劳动保障行政部门申请行政复议。

第九条 申请人认为经办机构的具体行政行为侵犯其合法权益的，可以自知道该具体行政行为之日起60日内向经办机构申请复查或者向劳动保障行政部门申请行政复议。

申请人与经办机构之间发生的属于人民法院受案范围的行政案件，申请人也可以依法直接向人民法院提起行政诉讼。

第十条 经办机构作出具体行政行为时，未告知申请人有权申请行政复议或者行政复议申请期限的，行政复议申请期限从申请人知道行政复议权或者行政复议申请期限之日起计算，但最长不得超过二年。

因不可抗力或者其他正当理由耽误法定申请期限的，申请期限自障碍消除之日起继续计算。

第十一条 申请人向经办机构申请复查或者向劳动保障行政部门申请行政复议，一般应当以书面形式提出，也可以口头提出。口头提出的，接到申请的保险争议处理机构应当当场记录申请人的基本情况、请求事项、主要事实和理由、申请时间等事项，并由申请人签字或者盖章。

劳动保障行政部门的其他工作机构接到以书面形式提出的行政复议申请的，应当立即转送本部门的保险争议处理机构。

第十二条 申请人向作出该具体行政行为的经办机构申请复查的，该经办机构应指定其内部专门机构负责处理，并应当自接到复查申请之日起20日内作出维持或者改变该具体行政行为的复查决定。决定改变的，应当重新作出新的具体行政行为。

经办机构作出的复查决定应当采用书面形式。

第十三条 申请人对经办机构的复查决定不服，或者经办机构逾期未作出复查决定的，申请人可以向直接管理该经办机构的劳动保障行政部门申请行政复议。

申请人在经办机构复查该具体行政行为期间，向劳动保障行政部门申请行政复议的，经办机构的复查程序终止。

第十四条　经办机构复查期间，行政复议的申请期限中止，复查期限不计入行政复议申请期限。

第十五条　劳动保障行政部门的保险争议处理机构接到行政复议申请后，应当注明收到日期，并在5个工作日内进行审查，由劳动保障行政部门按照下列情况分别作出决定：

（一）对符合法定受理条件，但不属于本行政机关受理范围的，应当告知申请人向有关机关提出；

（二）对不符合法定受理条件的，应当作出不予受理决定，并制作行政复议不予受理决定书，送达申请人。该决定书中应当说明不予受理的理由。

除前款规定外，行政复议申请自劳动保障行政部门的保险争议处理机构收到之日起即为受理，并制作行政复议受理通知书，送达申请人和被申请人。该通知中应当告知受理日期。

本条规定的期限，从劳动保障行政部门的保险争议处理机构收到行政复议申请之日起计算；因行政复议申请书的主要内容欠缺致使劳动保障行政部门难以作出决定而要求申请人补正有关材料的，从保险争议处理机构收到补正材料之日起计算。

第十六条　经办机构作出具体行政行为时，没有制作或者没有送达行政文书，申请人不服提起行政复议的，只要能证明具体行政行为存在，劳动保障行政部门应当依法受理。

第十七条　申请人认为劳动保障行政部门无正当理由不受理其行政复议申请的，可以向上级劳动保障行政部门申诉，上级劳动保障行政部门在审查后，作出以下处理决定：

（一）申请人提出的行政复议申请符合法定受理条件的，应当责令下级劳动保障行政部门予以受理；其中申请人不服的具体行政行为是依据劳动保障法律、法规、部门规章、本级以上人民政府制定的规章或者本行政机关制定的规范性文件作出的，或者上级劳动保障行政部门认为有必要直接受理的，可以直接受理；

（二）上级劳动保障行政部门认为下级劳动保障行政部门不予受理行为确属有正当理由，应当将审查结论告知申请人。

第十八条　劳动保障行政部门的保险争议处理机构对已受理的社会保险行政争议案件，应当自收到申请之日起7个工作日内，将申请书副本或者申请笔录复印件和行政复议受理通知书送达被申请人。

第十九条　被申请人应当自接到行政复议申请书副本或者申请笔录复印件之日起10日内，提交答辩书，并提交作出该具体行政行为的证据、所依据的法律规范及其他有关材料。

被申请人不提供或者无正当理由逾期提供的，视为该具体行政行为没有证据、依据。

第二十条 申请人可以依法查阅被申请人提出的书面答辩、作出具体行政行为的证据、依据和其他有关材料。

第二十一条 劳动保障行政部门处理社会保险行政争议案件，原则上采用书面审查方式。必要时，可以向有关单位和个人调查了解情况，听取申请人、被申请人和有关人员的意见，并制作笔录。

第二十二条 劳动保障行政部门处理社会保险行政争议案件，以法律、法规、规章和依法制定的其他规范性文件为依据。

第二十三条 劳动保障行政部门在依法向有关部门请示行政复议过程中所遇到的问题应当如何处理期间，行政复议中止。

第二十四条 劳动保障行政部门在审查申请人一并提出的作出具体行政行为所依据的有关规定的合法性时，应当根据具体情况，分别作出以下处理：

（一）该规定是由本行政机关制定的，应当在30日内对该规定依法作出处理结论；

（二）该规定是由本行政机关以外的劳动保障行政部门制定的，应当在7个工作日内将有关材料直接移送制定该规定的劳动保障行政部门，请其在60日内依法作出处理结论，并将处理结论告知移送的劳动保障行政部门。

（三）该规定是由政府及其他工作部门制定的，应当在7个工作日内按照法定程序转送有权处理的国家机关依法处理。

审查该规定期间，行政复议中止，劳动保障行政部门应将有关中止情况通知申请人和被申请人。

第二十五条 行政复议中止的情形结束后，劳动保障行政部门应当继续对该具体行政行为进行审查，并将恢复行政复议审查的时间通知申请人和被申请人。

第二十六条 申请人向劳动保障行政部门提出行政复议申请后，在劳动保障行政部门作出处理决定之前，撤回行政复议申请的，经说明理由，劳动保障行政部门可以终止审理，并将有关情况记录在案。

第二十七条 劳动保障行政部门行政复议期间，被申请人变更或者撤销原具体行政行为的，应当书面告知劳动保障行政部门和申请人。劳动保障行政部门可以终止对原具体行政行为的审查，并书面告知申请人和被申请人。

申请人对被申请人变更或者重新作出的具体行政行为不服，向劳动保障行政部门提出行政复议申请的，劳动保障行政部门应当受理。

第二十八条 劳动保障行政部门的保险争议处理机构应当对其组织审理的社会保险行政争议案件提出处理建议，经本行政机关负责人审查同意或者重大案件经本行政机关集体讨论决定后，由本行政机关依法作出行政复议决定。

第二十九条 劳动保障行政部门作出行政复议决定，应当制作行政复议决定书。行政复议决定书应当载明下列事项：

（一）申请人的姓名、性别、年龄、工作单位、住址（法人或者其他组织的名称、地址、法定代表人的姓名、职务）；

（二）被申请人的名称、地址、法定代表人的姓名、职务；

（三）申请人的复议请求和理由；

（四）被申请人的答辩意见；

（五）劳动保障行政部门认定的事实、理由，适用的法律、法规、规章和依法制定的其他规范性文件；

（六）复议结论；

（七）申请人不服复议决定向人民法院起诉的期限；

（八）作出复议决定的年、月、日。

行政复议决定书应当加盖本行政机关的印章。

第三十条　经办机构和劳动保障行政部门应当依照民事诉讼法有关送达的规定，将复查决定和行政复议文书送达申请人和被申请人。

第三十一条　申请人对劳动保障行政部门作出的行政复议决定不服的，可以依法向人民法院提起行政诉讼。

第三十二条　经办机构必须执行生效的行政复议决定书。拒不执行或者故意拖延不执行的，由直接主管该经办机构的劳动保障行政部门责令其限期履行，并按照人事管理权限对直接负责的主管人员给予行政处分，或者建议经办机构对有关人员给予行政处分。

第三十三条　经办机构或者劳动保障行政部门审查社会保险行政争议案件，不得向申请人收取任何费用。

行政复议活动所需经费，由本单位的行政经费予以保障。

第三十四条　本办法自发布之日起施行。

社会保险稽核办法

（2003年2月27日中华人民共和国劳动和社会保障部令第16号公布　自2003年4月1日起施行）

第一条　为了规范社会保险稽核工作，确保社会保险费应收尽收，维护参保人员的合法权益，根据《社会保险费征缴暂行条例》和国家有关规定，制定本办法。

第二条　本办法所称稽核是指社会保险经办机构依法对社会保险费缴纳情况和社会保险待遇领取情况进行的核查。

第三条　县级以上社会保险经办机构负责社会保险稽核工作。

县级以上社会保险经办机构的稽核部门具体承办社会保险稽核工作。

第四条　社会保险稽核人员应当具备以下条件：

（一）坚持原则，作风正派，公正廉洁；

（二）具备中专以上学历和财会、审计专业知识；

（三）熟悉社会保险业务及相关法律、法规，具备开展稽核工作的相应资格。

第五条 社会保险经办机构及社会保险稽核人员开展稽核工作，行使下列职权：

（一）要求被稽核单位提供用人情况、工资收入情况、财务报表、统计报表、缴费数据和相关账册、会计凭证等与缴纳社会保险费有关的情况和资料；

（二）可以记录、录音、录像、照相和复制与缴纳社会保险费有关的资料，对被稽核对象的参保情况和缴纳社会保险费等方面的情况进行调查、询问；

（三）要求被稽核对象提供与稽核事项有关的资料。

第六条 社会保险稽核人员承担下列义务：

（一）办理稽核事务应当实事求是，客观公正，不得利用工作之便谋取私利；

（二）保守被稽核单位的商业秘密以及个人隐私；

（三）为举报人保密。

第七条 社会保险稽核人员有下列情形之一的，应当自行回避：

（一）与被稽核单位负责人或者被稽核个人之间有亲属关系的；

（二）与被稽核单位或者稽核事项有经济利益关系的；

（三）与被稽核单位或者稽核事项有其他利害关系，可能影响稽核公正实施的。

被稽核对象有权以口头形式或者书面形式申请有前款规定情形之一的人员回避。

稽核人员的回避，由其所在的社会保险经办机构的负责人决定。对稽核人员的回避做出决定前，稽核人员不得停止实施稽核。

第八条 社会保险稽核采取日常稽核、重点稽核和举报稽核等方式进行。

社会保险经办机构应当制定日常稽核工作计划，根据工作计划定期实施日常稽核。

社会保险经办机构对特定的对象和内容应当进行重点稽核。

对于不按规定缴纳社会保险费的行为，任何单位和个人有权举报，社会保险经办机构应当及时受理举报并进行稽核。

第九条 社会保险缴费情况稽核内容包括：

（一）缴费单位和缴费个人申报的社会保险缴费人数、缴费基数是否符合国家规定；

（二）缴费单位和缴费个人是否按时足额缴纳社会保险费；

（三）欠缴社会保险费的单位和个人的补缴情况；

（四）国家规定的或者劳动保障行政部门交办的其他稽核事项。

第十条　社会保险经办机构对社会保险费缴纳情况按照下列程序实施稽核：

（一）提前3日将进行稽核的有关内容、要求、方法和需要准备的资料等事项通知被稽核对象，特殊情况下的稽核也可以不事先通知；

（二）应有两名以上稽核人员共同进行，出示执行公务的证件，并向被稽核对象说明身份；

（三）对稽核情况应做笔录，笔录应当由稽核人员和被稽核单位法定代表人（或法定代表人委托的代理人）签名或盖章，被稽核单位法定代表人拒不签名或盖章的，应注明拒签原因；

（四）对于经稽核未发现违反法规行为的被稽核对象，社会保险经办机构应当在稽核结束后5个工作日内书面告知其稽核结果；

（五）发现被稽核对象在缴纳社会保险费或按规定参加社会保险等方面，存在违反法规行为，要据实写出稽核意见书，并在稽核结束后10个工作日内送达被稽核对象。被稽核对象应在限定时间内予以改正。

第十一条　被稽核对象少报、瞒报缴费基数和缴费人数，社会保险经办机构应当责令其改正；拒不改正的，社会保险经办机构应当报请劳动保障行政部门依法处罚。

被稽核对象拒绝稽核或伪造、变造、故意毁灭有关账册、材料迟延缴纳社会保险费的，社会保险经办机构应当报请劳动保障行政部门依法处罚。

社会保险经办机构应定期向劳动保障行政部门报告社会保险稽核工作情况。劳动保障行政部门应将社会保险经办机构提请处理事项的结果及时通报社会保险经办机构。

第十二条　社会保险经办机构应当对参保个人领取社会保险待遇情况进行核查，发现社会保险待遇领取人丧失待遇领取资格后本人或他人继续领取待遇或以其他形式骗取社会保险待遇的，社会保险经办机构应当立即停止待遇的支付并责令退还；拒不退还的，由劳动保障行政部门依法处理，并可对其处以500元以上1000元以下罚款；构成犯罪的，由司法机关依法追究刑事责任。

第十三条　社会保险经办机构工作人员在稽核工作中滥用职权、徇私舞弊、玩忽职守的，依法给予行政处分；构成犯罪的，依法追究刑事责任。

第十四条　本办法自2003年4月1日起施行。

财政部关于机关事业单位社会保险制度改革有关问题的通知

（1994 年 12 月 7 日 〔94〕财社字第 66 号）

最近，一些地区财政部门和中央驻地方单位反映，人事部门正在积极推进机关事业单位养老保险等各项社会保险制度改革，并要求财政部门将财政预算拨款的机关事业单位离退休经费等有关经费划拨给人事部门或人事部门所属的社会保险事业经办机构管理；有的地方强行中央驻地方单位参加地方养老保险，直接从银行扣提养老保险费等各种保险费，建立独立的机关事业单位社会保险基金（主要是养老保险基金）。

针对上述情况，我部进行了认真的调查研究，现就有关问题通知如下：

一、机关事业单位社会保险制度改革应严格按照中央部署进行

根据党的十四届三中全会通过的《中共中央关于建立社会主义市场经济体制若干问题的决定》要求，中央有关部门正在研究制定社会保障制度改革总体方案和有关具体实施方案。最近，国务院研究确定，职工养老保险制度改革目前只在城市企业职工中进行。机关事业单位职工的养老保险制度改革另行研究。各地应严格按照党中央、国务院统一部署办事，坚持“总体设计，突出重点，分步实施”的原则，在国务院正式下文部署之前，机关事业单位社会保险制度改革暂不进行，以确保社会保障制度改革的顺利进行。

二、严格财经纪律，不得将机关事业单位离退休经费划到预算外

财政预算拨款的机关事业单位离退休经费是财政预算内支出，各地区各部门要严格执行国务院和财政部有关法规和财务制度，保证国家财政预算资金的完整。在国务院没有做出决定前，不得将预算内的机关事业离退休人员经费划拨给其它部门和机构管理，已经划出去的要坚决立即划回来。

三、中央驻地方单位养老保险问题

在社会保障制度改革总体方案尚未出台之前，中央级机关事业单位不参加当地的养老保险制度改革。因此，未经国务院批准而自行决定试行机关事业单位养老保险制度的地区，不得强行要求中央驻地方单位参加当地社会保险统筹，更不应直接从银行扣提保险费。已经这样做的要主动纠正。

请各地区财政部门对本地区社会保障制度改革以及社会保险基金管理等方面出现的新情况和新问题，及时报告我部。

劳动和社会保障部办公厅关于单位外派职工在境外工作期间取得当地居民身份证后社会保险关系处理问题的复函

（2001年4月24日　劳社厅函〔2001〕115号）

广东省劳动和社会保障厅：

你厅《关于外派职工取得境外居民身份证后是否继续参保并享受社会保险待遇问题的请示》（粤劳社〔2001〕67号）收悉。经研究，现答复如下：

职工在被本单位派到境外工作期间，合法取得当地永久性居民身份证后，职工所在单位应停止为其缴纳社会保险费，及时为其办理终止社会保险关系的手续。社会保险经办机构应当终止其社会保险关系，并根据职工的申请，对参加基本养老保险，且不符合领取基本养老金条件的，将其基本养老保险个人账户储存额中的个人缴费部分一次性退给本人；参加基本医疗保险的，将其个人账户结余部分一次性退还给人；参加失业保险的，单位和个人此前缴纳的失业保险费不予退还。

职工在被派到香港、香港和台湾地区工作期间合法取得当地永久性居民身份证的，其社会保险关系参照上述办法处理。

关于取得国外永久性居民身份证回国工作人员在国内工作期间有关社会保险问题的复函

（2001年9月10日　劳社厅函〔2001〕198号）

北京市劳动和社会保障局：

你局《关于回国高级科技人才中持国外绿卡在国内工作人员有关社会保险问题的函》（京劳社养函〔2001〕59号）收悉。经研究，现答复如下：

对于取得国外永久性居民身份证的人员回国工作，凡同国内企业建立劳动关系的，应按规定参加企业所在地的社会保险，缴纳社会保险费，并享受相应待遇。这些人员同国内企业解除劳动关系并离境时，社会保险经办机构应当终止其社会保险关系，并根据职工申请，对参加基本养老保险，且不符合领取基本养老金条件的，将其基本养老保险个人账户的储存额一次性支付给本人；参加基本医疗保险的，将其个人账户结余部分一次性退给本人；参加失业保险的，单位和个人此前缴纳的失业保险费不予退还。

关于职工在机关事业单位与企业之间流动时社会保险关系处理意见的通知

（2001 年 9 月 28 日　劳社部发〔2001〕13 号）

各省、自治区、直辖市人民政府，国务院各部委、各直属机构：

为促进职工在机关事业单位与企业之间合理流动，推进市、县、乡机构改革，根据《国务院关于印发完善城镇社会保障体系试点方案的通知》（国发〔2000〕42 号）和《中共中央办公厅、国务院办公厅关于市县乡人员编制精简的意见》（中办发〔2000〕30 号）的规定，职工在机关事业单位和企业单位之间流动，要相应转移各项社会保险关系，并执行调入单位的社会保险制度。经国务院同意，现就职工流动时社会保险关系的处理意见通知如下：

一、养老保险关系处理

职工由机关事业单位进入企业工作之月起，参加企业职工的基本养老保险，单位和个人按规定缴纳基本养老保险费，建立基本养老保险个人账户，原有的工作年限视同缴费年限，退休时按企业的办法计发基本养老金。其中，公务员及参照和依照公务员制度管理的单位工作人员，在进入企业并按规定参加企业职工基本养老保险后，根据本人在机关（或单位）工作的年限给予一次性补贴，由其原所在单位通过当地社会保险经办机构转入本人的基本养老保险个人账户，所需资金由同级财政安排。补贴的标准为：本人离开机关上年度月平均基本工资×在机关工作年限×0.3%×120 个月。

职工由企业进入机关事业单位工作之月起，执行机关事业单位的退休养老制度，其原有的连续工龄与进入机关事业单位后的工作年限合并计算，退休时按机关事业单位的办法计发养老金。已建立的个人账户继续由社会保险经办机构管理，退休时，其个人账户储存额每月按 1/120 计发，并相应抵减按机关事业单位办法计发的养老金。

公务员进入企业工作后再次转入机关事业单位工作的，原给予的一次性补贴的本金和利息要上缴同级财政。其个人账户管理、退休后养老金计发等，比照由企业进入机关事业单位工作职工的相关政策办理。

二、失业保险关系处理

职工由机关进入企业、事业单位工作之月起，按规定参加失业保险，其原有的工作年限视同缴费年限。职工由企业、事业单位进入机关工作，原单位及个人缴纳的失业保险费不转移，其失业保障按《人事部关于印发〈国家公务员被辞退后有关问题的暂行办法〉的通知》（人发〔1996〕64 号）规定执行。

三、医疗保险关系处理

职工在机关事业单位和企业之间流动，在同一统筹地区内的基本医疗保险关系不转移，跨统筹地区的基本医疗保险关系及个人账户随同转移。职工流动后，除基本医疗保险之外，其他医疗保障待遇按当地有关政策进行调整。

本通知从下发之日起执行。各地区、各部门要切实加强组织领导，有关部门要密切配合，抓紧制定具体办法，认真组织实施。

劳动和社会保障部办公厅关于对破产企业生产自救期间应否缴纳社会保险费问题的复函

（2001 年 12 月 30 日　劳社厅函〔2001〕286 号）

广西壮族自治区劳动和社会保障厅：

你厅报来的《关于破产企业生产自救期间应否缴纳社会保险费问题的请示》（桂劳社报字〔2001〕25 号）收悉。经研究，现函复如下：

根据最高人民法院《关于实行社会保险的企业破产后各种社会统筹费用应缴纳至何时的批复》（法复〔1996〕17 号）中关于“参加社会保险的企业破产的，欠缴社会统筹费用应当缴纳至人民法院裁定宣告破产之日”的规定，我们认为，被申请破产的企业在整顿或重整期间，应当为职工缴纳社会保险费，已被人民法院裁定宣告破产的企业，从人民法院裁定宣告破产之日起，不再缴纳社会保险费。

企业被人民法院裁定宣告破产之后，在破产清算期间，是否可以受清算组委托或同意进行生产自救等方面的经营活动，目前法律没有规定。我们认为，在破产企业清算期间，受清算组委托或同意，进行生产、经营自救活动，并仍在给职工发放工资，可以按规定缴纳社会保险费，请你们根据实际情况处理。

关于如何执行和解释社会保险费征缴有关规定的复函

（2002 年 7 月 31 日　劳社厅函〔2002〕239 号）

河北省劳动和社会保障厅：

你厅报送的《关于如何执行和解释〈条例〉第十条和〈暂行办法〉第八条规定的紧急请示》收悉。经研究，现答复如下：

《社会保险费征缴暂行条例》第十条规定：“缴费单位不按规定申报应缴纳的社会保险费数额的，由社会保险经办机构暂按该单位上月缴费数额的 110% 确定应缴数额；没有上月缴费数额的，由社会保险经办机构暂按该单位的经营状况、职工人数等有关情况确定应缴数额。缴费单位补办申报手续并按核定数额缴纳社会保险费后，由社会保险经办机构按照规定结算。”在执行本条规定时，对不按规定申报应缴纳社会保险费数额的缴费单位，社会保险经办机构先暂按该单位上月缴费数额的 110% 确定应缴数额，由社会保险费征收机构暂按社会保险经办机构确定的应缴数额及时征收，在缴费单位补办申报手续并按核定数额缴纳社会保险费后，由社会保险经办机构按照规定结算。

国家税务总局关于税务机关征收社会保险费工作的指导意见

（2002 年 9 月 29 日　国税发〔2002〕124 号）

各省、自治区、直辖市和计划单列市地方税务局：

近年来，根据国务院《社会保险费征缴暂行条例》规定和省级人民政府的决定，由地方税务局征收社会保险费的地区不断增多。目前，全国已有 17 个省、自治区、直辖市和 2 个计划单列市地方税务局征收社会保险费，体现了国务院和各级人民政府对税务机关的高度信任和充分肯定。最近，国务院领导对税务机关征收社会保险费问题作出明确指示，要求税务机关统一思想，提高认识，切实做好社会保险费征收管理工作。为贯彻落实国务院领导的指示精神，进一步加强和推动税务机关社会保险费征收管理工作，保证社会保险费收入及时、足额入库，为实现“两个确保”提供有力资金保障，现就税务机关的社会保险费征收管理工作，提出如下意见：

一、充分认识做好社会保险费征收管理工作的重要意义

建立和完善社会保障体系，是实践江泽民总书记“三个代表”重要思想，发展有中国特色社会主义市场经济和应对加入WTO后新形势的必然要求。建立稳定、可靠的社会保障基金筹措机制，是建立和完善有中国特色社会保障体系，实现“两个确保”的首要前提。因此，社会保险费征收管理工作做得好坏，直接关系到广大人民群众的切身利益，关系到深化改革、经济发展和社会稳定的大局。税务机关肩负着筹集国家财政资金、调节社会收入分配、支持改革开放、促进经济发展的重要职能，经过多年实践，积累了大量和丰富的征管经验，培养和锻炼出一支作风过硬、业务精熟、能打硬仗的干部队伍。同时，由于熟悉和了解企业生产经营、工资水平、人员变化、财务收支等情况，使税务机关征收社会保险费具有明显优势，有利于保证和加大社会保险费征收力度。另一方面，税务机关通过征收社会保险费，扩大了收入规模，更多地参与同广大人民群众切身利益密切相关的政治、经济和社会事务，有利于提高自身的地位，发挥更大的积极作用。征收社会保险费是税务机关义不容辞的职责和义务，是税务机关贯彻落实“三个代表”重要思想和为国分忧的具体体现。因此，各级税务机关一定要充分认识到征收社会保险费的重要意义。已经负责征收社会保险费的税务机关，要认真履行国务院和地方政府赋予的职责，不辱使命，把这项工作作为一项政治任务，切实抓紧、抓好。尚未承担社会保险费征收任务的税务机关，要以积极的态度创造条件，争取早日接手这项工作，为实践“三个代表”重要思想，推动改革深入，促进经济发展，维护社会稳定，进一步完善我国社会保障体系，实现“两个确保”做出应有的贡献。

二、切实加强对社会保险费征收管理工作的领导

对于税务机关，社会保险费征收管理工作是一项全新的业务，虽然与税收征管有一些共同的方面，但也有较多的不同之处，特别在起步阶段，面临着诸多矛盾和困难。因此，能否做好社会保险费征管工作，关键在于领导重视与否。事实证明，凡是领导重视的地方，社会保险费征收管理工作就开展得比较好，工作成效较大，存在问题较少；反之，社会保险费征收管理工作矛盾较为突出，工作难有起色。各级税务机关的领导一定要以高度的政治责任心和历史使命感，从关乎今后长远发展的战略高度，重视并支持社会保险费的征收管理工作。实行税务机关征收社会保险费的地区，要将其纳入税务部门重要议事日程，从组织机构、人员、经费上给予充分保证，切实把这项工作做好。各级税务机关要实行“一把手负责制”，主要领导要深入实际和基层，研究和解决社会保险费征收管理工作中存在的困难和问题，制定切实可行的征管方案并落到实处，为做好社会保险费征收管理工作创造良好和必要的环境与条件。

三、积极做好税务机关征收社会保险费的宣传工作

征收社会保险费涉及千家万户，关系到广大人民群众的切身利益，同时，又与各个部门联系紧密。因此，大力加强宣传工作是做好社会保险费征收管理工作的重要基础。

（一）各级税务机关要主动向当地党政领导反映和宣传。已经接手社会保险费征收管理工作的地区，要通过有分析、有数据、有对比、有说服力的宣传，积极向各级党政领导反映税务机关征收管理的优势、取得的成绩、征管工作的艰辛以及遇到的困难和问题，提出进一步做好工作的意见和建议，以获得党政领导的肯定和支持。尚未接手这项工作的地区，要通过积极宣传，使党政领导认识到税务机关征收社会保险费的优势和效果，促使其尽快把社会保险费征收管理工作交给税务机关。

（二）要向社会广为宣传，使社会各方面了解税务机关征收社会保险费的艰辛、成效以及做好工作的态度和决心，从而让社会关心、了解和支持税务机关征收社会保险费工作。

（三）要向广大缴费人进行宣传。通过各种形式多样、生动活泼的宣传，使缴费人知晓缴纳社会保险费与自身利益密切相关，熟悉缴纳社会保险费的有关规定、程序和方法，了解税务机关是征收社会保险费的主体，认识到缴纳社会保险费的重要意义，从而营造出良好的社会保险费征缴氛围，减少税务机关征收管理工作的阻力和压力。

为此，各地每年至少要整理出两篇以上宣传税务机关征收社会保险费成效和经验的报道材料，通过报刊、杂志、电台、电视台等新闻媒介刊播，加大宣传力度。

四、坚决贯彻落实依法征收社会保险费的原则

依法行政是税务机关在实际工作中贯彻落实依法治国方略的必然要求。税务机关依法行政的具体表现形式是依法治税和依法征费。因此，依法征费、规范执法，是各级税务机关在社会保险费征管工作中必须始终坚持的原则。首先，在社会保险费各项征收管理工作中，要认真贯彻落实国务院《社会保险费征缴暂行条例》的有关规定。其次，规范征费行为。通过制定和完善有关征收管理制度及办法，使社会保险费征收、管理和检查等各项工作有章可循，使其逐步规范化。再次，要严格执法，依法征费，应收尽收，坚决不收“过头费”。在组织社会保险费收入和清缴欠费过程中，正确和有效地运用加收滞纳金、处罚等手段，维护法律、法规严肃性。

五、大力加强和推进社会保险费征收管理信息化建设

科技加管理是今年税收工作的主题。近年来，国家税务总局党组一直强调要融会贯通地做好“依法治税、从严治队和科技加管理”三篇文章，其中，科技加管理是“依法治税、从严治队”的重要保证。只有做好“科技加管理”，大力加强和推进信息化建设，才能更好地实现“依法治税”和“从严治队”。在社会保险费征管工作中，同样要做好这三篇文章。税务机关征收社会保险费的实践充分证明，加强和推进社会保险费征管信息化建设，有利于克服税务部门人员少、任务重的矛盾，规范社会保险费各项征管工作，对于提高社会保险费征管质量和效率，科学、合理地确定缴费基数和收入计划，扩大征缴覆盖面，加强与社会保险经办机构以及劳动保障、财政、银行等有关部门之间的工作联系，有着极为重要的意义和作用。因此，各级税务机关一定要把社会保险费征管信息化建设作为一项重要的基础性工作抓紧、抓好。在充分利用目前税务机关信息化建设成果的基础上，根据实际工作需要，大力加强和推进社会保险费征收管理信息化建设，避免重复和浪费。

六、主动加强部门之间的协作配合

社会保险费征收管理工作是一项系统工程，涉及劳动保障、财政、银行等多个部门，任何一个部门工作没有衔接好，都会对征管全局产生不利影响，降低征管效率和质量。只有部门间形成整体合力，理顺工作关系，减少推诿扯皮，才能做好各项征管工作。当前，尤其要做好征管衔接工作，处理好征收数据资料的交换、整理工作，力求准确、高效，为提高征收质量奠定良好的基础。因此，各级税务机关要增强全局观念，识大体，顾大局，讲团结，求谅解，重协作，在社会保险费征收管理工作中，主动与有关部门沟通、协调，实事求是地说明情况，提出解决问题的意见和建议，争取理解和支持，确保社会保险费各项征管工作的顺利开展。

七、突出征管工作重点抓好管理

根据目前社会保险费工作分工情况，税务机关的主要职责和任务是认真贯彻执行政策，做好各项征收管理工作。为此，各级税务机关要抓住社会保险费征管工作中的重点和难点，争取年年有所突破。只有强化征收管理，才能使上劲、使好劲。从各地反映的情况看，当前工作要着重解决好以下问题：

（一）积极推动社会保险费集中、统一征收

国务院《社会保险费征缴暂行条例》规定：社会保险费实行基本养老保险费、基本医疗保险费和失业保险费（以下称“三费”）集中、统一征收。征收主体只能是税务机关，或者只能是社会保险经办机构。目前有些地区由两个机构共同征收社会保险费，不利于社会保险费征缴工作的开展。这些地区的税务机关要积极向当地政府反映，求得理解和支持，尽快实现“三费”集中、统一征收，有条件的地区也可实行“五费”统收。

（二）加强社会保险费费源管理

税务机关要全面掌握和了解社会保险费费源分布情况，摸清有效费源和重点费源，做到心中有数。要建立重点费源大户档案，将缴费数额较大的企业作为重点监控户管理，随时掌握其费源变化情况。同时，利用税务机关熟悉企业财务状况以及具有较强的征管力量等优势，结合税收征管、稽查以及所得税汇算清缴工作，定期对缴费人数、缴费基数等申报资料进行检查核实，确保费源真实。

（三）加强社会保险费缴费基数核实工作

缴费基数的确定既关系到社会保险费征收工作的全局，也关系到缴费人的切身利益。因此，税务机关应紧密结合征收管理做好这项工作。目前要着重解决缴费基数不实的问题，认真核实参保户数和参保人数，凡与缴费基数相关的项目，如缴费人数、缴费工资总额等，都应严格、仔细核定，确保真实和准确。

（四）积极参与做好社会保险费征收计划的制定工作

目前一些地方税务机关尚未参与制定社会保险费征收计划，从而给征收工作带来被动。为此，税务机关要发挥熟悉缴费单位和缴费个人相关情况等优势，求得地方党政领导的理解和支持，学习和借鉴浙江、广东、福建等地的经验，积极参与并做好征收计划的制定工作。要对参保户数、缴费单位、费率、缴费人数等情况进行认真、仔细核对，发现问题要及时与有关部门沟通，以取得共识，实事求是地制定社会保险费征收计划。

（五）加大社会保险费清欠力度

各级税务机关根据当地政府规定负责清理欠费的，要采取切实有效措施，加大清欠力度。要根据实际情况，对欠费实行分类管理，先清新欠，再清陈欠，把由于缴费人消亡等原因造成的死欠情况与有关部门沟通，协商解决办法，采取有效处理措施。对欠费大户，尤其是欠缴千万元以上的企业作为清欠重点，实行监控督缴制度。要根据清欠对象的实际缴费能力，督促企业制定补缴欠费计划，按月督缴，定期公布欠费情况和追缴情况。

八、加强社会保险费调查研究工作

税务机关征收社会保险费是一项新的工作，时间较短，实际困难和问题较多，特别是社会保险费的征收和管理脱节，各地社会保险费政策不统一、征管不规范，部门之间需要做大量协调工作等，影响了税务机关社会保险费征收管理工作的质量和效率。为此，各级税务机关要根据当前工作中的突出问题，抓住主要矛盾，积极开展调查研究，提出完善《社会保险费征缴暂行条例》的意见和建议。同时，要善于向有关地区学习，汲取好的经验和做法，为我所用，取长补短，共同提高，不断探索社会保险费征收管理工作的新路子。

关于能否受理原公务员身份职工诉机关补交社会保险金的复函

（2002年9月29日　劳社厅函〔2002〕299号）

深圳市劳动局：

你局《关于能否受理原公务员身份职工诉机关补交社会保险金的请示》（深劳报〔2002〕74号）收悉。经研究，现答复如下：

根据《关于职工在机关事业单位与企业之间流动时社会保险关系处理意见的通知》（劳社部发〔2001〕13号）规定，公务员及依照公务员制度管理的单位工作人员流动到企业后，由其原所在单位给予一次性补贴。因流动到企业的公务员与原所在单位不属于劳动合同关系，不在《劳动法》调整的主体范围，劳动争议仲裁委员会不宜受理。

劳动和社会保障部办公厅关于进一步做好城镇从业人员参加社会保险工作有关问题的通知

（2003年7月3日　劳社厅发〔2003〕16号）

各省、自治区、直辖市劳动和社会保障厅（局）：

最近，一些群众来信反映，当地少数城镇企业尤其是非公有制企业不依法参保缴费的问题仍然比较突出。有的企业不按规定办理社会保险登记，故意逃避参保缴费责任；有的企业只为部分职工参保缴费，不及时为新招用的下岗失业人员办理参保缴费手续；有的企业以招用人员劳动合同期限短为由，拒绝为职工参保缴费，甚至随意解雇提出参保缴费合理要求的职工。这些违法行为，不仅影响了城镇新生劳动力就业和企业下岗失业人员再就业，也直接损害了从业人员的合法权益，甚至影响到社会的稳定。各地要从贯彻落实“三个代表”重要思想的高度，充分认识做好城镇从业人员依法参加社会保险工作的重要性，要根据本地区的实际情况，制定切实可行的政策措施，解决当前工作中存在的突出问题，坚决制止少数企业拒绝为职工参保缴费的行为，以维护职工的合法权益。为进一步做好城镇从业人员参加社会保险工作，现就有关问题通知如下：

一、认真贯彻落实社会保险法律法规及相关政策规定。各地要继续深入贯彻落实《社会保险费征缴暂行条例》和《失业保险条例》等社会保险法规，进一步规范社会保险登记制度和社会保险费申报、缴纳制度，认真落实《社会保险稽核办法》，建立科学规范的社会保险审查、稽核制度，规范城镇用人单位及其职工依法参加社会保险的行为，做到应参保的用人单位和从业人员都能够依法参保缴费。各省区市每年要组织1~2次专项检查，各地市每季度都要进行工作检查，总结经验，查找问题，制定具体工作措施。

二、加强社会保险登记和社会保险费征缴工作。各地要定期开展对城镇各类企事业单位社会保险登记的检查工作，各级社会保险经办机构要与同级工商登记、编制管理等部门密切协作，随时掌握本地区各单位情况，对于尚未按规定进行社会保险登记的单位，要限期办理登记手续。要及时了解和掌握城镇各类企事业单位的参保缴费情况，重点检查核实参保企业的实际用工人数、参保缴费人数、单位工资总额等情况。一经发现单位拒绝为职工参保缴费的行为，要责令改正，限期为应参保职工办理参保缴费手续并补缴费用。

三、加强用人单位劳动合同管理工作。要监督检查用人单位严格按照《劳动法》的规定与职工签订劳动合同，不论劳动合同期限长短，用人单位都应按规定为职工参保缴费。对用人单位以劳动合同期限短为由拒绝为职工参保缴费的行为，一经发现应严肃处理。用人单位应按照《劳动力市场管理规定》，对招用的人员向劳动保障部门办理就业登记后按规定为其参保缴费。

四、做好社会保险关系转移和接续工作。各地区要针对城镇从业人员流动情况，做好社会保险关系转移和接续工作，特别是对下岗失业人员实现再就业的，应及时为其接续社会保险关系，督促新的用人单位为其继续参保缴费，并认真落实社会保险补贴政策。要探索以灵活方式就业的人员参加社会保险的办法，并针对这些人员的特点，研究新的管理服务方式。同时，要避免职工因在多个单位就业重复参加养老保险的现象，一旦发现要及时妥善处理。

五、加大劳动保障监察执法力度。各级劳动保障监察机构要通过日常巡视监察、专项检查、劳动保障年检等方式，加大对用人单位办理社会保险登记、申报缴费情况的监察力度。对用人单位不依法参保缴费等行为，及时依法严肃查处。要认真做好群众举报案件查处工作，公布举报电话，设立举报信箱，对于群众的举报和投诉，及时处理结案。各级劳动保障监察和社会保险经办机构要密切配合，建立和完善定期相互通报制度，全面掌握本地区参保缴费单位的情况，发现问题及时处理。对经查属于未按规定进行社会保险登记和申报缴纳社会保险费的单位，除依法处罚外，还要在新闻媒体上进行曝光，督促其改正。

劳动和社会保障部
关于进一步加强社会
保险稽核工作的通知

（2005年1月21日　劳社部发〔2005〕4号）

各省、自治区、直辖市劳动和社会保障厅（局）：

《社会保险稽核办法》（劳动和社会保障部令第16号，以下简称《稽核办法》）发布实施以来，各级劳动保障部门和社会保险经办机构狠抓落实，社会保险稽核工作取得了初步成效，有力地促进了社保基金增收节支。为了进一步做好社会保险稽核工作，现就有关问题通知如下：

一、充分认识稽核工作的地位作用，不断增强做好稽核工作的责任感和自觉性加强社会保险稽核工作，是劳动保障行政部门及社会保险经办机构履行社会保险管理，特别是社会保险基金管理职能的具体体现，是确保社会保险费应收尽收、维护参保人员合法权益的有效措施，也是促进规范管理的重要内容。目前，一些参保单位少报缴费基数、人数的问题比较突出。加强稽核工作既能促进参保人数外延式扩大，又能确保基金内涵式增长，同时，还能有效防范社保基金流失。各级劳动保障部门要高度重视稽核工作。无论由哪个部门征缴社会保险费，社会保险经办机构都要严格履行稽核职能，认真筹划，精心组织。有关职能部门要密切配合，形成合力，采取有力措施，务求稽核实效。

二、加强稽核机构队伍建设，着力整合稽核资源

建立健全稽核机构队伍是开展稽核工作的重要保证。各地要依据《稽核办法》，按照《关于切实做好〈社会保险稽核办法〉实施工作的通知》（劳社部函〔2003〕32号）要求，建立健全稽核工作机构，并选配高素质人员充实稽核队伍。实行社会保险经办机构征收社会保险费的地区，要兼顾各个险种调整充实稽核人员。按险种单设机构的地区，要整合稽核力量，建立顺畅的工作机制。由税务部门负责征收的地区，社会保险经办机构更要充实稽核力量，切实履行稽核职能，切实加强稽核工作。要努力降低稽核成本，减少被稽核对象的事务性工作，增强工作的整体效应，维护劳动保障部门的良好形象。

三、突出抓好征缴稽核，确保社会保险费应收尽收

坚持社会保险稽核制度，每年养老、医疗、失业、工伤、生育等险种的实地稽核人数不少于参保人数的三分之一。要将优势企业、大型企业、外商投资企业和欠费企业作为实地稽核重点对象，主要稽核用人单位申报的缴费人数和缴费基数情况，参保单位和个人按时足额缴纳社会保险费情况，欠费单位按计划补缴欠缴的社会保险费情况等。要将稽核关口前移，有条件的地区可探索将缴费基数申报制改为核定制。对于稽核出来的问题要跟踪督办，确保应补缴的社会保险费及时足额到帐。社保经办机构在稽核中发现被稽核单位存在违反社会保险法律、法规或者规章的行为，要及时报告劳动保障行政部门。被稽核对象少报、瞒报缴费基数和缴费人数，拒不按照社会保险经办机构要求改正的，社会保险经办机构要报请劳动保障行政部门依法处罚。劳动保障行政部门要按照《劳动保障监察条例》规定对社会保险经办机构提请处罚事项及时立案调查处理，并将结果告知社会保险经办机构。

四、全面落实清欠目标责任制，下大力气抓好清理企业欠费工作

各地要积极争取当地政府的重视和支持，根据欠缴社会保险费情况，制定具体的清欠计划，把责任落实到有关部门和人员，并将清欠实绩与考评奖励挂钩，确保目标的实现。实行税务部门征收社会保险费的地区要加强与税务部门的协调配合，明确各自职责和工作程序，共同做好清欠工作。各地要强化稽核在清欠中的基础作用，通过实地稽核，及时准确地掌握企业的缴费能力，有的放矢地做好清欠工作。对于破产欠费企业，要积极研究解决办法，该核销的要

按有关规定予以核销。养老、医疗、失业、工伤、生育等险种均要建立健全欠费企业数据库和统计分析报告制度，定期汇总了解各地拖欠社会保险费情况，有针对性采取措施加以解决。要继续把欠费大户作为监控重点，搞好跟踪调度，坚持欠费信息披露制度，充分发挥各种传媒的舆论监督作用。

五、加大反欺诈力度，防止社会保险基金跑、冒、滴、漏

各地要认真核查虚报、冒领基本养老金问题和其他社会保险待遇的欺诈行为。要以社区平台为依托，以信息技术为手段，建立享受社会保险待遇资格核查制度及异地协查制度，构建全方位、多层次、立体化的协查网络。坚持定期核查企业离退休人员领取养老金情况的制度，在上一年核查的基础上，做到全面核查，及时杜绝各种冒领行为。要努力探索医疗、工伤等险种支付稽核的特点和规律，结合本地实际，拿出实在管用的反欺诈措施。社会保险经办机构在核查中，发现骗取社会保险待遇或者骗取社会保险基金支出的，社会保险经办机构要立即停止待遇的支付并责令退还；拒不退还的，提请劳动保障行政部门依法查处；构成犯罪的，由劳动保障行政部门移送司法机关依法追究刑事责任。

六、建立内部控制机制，不断优化经办管理制度

各地要在系统内建立内部控制制约机制，切实加强社保基金管理，确保基金安全与完整。采取上对下、交叉检查等形式，重点检查社会保险收支的原始凭证是否真实可靠，有无弄虚作假现象，检查社会保险财务制度是否健全，各项费用结算办法是否科学、完善等。要通过稽核审计，督促本系统建立健全各项财务制度和费用结算制度，建立和完善相关岗位、相关人员的牵制监督机制。对稽核审计中发现的套取、挪用、贪污社会保险基金的问题，要一查到底，严肃处理，绝不手软。

七、建立健全企业缴费信用记录，努力营造“诚信申报，依法缴费”的良好氛围

各级劳动保障行政部门要按照《关于推行企业劳动保障诚信制度的指导性意见》（劳社厅发〔2003〕21号）的要求，指导社会保险经办机构围绕企业依法履行社会保险参保登记、缴费申报、基金缴纳和社会保险基金管理等内容，做好企业履行缴费义务的信用记录，对现有信用记录进行归集整理，建立健全企业诚信缴费信息库。开发诚信缴费评分模块，有条件的地区实现联网共享、信息互换，充分利用、整合各种信息资源，建立公正、公开、高效的稽核信息体系，为劳动保障行政部门依法建立用人单位劳动保障守法诚信档案提供可靠依据。社会保险经办机构要通过“自报－稽核－评定－公示”等程序，评出“社会保险诚信企业（单位）”，通过各种传媒定期向社会公布、褒扬。对于诚信企业（单位），采取积极的鼓励措施，对失信行为，采取“记录、提示、警告、处罚”等手段，营造依法缴费光荣的环境和氛围。

请各地在2005年2月底之前将社会保险稽核实施方案报我部社会保险事业管理中心，按照《关于印发〈2005年劳动和社会保障部统计报表制度〉的通

知》（劳社部函〔2004〕261 号）要求，按月上报《企业欠缴基本养老保险费月报表》和《缴纳社会保险费与欺诈冒领社会保险待遇稽核情况表》。期间，我部将对各地开展稽核工作情况进行检查督导。

国家税务总局关于切实加强税务机关社会保险费征收管理工作的通知

（2005 年 4 月 14 日　国税发〔2005〕66 号）

河北、内蒙古、辽宁、黑龙江、江苏、浙江、安徽、福建、湖北、湖南、广东、海南、重庆、云南、陕西、甘肃、青海省（自治区、直辖市）及宁波、厦门市地方税务局：

为贯彻全国税收征管工作会议和全国税务机关社会保险费征收管理工作座谈会要求，不断提高税务机关社保费征收管理工作的质量和效率，现将有关事项通知如下：

一、提高认识，加强领导，大力组织收入

做好社保费征管工作，对于贯彻落实“三个代表”重要思想，促进经济和社会全面发展，构建社会主义和谐社会，全面实现小康社会的奋斗目标，具有重要意义。国务院颁布的《社会保险费征缴暂行条例》明确规定税务机关是社会保险费的征收主体之一，各级税务机关要切实提高认识，加强领导，以组织社保费收入为中心，围绕“夯实基础，规范管理，强化主体，提高效率”的工作思路，努力完成国务院和省级人民政府交给税务机关的重要任务。

组织收入是税务机关社保费征收管理工作的中心，是衡量工作成效的关键。各级税务机关要树立正确的社保费收入观，依法征费，应收尽收，既不人为调控社保费收入，也坚决不收“过头费”。要着力抓好年度征收计划的分解和落实，明确责任，建立健全考核奖惩机制。切实加强收入督导的力度，搞好收入统计分析工作，定期通报社保费征管工作情况，跟踪掌握各地区征缴进度，及时解决组织收入工作中出现的问题，督促进度较慢的地区采取措施狠抓费款入库。

二、加强管理，夯实社会保险费征管基础

（一）加强费源管理，提高监控水平。费源管理是社保费征收管理的重要基础，各级税务机关要高度重视和做好费源管理工作。一要有计划地定期开展费源调查工作，全面掌握社保费费源分布情况，特别是有效费源和重点费源，摸清费源总量及其结构、费源变动及其特征、征收率、缴费能力状况等底数。二要强化缴费人户籍管理，逐步建立户籍档案，健全缴费人登记底册、征收台账等基础征管资料。要结合税务登记的开户、变更、停复业、注销等情况，对缴费人实行动态管理。三要建立重点费源监控制度。省级税务机关可根据当地实际情况制定本级及以下各级重点费源户标准，随时掌握其费源变化情况，对重点费源实行重点管理。对年缴费额3000万元以上（含3000万元）的重点费源户要报送国家税务总局（所得税管理司）备案。四要利用税务机关的征管优势，结合税收征管、稽查以及所得税汇算清缴工作，不定期对缴费人数、缴费基数等申报资料进行检查核实。

（二）大力做好欠费管理和清理欠费工作。欠费是社保费征收管理中的一个难点，各地要采取行之有效措施，大力压欠。一是要开展欠费清查工作，对历年欠费逐户核实，建立欠费人档案和清理欠费台账，加大监控力度。二是要对欠费和欠费人合理进行分类，实施动态的分类管理。对其中欠费数额较大的重点欠费人（各地可根据实际情况确定具体标准），要作为各级重点监控对象，实施跟踪管理，定期追欠。三是要将清欠工作列入目标管理考核，建立清欠目标责任制，在摸清欠费情况的基础上，制定清欠计划并抓好落实。

（三）加大参保扩面工作力度。各级税务机关要积极配合劳动保障部门，采取有效措施，做好参保扩面工作。当前尤其要做好以非公经济、自然人为重点的扩面征收工作，逐步消除参保的盲点，不断增加费源和社保费收入。

（四）大力开展宣传工作。社会保险费征收关系到广大人民群众的切身利益和社会稳定的大局，大力加强宣传是做好这一工作的重要前提和基础。各级税务机关要牢固树立"创建优质、高效的社保费征管服务体系是税务机关社保费征管工作最好的宣传"的理念，逐步建立社保费宣传的长效机制，以宣传促征管，以征管带宣传。要面向社会、党政领导和有关部门，充分利用内部、外部各种宣传手段，广泛宣传税务机关社保费征管工作的情况、成效以及有关政策和制度规定，持之以恒地开展社保费宣传工作，营造良好征管氛围。

三、狠抓规范，实施科学化精细化管理

（一）狠抓管理制度规范。各地要结合本地实际情况，积极探索和掌握社保费征管规律，以税收管理的标准来加强社保费的征收和管理。重点做好以下几个方面工作：一是加强税务机关征收社保费的法制化建设，积极争取和推动地方性法规的立法工作，将行之有效的办法通过地方法规形式确定下来。二是强化组织保障措施，各级税务机关职能部门应积极配合做好社保费征管工作，把社保费规范管理纳入税收规范化工程建设体系中，融入整个税收征管系统之中，实现税费征管一体化。三是完善岗责制度。要明确各级税务机关及其内部职能机构在社保费征收中的职责，将社保费征管环节中的岗位及其责任逐一落实，明确岗责目标，避免出现管理的"真空"。四是完善考核制度。要从组织收入、征收管理、各项基础性工作、稽查等各方面实行税费并举，统一考核。要将征收任务层层分解到具体征收单位，将责任落实到人，将社保费征管工作成效纳入目标责任制考核范围，完善社保费征管工作考核制度。

（二）狠抓征管程序规范。各地要按照精确、细致、深入的要求，明确职责分工，优化业务流程，规范征管程序，加强协调配合，实现粗放式管理向精细化管理转变。一是规范建档管理程序。在为缴费单位办理有关缴费手续的同时，就要分户建立征管档案，明确档案管理的具体内容。二是规范申报程序。要明确缴费人的缴费申报义务和报送的资料，注重坚持日常申报审核制度。三是规范征收程序。要明确社保费征收入库的程序规定，逐步规范社保费的入库方式、征收方式及缴费基数，确保社保基金安全。四是规范检查程序，充分发挥税收征管综合优势，实行税费统查。五是规范催缴、处罚程序。各地要制定统一催缴的期限和文书，明确规定处罚的部门、处罚的条件、标准和决定程序。六是规范接受举报及处理程序。要向社会公开举报电话，制定举报办法，对被举报人要在有关政策规定的时限内进行核实、查处。

（三）狠抓缴费服务规范。各级税务机关要牢固树立服务观念，切实维护缴费人的合法权益，以提高缴费遵从度和优化缴费环境为目标，不断拓宽服务渠道，明确服务方式和服务内容，改进缴费服务，做到服务与征管有机结合，在强化征管中提高服务水平，在优化服务中加强社保费征管。各地要结合本地社保费征管工作的实际，认真落实“一站式”服务、首问负责制、文明办税“八公开”等经验和做法，有条件的地方，也可采取税务、劳动、银行等联合办公的做法，不断拓宽服务内容和项目，提高缴费服务质量。

四、树立正确观念，强化税务机关征收主体地位

（一）税务机关征收社保费的主体地位，是国务院《社会保险费征缴暂行条例》赋予和省级人民政府确定的。各级税务机关要克服“代征”社保费的错误认识，树立税务机关就是社保费征缴主体的正确观念，不断强化税务机关的社保费征收主体地位，发挥征收力度大、征税网点多、征管信息资源和征管经验丰富、征管信息化水平高，熟悉企业生产经营、财务管理、工资水平等方面的优势，加强社保费征收管理，完成社保费征管工作各项任务。

（二）积极推动税务机关社保费全责征收工作。要认真借鉴和大力宣传部分地区实行全责征收的做法及经验，努力争取地方党政领导的理解和支持，推动税务机关全责征收社保费的地方性法规的立法工作。有条件的地区，可以采取先试点再逐步铺开的做法，大力推进这项工作。

（三）加快推进社会保险费集中、统一征收。这既是贯彻落实国务院《社会保险费征缴暂行条例》的要求，也是巩固、强化税务机关征收主体地位的重要内容。尚未实行基本养老保险费、基本医疗保险费和失业保险费集中、统一征收的地区，要按照《国务院社会保险费征缴暂行条例》关于社保费实行集中统一征收的规定，加大工作力度，积极创造条件，尽快实现税务机关集中、统一征收。有条件的地区，应积极接手工伤保险费和生育保险费的征收工作，实现“五费统征”。要勇于探索，大胆实践，积极献言献策，逐步理顺和完善税务机关的社保费征管职责，努力建立新的征管模式。

五、推进信息化和机构人员建设，提高社保费征管质量和效率

（一）积极推进社保费征管信息化建设，是不断提高税务机关征管质量和效率的基本依托。各地税务机关要立足当前，放眼长远，充分利用现有的税收征管信息化的功能和成果，补充社保费征管的内容。单独开发社保费征管信息系统的地区，要适时与税收征管信息化建设进行资源整合，实行一体化管理和一户式管理。要积极探索充分利用税收管理，特别是企业所得税和个人所得税管理的信息与社保费征管相结合的方法，使税费管理相互促进、相得益彰。要加快实现社保费信息资源共享，各地可以借鉴部分地区先行试点逐步推广的经验，继续大力开展与财政、银行、劳动、社保等部门和单位的数据联网工作，通过银行扣缴等多种方式，提高征收效率，并将有关数据、信息资料及时提供给有关部门，实现全社会信息资源共享。要充分利用信息化手段，对缴费人实行建档管理，并积极推广邮寄、互联网等多种申报方式，方便缴费人。

（二）建立健全机构、充实人员，不断提-部队伍素质，是提高税务机关社保费征管工作质量和效率的根本保障。各级税务机关要适应社保费征管工作面临的新形势、新情况，建立健全社保费征收管理机构，切实加强干部队伍建设。有条件的地区应在省、市税务机关单独设立社保费征收管理机构，并选调具有较好税收业务基础、熟悉财务会计知识的人员充实到社保费征收管理机构中。各级税务机关要加强社保费业务和专业管理人才的培养工作，努力提高社保费征管人员的素质，逐步形成一支素质优良、业务能力强、知识结构合理的社保费专业管理人才队伍，不断提高社保费征管的质量和效率。

关于进一步加强社会保险基金管理监督工作的通知

（2006年9月1日　劳社部发〔2006〕34号）

各省、自治区、直辖市劳动保障厅（局）：

社会保险基金的安全与完整，直接关系广大参保人员的切身利益和社会稳定。党中央、国务院高度重视社会保险基金管理监督工作，多次提出明确要求。近年来，各地和有关方面做了大量工作，社会保险基金管理监督得到加强，但仍存在政策不完善、管理不规范、监督不到位等问题，挤占挪用现象仍有发生，严重影响了社会保险基金安全和制度可持续运行。近日，审计署向各省、自治区、直辖市和计划单列市人民政府发出了审计社会保障资金的通知，各级劳动保障部门要高度重视，按照审计署和省级政府的要求，积极配合做好工作。为进一步加强基金管理监督工作，现就有关问题通知如下：

一、严格执行社会保险基金管理的政策法规。基金是社会保险的生命线，

是制度运行的物质基础。为加强对社会保险基金的管理和监督，劳动保障部、财政部、审计署等部门依据国家的法律、法规制定了《社会保险基金财务制度》、《社会保险基金会计制度》、《社会保险基金行政监督办法》、《社会保险基金监督举报工作管理办法》、《社会保险审计暂行规定》、《社会保险稽核办法》等一系列规章和制度。各级劳动保障部门要进一步增强法制观念，严格认真地贯彻实施，加强基金管理和监督，确保基金安全。

二、建立健全社会保障监督委员会的工作制度。近年来，为加强对社会保险基金的管理监督，各地建立了社会保障监督委员会，在监督委员会的领导下，充分发挥劳动保障部门的行政监督、有关部门的专门监督、企业职工以及新闻媒体等方面的社会监督作用，收到了明显成效。各地要在原有工作的基础上，进一步完善监督委员会的工作制度，形成委员会领导下的齐抓共管监督体系和工作机制。

三、充分发挥主管部门的职能作用。社会保险基金的管理监督包括基金征缴、支付、投资、预算、决算等环节，要严格执行现有各项规定。各地劳动保障部门主要负责同志要高度重视社会保险基金管理监督工作，切实负起领导责任，加强基金管理监督队伍的建设，调整充实专职和专业人员，提供必要的工作条件。基金监督部门要不断提高政治业务素质，认真履行职责，敢于坚持原则，善于发现问题，勇于攻克难点。社会保险经办机构要严格缴费单位与个人的申报审核制度，切实加强社会保险稽核工作，依法对缴费基数进行稽核，确保基金应收尽收，严格查处各种骗取社会保险基金的行为。

四、强化社会保险基金收支管理。要按照国务院有关规定，将社会保险基金纳入社会保障基金财政专户，实行收支两条线管理，专款专用，任何地区、部门、单位和个人均不得挤占挪用。要加强与财政部门的协调，及时掌握社会保险基金的存储情况，不得用于平衡财政预算。要切实加强和规范中央财政对基本养老保险补助资金的分配使用管理工作，及时下拨资金，不得截留。对违反基金管理规定的，要发现一起，查处一起。

五、禁止社会保险基金违规投资运营。要严格管理社会保险积累基金，除按规定预留必要的支付费用外，全部存入银行和购买国债，在国家做出新的规定之前，一律不得进行其他投资。各级社会保险经办机构收到本通知后，要立即与同级财政部门核对财政专户的有关账目，如有违规投资运营的资金应抓紧收回，并按规定予以查处。

六、规范企业年金管理和基金投资运营。《企业年金试行办法》（劳社部令20号）和《企业年金基金管理试行办法》（劳社部令23号）颁布后，社会保险经办机构不再接收新的企业年金计划，新建立的企业年金计划要由具备企业年金基金管理资格的机构管理运营；劳社部令20号、23号颁布前建立的企业年金计划，要在2007年底之前移交给具备资格的机构管理运营。在过渡期内，合同到期的投资项目，要按劳社部23号令规定执行，不得再投向禁止的领域。

七、加强社会保险经办机构内控制度建设。要按照《关于开展社会保险经办机构养老保险内部控制检查的通知》（劳社部明电〔2006〕5号）要求，搞好社会保险经办机构内部审计和内控制度检查，找出存在的问题，改进管理工作。各地要按规定的时间和要求完成，并提交检查报告。在今年检查的基础上，加强内部审计与控制制度建设，规范业务流程，强化权力制约和责任追究制度，提高管理水平，有效控制基金管理的风险。

八、加大社会保险基金监督检查的力度。部里将定期组织对社会保险基金进行全面检查，并随时抽查，重点监控，及时受理群众举报，加强对案件查处的指导和督办。各地劳动保障部门要根据当地实际情况，研究有效的工作机制和办法，加强日常监督检查，及时化解基金风险。

各地劳动保障部门要按照本通知要求，尽快对此项工作做出专门部署。贯彻落实情况，请于2006年11月30日前书面报部。工作中的重要情况和问题，请及时向部报告。

国家税务总局关于进一步加强税务机关征收社会保险费欠费管理和清缴工作的通知

（2006年9月5日　国税发〔2006〕140号）

河北、内蒙古、辽宁、黑龙江、江苏、浙江、安徽、福建、湖北、湖南、广东、海南、重庆、云南、陕西、甘肃、青海省（自治区、直辖市）地方税务局，宁波、厦门市地方税务局：

部分省市税务机关开展社会保险费征管工作以来，认真落实国家税务总局与当地政府关于加强社会保险费欠费管理和清缴工作的要求，不断加大欠费管理和清缴的工作力度，取得了明显效果。但由于社会保险费欠费成因复杂，欠费管理不规范、清缴欠费难的现象在一些地区仍是一个比较突出的问题。为进一步加强税务机关对社会保险费的欠费管理和清缴工作，现将有关要求通知如下：

一、进一步提高对加强社会保险费欠费管理和清缴工作重要性的认识

税务机关征收社会保险费是省级人民政府按照国务院的有关规定，赋予税务机关的一项重要职责，依法足额、按时征收社会保险费入库，是税务机关履行这一职责的体现，也是税务机关依法行政、依法筹集社会保障资金的基本要求。社会保险费欠费管理和清缴工作是各级税务机关征收社会保险费工作的重要内容之一，欠费及其管理、清缴情况，在一定程度上体现了税务机关社会保险费征管工作的质量和效率。因此，进一步加强社会保险费的欠费管理和清缴

工作，对更好地筹集社会保险资金、维护缴费人合法权益、提升税务机关形象，具有十分重要的意义。

二、认真开展欠费清查，建立欠费人档案

缴费人超过行政法规、规章规定的缴费期限，或者缴费人超过主管税务机关依照行政法规、规章规定的缴费期限（以下简称缴费期限）未缴纳的社会保险费费款，应作为欠费进行管理和清缴。具体包括：

（一）办理缴费申报后，缴费人未在缴费期限内缴纳的费款；

（二）主管税务机关或其他有权机关实施检查，已查定缴费人的应补缴费款，缴费人未在检查机关规定的应补缴费款缴费期限内缴纳的应补费款；

（三）缴费人其他情形下未在缴费期限内缴纳的费款。

有上述欠费情形的缴费人，包括单位和个人，应作为欠费人进行管理。

各级税务机关对社会保险费的欠费情况要定期开展清查，逐户核查欠费人的欠费具体情况，了解欠费形成的原因，合理界定欠费人和欠费的类型。在此基础上，建立欠费人档案，记录欠费人基本情况（名称、所在地、税务登记证号、社保登记号、法人代表和经办人员的姓名、联系电话等）、欠费人所属类型、欠费所属期、欠费类型以及各类型欠费数额、欠费总额、各费种的欠费额等情况。

三、合理界定欠费人类型，对欠费人实施动态管理

各级税务机关应根据欠费清查结果和欠费人档案所载资料，并根据欠费人的生产经营、资金往来、债权债务、投资、工资发放、清欠计划执行等情况，按照欠费人的实际缴费能力，将欠费人分为无缴费能力、有缴费能力和有部分缴费能力三种类型。三种类型的欠费人可按下列标准确定：

（一）无缴费能力的欠费人，是指具有下列情形之一的欠费人：

1. 已依法破产关闭、已责令关闭、已自行解散关闭，并已完成清算程序的；

2. 工商登记或者税务登记已按规定注销，且已连续3个月以上未缴费，并无法找到其地址、无法联系的。

（二）有缴费能力的欠费人，是指生产经营正常或者基本正常，能够或者基本能够正常足额发放在职职工工资的欠费人。

（三）有部分缴费能力，是指具有下列情形之一的欠费人：

1. 已正式公告破产、撤销、解散并已进入上述程序的；

2. 企业改组改制后仍存续，但其主要资产已分离出去，无法正常生产经营或者经营困难的；

3. 经营困难，连续停产或未取得生产经营收入6个月以上，且连续3个月以上未缴费的；

4. 其他既不符合无缴费能力标准，也不符合有缴费能力标准的欠费人。

对上述三类欠费人，应实行动态管理。即对无缴费能力的欠费人，原则上可另案管理，但对其欠费，应继续采取措施清缴，并关注其生产经营状况，一

旦其出现经营状况好转，应根据实际情况并按标准转为相应类型欠费人的管理。对有部分缴费能力的欠费人，要重点监控，随时掌握缴费人的缴费、欠费、生产经营和工资发放情况，欠费人情况发生变化并符合有缴费能力标准的，要及时转为有缴费能力欠费人的管理；经营状况继续恶化并符合无缴费能力条件的，转为无缴费能力欠费人的管理。对有缴费能力的欠费人，要纳入正常征管、考核范围。对有缴费能力而拒不缴费的欠费人，要依照《社会保险费征缴暂行条例》和有关法规强制执行。

四、合理界定欠费类型，对欠费实施分类管理

各级税务机关可按照欠费人所欠费款的性质，将欠费分为难以收回欠费(死欠)、可收回欠费。可收回欠费，按欠费时间长短分为陈欠、新欠。死欠是指因欠费人已破产、消亡、失踪或完全丧失缴费能力，经核实确实难以收回的欠费，即无缴费能力欠费人的欠费。陈欠是指历年结转的欠费。新欠是指当年发生的欠费。

主管税务机关应根据欠费的类型，对欠费实施分类管理。对死欠，可以另设台账登记管理，暂不作为应缴数统计，但不能放弃对其追缴。对陈欠，应当认真分析欠费原因，制定清缴计划予以落实。对新欠，要严加监管，认真落实催缴制度，尽快清缴并防止增加新欠。其中，新欠和陈欠要作为管理和清缴的重点，采取措施有效控制新欠的产生，严格清缴陈欠。

五、建立重点欠费人管理制度，突出对重点欠费人的管理

各级税务机关应将欠费数额较大的欠费人作为重点欠费人进行管理。各地可根据实际情况，确定本级税务机关监控的重点欠费人标准，将重点欠费人纳入各级税务机关的重点监控数据库，加强对重点欠费人的日常监管，同时实行跟踪管理，定期追欠，实现对重点欠费人的动态监控。对累计欠费1000万元以上的重点欠费人，每年由省级税务机关报国家税务总局（所得税管理司）备案。

主管税务机关应当按照有关法规规定，公告重点欠费人名单和欠费情况，或将重点欠费人名单和欠费情况及时通报有关部门予以公告。

六、明确清理欠费职责，加强部门之间配合

各级税务机关应主动与财政、劳动保障、社保经办机构等部门加强沟通与协调，对社会保险费欠费人的情况进行核实、了解，协商清欠方法和措施，切实履行清理欠费的职责。

主管税务机关应明确和分解落实清理欠费的职责，实行清理欠费责任制，每年要制定落实清理欠费计划的措施，按月或者按季实施。主管税务机关应设立清理欠费台账，其内容应包括：某一时段前本地区累计欠费总额、分类型欠费额、分费种欠费额、欠费人总户数、分类型欠费人户数、分费种欠费人户数、每户欠费总额及分类型欠费额、形成原因、负责清欠管理的主管税务机关、清理欠费进度等。

各有关省、自治区、直辖市和计划单列市地方税务局，应定期（每半年报

一次）向国家税务总局（所得税管理司）报送欠费管理和清缴欠费工作情况，对欠费管理和清缴欠费的做法、经验以及存在的问题进行总结，提出进一步加强管理和清缴欠费的计划和措施，同时填报《社会保险费欠费情况统计表》（见附件1）以及《重点欠费人基本情况统计表》（见附件2）。从2007年起，上半年情况7月底前报送，下半年及全年情况次年2月底前报送。总局将对各地社会保险费欠费管理和清缴工作情况实施考核。

附件：

1. 社会保险费欠费情况统计表（略）

2. 重点欠费人基本情况统计表（略）

国务院办公厅、中央军委办公厅关于印发《中国人民解放军军人配偶随军未就业期间社会保险暂行办法》的通知

（2003年12月25日　国办发〔2003〕102号）

经国务院、中央军委批准，现将《中国人民解放军军人配偶随军未就业期间社会保险暂行办法》印发给你们，请认真贯彻执行。

中国人民解放军军人配偶随军未就业期间社会保险暂行办法

一、为了解决军人配偶随军未就业期间的基本生活保障和社会保险补贴待遇及关系衔接问题，解除军人后顾之忧，激励军人安心服役，根据有关政策规定，结合军队实际，制定本办法。

二、国家建立军人配偶随军未就业期间基本生活补贴制度和养老、医疗保险个人账户，并给予个人账户补贴。

三、随军配偶符合下列条件之一的（以下称未就业随军配偶），依照本办法规定享受基本生活补贴和养老、医疗保险个人账户补贴待遇：

（一）随军前未就业、经批准随军随队后未就业且无收入的；

（二）随军前已就业但未参加基本养老保险、经批准随军随队后未就业且无收入的；

（三）经批准随军随队后未就业且无收入，已参加基本养老保险，并将基本养老保险关系和个人账户资金转入军队的。

四、军队政治机关和后勤机关按照职责分工负责军人配偶随军未就业期间基本生活补贴的审批与支付、建立养老和医疗保险个人账户的资格认定，以及基本生活补贴资金和个人账户资金的管理，并会同地方人民政府劳动保障部门及其社会保险经办机构，办理未就业随军配偶社会保险关系和个人账户资金的转移、接续工作。

五、军人配偶随军未就业期间基本生活补贴按照下列标准，由军人所在单位后勤机关按月发放：

（一）驻国家确定的一、二类艰苦边远地区和军队确定的三类岛屿，以及一般地区部队的军人，其配偶随军未就业期间基本生活补贴标准，为每人每月320元。

（二）驻国家确定的三、四类艰苦边远地区和军队确定的特、一、二类岛屿部队的军人，其配偶随军未就业期间基本生活补贴标准，为每人每月410元。

国家确定的艰苦边远地区具体范围和类别按《国务院办公厅转发人事部、财政部关于调整机关事业单位工作人员工资和增加离退休人员离退休费四个实施方案的通知》（国办发〔2001〕14号）执行。军队确定的岛屿类别按《总后勤部关于印发〈军队地区津贴规定〉的通知》（〔1998〕后财字第331号）执行。

六、驻国家确定的一、二类艰苦边远地区和军队确定的三类岛屿部队的军人，其配偶随军未就业期间领取基本生活补贴标准全额的期限最长为60个月；驻一般地区部队的军人，其配偶随军未就业期间领取基本生活补贴标准全额的期限最长为36个月。未就业随军配偶领取基本生活补贴标准全额期满后，按本人基本生活补贴标准8%的比例逐年递减。递减后的基本生活补贴最低标准，由总后勤部参照省会城市失业保险金标准确定。

驻国家确定的三、四类艰苦边远地区和军队确定的特、一、二类岛屿部队的军人，其配偶随军未就业期间基本生活补贴标准不实行递减。

七、军人配偶随军未就业期间基本生活补贴标准的调整，由总政治部、总后勤部商国务院有关部门确定。

八、军人所在单位后勤机关按照缴费基数11%的规模，为未就业随军配偶建立养老保险个人账户，所需资金由个人和国家共同负担，其中，个人按6%的比例缴费，国家按5%的比例给予个人账户补贴。缴费基数参照上年度全国城镇职工月平均工资60%的比例确定。

个人缴费和国家给予个人账户补贴的比例，根据企业职工个人缴费比例的变动情况，由总后勤部商国务院有关部门适时调整。

九、本办法实施以前随军随队的未就业随军配偶，1998年1月1日至本办法实施前未参加养老保险的随军随队年限，可根据自愿原则，在本办法实施当年，个人按缴费基数11%的比例一次性补缴养老保险费，并全部记入本人的养老保险个人账户。其补缴年限与本办法实施后的缴费年限合并计算。

十、未就业随军配偶随军随队前已经参加地方养老保险的，养老保险关系和个人账户资金转入手续，按以下规定办理：

（一）未就业随军配偶随军随队前，已经参加地方企业职工基本养老保险或机关事业单位养老保险并建立个人账户的，按照国家关于职工跨统筹地区调动的有关规定，由地方社会保险经办机构，将其基本养老保险关系和个人账户资金转入军人所在单位后勤机关。

（二）未就业随军配偶随军随队前，已经参加地方机关事业单位养老保险但未建立个人账户的，以及在未实行养老保险的机关事业单位工作的，按本办法建立养老保险个人账户。其中，已参加养老保险的，由地方社会保险经办机构将其养老保险关系转入军人所在单位后勤机关。

（三）军人所在单位后勤机关应当及时为未就业随军配偶接续基本养老保险关系，并建立养老保险个人账户。

十一、未就业随军配偶实现就业并参加养老保险的，养老保险关系和个人账户资金转出手续，按以下规定办理：

（一）未就业随军配偶就业后，参加基本养老保险的，按照国家关于职工跨统筹地区调动的有关规定，由军人所在单位后勤机关办理养老保险关系和个人账户资金转出手续。

（二）未就业随军配偶在机关事业单位就业，执行机关事业单位的退休养老制度。

（三）未就业随军配偶在军队期间建立养老保险个人账户后的缴费年限，与到地方后参加养老保险的缴费年限合并计算。

（四）地方劳动保障部门及其社会保险经办机构，应当及时按规定办理未就业随军配偶养老保险关系和个人账户接续工作。

十二、军人所在单位后勤机关为未就业随军配偶建立医疗保险个人账户，医疗保险个人账户资金由个人和国家共同负担。未就业随军配偶按照本人基本生活补贴标准全额1%的比例缴费，国家按照其缴纳的同等数额给予个人账户补贴。

十三、未就业随军配偶在就业或者军人退出现役随迁后，按照规定应当参加接收地基本医疗保险的，由军人所在单位后勤机关将其医疗保险个人账户资金转入接收地社会保险经办机构，再由接收地社会保险经办机构并入本人基本医疗保险个人账户。按照规定不参加接收地基本医疗保险的，其医疗保险个人账户资金，由军人所在单位后勤机关一次性发给本人。

十四、未就业随军配偶享受本办法规定的基本生活补贴和养老、医疗保险个人账户补贴待遇，应当向军人所在单位政治机关提出书面申请。由军人所在单位政治机关会同后勤机关在10个工作日内完成初审。对符合条件的，经军人所在单位军政主官审查同意后，按隶属关系逐级上报正师级（含）以上单位政治机关。

十五、正师级以上单位政治机关应当会同后勤机关在10个工作日内完成审核；对符合条件的，办理批准手续，并逐级报军区级单位政治机关和后勤机关备案。

十六、军人所在单位政治机关应当将经批准享受军人配偶随军未就业期间基本生活补贴和养老、医疗保险个人账户补贴待遇的人员名单，采取适当形式，每年公布一次，接受群众监督。对群众反映不符合条件的，经核实后要予以纠正。

十七、有下列情形之一的，停止享受军人配偶随军未就业期间基本生活补贴和养老、医疗保险个人账户补贴待遇：

（一）未就业随军配偶已就业且有收入的；

（二）未就业随军配偶无正当理由，拒不接受当地人民政府有关部门或者机构安排工作的；

（三）未就业随军配偶出国定居或者移居港、澳、台地区的；

（四）未就业随军配偶与军人解除婚姻关系的；

（五）未就业随军配偶被判刑收监执行或者被劳动教养的；

（六）军人被取消军籍的；

（七）军人退出现役的；

（八）军人死亡的。

十八、中央财政安排的资金，由总后勤部列入年度军费预算，中央财政每年予以拨付。养老、医疗保险个人账户资金中个人缴费部分，由军人所在单位后勤机关在发放基本生活补贴时代扣代缴。

十九、军人配偶随军未就业期间养老、医疗保险个人账户资金必须存入国有商业银行，专户存储，所得利息直接记入个人账户。

二十、军队政治机关和后勤机关按照规定的职责，对军人配偶随军未就业期间的待遇审批，以及基本生活补贴资金和个人账户资金收支、管理情况，进行监督和检查。

二十一、随军前或随军期间有工作且参加失业保险的未就业随军配偶，在军人退出现役随迁后没有就业的，可按规定享受失业保险待遇。享受期限按其本人实际缴费年限和国家规定计算的工龄累计确定。

二十二、军人所在单位政治机关应当将未就业随军配偶人员名单及时送部队驻地劳动保障部门，办理失业登记。地方各级人民政府参照《中共中央、国务院关于进一步做好下岗失业人员再就业工作的通知》（中发〔2002〕12号）的有关规定，对未就业随军配偶再就业给予扶持。

二十三、本办法同时适用于中国人民武装警察部队。

二十四、本办法自2004年1月1日起施行。无工作随军配偶享受生活困难补助的原有规定即行废止。

劳动和社会保障部、财政部、人事部、中国人民解放军总后勤部关于军队文职人员社会保险有关问题的通知

（2006年6月26日　后联〔2006〕2号）

各省、自治区、直辖市人民政府劳动和社会保障、财政、人事厅（局），各军区联勤部，各军兵种后勤部，总参管理保障部，总政直工部，总装后勤部，军事科学院院务部，国防大学、国防科学技术大学校务部，武警部队后勤部：

为了贯彻落实国务院、中央军委颁布的《中国人民解放军文职人员条例》，做好文职人员社会保险等有关工作，根据国家和军队有关政策规定，现就有关问题通知如下：

一、文职人员养老、医疗、失业、工伤和生育保险等社会保障政策，参照执行事业单位的相关办法。

二、各级劳动保障部门负责文职人员社会保险工作。聘用单位负责办理社会保险登记和社会保险费申报缴纳，以及文职人员参加社会保险手续。

三、聘用单位在办理社会保险登记时，社会保险经办机构应当考虑军队特点，适当简化手续，凡涉及军队编制、部署、军事实力等情况，聘用单位免予提供。聘用单位有部队代号的，办理社会保险登记所用单位名称一律使用部队代号。

四、聘用单位及其文职人员按照国家和当地政府规定的缴费基数、比例和标准，按时足额缴纳社会保险费。聘用单位应当缴纳的社会保险费，在本单位文职人员生活待遇经费供应定额中安排。文职人员个人应当缴纳的社会保险费，由聘用单位从其本人工资中代扣代缴。

五、在国家统一的事业单位养老保险制度出台前，文职人员养老保障参照事业单位退休保障政策执行。聘用单位所在地已开展事业单位养老保险制度改革试点的，聘用单位及其文职人员可参照执行。在国家统一的事业单位养老保险制度出台后，聘用单位及其文职人员按规定参加事业单位养老保险。文职人员在军队聘用岗位上退休后，退休待遇参照事业单位同类岗位退休人员的退休待遇确定，并按国家有关规定适时调整。

六、聘用单位及其文职人员按规定属地参加所在地医疗保险，按时足额缴

纳医疗保险费。文职人员按规定享受相应医疗保险待遇。

七、聘用单位及其文职人员按照《失业保险条例》及有关规定参加失业保险，按时足额缴纳失业保险费。文职人员失业后，符合条件的，按规定享受失业保险待遇和相应的促进再就业服务。

八、文职人员按照《关于事业单位、民间非营利组织工作人员工伤有关问题的通知》(劳社部发〔2005〕36号）有关规定，执行国家机关工作人员的工伤政策。

九、聘用单位所在地事业单位已实行生育保险制度的，聘用单位按规定参加生育保险，为本单位文职人员缴纳生育保险费，文职人员按规定享受生育保险待遇。女文职人员按国家规定享受产假，产假期间工资福利待遇按照国家有关规定执行。

十、文职人员被聘用前已经参加社会保险的，由社会保险经办机构按规定办理社会保险关系和个人账户资金转移手续。

十一、文职人员被解聘后流动到机关事业单位、企业单位或灵活就业的，相关待遇按以下规定办理：

（一）文职人员被解聘后流动到机关事业单位就业的，原则上执行机关事业单位的养老、医疗、失业、工伤和生育等保障制度。

（二）文职人员被解聘后流动到企业就业或灵活就业的，按规定执行企业职工的社会保险制度，由社会保险经办机构参照《关于职工在机关事业单位与企业之间流动时社会保险关系处理意见的通知》（劳社部发〔2001〕13号）有关规定，接续或转移相关社会保险关系。其中，文职人员不享受养老保险一次性补贴待遇。

（三）文职人员被解聘后失业的，由社会保险经办机构保留其已建立的社会保险关系，保管其个人账户并记息，凡重新就业的，按规定接续或转移社会保险关系。

（四）未参加事业单位养老保险的文职人员被解聘后，由原聘用单位出具《文职人员工作年限证明》(见附件)。文职人员重新就业并参加养老保险后，由当地劳动保障部门依据本人档案、《文职人员聘用合同》和《文职人员工作年限证明》等相关材料，审核认定文职人员的视同养老保险缴费年限。

十二、聘用单位及其文职人员的社会保险费征缴管理和监督检查，按照《社会保险费征缴暂行条例》和《社会保险登记管理暂行办法》、《社会保险费申报缴纳管理暂行办法》、《社会保险费征缴监督检查办法》等有关法规规定执行。

十三、聘用单位要按照当地社会保险有关政策规定，及时为本单位文职人员办理参加社会保险手续，不得迟报、瞒报和漏报。聘用单位每年要向本单位文职人员公布全年社会保险费缴纳情况，接受群众监督。

十四、各级后勤（联勤）机关要加强对文职人员参加社会保险工作的检查指导，发现问题，及时纠正。

十五、各级劳动保障部门要积极支持文职人员参加社会保险工作，并给予指导、帮助和提供方便，按规定落实文职人员的各项社会保险待遇。

十六、通知所称文职人员，是指按照规定的编制聘用到军队工作，履行现役军官（文职干部）同类岗位相应职责的非现役人员；所称事业单位，是指财政全额拨款的事业单位；所称聘用单位，是指军级以上机关和驻边远艰苦地区以外的非作战部队。

做好文职人员社会保险等有关工作，对于维护文职人员合法权益、解除文职人员后顾之忧、促进文职人员合理流动，具有十分重要的作用。各部队后勤（联勤）机关和各级地方政府有关部门，要从加强国防和军队建设的高度，切实加强领导，抓好宣传教育，搞好军地协作，认真组织实施，落实好文职人员社会保险等政策。

附件：文职人员工作年限证明（略）

最高人民法院行政审判庭
关于拖欠社会保险基金纠纷
是否由法院主管的答复

（1998年3月25日）

吉林省高级人民法院：

你院《关于拖欠社会保险基金纠纷是否应由法院主管问题的请示》收悉。经研究，现答复如下：

根据现行的有关法律法规规定，社会保险基金经办机构是法律法规授权的组织，依法收支、管理和运营社会保险基金，并负有使社会保险基金保值增值的责任。社会保险基金经办机构与用人单位因拖欠社会保险费而发生的纠纷，属于行政争议。用人单位认为社会保险基金经办机构在收支、管理和运营社会保险基金中的具体行政行为侵犯其合法权益，可依法申请行政复议或者提起行政诉讼；既不履行义务又不依法申请复议或者起诉的，社会保险基金经办机构可以依法通知银行扣缴或者申请人民法院强制执行。

最高人民法院关于在审理和执行民事、经济纠纷案件时不得查封、冻结和扣划社会保险基金的通知

（2000年2月18日 法〔2000〕19号）

各省、自治区、直辖市高级人民法院，新疆维吾尔自治区高级人民法院生产建设兵团分院：

近一个时期，少数法院在审理和执行社会保险机构原下属企业（现已全部脱勾）与其他企业、单位的经济纠纷案件时，查封社会保险机构开设的社会保险基金账户，影响了社会保险基金的正常发放，不利于社会的稳定。为杜绝此类情况的发生，特通知如下：

社会保险基金是由社会保险机构代参保人员管理，并最终由参保人员享用的公共基金，不属于社会保险机构所有。社会保险机构对该项基金设立专户管理，专款专用，专项用于保障企业退休职工、失业人员的基本生活需要，属专项资金，不得挪作他用。因此，各地人民法院在审理和执行民事、经济纠纷案件时，不得查封、冻结或扣划社会保险基金；不得用社会保险基金偿还社会保险机构及其原下属企业的债务。

各地人民法院如发现有违反上述规定的，应当及时依法予以纠正。

（二）社会福利

民办非企业单位登记管理暂行条例

（1998年10月25日中华人民共和国国务院令第251号发布 自发布之日起施行）

第一章 总 则

第一条 为了规范民办非企业单位的登记管理，保障民办非企业单位的合法权益，促进社会主义物质文明、精神文明建设，制定本条例。

第二条 本条例所称民办非企业单位，是指企业事业单位、社会团体和其

他社会力量以及公民个人利用非国有资产举办的，从事非营利性社会服务活动的社会组织。

第三条　成立民办非企业单位，应当经其业务主管单位审查同意，并依照本条例的规定登记。

第四条　民办非企业单位应当遵守宪法、法律、法规和国家政策，不得反对宪法确定的基本原则，不得危害国家的统一、安全和民族的团结，不得损害国家利益、社会公共利益以及其他社会组织和公民的合法权益，不得违背社会道德风尚。

民办非企业单位不得从事营利性经营活动。

第五条　国务院民政部门和县级以上地方各级人民政府民政部门是本级人民政府的民办非企业单位登记管理机关（以下简称登记管理机关）。

国务院有关部门和县级以上地方各级人民政府的有关部门、国务院或者县级以上地方各级人民政府授权的组织，是有关行业、业务范围内民办非企业单位的业务主管单位（以下简称业务主管单位）。

法律、行政法规对民办非企业单位的监督管理另有规定的，依照有关法律、行政法规的规定执行。

第二章　管　　辖

第六条　登记管理机关负责同级业务主管单位审查同意的民办非企业单位的登记管理。

第七条　登记管理机关、业务主管单位与其管辖的民办非企业单位的住所不在一地的，可以委托民办非企业单位住所地的登记管理机关、业务主管单位负责委托范围内的监督管理工作。

第三章　登　　记

第八条　申请登记民办非企业单位，应当具备下列条件：

（一）经业务主管单位审查同意；

（二）有规范的名称、必要的组织机构；

（三）有与其业务活动相适应的从业人员；

（四）有与其业务活动相适应的合法财产；

（五）有必要的场所。

民办非企业单位的名称应当符合国务院民政部门的规定，不得冠以“中国”、“全国”、“中华”等字样。

第九条　申请民办非企业单位登记，举办者应当向登记管理机关提交下列文件：

（一）登记申请书；

（二）业务主管单位的批准文件；

（三）场所使用权证明；

（四）验资报告；

（五）拟任负责人的基本情况、身份证明；

（六）章程草案。

第十条 民办非企业单位的章程应当包括下列事项：

（一）名称、住所；

（二）宗旨和业务范围；

（三）组织管理制度；

（四）法定代表人或者负责人的产生、罢免的程序；

（五）资产管理和使用的原则；

（六）章程的修改程序；

（七）终止程序和终止后资产的处理；

（八）需要由章程规定的其他事项。

第十一条 登记管理机关应当自收到成立登记申请的全部有效文件之日起60日内作出准予登记或者不予登记的决定。

有下列情形之一的，登记管理机关不予登记，并向申请人说明理由：

（一）有根据证明申请登记的民办非企业单位的宗旨、业务范围不符合本条例第四条规定的；

（二）在申请成立时弄虚作假的；

（三）在同一行政区域内已有业务范围相同或者相似的民办非企业单位，没有必要成立的；

（四）拟任负责人正在或者曾经受到剥夺政治权利的刑事处罚，或者不具有完全民事行为能力的；

（五）有法律、行政法规禁止的其他情形的。

第十二条 准予登记的民办非企业单位，由登记管理机关登记民办非企业单位的名称、住所、宗旨和业务范围、法定代表人或者负责人、开办资金、业务主管单位，并根据其依法承担民事责任的不同方式，分别发给《民办非企业单位（法人）登记证书》、《民办非企业单位（合伙）登记证书》、《民办非企业单位（个体）登记证书》。

依照法律、其他行政法规规定，经有关主管部门依法审核或者登记，已经取得相应的执业许可证书的民办非企业单位，登记管理机关应当简化登记手续，凭有关主管部门出具的执业许可证明文件，发给相应的民办非企业单位登记证书。

第十三条 民办非企业单位不得设立分支机构。

第十四条 民办非企业单位凭登记证书申请刻制印章，开立银行账户。民办非企业单位应当将印章式样、银行账号报登记管理机关备案。

第十五条　民办非企业单位的登记事项需要变更的，应当自业务主管单位审查同意之日起 30 日内，向登记管理机关申请变更登记。

民办非企业单位修改章程，应当自业务主管单位审查同意之日起 30 日内，报登记管理机关核准。

第十六条　民办非企业单位自行解散的，分立、合并的，或者由于其他原因需要注销登记的，应当向登记管理机关办理注销登记。

民办非企业单位在办理注销登记前，应当在业务主管单位和其他有关机关的指导下，成立清算组织，完成清算工作。清算期间，民办非企业单位不得开展清算以外的活动。

第十七条　民办非企业单位法定代表人或者负责人应当自完成清算之日起 15 日内，向登记管理机关办理注销登记。办理注销登记，须提交注销登记申请书、业务主管单位的审查文件和清算报告。

登记管理机关准予注销登记的，发给注销证明文件，收缴登记证书、印章和财务凭证。

第十八条　民办非企业单位成立、注销以及变更名称、住所、法定代表人或者负责人，由登记管理机关予以公告。

第四章　监督管理

第十九条　登记管理机关履行下列监督管理职责：

（一）负责民办非企业单位的成立、变更、注销登记；

（二）对民办非企业单位实施年度检查；

（三）对民办非企业单位违反本条例的问题进行监督检查，对民办非企业单位违反本条例的行为给予行政处罚。

第二十条　业务主管单位履行下列监督管理职责：

（一）负责民办非企业单位成立、变更、注销登记前的审查；

（二）监督、指导民办非企业单位遵守宪法、法律、法规和国家政策，按照章程开展活动；

（三）负责民办非企业单位年度检查的初审；

（四）协助登记管理机关和其他有关部门查处民办非企业单位的违法行为；

（五）会同有关机关指导民办非企业单位的清算事宜。

业务主管单位履行前款规定的职责，不得向民办非企业单位收取费用。

第二十一条　民办非企业单位的资产来源必须合法，任何单位和个人不得侵占、私分或者挪用民办非企业单位的资产。

民办非企业单位开展章程规定的活动，按照国家有关规定取得的合法收入，必须用于章程规定的业务活动。

民办非企业单位接受捐赠、资助，必须符合章程规定的宗旨和业务范围，必须根据与捐赠人、资助人约定的期限、方式和合法用途使用。民办非企业单位应当向业务主管单位报告接受、使用捐赠、资助的有关情况，并应当将有关情况以适当方式向社会公布。

第二十二条 民办非企业单位必须执行国家规定的财务管理制度，接受财政部门的监督；资产来源属于国家资助或者社会捐赠、资助的，还应当接受审计机关的监督。

民办非企业单位变更法定代表人或者负责人，登记管理机关、业务主管单位应当组织对其进行财务审计。

第二十三条 民办非企业单位应当于每年3月31日前向业务主管单位报送上一年度的工作报告，经业务主管单位初审同意后，于5月31日前报送登记管理机关，接受年度检查。工作报告内容包括：本民办非企业单位遵守法律法规和国家政策的情况、依照本条例履行登记手续的情况、按照章程开展活动的情况、人员和机构变动的情况以及财务管理的情况。

对于依照本条例第十二条第二款的规定发给登记证书的民办非企业单位，登记管理机关对其应当简化年度检查的内容。

第五章 罚　　则

第二十四条 民办非企业单位在申请登记时弄虚作假，骗取登记的，或者业务主管单位撤销批准的，由登记管理机关予以撤销登记。

第二十五条 民办非企业单位有下列情形之一的，由登记管理机关予以警告，责令改正，可以限期停止活动；情节严重的，予以撤销登记；构成犯罪的，依法追究刑事责任：

（一）涂改、出租、出借民办非企业单位登记证书，或者出租、出借民办非企业单位印章的；

（二）超出其章程规定的宗旨和业务范围进行活动的；

（三）拒不接受或者不按照规定接受监督检查的；

（四）不按照规定办理变更登记的；

（五）设立分支机构的；

（六）从事营利性的经营活动的；

（七）侵占、私分、挪用民办非企业单位的资产或者所接受的捐赠、资助的；

（八）违反国家有关规定收取费用、筹集资金或者接受使用捐赠、资助的。

前款规定的行为有违法经营额或者违法所得的，予以没收，可以并处违法经营额1倍以上3倍以下或者违法所得3倍以上5倍以下的罚款。

第二十六条 民办非企业单位的活动违反其他法律、法规的，由有关国家机关依法处理；有关国家机关认为应当撤销登记的，由登记管理机关撤销登记。

第二十七条 未经登记，擅自以民办非企业单位名义进行活动的，或者被撤销登记的民办非企业单位继续以民办非企业单位名义进行活动的，由登记管理机关予以取缔，没收非法财产；构成犯罪的，依法追究刑事责任；尚不构成犯罪的，依法给予治安管理处罚。

第二十八条　民办非企业单位被限期停止活动的，由登记管理机关封存其登记证书、印章和财务凭证。

民办非企业单位被撤销登记的，由登记管理机关收缴登记证书和印章。

第二十九条　登记管理机关、业务主管单位的工作人员滥用职权、徇私舞弊、玩忽职守构成犯罪的，依法追究刑事责任；尚不构成犯罪的，依法给予行政处分。

第六章　附　　则

第三十条　民办非企业单位登记证书的式样由国务院民政部门制定。

对民办非企业单位进行年度检查不得收取费用。

第三十一条　本条例施行前已经成立的民办非企业单位，应当自本条例实施之日起1年内依照本条例有关规定申请登记。

第三十二条　本条例自发布之日起施行。

民办非企业单位登记暂行办法

（1999年12月28日民政部令第251号发布　自发布之日起施行）

第一条　根据《民办非企业单位登记管理暂行条例》（以下简称条例）制定本办法。

第二条　民办非企业单位根据其依法承担民事责任的不同方式分为民办非企业单位（法人）、民办非企业单位（合伙）和民办非企业单位（个体）三种。

个人出资且担任民办非企业单位负责人的，可申请办理民办非企业单位（个体）登记；

两人或两人以上合伙举办的，可申请办理民办非企业单位（合伙）登记；

两人或两人以上举办且具备法人条件的，可申请办理民办非企业单位（法人）登记。

由企业事业单位、社会团体和其他社会力量举办的或由上述组织与个人共同举办的，应当申请民办非企业单位（法人）登记。

第三条　民办非企业单位登记管理机关（以下简称登记管理机关）审核登记的程序是受理、审查、核准、发证、公告。

（一）受理。申请登记的举办者所提交的文件、证件和填报的登记申请表齐全、有效后，方可受理。

（二）审查。审查提交的文件、证件和填报的登记申请表的真实性、合法性、有效性，并核实有关登记事项和条件。

（三）核准。经审查和核实后，作出准予登记或者不予登记的决定，并及时通知申请登记的单位或个人。

（四）发证。对核准登记的民办非企业单位，分别颁发有关证书，并办理领证签字手续。

（五）公告。对核准登记的民办非企业单位，由登记管理机关发布公告。

第四条 举办民办非企业单位，应按照下列所属行（事）业申请登记：

（一）教育事业，如民办幼儿园，民办小学、中学、学校、学院、大学，民办专修（进修）学院或学校，民办培训（补习）学校或中心等；

（二）卫生事业，如民办门诊部（所）、医院，民办康复、保健、卫生、疗养院（所）等；

（三）文化事业，如民办艺术表演团体、文化馆（活动中心）、图书馆（室）、博物馆（院）、美术馆、画院、名人纪念馆、收藏馆、艺术研究院（所）等；

（四）科技事业，如民办科学研究院（所、中心），民办科技传播或普及中心、科技服务中心、技术评估所（中心）等；

（五）体育事业，如民办体育俱乐部，民办体育场、馆、院、社、学校等；

（六）劳动事业，如民办职业培训学校或中心，民办职业介绍所等；

（七）民政事业，如民办福利院、敬老院、托老所、老年公寓，民办婚姻介绍所，民办社区服务中心（站）等；

（八）社会中介服务业，如民办评估咨询服务中心（所），民办信息咨询调查中心（所），民办人才交流中心等；

（九）法律服务业；

（十）其他。

第五条 申请登记民办非企业单位，应当具备条例第八条规定的条件。

民办非企业单位的名称，必须符合国务院民政部门制订的《民办非企业单位名称管理暂行规定》。

民办非企业单位必须拥有与其业务活动相适应的合法财产，且其合法财产中的非国有资产份额不得低于总财产的三分之二。开办资金必须达到本行（事）业所规定的最低限额。

第六条 申请民办非企业单位成立登记，举办者应当提交条例第九条规定的文件。

民办非企业单位的登记申请书应当包括：举办者单位名称或申请人姓名；拟任法定代表人或单位负责人的基本情况；住所情况；开办资金情况；申请登记理由等。

业务主管单位的批准文件，应当包括对举办者章程草案、资金情况（特别是资产的非国有性）、拟任法定代表人或单位负责人基本情况、从业人员资格、场所设备、组织机构等内容的审查结论。

民办非企业单位的活动场所须有产权证明或一年期以上的使用权证明。

民办非企业单位的验资报告应由会计师事务所或其他有验资资格的机构出具。

拟任法定代表人或单位负责人的基本情况应当包括姓名、性别、民族、年龄、目前人事关系所在单位、有否受到剥夺政治权利的刑事处罚、个人简历等。拟任法定代表人或单位负责人的身份证明为身份证的复印件，登记管理机关认为必要时可验证身份证原件。

对合伙制的民办非企业单位，拟任单位负责人指所有合伙人。

民办非企业单位的章程草案应当符合条例第十条的规定。合伙制的民办非企业单位的章程可为其合伙协议，合伙协议应当包括条例第十条第一、二、三、五、六、七、八项的内容。民办非企业单位须在其章程草案或合伙协议中载明该单位的盈利不得分配，解体时财产不得私分。

第七条　民办非企业单位的登记事项为：名称、住所、宗旨和业务范围、法定代表人或者单位负责人、开办资金、业务主管单位。

住所是指民办非企业单位的办公场所，须按所在市、县、乡（镇）及街道门牌号码的详细地址登记。

宗旨和业务范围必须符合法律法规及政策规定。

开办资金应当与实有资金相一致。

业务主管单位应登记其全称。

第八条　经审核准予登记的，登记管理机关应当书面通知民办非企业单位，并根据其依法承担民事责任的不同方式，分别发给《民办非企业单位（法人）登记证书》、《民办非企业单位（合伙）登记证书》或《民办非企业单位（个体）登记证书》。对不予登记的，登记管理机关应当书面通知申请单位或个人。

民办非企业单位可凭据登记证书依照有关规定办理组织机构代码和税务登记、刻制印章、开立银行账户，在核准的业务范围内开展活动。

第九条　按照条例第十二条第二款的规定，应当简化登记手续的民办非企业单位，办理登记时，应向登记管理机关提交下列文件：

（一）登记申请书；

（二）章程草案；

（三）拟任法定代表人或单位负责人的基本情况、身份证明；

（四）业务主管单位出具的执业许可证明文件。

第十条　条例施行前已经成立的民办非企业单位，应当依照条例及本办法的规定办理申请登记。

已在各级人民政府的编制部门或工商行政管理部门注册登记的民办非企业单位办理补办登记手续，还应向登记管理机关提交编制部门或工商行政管理部门准予注销的证明文件。

第十一条 民办非企业单位根据条例第十五条规定申请变更登记事项时，应向登记管理机关提交下列文件：

（一）法定代表人或单位负责人签署并加盖公章的变更登记申请书。申请书应载明变更的理由，并附决定变更时依照章程履行程序的原始纪要，法定代表人或单位负责人因故不能签署变更登记申请书的，申请单位还应提交不能签署的理由的文件；

（二）业务主管单位对变更登记事项审查同意文件；

（三）登记管理机关要求提交的其他文件。

第十二条 民办非企业单位的住所、业务范围、法定代表人或单位负责人、开办资金、业务主管单位发生变更的，除向登记管理机关提交本办法第十一条规定的文件外，还须分别提交下列材料：变更后新住所的产权或使用权证明；变更后的业务范围；变更后法定代表人或单位负责人的身份证明，及本办法第六条第六款涉及的其他材料；变更后的验资报告；原业务主管单位不再承担业务主管的文件。

第十三条 登记管理机关核准变更登记的，民办非企业单位应交回民办非企业单位登记证书正副本，由登记管理机关换发新的登记证书。

第十四条 民办非企业单位修改章程或合伙协议的，应当报原登记管理机关核准。报请核准时，应提交下列文件：

（一）法定代表人或单位负责人签署并加盖公章的核准申请书；

（二）业务主管单位审查同意的文件；

（三）章程或合伙协议的修改说明及修改后的章程或合伙协议；

（四）有关的文件材料。

第十五条 民办非企业单位变更业务主管单位，须在原业务主管单位出具不再担任业务主管的文件之日起90日内找到新的业务主管单位，并到登记管理机关申请变更登记。

在登记管理机关作出准予变更登记决定之前，原业务主管单位应继续履行条例第二十条规定的监督管理职责。

第十六条 登记管理机关应在收到民办非企业单位申请变更登记的全部有效文件之日起60日内，作出准予变更或不准予变更的决定，并书面通知民办非企业单位。

第十七条 民办非企业单位有下列情况之一的，必须申请注销登记：

（一）章程规定的解散事由出现；

（二）不再具备条例第八条规定条件的；

（三）宗旨发生根本变化的；

（四）由于其他变更原因，出现与原登记管理机关管辖范围不一致的；

（五）作为分立母体的民办非企业单位因分立而解散的；

（六）作为合并源的民办非企业单位因合并而解散的；

（七）民办非企业单位原业务主管单位不再担当其业务主管单位，且在90日内找不到新的业务主管单位的；

（八）有关行政管理机关根据法律、行政法规规定认为需要注销的；

（九）其他原因需要解散的。

属于本条第一款第七项规定的情形，民办非企业单位的原业务主管单位须继续履行职责，至民办非企业单位完成注销登记。

第十八条　民办非企业单位根据条例第十六条的规定申请注销登记时，应向登记管理机关提交下列文件：

（一）法定代表人或单位负责人签署并加盖单位公章的注销登记申请书，法定代表人或单位负责人因故不能签署的，还应提交不能签署的理由的文件；

（二）业务主管单位审查同意的文件；

（三）清算组织提出的清算报告；

（四）民办非企业单位登记证书（正、副本）；

（五）民办非企业单位的印章和财务凭证；

（六）登记管理机关认为需要提交的其他文件。

第十九条　登记管理机关应在收到民办非企业单位申请注销登记的全部有效文件之日起30日内，作出准予注销或不准予注销的决定，并书面通知民办非企业单位。

登记管理机关准予注销登记的，应发给民办非企业单位注销证明文件。

第二十条　民办非企业单位登记公告分为成立登记公告、注销登记公告和变更登记公告。

登记管理机关发布的公告须刊登在公开发行的、发行范围覆盖同级政府所辖行政区域的报刊上。

公告费用由民办非企业单位支付。

第二十一条　成立登记公告的内容包括：名称、住所、法定代表人或单位负责人、开办资金、宗旨和业务范围、业务主管单位、登记时间、登记证号。

第二十二条　变更登记公告的内容除变更事项外，还应包括名称、登记证号、变更时间。

第二十三条　注销登记公告的内容包括名称、住所、法定代表人或单位负责人、登记证号、业务主管单位、注销时间。

第二十四条　民办非企业单位登记证书分为正本和副本，正本和副本具有同等法律效力。

民办非企业单位登记证书的正本应当悬挂于民办非企业单位住所的醒目位置。

民办非企业单位登记证书副本的有效期为4年。

第二十五条　民办非企业单位登记证书遗失的，应当及时在公开发行的报刊上声明作废，并到登记管理机关申请办理补发证书手续。

第二十六条 民办非企业单位申请补发登记证书，应当向登记管理机关提交下列文件：

（一）补发登记证书申请书；

（二）在报刊上刊登的原登记证书作废的声明。

第二十七条 经核准登记的民办非企业单位开立银行账户，应按照民政部、中国人民银行联合发布的《关于民办非企业单位开立银行账户有关问题的通知》的有关规定办理。

第二十八条 经核准登记的民办非企业单位刻制印章，应按照民政部、公安部联合发布的《民办非企业单位印章管理规定》的有关规定办理。

第二十九条 本办法自发布之日起施行。

社会福利机构管理暂行办法

（1999 年 12 月 30 日中华人民共和国民政部令第 19 号发布　自发布之日起施行）

第一章　总　则

第一条 为了加强对社会福利机构的管理，促进社会福利事业的健康发展，根据有关法律，制定本办法。

第二条 本办法所称社会福利机构是指国家、社会组织和个人举办的，为老年人、残疾人、孤儿和弃婴提供养护、康复、托管等服务的机构。

第三条 社会福利机构应当遵守国家法律、法规和政策，坚持社会福利性质，保障服务对象的合法权益。

第四条 社会福利机构享受国家有关优惠政策。

第五条 国务院民政部门负责指导全国社会福利机构的管理工作。县级以上地方人民政府民政部门是社会福利机构的业务主管部门，对社会福利机构进行管理、监督和检查。

第二章　审　批

第六条 县级以上地方人民政府民政部门应当根据本行政区域内社会福利事业发展需要，制定社会福利机构设置规划。

社会福利机构的设置应当符合社会福利机构的设置规划和社会福利机构设置的基本标准。

第七条 依法成立的组织或具有完全民事行为能力的个人（以下称申办人）凡具备相应的条件，可以依照本办法的规定，向社会福利机构所在地的县级以上人民政府民政部门提出举办社会福利机构的筹办申请。

第八条 申办人申请筹办社会福利机构时，应当提交下列材料：

（一）申请书、可行性研究报告；

（二）申办人的资格证明文件；

（三）拟办社会福利机构资金来源的证明文件；

（四）拟办社会福利机构固定场所的证明文件。

申办人应当持以上材料，向社会福利机构所在地的县级以上人民政府民政部门提出申请，由受理申请的民政部门进行审批。

香港、澳门、台湾地区的组织和个人，华侨以及国外的申办人采取合资、合作的形式举办社会福利机构，应当向省级人民政府民政部门提出筹办申请。并报省级人民政府外经贸部门审核。

第九条　民政部门应当自受理申请之日起30日内，根据当地社会福利机构设置规划和社会福利机构设置的基本标准进行审查，作出同意筹办或者不予同意筹办的决定，并将审批结果以书面形式通知申办人。

第十条　经同意筹办的社会福利机构具备开业条件时，应当向民政部门申请领取《社会福利机构设置批准证书》。

第十一条　申请领取《社会福利机构设置批准证书》的机构，应当符合社会福利机构设置的下列基本标准：

（一）有固定的服务场所、必备的生活设施及室外活动场地；

（二）符合国家消防安全和卫生防疫标准，符合《老年人建筑设计规范》和《方便残疾人使用的城市道路和建筑物设计规范》；

（三）有与其服务内容和规模相适应的开办经费；

（四）有完善的章程，机构的名称应符合登记机关的规定和要求；

（五）有与开展服务相适应的管理和服务人员，医务人员应当符合卫生行政部门规定的资格条件，护理人员、工作人员应当符合有关部门规定的健康标准。

第十二条　申请领取《社会福利机构设置批准证书》时，应当提交下列文件：

（一）申请《社会福利机构设置批准证书》的书面报告；

（二）民政部门发给的社会福利机构筹办批准书；

（三）服务场所的所有权证明或租用合同书；

（四）建设、消防、卫生防疫等有关部门的验收报告或者审查意见书；

（五）验资证明及资产评估报告；

（六）机构的章程和规章制度；

（七）管理人员、专业技术人员和护理人员的名单及有效证件的复印件以及工作人员的健康状况证明；

（八）要求提供的其他材料。

第十三条　民政部门自受理申请之日起30日内，对所报文件进行审查，并根据社会福利机构设置的基本标准进行实地验收。合格的，发给《社会福利机构设置批准证书》；不合格的，将审查结果以书面形式通知申办人。

第十四条 申办人取得《社会福利机构设置批准证书》后，应当到登记机关办理登记手续。

第三章 管 理

第十五条 社会福利机构应当与服务对象或者其家属（监护人）签定服务协议书，明确双方的责任、权利和义务。

社会组织和个人兴办以孤儿、弃婴为服务对象的社会福利机构，必须与当地县级以上人民政府民政部门共同举办；社会福利机构收养孤儿或者弃婴时，应当经民政业务主管部门逐一审核批准，并签订代养协议书。

第十六条 社会福利机构应当建立健全各项规章制度和服务标准。

各项规章制度和服务标准应当张榜公布，并报民政部门备案。

第十七条 社会福利机构应当在每年3月5日前，提交本年度的工作报告和下一年度的工作计划。

第十八条 社会福利机构中不具备上岗资格的护理人员、特教人员应当接受岗前培训，经考核合格后持证上岗。

第十九条 社会福利机构应当加强财务管理，其收益应当按照国家的有关政策规定分配使用，自觉接受财政、审计、监察等部门的监督。

第二十条 社会福利机构的资产受国家法律保护，任何组织和个人不得侵占。社会福利机构将其所属的固定资产租赁或者转让时，须经民政部门和登记机关同意后，办理有关手续。

第二十一条 社会福利机构应当严格按照公益事业捐赠法的规定开展捐赠活动。不得接受任何带有政治性等附加条件的捐赠。

第二十二条 社会福利机构在对外交往中应当遵守国家的有关法律、规定，严格履行报批手续。

第二十三条 社会福利机构变更章程、名称、服务项目和住所时，应当报民政部门审批。更换主要负责人，应当报民政部门备案。

第二十四条 社会福利机构分立、合并或者解散，应当提前3个月向民政部门提出申请，报送有关部门确认的清算报告及相关材料，并由民政部门报请当地政府对其资产进行评估和处置后，办理有关手续。

第二十五条 县级以上人民政府民政部门应当定期对社会福利机构的工作进行年度检查。

第四章 法律责任

第二十六条 民政部门对社会福利机构的审批和年检工作实行政务公开，有违反国家有关法律、法规和本办法规定的，视情节轻重，对直接责任人给予批评教育、行政处分，构成犯罪的依法追究刑事责任。

第二十七条 社会福利机构有下列情形之一的，由民政部门根据情况给予警告罚款，直至建议登记管理机关取缔或者撤销登记，并按管理权限对直接责任人给予批评教育、行政处分，构成犯罪的依法追究刑事责任。

（一）违反国家关于老年人、残疾人和孤儿权益保护的法律法规，侵害服务对象合法权益的；

（二）未取得《社会福利机构设置批准证书》擅自执业的；

（三）年检不合格，限期整改后仍不合格的；

（四）进行非法集资的；

（五）未办理变更手续，其活动超出许可范围的；

（六）其他违法行为。

第五章 附 则

第二十八条 本办法实施前已经执业的社会福利机构，应当在本办法实施后的6个月内，按照本办法的规定，向县级以上民政部门提出申请，补领《社会福利机构设置批准证书》。

第二十九条 本办法自发布之日起施行。

中国福利彩票发行与销售管理暂行办法

（1998年9月24日 民办发〔1998〕12号）

第一章 总 则

第一条 为了促进我国社会福利事业的发展，规范福利彩票的发行与销售活动，保护公民参与福利彩票活动的合法权益，根据国务院以及中国人民银行的有关规定，制定本办法。

第二条 本办法所称福利彩票是指：为筹集社会福利事业发展资金发行的，印有号码、图形或文字，供人们自愿购买并按照特定规则取得中奖权利的凭证。

第三条 福利彩票的发行、销售及有关活动，须遵循公开、公正和公平的原则。

第四条 福利彩票不记名，不挂失，不返还本金，不计付利息，不能流通使用。

第二章 管理机构

第五条 中华人民共和国民政部是全国福利彩票的管理机构，依照国家有关法律、法规以及有关政策规定，负责福利彩票市场的统一管理工作。

民政部授权中国福利彩票发行中心具体承担福利彩票的统一发行、统一印制、统一编制并实施发行和销售额度计划、制订技术规则、管理制度等工作。

第六条 省（自治区、直辖市）、地、县人民政府民政厅、局是本行政区域福利彩票的管理机构，负责本地区福利彩票销售额度申报和销售管理工作。省、地、县民政厅、局设立的福利彩票发行销售机构为本地区福利彩票的唯一销售管理机构，具体承担本地区福利彩票的统一销售管理工作。

省级管理机构名称统一为：××省（自治区、直辖市）福利彩票发行中心（以下简称省级彩票中心）。

第三章 发行管理

第七条 中国福利彩票发行中心为全国福利彩票的唯一发行机构，负责全国福利彩票发行计划的编制、申报和实施等工作。

第八条 福利彩票类型分为：即开型、传统型，即开与传统结合型以及根据发展需要经国家彩票主管机关批准的其他类型彩票。

第九条 采用计算机销售福利彩票的，其销售管理软件须由中国福利彩票发行中心统一控制和管理，并使用中国福利彩票发行中心指定的版本。

第四章 额度管理

第十条 拟销售福利彩票的地区，由其省、自治区和直辖市民政厅（局）统一提出销售额度申请，报民政部审核批准。

有关福利彩票额度的审核批准文件，须抄送相关省（自治区、直辖市）人民政府和中国人民银行及相关省（自治区、直辖市）分行备案。

申请福利彩票销售额度须提交以下文件：

（一）本地区销售额度申请；

（二）销售方案。

第十一条 核准的福利彩票销售额度，限于本地区使用，不得转让，严禁超额度销售。

各地区取得的福利彩票销售额度，未按销售方案完成销售任务的，民政部将予以核减。

第五章 印制管理

第十二条 中国福利彩票发行中心为福利彩票的唯一印制机构，任何单位和个人不得擅自印制。

福利彩票由中国福利彩票发行中心在中国人民银行核准的彩票印刷厂统一印制。

第十三条　福利彩票的印制版式、票面图案、规格、制作形式、包装参数等技术工艺指标，由中国福利彩票发行中心统一确定。

第十四条　因生产工艺误差，出现兑奖区域覆盖层撕（刮）不开或兑奖符号空白、残缺、裸露、错误等问题的福利彩票，均为报废彩票，销售机构须当场收回，并退还其购票款或予以更换同一品种、同等金额的彩票。

报废的福利彩票由省级彩票中心汇总登记后，统一向中国福利彩票发行中心核销。

彩票销售单位如发现销售的彩票有重大印制错误，应向群众讲明情况，并立即停止销售，错票不得作为兑奖依据，由省级彩票中心进行善后处理，并将情况报中国福利彩票发行中心。

第六章　销 售 管 理

第十五条　福利彩票必须直接上市销售，坚持自愿购买的原则，严禁摊派或变相摊派。

第十六条　福利彩票必须按照票面标定的面值销售，任何单位和个人不得变更其面值销售。

第十七条　福利彩票必须按照中国福利彩票发行中心制定的规则及福利彩票销售合同确定的技术参数销售，任何单位和个人不得擅自改变规则和技术参数销售。

第十八条　经各省、自治区和直辖市民政厅（局）审查批准，具有法人资格、资信良好、有销售场地和设施以及可行的销售方案的企业、事业单位和社会团体，在省级彩票中心的直接监督和管理下，可以在该地区范围内承担福利彩票的代销业务，但不得采取承包买断的形式。

福利彩票的销售实行销售许可证制，有关规定由中国福利彩票发行中心另行制定。

第十九条　从事福利彩票发行、销售以及参与彩票规则设计和生产的人员，必须保守相关秘密，且不得直接或间接购买福利彩票。

第二十条　福利彩票的开奖活动必须公开进行，并有公证人员现场公证。即开型福利彩票的中奖办法须在销售前经公证人员公证。

第七章　资 金 管 理

第二十一条　福利彩票的销售总额为福利彩票资金，由奖金、发行成本费和社会福利资金三部分组成，其中：奖金的比例不得低于50%，发行成本费用的比例不得高于20%，社会福利资金的比例不得低于30%。

第二十二条　奖金是向取得中奖资格的福利彩票购买者支付的奖励金。

奖金的等级及金额由省级彩票中心自行设置。但即开型彩票最高奖金额不得超过50万元；电脑销售传统型彩票累积最高奖单注不得超过500万元。在销售现场，须公布中奖办法，包括：中奖说明、奖级划分、中奖名额、奖金数额、兑付形式、兑奖地点、兑奖期限和公告媒介等内容。

奖金应以人民币现金形式兑付，不得以其它有价证券或抵押凭证充抵。需以实物形式兑付的，该实物必须是家庭实用、质量良好、市场畅销的名优产品，且其公布价值必须低于当地市场批零售价中间价；凡以批发价购买的实物，由此产生的实际差价额必须计入奖金，全部用于奖励中奖者。

中奖者可以选择中奖奖金的兑付形式。

中奖者须持有效的中奖福利彩票，在中奖办法规定的期限内，按照规定的程序办理兑奖手续。福利彩票销售单位在兑付奖金（奖品）时，有权对用于兑奖的福利彩票进行核实，如果发生疑问，可以暂缓兑付，并向省级彩票中心申请查询和验证；省级彩票中心受理后，应在72小时内（公休日顺延）决定是否予以兑付，中奖者须予以合作。在兑付1000元（含）以上的奖金（奖品），中奖者须出示本人的身份证明并予以登记。

逾期未兑奖者视为自动弃奖，不再予以兑付。凡在销售中不设奖池的，弃奖奖金或奖品变价处理的资金，须纳入社会福利资金；凡在销售中设奖池的，弃奖奖金归入奖池，滚动使用。彩票销售机构应在兑奖期限届满后十日内，将当期福利彩票的中奖及兑付情况在当地报刊予以公告。

第二十三条 发行成本费用是用于福利彩票印制、发行、运输、销售以及相关的设施和设备的购置、租赁、维护等项目的支出。其中：中国福利彩票发行中心的福利彩票印制和发行费用为5%，其余为省及省以下各级的管理和销售费用。

第二十四条 社会福利资金用于资助为老年人、残疾人、孤儿、革命伤残军人服务的社会福利事业，帮助有特殊困难的人，支持社区服务、福利企业和其他社会公益事业的发展。

社会福利资金的使用和管理，按照财政部、中国人民银行、民政部共同颁布的《社会福利资金使用管理办法》执行。任何部门、单位和个人，不得以任何理由截留或挪用，并定期向社会公布其收入和使用情况，接受公众监督。

第八章 财务管理

第二十五条 各级福利彩票管理机构的财务管理，按照财政部审定的《福利彩票发行机构财务管理制度》和《福利彩票发行机构会计核算制度》执行。

第二十六条 每个会计年度终止后四十日内，省级彩票中心须将上一年度的销售情况和经审计的财务报告报送中国福利彩票发行中心和本省（自治区、直辖市）人民银行分行审核备案，并在中国福利彩票发行中心指定的报刊上公布。

省级彩票中心应在每月十五日和每季度下一个月的十五日前，将上月和上一季度的销售及社会福利资金使用情况报送中国福利彩票发行中心。

第二十七条　省级彩票中心须将兑付1000元（含）以上奖金（奖品）的福利彩票存根保存二年以上。

第九章　审计管理

第二十八条　各级福利彩票发行和销售机构，接受审计署驻民政部审计局和同级审计机关对福利彩票发行、销售及有关经济活动的审计监督。

省、自治区和直辖市民政部门的审计机构对福利彩票的有关经济活动进行审计监督。

第十章　储运管理

第二十九条　福利彩票须专车运输，专人押运。中国福利彩票发行中心负责将各省级彩票中心发行的福利彩票运送到省会城市。

第三十条　福利彩票须储存在安全设施良好的场所，设专人管理，并建立严格的出入库管理制度。

第十一章　罚　　则

第三十一条　凡违反本办法，擅自发行福利彩票的，民政部有权勒令其停止发行，没收非法所得，并视情节轻重，取消该地区一至三年的福利彩票销售资格；情节严重构成犯罪的，会同有关部门提请司法机关追究刑事责任。

第三十二条　违反本办法第十六、十七、十八条规定的，民政部有权勒令其停止销售，并视其情节轻重，吊销其销售额度，取消该地区半年至一年的福利彩票销售资格。

第三十三条　违反本办法第十九条规定，泄露福利彩票秘密的，视情节轻重，对当事人予以相应的行政处罚；造成严重后果的，提请司法机关追究其刑事责任。

第三十四条　因福利彩票销售管理机构管理不善，造成较大社会影响的事件，吊销该地区当年的福利彩票销售额度，并可取消该地区一至三年的福利彩票销售资格。对主要责任人追究管理责任；情节严重的，移交司法机关追究法律责任。

第三十五条　伪造福利彩票诈骗奖金（奖品），情节轻微的，可责令其检讨，并通知本人所在单位，情节严重或数额较大的，提请司法机关追究刑事责任。

第十二章　附　　则

第三十六条　凡在我国境内从事福利彩票有关活动的一切组织和个人，均须遵守本办法。

第三十七条 各省、自治区和直辖市民政厅（局）应根据本办法，结合本地区实际，制定福利彩票销售管理的具体实施办法，并报中国福利彩票发行中心和本省（自治区、直辖市）中国人民银行分行审核备案。

第三十八条 本办法由民政部负责解释。

第三十九条 本办法自发布之日起施行。

社会福利基金使用管理暂行办法

（1998 年 10 月 5 日　财社字〔1998〕124 号）

第一章　总　　则

第一条 为加强社会福利基金的管理，提高社会福利基金的社会效益和经济效益，根据国家有关规定制定本办法。

第二条 本办法所称社会福利基金，是指根据国家有关规定发行中国福利彩票筹集的专项用于发展社会福利事业的预算外资金。

第三条 各级民政部门按规定管理和支配的社会福利基金，适用本办法。

第二章　基金管理

第四条 社会福利基金收入包括：

（一）销售中国福利彩票（以下简称“彩票”）总额扣除兑奖和管理费用后的净收入；

（二）彩票销售中不设奖池的弃奖收入；

（三）社会福利基金的银行存款利息。

第五条 社会福利基金实行按比例分级留成使用的原则。中央级留成比例为彩票销售总额的 5%；省、地两级的留成比例不得超过彩票销售总额的 5%；县级留成比例不得低于彩票销售总额的 20%。

第六条 社会福利基金必须全额纳入预算外资金财政专户管理，实行收支两条线。各级民政部门经同级财政部门批准，可在指定银行开设预算外资金收入过渡帐户和支出帐户。本着社会福利基金筹集与管理分开的原则，收入过渡帐户和支出帐户应归口民政财务部门管理。

第七条 各级彩票发行机构在彩票销售结算时，应按规定的留成比例计提社会福利基金，并在一个月内从结算帐户转入本级预算外资金收入过渡帐户。民政部门应按财政部门规定，及时将收入过渡户中的社会福利基金缴入同级财政专户，不得截留、挪用。

第八条 存款利息、弃奖收入直接转入本级预算外资金收入过渡帐户，不参与分成和上交。

第九条　彩票代销单位必须将售票收入中计提的社会福利基金全额上交当地彩票发行机构，不得坐支、截留。

第十条　民政部门年初要按规定编制社会福利基金收支计划，报送同级财政部门。年终要编制社会福利基金收支决算，报同级财政部门审批。

第十一条　民政部门要按照财政部门规定的时间，将社会福利基金收入全额缴入同级财政部门在银行开设的预算外资金专户。支出时，由同级财政部门根据年度收支计划和民政部门的用款要求，及时办理社会福利基金的拨付。

第十二条　社会福利基金的收取须使用省级以上财政部门统一印制或监制的收费、基金票据。

第三章　基金使用

第十三条　社会福利基金的使用必须严格执行国家有关法律、法规和财务规章制度，坚持勤俭节约和量入为出的原则。

第十四条　各级民政部门必须按照社会福利基金收支计划安排使用社会福利基金，不得超计划使用。社会福利基金当年投放率一般不低于70%，结余部分结转财政专户下年专项使用。

第十五条　社会福利基金的使用范围：

（一）用于资助为老年人、残疾人、孤儿、革命伤残军人等特殊群体服务的社会福利事业，帮助有特殊困难的人，支持社区服务、社会福利企业和其他社会公益、慈善事业的发展；

（二）对老化、陈旧社会福利设施和社会福利事业单位的维修和更新改造予以适当资助；

（三）对公众关注、有利于弘扬社会主义精神文明、能体现扶弱济困宗旨的其他社会公益事业给予适当资助，但全年资助总量应控制在本级留成社会福利基金的10%之内；

（四）同等条件下，社会福利基金要优先资助老、少、边、穷和灾区的社会福利事业。

第十六条　社会福利基金对社区服务项目的资助，要严格按照民政部、财政部的有关规定进行审查，达不到要求的不予资助。

第十七条　上级民政部门留用的社会福利基金对下级民政部门提供资助时，应适当与下级的彩票销售以及当地政府的投入相挂钩。

第十八条　按规定投放的社会福利基金，必须专款专用，任何单位和个人不得以任何形式挤占和挪用。资助数额较大的项目，应按项目的工程进度分期拨款。

第十九条　社会福利基金不得用于投资办企业（社会福利企业除外），不得拆借和委托放贷，不得参与股票和期货交易，也不得为任何单位的任何经济合同提供担保。

第二十条 社会福利基金资助建设的社会福利设施，必须建立永久性标志，标明资助单位、资助金额、竣工时间等内容；社会福利基金资助购买的设备、器材也应标明捐赠字样。

第二十一条 社会福利基金资助建设的社会福利设施因故变卖转让，并因此改变服务性质的，其变价收入中与原社会福利基金资助数额相等的部分应归还社会福利基金。

第四章 审批程序

第二十二条 社会福利基金的分配与投放，由各级社会福利基金项目评审委员会（以下简称评委会）集体研究、民主决策、审查批准。

第二十三条 申请社会福利基金资助的项目必须向评委会提供可行性研究报告、资金来源及落实情况、政府有关部门批件。其中属基本建设类的项目，必须具备完整的基建审批手续，列入当地基建计划，工程竣工后要向提供资助的工作机构报送竣工验收报告，并附有关资料。各级民政部门应将上述资料长期妥善保管。

第二十四条 向上一级民政部门申请资助的项目，须先由本级评委会审议通过，并提交本级评委会的评审意见及申请报告。上级民政部门接到申请后，应进行考察初审、形成建议，再由评委会进行审议。对决定资助的项目，要下达批复通知并安排拨款。

第五章 监督检查

第二十五条 民政部门要定期向同级财政部门报送社会福利基金的收支、管理情况，接受财政、计划（物价）、金融、审计、监察等部门的监督检查。

第二十六条 社会福利基金的管理、使用情况，要定期向社会公布，接受社会各界的监督。

第二十七条 上级评委会对下级评委会要定期进行业务指导和监督检查。

第二十八条 各级民政部门对受资助项目的社会福利基金使用情况，要定期进行监督检查，对违反使用规定的，可缓拨、停拨社会福利基金，直至收回已拨资金；对建成后改变基本功能转作非社会福利用途的，要责成有关部门严肃查处和纠正。

第六章 附 则

第二十九条 各地财政、民政部门可依据本办法，结合当地情况制定实施细则。

第三十条 本办法由财政部会同民政部负责解释。

第三十一条　本办法自发布之日起执行，民政部《关于印发〈有奖募捐社会福利资金管理使用办法〉的通知》（民办发〔1994〕35号）同时废止。

民政部关于社会福利基金筹集、管理与使用规定

（1999年3月16日　民福发〔1999〕9号）

根据民政部“三定”方案和财政部、民政部发布的《社会福利基金使用管理暂行办法》（以下简称《暂行办法》），本着社会福利基金筹集、管理和使用分开的原则，现就民政部社会福利基金的筹集、管理与使用作如下规定。

一、社会福利基金的筹集和收缴

中国福利彩票发行中心负责中国福利彩票的发行和社会福利基金的筹集工作。包括：

（一）定期编制和报送中国福利彩票年度发行计划，并根据国务院批准的年度发行计划组织实施。

（二）根据《暂行办法》规定的中央级社会福利基金留成比例（彩票销售总额的5%），负责同各省、自治区、直辖市彩票发行机构具体办理中央级留成社会福利基金的收缴。收缴社会福利基金时，应向缴款单位出具财政部门统一印制或监制的票据。

（三）向民政部集中上缴所筹集的社会福利基金。根据财政部的有关规定，每季度末20日以前，通过银行直接汇入民政部预算外资金收入过渡账户或将转账支票送缴民政部财务和机关事务司。民政部财务和机关事务司收到汇缴款项后，出具财政部门统一印制或监制的票据。

二、社会福利基金的财政专户缴款和财务管理

民政部财务和机关事务司负责中央级社会福利基金的财政专户缴款和财务管理工作。包括：

（一）按照《暂行办法》的有关规定，负责向财政部报送《民政部本级社会福利基金收支计划》。

（二）向财政部预算外资金专户办理民政部本级社会福利基金收入的集中上缴。根据财政部的有关规定，每季度末25日以前，填制银行《进账单》（注明预算外资金收入项目、具体金额等）；通过银行转账支票将社会福利基金从民政部过渡账户中一次全额上缴财政部中央预算外资金财政专户。

（三）按照民政部制定的《民政部本级社会福利基金收支计划》和资助项目的进度办理财务拨款手续。

（四）负责社会福利基金的日常财务工作，年终编制社会福利基金收支决算

报财政部审批。

三、社会福利基金安排使用

民政部社会福利和社会事务司负责本级福利基金资助项目评审的日常工作。包括：

（一）根据《暂行办法》中社会福利基金使用范围的有关规定，按照中国福利彩票发行额度编制《民政部本级社会福利基金收支计划》。经财务和机关事务司审核，报送部评审委员会。

（二）负责接受和整理民政部本级社会福利基金资助项目的申报报告及有关资料，组织必要的考查评估，并提出评估意见。

（三）按照《暂行办法》中社会福利基金使用的有关规定和年度支出计划，按时编制民政部本级社会福利基金年度资助项目方案。经评审委员会审议后报部长办公会议审定。

（四）定期向社会公布民政部本级社会福利基金的使用情况。

（五）负责保管民政部本级社会福利基金资助项目的档案。

（六）负责筹备民政部评审委员会会议并承办其日常工作。

四、社会福利基金项目的评定审查

民政部社会福利基金项目评审委员会负责民政部本级福利基金资助项目的评定、审查。

民政部社会福利基金项目评审委员会由部领导、各有关司（局）和单位的负责人组成。

五、社会福利基金使用的监督检查

审计、纪检和监察部门负责对民政部本级社会福利基金的使用进行监督检查。

国务院办公厅转发民政部等部门关于加快实现社会福利社会化意见的通知

（2000年2月27日　国办发〔2000〕19号）

各省、自治区、直辖市人民政府，国务院各部委、各直属机构：

民政部、国家计委、国家经贸委、教育部、财政部、劳动保障部、国土资源部、建设部、外经贸部、卫生部、税务总局《关于加快实现社会福利社会化的意见》已经国务院批准，现转发给你们，请认真贯彻执行。

关于加快实现社会福利社会化的意见

为了推进我国社会福利事业的改革与发展，建立适应社会主义市场经济体制的社会福利服务体系，现就加快实现社会福利社会化问题提出如下意见：

一、推进社会福利社会化的必要性和紧迫性

新中国成立50年来特别是改革开放以来，在党和政府的重视、关怀下，我国以老年人、残疾人、孤儿等社会特殊困难群体为主要对象的社会福利事业取得了长足进展，在社会主义物质文明和精神文明建设中发挥了积极作用。

我国已经进入老龄社会，老年人口基数大，增长快，特别是随着家庭小型化的发展，社会化养老的需求迅速增长。同时，残疾人和孤儿的养护、康复条件也亟待改善。但是长期以来，我国社会福利由国家和集体包办，存在资金不足、福利机构少、服务水平较低等问题，难以满足人民群众对福利服务需求日益增长的需要。社会福利事业的改革与发展，已经引起党和政府及全社会的广泛关注。为此，必须从长远和全局出发，广泛动员和依靠社会力量，大力推进社会福利社会化，加快社会福利事业的发展，这对于进一步建立健全社会保障制度，促进社会稳定和社会文明进步具有重要意义。同时，推进社会福利社会化，对于扩大内需，拉动经济增长，增加就业，也有积极的现实意义。

推进社会福利社会化不仅是必要的，也是切实可行的。全社会对社会福利需求的急剧增长，使社会福利社会化具有广阔的发展前景；我国综合国力的增强，人民群众生活水平和道德水准的提高，为推进社会福利社会化奠定了良好的基础；企业“办社会”职能分离后的资源与社会上闲置资源的综合开发利用和置换，国内外一些社会团体、慈善组织和个人的积极参与（捐助或投资），社区服务中养老、托幼和助残等系列化服务的蓬勃发展，为实现社会福利社会化创造了有利条件。

二、推进社会福利社会化的指导思想、目标和总体要求

（一）推进社会福利社会化的指导思想：立足我国社会主义初级阶段的基本国情，以邓小平理论和党的十五大精神为指导，在供养方式上坚持以居家为基础、以社区为依托、以社会福利机构为补充的发展方向，探索出一条国家倡导资助、社会各方面力量积极兴办社会福利事业的新路子，建立与社会主义市场经济体制和社会发展相适应的社会福利事业管理体制和运行机制，促进社会福利事业健康有序地发展。

（二）推进社会福利社会化的目标：到2005年，在我国基本建成以国家兴办的社会福利机构为示范、其他多种所有制形式的社会福利机构为骨干、社区福利服务为依托、居家供养为基础的社会福利服务网络。各类社会福利机构的

数量和集中收养人员的数量每年以10%左右的速度增长，尤其是老年人社会福利服务机构的数量有较大增长；城市中各种所有制形式的养老服务机构床位数达到每千名老人10张左右，普遍建立起社区福利服务设施并开展家庭护理等系列服务项目；农村90%以上的乡镇建立起以“五保”老人为主要对象，同时面向所有老年人、残疾人和孤儿的社会福利机构。

（三）推进社会福利社会化的总体要求：

一是投资主体多元化。从我国的基本国情出发，推进社会福利社会化采取国家、集体和个人等多渠道投资方式，形成社会福利机构多种所有制形式共同发展的格局。各级政府应根据经济和社会发展的需要，逐年增加对社会福利事业的投入，重点用在一些基础性、示范性社会福利机构的建设上，同时采取民办公助的办法，将一部分资金用于鼓励、支持和资助各种社会力量兴办社会福利机构；适当增加中国福利彩票发行额度，为社会福利事业的发展筹措更多的资金；采取优惠政策，鼓励集体、村（居）民自治组织、社会团体、个人和外资以多种形式捐助或兴办社会福利事业；企事业单位可以根据自身条件自愿捐助社会福利事业，或利用闲置资源投资“面向社区、自主经营、自负盈亏”的社会福利事业；儿童福利机构在今后一段时期仍以政府管理为主，也可吸纳社会资金合办，同时通过收养、寄养、助养和接受捐赠等多种形式，走社会化发展的路子。

二是服务对象公众化。社会福利机构除确保国家供养的“三无”对象（无劳动能力、无生活来源、无法定抚养人或赡养人）、孤儿等特困群体的需求外，还要面向全社会老年人、残疾人，拓展服务领域，扩大服务范围和覆盖面，并根据服务对象的不同情况，实行有偿、减免或无偿等多种服务。

三是服务方式多样化。社会福利机构和社区除集中养老、助残外，应发挥多种服务功能，为家庭服务提供支持。要大力发展社区福利服务设施和网点，建立社区福利服务体系，因地制宜地为老年人、残疾人、孤儿等特殊困难群体提供各种福利服务。要积极推进单位福利设施社会化。

四是服务队伍专业化。要逐步提高社会福利服务队伍的专业化水平，制定岗位专业标准和操作规范，实行职业资格和技术等级管理认证制度；加强社会福利工作系统的专业教育、在职教育及岗位技能培训，建立并完善学科建设和教材体系；大力倡导志愿者服务，加强志愿者服务队伍建设，使志愿者服务制度化、规范化。

三、制定优惠政策，引导社会力量积极参与社会福利事业

对社会力量投资创办社会福利机构，各级政府及有关部门应给予政策上的扶持和优惠。

（一）各地要将社会福利机构及床位数作为社会发展的指导性指标纳入国民经济和社会发展计划，要在基本建设计划中统筹安排社会福利设施建设。

（二）社会福利机构的建设用地，按照法律、法规规定应当采用划拨方式供

地的，要划拨供地；按照法律、法规规定应当采用有偿方式供地的，在地价上要适当给予优惠；属出让土地的，土地出让金收取标准应适当降低。

（三）各地在制定城市居住区规划时，无论是新区建设还是旧区改造，都应按原国家技术监督局、建设部发布的《城市居住区规划设计规范》（GB50180—93）的有关规定，将社会福利设施特别是老年人服务设施纳入公共设施进行统一规划。城镇人口不足6万人的街道办事处要设立一处老年人综合福利服务设施，同时附设一处可容纳30名左右老人的养老院；城镇人口超过6万人的街道办事处则要按上述要求增设新的老年人综合福利服务设施。要充分考虑社会福利服务对象的要求和社会福利事业发展的需要，尽可能在靠近社区、交通便利、环境良好的区位安排社会福利设施建设，施工中要严格按照规划和福利机构建设、建筑标准及规范实施，建成后任何部门和单位不得挤占。各市人民政府对此项市政基础设施配套建设费应酌情给予减免。

（四）对社会福利机构及其提供的福利性服务和兴办的第三产业，安置残疾人的福利企业，以及单位和个人捐赠支持社会福利事业的，国家给予税收优惠政策，按照现行国家税法规定执行。

（五）对获得民政部门批准设置的社会福利机构按规定到有关部门办理法人注册登记时，有关部门应优先办理；对未获得民政部门批准而设置的社会福利机构，有关部门不应办理法人注册登记手续。

（六）对社会福利机构的用电按当地最优惠价格收费，用水按居民生活用水价格收费；对社会福利机构使用电话等电信业务要给予优惠和优先照顾。

（七）各地在制定本区域卫生事业发展规划时，要充分考虑老年人、残疾人、孤残儿童的医疗、预防、保健、康复等卫生需要，积极支持社区卫生服务机构开展老年医疗、预防、保健、康复、健康教育等工作，鼓励并扶持社会力量兴办以老年人、残疾人、孤儿为服务对象的非营利性医疗机构。对社会福利机构所办医疗机构已取得执业许可证并申请城镇职工基本医疗保险定点医疗机构的，可根据劳动保障部下发的《关于印发城镇职工基本医疗保险定点医疗机构管理暂行办法的通知》（劳社部发〔1999〕14号）的规定，经审查合格后纳入城镇职工基本医疗保险定点范围，社会福利机构收养人员中的基本医疗保险参保人员，在定点的社会福利机构所办医疗机构就医所发生的医疗费用，按基本医疗保险的规定支付。

（八）对社会福利机构中收养的（包括社会福利机构在社区和居民家庭中分散寄养的）就读于小学、初中的孤儿，要按有关规定免收杂费、书本费；对被高中（职业高中）、技校、中专、高等学校录取的孤儿，要免收学费、住宿费。

（九）对各类社会福利机构中具有劳动能力的成年孤残人员，应积极采取措施，优先推荐就业，免费给予上岗前的培训。社会福利企业、事业单位及其职工，要依据国家有关规定，参加社会保险，缴纳社会保险费，依法保障职工享受各项社会保险待遇的权益。对进入社会福利机构养老并享受社会保险的人员，社会保险机构可委托社会福利机构代办其养老金发放等服务性工作。

四、统筹规划，规范管理，有序发展

（一）统筹规划、依法规范社会福利事业的发展。各级政府及有关部门要加强调查研究，合理确定社会福利事业发展目标，对社会福利机构的数量、布局、规模档次以及资金、用地等统筹安排，防止盲目发展、一哄而起和重复建设，避免资源浪费。

要抓紧制定社会福利事业的有关法规，使社会福利事业的建设与管理有章可循、有法可依。今后，申办社会福利机构，要严格执行民政部颁布的《社会福利机构管理暂行办法》的有关规定，老年人福利设施建设要按照建设部、民政部联合颁布的《老年人建筑设计规范》（JGJ122—99）进行设计和施工，接受行政主管部门的检查和监督。

（二）建立充满生机和活力的管理体制和运行机制。要按照社会主义市场经济体制的要求，处理好社会福利工作中政府职能和社会化的关系，研究制定社会福利机构分类管理的政策措施，逐步建立起政府宏观管理、社会力量兴办、社会福利机构自主经营的管理体制。要按照产业化的发展方向逐步建立起适应市场经济要求的运行机制。要深化现有国家、集体兴办的社会福利机构改革，探索社会化管理的新路子，盘活存量。对新办的社会福利机构，要打破旧框框，按照市场经济的要求运作，真正体现市场配置资源、价值规律调节、公平竞争、优胜劣汰的市场经济法则，使各类社会福利机构都能够自主经营、自负盈亏、自我发展。

（三）加强领导，促进社会福利社会化有序发展。社会化是我国社会福利事业发展的方向，也是我国社会福利事业管理体制的重大改革，必须积极稳妥地推进。各级政府要切实加强领导，把社会福利社会化列入重要议事日程，作为一件大事抓紧抓好；要从实际出发，因地制宜，积极推进；要注意抓好试点，总结经验，逐步推广。各级民政部门要当好政府的参谋，提出切实可行的实施方案，做好服务协调和督促检查工作。各有关部门要密切配合，大力协助，为社会福利社会化健康有序地发展做出积极贡献。

民政部关于批准发布《老年人社会福利机构基本规范》、《残疾人社会福利机构基本规范》、《儿童社会福利机构基本规范》行业标准的通知

（2001年2月6日　民发〔2001〕24号）

各省、自治区、直辖市民政厅（局）：

兹批准《老年人社会福利机构基本规范》、《残疾人社会福利机构基本规范》、《儿童社会福利机构基本规范》为强制性行业标准，并予以发布。各项标准编号和名称如下：

MZ008－2001《老年人社会福利机构基本规范》；

MZ009－2001《残疾人社会福利机构基本规范》；

MZ010－2001《儿童社会福利机构基本规范》。

以上三项标准从2001年3月1日起实施。

老年人社会福利机构基本规范
(Standards of Social Welfare Institution for the Elderly)

MZ008－2001

前言

为了加强老年人社会福利机构的规范化管理，维护老年人权益，促进老年人社会福利事业健康发展，根据民政部人教科字〔2000〕第24号文的要求，特制定本规范。

本规范的主要技术内容是：总则、术语、服务、管理、设施设备。

本规范由民政部人事教育司归口管理，授权主要起草单位负责解释。

本规范主要起草单位：民政部社会福利和社会事务司。

本规范参加起草单位：北京市民政局。

本规范主要起草人：常宗虎、李建平、贾晓九、蔡安财、孟志强、郭幼生、彭嘉琳。

1 总则

1.1 为加强老年人社会福利机构规范化管理，维护老年人权益，促进老年人社会福利事业健康发展，制定本规范。

1.2 本规范适用于各类、各种所有制形式的为老年人提供养护、康复、托管等服务的社会福利服务机构。

1.3 老年人社会福利机构的宗旨是：以科学的知识和技能维护老年人基本权益，帮助老年人适应社会，促进老年人自身发展。

1.4 本规范所列各种条款均为最低要求。

1.5 老年人社会福利机构除应符合本规范外，尚应符合国家现行相关强制性标准的规定。

2 术语

2.1 老年人 The Elderly

60周岁及以上的人口。

2.2 自理老人 The Self－care Elderly

日常生活行为完全自理，不依赖他人护理的老年人。

2.3 介助老人 The Device – aided Elderly

日常生活行为依赖扶手、拐杖、轮椅和升降等设施帮助的老年人。

2.4 介护老人 The Nursing – cared Elderly

日常生活行为依赖他人护理的老年人。

2.5 老年社会福利院 Social Welfare Institution for the Aged

由国家出资举办、管理的综合接待“三无”老人、自理老人、介助老人、介护老人安度晚年而设置的社会养老服务机构，设有生活起居、文化娱乐、康复训练、医疗保健等多项服务设施。

2.6 养老院或老人院 Homes for the Aged

专为接待自理老人或综合接待自理老人、介助老人、介护老人安度晚年而设置的社会养老服务机构，设有生活起居、文化娱乐、康复训练、医疗保健等多项服务设施。

2.7 老年公寓 Hostels for the Elderly

专供老年人集中居住，符合老年体能心态特征的公寓式老年住宅，具备餐饮、清洁卫生、文化娱乐、医疗保健等多项服务设施。

2.8 护老院 Homes for the Device – aided Elderly

专为接待介助老人安度晚年而设置的社会养老服务机构，设有生活起居、文化娱乐、康复训练、医疗保健等多项服务设施。

2.9 护养院 Nursing Homes

专为接待介护老人安度晚年而设置的社会养老服务机构，设有起居生活、文化娱乐、康复训练、医疗保健等多项服务设施。

2.10 敬老院 Homes for the Elderly in the Rural Areas

在农村乡（镇）、村设置的供养“三无”（无法定扶养义务人，或者虽有法定抚养义务人，但是抚养义务人无扶养能力的；无劳动能力的；无生活来源的）“五保”（吃、穿、住、医、葬）老人和接待社会上的老年人安度晚年的社会养老服务机构，设有生活起居、文化娱乐、康复训练、医疗保健等多项服务设施。

2.11 托老所 Nursery for the Elderly

为短期接待老年人托管服务的社区养老服务场所，设有生活起居、文化娱乐、康复训练、医疗保健等多项服务设施，分为日托、全托、临时托等。

2.12 老年人服务中心 Center of Service for the Elderly

为老年人提供各种综合性服务的社区服务场所，设有文化娱乐、康复训练、医疗保健等多项或单项服务设施和上门服务项目。

3 服务

3.1 膳食

3.1.1 有主管部门颁发了卫生许可证的专门为老人服务的食堂，配备厨师和炊事员。

3.1.2 厨师和炊事员持证上岗，严格执行食品卫生法规，严防食物中毒。

3.1.3 注意营养、合理配餐，每周有食谱，根据老人的需要或医嘱制作普食、软食、流食及其它特殊饮食。

3.1.4 为有需要的自理老人、介助老人和所有介护老人送饭到居室，根据需要喂水喂饭。清洗消毒餐具。

3.1.5 每月召开1次膳食管理委员会，征求智力正常老人及其他老人家属的意见，满意率达到80%以上。

3.1.6 照顾不同老年人的饮食习惯，尊重少数民族的饮食习俗。

3.2 护理

3.2.1 自理老人

3.2.1.1 每天清扫房间1次，室内应无蝇、无蚊、无鼠、无蟑螂、无臭虫。

3.2.1.2 提供干净、得体的服装并定期换洗，冬、春、秋季每周1次，夏季经常换洗。保持室内空气新鲜，无异味。

3.2.1.3 协助老人整理床铺。

3.2.1.4 每周换洗一次被罩、床单、枕巾（必要时随时换洗）。

3.2.1.5 夏季每周洗澡2次，其它季节每周1次。

3.2.1.6 督促老人洗头、理发、修剪指甲。

3.2.1.7 服务人员24小时值班，实行程序化个案护理。视情况调整护理方案。

3.2.2 介助老人

3.2.2.1 每天清扫房间1次，室内应无蝇、无蚊、无鼠、无蟑螂、无臭虫。保持室内空气新鲜，无异味。

3.2.2.2 提供干净、得体的服装并定期换洗，冬、春、秋季每周1次，夏季经常换洗。

3.2.2.3 协助老人整理床铺。

3.2.2.4 每周换洗1次被罩、床单、枕巾（必要时随时换洗）。

3.2.2.5 夏季每周洗澡2次，其它季节每周1次。

3.2.2.6 协助老人洗头、修剪指甲。

3.2.2.7 定期上门理发，保持老人仪表端正。

3.2.2.8 毛巾、洗脸盆应经常清洗，便器每周消毒1次。

3.2.2.9 搀扶老人上厕所排便。

3.2.2.10 Ⅰ°褥疮发生率低于5%，Ⅱ°褥疮发生率为零，入院前发生严重低蛋白血症，全身高度浮肿、癌症晚期、恶液质等患者除外。对因病情不能翻身而患褥疮的情况应有详细记录，并尽可能提供防护措施。

3.2.2.11 服务人员24小时值班，实行程序化个案护理。视情况调整护理方案。

3.2.3 介护老人

3.2.3.1 每天清扫房间1次，室内应无蝇、无蚊、无老鼠、无蟑螂、无臭虫。保持室内空气新鲜，无异味。

3.2.3.2 提供干净、得体的服装并定期换洗，冬、春、秋季每周1次，夏季经常换洗。

3.2.3.3 整理床铺。

3.2.3.4 每周换洗1次被罩、床单、枕巾（必要时随时换洗）。

3.2.3.5 帮助老人起床穿衣、睡前脱衣。

3.2.3.6 全身洗澡，每周2次。

3.2.3.7 定期修剪指甲、洗头。

3.2.3.8 口腔护理清洁无异味。

3.2.3.9 定期上门理发，保持老人仪表端正。

3.2.3.10 毛巾、洗脸盆应经常清洗，便器每周消毒1次。

3.2.3.11 送饭到居室，喂水喂饭。

3.2.3.12 帮助老人排便。

3.2.3.13 为行走不便的老人配备临时使用的拐杖、轮椅车和其它辅助器具。

3.2.3.14 Ⅰ°褥疮发生率低于5%，Ⅱ°褥疮发生率为零，入院前发生严重低蛋白血症，全身高度浮肿、癌症晚期、恶液质等患者除外。对因病情不能翻身而患褥疮的情况应有详细记录，并尽可能提供防护措施。

3.2.3.15 早晨起床后帮助老人洗漱，晚上帮助老人洗脚。

3.2.3.16 视天气情况，每天带老人到户外活动1小时。

3.2.3.17 服务人员24小时值班，实行程序化个案护理。视情况调整护理方案。

3.2.4 帮助老人办理到异地的车船票。

3.2.5 特别保护女性智残和患有精神病的老人的人身权益不受侵犯。

3.2.6 对患有传染病的老人要及时采取特殊保护措施，并对其隔离、治疗，以既不影响他人又尊重病患老人为原则。

3.3 康复

3.3.1 卫生保健人员定期查房巡诊，每天1次。

3.3.2 为老人定期检查身体，每年1次。

3.3.3 医护人员定期、定时护理。

3.3.4 组织智力健全和部分健全的老人每月进行1次健康教育和自我保健、自我护理知识的学习，常见病、多发病的自我防治以及老年营养学的学习。

3.3.5 医护人员确保各项治疗措施的落实，确保每周开展两种以上康复活动。

3.3.6 定期或不定期地做好休养区和院内公共场所的消毒灭菌工作。

3.3.7 制定年度康复计划，每周组织老年人开展3次康复活动。

3.4 心理

3.4.1 为有劳动能力的老人自愿参加公益活动提供中介服务或给予劳动的机

会。组织健康老人每季度参加1次公益活动。

3.4.2 每周根据老人身体健康情况、兴趣爱好、文化程度，开展1次有益于身心健康的各种文娱、体育活动，丰富老年人的文化生活。

3.4.3 与老人每天交谈15分钟以上，并作好谈话周记。及时掌握每个老人的情绪变化，对普遍性问题和极端的个人问题集体研究解决，保持老人的自信状态。

3.4.4 经常组织老人进行必要的情感交流和社会交往。不定期开展为老人送温暖、送欢乐活动，消除老人的心理障碍。帮助老人建立新的社会联系，努力营造和睦的大家庭色彩，基本满足老人情感交流和社会交往的需要。根据老年人的特长、身体健康状况、社会参与意愿，不定时的组织老年人参与社会活动，为社会发展贡献余热。

3.4.5 制定有针对性的“入住适应计划”，帮助新入住老人顺利渡过入住初期。

4 管理

4.1 机构证书和名称

4.1.1 提供《社会福利机构设置批准证书》和法人资格证书，并悬挂在醒目的地方。

4.1.2 老年人社会福利机构的名称，必须根据收养对象的健康状况和机构的业务性质，标明养老院、老年公寓、护老院、护养院、敬老院、托老所或老年人服务中心等。由国家和集体举办的，应冠以所在地省（自治区、直辖市）、市（地、州）、县（县级市、市辖区）、乡（镇）行政区划名称，但不再另起字号；由社会组织和个人兴办的应执行《民办非企业单位名称管理暂行规定》。

4.2 人力资源配置

4.2.1 城镇地区和有条件的农村地区，老年人社会福利机构主要领导应具备相关专业大专以上学历，模范遵守国家的法律法规，熟练掌握所从事工作的基本知识和专业技能。

4.2.2 城镇地区和有条件的农村地区，老年人社会福利机构应有1名大专学历以上、社会工作类专业毕业的专职的社会工作人员和专职康复人员。为介护老人服务的机构有1名医生和相应数量的护士。护理人员及其他人员的数量以能满足服务对象需要并能提供本规范所规定的服务项目为原则。

4.2.3 主要领导应接受社会工作类专业知识的培训。各专业工作人员应具有相关部门颁发的职业资格证书或国家承认的相关专业大专以上学历。无专业技术职务的护理人员应接受岗前培训，经省级以上主管机关培训考核后持证上岗。

4.3 制度建设

4.3.1 有按照有关规定和要求制定的适合实际工作需要的规章制度。

4.3.2 有与入院老年人或其亲属、单位签订的具有法律效力的入院协议书。

4.3.3 有简单介绍本机构最新情况的书面图文资料。其中须说明服务宗旨、目标、对象、项目、收费及服务使用者申请加入和退出服务的办法与发表意见的途径、本机构处理所提意见和投诉的承诺等。这类资料应满足服务对象使用。

4.3.4 有可供相关人员查阅和向有关部门汇报的长中短期工作计划、定期统计资料、年度总结和评估报告。

4.3.5 建立入院老人档案，包括入院协议书、申请书、健康检查资料、身份证、户口簿复印件、老人照片及记录后事处理联系人等与老人有关的资料并长期保存。

4.3.6 有全部工作人员、管理机构和决策机构的职责说明、工作流程及组织结构图。

4.3.7 有工作人员工作细则和选聘、培训、考核、任免、奖惩等的相关管理制度。

4.3.8 严格执行有关外事、财务、人事、捐赠等方面规定。

4.3.9 各部门、各层级应签订预防事故的责任书，确保安全，做到全年无重大责任事故。

4.3.10 护理人员确保各项治疗、护理、康复措施的落实，严禁发生事故。

4.3.11 服务项目的收费按照当地物价部门和民政部门的规定执行，收费项目既要逐项分计，又要适当合计。收费标准应当公开和便于查阅。

4.3.12 有工作人员和入院老人花名册。入院老人的个人资料除供有需要知情的人员查阅外应予以保密。

4.3.13 严防智残和患有精神病的老人走失。为智残和患有精神病的老人佩戴写有姓名和联系方式的卡片，或采取其它有效措施，以便老人走失后的查找工作。

4.3.14 对患有精神病且病情不稳定的老人有约束保护措施和处理突发事件的措施。

4.3.15 有老人参与机构管理的管理委员会。

4.3.16 长期住院的“三无”老人的个人财产应予以登记，并办理有关代保管服务的手续。

4.3.17 工作人员在工作时间内须佩证上岗。

5 设施设备

5.1 老人居室

5.1.1 老人居室的单人间使用面积不小于10平方米；双人间使用面积不小于14平方米；三人间使用面积不小于18平方米；合居型居室每张床位的使用面积不小于5平方米。

5.1.2 根据老人实际需要，居室应配设单人床、床头柜、桌椅、衣柜、衣架、毛巾架、毯子、褥子、被子、床单、被罩、枕芯、枕套、枕巾、时钟、梳妆镜、洗脸盆、暖水瓶、痰盂、废纸桶、床头牌等，介助、介护老人的床头应安装呼叫铃。

5.1.3 室内家具、各种设备应无尖角凸出部分。

5.2 饭厅应配设餐桌、坐椅、时钟、公告栏、废纸桶、窗帘、消毒柜、洗漱池、防蝇设备等。

5.3 洗手间及浴室应配备安装在墙上的尿池、坐便器、卫生纸、卫生纸专用夹、废纸桶、淋浴器、坐浴盆或浴池、防滑的浴池垫和淋浴垫、浴室温度计、抽气扇等。

5.4 有必备的洗衣设备，应有洗衣机、熨斗等。

5.5 建有老人活动室。有供其阅读、写字、绘画、娱乐的场所。该场所应提供图书、报刊、电视机和棋牌。

5.6 有配置了适合老人使用的健身、康复器械和设备的康复室和健身场所。

5.7 有接待来访的场所。接待室配备桌椅、纸笔及相关介绍材料。

5.8 室外活动场所不得少于150平方米，绿化面积达到60%。

5.9 公共区域应设有明显标志，方便识别。

5.10 有一部可供老人使用的电话。

5.11 根据老人健康情况，必须准备足够的医疗设备和物资，应有急救药箱和轮椅车等。不设医务室的老年人社会福利机构应与专业医院签订合同。合同医院必须具备处理老年人社会福利机构内各种突发性疾病和其它紧急情况的能力，并能够承担老年人常见病、多发病的日常诊疗任务。

5.12 及时解决消防、照明、报警、取暖、通讯、降温、排污等设施和生活设备出现的问题，严格执行相关规定，保证其随时处于正常状态。

5.13 保证水、电供应，冬季室温不低于16℃，夏季不超过28℃。

5.14 生活环境安静、清洁、优美，居室物品放置有序，顶棚、墙面、地面、桌面、镜面、窗户、窗台洁净。

残疾人社会福利机构基本规范

(Standards of Social Welfare Institution for Disabled Persons)

MZ009－2001

前言

为了加强残疾人社会福利机构的规范化管理，维护残疾人权益，促进残疾人社会福利事业健康发展，根据民政部人教科字〔2000〕第24号文的要求，特制定本规范。

本规范的主要技术内容是：1. 总则；2. 术语；3. 服务；4. 管理；5. 设施设备；6. 其他。

本规范由民政部人事教育司归口管理，授权主要起草单位负责具体解释。

本规范主要起草单位：民政部社会福利和社会事务司。

本规范参加起草单位：民政部假肢科学研究所、北京市第三社会福利院。

本规范主要起草人：常宗虎、王喜太、蔡卫义、刘志泉、余制波、李浩、陈友富。

1 总则

1.1 为加强残疾人社会福利机构规范化管理，维护残疾人权益，促进残疾人社会福利事业健康发展，制定本规范。

1.2 本规范适用于各类、各种所有制形式的为残疾人提供养护、康复、托管等服务的社会福利服务机构。

1.3 残疾人社会福利机构的宗旨是：以科学的知识和技能维护残疾人基本权益，帮助残疾人适应社会，促进残疾人自身发展。

1.4 本规范所列各种条款均为最低要求。

1.5 残疾人社会福利机构除应符合本规范外，尚应符合国家现行相关强制性标准的规定。

2 术语

2.1 残疾人社会福利机构 Social Welfare Institution for Disabled Persons

为肢体、智力、视力、听力、语言、精神方面有残疾的人员提供康复和功能补偿的辅助器具，进行康复治疗、康复训练，承担教育、养护和托管服务的社会福利机构。

3 服务

3.1 膳食

3.1.1 有主管部门颁发了卫生许可证的专门为残疾人服务的食堂，配备厨师和炊事员。

3.1.2 厨师和炊事员持证上岗，严格执行食品卫生法规，严防食物中毒。

3.1.3 注意营养、合理配餐，每周有食谱。根据残疾人的需要或医嘱要求，制作普食、软食、半流食、流食及其它饮食。

3.1.4 为生活不能自理的残疾人送饭到居室，根据需要喂水喂饭。清洗消毒餐具。

3.1.5 每月召开1次膳食管理会，征求智力正常的残疾人及其他残疾人家属的意见，满意率达到80%以上。

3.1.6 照顾不同残疾人的饮食习惯，尊重少数民族的饮食习俗。

3.2 护理

3.2.1 每天清扫房间1次，室内应做到无蝇、无蚊、无鼠、无蟑螂、无臭虫。保持室内空气新鲜，无异味。

3.2.2 为供养人员提供干净、得体的服装，并定期换洗。夏季经常换洗，其它季节每周1次。

3.2.3 整理床铺。

3.2.4 每周换洗1次被罩、床单、枕巾（必要时随时换洗）。

3.2.5 帮助生活不能自理的残疾人穿衣、脱衣。

3.2.6 协助残疾人洗澡，夏季每周2次，其它季节每周1次；协助残疾人理发，每月1次；协助残疾人洗头，修剪指甲。口腔护理清洁无异味。

3.2.7 毛巾、洗脸盆应经常清洗，便器每周消毒1次。

3.2.8 协助残疾人上厕所排便。

3.2.9 为行走不便的残疾人配备临时使用的拐杖、轮椅车和其它辅助器具。

3.2.10 Ⅰ°褥疮发生率低于5%，Ⅱ°褥疮发生率为零，入院前发生严重低蛋白血症，全身高度浮肿、癌症晚期、恶液质等患者除外。对因病情不能翻身而患褥疮的情况应有详细记录，并尽可能提供防护措施。

3.2.11 视天气情况，每天带残疾人到户外活动1小时。

3.2.12 帮助住院残疾人办理到异地的车船票。

3.2.13 特别保护女性智残人和精神病人的人身权益不受侵犯。

3.2.14 对患有传染病的残疾人要及时采取特殊保护措施，并对其隔离、治疗，以既不影响他人又尊重病患残疾人为原则。

3.2.15 服务人员24小时值班，实行程序化个案护理。视情况调整护理方案。

3.3 康复

3.3.1 肢体残疾人

3.3.1.1 根据残疾人要求和实际情况，为其提供、装配符合国家或行业标准并经国家相关产品监督检测部门检验合格的各种假肢与矫形器、轮椅车、助行架、拐杖、内脏托带及其它康复和功能补偿的辅助器具，进行康复治疗和康复训练。

3.3.1.2 为肢残人提供熟练的护理服务，对残肢肿胀、皮肤感染、溃疡等常见残肢病提供规范化的医疗服务，对残肢状况不良的残疾人及时进行康复治疗、康复训练和康复评定。

3.3.1.3 对个别残肢需要修整或患有难治残肢病的残疾人经其本人和家属同意后，及时送医院治疗。

3.1.1.4 对装肢前需要进行残肢训练的截肢者，应有康复训练人员一对一、有计划地进行增大残肢肌力和活动范围的功能训练。

3.1.1.5 装肢后，应有专职人员对残疾人进行矫正行走姿势的步态训练，并做好评估记录。

3.3.2 智力残疾人

3.3.2.1 利用传统疗法（如针灸）、物理疗法（各种理疗设备）对智残人进行康复治疗。

3.3.2.2 通过日常生活能力训练、手工作业训练，对智残人进行智力训练。

3.3.2.3 利用运动疗法、作业疗法，对智残者进行肢体训练。

3.3.3 盲聋哑人

3.3.3.1 利用传统疗法（如针灸）、物理疗法（各种理疗设备）对盲聋哑人进行康复治疗。

3.3.3.2 利用语言治疗和矫正训练设备进行听力训练、语言训练。

3.3.4 精神病人

3.3.4.1 按照康复计划和个人康复方案实施康复治疗和康复训练，并及时进行康复评估。康复参训率达到90%以上，康复有效率达到85%以上。

3.3.4.2 有针对性地举办各种形式的技能训练，为安置康复期精神病人就业及参加生产劳动创造条件。

3.3.4.3 定岗康复项目不得少于8个，每个项目必须有专职人员指导精神病人康复。

3.4 辅助器具装配

3.4.1 提供服务前应详细了解残疾人的身体状况和致残原因，并对所了解的情况进行认真记录，应具有个人资料卡和处方单。

3.4.2 为残疾人提供有关假肢与矫形器及其它康复和功能补偿辅助器具的样品、适应范围、使用说明、残肢护理、产品维护等知识的咨询服务，询问、回答残疾人问题热情、耐心、准确、周到。

3.4.3 明码标价，公开产品质量和服务质量标准，主动向残疾人介绍产品的品种、结构、档次和性能，并与残疾人签订包含按时交货、产品合格和保修、包换、包退内容的服务协议书。

3.4.4 按照处方要求选配假肢、矫形器及其它康复和功能补偿辅助器具的零部件，对备件、半成品加工、组装等工序有严格的质量检验。

3.4.5 残疾人试样时，注意听取其意见，悉心告知和指导使用方法，并做好试样结果纪录；对装配不适当的地方及时修改后再行试样，直至符合残疾人的生理、病理要求。

3.4.6 正式交付残疾人的假肢、矫形器及其它康复和功能补偿辅助器具产品，应经注册执业假肢与矫型器制作师检验和签字，盖有合格证章，并经残疾人或其家属签字认可。

3.5 心理

3.5.1 为有劳动能力的残疾人自愿参加公益活动提供服务或给予劳动的机会。组织有活动能力的残疾人每季度参加1次公益活动。

3.5.2 每周组织残疾人开展1次有益于身心健康的集体性文娱或体育活动，丰富残疾人的精神文化生活。

3.5.3 与智力健全和部分健全的残疾人每天交谈10分钟以上，并作好谈话周记。精神病人酌情处理。及时掌握每个残疾人的情绪变化，对普遍性问题和极端的个人问题集体研究解决，保持残疾人的自信状态。

3.5.4 经常组织残疾人进行必要的情感交流和社会交往。不定期开展为残疾人送温暖、送欢乐活动，消除残疾人的心理障碍。帮助残疾人建立新的社会联系，努力营造和睦的大家庭色彩，基本满足残疾人情感交流和社会交往的需要。

3.6 其它

3.6.1 卫生保健人员定期查房巡诊，每天1次。

3.6.2 为残疾人定期检查身体，每年1次。

3.6.3 医务人员护理定期定时。

3.6.4 组织智力健全和部分健全的残疾人每月进行1次健康教育和自我保健、自我护理知识的学习。

3.6.5 定期或不定期地做好休养区和院内公共场所的消毒灭菌工作。

3.6.6 对采用药物维持治疗三年以上、病情稳定的“三无”未婚精神病人，当其申请结婚时，如符合法律规定，视情况为他们提供登记结婚和有效避孕的方便条件。

3.6.7 对基本康复并已办理出院手续的精神病人和具有一定劳动能力的智残人，负责向所送单位或街道推荐其就业，并按有关政策提出享受国家财政扶持、减免税收等生产自救优惠政策的建议。

4 管理

4.1 机构证书和名称

4.1.1 提供《社会福利机构设置批准证书》和法人资格证书，并悬挂在醒目的地方。

4.1.2 残疾人社会福利机构的名称，必须根据收养对象的健康状况和机构的业务性质，标明肢残人社会福利机构、智残人社会福利机构、聋哑人社会福利机构、精神病人社会福利机构或综合性残疾人社会福利机构等。由国家和集体举办的，应冠以所在地省（自治区、直辖市）、市（地、州）、县（县级市、市辖区）、乡（镇）行政区划名称，但不再另起字号；由社会组织和个人举办的，应执行《民办非企业单位名称管理暂行规定》。

4.2 人力资源配置

4.2.1 城镇地区和有条件的农村地区，残疾人社会福利机构主要领导应具备大专以上学历，具有高尚的职业道德，遵守国家的法律法规，熟练掌握所从事工作的基本知识和专业技能。

4.2.2 城镇地区和有条件的农村地区，残疾人社会福利机构应有1名大专以上学历、社会工作类专业毕业的专、兼职社会工作人员，1名专职康复人员。肢残人和盲聋哑人社会福利机构，应按床位数配备国家认定的相应数量的医疗及康复护理人员。精神病人社会福利机构医护人员的配备，按卫生部门有关要求执行。其他人员的数量以能满足服务对象需要并能提供本规范所规定的服务项目为原则。

4.2.3 肢残人社会福利机构，10人以下的单位，具有符合规定并注册登记的执业假肢、矫形器制作师应达到生产装配人员的30%；10人以上的单位，具有符合规定并注册登记的执业假肢、矫形器制作师不得少于3名；生产、加工部门配有工程系列中等专业技术职务以上的专业技术人员；生产、装配部门的职工应符合上岗条件和国家假肢制作装配工、矫形器制作装配工的各级工种要求。

4.2.4 主要领导应接受社会工作类专业的培训。各专业工作人员应具有相关部门颁发的职业资格证书或国家承认的相关专业大专以上学历。无专业技术职务的护理人员应接受岗前培训，经省级以上主管机关培训考核后持证上岗。

4.3 制度建设

4.3.1 有按照有关规定和要求制定的适合实际工作需要的规章制度。

4.3.2 有与入院残疾人或其亲属、单位签订的具有法律效力的入院协议书。

4.3.3 有简单介绍本机构最新情况的书面图文资料。其中须说明服务宗旨、目标、对象、项目、收费及服务使用者申请加入和退出服务的办法与发表意见的途径、本机构处理所提意见和投诉的承诺等。这类资料应满足服务对象使用。

4.3.4 有可供相关人员查阅和向有关部门汇报的长中短期工作计划、定期统计资料、年度总结和评估报告，以及针对存在问题采取的相应对策。

4.3.5 认真检查、详细了解残疾人的身体状况和致残原因，规范建立个人健康档案、诊疗计划和康复评估记录，并长期保存。

4.3.6 有全部工作人员、管理机构和决策机构的职责说明、工作流程及组织机构图。

4.3.7 有工作人员工作细则和选聘、培训、考核、任免、奖惩等相关管理制度。

4.3.8 严格执行有关外事、财务、人事、捐赠等方面的规定。

4.3.9 各部门、各层级应签订预防事故的责任书，确保安全，做到全年无重大责任事故。

4.3.10 护理人员确保各项治疗、护理、康复措施的落实，严禁发生事故。

4.3.11 服务项目的收费按照当地物价部门和民政部门的规定执行，收费项目既要逐项分计，又要适当合计。收费标准应当公开和便于查阅。

4.3.12 有工作人员和入院残疾人花名册。入院残疾人的个人资料除供有需要知情的人员查阅外应予以保密。

4.3.13 严防智残人和精神病人走失。为智残人和精神病人佩戴写有姓名和联系方式的卡片，或采取其它有效措施，以便病人走失后的查找工作。

4.3.14 对病情不稳定的精神病人有约束保护措施和处理突发事件的措施。

4.3.15 有智力健全的残疾人和残疾人家属参与机构管理的管理委员会。

4.3.16 对长期住院的“三无”精神病人的个人财产应予以登记，并办理有关代保管服务的手续。

4.3.17 工作人员在工作时间内须佩证上岗。

5 设施设备

5.1 日常设施设备

5.1.1 残疾人居室的单人间使用面积不小于10平方米；双人间使用面积不

小于14平方米；三人间使用面积不小于18平方米；合居型居室每张床位的使用面积不小于5平方米。

5.1.2 根据残疾人的实际需要配备居室设施，应配设单人床、床头柜、床头铃、衣柜、衣架、毛巾架、褥子、被子、毯子、床单、被罩、枕芯、枕套、枕巾、时钟、洗脸盆、暖水瓶、痰盂、病床便盆、尿壶、废纸桶、床头牌、鞋拔等。

5.1.3 室内家具、各种设备应无尖角凸出部分。

5.1.4 饭厅应配设餐桌、坐椅、时钟、公告栏、废纸桶、窗帘、消毒柜、洗漱池、防蝇设备等。

5.1.5 洗手间及浴室至少应配备安装在墙上的尿池、坐便器、卫生纸、卫生纸专用夹、废纸桶、淋浴器、坐浴盆或浴池、防滑的浴池垫和淋浴垫、浴室温度计、抽气扇等。

5.1.6 有必备的洗衣设备。应有洗衣机、熨斗等。

5.1.7 有供残疾人阅读、写字、绘画、娱乐的场所。该场所应提供图书、报刊、电视机和棋牌。

5.1.8 有适合残疾人使用的健身、康复器械和设备的康复室和健身场所。

5.1.9 院内有固定的职业技能培训基地，做到预防、医疗、康复、培训四位一体。

5.1.10 有接待来访的场所。接待室配备桌椅、纸笔及相关介绍材料。

5.1.11 室外活动场所达到150平方米，绿化面积达到60%。

5.1.12 公共区域应设有明显标志，方便识别。

5.1.13 必须根据残疾人健康情况准备足够的医疗设备和物资，应有急救药箱和轮椅车等。不设医务室或相关医疗力量不足的残疾人社会福利机构应与专业医院签订合同。合同医院必须具备处理残疾人社会福利机构内各种突发性疾病和其它紧急情况的能力，并能够承担残疾人常见病、多发病的日常诊疗任务。

5.1.14 有1部可供入院残疾人使用的公用电话。

5.1.15 及时解决消防、照明、报警、通讯、取暖、降温、排污等设施和生活设备出现的问题，严格执行相关规定，保证其随时处于正常状态。

5.1.16 保证水、电供应，冬季室内温度不低于16℃，夏季不超过28℃。

5.1.17 生活环境安静、清洁、优美，居室物品放置有序，顶棚、玻璃、墙面、地面、桌面、窗台洁净。

5.2 肢体残疾人

5.2.1 基本建筑面积在1000平方米以上。其中，残疾人接待室面积达50平方米以上；体疗室、理疗室和康复训练室的总面积达80平方米以上；残疾人使用假肢的步态训练室，面积达40平方米以上。残疾人出入的场所应符合无障碍设计的标准。

5.2.2 居室应配设单人床（床上根据需要配设防褥疮的特殊装置）、床栏杆或固定在床上的用于肢残人自我起立的栏杆、床头铃、床头牌、枕芯、枕套、枕巾、被子、褥子、毯子、床单、被罩、残肢支撑架、手杖架、肘拐和腋拐架、床头柜、凳子和站立椅、衣柜、衣架、毛巾架、窗帘及其开关器、高度为坐姿可及的电源开关等照明控制辅助器具、洗脸盆、暖水瓶、痰盂、废纸桶、时钟、梳妆镜、鞋拔等，并根据需要为下肢瘫痪的残疾人配置尿吸收器具及其固定用具和尿收集用具。

5.2.3 有工作人员与肢残人一对一的测量、取型室，室内备有更衣、冲洗及保暖、通风设备。

5.2.4 步态训练室配有平行杠、照姿镜、体操垫、肋木、训练用扶梯、步行训练器、助行器、自行车训练器等器械。

5.2.5 理疗室应备有蜡疗、红外线、音频电疗、磁疗、超短波、超声波、微波治疗机等设备和弹力服、抗水肿袜套等器具，体疗室应备有肋木、蹦床、体操垫、平衡板、牵引器等器具。

5.2.6 生产装配假肢和矫形器所需的测量、取型、预制件加工、组装、试样修理等各工序设备、车间配备齐全。

5.2.7 配有机械加工车间（生产装配电动手或肌电手的还需有电器加工车间），可进行假肢和矫形器及其它装饰假体、轮椅车等产品零部件的生产或修配。

5.2.8 接待残疾人的客房至少有16张床位。

5.2.9 卫生间内安装在墙上的尿池和坐便器上应装配扶手。

5.2.10 浴室内应配备防滑的浴池垫、淋浴垫和带子等。

5.2.11 在公共区域放置可用于入厕和淋浴的坐便椅，数量应满足在院残疾人的使用。

5.3 智力残疾人

5.3.1 基本建筑面积不少于500平方米以上。其中残疾人接待室面积在50平方米以上；病房床位在20张以上，病房每床占用面积不少于4平方米；全院残疾人活动空间不少于100平方米。

5.3.2 居室应配设单人床（床上根据需要配设防褥疮的特殊装置）、床栏杆、床头铃、枕芯、枕套、枕巾、被子、褥子、毯子、床单、被罩、床头牌、床头柜、衣柜、衣架、毛巾架、窗帘及其开关器、时钟、洗脸盆、痰盂、废纸桶、鞋拔等，并根据需要为尿失禁的智残人配置尿吸收器具及其固定用具和尿收集用具。

5.3.3 院内环境和所有设施必须符合残疾人行动和休闲的特点，绿化面积达到60%以上。

5.3.4 设有康复治疗室和智能训练室。

5.3.5 备有日常生活训练用具、训练用垫和床、沙袋、哑铃等运动治疗设备。

5.4 盲聋哑人

5.4.1 基本建筑面积不少于500平方米。其中残疾人接待室面积在50平方米以上；病房床位在20张以上，每床净使用面积不少于4平方米。

5.4.2 设有康复治疗室和语言训练室。

5.4.3 备有声音记录器、非语言交流写字画板、助听器、电视机、VCD等基本训练设备。

5.5 精神病人

5.5.1 基本建筑面积不少于500平方米以上。其中残疾人接待室、门诊室合计面积在50平方米以上；病房床位在20张以上，每床净使用面积不少于4平方米；病员活动空间不少于100平方米。

5.5.2 院内环境和各项设施应根据病情特点而设定，防止病人的走失和相互伤害。道路全部采用硬路面，道旁植树栽花，场地绿化面积达60%以上。

5.5.3 设有医疗、护理和康复训练室。

5.5.4 医疗设备的配备按卫生部门有关要求执行。

6 其他

6.1 残疾人康复福利机构应设在靠近社区、交通便利、环境良好的区域。

6.2 用于康复服务的各种药品、器械及原材料有正常的供应渠道。

儿童社会福利机构基本规范

（Standards of Social Welfare Institution for Special Children）

MZ010－2001

前言

为了加强儿童社会福利机构的规范化管理，维护儿童权益，促进儿童社会福利事业健康发展，根据民政部人教科字〔2000〕第24号文的要求，特制定本规范。

本规范的主要技术内容是：1. 总则；2. 术语；3. 服务；4. 管理；5. 设施设备；6. 其他。

本规范由民政部人事教育司归口管理，授权主要起草单位负责具体解释。

本规范主要起草单位：民政部社会福利和社会事务司。

本规范参加起草单位：浙江省残疾儿童康复中心、浙江省民政厅、安徽省民政厅、江苏省民政厅、新疆维吾尔自治区民政厅。

本规范主要起草人：常宗虎、卢亦鲁、王素英、周炳泉、周大群、范桦林、张子得、李浩。

1 总则

1.1 为加强儿童社会福利机构的规范化管理，维护儿童权益，促进儿童社会福利事业的健康发展，制定本规范。

1.2 本规范适用于各类、各种所有制形式为孤、弃、残儿童提供养护、康复、医疗、教育、托管等服务的儿童社会福利服务机构，如儿童福利院、社会福利院、S. O. S 儿童村、孤儿学校、残疾儿童康复中心、社区特教班等。

1.3 儿童社会福利机构的宗旨是：以科学的知识和技能维护儿童基本权益，帮助儿童适应社会，促进儿童自身发展。

1.4 本规范所列举各种条款均为最低要求。

1.5 儿童社会福利机构除应符合本规范外，尚应符合国家现行相关强制性标准的规定。

2 术语

2.1 儿童 Children

14 周岁及以下的人口。

2.2 新生儿 Neonate

自出生后到 4 周的儿童。

2.3 婴儿 Infant

4 周到满 1 周岁的儿童。

2.4 幼儿 Toddler

1 周岁到满 3 周岁的儿童。

2.5 学龄前儿童 Preschoolers

3 周岁到入小学前（6 -7 周岁）的儿童。

2.6 学龄期儿童 Children of School Age

入小学起（6 -7 周岁）到青春期（女 12 周岁，男 13 周岁）的儿童。

2.7 青少年 Adolescent

女孩从 12 周岁开始到 17 -18 周岁，男孩从 13 周岁开始到 20 周岁。

2.8 孤儿 Orphan

丧失父母的儿童。

2.9 弃婴 Abandoned Baby

查找不到生父母的 1 周岁以内的儿童。

2.10 弃儿 Foundling

查找不到生父母的 1 周岁以上的儿童。

2.11 残疾儿童 Disabled Children

14 周岁以下符合国家规定的残疾标准的儿童。

2.12 S. O. S 儿童村 S. O. S Children's Village

国际性民间慈善组织，经费来自于募捐。以模拟家庭为单位，由一位“妈妈”和若干名健全孤儿组成一个家庭。一般由 10 -20 个家庭组成。

2.13 孤儿学校 School for Orphans

为孤儿提供九年制义务教育的场所。

2.14 残疾儿童康复中心 Rehabilitation Center for Disabled Children

为残疾儿童提供各种综合性康复服务的机构，设有医疗保健、手术矫治、康复训练、业务培训等多项服务设施。

2.15 社区特教班 Community – based Educational Services for Special Children

指在社区内为残疾（主要是智力残疾）儿童进行特殊教育和相关康复服务的班级。

2.16 家庭寄养 Foster Care

把失去家庭的孤残儿童托养在一个家庭的儿童养育方式。

3 服务

3.1 膳食

3.1.1 有由主管部门颁发了卫生许可证的专门为儿童服务的食堂配备厨师和炊事员。

3.1.2 厨师和炊事员应持证上岗，严格执行食品卫生法规，严防食物中毒。

3.1.3 注意营养，合理配餐，每周有食谱。按照不同年龄阶段或医嘱要求，制作普食、软食、半流食、流食及其它特殊饮食。

3.1.4 为有需要的儿童送饭到居室，根据需要喂水喂饭。清洗消毒餐具。

3.1.5 为婴幼儿配奶必须按规范操作。

3.1.6 尊重少数民族饮食习俗。

3.2 护理

3.2.1 新生儿及婴儿

3.2.1.1 婴儿室应阳光充足，室温和湿度适宜，无噪音，无污染。

3.2.1.2 室内保持清洁，应做到无蝇、无蚊、无鼠、无蟑螂、无臭虫。保持室内空气新鲜，无异味。

3.2.1.3 建立严格的消毒隔离制度，做到一人一床、一瓶、一碗、一杯、一盆、一巾、一勺，室内地面定期消毒。

3.2.1.4 定时喂奶、喂水、喂食，保证新生儿及婴儿生长发育需要。

3.2.1.5 婴儿每天活动时间应不少于2小时。

3.2.1.6 加强新生儿脐部护理，夏季每天洗澡1次，其它季节每周2次。

3.2.1.7 勤换尿布、内衣，防止尿布湿疹和褥疮发生。

3.2.1.8 翻晒被褥，根据天气变化，及时添减衣被。

3.2.1.9 为婴儿勤剪指甲。

3.2.1.10 离开婴儿前，应采取防止其坠床的措施。

3.2.1.11 加强口腔护理。

3.2.1.12 对患有传染病的新生儿及婴儿要及时采取特殊保护措施，并对其隔离治疗，以既不影响他人又尊重病患儿童为原则。

3.2.1.13 服务人员24小时值班，实行程序化个案护理。

3.2.2 幼儿

3.2.2.1 居室阳光充足，整洁卫生，做到无蝇、无蚊、无鼠、无蟑螂、无臭虫。保持室内空气新鲜，无异味。

3.2.2.2 执行消毒制度，做到一人一床、一帕、一杯、一巾、一碗、一盆，定期消毒。

3.2.2.3 整理床铺。

3.2.2.4 每周换洗 1 次被罩、床单、枕巾（必要时随时换洗）。

3.2.2.5 天气许可时，每天带幼儿户外活动 1 小时。

3.2.2.6 培养幼儿生活自理能力，如洗脸、漱口、穿衣、自行大小便等。

3.2.2.7 为幼儿剪指甲、梳头、洗头。

3.2.2.8 培养幼儿良好的卫生习惯，勤洗澡、勤理发、勤换衣服。每天洗脸 2 次，洗脚 1 次。夏季每天洗澡 1 次，其它季节每周 2 次。

3.2.2.9 对患有传染病的幼儿要及时采取特殊保护措施，并对其隔离治疗，以既不影响他人又尊重病患儿童为原则。

3.2.2.10 服务人员 24 小时值班，实行程序化个案护理。

3.2.3 学龄前儿童

3.2.3.1 居室阳光充足，整洁卫生，做到无蝇、无蚊、无鼠、无蟑螂、无臭虫。保持室内空气新鲜，无异味。

3.2.3.2 执行消毒制度，做到一人一床、一帕、一杯、一巾、一碗、一盆，定期消毒。

3.2.3.3 整理床铺。

3.2.3.4 每周换洗 1 次被罩、床单、枕巾（必要时随时换洗）。

3.2.3.5 视天气情况，每天带儿童到户外活动 1 小时。

3.2.3.6 进行生活技能培训。着重培养儿童生活自理能力，如洗脸、刷牙、穿衣、梳头、自行大小便等；着重培养儿童简单家务劳动能力，如洗碗、扫地、铺床、洗手帕等。

3.2.3.7 指导儿童定时去食堂吃饭。

3.2.3.8 协助儿童洗澡，夏季每周 2 次，其它季节每周 1 次。

3.2.3.9 对患有传染病的学龄前儿童要及时采取特殊保护措施，并对其隔离治疗，以既不影响他人又尊重病患儿童为原则。

3.2.3.10 服务人员 24 小时值班，实行程序化个案护理。

3.2.4 学龄期儿童

3.2.4.1 居室阳光充足，整洁卫生，做到无蝇、无蚊、无鼠、无蟑螂、无臭虫；保持室内空气新鲜，无异味。

3.2.4.2 执行消毒制度，做到一人一床、一帕、一杯、一巾、一碗、一盆，定期消毒。

3.2.4.3 协助儿童整理床铺。

3.2.3.4 每周换洗 1 次被罩、床单、枕巾（必要时随时换洗）。

3.2.4.5 进行卫生宣传和教育，帮助儿童养成良好的卫生习惯，勤洗澡、勤理发、勤换衣服。

3.2.4.6 了解儿童每天的生活和学习情况，检查其作业，进行教育和生活技能培训。

3.2.4.7 对患有传染病的学龄期儿童要及时采取特殊保护措施，并对其隔离治疗，以既不影响他人又尊重病患儿童为原则。

3.2.4.8 服务人员 24 小时值班，实行程序化个案护理。

3.2.5 青少年

3.2.5.1 居室阳光充足，整洁卫生，做到无蝇、无蚊、无鼠、无蟑螂、无臭虫。保持室内空气新鲜，无异味。

3.2.5.2 执行消毒制度，做到一人一床、一帕、一杯、一巾、一碗、一盆，定期消毒。

3.2.5.3 每周换洗 1 次被罩、床单、枕巾。

3.2.5.4 鼓励和帮助青少年学会处理衣、食、住、行问题，为其独立生活打下基础。

3.2.5.5 了解青少年每天的生活和学习情况，定期检查其作业。

3.2.5.6 进行劳动技能和就业前培训等训练。

3.2.5.7 对患有传染病的青少年要及时采取特殊保护措施，并对其隔离治疗，以既不影响他人又尊重病患青少年为原则。

3.2.5.8 服务人员 24 小时值班，实行程序化个案护理。

3.2.6 残疾儿童

3.2.6.1 居室阳光充足，整洁卫生，做到无蝇、无蚊、无鼠、无蟑螂、无臭虫。保持室内空气新鲜，无异味。

3.2.6.2 执行消毒制度，做到一人一床、一帕、一杯、一巾、一碗、一盆，定期消毒。

3.2.6.3 协助儿童洗澡，夏季每周 2 次，其它季节每周 1 次。

3.2.6.4 每周换洗 1 次被罩、床单、枕巾（必要时随时换洗）。

3.2.6.5 根据残疾情况，提供各种基本的护理服务。如对无吸吮能力的婴儿，应慢速滴喂，防止咳呛等。

3.2.6.6 定期翻身、擦浴及室外活动，防止出现褥疮。

3.2.6.7 从运动、认知、生活自理能力和语言交往能力等方面进行训练，以减轻残疾程度。

3.2.6.8 对患有传染病的残疾儿童要及时采取特殊保护措施，并对其隔离治疗，以既不影响他人又尊重病患儿童为原则。

3.2.6.9 服务人员 24 小时值班，实行程序化个案护理，视情况调整护理方案。

3.3 康复

3.3.1 为儿童建立健康档案，定期体检。6 个月内的婴儿，每月体检 1 次；6 个月至 12 个月内的婴儿，每 3 个月体检 1 次；1－3 岁幼儿，每 6 个月体检 1 次；

3 岁以上儿童，每年体检 1 次。

3.3.2 定期查房。每日巡诊 1 次，发现问题及时处理。

3.3.3 按照儿童生长发育规律，及早发现儿童异常现象，并给予早期干预。对常见病、多发病制定预防与治疗预案。

3.3.4 做好儿童计划免疫工作，预防传染病发生。

3.3.5 把儿童社会福利机构内所有儿童、青少年的医疗保健康复纳入到当地初级卫生保健体系之中。

3.3.6 凡新入院婴幼儿，均应隔离观察，经体检确定无传染性疾病，再转入普通居室。

3.3.7 为残疾儿童提供各种综合性康复服务的机构应提供康复服务，并能够开展肢体功能训练、聋儿语训、弱智教育等学龄前早期综合康复训练，指导社区康复工作，接受残疾儿童的自费寄养，承担社会福利机构工作人员业务培训，以及病残儿童家长康复知识培训工作，参与当地的初级卫生保健工作。

3.4 心理

3.4.1 婴幼儿：开展情感交流和爱抚，进行感官、动作、语言训练、促进心理发育，营造和谐温暖的生活环境。

3.4.2 学龄前儿童：开展儿童心理健康教育，及时化解心理困惑，纠正不良行为。辅导儿童做游戏，培养独立能力。

3.4.3 7－14 周岁儿童及青少年：做好入学前、后的适应性衔接，开展素质教育，培养身心健康发展的学生。分析心理活动，进行心理健康教育和咨询、辅导。进行青春期教育，对有不良行为者，耐心说服教育，防止发展为品行障碍和人格障碍，帮助其融入主流社会。

3.4.4 残疾儿童：针对不同残疾和过去经历所造成的心理问题，进行心理健康教育和咨询、辅导，促进身心健康发展。

3.4.5 运用社会活动培养儿童及青少年的社会适应性，对个别问题突出的儿童和青少年，制定专门方案。

3.5 教育

3.5.1 根据儿童特点，利用多种形式开展寓教于乐的教育。

3.5.2 学龄前儿童按《幼儿教育大纲》制定教学计划。

3.5.3 适龄健全儿童入学率达到 100%，实行九年制义务教育。

3.5.4 对各类残疾儿童，因人施教，制订相应的集体和个案特殊教育方案，对盲、聋儿童送专门学校或在福利机构设置特殊教育班学习。对残疾青少年开展职业培训。注重社会实践教育，提高儿童的综合素质，促进儿童全面发展。

3.5.5 专门为孤残儿童提供教育和特殊教育的社会福利机构，需全面贯彻国家教育方针，执行国家教育法律法规和有关部门颁布的课程计划和教学大纲，对学生实施素质教育，使其成为德、智、体、美、劳全面发展的社会主义的建设者和接班人。

4 管理

4.1 机构证书和名称

4.1.1 提供《社会福利机构设置批准证书》和法人资格证书，并悬挂在醒目的地方。

4.1.2 儿童社会福利机构的名称，必须根据收养对象的健康状况和机构的业务性质标明儿童社会福利院、S.O.S 儿童村、孤儿学校、残疾儿童康复中心、社区特教班等。由国家和集体举办的，应冠以所在地省（自治区、直辖市）、市（地、州）、县（县级市、市辖区）、乡（镇）行政区划名称，但不再另起字号；由社会组织和个人与民政部门共同举办的，应执行《民办非企业单位名称管理暂行规定》。

4.2 人力资源配置

4.2.1 城镇地区和有条件的农村地区，儿童社会福利机构主要领导应具备大专以上学历，具有高尚的职业道德，遵守国家的法律法规，熟练掌握所从事工作的基本知识和专业技能。

4.2.2 城镇地区和有条件的农村地区，儿童社会福利机构至少应具备 1 名大专学历以上、社会工作类专业毕业的专、兼职社会工作人员，1 名专职康复人员；根据工作需要配备教师、医生、护士、护理员及其他人员，其数量以能满足服务对象需要并能提供本规范所规定的服务项目为原则。

4.2.3 主要领导应接受社会工作类专业知识培训。各专业工作人员应具有相关部门颁发的职业资格证书或国家承认的相关专业大专以上学历。无专业技术职务的护理人员应接受岗前培训，经省级以上主管机关培训考核后持证上岗。

4.2.4 配备营养师（士）1 名。

4.3 制度建设

4.3.1 有按照有关规定和要求制定的适合实际工作需要的规章制度。

4.3.2 收容社会弃婴，必须履行相应的手续。

4.3.3 积极开展儿童送养、家庭寄养工作，为孤儿、弃婴回归社会创造条件。

4.3.4 有与自费寄养儿童的家长或监护人签订的具有法律效力的入院协议书，并长期保存。

4.3.5 有简单介绍本机构最新情况的书面图文资料，其中须说明服务的宗旨、目标、对象、项目、收费及服务使用者申请加入和退出服务的办法与发表意见的途径，本机构处理所提意见和投诉的承诺等。这类资料应满足服务对象使用。

4.3.6 有可供相关人员查阅和向有关部门汇报的长、中、短期工作计划，定期统计资料，年度总结和评估报告，以及针对存在问题采取的相应对策。

4.3.7 有全部工作人员、管理机构、决策机构的职责说明、工作流程及组织结构图。

4.3.8 有工作人员工作细则和选聘、培训、考核、任免、奖惩等相关管理制度。

4.3.9 严格执行有关外事、财务、人事、捐赠等方面的规定。

4.3.10 各部门、各层级应签订预防事故的责任书，确保安全，做到全年无重大责任事故。

4.3.11 护理人员确保各项治疗、护理、康复措施的落实，严禁发生事故。

4.3.12 服务项目的收费按照当地物价部门和民政部门的规定执行，收费项目既要逐项分计，又要适当合计。收费标准应公开和便于查阅。

4.3.13 有工作人员、在院儿童，寄养儿童及寄养家长、监护人和被收养儿童及收养人的花名册。入院儿童、寄养家长、监护人和被收养儿童及收养人的个人资料除供需要知情的人员查阅外应予以保密。

4.3.14 严防入院儿童走失。采取有效措施，以便儿童走失后的查找工作。

4.3.15 有处理突发事件的措施。

4.3.16 有自费寄养儿童的家长或监护人参与机构管理的管理委员会。

4.3.17 工作人员在工作时间内须佩证上岗。

5 设施设备

5.1 儿童居室

5.1.1 分婴儿室和儿童室。人均居住面积不小于3平方米。

5.1.2 根据儿童的实际需要，配备居室设施，应配设：儿童单人床、床头柜、衣柜、衣架、毛巾架、褥子、薄被、厚被、毛巾被、床单、被罩、枕芯、枕套、枕巾、便盆、尿壶、废纸桶、床头牌等。

5.1.3 室内家具、各种设备应无尖角凸出部分。

5.2 饭厅应配设儿童餐桌、坐椅、时钟、公告栏、废纸桶、窗帘、消毒柜、洗漱池、防蝇设备等。

5.3 洗手间及浴室应配备安装在墙上的尿池、坐便器、卫生纸、卫生纸专用夹、废纸桶、淋浴器、坐浴盆或浴池、防滑的浴池垫和淋浴垫、浴室温度计、抽气扇等。

5.4 婴幼儿配奶室应配备消毒柜、电冰箱、热源、配奶用具等。

5.5 设有儿童专用的卫生间。儿童卫生间应配备淋浴器、取暖设备、大小便器、废纸桶、洗手池、窗帘等。

5.6 有必备的洗衣设备。应有洗衣机、熨斗等。

5.7 有供儿童游戏、学习用的活动场所、教室、图书室及相应设备。

5.8 有配置了适合残疾儿童运动、康复、作业治疗和语言训练的器械和设备的康复室和健身场所。

5.9 有接待来访人员的场所，接待室配备桌椅、纸笔及相关介绍资料。

5.10 室外活动场所达到150平方米，绿化面积达到60%。

5.11 公共区域应设有明显标志，方便识别。

5.12 有1部可供自费寄养儿童使用的公用电话。

5.13 必须根据儿童健康情况，准备足够的医疗设备和物资，应有吸氧装置、灭菌设备、婴儿保温箱、急救箱、输液设备、吸痰器、药品柜、电冰箱等。能处理儿童常见病、多发病，能开展应急处理以及转院过程中的医护工作。不设医务室或相关医疗力量不足的儿童社会福利机构应与有一定资质的医院签订医疗合同，合同医院必须具备处理儿童社会福利机构内各种突发性疾病和其它紧急情况的能力并能够承担儿童常见病、多发病的日常诊疗任务。

5.14 及时解决消防、照明、报警、通讯、取暖、降温、排污等设施和生活设备出现的问题，严格执行相关规定，保证其随时处于正常运转状态。

5.15 保证水、电供应，冬季室温不低于16℃，夏季不超过28℃。

5.16 生活环境安静、清洁、优美、居室物品放置有序，顶棚、玻璃、墙面、地面、桌面、窗台洁净。

5.17 建筑设施分区合理，方便管理。

6 附则

6.1 儿童寄养家庭可参照本规范的相应条款执行。

关于支持社会力量兴办社会福利机构的意见

（2005年11月16日 民发〔2005〕170号）

各省、自治区、直辖市民政厅（局），计划单列市民政局，新疆生产建设兵团民政局：

自2000年国务院办公厅转发民政部等11部委《关于加快实现社会福利社会化的意见》（国办发〔2000〕19号）以来，社会力量兴办的社会福利机构（以下简称社会办福利机构）发展迅速，已成为我国社会福利事业的一个重要组成部分。为进一步调动社会力量参与社会福利事业的积极性，维护社会办福利机构的合法权益，推动社会福利社会化进程，根据国家法律、法规和政策的有关规定，现就支持社会办福利机构提出以下意见：

一、支持社会办福利机构的重要意义

社会福利社会化是在社会主义市场经济条件下发展我国社会福利事业的必经之路，推进社会福利社会化必须广泛动员社会力量多渠道、多层次参与福利事业、兴办福利机构，开展形式多样的系列化服务。目前，我国由社会力量兴办的为老年人、残疾人、孤儿和弃婴提供养护、康复、托管等服务项目的福利机构已经发展到1403家，床位总数达10万余张。社会办福利机构的出现和发展，改变了传统福利事业投资主体和机构种类单一的局面，推动了社会福利社会化进程，并极大地促进了以居家为基础、社区为依托、福利机构为骨干的社会福利服务体系的建立和完善。

我国已进入人口老龄化社会，60岁以上老年人已达到1.4亿，占人口总数的10.98%，其中80岁以上高龄老年人为1300多万。今后一个时期，伴随着人口老龄化的发展趋势，我国的老年人数量和社会化的养老需求将持续增长。目前，我国的社会福利服务体系尚不健全，传统的家庭养老服务功能正在逐步弱化，养老机构的床位数量严重不足，居家养老服务还只是处在起步阶段。因此，鼓励和支持社会办福利机构的发展有利于较快地增加福利服务设施数量，扩大福利事业的覆盖面，对于有效缓解人口老龄化、家庭小型化和城市化发展进程所带来的日益突出的社会福利服务供需之间的矛盾具有重要的作用。

党的十六届四中全会明确提出要健全社会保险、社会救助、社会福利和慈善事业相衔接的社会保障体系。老年人、残疾人、孤儿和弃婴等社会福利服务对象历来是慈善事业帮助的主要对象。社会福利事业的发展需要大力弘扬全社会的慈善意识，为包括慈善资金在内的社会力量兴办福利机构营造良好的舆论氛围和投资环境；同时，社会福利事业也是慈善事业发挥作用的重要载体之一，社会力量兴办福利机构既是慈善事业的有效实现形式，又可以充分体现慈善事业由政府倡导、社会监督、民间组织运作的特点，因此，鼓励和支持社会办福利机构的发展是推进慈善事业和社会福利事业良性互动、共同发展的有效途径。

二、支持社会办福利机构的基本原则

1. 坚持非营利的原则。各地要根据国家现行政策法规的规定，鼓励和支持为老年人、残疾人、孤儿和弃婴等特殊困难群体提供服务的社会办福利机构的发展。社会办福利机构应当坚持非营利的性质和发展方向。

2. 坚持统筹规划的原则。各地要按照建立以国家办福利机构为示范、以其他多种所有制形式的福利机构为骨干、以社区福利服务为依托、以居家供养为基础的社会福利服务体系的总体要求，对于社会力量根据当地社会福利事业发展规划和区域社会福利机构设置规划依法兴办的非营利性福利机构给予政策和资金的支持。

3. 坚持因地制宜、量力而行的原则。各地应当从实际出发，根据当地的社会经济和福利事业的发展水平及政府的财力状况，结合人民群众的实际需求，研究制定支持社会办福利机构的具体政策、条件和程序。

4. 坚持政策支持与资金扶持相结合的原则。各地要大胆探索，勇于实践，采取多种形式从政策和资金等方面鼓励和支持社会力量兴办福利机构，促进社会办福利机构的健康、有序、规范和可持续发展。

三、制定优惠政策，抓好政策落实，支持社会办福利机构的发展

国家的政策扶持是发展社会福利事业的重要保证。各地要认真贯彻落实国务院办公厅转发民政部等11部委《关于加快实现社会福利社会化的意见》中的优惠政策，保证社会办福利机构在规划、建设、税费减免、用地、用水、用电

等方面，与政府办社会福利机构一样享受同等待遇；并从实际出发，积极研究制定新的优惠政策。

1. 各地要将包括社会办福利机构在内的社会福利机构及床位数作为社会发展的指导性指标纳入国民经济和社会发展计划，要在基本建设计划中统筹安排社会福利设施建设。

2. 社会办福利机构的建设用地，按照法律、法规规定应当采用划拨方式供地的，要划拨供地；按照法律、法规规定应当采用有偿方式供地的，在地价上要适当给予优惠；属出让土地的，土地出让金收取标准应当适当降低。

3. 对社会办福利机构及其提供的福利性服务和兴办的第三产业，以及单位和个人捐赠支持社会福利事业的，国家给予税收优惠政策，按照现行国家税法规定执行。

4. 对社会办福利机构的用电按当地最优惠价格收费，用水按居民生活用水价格收费；对社会办福利机构使用电话等电信业务要给予优惠和优先照顾。

5. 对社会办福利机构所办医疗机构已取得执业许可证并申请城镇职工基本医疗保险定点医疗机构的，可以根据劳动保障部的有关规定，经审查合格后纳入城镇职工基本医疗保险定点范围，社会福利机构收养人员中的基本医疗保险参保人员，在定点的社会办福利机构所办医疗机构就医所发生的医疗费用，按照基本医疗保险的规定支付。

6. 老年福利服务机构是社会福利事业的重要组成部分。当前要抓好财政部、税务总局《关于对老年服务机构有关税收政策问题的通知》（财税〔2000〕97号）中关于“社会力量投资兴办的福利性、非营利性的老年服务机构，暂免征收企业所得税，以及老年服务机构自用房产、土地、车船的房产税、城镇土地使用税、车船使用税”规定的落实工作。

四、多渠道、多形式筹集资金，支持社会办福利机构的发展

各地要采取多种形式，打破所有制界限，加大对社会办福利机构的资金投入，充分调动社会力量参与社会福利事业的积极性，同时，要广开渠道，充分利用彩票公益金、慈善资金和社会捐赠资金发展社会办福利机构。

1. 有条件的地方要积极争取财政支持并加大彩票公益金投入力度，扶持社会办福利机构的发展。对于处在建设阶段的社会办福利机构，可以按照规模、投资额等，给予相应的资助；对于正式开业的社会办福利机构，可以按床位数和实际收养人数给予一定的运营补贴，也可以在社会办福利机构内安置城市“三无”对象、农村五保对象、低保对象和生活困难的老年人、残疾人、孤儿和弃婴，并按当地标准支付其生活、照料服务等费用。

2. 各类慈善机构通过社会募捐所筹集的慈善资金，可用于兴办社会福利机构，资助社会办福利机构改善设施设备条件和补贴生活困难的老年人、残疾人、孤儿和弃婴的生活、照料服务等费用。

3. 社会办福利机构可以接受社会捐赠，对受赠款物的使用，应当尊重捐赠人的意愿；捐赠人没有明确使用意愿的，应当用于改善设施设备和服务对象的生活，捐赠资金的使用情况应当接受有关部门的审计和监督。

4. 要鼓励和发动社会各界对社会办福利机构开展捐赠，并对捐赠人予以政策优惠。对企业事业单位、社会团体和个人等社会力量，通过非营利性的社会团体和政府部门向福利性、非营利性的老年服务机构的捐赠，在缴纳企业所得税和个人所得税前准予全额扣除。

五、民政部门要充分发挥职能作用，维护社会办福利机构的合法权益

民政部门要根据政府宏观管理、有关部门配合、社会力量兴办、社会福利机构自主经营的管理体制的要求，充分发挥职能作用，依法做好指导、协调、扶持和管理工作，促进社会办福利机构健康发展。

1. 要坚持社会化的发展方向，将社会办福利机构纳入当地社会福利机构发展规划，引导社会力量多渠道、多形式参与社会福利事业，并严格按照社会福利机构发展规划和设置标准依法审批社会福利机构，使各种所有制的社会福利机构平等竞争，共同发展。

2. 要根据《社会福利机构管理暂行办法》和《社会福利机构基本规范》的要求，加强对社会办福利机构的管理；要指导社会办福利机构建立健全以岗位责任制为核心的规章制度，开展从业人员的岗前培训和定期业务培训，不断提高管理水平和服务质量，增强自我发展的能力。

3. 要主动发现和培育典型，对于管理规范、服务优质、社会效益和经济效益良好的社会办福利机构给予表彰，大力宣传和推广他们的先进经验；同时，也要对社会办福利机构进行定期检查，受理服务对象和社会公众的投诉，对未达标的单位，要限期整改，对违反国家有关法律、法规以及有关规定的，视情予以处罚。

民政部关于印发《福利企业资格认定办法》的通知

（2007 年 6 月 29 日　民发〔2007〕103 号）

各省、自治区、直辖市民政厅（局），新疆生产建设兵团民政局：

根据《中华人民共和国残疾人保障法》、《残疾人就业条例》、《财政部、国家税务总局关于促进残疾人就业税收优惠政策的通知》（财税〔2007〕92 号）和《国家税务总局、民政部、中国残疾人联合会关于促进残疾人就业税收优惠政策征管办法的通知》（国税发〔2007〕67 号）的有关规定，为规范福利企业的资格认定和集中安排残疾人就业的用工行为，保障残疾人职工的合法权益，经商财政部、国家税务总局和中国残疾人联合会同意，我部制定了《福利企业

资格认定办法》，现印发给你们，请认真贯彻执行。

福利企业资格认定办法

第一条　为了规范福利企业的资格认定和集中安排残疾人就业的用工行为，保障残疾人职工的合法权益，根据《中华人民共和国残疾人保障法》、《残疾人就业条例》、《财政部、国家税务总局关于促进残疾人就业税收优惠政策的通知》（财税〔2007〕92号）和《国家税务总局、民政部、中国残疾人联合会关于促进残疾人就业税收优惠政策征管办法的通知》（国税发〔2007〕67号）的有关规定，制定本办法。

第二条　本办法所称福利企业，是指依法在工商行政管理机关登记注册，安置残疾人职工占职工总人数25%以上，残疾人职工人数不少于10人的企业。

第三条　福利企业安置的残疾人职工应当是持有《中华人民共和国残疾人证》上注明属于视力、听力、言语、肢体、智力和精神残疾的人员，或者是持有《中华人民共和国残疾军人证（1至8级）》的残疾人。

第四条　申请福利企业资格认定的企业，应当具备下列条件：

（一）企业依法与安置就业的每位残疾人职工签订1年（含）以上的劳动合同或者服务协议，并且安置的每位残疾人职工在单位实际上岗从事全日制工作，且不存在重复就业情况；

（二）企业提出资格认定申请前一个月的月平均实际安置就业的残疾人职工占本单位在职职工总数的比例达到25%（含）以上，且残疾人职工不少于10人；

（三）企业在提出资格认定申请的前一个月，通过银行等金融机构向安置的每位残疾人职工实际支付了不低于所在区县（含县级市、旗）最低工资标准的工资；

（四）企业在提出资格认定申请前一个月，为安置的每位残疾人职工按月足额缴纳所在区县（含县级市、旗）人民政府根据国家政策规定缴纳的基本养老保险、基本医疗保险、失业保险和工伤保险等社会保险；

（五）企业具有适合每位残疾人职工的工种、岗位；

（六）企业内部的道路和建筑物符合国家无障碍设计规范。

第五条　企业申请福利企业资格认定，应当向当地县级以上人民政府民政部门（以下简称认定机关）提出认定申请，具体认定机关由省、自治区、直辖市民政厅（局）和新疆生产建设兵团民政局确定，报民政部备案。

第六条　企业申请福利企业资格认定时，应当向认定机关提交下列材料：

（一）福利企业资格认定申请书；

（二）企业营业执照、税务登记证副本；

（三）适合安置残疾人就业的可行性报告；

（四）企业与每位残疾人职工签订的劳动合同副本；

（五）企业在职职工总数的证明材料；

（六）残疾人职工的《中华人民共和国残疾人证》或《中华人民共和国残疾军人证（1至8级）》；

（七）企业通过银行等金融机构向每位残疾人职工支付工资的凭证；

（八）社保部门出具的企业为每位残疾人职工缴纳的社会保险费缴费记录；

（九）残疾人职工岗位说明书；

（十）企业内部道路和建筑物符合无障碍设计规范的证明。

第七条 认定机关收到认定申请书及有关材料后，应当自次日起20个工作日内进行审查并提出书面意见。

第八条 认定机关在审查过程中，可以提请发证机关对残疾人证件的真实性进行审核；需要进一步核实残疾人职工工作岗位和无障碍设施等情况的，应当指派2名以上工作人员实地核查。

第九条 认定机关经审查，对符合福利企业资格条件的，予以认定，颁发福利企业证书，并向申请人出具书面审核认定意见。认定机关要在残疾人证件上加盖"已就业"印章。

对不符合福利企业条件的，不予认定，并对申请人书面说明理由。

第十条 企业实际安置就业的残疾人职工或在职职工人数发生变化，应当自发生变化之日起15日内，向认定机关申请认定。

认定机关应当自收到认定申请次日起7个工作日内进行审核。对仍符合福利企业资格条件的，向申请人出具书面审核认定意见；对不符合福利企业资格条件的，注销其福利企业资格，收回福利企业证书，并书面通知主管税务机关。

第十一条 申请人对认定机关决定不服的，可以依照《中华人民共和国行政复议法》提出行政复议，或依照《中华人民共和国行政诉讼法》提起行政诉讼。

第十二条 福利企业证书式样由民政部统一制订，审核认定意见书的式样由省级人民政府民政部门制订。

第十三条 认定机关应当会同主管税务机关对福利企业进行年检。

第十四条 主管税务机关、残疾人联合会提请认定机关核实单位安置的残疾人所持有的《中华人民共和国残疾军人证（1至8级）》时，持证残疾人属于本省（自治区、直辖市）户籍的，认定机关应在5个工作日内确认并答复，属于外省（自治区、直辖市）户籍的，应在10个工作日内确认并答复。

第十五条 认定机关进行福利企业资格认定、核查、年检，不得向企业收取任何费用。

第十六条 本办法由民政部负责解释。

第十七条 本办法自2007年7月1日起施行。《社会福利企业管理暂行办法》（民福发〔1990〕21号）、《社会福利企业招用残疾职工的暂行规定》（民福字〔1989〕37号）、《关于对调整完善现行福利企业税收优惠政策试点地区福利企业进行资格审核认定的通知》（民函〔2007〕80号）同时废止。

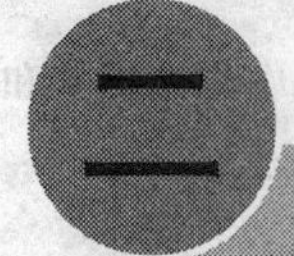

养老保险

国务院关于企业职工养老保险制度改革的决定

(1991年6月26日　国发〔1991〕33号)

我国企业职工的养老保险制度是50年代初期建立的，以后在1958年和1978年两次作了修改。近年来，各地区适应经济体制改革的需要，又进行了以退休费用社会统筹为主要内容的改革，取得一定成效。按照国民经济和社会发展十年规划和第八个五年计划纲要的要求，在总结各地经验的基础上，国务院对企业职工养老保险制度改革作如下决定：

一、根据我国生产力发展水平和人口众多且老龄化发展迅速的情况，企业职工养老保险制度改革要处理好国家利益、集体利益和个人利益，目前利益和长远利益，整体利益和局部利益的关系，主要是对现行的制度办法进行调整、完善。考虑到各地区和企业的情况不同，各省、自治区、直辖市人民政府可以根据国家的统一政策，对职工养老保险作出具体规定，允许不同地区、企业之间存在一定的差距。

二、随着经济的发展，逐步建立起基本养老保险与企业补充养老保险和职工个人储蓄性养老保险相结合的制度。改变养老保险完全由国家、企业包下来的办法，实行国家、企业、个人三方共同负担，职工个人也要缴纳一定的费用。

三、基本养老保险基金由政府根据支付费用的实际需要和企业、职工的承受能力，按照以支定收、略有结余、留有部分积累的原则统一筹集。具体的提取比例和积累率，由省、自治区、直辖市人民政府经实际测算后确定，并报国务院备案。

四、企业和职工个人缴纳的基本养老保险费分别记入《职工养老保险手册》。

企业缴纳的基本养老保险费，按本企业职工工资总额和当地政府规定的比例在税前提取，由企业开户银行按月代为扣缴。企业逾期不缴，要按规定加收滞纳金。滞纳金并入基本养老保险基金。

职工个人缴纳基本养老保险费，在调整工资的基础上逐步实行，缴费标准开始时可不超过本人标准工资的3%，以后随着经济的发展和职工工资的调整再逐步提高。职工个人缴纳的基本养老保险费，由企业在发放工资时代为收缴。

五、企业和职工个人缴纳的基本养老保险费转入社会保险管理机构在银行开设的“养老保险基金专户”，实行专项储存，专款专用，任何单位和个人均不得擅自动用。银行应按规定提取“应付未付利息”；对存入银行的基金，按其存期依照人民银行规定的同期城乡居民储蓄存款利率计息，所得利息并入基金。积累基金的一部分可以购买国家债券。

地方各级政府要设立养老保险基金委员会，实施对养老保险基金管理的指导和监督。委员会由政府主管领导任主任，劳动、财政、计划、审计、银行、工会等部门的负责同志参加，办公室设在劳动部门。

六、职工退休后的基本养老金计发办法目前不作变动，今后可结合工资制度改革，通过增加标准工资在工资总额中的比重，逐步提高养老金的数额。

国家根据城镇居民生活费用价格指数增长情况，参照在职职工工资增长情况对基本养老金进行适当调整，所需费用从基本养老保险基金中开支。

七、尚未实行基本养老保险基金省级统筹的地区，要积极创造条件，由目前的市、县统筹逐步过渡到省级统筹。实行省级统筹后，原有固定职工和劳动合同制职工的养老保险基金要逐步按统一比例提取，合并调剂使用。具体办法由各省、自治区、直辖市人民政府制定。

中央部属企业，除国家另有规定者外，都要参加所在地区的统筹。

八、企业补充养老保险由企业根据自身经济能力，为本企业职工建立，所需费用从企业自有资金中的奖励、福利基金内提取。个人储蓄性养老保险由职工根据个人收入情况自愿参加。国家提倡、鼓励企业实行补充养老保险和职工参加个人储蓄性养老保险，并在政策上给予指导。同时，允许试行将个人储蓄性养老保险与企业补充养老保险挂钩的办法。补充养老保险基金，由社会保险管理机构按国家技术监督局发布的社会保障号码（国家标准GB11643－89）记入职工个人账户。

九、劳动部和地方各级劳动部门负责管理城镇企业（包括不在城镇的全民所有制企业）职工的养老保险工作。

劳动部门所属的社会保险管理机构，是非营利性的事业单位，经办基本养老保险和企业补充养老保险的具体业务，并受养老保险基金委员会委托，管理养老保险基金。现已由人民保险公司经办的养老保险业务，可以维持现状不作变动。个人储蓄性养老保险由职工个人自愿选择经办机构。

十、社会保险管理机构可从养老保险基金中提取一定的管理服务费，具体的提取比例根据实际工作需要和节约的原则，由当地劳动部门提出，经同级财政部门审核，报养老保险基金委员会批准。管理服务费主要用于支付必要的行政和业务等费用。养老保险基金及管理服务费，不计征税费。

社会保险管理机构应根据国家的政策规定，建立健全基金管理的各项制度，编制养老保险基金和管理服务费收支的预、决算，报当地人民政府在预算中列收列支，并接受财政、审计、银行和工会的监督。

十一、本决定适用于全民所有制企业。城镇集体所有制企业可以参照执行；对外商投资企业中方职工、城镇私营企业职工和个体劳动者，也要逐步建立养老保险制度。具体办法由各省、自治区、直辖市人民政府制定。

十二、国家机关、事业单位和农村（含乡镇企业）的养老保险制度改革，分别由人事部、民政部负责，具体办法另行制定。

企业职工养老保险制度改革，是保障退休职工生活，维护社会安定的一项重要措施，对减轻国家和企业负担，促进经济体制改革以及合理引导消费有重要作用。这项工作政策性强，涉及面广，各级政府要切实加强领导，根据本决定的精神，结合实际抓紧制定具体的实施方案，积极稳妥地推进企业职工养老保险制度的改革。

国务院关于深化企业职工养老保险制度改革的通知

（1995 年 3 月 1 日　国发〔1995〕6 号）

《国务院关于企业职工养老保险制度改革的决定》发布以来，各地区、各有关部门积极进行企业职工养老保险制度改革，在推进保险费用社会统筹、扩大保险范围、实行职工个人缴费制度和进行社会统筹与个人账户相结合试点等方面取得了一定成效，对保障企业离退休人员基本生活，维护社会稳定和促进经济发展发挥了重要作用。但是，由于这项改革尚处于探索阶段，现行的企业职工养老保险制度还不能适应建立社会主义市场经济体制的要求，必须进一步深化改革。根据《中共中央关于建立社会主义市场经济体制若干问题的决定》精神，经过调查研究和广泛征求意见，现就深化企业职工养老保险制度改革的有关问题通知如下：

一、企业职工养老保险制度改革的目标是：到本世纪末，基本建立起适应社会主义市场经济体制要求，适用城镇各类企业职工和个体劳动者，资金来源多渠道、保障方式多层次、社会统筹与个人账户相结合、权利与义务相对应、管理服务社会化的养老保险体系。基本养老保险应逐步做到对各类企业和劳动者统一制度、统一标准、统一管理和统一调剂使用基金。

二、深化企业职工养老保险制度改革的原则是：保障水平要与我国社会生产力发展水平及各方面的承受能力相适应；社会互济与自我保障相结合，公平与效率相结合；政策统一，管理法制化；行政管理与保险基金管理分开。

三、基本养老保险费用由企业和个人共同负担，实行社会统筹与个人账户相结合。在理顺分配关系，加快个人收入工资化、工资货币化进程的基础上，逐步提高个人缴费比例。提高个人缴费比例的幅度，由各省、自治区、直辖市人民政府根据本地区职工工资增长等情况确定。为适应各地区的不同情况，对实行社会统筹与个人账户相结合提出两个实施办法（见附件），由地、市（不含县级市）提出选择意见报省、自治区人民政府批准，直辖市由市人民政府选择，均报劳动部备案。各地区还可以结合本地实际，对两个实施办法进行修改完善。

四、为了保障企业离退休人员基本生活，各地区应当建立基本养老金正常调整机制。基本养老金可按当地职工上一年度平均工资增长率的一定比例进行调整，具体办法在国家政策指导下由省、自治区、直辖市人民政府确定。

五、国家在建立基本养老保险、保障离退休人员基本生活的同时，鼓励建立企业补充养老保险和个人储蓄性养老保险。企业按规定缴纳基本养老保险费后，可以在国家政策指导下，根据本单位经济效益情况，为职工建立补充养老保险。企业补充养老保险和个人储蓄性养老保险，由企业和个人自主选择经办机构。

六、各地区应充分考虑到养老保险制度改革是一件涉及长远的大事，对企业与个人缴纳养老保险费的比例、发放养老金的标准和基金积累率等问题，要从我国生产力水平比较低、人口众多且老龄化问题日益突出等实际情况出发，兼顾国家、企业、个人三者利益，兼顾目前利益和长远利益，在充分测算论证的基础上进行统筹安排。要严格控制基本养老保险费的收缴比例和基本养老金的发放水平，减轻企业和国家的负担。

七、要根据国家有关规定建立健全养老保险基金的预算管理和财务、会计制度，做好缴费记录和个人账户等基础工作，严格控制管理费的提取和使用，坚持专款专用原则，切实搞好基金管理，确保基金的安全并努力实现其保值增值。当前，养老保险基金的结余额，除留足两个月的支付费用外，80%左右应用于购买由国家发行的社会保险基金特种定向债券，任何单位和个人不得自行决定基金的其他用途。养老保险基金营运所得收益，全部并入基金并免征税费。

八、各地区和有关部门应积极创造条件，提高养老保险管理服务的社会化程度，逐步将企业发放养老金改为社会化发放，技术条件和基础工作较好的地区，可以实行由银行或者邮局直接发放；暂不具备条件的地区，可以由社会保险经办机构发放。社会保险经办机构也可以通过在大型企业设立派出机构等办法，对企业离退休人员进行管理服务。同时要充分发挥各方面的积极性，逐步将主要由企业管理离退休人员转为主要依托社区进行管理，提高社会化管理水平，切实减轻企业负担。

九、要实行社会保险行政管理与基金管理分开、执行机构与监督机构分设的管理体制。社会保险行政管理部门的主要任务是制订政策、规划，加强监督、指导。管理社会保险基金一律由社会保险经办机构负责。各地区和有关部门要设立由政府代表、企业代表、工会代表和离退休人员代表组成的社会保险监督委员会，加强对社会保险政策、法规执行情况和基金管理工作的监督。

十、已经国务院批准，由国务院有关部门和单位直接组织养老保险费用统筹的企业，仍参加主管部门和单位组织的统筹，但要按照社会统筹与个人账户相结合的原则进行改革。

十一、全国城镇企业职工养老保险工作由劳动部负责指导、监督，深化企业职工养老保险制度改革的工作亦由劳动部负责推动。国家体改委要积极参与，可选择一些地方进行深化改革的试点，劳动部要积极给予支持。国家计委、国家经贸委、财政部、中国人民银行等有关部门也应按照各自的职责协同配合，搞好深化改革的工作。

深化企业职工养老保险制度改革是一项十分重要的工作，对于完善社会保障体系，促进改革、发展和稳定具有重要意义。各地区、各有关部门对这项工作要高度重视，切实加强领导，精心组织实施，积极稳妥地推进，务求抓出实效。对深化改革中出现的新情况、新问题，要及时认真地研究解决，重大问题及时报告。

附件：一、企业职工基本养老保险社会统筹与个人帐户相结合实施办法之一（略）

二、企业职工基本养老保险社会统筹与个人帐户相结合实施办法之二（略）

国务院关于建立统一的企业职工基本养老保险制度的决定

（1997年7月16日　国发〔1997〕26号）

各省、自治区、直辖市人民政府，国务院各部委、各直属机构：

近年来，各地区和有关部门按照《国务院关于深化企业职工养老保险制度改革的通知》（国发〔1995〕6号）要求，制定了社会统筹与个人账户相结合的养老保险制度改革方案，建立了职工基本养老保险个人账户，促进了养老保险新机制的形成，保障了离退休人员的基本生活，企业职工养老保险制度改革取得了新的进展。但是，由于这项改革仍处在试点阶段，目前还存在基本养老保险制度不统一、企业负担重、统筹层次低、管理制度不健全等问题，必须按照党中央、国务院确定的目标和原则，进一步加快改革步伐，建立统一的企业职工基本养老保险制度，促进经济与社会健康发展。为此，国务院在总结近几年改革试点经验的基础上作出如下决定：

一、到本世纪末，要基本建立起适应社会主义市场经济体制要求，适用城镇各类企业职工和个体劳动者，资金来源多渠道、保障方式多层次、社会统筹与个人账户相结合、权利与义务相对应、管理服务社会化的养老保险体系。企业职工养老保险要贯彻社会互济与自我保障相结合、公平与效率相结合、行政管理与基金管理分开等原则，保障水平要与我国社会生产力发展水平及各方面的承受能力相适应。

二、各级人民政府要把社会保险事业纳入本地区国民经济与社会发展计划，贯彻基本养老保险只能保障退休人员基本生活的原则，把改革企业职工养老保险制度与建立多层次的社会保障体系紧密结合起来，确保离退休人员基本养老金和失业人员失业救济金的发放，积极推行城市居民最低生活保障制度。为使离退休人员的生活随着经济与社会发展不断得到改善，体现按劳分配原则和地区发展水平及企业经济效益的差异，各地区和有关部门要在国家政策指导下大力发展企业补充养老保险，同时发挥商业保险的补充作用。

三、企业缴纳基本养老保险费（以下简称企业缴费）的比例，一般不得超过企业工资总额的20%（包括划入个人账户的部分），具体比例由省、自治区、直辖市人民政府确定。少数省、自治区、直辖市因离退休人数较多、养老保险负担过重，确需超过企业工资总额20%的，应报劳动部、财政部审批。个人缴纳基本养老保险费（以下简称个人缴费）的比例，1997年不得低于本人缴费工资的4%，1998年起每两年提高1个百分点，最终达到本人缴费工资的8%。有条件的地区和工资增长较快的年份，个人缴费比例提高的速度应适当加快。

四、按本人缴费工资11%的数额为职工建立基本养老保险个人账户，个人缴费全部记入个人账户，其余部分从企业缴费中划入。随着个人缴费比例的提高，企业划入的部分要逐步降至3%。个人账户储存额，每年参考银行同期存款利率计算利息。个人账户储存额只用于职工养老，不得提前支取。职工调动时，个人账户全部随同转移。职工或退休人员死亡，个人账户中的个人缴费部分可以继承。

五、本决定实施后参加工作的职工，个人缴费年限累计满15年的，退休后按月发给基本养老金。基本养老金由基础养老金和个人账户养老金组成。退休时的基础养老金月标准为省、自治区、直辖市或地（市）上年度职工月平均工资的20%，个人账户养老金月标准为本人账户储存额除以120。个人缴费年限累计不满15年的，退休后不享受基础养老金待遇，其个人账户储存额一次支付给本人。

本决定实施前已经离退休的人员，仍按国家原来的规定发给养老金，同时执行养老金调整办法。各地区和有关部门要按照国家规定进一步完善基本养老金正常调整机制，认真抓好落实。

本决定实施前参加工作、实施后退休且个人缴费和视同缴费年限累计满15年的人员，按照新老办法平稳衔接、待遇水平基本平衡等原则，在发给基础养老金和个人账户养老金的基础上再确定过渡性养老金，过渡性养老金从养老保险基金中解决。具体办法，由劳动部会同有关部门制订并指导实施。

六、进一步扩大养老保险的覆盖范围，基本养老保险制度要逐步扩大到城镇所有企业及其职工。城镇个体劳动者也要逐步实行基本养老保险制度，其缴费比例和待遇水平由省、自治区、直辖市人民政府参照本决定精神确定。

七、抓紧制定企业职工养老保险基金管理条例，加强对养老保险基金的管理。基本养老保险基金实行收支两条线管理，要保证专款专用，全部用于职工养老保险，严禁挤占挪用和挥霍浪费。基金结余额，除预留相当于2个月的支付费用外，应全部购买国家债券和存入专户，严格禁止投入其他金融和经营性事业。要建立健全社会保险基金监督机构，财政、审计部门要依法加强监督，确保基金的安全。

八、为有利于提高基本养老保险基金的统筹层次和加强宏观调控，要逐步由县级统筹向省或省授权的地区统筹过渡。待全国基本实现省级统筹后，原经国务院批准由有关部门和单位组织统筹的企业，参加所在地区的社会统筹。

九、提高社会保险管理服务的社会化水平，尽快将目前由企业发放养老金改为社会化发放，积极创造条件将离退休人员的管理服务工作逐步由企业转向社会，减轻企业的社会事务负担。各级社会保险机构要进一步加强基础建设，改进和完善服务与管理工作，不断提高工作效率和服务质量，促进养老保险制度的改革。

十、实行企业化管理的事业单位，原则上按照企业养老保险制度执行。

建立统一的企业职工基本养老保险制度是深化社会保险制度改革的重要步骤，关系改革、发展和稳定的全局。各地区和有关部门要予以高度重视，切实加强领导，精心组织实施。劳动部要会同国家体改委等有关部门加强工作指导和监督检查，及时研究解决工作中遇到的问题，确保本决定的贯彻实施。

国务院关于完善企业职工基本养老保险制度的决定

（2005年12月3日　国发〔2005〕38号）

近年来，各地区和有关部门按照党中央、国务院关于完善企业职工基本养老保险制度的部署和要求，以确保企业离退休人员基本养老金按时足额发放为中心，努力扩大基本养老保险覆盖范围，切实加强基本养老保险基金征缴，积极推进企业退休人员社会化管理服务，各项工作取得明显成效，为促进改革、发展和维护社会稳定发挥了重要作用。但是，随着人口老龄化、就业方式多样化和城市化的发展，现行企业职工基本养老保险制度还存在个人账户没有做实、计发办法不尽合理、覆盖范围不够广泛等不适应的问题，需要加以改革和完善。为此，在充分调查研究和总结东北三省完善城镇社会保障体系试点经验的基础上，国务院对完善企业职工基本养老保险制度作出如下决定：

一、完善企业职工基本养老保险制度的指导思想和主要任务。以邓小平理论和“三个代表”重要思想为指导，认真贯彻党的十六大和十六届三中、四中、五中全会精神，按照落实科学发展观和构建社会主义和谐社会的要求，统筹考虑当前和长远的关系，坚持覆盖广泛、水平适当、结构合理、基金平衡的原则，完善政策，健全机制，加强管理，建立起适合我国国情，实现可持续发展的基本养老保险制度。主要任务是：确保基本养老金按时足额发放，保障离退休人员基本生活；逐步做实个人账户，完善社会统筹与个人账户相结合的基本制度；统一城镇个体工商户和灵活就业人员参保缴费政策，扩大覆盖范围；改革基本养老金计发办法，建立参保缴费的激励约束机制；根据经济发展水平和各方面承受能力，合理确定基本养老金水平；建立多层次养老保险体系，划清中央与地方、政府与企业及个人的责任；加强基本养老保险基金征缴和监管，完善多渠道筹资机制；进一步做好退休人员社会化管理工作，提高服务水平。

二、确保基本养老金按时足额发放。要继续把确保企业离退休人员基本养老金按时足额发放作为首要任务，进一步完善各项政策和工作机制，确保离退休人员基本养老金按时足额发放，不得发生新的基本养老金拖欠，切实保障离退休人员的合法权益。对过去拖欠的基本养老金，各地要根据《中共中央办公厅 国务院办公厅关于进一步做好补发拖欠基本养老金和企业调整工资工作的通知》要求，认真加以解决。

三、扩大基本养老保险覆盖范围。城镇各类企业职工、个体工商户和灵活就业人员都要参加企业职工基本养老保险。当前及今后一个时期，要以非公有制企业、城镇个体工商户和灵活就业人员参保工作为重点，扩大基本养老保险覆盖范围。要进一步落实国家有关社会保险补贴政策，帮助就业困难人员参保缴费。城镇个体工商户和灵活就业人员参加基本养老保险的缴费基数为当地上年度在岗职工平均工资，缴费比例为20%，其中8%记入个人账户，退休后按企业职工基本养老金计发办法计发基本养老金。

四、逐步做实个人账户。做实个人账户，积累基本养老保险基金，是应对人口老龄化的重要举措，也是实现企业职工基本养老保险制度可持续发展的重要保证。要继续抓好东北三省做实个人账户试点工作，抓紧研究制订其他地区扩大做实个人账户试点的具体方案，报国务院批准后实施。国家制订个人账户基金管理和投资运营办法，实现保值增值。

五、加强基本养老保险基金征缴与监管。要全面落实《社会保险费征缴暂行条例》的各项规定，严格执行社会保险登记和缴费申报制度，强化社会保险稽核和劳动保障监察执法工作，努力提高征缴率。凡是参加企业职工基本养老保险的单位和个人，都必须按时足额缴纳基本养老保险费；对拒缴、瞒报少缴基本养老保险费的，要依法处理；对欠缴基本养老保险费的，要采取各种措施，加大追缴力度，确保基本养老保险基金应收尽收。各地要按照建立公共财政的要求，积极调整财政支出结构，加大对社会保障的资金投入。

基本养老保险基金要纳入财政专户，实行收支两条线管理，严禁挤占挪用。要制定和完善社会保险基金监督管理的法律法规，实现依法监督。各省、自治区、直辖市人民政府要完善工作机制，保证基金监管制度的顺利实施。要继续发挥审计监督、社会监督和舆论监督的作用，共同维护基金安全。

六、改革基本养老金计发办法。为与做实个人账户相衔接，从2006年1月1日起，个人账户的规模统一由本人缴费工资的11%调整为8%，全部由个人缴费形成，单位缴费不再划入个人账户。同时，进一步完善鼓励职工参保缴费的激励约束机制，相应调整基本养老金计发办法。

《国务院关于建立统一的企业职工基本养老保险制度的决定》（国发〔1997〕26号）实施后参加工作、缴费年限（含视同缴费年限，下同）累计满15年的人员，退休后按月发给基本养老金。基本养老金由基础养老金和个人账户养老金组成。退休时的基础养老金月标准以当地上年度在岗职工月平均工资和本人指数化月平均缴费工资的平均值为基数，缴费每满1年发给1%。个人账户养老金月标准为个人账户储存额除以计发月数，计发月数根据职工退休时城镇人口平均预期寿命、本人退休年龄、利息等因素确定。（详见附件）

国发〔1997〕26号文件实施前参加工作，本决定实施后退休且缴费年限累计满15年的人员，在发给基础养老金和个人账户养老金的基础上，再发给过渡性养老金。各省、自治区、直辖市人民政府要按照待遇水平合理衔接、新老政策平稳过渡的原则，在认真测算的基础上，制订具体的过渡办法，并报劳动保障部、财政部备案。

本决定实施后到达退休年龄但缴费年限累计不满15年的人员，不发给基础养老金；个人账户储存额一次性支付给本人，终止基本养老保险关系。

本决定实施前已经离退休的人员，仍按国家原来的规定发给基本养老金，同时执行基本养老金调整办法。

七、建立基本养老金正常调整机制。根据职工工资和物价变动等情况，国务院适时调整企业退休人员基本养老金水平，调整幅度为省、自治区、直辖市当地企业在岗职工平均工资年增长率的一定比例。各地根据本地实际情况提出具体调整方案，报劳动保障部、财政部审批后实施。

八、加快提高统筹层次。进一步加强省级基金预算管理，明确省、市、县各级人民政府的责任，建立健全省级基金调剂制度，加大基金调剂力度。在完善市级统筹的基础上，尽快提高统筹层次，实现省级统筹，为构建全国统一的劳动力市场和促进人员合理流动创造条件。

九、发展企业年金。为建立多层次的养老保险体系，增强企业的人才竞争能力，更好地保障企业职工退休后的生活，具备条件的企业可为职工建立企业年金。企业年金基金实行完全积累，采取市场化的方式进行管理和运营。要切实做好企业年金基金监管工作，实现规范运作，切实维护企业和职工的利益。

十、做好退休人员社会化管理服务工作。要按照建立独立于企业事业单位之外社会保障体系的要求，继续做好企业退休人员社会化管理工作。要加强街道、社区劳动保障工作平台建设，加快公共老年服务设施和服务网络建设，条件具备的地方，可开展老年护理服务，兴建退休人员公寓，为退休人员提供更多更好的服务，不断提高退休人员的生活质量。

十一、不断提高社会保险管理服务水平。要高度重视社会保险经办能力建设，加快社会保障信息服务网络建设步伐，建立高效运转的经办管理服务体系，把社会保险的政策落到实处。各级社会保险经办机构要完善管理制度，制定技术标准，规范业务流程，实现规范化、信息化和专业化管理。同时，要加强人员培训，提高政治和业务素质，不断提高工作效率和服务质量。

完善企业职工基本养老保险制度是构建社会主义和谐社会的重要内容，事关改革发展稳定的大局。各地区和有关部门要高度重视，加强领导，精心组织实施，研究制订具体的实施意见和办法，并报劳动保障部备案。劳动保障部要会同有关部门加强指导和监督检查，及时研究解决工作中遇到的问题，确保本决定的贯彻实施。

本决定自发布之日起实施，已有规定与本决定不一致的，按本决定执行。

附件：个人账户养老金计发月数表

个人账户养老金计发月数表

退休年龄	计发月数	退休年龄	计发月数
40	233	44	220
41	230	45	216
42	226	46	212
43	223	47	208
48	204	60	139
49	199	61	132
50	195	62	125
51	190	63	117
52	185	64	109
53	180	65	101
54	175	66	93
55	170	67	84
56	164	68	75
57	158	69	65
58	152	70	56
59	145		

企业年金试行办法

（2004 年 1 月 6 日中华人民共和国劳动和社会保障部令第 20 号公布　自 2004 年 5 月 1 日起施行）

第一条　为建立多层次的养老保险制度，更好地保障企业职工退休后的生活，完善社会保障体系，根据劳动法和国务院的有关规定，制定本办法。

第二条　本办法所称企业年金，是指企业及其职工在依法参加基本养老保险的基础上，自愿建立的补充养老保险制度。建立企业年金，应当按照本办法的规定执行。

第三条 符合下列条件的企业，可以建立企业年金：

（一）依法参加基本养老保险并履行缴费义务；

（二）具有相应的经济负担能力；

（三）已建立集体协商机制。

第四条 建立企业年金，应当由企业与工会或职工代表通过集体协商确定，并制定企业年金方案。国有及国有控股企业的企业年金方案草案应当提交职工大会或职工代表大会讨论通过。

第五条 企业年金方案应当包括以下内容：

（一）参加人员范围；

（二）资金筹集方式；

（三）职工企业年金个人帐户管理方式；

（四）基金管理方式；

（五）计发办法和支付方式；

（六）支付企业年金待遇的条件；

（七）组织管理和监督方式；

（八）中止缴费的条件；

（九）双方约定的其他事项。

企业年金方案适用于企业试用期满的职工。

第六条 企业年金方案应当报送所在地区县以上地方人民政府劳动保障行政部门。中央所属大型企业企业年金方案，应当报送劳动保障部。劳动保障行政部门自收到企业年金方案文本之日起 15 日内未提出异议的，企业年金方案即行生效。

第七条 企业年金所需费用由企业和职工个人共同缴纳。企业缴费的列支渠道按国家有关规定执行；职工个人缴费可以由企业从职工个人工资中代扣。

第八条 企业缴费每年不超过本企业上年度职工工资总额的十二分之一。企业和职工个人缴费合计一般不超过本企业上年度职工工资总额的六分之一。

第九条 企业年金基金由下列各项组成：

（一）企业缴费；

（二）职工个人缴费；

（三）企业年金基金投资运营收益。

第十条 企业年金基金实行完全积累，采用个人帐户方式进行管理。

企业年金基金可以按照国家规定投资运营。企业年金基金投资运营收益并入企业年金基金。

第十一条 企业缴费应当按照企业年金方案规定比例计算的数额计入职工企业年金个人帐户；职工个人缴费额计入本人企业年金个人帐户。

企业年金基金投资运营收益，按净收益率计入企业年金个人帐户。

第十二条 职工在达到国家规定的退休年龄时，可以从本人企业年金个人帐户中一次或定期领取企业年金。职工未达到国家规定的退休年龄的，不得从个人帐户中提前提取资金。

出境定居人员的企业年金个人帐户资金，可根据本人要求一次性支付给本人。

第十三条 职工变动工作单位时，企业年金个人帐户资金可以随同转移。职工升学、参军、失业期间或新就业单位没有实行企业年金制度的，其企业年金个人帐户可由原管理机构继续管理。

第十四条 职工或退休人员死亡后，其企业年金个人帐户余额由其指定的受益人或法定继承人一次性领取。

第十五条 建立企业年金的企业，应当确定企业年金受托人（以下简称受托人），受托管理企业年金。受托人可以是企业成立的企业年金理事会，也可以是符合国家规定的法人受托机构。

第十六条 企业年金理事会由企业和职工代表组成，也可以聘请企业以外的专业人员参加，其中职工代表应不少于三分之一。

第十七条 企业年金理事会除管理本企业的企业年金事务之外，不得从事其他任何形式的营业性活动。

第十八条 确定受托人应当签订书面合同。合同一方为企业，另一方为受托人。

第十九条 受托人可以委托具有资格的企业年金帐户管理机构作为帐户管理人，负责管理企业年金帐户；可以委托具有资格的投资运营机构作为投资管理人，负责企业年金基金的投资运营。

受托人应当选择具有资格的商业银行或专业托管机构作为托管人，负责托管企业年金基金。

受托人与帐户管理人、投资管理人和托管人确定委托关系，应当签订书面合同。

第二十条 企业年金基金必须与受托人、帐户管理人、投资管理人和托管人的自有资产或其他资产分开管理，不得挪作其他用途。

企业年金基金管理应当执行国家有关规定。

第二十一条 县级以上各级人民政府劳动保障行政部门负责对本办法的执行情况进行监督检查。对违反本办法规定的，由劳动保障行政部门予以警告，责令改正。

第二十二条 因履行企业年金合同发生争议的，当事人可以依法提请仲裁或者诉讼；因订立或者履行企业年金方案发生争议的，按国家有关集体合同争议处理规定执行。

第二十三条 参加企业基本养老保险社会统筹的其他单位，可参照本办法的规定执行。

第二十四条 本办法自2004年5月1日起实施。原劳动部1995年12月29日发布的《关于印发〈关于建立企业补充养老保险制度的意见〉的通知》同时废止。

企业年金基金管理试行办法

(2004年2月23日劳动和社会保障部、中国银行业监督管理委员会、中国证券监督管理委员会、中国保险监督管理委员会令第23号公布 自2004年5月1日起施行)

第一章 总 则

第一条 为维护企业年金各方当事人的合法权益，规范企业年金基金管理，根据劳动法、信托法、合同法、证券投资基金法等法律和国务院有关规定，制定本办法。

第二条 企业年金基金的受托管理、账户管理、托管以及投资管理适用本办法。

本办法所称企业年金基金，是指根据依法制定的企业年金计划筹集的资金及其投资运营收益形成的企业补充养老保险基金。

第三条 设立企业年金的企业及其职工作为委托人与企业年金理事会或法人受托机构（以下简称受托人），受托人与企业年金基金账户管理机构（以下简称账户管理人）、企业年金基金托管机构（以下简称托管人）和企业年金基金投资管理机构（以下简称投资管理人），按照国家有关规定建立书面合同关系。

书面合同应当报劳动保障行政部门备案。

第四条 企业年金基金必须存入企业年金专户。企业年金基金财产独立于委托人、受托人、账户管理人、托管人、投资管理人和其他为企业年金基金管理提供服务的自然人、法人或其他组织的固有财产及其管理的其他财产。

企业年金基金财产的管理、运用或其他情形取得的财产和收益，应当归入基金财产。

第五条 委托人、受托人、账户管理人、托管人、投资管理人和其他为企业年金基金管理提供服务的自然人、法人或其他组织，因依法解散、被依法撤销或被依法宣告破产等原因进行终止清算的，企业年金基金财产不属于其清算财产。

第六条 企业年金基金财产的债权，不得与委托人、受托人、账户管理人、托管人、投资管理人和其他为企业年金基金管理提供服务的自然人、法人或其他组织固有财产的债务相抵销。不同企业的企业年金基金的债权债务，不得相互抵销。

第七条 非因企业年金基金财产本身承担的债务，不得对基金财产强制执行。

第八条 受托人、账户管理人、托管人、投资管理人和其他为企业年金基金管理提供服务的自然人、法人或其他组织必须恪尽职守，履行诚实、信用、谨慎、勤勉的义务。

第九条 劳动保障部负责制定企业年金基金管理的有关政策。劳动保障行政部门对企业年金基金管理进行监管。

第二章 受 托 人

第十条 本办法所称受托人，是指受托管理企业年金基金的企业年金理事会或符合国家规定的养老金管理公司等法人受托机构（以下简称法人受托机构）。

第十一条 企业年金理事会由企业代表和职工代表等人员组成，依法管理本企业的企业年金事务，不得从事任何形式的营业性活动。

企业年金理事会理事应当诚实守信、无重大违法记录，并不得以任何形式收取费用。

第十二条 法人受托机构应当具备下列条件：

（一）经国家金融监管部门批准，在中国境内注册；

（二）注册资本不少于1亿元人民币，且在任何时候都维持不少于1.5亿元人民币的净资产；

（三）具有完善的法人治理结构；

（四）取得企业年金基金从业资格的专职人员达到规定人数；

（五）具有符合要求的营业场所、安全防范设施和与企业年金基金受托管理业务有关的其他设施；

（六）具有完善的内部稽核监控制度和风险控制制度；

（七）近3年没有重大违法违规行为；

（八）国家规定的其他条件。

第十三条 受托人应当履行下列职责：

（一）选择、监督、更换账户管理人、托管人、投资管理人以及中介服务机构；

（二）制定企业年金基金投资策略；

（三）编制企业年金基金管理和财务会计报告；

（四）根据合同对企业年金基金管理进行监督；

（五）根据合同收取企业和职工缴费，并向受益人支付企业年金待遇；

（六）接受委托人、受益人查询，定期向委托人、受益人和有关监管部门提供企业年金基金管理报告。发生重大事件时，及时向委托人、受益人和有关监管部门报告；

（七）按照国家规定保存与企业年金基金管理有关的记录至少15年；

（八）国家规定和合同约定的其他职责。

第十四条 本办法所称受益人，是指参加企业年金计划并享有受益权的企业职工。

第十五条 法人受托机构具备账户管理或投资管理业务资格，可以兼任账户管理人或投资管理人，但应当保证各项管理之间的独立性。

第十六条 有下列情形之一的，法人受托机构职责终止：

（一）违反与委托人合同约定的；

（二）利用企业年金基金财产为其谋取利益，或为他人谋取不正当利益的；

（三）依法解散、被依法撤销、被依法宣告破产或被依法接管的；

（四）被依法取消企业年金基金受托管理业务资格的；

（五）委托人有证据认为更换受托人符合受益人利益的；

（六）有关监管部门有充分理由和依据认为更换受托人符合受益人利益的；

（七）国家规定和合同约定的其他情形。

企业年金理事会有前款规定情形之一的，应当按国家规定重新组成。

第十七条 受托人职责终止的，委托人应当在30日内委任新的受托人。

受托人职责终止的，应当妥善保管企业年金基金受托管理资料，及时办理受托管理业务移交手续，新受托人应当及时接收。

第十八条 受托人职责终止的，应当按照规定聘请会计师事务所对受托管理进行审计，将审计结果报委托人并报有关监管部门备案。

第三章 账户管理人

第十九条 本办法所称账户管理人，是指受托人委托管理企业年金基金账户的专业机构。

第二十条 账户管理人应当具备下列条件：

（一）经国家有关部门批准，在中国境内注册的独立法人；

（二）注册资本不少于5000万元人民币；

（三）具有完善的法人治理结构；

（四）取得企业年金基金从业资格的专职人员达到规定人数；

（五）具有相应的企业年金基金账户信息管理系统；

（六）具有符合要求的营业场所、安全防范设施和与企业年金基金账户管理业务有关的其他设施；

（七）具有完善的内部稽核监控制度和风险控制制度；

（八）国家规定的其他条件。

第二十一条 账户管理人应当履行下列职责：

（一）建立企业年金基金企业账户和个人账户；

（二）记录企业、职工缴费以及企业年金基金投资收益；

（三）及时与托管人核对缴费数据以及企业年金基金账户财产变化状况；

（四）计算企业年金待遇；

（五）提供企业年金基金企业账户和个人账户信息查询服务；

（六）定期向受托人和有关监管部门提交企业年金基金账户管理报告；

（七）按照国家规定保存企业年金基金账户管理档案至少15年；

（八）国家规定和合同约定的其他职责。

第二十二条 有下列情形之一的，账户管理人职责终止：

（一）违反与受托人合同约定的；

（二）利用企业年金基金财产为其谋取利益，或为他人谋取不正当利益的；

（三）依法解散、被依法撤销、被依法宣告破产或被依法接管的；

（四）被依法取消企业年金基金账户管理业务资格的；

（五）受托人有证据认为更换账户管理人符合受益人利益的；

（六）有关监管部门有充分理由和依据认为更换账户管理人符合受益人利益的；

（七）国家规定和合同约定的其他情形。

第二十三条 账户管理人职责终止的，受托人应当在30日内确定新的账户管理人。

账户管理人职责终止的，应当妥善保管企业年金基金账户管理资料，及时办理账户管理业务移交手续，新账户管理人应当及时接收。

第二十四条 账户管理人职责终止的，应当按照规定聘请会计师事务所对账户管理进行审计，将审计结果报受托人并报有关监管部门备案。

第四章 托 管 人

第二十五条 本办法所称托管人，是指受托人委托保管企业年金基金财产的商业银行或专业机构。

单个企业年金计划托管人由一家商业银行或专业机构担任。

第二十六条 托管人应当具备下列条件：

（一）经国家金融监管部门批准，在中国境内注册的独立法人；

（二）净资产不少于50亿元人民币；

（三）取得企业年金基金从业资格的专职人员达到规定人数；

（四）具有保管企业年金基金财产的条件；

（五）具有安全高效的清算、交割系统；

（六）具有符合要求的营业场所、安全防范设施和与企业年金基金托管业务有关的其他设施；

（七）具有完善的内部稽核监控制度和风险控制制度；

（八）国家规定的其他条件。

商业银行担任托管人，应当设有专门的基金托管部门。

第二十七条 托管人应当履行下列职责：

（一）安全保管企业年金基金财产；

（二）以企业年金基金名义开设基金财产的资金账户和证券账户；

（三）对所托管的不同企业年金基金财产分别设置账户，确保基金财产的完整和独立；

（四）根据受托人指令，向投资管理人分配企业年金基金财产；

（五）根据投资管理人投资指令，及时办理清算、交割事宜；

（六）负责企业年金基金会计核算和估值，复核、审查投资管理人计算的基金财产净值；

（七）及时与账户管理人、投资管理人核对有关数据，按照规定监督投资管理人的投资运作；

（八）定期向受托人提交企业年金基金托管和财务会计报告；

（九）定期向有关监管部门提交企业年金基金托管报告；

（十）按照国家规定保存企业年金基金托管业务活动记录、账册、报表和其他相关资料至少 15 年；

（十一）国家规定和合同约定的其他职责。

第二十八条 托管人发现投资管理人的投资指令违反法律、行政法规、其他有关规定或合同约定的，应当拒绝执行，立即通知投资管理人，并及时向受托人和有关监管部门报告。

托管人发现投资管理人依据交易程序已经生效的投资指令违反法律、行政法规、其他有关规定或合同约定的，应当立即通知投资管理人，并及时向受托人和有关监管部门报告。

第二十九条 有下列情形之一的，托管人职责终止：

（一）违反与受托人合同约定的；

（二）利用企业年金基金财产为其谋取利益，或为他人谋取不正当利益的；

（三）依法解散、被依法撤销、被依法宣告破产或被依法接管的；

（四）被依法取消企业年金基金托管业务的；

（五）受托人有证据认为更换托管人符合受益人利益的；

（六）有关监管部门有充分理由和依据认为更换托管人符合受益人利益的；

（七）国家规定和合同约定的其他情形。

第三十条 托管人职责终止的，受托人应当在 30 日内确定新的托管人。

托管人职责终止的，应当妥善保管企业年金基金托管资料，及时办理托管业务移交手续，新托管人应当及时接收。

第三十一条 托管人职责终止的，应当按照规定聘请会计师事务所对托管进行审计，将审计结果报受托人并报有关监管部门备案。

第三十二条 禁止托管人有下列行为：

（一）托管的企业年金基金财产与其固有财产混合管理；

（二）托管的企业年金基金财产与托管的其他财产混合管理；

（三）托管的不同企业年金基金财产混合管理；

（四）挪用托管的企业年金基金财产；

（五）国家规定和合同约定禁止的其他行为。

第五章　投资管理人

第三十三条　本办法所称投资管理人，是指受托人委托投资管理企业年金基金财产的专业机构。

第三十四条　投资管理人应当具备下列条件：

（一）经国家金融监管部门批准，在中国境内注册，具有受托投资管理、基金管理或资产管理资格的独立法人；

（二）综合类证券公司注册资本不少于10亿元人民币，且在任何时候都维持不少于10亿元人民币的净资产；基金管理公司、信托投资公司、保险资产管理公司或其他专业投资机构注册资本不少于1亿元人民币，且在任何时候都维持不少于1亿元人民币的净资产；

（三）具有完善的法人治理结构；

（四）取得企业年金基金从业资格的专职人员达到规定人数；

（五）具有符合要求的营业场所、安全防范设施和与企业年金基金投资管理业务有关的其他设施；

（六）具有完善的内部稽核监控制度和风险控制制度；

（七）近3年没有重大违法违规行为；

（八）国家规定的其他条件。

第三十五条　投资管理人应当履行下列职责：

（一）对企业年金基金财产进行投资；

（二）及时与托管人核对企业年金基金会计核算和估值结果；

（三）建立企业年金基金投资管理风险准备金；

（四）定期向受托人和有关监管部门提交投资管理报告；

（五）根据国家规定保存企业年金基金财产会计凭证、会计账簿、年度财务会计报告和投资记录至少15年；

（六）国家规定和合同约定的其他职责。

第三十六条　有下列情形之一的，投资管理人应当及时向受托人和有关监管部门报告：

（一）企业年金基金财产市场价值大幅度波动的；

（二）减资、合并、分立、依法解散、被依法撤销、决定申请破产或被申请破产的；

（三）涉及重大诉讼或仲裁的；

（四）董事、监事、经理及其他高级管理人员发生重大变动的；

（五）可能使企业年金基金财产价值受到重大影响的其他事项；

（六）国家规定和合同约定的其他情形。

第三十七条 有下列情形之一的，投资管理人职责终止：

（一）违反与受托人合同约定的；

（二）利用企业年金基金财产为其谋取利益，或为他人谋取不正当利益的；

（三）依法解散、被依法撤销、被依法宣告破产或被依法接管的；

（四）被依法取消企业年金基金投资管理资格的；

（五）受托人有证据认为更换投资管理人符合受益人利益的；

（六）有关监管部门有充分理由和依据认为更换投资管理人符合受益人利益的；

（七）国家规定和合同约定的其他情形。

第三十八条 投资管理人职责终止的，受托人应当在30日内确定新的投资管理人。

投资管理人职责终止的，应当妥善保管企业年金基金投资管理资料，及时办理投资管理业务移交手续，新投资管理人应当及时接收。

第三十九条 投资管理人职责终止的，应当按照规定聘请会计师事务所对投资管理进行审计，将审计结果报受托人并报有关监管部门备案。

第四十条 禁止投资管理人有下列行为：

（一）将其固有财产或他人财产混同于企业年金基金财产；

（二）不公平对待其管理的不同企业年金基金财产；

（三）挪用企业年金基金财产；

（四）国家规定和合同约定禁止的其他行为。

第六章 中介服务机构

第四十一条 本办法所称中介服务机构，是指为企业年金管理提供服务的投资顾问公司、信用评估公司、精算咨询公司、律师事务所、会计师事务所等专业机构。

第四十二条 中介服务机构经委托可以从事下列业务：

（一）为企业设计企业年金计划；

（二）为企业年金管理提供咨询；

（三）为受托人选择账户管理人、托管人、投资管理人提供咨询；

（四）对企业年金管理绩效进行评估；

（五）对企业年金基金财务报告进行审计；

（六）国家规定和合同约定的其他业务。

第四十三条 中介服务机构提供企业年金中介服务应当严格遵守相关职业准则。

第七章 企业年金基金投资

第四十四条 企业年金基金投资管理应当遵循谨慎、分散风险的原则，充分考虑企业年金基金财产的安全性和流动性，实行专业化管理。

第四十五条 投资管理人的董事、监事、经理和其他从业人员，不得担任托管人或其他投资管理人的任何职务。

投资管理人与托管人不得为同一人，不得相互出资或相互持有股份。

第四十六条 企业年金基金财产的投资范围，限于银行存款、国债和其他具有良好流动性的金融产品，包括短期债券回购、信用等级在投资级以上的金融债和企业债、可转换债、投资性保险产品、证券投资基金、股票等。

第四十七条 企业年金基金财产的投资，按市场价计算应当符合下列规定：

（一）投资银行活期存款、中央银行票据、短期债券回购等流动性产品及货币市场基金的比例，不低于基金净资产的20%；

（二）投资银行定期存款、协议存款、国债、金融债、企业债等固定收益类产品及可转换债、债券基金的比例，不高于基金净资产的50%。其中，投资国债的比例不低于基金净资产的20%；

（三）投资股票等权益类产品及投资性保险产品、股票基金的比例，不高于基金净资产的30%。其中，投资股票的比例不高于基金净资产的20%。

第四十八条 根据金融市场变化和投资运作情况，劳动保障部会同中国银监会、中国证监会和中国保监会，适时对企业年金基金投资管理机构、投资产品和比例进行调整。

第四十九条 单个投资管理人管理的企业年金基金财产，投资于一家企业所发行的证券或单只证券投资基金，按市场价计算，不得超过该企业所发行证券或该基金份额的5%；也不得超过其管理的企业年金基金财产总值的10%。

第五十条 投资管理人管理的企业年金基金财产投资于自己管理的金融产品须经受托人同意。

第五十一条 企业年金基金不得用于信用交易，不得用于向他人贷款和提供担保。

投资管理人不得从事使企业年金基金财产承担无限责任的投资。

第八章 收益分配及费用

第五十二条 账户管理人根据企业年金基金财产净值和净值增长率，按周或按日足额记入企业年金基金企业账户和个人账户。

第五十三条 受托人提取的管理费不高于受托管理企业年金基金财产净值的0.2%。

第五十四条 账户管理人的管理费按每户每月不超过5元人民币的限额，

由设立企业年金计划的企业另行缴纳。

第五十五条 托管人提取的托管费不高于托管企业年金基金财产净值的0.2%。

第五十六条 投资管理人提取的管理费不高于投资管理企业年金基金财产净值的1.2%。

第五十七条 根据企业年金基金管理情况，劳动保障部会同中国银监会、中国证监会和中国保监会，适时对有关管理费或托管费进行调整。

第五十八条 投资管理人从当期收取的管理费中，提取20%作为企业年金基金投资管理风险准备金，专项用于弥补企业年金基金投资亏损。企业年金基金投资管理风险准备金在托管银行专户存储，余额达到投资管理企业年金基金财产净值的10%时可不再提取。

第九章 信息披露

第五十九条 受托人、账户管理人、托管人和投资管理人应当按照规定向有关监管部门报告企业年金基金管理情况，并对所报告内容的真实性、完整性负责。

第六十条 受托人应当在每季度结束后15日内向委托人提交季度企业年金基金管理报告；并应当在年度结束后45日内向委托人提交年度企业年金基金管理报告，其中年度企业年金基金财务会计报告须经会计师事务所审计。

第六十一条 账户管理人应当在每季度结束后10日内向受托人提交季度企业年金基金账户管理报告；并应当在年度结束后30日内向受托人提交年度企业年金基金账户管理报告。

第六十二条 托管人应当在每季度结束后10日内向受托人提交季度企业年金基金托管和财务会计报告；并应当在年度结束后30日内向受托人提交年度企业年金基金托管和财务会计报告，其中年度财务会计报告须经会计师事务所审计。

第六十三条 投资管理人应当在每季度结束后10日内向受托人提交经托管人确认的季度企业年金基金投资组合报告；并应当在年度结束后30日内向受托人提交经托管人确认的年度企业年金基金投资管理报告。

第十章 监督检查

第六十四条 法人受托机构、账户管理人、托管人、投资管理人开展企业年金基金管理相关业务应当向劳动保障部提出申请。法人受托机构、投资管理人向劳动保障部提出申请前应当先经其业务监管部门同意，托管人向劳动保障部提出申请前应当先向其业务监管部门备案。

第六十五条 劳动保障部收到法人受托机构、账户管理人、托管人、投资管理人的申请后，应当组织专家评审委员会，按照规定进行审慎评审。经评审符合条件的，由劳动保障部会同有关部门确认公告；经评审不符合条件的，应当书面通知申请人。

专家评审委员会由有关部门代表和社会专业人士组成。

第六十六条 受托人、账户管理人、托管人、投资管理人开展企业年金基金管理相关业务，应当接受劳动保障行政部门的监管。

受托人、托管人和投资管理人的业务监管部门按照各自职责对其经营活动进行监督。

第六十七条 凡违反本办法规定的，由劳动保障部予以警告，责令限期改正；逾期不改的，可责令其停止企业年金基金管理相关业务。

第十一章 附 则

第六十八条 企业年金基金管理，国务院另有规定的，从其规定。

第六十九条 本办法自2004年5月1日起施行。

保险公司养老保险业务管理办法

（2007年11月2日中国保险监督管理委员会令第4号公布 自2008年1月1日起施行）

第一章 总 则

第一条 为了规范保险公司养老保险业务，保护养老保险业务活动当事人的合法权益，促进保险业健康发展，推动社会多层次养老保障体系的完善，根据《中华人民共和国保险法》（以下简称《保险法》）等法律、行政法规和国家有关规定，制定本办法。

第二条 中国保险监督管理委员会（以下简称“中国保监会”）鼓励保险公司发挥专业优势，通过个人养老年金保险业务、团体养老年金保险业务、企业年金管理业务等多种养老保险业务，为个人、家庭、企事业单位等提供养老保障服务。

第三条 中国保监会依法对保险公司养老保险业务进行监督管理。

第四条 本办法所称保险公司，是指经保险监督管理机构批准设立并依法登记注册的人寿保险公司、养老保险公司。

第五条 本办法所称养老保险业务，包括个人养老年金保险业务、团体养老年金保险业务和企业年金管理业务。

个人养老年金保险业务和团体养老年金保险业务简称养老年金保险业务。

第六条 本办法所称个人养老年金保险，是指同时符合下列条件的人寿保险产品：

（一）以提供养老保障为目的；

（二）由个人向保险公司交纳保险费；

（三）保险合同约定被保险人生存至特定年龄时，可以选择由保险公司分期给付生存保险金；

（四）分期给付生存保险金的，相邻两次给付的时间间隔为一年或者不超过一年。

个人养老年金保险产品的具体范围由中国保监会另行规定。

第七条 本办法所称团体养老年金保险，是指同时符合下列条件的人寿保险产品：

（一）以提供养老保障为目的，并由保险公司以一份保险合同承保；

（二）由不以购买保险为目的组织起来的团体投保，并以投保团体 5 人以上的特定成员为被保险人；

（三）保险合同约定被保险人生存至国家规定的退休年龄时，可以选择由保险公司分期给付生存保险金；

（四）分期给付生存保险金的，相邻两次给付的时间间隔为一年或者不超过一年。

第八条 本办法所称企业年金管理业务，是指保险公司根据国家有关规定从事的企业年金基金受托管理、账户管理、投资管理等有关业务。

第九条 保险公司经营养老保险业务，适用本办法。

第二章 经 营 主 体

第十条 人寿保险公司、养老保险公司经中国保监会核定，可以经营养老保险业务。

经营企业年金管理业务依法需经有关部门认定经办资格的，还应当经过相应的资格认定。

第十一条 养老保险公司经营企业年金管理业务，可以在全国展业。

第十二条 养老保险公司应当具备完善的公司治理结构和内部控制制度，建立有效的风险管理体系。

第十三条 养老保险公司应当按照中国保监会的规定设置独立董事，对养老保险公司的经营活动进行独立客观的监督。

第十四条 对养老保险公司的管理，本办法没有规定的，适用中国保监会对保险公司管理的有关规定。

第三章　养老年金保险业务

第一节　产品管理

第十五条　保险公司应当积极进行养老保险产品创新，根据市场情况开发适合不同团体和个人需要的养老保险产品。

鼓励保险公司开发含有终身年金领取方式的个人养老年金保险产品。

第十六条　保险公司拟定养老年金保险条款和保险费率，应当按照中国保监会的有关规定报送审批或者备案。

第十七条　除投资连结型、万能型个人养老年金保险产品外，个人养老年金保险产品应当在保险合同中提供保单现金价值表。

第十八条　团体养老年金保险的被保险人分担缴费的，保险合同中应当明确投保人和被保险人各自缴费部分的权益归属，被保险人缴费部分的权益应当完全归属其本人。

第十九条　团体养老年金保险合同应当约定被保险人在离职时，有权通过投保人向保险公司申请提取该被保险人全部或者部分已归属权益。

第二十条　团体养老年金保险合同设置公共账户的，被保险人缴费部分的权益不得计入公共账户。

保险公司不得利用公共账户谋取非法利益。

第二节　经营管理

第二十一条　养老年金保险产品的说明书、建议书和宣传单等信息披露材料应当与保险合同相关内容保持一致，不得通过夸大或者变相夸大保险合同利益、承诺高于保险条款规定的保底利率等方式误导投保人。

第二十二条　保险公司销售投保人具有投资选择权的养老年金保险产品，应当在投保人选择投资方式前，以书面形式向投保人明确提示投资风险，并由投保人签字确认。

第二十三条　对投保人具有投资选择权的养老年金保险产品，在保险合同约定的开始领取养老金年龄的前 5 年以内，保险公司不得向投保人推荐高风险投资组合。

个人养老年金保险的投保人自愿选择高风险投资组合的，保险公司应当制作独立的《高风险投资组合提示书》，明确提示投资风险；投保人坚持选择的，应当在《高风险投资组合提示书》上签字确认。

第二十四条　对投保大额个人养老年金保险的投保人，保险公司应当对其财务状况、缴费能力等方面进行必要的财务核保。

第二十五条　保险公司销售个人养老年金保险产品，应当对其所包含的各种养老年金领取方式，向投保人提供领取金额示例。

第二十六条 对同一投保团体在不同省、自治区、直辖市的成员，保险公司可以统一承保团体养老年金保险。

投保人为法人的，由该法人住所地的保险公司签发保单；投保人不是法人的，由多数被保险人所在地的保险公司签发保单。

第二十七条 保险公司销售团体养老年金保险产品，应当对团体养老年金保险投保、退保事宜进行谨慎审查。

第二十八条 保险公司销售团体养老年金保险产品，应当要求投保人提供下列材料：

（一）所有被保险人名单和身份证复印件；

（二）证明被保险人已同意投保团体养老年金保险事宜的有关书面文件。

第二十九条 保险公司销售团体养老年金保险合同，应当向每个被保险人签发保险凭证。

保险凭证应当记载团体养老年金保险合同约定的保险责任，以及被保险人享有的合同权益。

第三十条 团体养老年金保险的投保人退保的，保险公司应当要求其提供已通知被保险人退保事宜的有效证明，并以银行转账方式将退保金退至投保人单位账户。

第三十一条 保险公司经营团体养老年金保险，应当在合同到期给付时，要求投保人提供被保险人达到国家规定退休年龄的有效证明。因特殊情况提前退休的，可以在办理退休手续后重新计算领取金额。

第三十二条 保险公司销售分红型、万能型、投资连结型养老年金保险产品，应当按照中国保监会的要求向投保人、被保险人或者受益人寄送保单状态报告、业绩报告等有关材料。

第三十三条 保险公司应当加强对养老保险业务销售人员和管理人员的培训与管理，提高其职业道德和业务素质，不得唆使、误导销售人员和管理人员进行违背诚信义务的活动。

第三十四条 保险公司经营养老年金保险业务，应当遵守中国保监会对保险资金运用的有关规定。

第三十五条 保险公司经营养老保险业务按照中央和地方政府的有关政策享受税收优惠。

第四章　企业年金管理业务

第三十六条 担任企业年金基金受托人的保险公司，应当与委托人签订受托管理企业年金基金的书面合同，并应当根据该书面合同，依法审慎选择合格的账户管理人、托管人和投资管理人。

担任企业年金基金账户管理人、投资管理人的保险公司，应当与企业年金基金受托人签订受托管理企业年金基金账户或者受托投资管理企业年金基金的书面协议。

本条所称委托人，是指设立企业年金的企业及其职工。

第三十七条 保险公司委托保险代理机构代办有关企业年金管理业务的，应当遵守国家有关规定，并同时符合下列要求：

（一）与保险代理机构签订书面的《委托代理协议》；

（二）自上述《委托代理协议》签订之日起5日以内，向中国保监会的当地派出机构提交《委托代理协议》复印件、《委托代理服务可行性分析报告》和《委托代理服务管理办法》；

（三）中国保监会规定的其他要求。

第三十八条 保险公司对企业年金基金的投资管理，应当遵循审慎的投资原则，并不得违反国家对企业年金基金投资管理的有关规定。

第三十九条 企业年金受益人有投资选择权的，保险公司应当在其选择投资方式前，以书面形式向其明确提示投资风险。

第四十条 企业年金受益人有投资选择权的，在其达到国家规定退休年龄的前5年以内，保险公司不得向其推荐高风险投资组合。

受益人自愿选择高风险投资组合的，保险公司应当制作独立的《高风险投资组合提示书》，明确提示投资风险；受益人坚持选择的，应当在《高风险投资组合提示书》上签字确认。

第四十一条 保险公司经营企业年金管理业务，应当按照国家有关规定，定期提交有关企业年金基金管理报告、企业年金基金账户管理报告、投资管理报告。

第四十二条 保险公司应当按照中国保监会的规定，向中国保监会提交企业年金基金管理情况报告。

第四十三条 保险公司经营企业年金管理业务的统计和财务会计活动，应当符合国家统计和财务会计管理的法律、行政法规以及其他有关规定。

第五章 法律责任

第四十四条 保险公司违反本办法规定经营养老年金保险业务，由中国保监会及其派出机构依法进行处罚。

第四十五条 保险公司经营企业年金管理业务，未按照本办法的规定向中国保监会或者当地派出机构报告有关事项的，由中国保监会或者当地派出机构责令改正，逾期不改正的，给予警告；情节严重的，处以3万元以下罚款。

第四十六条 保险公司经营养老年金保险业务，未按照本办法规定向投保人、被保险人或者受益人寄送保单状态报告、业绩报告等有关材料的，由中国保监会或者当地派出机构责令改正，给予警告；情节严重的，处以2万元以下罚款。

第四十七条 对违反本办法经营养老保险业务的行为负有直接责任的保险

公司董事、高级管理人员，中国保监会或者当地派出机构可以视情形进行监管谈话。

第四十八条 对违反《保险法》规定经营养老年金保险业务、尚未构成犯罪的行为负有直接责任的保险公司董事、高级管理人员和其他直接责任人员，由中国保监会或者当地派出机构区别不同情况给予警告，责令予以撤换，处以2万元以上10万元以下的罚款。

第六章 附 则

第四十九条 本办法由中国保监会负责解释。

第五十条 保险公司经营具有养老保障功能的个人两全保险业务，适用本办法对个人养老年金保险业务的有关规定。

前款所称个人两全保险产品的具体范围，由中国保监会另行规定。

第五十一条 本办法自2008年1月1日起施行。

职工基本养老保险个人账户管理暂行办法

（1997年12月22日 劳办发〔1997〕116号）

为了规范职工基本养老保险个人账户（以下简称个人账户）的建立和使用，保障广大劳动者的合法权益，根据基本养老保险实行社会统筹与个人账户相结合的原则和《国务院关于建立统一的企业职工基本养老保险制度的决定》（国发〔1997〕26号）的有关规定，制定本办法。

一、个人账户的建立

1. 个人账户用于记录参加基本养老保险社会统筹的职工缴纳的基本养老保险费和从企业缴费中划转记入的基本养老保险费，以及上述两部分的利息金额。个人账户是职工在符合国家规定的退休条件并办理了退休手续后，领取基本养老金的主要依据。

2. 个人账户的建立由职工劳动关系所在单位到当地社会保险经办机构办理，由工资发放单位向该社会保险经办机构提供个人的工资收入等基础数据。

3. 各社会保险经办机构按照国家技术监督局发布的社会保障号码（国家标准GB11643－89），为已参加基本养老保险的职工每人建立一个终身不变的个人账户。目前国家技术监督局尚未公布社会保障号码校验码，在公布之前可暂用职工身份证号码。职工身份证号码因故更改时，个人账户号码不作变动。

4. 个人账户建立时间从各地按社会统筹与个人账户相结合的原则，建立个人账户时开始；之后新参加工作的人员，从参加工作当月起建立个人账户。

5. 1998 年 1 月 1 日后才建立个人账户的单位，个人账户储存额除从 1998 年 1 月 1 日起开始按个人缴费工资的 11% 记账外，对 1996 年前参加工作的职工还应至少包括 1996、1997 两年个人缴费部分累计本息；对 1996、1997 年参加工作的职工，个人账户储存额应包括自参加工作之月到 1997 年底的个人缴费部分累计本息。

6. 个人账户主要内容包括：姓名、性别、社会保障号码、参加工作时间、视同缴费年限、个人首次缴费时间、当地上年职工平均工资、个人当年缴费工资基数、当年缴费月数、当年记账利息及个人账户储存额情况等（表式见《职工基本养老保险个人账户》）。

7. 职工本人一般以上一年度本人月平均工资为个人缴费工资基数（有条件的地区也可以本人上月工资收入为个人缴费工资基数，下同）。月平均工资按国家统计局规定列入工资总额统计的项目计算，包括工资、奖金、津贴、补贴等收入。本人月平均工资低于当地职工平均工资 60% 的，按当地职工月平均工资的 60% 缴费；超过当地职工平均工资 300% 的，按当地职工月平均工资的 300% 缴费，超过部分不记入缴费工资基数，也不记入计发养老金的基数。

8. 新招职工（包括研究生、大学生、大中专毕业生等）以起薪当月工资收入作为缴费工资基数；从第二年起，按上一年实发工资的月平均工资作为缴费工资基数。

单位派出的长期脱产学习人员、经批准请长假的职工，保留工资关系的，以脱产或请假的上年月平均工资作为缴费工资基数。

单位派到境外、国外工作的职工，按本人出境（国）上年在本单位领取的月平均工资作为缴费工资基数；次年的缴费工资基数按上年本单位平均工资增长率进行调整。

失业后再就业的职工，以再就业起薪当月的工资收入作为缴费工资基数；从第二年起，按上一年实发工资的月平均工资作为缴费工资基数。

以上人员的月平均缴费工资的上限和下限按照第 7 条规定执行。

9. 个人账户记入比例为按第 7 条确定的个人缴费工资基数的 11%，其中包括个人缴费的全部和社会保险经办机构从企业缴费中划转记入两部分。个人缴费比例 1997 年不得低于本人缴费工资的 4%，企业划转部分相应补齐到个人缴费工资基数的 11%；从 1998 年起至少每两年个人缴费提高 1%，企业划转部分相应减少 1%，最终达到个人缴费为本人缴费工资基数的 8%，企业划转部分相应减少到个人缴费工资基数的 3%。有条件的地区和工资增长较快的年份，个人缴费提高的速度可以适当加快。

目前各地个人账户记账比例低于或高于个人缴费工资基数 11% 的，要按国家有关规定做好向统一制度的并轨工作。

10. 个人账户的储存额按“养老保险基金记账利率”（以下简称“记账利率”）计算利息。记账利率暂由各省、自治区、直辖市人民政府参考银行同期存款利率等因素确定并每年公布一次。

二、个人账户的管理

11. 参加基本养老保险的单位按照各级社会保险经办机构的要求建立、健全职工基础资料，到当地社会保险经办机构办理基本养老保险参保手续，并按要求填报《参加基本养老保险单位登记表》《参加基本养老保险人员缴费情况表》和《参加基本养老保险人员变化情况表》。

12. 社会保险经办机构根据单位申报情况将数据输入微机管理，同时相应建立参保单位缴费台账、职工基本养老保险个人账户，并根据《参加基本养老保险人员变化情况表》，相应核定调整单位和职工个人缴费工资基数。

13. 对于因某种原因单位或个人不按时足额缴纳基本养老保险费的，视为欠缴。欠缴月份无论全额欠缴还是部分欠缴均暂不记入个人账户，待单位或个人按规定补齐欠缴金额后方可补记入个人账户。

职工所在企业欠缴养老保险费用期间，职工个人可以继续缴纳养老保险费用，所足额缴纳的费用记入个人账户，并计算为职工实际缴费年限。

出现欠缴情况后，以后缴费采用滚动分配法记账：即缴费先补缴以前欠缴费用及利息后，剩余部分作为当月缴费。

14. 社会保险经办机构在缴费年度结束后，应对职工个人账户进行结算，包括当年缴费额、实际缴费月数、当年利息额、历年缴费累计结转本息储存额等。利息按每年公布的记账利率计算。

15. 至本年底止个人账户累计储存额有两种计算方法。

方法一：年度计算法。即至本年底止个人账户累计储存额在每个缴费年度结束以后按年度计算（以上年月平均工资为缴费工资基数记账时适用此方法）。

计算公式：

至本年底止个人账户累计储存额＝上年底止个人账户累计储存额×（1＋本年记账利率）＋个人账户本年记账金额×（1＋本年记账利率×1.083×1/2）

方法二：月积数法。至本年底止个人账户累计储存额在一个缴费年度内按月计算（以上月职工工资收入为缴费工资基数记账时适用此方法）。

计算公式：

至本年底止个人账户累计储存额＝上年底止个人账户累计储存额×（1＋本年记账利率）＋本年记账额本金＋本年记账额利息

其中：

本年记账额利息＝本年记账月积数×本年记账利率×1/12

本年记账月积数＝∑〔n月份记账额×（12－n＋1）〕

（n为本年各记账月份，且1≤n≤12）

补缴欠缴的利息或本息和的计算办法见附件3。

16. 社会保险经办机构在缴费年度结束后，应根据《职工基本养老保险个人账户》的记录，为每个参保职工打印《职工基本养老保险个人账户对账单》，发给职工本人，由职工审核签字后，依年粘贴在《职工养老保险手册》中妥善保存。

17. 统一制度之前各地已为职工建立的个人账户储存额，与统一制度后职工个人账户储存额合并计算。

18. 职工由于各种原因而中断工作的，不缴纳基本养老保险费用，也不计算缴费年限，其个人账户由原经办机构予以保留，个人账户继续计息。职工调动或中断工作前后个人账户的储存额累计计算，不间断计息。

19. 个人账户储存额不能挪作他用，也不得提前支取（另有规定者除外）。

三、个人账户的转移

20. 职工在同一统筹范围内流动时，只转移基本养老保险关系和个人账户档案，不转移基金。

21. 职工跨统筹范围流动时，转移办法按如下规定：

（1）转移基本养老保险关系和个人账户档案。

（2）对职工转移时已建立个人账户的地区，转移基金额为个人账户中1998年1月1日之前的个人缴费部分累计本息加上从1998年1月1日起记入的个人账户全部储存额。

（3）对职工转移时仍未建立个人账户的地区，1998年1月1日之前转移的，1996年之前参加工作的职工，转移基金额为1996年1月1日起至调转月止的职工个人缴费部分累计本息；1996、1997年参加工作的职工，基金转移额为参加工作之月起至1997年底的个人缴费部分累计本息。1998年1月1日之后转移的，转移基金额为1998年之前按前述规定计算的职工个人缴费部分累计本息，加上从1998年1月1日起按职工个人缴费工资基数11%计算的缴费额累计本息。未建个人账户期间，计算个人缴费部分的利息按中国人民银行一年期定期城乡居民储蓄存款利率计算。

（4）对年中调转职工调转当年的记账额，调出地区只转本金不转当年应记利息；职工调转后，由调入地区对职工调转当年记账额一并计息。计算方法按第15条规定执行。

（5）基金转移时，不得从转移额中扣除管理费。

（6）职工转出时，调出地社会保险经办机构应填写《参加基本养老保险人员转移情况表》（转移单）。

（7）职工转入时，调入地社会保险经办机构应依据转出地区提供的《参加基本养老保险人员转移情况表》和《职工基本养老保险个人账户》等资料，并结合本地基本养老保险办法，为职工续建个人账户，做好个人账户关系的前后衔接工作。

四、个人账户的支付

22. 当单位离退休人员发生变动时，单位应填写《离退休人员增减变化情况表》，报社会保险经办机构审核，社会保险经办机构对待遇给付情况应及时进行相应调整。

23. 按统一的基本养老保险办法办理退休的职工，其基本养老金中的基础养老金、过渡性养老金等由社会统筹基金支付；个人账户养老金由个人账户中支付。

24. 职工退休以后年度调整增加的养老金，按职工退休时个人账户养老金和基础养老金各占基本养老金的比例，分别从个人账户储存余额和社会统筹基金中列支。

25. 职工退休后，其个人账户缴费情况停止记录，个人账户在按月支付离退休金（含以后年度调整增加的部分）后的余额部分继续计息。利息计算有两种方法：

方法一：年度计算法。即离退休人员个人账户余额生成的利息在每个支付年度结束后按年度计算（支付年度内各月支付的养老金数额相同时适用此方法）。年利息计算公式如下：

年利息 =（个人账户年初余额 - 当年支付养老金总额）×本年记账利率 + 当年支付养老金总额×本年记账利率×1.083×1/2

个人账户年终余额 = 个人账户年初余额 - 当年支付养老金总额 + 年利息

方法二：月积数法。即离退休人员个人账户余额生成的利息在每个支付年度内按月计算（支付年度内各月支付的养老金数额不同时适用此方法）。年利息计算公式如下：

年利息 = 个人账户年初余额×本年记账利率 - 本年度支付月积数×本年记账利率×1/12

本年度支付月积数 = $\sum$〔n月份支付额×（12 - n + 1）〕（n为本年度各支付月份，且$1 \leq n \leq 12$）

26. 当职工个人缴费年限（含视同缴费年限）不满15年而达到法定退休年龄时，退休后不享受基础养老金待遇，其个人账户全部储存额一次性支付给本人，同时终止养老保险关系。出现上述情况时，职工所在单位应及时向社会保险经办机构填报《个人账户一次性支付审批表》。社会保险经办机构核定后封存其个人账户档案。

五、个人账户的继承

27. 职工在职期间死亡时，其继承额为其死亡时个人账户全部储存额中的个人缴费部分本息。

28. 离退休人员死亡时，继承额按如下公式计算：

继承额 = 离退休人员死亡时个人账户余额×离退休时个人账户中个人缴费本息占个人账户全部储存额的比例

29. 继承额一次性支付给死亡者生前指定的受益人或法定继承人。个人账户的其余部分，并入社会统筹基金。个人账户处理完后，应停止缴费或支付记录，予以封存。

六、其　他

30. 新安置的军队复员、退伍军人、转业干部及从国家机关、事业单位调入企业人员，其个人账户的建立，待国家明确规定后，再按国家规定执行。

31. 本办法自1998年1月1日起实行。

附件1：职工基本养老保险个人帐户表（略）

附件2：职工基本养老保险个人账户表式指标解释（略）

附件3：至本年底止个人账户累计储存额计算办法（月积数法）（略）

劳动和社会保障部关于完善城镇职工基本养老保险政策有关问题的通知

（2001年12月22日　劳动部发〔2001〕20号）

各省、自治区、直辖市劳动和社会保障厅（局）：

《国务院关于建立统一的企业职工基本养老保险制度的决定》（国发〔1997〕26号）实施以来，全国城镇企业职工基本养老保险（以下简称养老保险）制度已实现了基本统一，养老保险覆盖范围进一步扩大，企业离退休人员基本养老金社会化发放率逐步提高。近年来，随着我国经济结构调整和国有企业改革深化，养老保险工作出现了一些新情况、新问题，需要尽快明确相关政策。根据完善城镇职工社会保障体系建设的要求，现就有关问题通知如下：

一、参加城镇企业职工养老保险的人员，不论因何种原因变动工作单位，包括通过公司制改造、股份制改造、出售、拍卖、租赁等方式转制以后的企业和职工，以及跨统筹地区流动的人员，都应按规定继续参加养老保险并按时足额缴费。社会保险经办机构应为其妥善管理、接续养老保险关系，做好各项服务工作。

二、职工与企业解除或终止劳动关系后，职工养老保险关系应按规定保留，由社会保险经办机构负责管理。国有企业下岗职工协议期满出中心时，实行劳动合同制以前参加工作、年龄偏大且接近企业内部退养条件、再就业确有困难的，经与企业协商一致，可由企业和职工双方协议缴纳养老保险费，缴费方式、缴费期限、资金来源、担保条件及具体人员范围等按当地政府规定执行。失业人员实现再就业，新的用人单位必须与其签订劳动合同，并按规定参加养老保险。自谋职业者及采取灵活方式再就业人员应继续参加养老保险，有关办法执行省级政府的规定。

三、城镇个体工商户等自谋职业者以及采取各种灵活方式就业的人员，在其参加养老保险后，按照省级政府规定的缴费基数和比例，一般应按月缴纳养老保险费，也可按季、半年、年度合并缴纳养老保险费；缴费时间可累计折算。

上述人员在男年满60周岁、女年满55周岁时，累计缴费年限满15年的，可按规定领取基本养老金。累计缴费年限不满15年的，其个人账户储存额一次性支付给本人，同时终止养老保险关系，不得以事后追补缴费的方式增加缴费年限。

四、参加养老保险的农民合同制职工，在与企业终止或解除劳动关系后，由社会保险经办机构保留其养老保险关系，保管其个人账户并计息，凡重新就业的，应接续或转移养老保险关系；也可按照省级政府的规定，根据农民合同制职工本人申请，将其个人账户个人缴费部分一次性支付给本人，同时终止养老保险关系，凡重新就业的，应重新参加养老保险。农民合同制职工在男年满60周岁、女年满55周岁时，累计缴费年限满15年以上的，可按规定领取基本养老金；累计缴费年限不满15年的，其个人账户全部储存额一次性支付给本人。

五、破产企业欠缴的养老保险费，按有关规定在资产变现收入中予以清偿；清偿欠费确有困难的企业，其欠缴的养老保险费包括长期挂账的欠费，除企业缴费中应划入职工个人账户部分外，经社会保险经办机构同意，劳动保障部门审核，财政部门复核，报省级人民政府批准后可以核销。职工按规定的个人缴费比例补足个人账户资金后，社会保险经办机构要按规定及时记录，职工的缴费年限予以承认。

六、对于因病、非因工致残，经当地劳动能力鉴定机构认定完全丧失劳动能力，并与用人单位终止劳动关系的职工，由本人申请，社会保险经办机构审核，经地级劳动保障部门批准，可以办理退职领取退职生活费。退职生活费标准根据职工缴费年限和缴费工资水平确定，具体办法和标准按省级政府规定执行。

七、城镇企业成建制跨省搬迁，应按规定办理企业和职工养老保险关系转移手续。在职职工个人账户记账额度全部转移，资金只转移个人缴费部分，转入地社保机构应按个人账户记账额度全额记账。企业转出地和转入地社会保险机构，要认真做好搬迁企业养老保险关系及个人账户的转移、接续工作，按时足额发放离退休人员基本养老金。如搬迁企业在转出地欠缴养老保险费，应在养老保险关系转出之前还清全部欠费。

八、加强对特殊工种提前退休审批工作的管理。设有特殊工种的企业，要将特殊工种岗位、人员及其变动情况，定期向地市级劳动保障部门报告登记，并建立特殊工种提前退休公示制度，实行群众监督。地市以上劳动保障行政部门，要规范特殊工种提前退休审批程序，健全审批制度。社会保险经办机构要建立特殊工种人员档案和数据库，防止发生弄虚作假骗取特殊工种身份和冒领基本养老金问题，一经发现，要立即纠正并收回冒领的养老金。

九、做好机关事业单位养老保险试点工作。已经进行机关事业单位养老保险改革试点的地区，要进一步巩固改革试点成果，不能退保，要完善费用征缴机制，探索个人缴费与待遇计发适当挂钩的办法，积极创造条件实行养老金社会化发放，加强基金管理，确保基金安全。按照劳动保障部、财政部、人事部、中编办《关于职工在机关事业单位与企业之间流动时社会保险关系处理意见的通知》（劳社部发〔2001〕13号）规定，认真研究做好职工在机关事业单位与企业之间流动时养老保险关系转移衔接工作。

劳动和社会保障部关于基本养老保险费征缴有关问题的复函

（2002年2月26日　劳社厅函〔2002〕50号）

青海省劳动和社会保障厅：

你厅《关于我省养老保险费征缴有关问题的紧急请示》（青劳社厅发〔2002〕13号）收悉，现答复如下：

一、根据国务院《社会保险费征缴暂行条例》（简称征缴条例，下同）第十条的规定，“缴费单位必须按月向社会保险经办机构申报应缴纳的社会保险费数额，经社会保险经办机构核定后，在规定的期限内缴纳社会保险费”。缴费申报和基数的核定是征缴条例规定的，既是审核单位履行义务的重要手段，也是确保即将记载的职工社会保险权益准确可靠的重要依据。因此，缴费申报和缴费基数的核定，必须按征缴条例的规定，由社会保险经办机构负责，不能因征收机构的改变而改变。

二、关于保留“收入户”问题。鉴于你省在实行税务征收时保留了“收入户”，且目前基金的征缴、支付以及个人账户的记录、管理都运行正常，请你们向省政府主管领导及有关部门汇报并说明情况，在我部与财政部对“收入户”问题做出新的规定之前，仍然保留“收入户”。

关于认真做好当前农村养老保险工作的通知

（2003年11月10日　劳社部函〔2003〕148号）

各省、自治区、直辖市劳动和社会保障厅（局），河南、江西、湖北、陕西、青海、宁夏、新疆省（自治区）民政厅：

党的十六大报告提出：“有条件的地方，探索建立农村养老、医疗保险和最低生活保障制度。”十六届三中全会通过的《关于完善社会主义市场经济体制若干问题的决定》提出：“农村养老保障以家庭为主，同社区保障、国家救济相结合。”这是从我国基本国情和农村实际出发完善社会保障体系、实现全面建设小康社会宏伟目标的重要措施。我们要深入学习贯彻十六大和十六届三中全会精神，全面理解、深刻领会、准确把握党中央关于农村养老保障问题的决策，按照“三个代表”重要思想的要求，高度重视农民的养老保障，立足当前，着眼长远，因地制宜，分类指导，积极稳妥地推进农村养老保险（以下简称农保）工作。

一、提高认识，明确重点，认真研究解决当前农保工作中的突出问题。随着我国工业化、城镇化的快速发展，大批农民转入非农就业，大量农民进城务工经商。他们绝大多数人就业灵活，流动于城乡之间，收入较低且不稳定，与土地有着千丝万缕的联系。特别是目前相当一部分被征地农民处于无地、无业、无保障的状态，成为影响社会稳定的突出问题。维护进城务工经商农民和乡镇企业职工的社会保障等合法权益还面临许多新情况、新问题。各地要认真研究农保工作中的这些突出问题，提高认识，统一部署，促进城乡养老保险协调发展。当前农保工作的重点应当放在有条件的地方、有条件的群体以及影响农民社会保障的突出问题上，如：被征用土地的农民、进城务工经商农民、乡镇企业职工、小城镇农转非人员、农村计划生育对象及有稳定收入的农民等，并针对不同群体的特点制定相应的参保办法，以促进农村劳动力就业和有序流动，维护他们的合法权益。

二、明确责任，稳定队伍，切实防范基金风险。各地要从实际出发，创造性地开展工作，进一步完善有关农保的规章和政策，维护好参保农民利益和社会稳定。要切实履行好农保管理职能，做到层层有人负责，农保工作队伍要保持基本稳定。要规范各项业务程序，认真做好稽核工作。尤其要切实防范基金风险，按照“谁主管、谁负责，谁动用、谁归还”的原则，继续做好收回有风险的基金的工作，确保农民的血汗钱和保命钱不受损失。要严格遵守基金使用的有关规定，不得出现新的违规，发现违规投资要及时查处，追究有关人员的责任。

三、进一步加强对农保工作的指导。探索建立农保制度，是全面建设小康社会、实践“三个代表”重要思想的具体体现，是解除农民后顾之忧、维护农民合法权益、推进解决“三农问题”的重要措施。各地农保部门要积极主动向当地党委、政府汇报，提出做好本地区农保工作的意见和建议，研究解决遇到的实际问题，及时总结、交流、推广建立农保制度取得的成功经验。各地农保工作的情况和问题，在向当地党委、政府汇报的同时，请及时报告我部。

劳动和社会保障部、财政部关于扩大做实企业职工基本养老保险个人账户试点有关问题的通知

（2005 年 11 月 15 日 劳社部发〔2005〕27 号）

各省、自治区、直辖市人民政府：

当前和今后一段时期，我国养老保险制度面临着人口老龄化的严峻挑战。逐步做实养老保险个人账户，是党中央、国务院的一项重大决策，是完善企业职工基本养老保险制度和应对人口老龄化的重要措施。根据党的十六届三中、五中全会精神和国务院关于完善企业职工基本养老保险制度的工作部署，在总结东北三省做实企业职工基本养老保险个人账户（以下简称个人账户）试点经验基础上，国务院决定进一步扩大做实个人账户试点。经国务院同意，现就扩大试点的有关问题通知如下：

一、关于做实个人账户的原则。扩大做实个人账户试点工作应遵循以下原则：一是老中新分开。以实行个人账户做实政策为分界点，之前已经退休的人员，个人账户不再做实；已经参保尚未退休的人员，以前没有做实的个人账户不再做实，以后的缴费逐步做实；之后参保的人员，个人账户从参保缴费开始就逐步做实。二是东中西分开。东部沿海经济发达地区要依靠当地的力量做实，中央财政对中西部地区和老工业基地予以适当补助。三是积极稳妥，逐步推开。要在确保企业离退休人员基本养老金按时足额发放，以及充分考虑各级财政和企业职工基本养老保险基金（以下简称养老基金）承受能力的前提下，逐步推开做实个人账户工作，有条件的地区步子可以快一些，困难地区可适当慢一些。

二、关于扩大试点的范围。在东北三省试点的基础上，2006 年选择 6－8 个有积极性且有一定实力的省、自治区、直辖市进行扩大做实个人账户试点。在省级政府申请的基础上，劳动保障部、财政部根据各省的财力状况和养老基金支撑能力，统筹研究，综合平衡，提出扩大试点的省份名单及实施意见报国务院批准后实施。

三、关于扩大试点起步比例和时间。做实个人账户的近期目标是 5%，鼓励有条件的地方做实到 8%。为保证试点取得效果，同时又给地方一定的选择空间，各地可以根据当地财政和养老保险基金承受能力，确定本地区做实个人账户的起步比例。起步比例最低不低于 3%，鼓励有条件的地方从 5% 起步，以后视情况逐年提高。经批准作为扩大做实个人账户试点的省、自治区、直辖市，

从2006年1月1日启动做实个人账户工作。

四、关于财政补助。对做实个人账户试点的中西部地区、老工业基地和新疆生产建设兵团仍按照在东北三省试点时中央财政的补助标准给予补助，即做实到5%的部分，每做实1个百分点，中央财政补助0.75个百分点，最多不超过3.75个百分点；每做实1个百分点，地方财政补助0.25个百分点。做实个人账户采取动态做实、半动态补助的办法，动态做实即个人账户做实的数额随着缴费工资基数的增长而增长。半动态补助即中央财政对已做实的部分（存量）实行定额包干补助，不何随缴费工资总额的变化重新调整；对新增做实的部分（增量），中央财政以当年缴费工资总额为基数计算补助数额；中央财政对地方做实个人账户5%的部分实行包干补助后，新增资金缺口由地方自己解决。

五、关于基金的管理运营。各地要加强对做实个人账广基金的管理和监督，确保基金安全，实现保值增值。做实的个人账户基金由省级统一管理。中央财政补助部分可由省级政府委托全国社会保障基金理事会投资运营并承诺一定的收益率，具体办法由财政部商劳动保障部等有关方面制定；中央财政补助之外的个人账户基金出地方管理，披资运营的具体办法由劳动保障部、财政部商有关方面研究制定并报国务院批准后实施。

扩大做实个人帐户试点。是完善养老保险制度的一项重要措施。各地要切实加强领导，认真测算，充分考虑当地财政和养老基金的承受能力，研究确定是否进行做实个人账户的试点，并据此制定本地做实个人账户试点的工作方案，包括做实个人账户的起步比例、时间、基金测算情况、地方配套资金安排等内容。请申请试点的省、自治区、直辖市人民政府于2005年12月10日之前将试点方案报劳动保障部、财政部。

劳动和社会保障部
关于贯彻落实国务院完善
企业职工基本养老保险
制度决定的通知

（2005年12月15日　劳社部发〔2005〕31号）

各省、自治区、直辖市劳动和社会保障厅（局）：

完善企业职工基本养老保险制度是实现养老保险可持续发展的需要，是推进社会保障体系建设的重要内容，是全面落实科学发展观和构建社会主义和谐社会的重大举措。在总结东北试点经验和深入调研论证的基础上，国务院发布实施《国务院关于完善企业职工基本养老保险制度的决定》（国发〔2005〕38号，以下简称《决定》）。为做好《决定》的贯彻落实工作，现就有关问题通知如下：

一、认真学习领会《决定》精神。《决定》立足当前，着眼长远，明确了完善企业养老保险制度的指导思想、主要任务和政策措施。各级劳动保障部门要认真组织学习，深刻领会《决定》精神，把思想和行动统一到国务院的决策和部署上来，进一步提高对完善企业养老保险制度重要性、必要性和紧迫性的认识，增强贯彻《决定》的坚定性和自觉性，抓住机遇，乘势而上，努力推动企业养老保险工作取得新的发展。

二、抓紧研究制定实施意见。各地要按照《决定》提出的各项任务和要求，抓紧研究制定具体的实施意见，对组织领导、任务安排、量化指标、工作进度、配套措施、监督检查等作出具体安排。要加强对基层的工作指导和督促检查，及时解决贯彻实施中具体问题。各地贯彻落实《决定》的实施意见，报经省级人民政府批准后，请于2006年1月底前报劳动保障部备案。

三、不断扩大养老保险覆盖范围。扩大养老保险覆盖范围，是维护广大职工社会保障权益的需要，也是养老保险制度健康运行的基础。各地要以非公有制企业、城镇个体工商户和灵活就业人员为重点，统一规范政策，加大工作力度，改进管理服务方式，使更多的人参加养老保险。“十一五”期间，参保人数每年要新增1000万人以上，年增长率保持在6%以上，期末要超过2.2亿人，部里将按年度下达各地任务指标。

四、稳妥改革基本养老金计发办法。计发办法改革是完善企业养老保险制度的重要内容，涉及参保职工的切身利益，必须积极稳妥地进行。各地要按照新的计发办法规定，进行认真细致的测算，并结合本地实际研究制定“中人”的过渡办法，确保新老退休人员待遇水平的合理衔接和新老计发办法的平稳过渡。各地的过渡办法经省级人民政府批准后，于2006年6月底前报劳动保障部、财政部备案，在2006年底前全部实行新的基本养老金计发办法。

五、统一调整基本养老保险个人账户规模。各地要从2006年1月1日起，将个人账户规模统一由本人缴费工资的11%调整为8%。目前职工个人缴费比例尚未达到8%的地区，要统一提高到8%。各地社会保险经办机构要认真做好个人账户记录，认真清理审核个人账户数据，实现个人账户的规范化管理。

六、做好扩大做实个人账户试点工作。做实个人账户，积累基本养老保险基金，是应对人口老龄化的重要举措，也是实现企业职工基本养老保险制度可持续发展的重要保证。经国务院批准作为扩大做实个人账户试点的地区，要抓紧制定试点实施方案，落实好地方配套资金，经省级人民政府同意，报经国务院批准后认真组织实施。要做好个人账户基金的归集、管理、运营工作，做到账账相符、账实相符、记账到人。东北三省要继续做好做实个人账户工作，不断规范和完善个人账户管理办法，并注意总结试点经验。

七、深入开展宣传解释工作。各地要按照部里印发的完善企业职工基本养老保险制度宣传提纲，结合本地实际，坚持全面、及时、准确的原则，贴近实际，贴近群众，多种形式、多种渠道开展宣传工作。要宣传党中央、国务院对社会保障工作的重视和关心，宣传完善企业养老保险制度取得的成绩，宣传实施《决定》的意义和主要内容。要正确引导舆论，做好宣传解释工作，帮助职工群众全面准确地了解完善企业养老保险制度的各项政策，自觉地支持和参与改革，努力营造良好的社会氛围。

八、大力抓好业务培训工作。完善企业养老保险制度涉及内容多，情况复杂，政策性、专业性和技术性都很强，必须切实加强培训工作。部里将分别举办改革基本养老金计发办法和做实个人账户培训班，对地市级以上劳动保障部门及社会保险经办机构的业务骨干进行培训。各地也要结合实际，集中开展不同层次的业务培训工作，全面、准确掌握政策，提高贯彻《决定》的政策水平和业务能力。

九、切实加强基金管理和监督。加强养老保险基金管理和监督，是维护广大职工养老保险权益和实现养老保险制度稳定运行的重要保证。各地要切实加强养老保险基金管理和监督，建立健全制度，完善工作机制，严禁发生新的挤占挪用。要建立健全社会保障监督委员会，充分发挥决策、协调和议事作用。要加强社会保险基金监督机构建设，调整充实专业人员，完善协同监管机制，保证基金管理监督制度的顺利实施。劳动保障部将会同有关部门研究制定个人账户基金投资管理办法，报国务院批准后实施。

十、努力维护社会稳定。完善企业养老保险制度，关系亿万职工的切身利益，事关改革发展稳定的大局。各级劳动保障部门要高度重视，加强领导，精心组织实施，及时向党委政府报告《决定》贯彻实施情况，在党委政府的领导下，加强与有关部门的协调配合，组织各方面力量，全力以赴抓好落实。要继续将确保基本养老金按时足额发放作为首要任务，不得发生新的拖欠。要总结先进经验，推广好的典型，及时研究解决《决定》贯彻落实中出现的新情况、新问题，重要情况和重大问题请及时报告劳动保障部。

劳动和社会保障部关于印发贯彻落实国务院完善企业职工基本养老保险制度决定工作安排意见的通知

（2006 年 1 月 5 日　劳社部函〔2006〕1 号）

各省、自治区、直辖市劳动和社会保障厅（局）：

《国务院关于完善企业职工基本养老保险制度的决定》（国发〔2005〕38 号，以下简称《决定》）发布后，我部召开全国劳动保障工作会议和全国完善企业职工养老保险制度工作会议进行部署，并下发了《关于贯彻落实国务院完善企业职工基本养老保险制度决定的通知》（劳社部发〔2005〕31号）和《关于印发完善企业职工基本养老保险制度宣传提纲的通知》（劳社部发〔2005〕32号）。为贯彻落实上述会议和文件精神，把《决定》的各项要求落到实处，部里研究制定了《关于贯彻落实国务院完善企业职工基本养老保险制度决定的工作安排意见》，现印发给你们，请结合实际认真贯彻执行。部里将加强监督检查，了解和交流各地情况，并于7月召开座谈会进行交流和讲评。各省、自治区、直辖市贯彻落实情况请及时报部，工作总结请于12月底前报部。

关于贯彻落实国务院完善企业职工基本养老保险制度决定的工作安排意见

根据《决定》和全国劳动保障工作会议、全国完善企业职工养老保险制度工作会议精神，按照劳动保障部《关于贯彻落实国务院完善企业职工基本养老保险制度决定的通知》（劳社部发〔2005〕31号）和《关于印发完善企业职工基本养老保险制度宣传提纲的通知》（劳社部发〔2005〕32号）要求，制定以下工作安排意见：

一、关于确保基本养老金按时足额发放

（一）进一步巩固和发展确保基本养老金发放工作成果。继续坚持目标责任考核制度、重点地区监控制度和资金应急调度制度，重点抓好对农垦企业和19个直报城市的监控和督导。密切关注信访情况，发现问题及时处理。

（二）商财政部在年初预拨部分中央财政专项补助资金，及时下拨全年中央财政专项补助资金。

（三）指导有关省、自治区落实补发历史拖欠基本养老金工作，总结推广经验，推动补发工作。

二、关于扩大基本养老保险覆盖范围

（四）指导各地统一规范个体工商户和灵活就业人员参保缴费政策，改进管理服务方式，提供便捷服务。

（五）1月向各地下达扩面任务，对各地完成任务情况按季进行通报，督促扩面工作的开展。

（六）总结交流个体工商户和灵活就业人员参保工作经验，通过典型指导、推动扩面工作。

三、关于逐步做实个人账户

（七）在国务院确定扩大试点省份后，通知有关试点省份在2月上报实施方案，包括做实个人账户的起步比例、地方财政配套补助列入预算、基金支撑能力测算、基金归集、管理和投资运营等内容，与财政部共同审核后，报国务院批复实施。2 月举办试点省份劳动保障厅（局）主管厅（局）长及养老保险处长、经办机构负责人研讨班，进行培训和研讨；3 月举办试点省份地市劳动保障部门和经办机构的业务骨干培训班。

（八）了解和指导地方做好调整个人账户规模工作，相应调整养老保险信息管理系统。一季度修改下发基本养老保险个人账户管理办法，明确个人账户做实资金的归集、记录、转移、支付等问题，统一和规范业务流程，规范个人账户对账单。

（九）对尚未实行做实个人账户的省份，指导开展养老保险基金中长期支撑能力测算和制定逐步做实账户的规划，为今后启动这项工作做好准备。同时，鼓励有基金承受能力的地区，依靠自身力量逐步做实个人账户。

（十）对东北三省做实个人账户基金管理情况进行检查。检查个人账户记录、基金归集、地方财政配套资金等情况，掌握基金分布和存放形态，分析基金投资运营办法和效果等，总结经验，规范管理。

（十一）研究制定养老保险个人账户基金投资管理办法。对做实个人账户基金的投资运营和监管办法进行研究，明确投资运营的基本框架、决策机制、组织程序、品种设计、监督管理等政策，并研究制定投资运营监管报告、信息披露规则等配套办法，指导做实个人账户省份规范投资运营。同时，配合财政部研究委托全国社保基金理事会投资运营的具体办法。

（责任单位：养老保险司、社保中心、基金监督司、试点办）

四、关于加强基本养老保险基金征缴

（十二）1 月将征缴任务分解到各地，指导地方加强基金征缴，做到应收尽收，全年全国征缴收入增收 820 亿元。

（十三）加强对缴费基数和缴费人数的稽核工作，1 月向各地下达清欠计划，力争全年清欠 130 亿。拟定社保机构内部监督办法，下半年下发各地执行。

（十四）指导各地做好养老保险基金预决算的编制、执行工作，切实加强管理。

（责任单位：社保中心、养老保险司、基金监督司）

五、关于加强基本养老保险基金监管

（十五）研究起草社会保险基金监督管理条例。配合社会保险法的制定，进行社会保险基金监督管理条例的调研论证，形成征求意见稿。

（十六）建立非现场监督指标体系。按照金保工程建设的总体安排，研究提出基金监督指标体系，推动非现场监督工作。

（十七）对经办机构内控制度建立和执行情况进行一次检查，组织开展基金征缴和管理情况专项检查，建立案件查处和基金回收汇总制度，改进离退休人员领取基本养老金资格认证办法。

（责任单位：基金监督司、养老保险司、社保中心）

六、关于改革基本养老金计发办法

（十八）组成工作小组，指导各地做好新老退休人员待遇水平合理衔接和新老计发办法平稳过渡工作并进行督促检查。

（十九）指导各地抓紧进行测算分析和制定过渡办法。各地应将今后5年内退休的人员作为样本进行新老办法对比测算分析，于4月底前上报测算分析结果，部里将逐省研究测算分析结果，并提出指导意见。各地应于5月底前提出过渡办法的方案送部初审，6月底前将过渡办法正式报部和财政部备案。各地年底前全部实行新的养老金计发办法。

（二十）2月举办省市劳动保障厅（局）主管厅（局）长及养老保险处长、经办机构负责人培训研讨班，培训和研讨计发办法改革的相关问题。3月对地市劳动保障行政部门、经办机构业务骨干进行培训。

（二十一）指导各地按不同缴费年限、缴费基数、退休年龄测算制定养老金一览表，7月向社会公布。

七、关于基本养老金调整机制

（二十二）研究提出调整企业离退休人员基本养老金的方案，对退休早、待遇偏低等有关群体适当倾斜。同时，指导地方开展企业退休人员待遇偏低问题的典型调查分析，提出解决问题的意见和建设。

（二十三）加强调查研究，提出建立基本养老金正常调整机制的意见。

（责任单位：养老保险司、社保中心）

八、关于提高统筹层次

（二十四）总结已实现省级统筹省份的做法和经验，制定省级统筹标准，召开座谈会听取意见，进一步修改完善后于3月下发。

（二十五）分类指导推动，已经实现省级统筹的省份继续规范完善，扩大试点省份原则上实行省级统筹，沿海经济发达省份应有新的突破。在2006年补助地方养老资金缺口分配方案中，将省级统筹和省级调剂金作为重要因素考虑。三季度，选择工作开展比较好的部分省市，召开省级统筹工作经验交流会。

九、关于发展企业年金

（二十六）会同财政部、国税总局开展专题调研，就企业年金税收优惠政策进行研究，争取税收优惠政策。

（二十七）加强工作的指导和推动。加大宣传发动工作的力度，指导推动经济条件好、工作积极性高的省市，选择一些重点地区和行业进行推动。

（二十八）规范企业年金监管。做好中央企业年金方案和基金管理合同备案工作，指导地方规范备案程序。开展企业年金基金市场监管工作，规范运作行为。

十、关于退休人员社会化管理服务

（二十九）指导各地继续扎实推进社会化管理服务工作，努力提高企业退休人员纳入社区管理的比例。

（三十）加强对街道社区劳动保障工作平台建设的指导和帮助，总结交流先进经验。开展检查评估，规范管理服务办法。

（三十一）积极探索建立退休人员管理服务中心，在有条件的地方开展老年护理服务和发展退休人员公寓。

十一、关于提高社会保险管理服务水平

（三十二）制定下发加强社会保险经办机构能力建设的指导性意见，明确能力建设的目标、主要任务和工作安排。

（三十三）探索建立社会保险经办管理服务示范城市和示范工程，引导各地加强社会保险服务设施建设。

（三十四）上半年和下半年各举办一期地市以上经办机构负责人培训班。协助做好中国人民大学社会保障硕士研究生班和社科院 MPA 班的有关工作。

（三十五）加快数据清理进度，按季通报各省市数据清理整合工作的进度，指导各地提高数据质量。

（三十六）在全系统深入开展向经办机构先进单位和先进个人学习的活动，倡导奉献精神。

十二、关于调研和宣传

（三十七）上半年组成若干调研组分批到各地和扩大试点省份进行调研，了解贯彻落实《决定》情况，研究工作中存在的问题，进行工作指导和督促检查。年底对各地贯彻落实《决定》情况进行总结。

（三十八）指导各地按照部里印发的《完善企业职工基本养老保险制度宣传提纲》的要求，做好宣传解释工作，创造良好的社会氛围，确保完善企业职工基本养老保险制度各项政策的顺利实施。

财政部、国家税务总局关于基本养老保险费、基本医疗保险费、失业保险费、住房公积金有关个人所得税政策的通知

（2006 年 6 月 27 日　财税〔2006〕10 号）

各省、自治区、直辖市、计划单列市财政厅（局）、国家税务局、地方税务局，财政部驻各省、自治区、直辖市、计划单列市财政监察专员办事处，新疆生产建设兵团财务局：

根据国务院 2005 年 12 月公布的《中华人民共和国个人所得税法实施条例》有关规定，现对基本养老保险费、基本医疗保险费、失业保险费、住房公积金有关个人所得税政策问题通知如下：

一、企事业单位按照国家或省（自治区、直辖市）人民政府规定的缴费比

例或办法实际缴付的基本养老保险费、基本医疗保险费和失业保险费，免征个人所得税；个人按照国家或省（自治区、直辖市）人民政府规定的缴费比例或办法实际缴付的基本养老保险费、基本医疗保险费和失业保险费，允许在个人应纳税所得额中扣除。

企事业单位和个人超过规定的比例和标准缴付的基本养老保险费、基本医疗保险费和失业保险费，应将超过部分并入个人当期的工资、薪金收入，计征个人所得税。

二、根据《住房公积金管理条例》、《建设部、财政部、中国人民银行关于住房公积金管理若干具体问题的指导意见》（建金管〔2005〕5号）等规定精神，单位和个人分别在不超过职工本人上一年度月平均工资12%的幅度内，其实际缴存的住房公积金，允许在个人应纳税所得额中扣除。单位和职工个人缴存住房公积金的月平均工资不得超过职工工作地所在设区城市上一年度职工月平均工资的3倍，具体标准按照各地有关规定执行。

单位和个人超过上述规定比例和标准缴付的住房公积金，应将超过部分并入个人当期的工资、薪金收入，计征个人所得税。

三、个人实际领（支）取原提存的基本养老保险金、基本医疗保险金、失业保险金和住房公积金时，免征个人所得税。

四、上述职工工资口径按照国家统计局规定列入工资总额统计的项目计算。

五、各级财政、税务机关要按照依法治税的要求，严格执行本通知的各项规定。对于各地擅自提高上述保险费和住房公积金税前扣除标准的，财政、税务机关应予坚决纠正。

六、本通知发布后，《财政部、国家税务总局关于住房公积金、医疗保险金、养老保险金征收个人所得税问题的通知》（财税字〔1997〕144号）第一条、第二条和《国家税务总局关于失业保险费（金）征免个人所得税问题的通知》（国税发〔2000〕83号）同时废止。

关于推进企业职工基本养老保险省级统筹有关问题的通知

（2007年1月18日　劳社部发〔2007〕3号）

各省、自治区、直辖市劳动和社会保障、财政厅（局）：

近年来，各地按照国家有关规定，以确保企业离退休人员基本养老金按时足额发放为中心，在不断规范和完善省级调剂金制度的基础上，积极推进企业职工基本养老保险省级统筹工作的开展。为认真贯彻落实《国务院关于完善企业职工基本养老保险制度的决定》（国发〔2005〕38号）精神，加快实现省级统筹步伐，劳动保障部、财政部制定了《企业职工基本养老保险省级统筹标准》。现就有关问题通知如下：

一、充分认识省级统筹的重要意义。建立和完善企业职工基本养老保险省级统筹制度，是完善企业职工基本养老保险制度的重要内容，也是构建全国统一的劳动力市场和促进人才合理流动的客观要求。实现省级统筹，有利于提高企业职工基本养老保险制度抵御风险的能力，确保基本养老金的按时足额发放；有利于在更大范围内统一缴费基数、比例，规范养老保险待遇政策，促进参保职工跨地区流动；有利于减少管理层次和管理环节，提高基金使用效率；有利于规范基金运行，加强监督，确保基金安全。因此，各地要充分认识推进省级统筹的重要意义，认真研究解决当前存在的突出问题和主要矛盾，把加快实现省级统筹作为完善企业职工基本养老保险制度的一项重要工作抓紧抓好。

二、进一步明确省级统筹工作的重点。目前，尚未实现省级统筹的地区，应结合本地实际情况，明确工作重点。要统一缴费基数和比例，规范基本养老金计发办法；统一养老保险数据库和业务流程，为实现省级统筹创造条件；要明确确保基本养老金发放的责任，健全省、市、县三级基金缺口分担机制；完善全省基金收支预算管理制度，增强预算编制的科学性和合理性，逐步实现在全省范围内统一调度和使用基金；推进和规范市级统筹，积极创造条件，向省级统筹过渡；有条件的地区，要积极实行社会保险经办机构垂直管理。

三、认真抓好组织实施。各地要切实加强领导，密切配合，结合本地区实际情况，对照《企业职工基本养老保险省级统筹标准》，制定推进省级统筹的具体工作规划。要认真总结经验，及时研究解决工作中出现的新情况和新问题，保证推进省级统筹工作的稳步实施。

附件：

企业职工基本养老
保险省级统筹标准

一、基本养老保险制度。全省执行统一的企业职工基本养老保险制度和政策。基本养老保险省级统筹办法由省级人民政府下发文件实施。

二、基本养老保险缴费。全省统工企业和职工缴纳基本养老保险费的比例，缴费基数全省统一规定。城镇个体工商户和灵活就业人员缴纳基本养老保险费的比例和基数全省统一规定。

三、基本养老保险待遇。基本养老金计发办法和统筹项目全省统一，基本养老金调整由省级人民政府按照国家规定部署实施，全省统一调整办法。

四、基本养老保险基金使用。基本养老保险基金由省级统一调度使用，实行统收统支，由省级直接管理。现阶段，也可采取省级统一核算、省和地（市）两级调剂，结余基金由省级授权地（市）、县管理的方式，其中，中央财政、省级财政补助资金和上解的调剂金由省级统一调剂使用。省级统一按国家规定组织实施基本养老保险基金投资运营。

五、省级基金预算。全省统一编制和实施基本养老保险基金预算，明确省、地（市）、县各级政府的责任。各地（市）、县严格按照批准的基金收支预算执行。预算调整按规定的程序进行。

六、基本养老保险业务规程。基本养老保险业务经办规程和管理制度全省统一；全省执行统一的数据标准、使用统一的应用系统。

劳动和社会保障部
关于做好原有企业年金
移交工作的意见

（2007年4月24日　劳社部发〔2007〕12号）

各省、自治区、直辖市劳动保障厅（局）：

为贯彻落实《国务院关于完善企业职工基本养老保险制度的决定》（国发〔2005〕38号）和国务院常务会议精神，按照《企业年金试行办法》（劳动保障部令第20号）和《企业年金基金管理试行办法》（劳动保障部令第23号）规定，现对尚未规范管理的原企业补充养老保险（以下称原有企业年金）移交工作提出以下意见：

一、移交的范围

（一）由社会保险经办机构、原行业管理的以及企业自行管理的原有企业年金均应移交给具备资格的机构管理运营。移交原有企业年金主要包括基金资产、负债、账户记录、相关财务及业务档案资料等。

二、移交的原则

（二）公开透明。要认真听取企业和职工对移交工作的意见，在原有企业年金基金资产清理、个人账户权益确认、管理机构选择等方面要公开，保证企业职工的知情权。

（三）平稳运作。要做好移交和接收的衔接过渡工作，采取集中移交和分散移交相结合，先移交后规范的方式进行移交。不能因移交而损害参保人员的利益和影响正常的业务运转，参保企业和职工不得借机退保，擅自分配原有企业年金基金资产和收益。

（四）安全完整。要妥善处理原有企业年金基金资产，保护参保人员的利益，做到基金资产安全移交。要维护基金资产的完整性，任何单位不得以任何理由占用、滞留、挪用。

三、基金资产的清理

（五）各地劳动保障部门要采取适当方式，对社会保险经办机构管理的原有企业年金基金资产进行清理，摸清基金规模、资产形态、盈亏情况等，认真核对有关账目，列出完整的基金资产清单，由各个参保企业交职工确认后，记清记实个人账户，做到账实相符。

（六）为便于移交，应尽量在移交前将基金资产转为合格的投资产品。对出现不良资产或难以兑现承诺回报的，劳动保障部门要会同有关部门提出资产清理方案，按照谁承诺谁负责的原则在移交前解决；确实难以解决的，要明确责任和债务关系，选择企业年金基金管理人时如实说明情况，在各方达成协议的基础上，可将基金资产与债务一并移交。

四、基金投资的处理

（七）原有企业年金基金投资项目，在2007年底之前合同到期的，一律收回资金，不再签订其他投资合同，移交给具备资格的机构后再按规定投资运营。

（八）原有企业年金基金投资项目，在2007年底之前合同未到期的，原资产管理机构应与新的受托人及投资管理人协商一致，在明确债权债务的基础上，将基金资产投资合同一并移交，同时变更合同管理人。

五、个人权益的保护

（九）管理原有企业年金的社会保险经办机构，要根据参保缴费记录和基金资产收益情况，认真清理、核对个人账户信息。按照原有企业年金方案或合同等约定的条件和原则，将基金资产量化到个人，收益公平分配，亏损合理分摊。

（十）没有原有企业年金方案或合同的企业，应召开职代会或职工大会研究制定分配方案，或者在移交后制定新的企业年金方案，然后进行基金资产分配和账务处理。

六、管理机构的选择

（十一）原有企业年金基金资产原则上应以整体移交为主，各地可根据企业数量和基金资产状况，提供若干以法人受托机构为主，包括账户管理人、托管人和投资管理人的方案供选择，然后进行基金资产分割。移交后，可规定1年左右的过渡期，过渡期满后，企业可以继续委托现管理机构管理运营，也可以根据国家有关规定另行选择其他具备资格的管理机构管理运营。具备单独移交能力的大型企业，也可直接选择具备资格的管理机构。

（十二）建立原有企业年金的企业已破产或重组后不再继续缴费的，原则上将原有企业年金移交给具备资格的机构进行管理。

七、企业年金方案和基金管理合同的备案

（十三）建立原有企业年金的企业，仍然生产经营并继续缴费的，要按照《关于企业年金方案和基金管理合同备案有关问题的通知》（劳社部发〔2005〕35号）规定，对原有企业年金方案进行修订，原来没有企业年金方案的要重新制定，报劳动保障部门备案。

（十四）原有企业年金移交后，要按照规定的程序选择受托人、账户管理人、托管人、投资管理人，并签订基金管理合同，报劳动保障部门备案。托管人要按照《关于企业年金基金银行账户管理等有关问题的通知》（劳社部发〔2006〕40号）规定，负责开立企业年金基金受托财产托管账户、投资资产托管账户和投资风险准备金账户。

八、移交工作的要求

（十五）《国务院关于印发完善城镇社会保障体系试点方案的通知》（国发〔2000〕42号）决定，将企业补充养老保险更名为企业年金，实行市场化管理运营。各地劳动保障部门要通过各种方式，加强舆论引导，做好宣传解释工作，排除社会上对企业年金与原企业补充养老保险的误解，广泛宣传原有企业年金移交的必要性以及企业年金市场化管理运营的规则，引导企业和职工转变观念，主动配合做好移交工作。

（十六）企业年金基金管理机构要坚持诚信原则，依规开展企业年金业务。当取得原有企业年金业务后，应当抓紧完成合同签订、备案等相关程序，尽快投入运作，缩短移交时限，降低移交成本，实现规范管理。

（十七）在移交工作中，要廉洁自律，严格按制度办事，不得弄虚作假，以权谋私。对出现的违规违纪问题，一经发现将严肃处理。

九、移交工作的组织领导

（十八）原有企业年金移交工作，政策性强，事关企业职工的切身利益，要高度重视，切实加强领导，精心组织实施。在省级政府的领导下，成立由劳动保障厅（局）主要负责人牵头，养老保险、基金监督、社会保险经办机构等有关方面人员参加的工作小组，统筹研究有关问题，统一组织实施，并保证必要的工作经费。各地应于2007年4月底前将成立工作小组情况报劳动保障部。

（十九）各地劳动保障部门要按照本意见制定具体的实施方案，明确相关政策措施、实施步骤、工作要求等，经省级政府同意，报部备案后实施。要确保2007年底之前完成原有企业年金管理主体的变更和各项业务移交到位，实现规范的市场化管理运营。自2007年5月起，部里将实行月调度制度，各地要按月上报工作进展情况。移交工作结束时，应及时将总结报告报部里。

（二十）原行业、企业要按照本意见，将规范管理原有企业年金和建立新的企业年金计划统筹考虑，制定切合实际的实施方案，报出资人代表机构审核同意，经总公司董事会或总经理办公会批准后实施，同时，报送劳动保障部门备案。其中，中央企业的实施方案，报劳动保障部备案。按期完成规范和建立企业年金确有困难的中央企业，经向劳动保障部说明理由，可延长至2008年底。

关于企业补充养老保险口径问题的复函

（2007年6月28日 保监厅函〔2007〕180号）

江苏保监局：

你局《关于对企业补充养老保险口径予以明确的请示》（苏保监发〔2007〕99号）收悉。经研究，现函复如下：

一、养老保险是保险业的传统业务领域，企业补充养老保险是我国养老保险体系的第二支柱，是对基本养老保险的有益补充。根据《国务院批转整顿保险业工作小组保险业整顿与改革方案的通知》（国发〔1999〕14号）和《国务院关于保险业改革发展的若干意见》（国发〔2006〕23号）文件精神，企业补充养老保险的具体经办模式包括企业年金和企业团体养老保险。企业可根据自身需求选择合适的经办模式。

二、享受补充养老保险税收优惠政策的团体养老保险，实行基金完全积累，采用个人账户方式进行管理，保费可由企业和个人共同缴纳，并严格遵守财政税务部门的有关监管规定。

中国保险监督管理委员会关于养老保险公司经营企业年金业务有关问题的通知

（2007年9月26日 保监发〔2007〕101号）

各养老保险公司：

为了改善保险公司在企业年金市场竞争中的环境，养老保险公司在经营企业年金业务时，不适用《保险公司管理规定》第十三条第二款“保险公司在其住所地以外的各省、自治区、直辖市开展业务，应当设立分公司。中心支公司、支公司、营业部或者营销服务部，由保险公司根据实际情况申请设立”的规定，可以在全国范围内展业。

关于调整农村社会养老保险个人账户计息办法的通知

（2008 年 2 月 3 日）

各市劳动和社会保障局：

近年来，中国人民银行对存贷款利率作了多次调整，国家也多次调整了国债发行利率。为统一政策、规范管理、保护参保农民利益，按照劳动和社会保障部《关于调整农村社会养老保险个人账户计息办法的通知》（劳社部函［2008］12 号）要求，结合我省实际情况，决定调整农村社会养老保险个人账户计息办法，现将有关问题通知如下：

一、从 2008 年 1 月 1 日起，农村社会养老保险个人账户计息标准随中国人民银行公布的金融机构人民币存款利率调整而调整。

二、在基金积累期实行分段计息，具体计息标准为，按中国人民银行公布的金融机构一年期定期存款利率计息。

人力资源和社会保障部办公厅关于对原有企业年金移交有关问题补充意见的函

（2008 年 4 月 14 日　人社厅发〔2008〕9 号）

各省、自治区、直辖市人事厅（局）、劳动和社会保障厅（局）：

2007 年以来，各地按照《关于做好原有企业年金移交工作的意见》（劳社部发〔2007〕12 号）的要求，积极推动移交工作，取得明显进展。针对工作中存在需要明确的问题，现提出以下补充意见：

一、关于签订移交协议

尚未签订移交协议的地区，应当按照“先移交、后规范”的原则，抓紧办理签约手续，完成原有企业年金管理主体的变更。其中，实行整体移交的地区，由社会保险经办机构与确定接收移交的受托机构签订整体移交协议并通知委托人（企业）；实行分散移交的地区，由社会保险经办机构、委托人（企业）和确定接收移交的受托机构签订移交协议。

二、关于整体移交和企业年金过渡计划设立

实行整体移交的地区，应当以省级或地市级为单位实施，不得下放到区县级。为有效管理运营企业年金基金财产，避免原有企业年金基金财产拆分所带来的损失，受托机构可将整体移交接收的企业年金基金财产继续作为一个整体，申请设立企业年金过渡计划。在签订移交协议后，受托人应当制定企业年金过渡计划受托管理合同，同时分别与账户管理人、托管人、投资管理人签订委托管理合同。受托机构兼任账户管理人或投资管理人的，有关委托管理合同的内容可包括在受托管理合同中。受托机构应当将《受托管理合同》、《账户管理合同》、《托管合同》、《投资管理合同》以及移交协议报社会保险经办机构所在省、自治区、直辖市或计划单列市的劳动保障厅（局）备案，备案材料一式四份。省、自治区、直辖市或计划单列市的劳动保障厅（局）应当自收到符合规定的备案材料之日起30个工作日内，向受托机构出具企业年金过渡计划确认函，给予计划登记号。备案通过后，企业年金过渡计划即行成立。受托机构应当自取得企业年金过渡计划确认函之日起10个工作日内，将计划确认函（复印件）送达各参与移交企业。

三、关于企业年金过渡计划登记号的编制

计划登记号共12位。由省、自治区、直辖市劳动保障厅（局）受理备案的，计划登记号第1、2位使用省级代码，第3、4位为“00”；由计划单列市劳动保障局受理备案的，第1、2、3、4位使用省级和计划单列市级代码。后8位的编制两者相同，第5、6位为“GD”，第7、8、9、10位为四位数年份，第11、12位为顺序号。

企业年金过渡计划受托财产托管账户名称为“托管人XX公司YY企业年金过渡计划受托财产”，投资资产托管账户名称为“托管人XX公司YY企业年金过渡计划投资资产”。“XX公司”为受托机构的简称，“YY企业年金过渡计划”为企业年金过渡计划的名称。其中，“YY”为地域名。以省级、计划单列市为单位整体移交的，用省级、计划单列市地域名；以地市级为单位整体移交的，用地市级地域名。“XX公司YY企业年金过渡计划”名称应当与企业年金过渡计划确认函中的名称一致。

四、关于企业年金过渡计划的管理

各省、自治区、直辖市或计划单列市劳动保障厅（局）对其所辖区域内的企业年金过渡计划管理业务进行监督，并就有关情况向人力资源和社会保障部报告。

各省、自治区、直辖市或计划单列市劳动保障厅（局）可根据实际情况对向其报备的企业年金过渡计划规定一定时间的过渡期，原则上自企业年金过渡计划成立之日起不超过1年。如有特殊情况，可再延长1年，并报人力资源和社会保障部备案。

在过渡期内，受托机构不得接受参与移交以外的其他企业加入企业年金过渡计划；参与移交企业不得退出企业年金过渡计划，且其新增企业年金缴费原则上应当纳入企业年金过渡计划管理运营。参与移交企业应当自移交协议签订之日起6个月内完成企业年金方案的修订或制定，并报劳动保障行政部门备案。参与移交企业在收到劳动保障行政部门出具的企业年金方案备案复函后，应当在1个月内与受托机构签订受托管理合同。

过渡期满时，企业年金过渡计划即终止。参与移交企业可以按照国家有关规定选择由现有管理机构继续管理运营其交付的企业年金基金，也可以另行选择其他具备资格的管理机构。另行选择管理机构的企业，应当在过渡期满前2个月内书面通知受托机构，受托机构不得拒绝。受托机构应当自企业做出选择之日起1个月内，向相关省、自治区、直辖市或计划单列市的劳动保障厅（局）报告有关情况。

五、关于企业年金过渡计划的信息披露

受托机构应当在年度结束后2个月内，分别向各委托人和相关省、自治区、直辖市或计划单列市的劳动保障厅（局）提交企业年金过渡计划的年度管理报告。其中，基金财务会计报告应当经会计师事务所审计。

账户管理人应当在年度结束后1个月内，向受托机构分别提交各委托人交付的企业年金基金及过渡计划的年度账户管理报告；托管人应当在年度结束后1个月内，向受托机构提交过渡计划年度托管和财务会计报告；投资管理人应当在年度结束后1个月内，向受托机构提交经托管人确认的过渡计划年度投资组合报告。

六、关于保留账户的处理

对因企业关闭破产、劳动关系变更等原因出现的不再由企业缴费的保留账户，在过渡期内，可将其基金财产一并转入企业年金过渡计划，由受托机构统一管理运营。其中，符合待遇领取条件的受益人可以一次性领取账户余额。过渡期满后，受托机构应当继续管理运营保留账户的基金财产，直至其有条件转移或个人账户余额领取待遇完毕。

七、关于企业为职工购买商业团体养老保险的处理

企业原来以企业补充养老保险名义为职工购买的商业团体养老保险，应当按照劳社部令第20号、第23号和《关于做好原有企业年金移交工作的意见》（劳社部发〔2007〕12号）的要求予以规范。今后任何机构和单位不得以企业年金或企业补充养老保险的名义销售、购买商业团体养老保险。

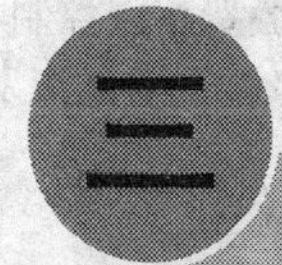

医疗保险

国务院关于建立城镇职工基本医疗保险制度的决定

（1998年12月14日 国发〔1998〕44号）

加快医疗保险制度改革，保障职工基本医疗，是建立社会主义市场经济体制的客观要求和重要保障。在认真总结近年来各地医疗保险制度改革试点经验的基础上，国务院决定，在全国范围内进行城镇职工医疗保险制度改革。

一、改革的任务和原则

医疗保险制度改革的主要任务是建立城镇职工基本医疗保险制度，即适应社会主义市场经济体制，根据财政、企业和个人的承受能力，建立保障职工基本医疗需求的社会医疗保险制度。

建立城镇职工基本医疗保险制度的原则是：基本医疗保险的水平要与社会主义初级阶段生产力发展水平相适应；城镇所有用人单位及其职工都要参加基本医疗保险，实行属地管理；基本医疗保险费由用人单位和职工双方共同负担；基本医疗保险基金实行社会统筹和个人账户相结合。

二、覆盖范围和缴费办法

城镇所有用人单位，包括企业（国有企业、集体企业、外商投资企业、私营企业等）、机关、事业单位、社会团体、民办非企业单位及其职工，都要参加基本医疗保险。乡镇企业及其职工、城镇个体经济组织业主及其从业人员是否参加基本医疗保险，由各省、自治区、直辖市人民政府决定。

基本医疗保险原则上以地级以上行政区（包括地、市、州、盟）为统筹单位，也可以县（市）为统筹单位，北京、天津、上海3个直辖市原则上在全市范围内实行统筹（以下简称统筹地区）。所有用人单位及其职工都要按照属地管理原则参加所在统筹地区的基本医疗保险，执行统一政策，实行基本医疗保险基金的统一筹集、使用和管理。铁路、电力、远洋运输等跨地区、生产流动性较大的企业及其职工，可以相对集中的方式异地参加统筹地区的基本医疗保险。

基本医疗保险费由用人单位和职工共同缴纳。用人单位缴费率应控制在职工工资总额的6%左右，职工缴费率一般为本人工资收入的2%。随着经济发展，用人单位和职工缴费率可作相应调整。

三、建立基本医疗保险统筹基金和个人账户

要建立基本医疗保险统筹基金和个人账户。基本医疗保险基金由统筹基金和个人账户构成。职工个人缴纳的基本医疗保险费，全部计入个人账户。用人单位缴纳的基本医疗保险费分为两部分，一部分用于建立统筹基金，一部分划入个人账户。划入个人账户的比例一般为用人单位缴费的30%左右，具体比例由统筹地区根据个人账户的支付范围和职工年龄等因素确定。

统筹基金和个人账户要划定各自的支付范围，分别核算，不得互相挤占。要确定统筹基金的起付标准和最高支付限额，起付标准原则上控制在当地职工年平均工资的10%左右，最高支付限额原则上控制在当地职工年平均工资的4倍左右。起付标准以下的医疗费用，从个人账户中支付或由个人自付。起付标准以上、最高支付限额以下的医疗费用，主要从统筹基金中支付，个人也要负担一定比例。超过最高支付限额的医疗费用，可以通过商业医疗保险等途径解决。统筹基金的具体起付标准、最高支付限额以及在起付标准以上和最高支付限额以下医疗费用的个人负担比例，由统筹地区根据以收定支、收支平衡的原则确定。

四、健全基本医疗保险基金的管理和监督机制

基本医疗保险基金纳入财政专户管理，专款专用，不得挤占挪用。

社会保险经办机构负责基本医疗保险基金的筹集、管理和支付，并要建立健全预决算制度、财务会计制度和内部审计制度。社会保险经办机构的事业经费不得从基金中提取，由各级财政预算解决。

基本医疗保险基金的银行计息办法：当年筹集的部分，按活期存款利率计息；上年结转的基金本息，按3个月期整存整取银行存款利率计息；存入社会保障财政专户的沉淀资金，比照3年期零存整取储蓄存款利率计息，并不低于该档次利率水平。个人账户的本金和利息归个人所有，可以结转使用和继承。

各级劳动保障和财政部门，要加强对基本医疗保险基金的监督管理。审计部门要定期对社会保险经办机构的基金收支情况和管理情况进行审计。统筹地区应设立由政府有关部门代表、用人单位代表、医疗机构代表、工会代表和有关专家参加的医疗保险基金监督组织，加强对基本医疗保险基金的社会监督。

五、加强医疗服务管理

要确定基本医疗保险的服务范围和标准。劳动保障部会同卫生部、财政部等有关部门制定基本医疗服务的范围、标准和医药费用结算办法，制定国家基本医疗保险药品目录、诊疗项目、医疗服务设施标准及相应的管理办法。各省、自治区、直辖市劳动保障行政管理部门根据国家规定，会同有关部门制定本地区相应的实施标准和办法。

基本医疗保险实行定点医疗机构（包括中医医院）和定点药店管理。劳动保障部会同卫生部、财政部等有关部门制定定点医疗机构和定点药店的资格审定办法。社会保险经办机构要根据中西医并举，基层、专科和综合医疗机构兼顾，方便职工就医的原则，负责确定定点医疗机构和定点药店，并同定点医疗机构和定点药店签订合同，明确各自的责任、权利和义务。在确定定点医疗机构和定点药店时，要引进竞争机制，职工可选择若干定点医疗机构就医、购药，也可持处方在若干定点药店购药。国家药品监督管理局会同有关部门制定定点药店购药药事事故处理办法。

各地要认真贯彻《中共中央、国务院关于卫生改革与发展的决定》精神，积极推进医药卫生体制改革，以较少的经费投入，使人民群众得到良好的医疗服务，促进医药卫生事业的健康发展。要建立医药分开核算、分别管理的制度，形成医疗服务和药品流通的竞争机制，合理控制医药费用水平；要加强医疗机构和药店的内部管理，规范医药服务行为，减员增效，降低医药成本；要理顺医疗服务价格，在实行医药分开核算、分别管理，降低药品收入占医疗总收入比重的基础上，合理提高医疗技术劳务价格；要加强业务技术培训和职业道德教育，提高医药服务人员的素质和服务质量；要合理调整医疗机构布局，优化医疗卫生资源配置，积极发展社区卫生服务，将社区卫生服务中的基本医疗服务项目纳入基本医疗保险范围。卫生部会同有关部门制定医疗机构改革方案和发展社区卫生服务的有关政策。国家经贸委等部门要认真配合做好药品流通体制改革工作。

六、妥善解决有关人员的医疗待遇

离休人员、老红军的医疗待遇不变，医疗费用按原资金渠道解决，支付确有困难的，由同级人民政府帮助解决。离休人员、老红军的医疗管理办法由省、自治区、直辖市人民政府制定。

二等乙级以上革命伤残军人的医疗待遇不变，医疗费用按原资金渠道解决，由社会保险经办机构单独列账管理。医疗费支付不足部分，由当地人民政府帮助解决。

退休人员参加基本医疗保险，个人不缴纳基本医疗保险费。对退休人员个人账户的计入金额和个人负担医疗费的比例给予适当照顾。

国家公务员在参加基本医疗保险的基础上，享受医疗补助政策。具体办法另行制定。

为了不降低一些特定行业职工现有的医疗消费水平，在参加基本医疗保险的基础上，作为过渡措施，允许建立企业补充医疗保险。企业补充医疗保险费在工资总额4%以内的部分，从职工福利费中列支，福利费不足列支的部分，经同级财政部门核准后列入成本。

国有企业下岗职工的基本医疗保险费，包括单位缴费和个人缴费，均由再就业服务中心按照当地上年度职工平均工资的60%为基数缴纳。

七、加强组织领导

医疗保险制度改革政策性强，涉及广大职工的切身利益，关系到国民经济发展和社会稳定。各级人民政府要切实加强领导，统一思想，提高认识，做好宣传工作和政治思想工作，使广大职工和社会各方面都积极支持和参与这项改革。各地要按照建立城镇职工基本医疗保险制度的任务、原则和要求，结合本地实际，精心组织实施，保证新旧制度的平稳过渡。

建立城镇职工基本医疗保险制度工作从1999年初开始启动，1999年底基本完成。各省、自治区、直辖市人民政府要按照本决定的要求，制定医疗保险制度改革的总体规划，报劳动保障部备案。统筹地区要根据规划要求，制定基本医疗保险实施方案，报省、自治区、直辖市人民政府审批后执行。

劳动保障部要加强对建立城镇职工基本医疗保险制度工作的指导和检查，及时研究解决工作中出现的问题。财政、卫生、药品监督管理等有关部门要积极参与，密切配合，共同努力，确保城镇职工基本医疗保险制度改革工作的顺利进行。

城镇职工基本医疗保险
用药范围管理暂行办法

（1999年5月12日　劳社部发〔1999〕15号）

第一条　为了保障职工基本医疗用药，合理控制药品费用，规范基本医疗保险用药范围管理，根据《国务院关于建立城镇职工基本医疗保险制度的决定》（国发〔1998〕44号），制定本办法。

第二条　基本医疗保险用药范围通过制定《基本医疗保险药品目录》（以下简称《药品目录》）进行管理。确定《药品目录》中药品品种时要考虑临床治疗的基本需要，也要考虑地区间的经济差异和用药习惯，中西药并重。

第三条　纳入《药品目录》的药品，应是临床必需、安全有效、价格合理、使用方便、市场能够保证供应的药品，并具备下列条件之一：

（一）《中华人民共和国药典》（现行版）收载的药品；

（二）符合国家药品监督管理部门颁发标准的药品；

（三）国家药品监督管理部门批准正式进口的药品。

第四条　以下药品不能纳入基本医疗保险用药范围：

（一）主要起营养滋补作用的药品；

（二）部分可以入药的动物及动物脏器，干（水）果类；

（三）用中药材和中药饮片泡制的各类酒制剂；

（四）各类药品中的果味制剂、口服泡腾剂；

（五）血液制品、蛋白类制品（特殊适应症与急救、抢救除外）；

（六）劳动保障部规定基本医疗保险基金不予支付的其他药品。

第五条 《药品目录》所列药品包括西药、中成药（含民族药，下同）、中药饮片（含民族药，下同）。西药和中成药列基本医疗保险基金准予支付的药品目录，药品名称采用通用名，并标明剂型。中药饮片列基本医疗保险基金不予支付的药品目录，药品名称采用药典名。

第六条 《药品目录》中的西药和中成药在《国家基本药物》的基础上遴选，并分“甲类目录”和“乙类目录”。“甲类目录”的药品是临床治疗必需，使用广泛，疗效好，同类药品中价格低的药品。“乙类目录”的药品是可供临床治疗选择使用，疗效好，同类药品中比“甲类目录”药品价格略高的药品。

第七条 “甲类目录”由国家统一制定，各地不得调整。“乙类目录”由国家制定，各省、自治区、直辖市可根据当地经济水平、医疗需求和用药习惯，适当进行调整，增加和减少的品种数之和不得超过国家制定的“乙类目录”药品总数的15%。

各省、自治区、直辖市对本省（自治区、直辖市）《药品目录》“乙类目录”中易滥用、毒副作用大的药品，可按临床适应症和医院级别分别予以限定。

第八条 基本医疗保险参保人员使用《药品目录》中的药品，所发生的费用按以下原则支付。

使用“甲类目录”的药品所发生的费用，按基本医疗保险的规定支付。使用“乙类目录”的药品所发生的费用，先由参保人员自付一定比例，再按基本医疗保险的规定支付。个人自付的具体比例，由统筹地区规定，报省、自治区、直辖市劳动保障行政部门备案。

使用中药饮片所发生的费用，除基本医疗保险基金不予支付的药品外，均按基本医疗保险的规定支付。

第九条 急救、抢救期间所需药品的使用可适当放宽范围，各统筹地区要根据当地实际制定具体的管理办法。

第十条 在国家《药品目录》中的药品，有下列情况之一的，从基本医疗保险用药范围或国家和地方的《药品目录》中删除：

（一）药品监管局撤销批准文号的；

（二）药品监管局吊销《进口药品注册证》的；

（三）药品监管局禁止生产、销售和使用的；

（四）经主管部门查实，在生产、销售过程中有违法行为的；

（五）在评审过程中有弄虚作假行为的。

第十一条 国家《药品目录》原则上每两年调整一次，各省、自治区、直辖市《药品目录》进行相应调整。国家《药品目录》的新药增补工作每年进行一次，各地不得自行进行新药增补。增补进入国家“乙类目录”的药品，各省、自治区、直辖市可根据实际情况，确定是否进入当地的“乙类目录”。

在制定《药品目录》的工作中，各级劳动保障行政部门不再进行药品检验，不得向药品生产和经销企业收取评审费和各种名目的费用，不得巧立名目加重企业的负担。制定《药品目录》所需经费由劳动保障行政部门向财政部门提出申请，由同级财政拨款解决。

第十二条 国家《药品目录》的组织制定工作由劳动保障部负责。要成立由劳动保障部、国家计委、国家经贸委、财政部、卫生部、药品监管局和中医药局组成的国家《药品目录》评审领导小组，负责评审《药品目录》及每年新增补和删除的药品，审核《药品目录》遴选专家组和专家咨询小组成员名单，以及《药品目录》评审和实施过程中的协调工作。领导小组下设办公室，办公室设在劳动保障部，负责组织制定国家基本医疗保险药品目录的具体工作。

领导小组办公室要在全国范围内选择专业技术水平较高的临床医学和药学专家，组成药品遴选专家组，负责遴选药品。要聘请专业技术水平较高的临床医学、药学、药品经济学和医疗保险、卫生管理等方面的专家，组成专家咨询小组，负责对领导小组办公室的工作提出专业咨询和建议。

各省、自治区、直辖市《药品目录》的制定工作由各省、自治区、直辖市劳动保障行政部门负责，要参照国家《药品目录》制定工作的组织形式，建立相应的评审机构和专家组。

第十三条 国家《药品目录》由劳动保障部会同国家计委、国家经贸委、财政部、卫生部、药品监管局、中医药局共同制定，由劳动保障部发布。各省、自治区、直辖市的《药品目录》由各省、自治区、直辖市劳动保障行政部门会同有关部门共同制定，并报劳动保障部备案。

第十四条 本办法自发布之日起施行。

城镇职工基本医疗保险定点医疗机构管理暂行办法

（1999年5月11日　劳社部发〔1999〕14号）

第一条 为了加强和规范城镇职工基本医疗保险定点医疗机构管理，根据《国务院关于建立城镇职工基本医疗保险制度的决定》（国发〔1998〕44号），制定本办法。

第二条 本办法所称的定点医疗机构，是指经统筹地区劳动保障行政部门审查，并经社会保险经办机构确定的，为城镇职工基本医疗保险参保人员提供医疗服务的医疗机构。

第三条 定点医疗机构审查和确定的原则是：方便参保人员就医并便于管理；兼顾专科与综合、中医与西医，注重发挥社区卫生服务机构的作用；促进医疗卫生资源的优化配置，提高医疗卫生资源的利用效率，合理控制医疗服务成本和提高医疗服务质量。

第四条 以下类别的经卫生行政部门批准并取得《医疗机构执业许可证》的医疗机构，以及经军队主管部门批准有资格开展对外服务的军队医疗机构，可以申请定点资格：

（一）综合医院、中医医院、中西医结合医院、民族医医院、专科医院；

（二）中心卫生院、乡（镇）卫生院、街道卫生院、妇幼保健院（所）；

（三）综合门诊部、专科门诊部、中医门诊部、中西结合门诊部、民族医门诊部；

（四）诊所、中医诊所、民族医诊所、卫生所、医务室；

（五）专科疾病防治院（所、站）；

（六）经地级以上卫生行政部门批准设置的社区卫生服务机构。

第五条 定点医疗机构应具备以下条件：

（一）符合区域医疗机构设置规划；

（二）符合医疗机构评审标准；

（三）遵守国家有关医疗服务管理的法律、法规和标准，有健全和完善的医疗服务管理制度；

（四）严格执行国家、省（自治区、直辖市）物价部门规定的医疗服务和药品的价格政策，经物价部门监督检查合格；

（五）严格执行城镇职工基本医疗保险制度的有关政策规定，建立了与基本医疗保险管理相适应的内部管理制度，配备了必要的管理人员和设备。

第六条 愿意承担城镇职工基本医疗保险定点服务的医疗机构，应向统筹地区劳动保障行政部门提出书面申请，并提供以下材料：

（一）执业许可证副本；

（二）大型医疗仪器设备清单；

（三）上1年度业务收支情况和门诊、住院诊疗服务量（包括门诊诊疗人次、平均每一诊疗人次医疗费、住院人数、出院者平均住院日、平均每一出院者住院医疗费、出院者平均每天住院医疗费等），以及可承担医疗保险服务的能力；

（四）符合医疗机构评审标准的证明材料；

（五）药品监督管理和物价部门监督检查合格的证明材料；

（六）由劳动保障行政部门规定的其他材料。

第七条 劳动保障行政部门根据医疗机构的申请及提供的各项材料对医疗机构进行审查。审查合格的发给定点医疗机构资格证书，并向社会公布，供参保人员选择。

第八条 参保人员在获得定点资格的医疗机构范围内，提出个人就医的定点医疗机构选择意向，由所在单位汇总后，统一报送统筹地区社会保险经办机构。社会保险经办机构根据参保人的选择意向统筹确定定点医疗机构。

第九条 获得定点资格的专科医疗机构和中医医疗机构（含中西医结合医疗机构和民族医医疗机构），可作为统筹地区全体参保人员的定点医疗机构。

除获得定点资格的专科医疗机构和中医医疗机构外，参保人员一般可再选择3至5家不同层次的医疗机构，其中至少应包括1至2家基层医疗机构（包括一级医院以及各类卫生院、门诊部、诊所、卫生所、医务室和社区卫生服务机构）。有管理能力的地区可扩大参保人员选择定点医疗机构的数量。

第十条 参保人员对选定的定点医疗机构，可在1年后提出更改要求，由统筹地区社会保险经办机构办理变更手续。

第十一条 社会保险经办机构要与定点医疗机构签订包括服务人群、服务范围、服务内容、服务质量、医疗费用结算办法、医疗费用支付标准以及医疗费用审核与控制等内容的协议，明确双方的责任、权利和义务。协议有效期一般为1年。任何一方违反协议，对方均有权解除协议，但须提前3个月通知对方和有关参保人，并报统筹地区劳动保障行政部门备案。

第十二条 参保人员应在选定的定点医疗机构就医，并可自主决定在定点医疗机构购药或持处方到定点零售药店购药。

除急诊和急救外，参保人员在非选定的定点医疗机构就医发生的费用，不得由基本医疗保险基金支付。

第十三条 参保人员在不同等级的定点医疗机构就医，个人负担医疗费用的比例可有所差别，以鼓励参保人员到基层定点医疗机构就医。

参保人员在不同等级定点医疗机构就医时个人负担医疗费用的具体比例和参保人员转诊、转院管理办法，由统筹地区劳动保障行政部门制定。

第十四条 定点医疗机构应配备专（兼）职管理人员，与社会保险经办机构共同做好定点医疗服务管理工作。对基本医疗保险参保人员的医疗费用要单独建账，并按要求及时、准确地向社会保险经办机构提供参保人员医疗费用的发生情况等有关信息。

第十五条 社会保险经办机构要加强对定点医疗机构参保人员医疗费用的检查和审核。定点医疗机构有义务提供审核医疗费用所需的全部诊治资料及账目清单。

第十六条 社会保险经办机构要按照基本医疗保险的有关政策规定和与定点医疗机构签订的协议，按时足额与定点医疗机构结算医疗费用。对不符合规定的医疗费用，社会保险经办机构不予支付。

第十七条 劳动保障行政部门要组织卫生、物价等有关部门加强对定点医疗机构服务和管理情况的监督检查。对违反规定的定点医疗机构，劳动保障行政部门可视不同情况，责令其限期改正，或通报卫生行政部门给予批评，或取消定点资格。

第十八条 定点医疗机构申请书和定点医疗机构资格证书样式由劳动保障

部制定。

第十九条 各省（自治区、直辖市）劳动保障行政部门可根据本办法组织卫生等有关部门制定实施细则。

第二十条 本办法自发布之日起施行。

附：定点医疗机构申请书（样式）（略）

城镇职工基本医疗保险定点零售药店管理暂行办法

（1999 年 4 月 26 日 劳社部发〔1999〕16 号）

第一条 为了加强和规范城镇职工基本医疗保险定点零售药店管理，根据《国务院关于建立城镇职工基本医疗保险制度的决定》（国发〔1998〕44 号），制定本办法。

第二条 本办法所称的定点零售药店，是指经统筹地区劳动保障行政部门资格审查，并经社会保险经办机构确定的，为城镇职工基本医疗保险参保人员提供处方外配服务的零售药店。处方外配是指参保人员持定点医疗机构处方，在定点零售药店购药的行为。

第三条 定点零售药店审查和确定的原则是：保证基本医疗保险用药的品种和质量；引入竞争机制，合理控制药品服务成本；方便参保人员就医后购药和便于管理。

第四条 定点零售药店应具备以下资格与条件：

（一）持有《药品经营企业许可证》、《药品经营企业合格证》和《营业执照》，经药品监督管理部门年检合格；

（二）遵守《中华人民共和国药品管理法》及有关法规，有健全和完善的药品质量保证制度，能确保供药安全、有效和服务质量；

（三）严格执行国家、省（自治区、直辖市）规定的药品价格政策，经物价部门监督检查合格；

（四）具备及时供应基本医疗保险用药、24 小时提供服务的能力；

（五）能保证营业时间内至少有一名药师在岗，营业人员需经地级以上药品监督管理部门培训合格；

（六）严格执行城镇职工基本医疗保险制度有关政策规定，有规范的内部管理制度，配备必要的管理人员和设备。

第五条 愿意承担城镇职工基本医疗保险定点服务的零售药店，应向统筹地区劳动保障行政部门提出书面申请，并提供以下材料：

（一）药品经营企业许可证、合格证和营业执照的副本；

（二）药师以上药学技术人员的职称证明材料；

（三）药品经营品种清单及上一年度业务收支情况；

（四）药品监督管理、物价部门监督检查合格的证明材料；

（五）劳动保障行政部门规定的其他材料。

第六条 劳动保障行政部门根据零售药店的申请及提供的各项材料，对零售药店的定点资格进行审查。

第七条 统筹地区社会保险经办机构在获得定点资格的零售药店范围内确定定点零售药店，统发定点零售药店标牌，并向社会公布，供参保人员选择购药。

第八条 社会保险经办机构要与定点零售药店签订包括服务范围、服务内容、服务质量、药费结算办法以及药费审核与控制等内容的协议，明确双方的责任、权利和义务。协议有效期一般为 1 年。任何一方违反协议。对方均有权解除协议，但须提前通知对方和参保人，并报劳动保障行政部门备案。

第九条 外配处方必须由定点医疗机构医师开具，有医师签名和定点医疗机构盖章。处方要有药师审核签字，并保存 2 年以上以备核查。

第十条 定点零售药店应配备专（兼）职管理人员，与社会保险经办机构共同做好各项管理工作。对外配处方要分别管理、单独建账。定点零售药店要定期向统筹地区社会保险经办机构报告处方外配服务及费用发生情况。

第十一条 社会保险经办机构要加强对定点零售药店处方外配服务情况的检查和费用的审核。定点零售药店有义务提供与费用审核相关的资料及账目清单。

第十二条 社会保险经办机构要按照基本医疗保险有关政策规定和与定点零售药店签订的协议，按时足额结算费用。对违反规定的费用，社会保险经办机构不予支付。

第十三条 劳动保障行政部门要组织药品监督管理、物价、医药行业主管部门等有关部门，加强对定点零售药店处方外配服务和管理的监督检查。要对定点零售药店的资格进行年度审核。对违反规定的定点零售药店，劳动保障行政部门可视不同情况，责令其限期改正，或取消其定点资格。

第十四条 定点零售药店申请书样式由劳动保障部制定。

第十五条 各省、（自治区、直辖市）劳动保障行政部门可根据本办法制定实施细则。

第十六条 本办法自发布之日起施行。

关于城镇职工基本医疗保险诊疗项目管理的意见

（1999年6月30日　劳社部发〔1999〕22号）

为了指导各地确定城镇职工基本医疗保险诊疗项目，加强基本医疗保险基金的支出管理，根据《国务院关于建立城镇职工基本医疗保险制度的决定》（国发〔1998〕44号），现提出以下意见。

一、基本医疗保险诊疗项目是指符合以下条件的各种医疗技术劳务项目和采用医疗仪器、设备与医用材料进行的诊断、治疗项目：

（一）临床诊疗必需、安全有效、费用适宜的诊疗项目；

（二）由物价部门制定了收费标准的诊疗项目；

（三）由定点医疗机构为参保人员提供的定点医疗服务范围内的诊疗项目。

二、基本医疗保险诊疗项目通过制定基本医疗保险诊疗项目范围和目录进行管理。制定基本医疗保险诊疗项目范围和目录既要考虑临床诊断、治疗的基本需要，也要兼顾不同地区经济状况和医疗技术水平的差异，做到科学合理，方便管理。

三、劳动和社会保障部负责组织制定国家基本医疗保险诊疗项目范围（见附件），采用排除法分别规定基本医疗保险不予支付费用的诊疗项目范围和基本医疗保险支付部分费用的诊疗项目范围。基本医疗保险不予支付费用的诊疗项目，主要是一些非临床诊疗必需、效果不确定的诊疗项目以及属于特需医疗服务的诊疗项目。基本医疗保险支付部分费用的诊疗项目，主要是一些临床诊疗必需、效果确定但容易滥用或费用昂贵的诊疗项目。

四、各省（自治区、直辖市，下同）劳动保障行政部门要根据国家基本医疗保险诊疗项目范围的规定，组织制定本省的基本医疗保险诊疗项目目录。可以采用排除法，分别列基本医疗保险不予支付费用的诊疗项目目录和基本医疗保险支付部分费用的诊疗项目目录。也可以采用准入法，分别列基本医疗保险准予支付费用的诊疗项目目录和基本医疗保险支付部分费用的诊疗项目目录。对于国家基本医疗保险诊疗项目范围规定的基本医疗保险不予支付费用的诊疗项目，各省可适当增补，但不得删减。对于国家基本医疗保险诊疗项目范围规定的基本医疗保险支付部分费用的诊疗项目，各省可根据实际适当调整，但必须严格控制调整的范围和幅度。

五、各统筹地区劳动保障部门要严格执行本省的基本医疗保险诊疗项目目录。对于本省基本医疗保险诊疗项目目录中所列的基本医疗保险支付部分费用的诊疗项目，各统筹地区劳动保障行政部门要根据当地实际规定具体的个人自付比例，并可结合区域卫生规划、医院级别与专科特点、临床适应症、医疗技术人员资格等限定使用和制定相应的审批办法。未列入当地区域卫生规划和按国家有关质量管理规定技术检测不合格的大型医疗设备，不得纳入基本医疗保险支付范围。

六、参保人员发生的诊疗项目费用，属于基本医疗保险不予支付费用诊疗项目目录以内的，基本医疗保险基金不予支付。属于基本医疗保险支付部分费用诊疗项目目录以内的，先由参保人员按规定比例自付后，再按基本医疗保险的规定支付。属于按排除法制定的基本医疗保险不予支付费用和支付部分费用诊疗项目目录以外的，或属于按准入法制定的基本医疗保险准予支付费用诊疗项目目录以内的，按基本医疗保险的规定支付。

七、国家基本医疗保险诊疗项目范围要根据基本医疗保险基金的支付能力和医学技术的发展进行适时调整。各省的基本医疗保险诊疗项目目录要在国家基本医疗保险诊疗项目范围调整的基础上作相应调整。

八、社区卫生服务中的基本医疗服务项目纳入基本医疗保险范围。随着社区卫生服务的发展，劳动和社会保障部将另行组织制定有关规定。

九、劳动保障部门在组织制定基本医疗保险诊疗项目范围和目录的工作中，要充分征求财政、卫生、物价、中医药管理部门和有关专家的意见。物价部门在组织制定有关基本医疗保险的医疗服务收费标准时，要充分征求劳动保障、财政、卫生部门的意见。各有关部门要密切配合，通力协作，共同做好城镇职工基本医疗保险诊疗项目的管理工作。

附件：国家基本医疗保险诊疗项目范围

国家基本医疗保险诊疗项目范围

一、基本医疗保险不予支付费用的诊疗项目范围

（一）服务项目类

1. 挂号费、院外会诊费、病历工本费等。

2. 出诊费、检查治疗加急费、点名手术附加费、优质优价费、自请特别护士等特需医疗服务。

（二）非疾病治疗项目类

1. 各种美容、健美项目以及非功能性整容、矫形手术等。

2. 各种减肥、增胖、增高项目。

3. 各种健康体检。

4. 各种预防、保健性的诊疗项目。

5. 各种医疗咨询、医疗鉴定。

（三）诊疗设备及医用材料类

1. 应用正电子发射断层扫描装置（PET）、电子束CT、眼科准分子激光治疗仪等大型医疗设备进行的检查、治疗项目。

2. 眼镜、义齿、义眼、义肢、助听器等康复性器具。

3. 各种自用的保健、按摩、检查和治疗器械。

4. 各省物价部门规定不可单独收费的一次性医用材料。

（四）治疗项目类

1. 各类器官或组织移植的器官源或组织源。

2. 除肾脏、心脏瓣膜、角膜、皮肤、血管、骨、骨髓移植外的其他器官或组织移植。

3. 近视眼矫形术。

4. 气功疗法、音乐疗法、保健性的营养疗法、磁疗等辅助性治疗项目。

（五）其他

1. 各种不育（孕）症、性功能障碍的诊疗项目。

2. 各种科研性、临床验证性的诊疗项目。

二、基本医疗保险支付部分费用的诊疗项目范围

（一）诊疗设备及医用材料类

1. 应用χ－射线计算机体层摄影装置（CT）、立体定向放射装置（γ－刀、χ－刀）、心脏及血管造影χ线机（含数字减影设备）、核磁共振成像装置（MRI）、单光子发射电子计算机扫描装置SPECT）、彩色多普勒仪、医疗直线加速器等大型医疗设备进行的检查、治疗项目。

2. 体外震波碎石与高压氧治疗。

3. 心脏起搏器、人工关节、人工晶体、血管支架等体内置换的人工器官、体内置放材料。

4. 各省物价部门规定的可单独收费的一次性医用材料。

（二）治疗项目类

1. 血液透析、腹膜透析。

2. 肾脏、心脏瓣膜、角膜、皮肤、血管、骨、骨髓移植。

3. 心脏激光打孔、抗肿瘤细胞免疫疗法和快中子治疗项目。

（三）各省劳动保障部门规定的价格昂贵的医疗仪器与设备的检查、治疗项目和医用材料。

劳动和社会保障部关于加强基本医疗保险用药范围管理工作的通知

（1999年7月16日　劳社部函〔1999〕145号）

各省、自治区、直辖市劳动（劳动和社会保障）厅（局）：

据了解，一些省、市拟于近期制定出台基本医疗保险药品目录或调整公费医疗用药范围、目录，并以各种名义向药品生产企业收取评审费用。这些做法不符合我部和国家计委、国家经贸委等7部委制定的《城镇职工基本医疗保险用药范围管理暂行办法》（劳社部发〔1999〕15号，以下简称《管理办法》）的规定。为进一步规范城镇职工基本医疗保险用药范围管理工作，现就有关问题通知如下：

一、《管理办法》明确规定，我部负责组织制定国家基本医疗保险药品目录“甲类目录”和“乙类目录”。各省、自治区、直辖市劳动保障行政部门应根据国家基本医疗保险药品目录，对“乙类目录”进行调整，其他部门和各统筹地区均无权组织制定基本医疗保险药品目录。

二、目前，我部正根据《管理办法》的要求，组织制定国家《城镇职工基本医疗保险药品目录》。在国家基本医疗保险药品目录发布之前，各省、自治区、直辖市不得制定基本医疗保险药品目录或对原有的公费医疗用药范围、目录进行调整。在国家和省、自治区、直辖市基本医疗保险药品目录出台之前，各地可继续执行当地原有的公费医疗用药范围或目录。

三、各省、自治区、直辖市劳动保障部门要严格执行《管理办法》的规定，不得以任何名目向药品生产企业收取评审费用。凡向企业收取费用的，要立即停止，并将收取的费用如数退还企业。

财政部　劳动保障部关于企业补充医疗保险有关问题的通知

（2002年5月21日　财社〔2002〕18号）

各中央管理企业，各省、自治区、直辖市、计划单列市财政厅（局）、劳动和社会保障厅（局）：

为加快医疗保险制度改革步伐，进一步完善多层次的医疗保险体系，根据《国务院关于建立城镇职工基本医疗保险制度的决定》（国发〔1998〕44号）和有关文件精神，现就企业建立补充医疗保险的有关问题通知如下：

一、按规定参加各项社会保险并按时足额缴纳社会保险费的企业，可自主决定是否建立补充医疗保险。企业在按规定参加当地基本医疗保险，用于对城镇职工基本医疗保险制度支付以外由职工个人负担的医疗费用进行适当的补助，减轻参保职工的医疗费负担。

二、企业补充医疗保险费在工资总额4%以内的部分，企业可直接从成本中列支，不再经同级财政部门审批。

三、企业补充医疗保险办法应与当地医疗保险制度相衔接。企业补充医疗保险资金由企业或行业集中使用和管理，单独建帐，单独管理，用于本企业个人负担较重职工和退休人员的医疗费补助，不得划入基本医疗保险个人帐户，也不得另行建立个人帐户或变相用于职工其他方面的开支。

四、财政部门和劳动保障部门要加强对企业补充医疗保险资金管理的监督和财务监管，防止挪用资金等违规行为。

劳动和社会保障部办公厅关于加强城镇职工基本医疗保险个人账户管理的通知

（2002年8月12日　劳社厅发〔2002〕6号）

各省、自治区、直辖市劳动和社会保障厅（局）：

《国务院关于建立城镇职工基本医疗保险制度的决定》（国发〔1998〕44号）下发以来，各地劳动保障部门和社会保险经办机构（以下简称经办机构）对城镇职工基本医疗保险个人账户（以下简称个人账户）的管理取得了一定的成效。但目前仍有相当一部分统筹地区对加强个人账户的管理重视不够，管理不规范，个别地区存在个人账户基金流失现象。为了加强个人账户管理，维护广大参保人员的基本医疗保障权益，保证基本医疗保险制度的稳健运行，现就有关问题通知如下：

一、统一思想，提高对加强个人账户管理重要性的认识

建立统筹基金与个人账户相结合的城镇职工基本医疗保险制度，是党的十四届三中全会确定的一项重要原则。个人账户是城镇职工基本医疗保险制度的重要内容，个人账户资金是基本医疗保险基金的重要组成部分。建立个人账户的核心是解决参保职工的门诊或小额医疗费用，同时为职工年老体弱时积累部分资金。个人账户管理不到位，不仅会影响参保职工当期的医疗保障，同时也会对职工未来的医疗保障构成威胁。各地劳动保障行政部门和经办机构一定要充分认识加强个人账户管理，对维护参保职工的基本医疗保障权益、确保新制度稳健运行的重要意义，转变观念，坚决克服“个人账户完全归个人所有，可放开不管”等模糊认识，采取有效措施，切实把个人账户纳入各级劳动保障行政部门和经办机构的监督管理范围。

二、统一个人账户的基本内容，规范管理形式

实行统筹基金和个人账户相结合的统筹地区，经办机构都要按规定为参保人员建立个人账户，及时记录参保人员个人账户的收入、医药费用支出和账户结余额等相关信息。各地要努力通过计算机和信息网络对个人账户进行管理，按照《社会保险管理信息系统指标体系——业务部分（LB101－2000）》（劳社信息函〔2000〕19号）的要求，规范和健全个人账户的指标体系，并做到及时更新和维护。对个人账户实行委托管理的统筹地区，要明确委托方责任和管理权限，同时要积极创造条件，尽快实现个人账户由当地经办机构统一管理。

三、加强个人账户基金管理，严格控制资金支出和使用方向

经办机构要按照《社会保险基金财务制度》（财社字〔1999〕60号）、《社会保险基金会计制度》（财会字〔1999〕20号）规定，严格个人账户基金的管理与核算。个人账户基金必须纳入财政专户管理，按规定编制基金预算和财务决算报告。要加强个人账户基金的支出管理和监督。个人账户基金只能用于支付在定点医疗机构或定点零售药店发生的，符合基本医疗保险药品目录、诊疗项目范围、医疗服务设施标准所规定项目范围内的医药费用。个人账户原则上要实行钱账分管，个人当期的医疗消费支出可采取划账的形式，最后由经办机构定期与定点医疗机构和定点药店统一进行结算。个人账户原则上不得提取现金，禁止用于医疗保障以外的其他消费支出。各地经办机构要加强对个人账户支出情况的审核和监督，对不符合要求的项目，不得纳入个人账户基金的支付范围。

劳动保障部门要加强对医疗保险定点医疗机构和定点零售药店的监督管理，规范定点医疗机构和定点零售药店的服务行为。对违反规定向参保职工提供医疗保障以外产品或服务的定点医疗机构和定点零售药店，要按有关规定和定点协议进行处理，情节严重的要取消其定点资格。

四、加强各项基础管理，方便参保职工就医购药

各地经办机构要切实改进工作作风，强化服务意识，及时与定点医疗机构和定点零售药店进行费用结算。要定期与职工进行个人账户对账工作，完善个人账户的查询服务。要深入开展政策宣传，让广大参保人员充分认识建立个人账户的作用和加强管理的必要性，支持和配合经办机构做好相关工作。要加强个人账户基金的收入、支出、结余和费用支出分布等信息的统计分析，及时准确掌握个人账户各项主要指标的动态变化情况，并按规定向上级机构报送相关信息。

各省、自治区、直辖市劳动保障部门及经办机构要根据本通知要求，尽快对本地区个人账户管理情况进行一次全面的检查，凡不符合规定要求的，要限期进行整改。检查情况请于2002年10月底前报送我部社会保险事业管理中心。我部将适时对各地个人账户管理情况进行抽查。

劳动和社会保障部办公厅关于妥善解决医疗保险制度改革有关问题的指导意见

（2002年9月16日　劳社厅发〔2002〕8号）

各省、自治区、直辖市劳动和社会保障厅（局）：

《国务院关于建立城镇职工基本医疗保险制度的决定》（国发〔1998〕44号）公布以来，全国绝大部分地区已启动实施基本医疗保险制度，医疗保险覆盖面逐步扩大，新制度运行平稳，保障了参保职工的基本医疗需求。同时，在改革不断深入的过程中，也遇到一些新情况和新问题。为了妥善解决医疗保险制度改革过程中出现的新问题，需要进一步完善医疗保险政策，强化医疗保险管理，提高医疗保险服务水平。现就有关问题提出如下意见：

一、积极探索困难企业职工医疗保障办法

（一）高度重视困难企业职工医疗保障问题，在坚持权利和义务相对应原则的基础上，区分不同情况，多方筹集资金，采取不同方式，妥善解决困难企业职工特别是退休人员的医疗保障问题。

（二）对有部分缴费能力的困难企业，可按照适当降低单位缴费率，先建立统筹基金、暂不建立个人账户的办法，纳入基本医疗保险，保障其职工相应的医疗保险待遇。单位缴费的具体比例由各地根据建立统筹基金的实际需要确定。对无力参保的困难企业职工要通过探索建立社会医疗救助制度等方式，妥善解决其医疗保障问题。

（三）对关闭、破产国有企业的退休人员（包括医疗保险制度改革前已关闭、破产的原国有企业退休人员），要充分考虑这部分人员的医疗费用水平和年龄结构等因素，多渠道筹集医疗保险资金，单独列账管理，专项用于保障其医疗保险待遇。

（四）对仍在再就业服务中心的国有企业下岗职工，要继续按照“三三制”原则，落实基本医疗保险缴费资金。对出中心解除劳动关系的人员，已经再就业并建立劳动关系的，应继续将其纳入基本医疗保险。

（五）各地要适应就业形式灵活多样化的需要，根据当地医疗保险制度规定，结合实际，制定灵活就业人员参加基本医疗保险的办法，可采取由个人缴费的办法将其纳入基本医疗保险，并根据缴费水平和缴费年限给予相应待遇。对灵活就业人员可以通过职业介绍中心等劳动人事代理机构代办医疗保险的方式实现整体参保，同时做好有关服务管理工作。

二、完善和加强医疗保险服务管理

（六）根据医疗保险管理的要求，进一步明确和细化医疗机构与零售药店定点资格条件。要按照方便职工就医购药、促进充分竞争的原则，打破垄断，取消各种不合理的限制，将符合条件的不同规模、不同所有制的各类医疗机构和零售药店纳入定点范围，特别是要逐步扩大社区卫生服务组织等基层医疗机构的定点范围。对定点零售药店要强化药师配备、处方管理等资格条件的审查。对从医院门诊药房剥离出来的零售药店，符合条件的要纳入定点范围。

（七）进一步完善和细化医疗保险管理措施。确定定点医疗机构和定点零售药店必须签订定点协议。在定点协议中要根据医疗保险政策和管理要求，明确医疗服务内容、服务质量和费用的控制指标。对部分定点医疗机构，可以将管理措施落实到具体科室和医务人员；要明确考核指标和办法，考核结果要与医疗费用结算标准挂钩，建立激励和约束机制；对违规行为和违规费用要明确违约责任。

（八）强化基本医疗保险用药、诊疗和医疗服务设施等医疗服务项目及费用支出管理。要严格执行国家基本医疗保险用药管理规定。在与定点医疗机构的定点协议中，要根据定点医疗机构的级别和专科特点，对定点医疗机构的基本医疗保险用药目录内药品的备药率、使用率及自费药品费用占参保人员用药总费用的比例提出具体指标；在诊疗项目管理中要重点明确对新增诊疗项目、大型设备检查和一次性医用材料使用的控制措施；对住院医疗服务要明确人均住院费用和人均住院天数的控制指标。

（九）建立医疗保险监督检查制度。要充分利用医疗保险管理信息系统，动态监控定点医疗机构和定点药店的医疗服务和医疗费用发生情况，建立医疗保险日常监督管理制度。要通过向社会公布定点医疗机构医疗费用发生情况和药品价格信息、建立医药专家委员会、聘请义务督查员等措施，对定点医疗机构和定点药店执行医疗保险政策、服务质量和收费等情况进行舆论和社会监督。对违规的定点医疗机构和定点药店，经办机构要依据协议落实违约经济责任、必要时可与其终止协议；劳动保障行政部门要视情况责令其限期整改，直至取消定点资格。

三、妥善处理医疗费用个人负担问题

（十）加强宣传，提高广大参保人员对医疗保险制度改革意义及政策的理解和认识，坚持建立合理的医疗费用分担机制的改革方向。要对医疗费用增长趋势、医疗保险基金收支状况、参保人员个人医疗费用负担情况进行科学分析，不断完善医疗保险政策和管理办法。

（十一）妥善解决少数患者个人负担较重的问题。对高额医疗费用患者个人负担较重的，要通过落实公务员医疗补助和职工大额医疗费用补助以及建立企业补充医疗保险等办法，妥善加以解决。对部分费用较高的门诊慢性病导致患者个人负担较重的，可根据统筹基金的承受能力支付一定比例费用。

（十二）切实加强管理，杜绝滥开药、滥检查等不规范医疗行为。要依据临床诊疗规范和用药规范，不断完善用药、诊疗等医疗服务项目的管理措施，完善医疗服务管理办法，强化医疗服务行为监督检查，严格控制不合理的医疗费用支出，提高基金使用效率，减少浪费，切实减轻个人负担，维护参保人员医疗保障权益。

四、提高医疗保险管理服务水平

（十三）加强基础建设，完善管理制度，树立服务意识，提高工作效率，规范和简化业务流程。在同一城市对医疗机构和零售药店要逐步实现统一定点。加强对异地安置人员和转诊、转院等异地就医人员的管理和服务，可通过跨地区确定定点医疗机构、委托异地经办机构管理等办法，按规定及时为异地安置和异地就医人员支付医疗费用。

（十四）强化医疗保险基金征缴和管理，健全基本数据统计制度和医疗费用监测系统。要采取切实措施，提高医疗保险基金的征缴率，做到应收尽收。医疗保险基金要及时建账入户，对统筹基金、个人账户、公务员医疗补助、大额医疗费用补助等要分别建账管理，专款专用，确保基金安全。要统计参保人员发生的所有医疗费用，对各项基金的收支、个人自付医疗费用要分开统计。要加强医疗保险费用支出监测，及时对医疗保险各项统计和监测数据进行综合分析，建立医疗保险基金风险防范机制。

关于在京中央直属企业及差额拨款、自收自支事业单位享受医疗照顾人员参加北京市基本医疗保险有关问题的意见

（2003年1月20日　卫办保健发〔2003〕14号）

中共中央各部门、国务院各部门、北京市劳动和社会保障局、北京市卫生局、各有关定点医疗机构：

根据《国务院关于建立城镇职工基本医疗保险制度的决定》（国发〔1998〕44号），结合目前在京中央直属企业及差额拨款、自收自支事业单位参加北京市基本医疗保险的实际情况，现就上述单位中享受副部级和司局级干部医疗照顾人员参加医疗保险后有关医疗照顾问题提出以下意见：

一、在京中央直属企业及不享受公费医疗的差额拨款、自收自支事业单位中现有按国家有关规定享受副部级和司局级干部医疗照顾的人员（以下简称“医疗照顾人员”）参加北京市基本医疗保险后，继续享受原规定的医疗照顾待遇，卫生

部核发的医疗证仍然有效。

二、"医疗照顾人员"在按照北京市基本医疗保险的规定选择定点医疗机构时，本人的原合同医院应作为首选定点医院，在首选定点医院就医时按规定继续享受有关门诊和住院干部医疗照顾。在选择的其他定点医疗机构就医时，可以在普通门诊享受优先照顾，有条件的医院也可以为其提供干部门诊和住院医疗照顾。

三、"医疗照顾人员"在定点医院和定点药店所发生的在基本医疗保险支付范围内的医疗费用，可按规定从北京市基本医疗保险、大病医疗互助中支付。因享受医疗照顾政策所发生的医疗费用，由各单位从原资金渠道（包括企业补充医疗保险）解决，并在支付比例上给予照顾，具体标准由各单位根据实际情况制定。

劳动和社会保障部办公厅关于进一步做好扩大城镇职工基本医疗保险覆盖范围工作的通知

（2003 年 4 月 7 日　劳社厅发〔2003〕6 号）

各省、自治区、直辖市劳动和社会保障厅（局）：

《国务院关于建立城镇职工基本医疗保险制度的决定》（国发〔1998〕44 号，以下简称国发 44 号文件）下发以来，经过各级劳动保障部门的努力工作，全国绝大部分统筹地区启动实施了基本医疗保险制度，到 2002 年底，全国基本医疗保险参保人数已经达到 9400 万。但目前仍有相当一部分应参保人群还没有纳入到基本医疗保险范围，这些职工的基本医疗得不到有效保障，对新制度的运行乃至对社会稳定都产生了不利的影响。根据部 2003 年的总体工作部署，为进一步做好扩大城镇职工基本医疗保险覆盖范围工作，现就有关问题通知如下：

一、从实践"三个代表"重要思想和全面建设小康社会的高度，充分认识做好医疗保险扩面工作的重要性

党的"十六大"指出，"建立健全同经济发展水平相适宜的社会保障体系，是社会稳定和国家长治久安的重要保证"。城镇职工基本医疗保险制度是社会保障体系的重要组成部分，不仅直接影响到职工群众的基本生活，也影响着广大人民群众生活质量的改善和生活水平的提高。进一步扩大基本医疗保险覆盖面，将规定范围内的单位和职工纳入基本医疗保险范围，既是贯彻落实"十六大"精神、实践"三个代表"重要思想的具体体现，同时也是实现全面建设小康社会目标的客观要求。各级劳动保障部门要进一步统一思想，提高认识，克服畏难情绪，积极争取政府领导支持，加强与有关部门协调，制定工作方案，明确政策措施，落实工作责任，全力以赴做好医疗保险扩面工作，争取参保人数再上一个新台阶，确保年内实现基本医疗保险参保人数突破一个亿的工作目标。

二、切实落实国务院有关文件精神，继续积极扩大基本医疗保险覆盖范围

各地要认真贯彻国发44号文件精神，加快建设和完善城镇职工基本医疗保险制度。目前尚未实施基本医疗保险制度改革的统筹地区，必须在今年启动并做好扩面工作。已经实施的统筹地区，要进一步扩大覆盖范围。在坚持权利和义务相对应原则的基础上，将城镇符合参保条件的用人单位和职工纳入基本医疗保险范围，大中城市参保率要达到60%以上，其中直辖市和省会城市要达到70%以上，其他城市也要在去年参保人数的基础上有所突破，统筹地区的参保人数要达到50%以上。要采取有效措施，解决好困难群体参保问题。对只有部分缴费能力的单位，可按照先建立统筹基金、暂不建立个人账户的办法，纳入基本医疗保险范围。对那些因退休人员较多或其他原因目前还没有纳入基本医疗保险范围的单位，要采取积极措施，尽快将其纳入基本医疗保险覆盖范围。要认真贯彻落实《国务院办公厅转发国家经贸委等部门关于解决国有困难企业和关闭破产企业职工基本生活问题若干意见的通知》（国办发〔2003〕2号）和有关文件的精神，将实施关闭破产的中央企业和中央下放地方的企业退休人员纳入当地医疗保险社会统筹，同时做好地方关闭破产企业的退休人员参加医疗保险的工作。要贯彻落实全国再就业工作会议精神，结合实际情况，将灵活就业人员纳入基本医疗保险范围。

三、强化服务，规范管理，为推进扩面创造有利条件

要按照《关于妥善解决医疗保险制度改革有关问题的指导意见》（劳社厅发〔2002〕8号）的要求，不断完善政策体系，规范管理，强化服务，为推进扩面创造有利条件。要核实缴费基数，加强基本医疗保险费的征缴，采取措施确保机关、事业单位和关闭破产企业应缴纳的医疗保险费足额到位，做到应收尽收。在坚持总量控制、保证基金平衡和确保参保职工基本医疗需求的原则下，不断完善费用结算方法，严格审核和监督，控制不合理的支出。要确保医疗保险基金专款专用。杜绝挤占挪用基金现象的发生。要进一步规范业务流程，简化不必要的管理手续，方便单位和职工特别是灵活就业人员参保，逐步实现与定点医疗机构和定点药店直接结算，方便参保人员就医购药，指导定点医疗服务机构改进服务，提高医疗保险服务质量和水平。要加快医疗保险信息系统建设，提升管理服务手段。

四、加强监督检查，确保全面完成年度扩面计划任务

各地要将部里下达的扩面指标分解到各统筹地区，明确责任，狠抓落实，请各省（自治区、直辖市）将扩面指标分解情况于2003年4月30日前报部医疗保险司。要加强对扩面工作的分类指导和监督检查，及时了解各地工作出现的问题，主动帮助解决。对拒不参保的单位，要采取行政监察和媒体披露等方式督促其参保。要进一步完善扩面工作调度制度，按月汇总各统筹地区工作进展情况，并及时报送部社保中心。部里将建立基本医疗保险参保人数和完成任务情况季度通报制度，对完成任务好的地区给予表扬，对工作进展不力的地区进行批评。

关于完善城镇职工基本医疗保险定点医疗机构协议管理的通知

（2003年5月14日　劳社厅函〔2003〕258号）

各省、自治区、直辖市劳动和社会保障厅（局）：

自《城镇职工基本医疗保险定点医疗机构医疗服务协议文本》（劳社部函〔2000〕3号）下发以来，许多统筹地区的社会保险经办机构与定点医疗机构签订了医疗服务协议（以下简称协议），并严格按协议进行管理，保证了基本医疗保险制度的稳健运行。但也有部分地区迄今尚未签订协议，或虽已签订但协议内容不够完善，在具体管理中还存在疏漏。为进一步完善基本医疗保险定点医疗机构协议管理，在总结各地实践经验的基础上，我们拟定了《完善城镇职工基本医疗保险定点医疗机构医疗服务协议的若干要点》，现印发给你们，并就有关问题通知如下：

一、高度重视协议管理，及时完成协议补充完善工作

城镇职工基本医疗保险定点医疗机构医疗服务协议，是明确社会保险经办机构和定点医疗机构双方权利与义务，规范双方行为的具有法律约束力的文本，是处理双方关系，尤其是考核定点医疗服务质量和结算医疗保险费用的重要依据。强化协议管理对于全面落实基本医疗保险制度各项政策规定，确保参保人员的基本医疗保障权益，改进医疗服务，提高基本医疗保险基金的使用效益，实现基金收支平衡，促进基本医疗保险制度健康有效运行具有重要意义。

各地要从完善社会保障体系和依法行政的高度，充分认识强化协议管理的重要性和紧迫性，切实抓好这项工作的落实。各省、自治区、直辖市劳动保障行政部门和社会保险经办机构要加强对各统筹地区工作的指导，督促其及时完成协议的签订与完善工作，并定期进行检查。各统筹地区劳动保障行政部门和社会保险经办机构的负责同志要亲自研究部署并定期督促检查协议管理工作。目前尚未与定点医疗机构签订年度协议的，必须于6月底前签订；已经签订协议的，要参照附件所列完善要点，以签订补充协议的方式对协议进行完善。请各省、自治区、直辖市于7月底前将本省、区、市协议签订和补充完善情况报送我部社会保险事业管理中心。

二、完善协议内容，明确协议管理的重点

当前要着重从落实基本医疗保险医疗服务管理规定，改进费用结算办法，控制参保人员个人负担，加强定点服务考核监督等方面，充实和完善协议内容。要制定和控制基本医疗保险药品目录内药品备药率、使用率及自费药品费用占参保人员用药总费用的比例。要加强诊疗项目管理，重点对新增诊疗项目、大型设备检查和一次性医用材料的使用进行控制。要不断完善基本医疗保险费用结算办法，健全费用控制与医疗服务质量保证机制。可以根据定点医疗机构的级别、专科特点与定点服务内容等，在总额控制的前提下，明确具体的结算方式与标准，并确定审核检查及费用控制的指标。要树立以人为本的理念，简化就医结算流程，努力提高医疗保险管理服务水平。要围绕完善服务内容、提高服务质量和加强费用控制等方面，确定考核监督办法，并对违规行为和违规费用明确违约责任。

各地要针对协议管理中出现的新情况和新问题，不断总结经验，并根据管理需要，确定管理重点，适时调整完善协议内容。要依据有关部门制定的管理标准和服务规范，细化协议指标，并积极协同有关部门抓紧制订医疗保险管理急需的技术性规范和标准。

三、健全工作制度，提高协议管理的科学性和公正性

社会保险经办机构要以高度负责的态度，健全完善工作制度，确保协议全面、顺利、切实地履行。在确定定点医疗机构的过程中，要本着方便参保人员就医，促进充分竞争的原则，打破垄断，取消各种不合理限制，逐步扩大定点范围。确定定点医疗机构必须与之签订协议。建立与定点医疗机构的协调机制，劳动保障行政管理部门也要与卫生行政管理部门加强沟通和协调，对协议签订与执行过程中的问题要及时协调解决。要注重发挥专家作用，聘请专家为协议管理提供咨询，并对医疗服务管理中的技术性问题提出意见和建议，提高协议管理的科学性和公正性。

四、强化考核监督，确保协议的执行

各级经办机构要按协议中规定的指标和考核办法，加强考核监督。考核结果要向社会公布，并与医疗费用结算标准相挂钩。要探索建立定点医疗机构信用等级制度，依据考核情况，每年评定定点医疗机构执行协议的信用等级：对考核结果优异、参保人员满意率高的定点医疗机构，经办机构可简化审核结算程序，并以适当形式通告公众；对考核中发现问题较多、参保人员满意率不高的定点医疗机构，要严格审核，加强管理和监督；对问题严重、考核结果较差、参保人员满意率很低的定点医疗机构，经办机构应依据协议追究其违约责任甚至终止协议，必要时报劳动保障行政部门取消其定点资格。要注重发挥参保人员和新闻媒体等社会力量的监督作用。劳动保障行政管理部门要加强对协议签订和执行情况的监督与指导。

各省、自治区、直辖市要加强对各级统筹地区经办机构的指导和督促检查，不断总结经验，以典型引路的方式推动和完善协议管理工作。今年下半年部里将组织力量对各地协议落实情况进行全面检查。各地在执行中遇到的问题，请及时向我部医疗保险司和社会保险事业管理中心报告。

附件：完善城镇职工基本医疗保险定点医疗机构医疗服务协议的若干要点

附件：

完善城镇职工基本医疗保险定点医疗机构医疗服务协议的若干要点

一、就医管理与信息系统建设

（一）社会保险经办机构（以下简称甲方）和定点医疗机构（以下简称乙方）要共同致力于优化医疗保险服务，简化参保人员就医手续，不断提高医疗保险管理服务水平，努力为广大参保人员提供优质高效的医疗保险服务。

（二）乙方要通过设置医疗保险宣传栏、公布医疗保险咨询与联系电话、设置导医服务台等方式，为参保人员就医提供咨询服务。要公布门诊和住院流程，方便参保人员就医购药。要公布主要医疗服务项目和药品的名称和价格，提供医疗费用结算清单和住院日费用清单，保证参保人员的消费知情权。各种清单要及时、清晰、准确、真实。

（三）对明确列入统筹基金支付范围的门诊特殊病种，乙方要根据甲方管理要求，如实向甲方提供参保人员检查诊断和治疗等有关资料，协助甲方做好参保人员门诊特殊病种审核支付工作。

（四）乙方应根据医疗保险信息系统建设的有关要求，配备相关设备，做好网络衔接。要按医疗保险管理规定按时、准确录入并传输有关信息，保证信息的准确与完整，协助甲方建立和完善各种基础数据库，及时完成信息的变更和维护等工作。乙方医疗保险计算机管理系统的运转和维护以及信息传输情况，要列入定点医疗机构考核内容。

二、医疗服务项目管理

（一）甲方要及时通报基本医疗保险用药管理政策，乙方要保证基本医疗保险药品目录内药品的供应，并提供基本医疗保险药品备药清单，包括药品商品名、通用名和剂型等详细资料。甲方要根据乙方提供的资料，及时对医疗保险药品信息库进行变更和维护。

（二）甲方要根据乙方级别与专科特点，具体明确乙方目录内药品备药率、使用率及自费药品费用占参保人员用药总费用的比例。

（三）乙方要控制参保人员药品费用支出占医疗总费用的比例，其中：三级医疗机构要控制在××%以下，二级医疗机构××%以下，一级医疗机构××%以下。

（四）甲方按当地劳动保障行政部门的规定和乙方业务开展情况，明确乙方业务范围内的基本医疗保险诊疗项目。乙方要向甲方提供其业务开展范围内的诊疗项目清单及收费标准。遇有新增价格项目或提高收费标准时，乙方要依据物价部门的批复文件及时向甲方提供资料。

（五）乙方要严格按照医疗服务价格项目规范及相应的收费标准记账、收费、申报。超项目规范及费用标准的，甲方有权不予支付。

（六）甲乙双方要加强对一次性医用材料的使用管理，共同议定费用控制措施。

（七）乙方已开展并经甲方同意纳入基本医疗保险基金支付范围内的诊疗项目目录，乙方已列入基本医疗保险用药范围的内部制剂清单，可作为定点协议附件。

三、参保人员个人负担控制

（一）乙方提供需参保人员自付的超基本医疗保险支付范围的医疗服务时，必须按知情同意原则，事先征得参保人员或其家属同意并签字。否则，参保人员有权拒付相关自负费用。

（二）乙方要将所有住院参保人员超基本医疗保险基金支付范围的医疗费用控制在其医疗总费用的××%以内；将所有住院参保人员的医疗费用个人总负担控制在其医疗总费用的××%以内。

四、费用结算

（一）甲方要在协议中明确对乙方的结算方式、标准、时间以及审核检查和费用控制的主要指标。参保人员就医发生的各项医疗费用，乙方要按要求统一申报，不得遗漏。对按规定应由基本医疗保险基金支付的医疗费用，甲方要按约定的结算办法及时足额给付，不得无故拖欠和拒付。

（二）要加强出入院管理，保证需要住院的参保人员能够得到及时治疗，同时及时为符合临床治愈标准的参保人员办理出院手续。不能诱导参保人员住院，也不得强行让未治愈的参保人员出院。乙方出入院管理情况列入考核内容。

（三）甲方要在协议中明确乙方基本医疗保险基金支付的总额控制指标。甲方要根据对乙方的结算方式，确定审核检查重点。实行按项目付费的，要重点从防止大处方、重复检查、延长住院、分解收费等提供不必要的医疗服务方面来确定控制指标。采取按服务单元付费的，要重点防止出现推诿病人、分解服务次数等现象，强化对住院率、转院率和二次返院率等指标的考核和控制。

（四）对于因乙方原因而发生的不符合基本医疗保险管理规定的医疗费用（如因乙方管理不严出现诈骗保险费等情况），甲方有权不予支付，乙方也不得另行向参保人员收取。已经支付或收取的，经审核查实，甲方有权追回或在下月结算时扣除，并按协议规定进行处理。

关于城镇灵活就业人员参加基本医疗保险的指导意见

（2003年5月26日　劳社厅发〔2003〕10号）

各省、自治区、直辖市劳动保障厅（局）：

随着我国经济体制改革的进一步深化和产业结构的调整，以非全日制、临时性和弹性工作等灵活形式就业的人员（以下简称灵活就业人员）逐步增加，这部分人的医疗保障问题日益突出。为解决灵活就业人员的医疗保障问题，落实《中共中央国务院关于进一步做好下岗失业人员再就业工作的通知》（中发〔2002〕12号）关于抓紧制定以灵活形式就业的下岗失业人员社会保障配套办法的要求，现就城镇灵活就业人员参加基本医疗保险的有关问题提出如下指导意见：

一、统一认识，积极将灵活就业人员纳入基本医疗保险制度范围

（一）灵活就业人员参加基本医疗保险是解决他们医疗保障问题的重要措施，也是促进就业和再就业与完善社会保障体系的本质要求。各级劳动保障部门要从全面实践“三个代表”重要思想的高度出发，重视灵活就业人员的医疗保障问题，积极将灵活就业人员纳入基本医疗保险制度范围。

（二）结合经济发展水平和医疗保险管理能力，在区分灵活就业人员的人群类别、充分调查分析其基本医疗需求的基础上，针对不同类别的人群，制定相应政策和管理办法。

（三）灵活就业人员参加基本医疗保险要坚持权利和义务相对应、缴费水平与待遇水平相挂钩的原则。在参保政策和管理办法上既要与城镇职工基本医疗保险制度相衔接，又要适应灵活就业人员的特点。

二、明确政策，规范灵活就业人员参保方式、激励措施和待遇水平

（四）已与用人单位建立明确劳动关系的灵活就业人员，要按照用人单位参加基本医疗保险的方法缴费参保。其他灵活就业人员，要以个人身份缴费参保。

（五）可从建立基本医疗保险统筹基金起步，首先解决灵活就业人员住院和门诊大额医疗费用的保障问题，也可为有条件的部分灵活就业人员同时建立个人账户和实行大额医疗补助。

（六）灵活就业人员参加基本医疗保险的缴费率原则上按照当地的缴费率确定。从统筹基金起步的地区，可参照当地基本医疗保险建立统筹基金的缴费水平确定。缴费基数可参照当地上一年职工年平均工资核定。灵活就业人员缴纳的医疗保险费纳入统筹地区基本医疗保险基金统一管理。

（七）采取措施，促使灵活就业人员连续足额缴费。可根据灵活就业人员的缴费水平和缴费时间，参照当地基本医疗保险的待遇水平，确定相应的医疗保险待遇，并明确医疗保险待遇与缴费年限和连续缴费相挂钩的办法。对首次参加医疗保险的灵活就业人员，可规定其参加基本医疗保险到开始享受相关医疗保险待遇的期限。要考虑灵活就业人员收入不稳定等特点，明确中断缴费的认定和处理办法。

（八）灵活就业人员按照基本医疗保险的规定选择定点医疗机构和定点药店，严格执行基本医疗保险用药、诊疗项目和医疗服务设施标准的有关规定。要指导和协助参保的灵活就业人员选择定点医疗机构和定点药店。

三、加强管理，切实做好灵活就业人员的医疗保险管理服务工作

（九）针对灵活就业人员就业形式多样、工作地点和时间不固定等特点，完善医疗保险的业务管理办法，制定相应的个人申报登记办法、个人缴费办法和资格审核办法。鼓励灵活就业人员通过劳动保障事务代理机构或社区劳动保障服务机构等实现整体参保。

（十）经办机构要开设专门窗口，方便灵活就业人员个人直接缴费参保和医疗费用的结算。要进一步提高社会化管理服务水平，做到社会保险经办机构与定点医疗机构和定点药店的直接结算，减轻参保灵活就业人员的事务性负担。

（十一）做好参保灵活就业人员的医疗保险信息管理工作。进一步完善缴费个人基础档案资料的主要项目，建立完整的个人基础档案资料，做好个人缴费记录。根据灵活就业人员就业形式的变化，及时调整或更改个人信息，做好灵活就业人员的医疗保险关系变更服务。对灵活就业人员的缴费收入、医药费用支出等信息，要单独进行统计分析。

四、精心组织，稳妥推进灵活就业人员参保工作

（十二）各级劳动保障部门要努力争取党委和政府的支持，加大宣传力度，为做好灵活就业人员参加基本医疗保险创造良好的氛围。要主动与工商、税务等相关部门沟通，争取支持。

（十三）各统筹地区劳动保障部门要在认真调查和测算的基础上，制定和完善各类灵活就业人员参加基本医疗保险办法，精心组织实施。要及时分析和研究出现的新问题，不断完善政策和管理措施，确保制度平稳运行。

关于印发国家基本医疗保险和工伤保险药品目录的通知

（2004年9月13日　劳社部发〔2004〕23号）

各省、自治区、直辖市劳动保障厅（局）：

根据《国务院关于建立城镇职工基本医疗保险制度的决定》（国发〔1998〕44号）和《工伤保险条例》的要求，我部按照《城镇职工基本医疗保险用药范围管理暂行办法》（劳社部发〔1999〕15号），经过专家评审，会同有关部委制定了《国家基本医疗保险和工伤保险药品目录》（以下简称《药品目录》）。现将《药品目录》印发各地，并就有关问题通知如下：

一、制定《药品目录》是建立和完善社会保险制度的要求，是保障参保人员基本用药需求和适应医药科技进步的客观需要。各省（自治区、直辖市）劳动保障部门要提高认识，按照基本医疗保险和工伤保险的规定，认真贯彻执行《药品目录》。《药品目录》在2000年《国家基本医疗保险药品目录》的基础上进行了以下调整：一是险种适用范围从基本医疗保险扩大到工伤保险。二是在保持用药水平相对稳定与连续的基础上，增加了新的品种。三是调整了《药品目录》的分类，对部分剂型进行了归并，明确了部分药品准予支付费用的限定范围。四是在《药品目录》中增加"凡例"，对《药品目录》进行解释和说明。

二、各省（自治区、直辖市）要认真做好《药品目录》乙类药品的调整工作。要精心组织，搞好部门协调，制定科学的评审方案，严格评审程序，广泛听取意见，完善专家评审机制，充分尊重专家意见。不得要求企业申报，不得以任何名目向企业收取费用。调整工作要在2004年年底前完成。对各统筹地区执行《药品目录》要提出明确的时间要求。

各省（自治区、直辖市）对国家《药品目录》甲类药品不得调整，乙类药品调入与调出的数量总和控制在国家《药品目录》乙类药品总数的15%以内。民族药的调整不受比例限制，增加的品种应有国家食品药品监督管理局正式颁布的民族药标准。调入《药品目录》的乙类药品，除工伤保险用药可以特殊考虑血浆蛋白类制品以及中成药的酒类制剂外，均要符合基本医疗保险用药范围管理规定。药品名称和剂型严格执行国家《药品目录》的规范，不得使用或标注商品名。对《药品目录》中部分药品所规定的支付限定范围可以进行调整，但不得取消。调整的乙类药品品种要上报我部审核。

三、各统筹地区要严格执行本省基本医疗保险、工伤保险药品目录，不得调整或另行自定。参保人员使用《药品目录》中的西药与中成药所发生的费用，应由工伤保险基金支付的，不分甲、乙类；应由基本医疗保险基金支付的，甲类药品严格按照基本医疗保险规定支付，乙类药品由各统筹地区根据实际确实个人自付比例。对《药品目录》限定适应症的药品，各统筹地区要制定相应的审核支付办法，加强对使用这部分药品临床依据的审核。对《药品目录》中的非处方药品，要允许基本医疗保险参保人员不用医师处方直接到定点零售药店购买，费用由个人账户支付。各统筹地区要根据实际，适当放宽紧急抢救期间用药的范围并制定相应的支付管理办法。

各统筹地区社会保险经办机构要及时更新医疗、工伤保险计算机信息管理系统，做好药品通用名称与商品名、异名对应工作，不得对《药品目录》的药品用商品名进行限制。

对省级药品食品监管部门批准的治疗性医院制剂，统筹地区要在征求卫生、中医药、食品药品监管等部门及有关专家意见的基础上，制定纳入基本医疗保险、工伤保险支付范围的医院制剂目录，明确支付办法，并纳入定点协议的范围。

四、各地要做好新旧《药品目录》使用和管理的衔接，加强与有关部门的协调配合，严格基本医疗保险、工伤保险用药管理，保障职工的基本用药需求，控制药品费用支出。各省（自治区、直辖市）要加强对药品目录执行情况的监督检查。如有重大问题，及时报告我部。

劳动和社会保障部办公厅
关于开展农民工参加医疗保险
专项扩面行动的通知

（2006年5月16日　劳社厅发〔2006〕11号）

各省、自治区、直辖市劳动和社会保障厅（局）：

为贯彻落实《国务院关于解决农民工问题的若干意见》（国发〔2006〕5号）和《关于贯彻落实〈国务院关于解决农民工问题的若干意见〉的实施意见》（劳社部发〔2006〕15号）的精神，进一步做好农民工医疗保障工作，我部决定开展农民工参加医疗保险专项扩面行动，现就有关问题通知如下：

一、工作重点和主要目标

切实解决农民工医疗保障问题，是维护农民工权益的重要举措，是落实科学发展观、统筹城乡发展的具体体现。各级劳动保障部门要统一思想，提高认识，按照国务院5号文件的要求，以省会城市和大中城市为重点，以农民工比较集中的加工制造业、建筑业、采掘业和服务业等行业为重点，以与城镇用人单位建立劳动关系的农民工为重点，统筹规划，分类指导，分步实施，全面推进农民工参加医疗保险工作，争取2006年底农民工参加医疗保险的人数突破

2000万人。今后部里将逐年下达农民工参加医疗保险的专项扩面指标，争取2008年底将与城镇用人单位建立劳动关系的农民工基本纳入医疗保险。

二、相关政策和管理

（一）以解决农民工大病医疗保障为重点，积极将农民工纳入医疗保险制度范围。各统筹地区要根据国务院5号文件的要求，按照“低费率、保大病、保当期、以用人单位缴费为主”的原则，制定和完善农民工参加医疗保险的办法。要积极探索完善农民工参加医疗保险和新型农村合作医疗的衔接办法和政策，确保参保农民工享受相应的医疗保险待遇。

（二）切实做好农民工参加医疗保险的管理和服务工作。各统筹地区要根据农民工的特点，进一步完善参保缴费登记办法，方便农民工参加医疗保险。要加强农民工医疗保险基金管理，确保足额征缴，并纳入医疗保险基金统一管理。要结合社区卫生服务事业发展，积极探索切实有效的农民工就医管理方式，以方便参保农民工就医。要根据农民工流动就业的特点，探索农民工异地就医的医疗费用结算方式，为患病后自愿返回原籍治疗的参保农民工提供方便快捷的医疗费用结算服务。

三、工作要求

（一）制定专项工作方案，落实专项扩面任务。各省（区、市）要根据部里制定的2006年农民工参加医疗保险专项指标（见附件），制定专门的工作方案，明确工作重点和工作措施，指定专人负责，将扩面指标分解到各统筹地区，将扩面任务完成情况列入目标管理考核内容，加大工作力度，加快推进农民工参加医疗保险的工作进度，确保完成专项扩面任务。

（二）建立农民工参加医疗保险专项统计报送制度，开展专项调度。各省（区、市）要按照部社保中心的规定，调整统计口径，建立专门的工作制度。农民工参加医疗保险情况每月要向部社保中心报告。各省（区、市）要加大对农民工参加医疗保险的督促检查力度，对农民工参加医疗保险工作进度较慢的地区，部里将进行通报和专项督察。

（三）加强组织领导。各级劳动保障部门要进一步加强统筹协调，争取各级党委政府的重视和支持，争取有关部门的配合，加大宣传力度，为推进农民工参加社会医疗保险营造良好的社会氛围，把农民工医疗保险专项扩面行动落到实处，抓出实效。对农民工参加医疗保险工作中出现的新情况和新问题，要及时分析研究，不断完善政策和加强管理，确保制度平稳运行。

附件：2006年农民工参加医疗保险专项指标（略）

国务院关于开展城镇居民基本医疗保险试点的指导意见

（2007年7月10日　国发〔2007〕20号）

党中央、国务院高度重视解决广大人民群众的医疗保障问题，不断完善医疗保障制度。1998年我国开始建立城镇职工基本医疗保险制度，之后又启动了新型农村合作医疗制度试点，建立了城乡医疗救助制度。目前没有医疗保障制度安排的主要是城镇非从业居民。为实现基本建立覆盖城乡全体居民的医疗保障体系的目标，国务院决定，从今年起开展城镇居民基本医疗保险试点（以下简称试点）。各地区各部门要充分认识这项工作的重要性，将其作为落实科学发展观、构建社会主义和谐社会的一项重要任务，高度重视，统筹规划，规范引导，稳步推进。

一、目标和原则

（一）试点目标。2007年在有条件的省份选择2至3个城市启动试点，2008年扩大试点，争取2009年试点城市达到80%以上，2010年在全国全面推开，逐步覆盖全体城镇非从业居民。要通过试点，探索和完善城镇居民基本医疗保险的政策体系，形成合理的筹资机制、健全的管理体制和规范的运行机制，逐步建立以大病统筹为主的城镇居民基本医疗保险制度。

（二）试点原则。试点工作要坚持低水平起步，根据经济发展水平和各方面承受能力，合理确定筹资水平和保障标准，重点保障城镇非从业居民的大病医疗需求，逐步提高保障水平；坚持自愿原则，充分尊重群众意愿；明确中央和地方政府的责任，中央确定基本原则和主要政策，地方制订具体办法，对参保居民实行属地管理；坚持统筹协调，做好各类医疗保障制度之间基本政策、标准和管理措施等的衔接。

二、参保范围和筹资水平

（三）参保范围。不属于城镇职工基本医疗保险制度覆盖范围的中小学阶段的学生（包括职业高中、中专、技校学生）、少年儿童和其他非从业城镇居民都可自愿参加城镇居民基本医疗保险。

（四）筹资水平。试点城市应根据当地的经济发展水平以及成年人和未成年人等不同人群的基本医疗消费需求，并考虑当地居民家庭和财政的负担能力，恰当确定筹资水平；探索建立筹资水平、缴费年限和待遇水平相挂钩的机制。

（五）缴费和补助。城镇居民基本医疗保险以家庭缴费为主，政府给予适当补助。参保居民按规定缴纳基本医疗保险费，享受相应的医疗保险待遇，有条件的用人单位可以对职工家属参保缴费给予补助。国家对个人缴费和单位补助资金制定税收鼓励政策。

对试点城市的参保居民，政府每年按不低于人均40元给予补助，其中，中央财政从2007年起每年通过专项转移支付，对中西部地区按人均20元给予补助。在此基础上，对属于低保对象的或重度残疾的学生和儿童参保所需的家庭缴费部分，政府原则上每年再按不低于人均10元给予补助，其中，中央财政对中西部地区按人均5元给予补助；对其他低保对象、丧失劳动能力的重度残疾人、低收入家庭60周岁以上的老年人等困难居民参保所需家庭缴费部分，政府每年再按不低于人均60元给予补助，其中，中央财政对中西部地区按人均30元给予补助。中央财政对东部地区参照新型农村合作医疗的补助办法给予适当补助。财政补助的具体方案由财政部门商劳动保障、民政等部门研究确定，补助经费要纳入各级政府的财政预算。

（六）费用支付。城镇居民基本医疗保险基金重点用于参保居民的住院和门诊大病医疗支出，有条件的地区可以逐步试行门诊医疗费用统筹。

城镇居民基本医疗保险基金的使用要坚持以收定支、收支平衡、略有结余的原则。要合理制定城镇居民基本医疗保险基金起付标准、支付比例和最高支付限额，完善支付办法，合理控制医疗费用。探索适合困难城镇非从业居民经济承受能力的医疗服务和费用支付办法，减轻他们的医疗费用负担。城镇居民基本医疗保险基金用于支付规定范围内的医疗费用，其他费用可以通过补充医疗保险、商业健康保险、医疗救助和社会慈善捐助等方式解决。

三、加强管理和服务

（七）组织管理。对城镇居民基本医疗保险的管理，原则上参照城镇职工基本医疗保险的有关规定执行。各地要充分利用现有管理服务体系，改进管理方式，提高管理效率。鼓励有条件的地区结合城镇职工基本医疗保险和新型农村合作医疗管理的实际，进一步整合基本医疗保障管理资源。要探索建立健全由政府机构、参保居民、社会团体、医药服务机构等方面代表参加的医疗保险社会监督组织，加强对城镇居民基本医疗保险管理、服务、运行的监督。建立医疗保险专业技术标准组织和专家咨询组织，完善医疗保险服务管理专业技术标准和业务规范。根据医疗保险事业发展的需要，切实加强医疗保险管理服务机构和队伍建设。建立健全管理制度，完善运行机制，加强医疗保险信息系统建设。

（八）基金管理。要将城镇居民基本医疗保险基金纳入社会保障基金财政专户统一管理，单独列账。试点城市要按照社会保险基金管理等有关规定，严格执行财务制度，加强对基本医疗保险基金的管理和监督，探索建立健全基金的风险防范和调剂机制，确保基金安全。

（九）服务管理。对城镇居民基本医疗保险的医疗服务管理，原则上参照城镇职工基本医疗保险的有关规定执行，具体办法由试点城市劳动保障部门会同发展改革、财政、卫生等部门制定。要综合考虑参保居民的基本医疗需求和基本医疗保险基金的承受能力等因素，合理确定医疗服务的范围。通过订立和履行定点服务协议，规范对定点医疗机构和定点零售药店的管理，明确医疗保险经办机构和定点的医疗机构、零售药店的权利和义务。医疗保险经办机构要简化审批手续，方便居民参保和报销医疗费用；明确医疗费用结算办法，按规定与医疗机构及时结算。加强对医疗费用支出的管理，探索建立医疗保险管理服务的奖惩机制。积极推行医疗费用按病种付费、按总额预付等结算方式，探索协议确定医疗费用标准的办法。

（十）充分发挥城市社区服务组织等的作用。整合、提升、拓宽城市社区服务组织的功能，加强社区服务平台建设，做好基本医疗保险管理服务工作。大力发展社区卫生服务，将符合条件的社区卫生服务机构纳入医疗保险定点范围；对参保居民到社区卫生服务机构就医发生的医疗费用，要适当提高医疗保险基金的支付比例。

四、深化相关改革

（十一）继续完善各项医疗保障制度。进一步完善城镇职工基本医疗保险制度，采取有效措施将混合所有制、非公有制经济组织从业人员以及灵活就业人员纳入城镇职工基本医疗保险；大力推进进城务工的农民工参加城镇职工基本医疗保险，重点解决大病统筹问题；继续着力解决国有困难企业、关闭破产企业等职工和退休人员的医疗保障问题；鼓励劳动年龄内有劳动能力的城镇居民，以多种方式就业并参加城镇职工基本医疗保险；进一步规范现行城镇职工基本医疗保险的支付政策，强化医疗服务管理。加快实施新型农村合作医疗制度。进一步完善城市和农村医疗救助制度。完善多层次医疗保障体系，搞好各项医疗保障制度的衔接。

（十二）协同推进医疗卫生体制和药品生产流通体制改革。根据深化医药卫生体制改革的总体要求，统筹协调医疗卫生、药品生产流通和医疗保障体系的改革和制度衔接，充分发挥医疗保障体系在筹集医疗资金、提高医疗质量和控制医疗费用等方面的作用。进一步转变政府职能，加强区域卫生规划，健全医疗服务体系。建立健全卫生行业标准体系，加强对医疗服务和药品市场的监管。规范医疗服务行为，逐步建立和完善临床操作规范、临床诊疗指南、临床用药规范和出入院标准等技术标准。加快城市社区卫生服务体系建设，充分发挥社区卫生服务和中医药服务在医疗服务中的作用，有条件的地区可探索实行参保居民分级医疗的办法。

五、加强组织领导

（十三）建立国务院城镇居民基本医疗保险部际联席会议制度。在国务院领导下，国务院城镇居民基本医疗保险部际联席会议（以下简称部际联席会议）负责组织协调和宏观指导试点工作，研究制定相关政策并督促检查政策的落实情况，总结评估试点工作，协调解决试点工作中出现的问题，并就重大问题向国务院提出报告和建议。

（十四）选择确定试点城市。省级人民政府可根据本地条件选择2至3个试点城市，报部际联席会议审定。试点城市的试点实施方案报部际联席会议办公室备案，由省（区、市）人民政府批准实施。

（十五）制定配套政策和措施。劳动保障部门要会同发展改革、财政、卫生、民政、教育、药品监督和中医药管理等有关部门制定相关配套政策和措施。各部门要根据各自的职责，协同配合，加快推进各项配套改革。动员社会各方面力量，为推进医疗保险制度改革创造良好的环境、提供有力的支持，确保试点工作的顺利进行。

（十六）精心组织实施。地方各级人民政府要充分认识试点工作的重大意义，切实加强组织领导。省级人民政府要根据本指导意见规定的试点目标和任务、基本政策和工作步骤，统筹规划，积极稳妥地推进本行政区域的试点工作。试点城市要在充分调研、周密测算、多方论证的基础上，制订试点实施方案并精心组织实施。已经先行开展基本医疗保险工作的城市，要及时总结经验，完善制度，进一步探索更加符合实际的基本医疗保险的体制和机制。

（十七）做好舆论宣传工作。建立城镇居民基本医疗保险制度直接关系广大群众的切身利益，是一项重大的民生工程，政策性很强。各地要坚持正确的舆论导向，加强对试点工作重要意义、基本原则和方针政策的宣传，加强对试点中好的做法和经验的总结推广，使这项惠民政策深入人心，真正得到广大群众和社会各界的理解和支持，使试点工作成为广大群众积极参与的实践。

各地要注意研究试点过程中出现的新情况、新问题，积极探索解决的办法，妥善处理改革、发展与稳定的关系。遇有重要情况及时向部际联席会议报告。

关于城镇居民基本医疗保险儿童用药有关问题的通知

（2007年9月27日　劳社部发〔2007〕37号）

各省、自治区、直辖市劳动保障厅（局）：

根据《国务院关于开展城镇居民基本医疗保险试点的指导意见》（国发〔2007〕20号）的要求，为了适应城镇居民基本医疗保险试点的需要，保障参保儿童的基本用药需求，我部在组织专家评审的基础上，对《国家基本医疗保险和工伤保险药品目录》（2004年版）（以下简称《药品目录》）进行了修订。现印发各地，并就有关问题通知如下：

一、此次《药品目录》修订，主要是考虑儿童用药的特殊性，重点保障参保儿童住院和门诊大病的基本用药需求。修订的内容包括：一是增补了部分儿童临床诊疗必需的药品品种；二是对《药品目录》的凡例进行了补充；三是修订了部分药品的限定支付范围。新增的药品品种全部按照乙类药品进行管理。

二、城镇居民基本医疗保险用药范围原则上参照《药品目录》及此次新增药品品种执行。各省、区、市可直接将国家增补的儿童用药品种转发试点城市执行，也可按照《城镇职工基本医疗保险用药范围管理暂行办法》（劳社部发〔1999〕15 号）等文件的有关规定，适当进行儿童用药的调整，调整的数量控制在此次国家增补的儿童用药总数的 15% 以内。各省、区、市调整的药品品种要报我部审核。

三、试点城市要严格执行本省的《药品目录》和国家新增的儿童用药品种，不得调整或另行增补。试点城市可根据当地城镇居民基本医疗保险基金的筹资水平，合理确定乙类药品的支付比例。

四、对经省级食品药品监管部门批准的儿童治疗性医院制剂，试点城市要在充分征求卫生、中医药、食品药品监管等部门及有关专家意见的基础上，确定纳入基金支付范围的儿童制剂品种，明确支付办法，并纳入定点协议管理的范围。

五、各地要做好《药品目录》修订后在使用管理上的衔接，加强基本医疗保险用药管理。要落实对定点医疗机构的“三率”（基本医疗保险药品目录内药品的备药率、使用率及自费药品费用占参保人员药品总费用的比例）控制指标，要将相关部门制定的临床操作规范、临床诊疗指南、临床用药规范等技术标准纳入定点协议管理的范围，促进合理用药，保障参保人员的基本用药需求，控制药品费用不合理支出，提高医疗保险保险基金的使用效率，减轻参保人员的医疗费用负担。各省、区、市要加强对药品目录执行情况的监督检查，如有重大问题，及时报告我部。

附件：1.《药品目录》儿童用药增补品种（西药部分）（略）

2.《药品目录》儿童用药增补品种（中成药部分）（略）

3. 对《药品目录》凡例的补充及对部分药品限定支付范围的修订说明（略）

关于将大学生纳入城镇居民基本医疗保险试点范围的指导意见

（2008 年 10 月 25 日　国办发〔2008〕119 号）

各省、自治区、直辖市人民政府，国务院各部委、各直属机构：

根据《国务院关于开展城镇居民基本医疗保险试点的指导意见》（国发〔2007〕20 号）有关精神，为进一步做好大学生医疗保障工作，国务院决定将大学生纳入城镇居民基本医疗保险试点范围。经国务院同意，现就有关工作提出以下指导意见：

一、基本原则

按照党中央、国务院关于加快建立覆盖城乡居民的社会保障体系和开展城镇居民基本医疗保险试点工作的总体要求，坚持自愿原则，将大学生纳入城镇居民基本医疗保险试点范围，并继续做好日常医疗工作；中央确定基本原则和主要政策，试点地区制订具体办法，对参保大学生实行属地管理；完善医疗保障资金筹集机制和费用分担机制，重点保障基本医疗需求，逐步提高保障水平。

二、主要政策

（一）参保范围。各类全日制普通高等学校（包括民办高校）、科研院所（以下统称高校）中接受普通高等学历教育的全日制本专科生、全日制研究生。

（二）保障方式。大学生住院和门诊大病医疗，按照属地原则通过参加学校所在地城镇居民基本医疗保险解决，大学生按照当地规定缴费并享受相应待遇，待遇水平不低于当地城镇居民。同时按照现有规定继续做好大学生日常医疗工作，方便其及时就医。

鼓励大学生在参加基本医疗保险的基础上，按自愿原则，通过参加商业医疗保险等多种途径，提高医疗保障水平。

（三）资金筹措。大学生参加城镇居民基本医疗保险的个人缴费标准和政府补助标准，按照当地中小学生参加城镇居民基本医疗保险相应标准执行。个人缴费原则上由大学生本人和家庭负担，有条件的高校可对其缴费给予补助。大学生参保所需政府补助资金，按照高校隶属关系，由同级财政负责安排。中央财政对地方所属高校学生按照城镇居民基本医疗保险补助办法给予补助。大学生日常医疗所需资金，继续按照高校隶属关系，由同级财政予以补助。

各地要采取措施，对家庭经济困难大学生个人应缴纳的基本医疗保险费及按规定应由其个人承担的医疗费用，通过医疗救助制度、家庭经济困难学生资助体系和社会慈善捐助等多种途径给予资助，切实减轻家庭经济困难学生的医疗费用负担。

三、精心组织实施

已开展城镇居民基本医疗保险试点的地区，按本指导意见将大学生纳入城镇居民基本医疗保险体系后，要切实保障参保大学生住院和门诊大病需求，同时继续做好大学生日常医疗工作；未开展试点的地区，要完善现有办法，加强和改进大学生医疗保障工作，随着试点扩大，逐步将大学生纳入城镇居民基本医疗保险范围。各地人力资源社会保障部门要把符合条件的大学医疗机构纳入城镇居民基本医疗保险定点医疗机构范围。

各地区、各有关部门要充分认识做好大学生医疗保障工作对建立健全覆盖城乡居民社会保障体系，保障大学生就医权益、提高大学生健康水平，促进社会和谐稳定的重大意义，切实加强组织领导和宣传解释工作。省级人民政府要根据本指导意见，统筹规划，积极稳妥地推进这项工作。试点城市要因地制宜制订具体实施办法和推进步骤，确定合理的保障水平，精心组织实施，确保新旧制度平稳过渡，维护社会稳定。教育、财政、人力资源社会保障、卫生和民政部门要通力协作，制订周密工作计划，确保缴费和财政资金及时足额到位，不断完善大学生医疗经费和就医管理措施。高校要切实抓好大学生就医工作，深化改革，加强管理，提高工作效率和水平。

四 失业保险

失业保险条例

（1999年1月22日中华人民共和国国务院令第258号发布　自发布之日起施行）

第一章　总　　则

第一条　为了保障失业人员失业期间的基本生活，促进其再就业，制定本条例。

第二条　城镇企业事业单位、城镇企业事业单位职工依照本条例的规定，缴纳失业保险费。

城镇企业事业单位失业人员依照本条例的规定，享受失业保险待遇。

本条所称城镇企业，是指国有企业、城镇集体企业、外商投资企业、城镇私营企业以及其他城镇企业。

第三条　国务院劳动保障行政部门主管全国的失业保险工作。县级以上地方各级人民政府劳动保障行政部门主管本行政区域内的失业保险工作。劳动保障行政部门按照国务院规定设立的经办失业保险业务的社会保险经办机构依照本条例的规定，具体承办失业保险工作。

第四条　失业保险费按照国家有关规定征缴。

第二章　失业保险基金

第五条　失业保险基金由下列各项构成：

（一）城镇企业事业单位、城镇企业事业单位职工缴纳的失业保险费；

（二）失业保险基金的利息；

（三）财政补贴；

（四）依法纳入失业保险基金的其他资金。

第六条　城镇企业事业单位按照本单位工资总额的2%缴纳失业保险费。城镇企业事业单位职工按照本人工资的1%缴纳失业保险费。城镇企业事业单位招用的农民合同制工人本人不缴纳失业保险费。

第七条 失业保险基金在直辖市和设区的市实行全市统筹；其他地区的统筹层次由省、自治区人民政府规定。

第八条 省、自治区可以建立失业保险调剂金。

失业保险调剂金以统筹地区依法应当征收的失业保险费为基数，按照省、自治区人民政府规定的比例筹集。

统筹地区的失业保险基金不敷使用时，由失业保险调剂金调剂、地方财政补贴。

失业保险调剂金的筹集、调剂使用以及地方财政补贴的具体办法，由省、自治区人民政府规定。

第九条 省、自治区、直辖市人民政府根据本行政区域失业人员数量和失业保险基金数额，报经国务院批准，可以适当调整本行政区域失业保险费的费率。

第十条 失业保险基金用于下列支出：

（一）失业保险金；

（二）领取失业保险金期间的医疗补助金；

（三）领取失业保险金期间死亡的失业人员的丧葬补助金和其供养的配偶、直系亲属的抚恤金；

（四）领取失业保险金期间接受职业培训、职业介绍的补贴，补贴的办法和标准由省、自治区、直辖市人民政府规定；

（五）国务院规定或者批准的与失业保险有关的其他费用。

第十一条 失业保险基金必须存入财政部门在国有商业银行开设的社会保障基金财政专户，实行收支两条线管理，由财政部门依法进行监督。

存入银行和按照国家规定购买国债的失业保险基金，分别按照城乡居民同期存款利率和国债利息计息。失业保险基金的利息并入失业保险基金。

失业保险基金专款专用，不得挪作他用，不得用于平衡财政收支。

第十二条 失业保险基金收支的预算、决算，由统筹地区社会保险经办机构编制，经同级劳动保障行政部门复核、同级财政部门审核，报同级人民政府审批。

第十三条 失业保险基金的财务制度和会计制度按照国家有关规定执行。

第三章 失业保险待遇

第十四条 具备下列条件的失业人员，可以领取失业保险金：

（一）按照规定参加失业保险，所在单位和本人已按照规定履行缴费义务满1年的；

（二）非因本人意愿中断就业的；

（三）已办理失业登记，并有求职要求的。

失业人员在领取失业保险金期间，按照规定同时享受其他失业保险待遇。

第十五条 失业人员在领取失业保险金期间有下列情形之一的，停止领取失业保险金，并同时停止享受其他失业保险待遇：

（一）重新就业的；

（二）应征服兵役的；

（三）移居境外的；

（四）享受基本养老保险待遇的；

（五）被判刑收监执行或者被劳动教养的；

（六）无正当理由，拒不接受当地人民政府指定的部门或者机构介绍的工作的；

（七）有法律、行政法规规定的其他情形的。

第十六条 城镇企业事业单位应当及时为失业人员出具终止或者解除劳动关系的证明，告知其按照规定享受失业保险待遇的权利，并将失业人员的名单自终止或者解除劳动关系之日起7日内报社会保险经办机构备案。

城镇企业事业单位职工失业后，应当持本单位为其出具的终止或者解除劳动关系的证明，及时到指定的社会保险经办机构办理失业登记。失业保险金自办理失业登记之日起计算。

失业保险金由社会保险经办机构按月发放。社会保险经办机构为失业人员开具领取失业保险金的单证，失业人员凭单证到指定银行领取失业保险金。

第十七条 失业人员失业前所在单位和本人按照规定累计缴费时间满1年不足5年的，领取失业保险金的期限最长为12个月；累计缴费时间满5年不足10年的，领取失业保险金的期限最长为18个月；累计缴费时间10年以上的，领取失业保险金的期限最长为24个月。重新就业后，再次失业的，缴费时间重新计算，领取失业保险金的期限可以与前次失业应领取而尚未领取的失业保险金的期限合并计算，但是最长不得超过24个月。

第十八条 失业保险金的标准，按照低于当地最低工资标准、高于城市居民最低生活保障标准的水平，由省、自治区、直辖市人民政府确定。

第十九条 失业人员在领取失业保险金期间患病就医的，可以按照规定向社会保险经办机构申请领取医疗补助金。医疗补助金的标准由省、自治区、直辖市人民政府规定。

第二十条 失业人员在领取失业保险金期间死亡的，参照当地对在职职工的规定，对其家属一次性发给丧葬补助金和抚恤金。

第二十一条 单位招用的农民合同制工人连续工作满1年，本单位并已缴纳失业保险费，劳动合同期满未续订或者提前解除劳动合同的，由社会保险经办机构根据其工作时间长短，对其支付一次性生活补助。补助的办法和标准由省、自治区、直辖市人民政府规定。

第二十二条 城镇企业事业单位成建制跨统筹地区转移，失业人员跨统筹地区流动的，失业保险关系随之转迁。

第二十三条 失业人员符合城市居民最低生活保障条件的，按照规定享受城市居民最低生活保障待遇。

第四章 管理和监督

第二十四条 劳动保障行政部门管理失业保险工作，履行下列职责：

（一）贯彻实施失业保险法律、法规；

（二）指导社会保险经办机构的工作；

（三）对失业保险费的征收和失业保险待遇的支付进行监督检查。

第二十五条 社会保险经办机构具体承办失业保险工作，履行下列职责：

（一）负责失业人员的登记、调查、统计；

（二）按照规定负责失业保险基金的管理；

（三）按照规定核定失业保险待遇，开具失业人员在指定银行领取失业保险金和其他补助金的单证；

（四）拨付失业人员职业培训、职业介绍补贴费用；

（五）为失业人员提供免费咨询服务；

（六）国家规定由其履行的其他职责。

第二十六条 财政部门和审计部门依法对失业保险基金的收支、管理情况进行监督。

第二十七条 社会保险经办机构所需经费列入预算，由财政拨付。

第五章 罚 则

第二十八条 不符合享受失业保险待遇条件，骗取失业保险金和其他失业保险待遇的，由社会保险经办机构责令退还；情节严重的，由劳动保障行政部门处以骗取金额1倍以上3倍以下的罚款。

第二十九条 社会保险经办机构工作人员违反规定向失业人员开具领取失业保险金或者享受其他失业保险待遇单证，致使失业保险基金损失的，由劳动保障行政部门责令追回；情节严重的，依法给予行政处分。

第三十条 劳动保障行政部门和社会保险经办机构的工作人员滥用职权、徇私舞弊、玩忽职守，造成失业保险基金损失的，由劳动保障行政部门追回损失的失业保险基金；构成犯罪的，依法追究刑事责任；尚不构成犯罪的，依法给予行政处分。

第三十一条 任何单位、个人挪用失业保险基金的，追回挪用的失业保险基金；有违法所得的，没收违法所得，并入失业保险基金；构成犯罪的，依法追究刑事责任；尚不构成犯罪的，对直接负责的主管人员和其他直接责任人员依法给予行政处分。

第六章　附　　则

第三十二条　省、自治区、直辖市人民政府根据当地实际情况，可以决定本条例适用于本行政区域内的社会团体及其专职人员、民办非企业单位及其职工、有雇工的城镇个体工商户及其雇工。

第三十三条　本条例自发布之日起施行。1993 年 4 月 12 日国务院发布的《国有企业职工待业保险规定》同时废止。

失业保险金申领发放办法

（2000 年 10 月 26 日中华人民共和国劳动和社会保障部令第 8 号发布　自 2001 年 1 月 1 日起施行）

第一章　总　　则

第一条　为保证失业人员及时获得失业保险金及其他失业保险待遇，根据《失业保险条例》（以下简称《条例》），制定本办法。

第二条　参加失业保险的城镇企业事业单位职工以及按照省级人民政府规定参加失业保险的其他单位人员失业后（以下统称失业人员），申请领取失业保险金、享受其他失业保险待遇适用本办法；按照规定应参加而尚未参加失业保险的不适用本办法。

第三条　劳动保障行政部门设立的经办失业保险业务的社会保险经办机构（以下简称经办机构）按照本办法规定受理失业人员领取失业保险金的申请，审核确认领取资格，核定领取失业保险金、享受其他失业保险待遇的期限及标准，负责发放失业保险金并提供其他失业保险待遇。

第二章　失业保险金申领

第四条　失业人员符合《条例》第十四条规定条件的，可以申请领取失业保险费，享受其他失业保险待遇。其中，非因本人愿意中断就业的是指下列人员：

（一）终止劳动合同的；

（二）被用人单位解除劳动合同的；

（三）被用人单位开除、除名和辞退的；

（四）根据《中华人民共和国劳动法》第三十二条第二、三项与用人单位解除劳动合同的；

（五）法律、行政法规另有规定的。

第五条 失业人员失业前所在单位，应将失业人员的名单自终止或者解除劳动合同之日起 7 日内报受理其失业保险业务的经办机构备案，并按要求提供终止或解除劳动合同证明、参加失业保险及缴费情况证明等有关材料。

第六条 失业人员应在终止或者解除劳动合同之日起 60 日内到受理其单位失业保险业务的经办机构申领失业保险金。

第七条 失业人员申领失业保险金应填写《失业保险金申领表》，并出示下列证明材料：

（一）本人身份证明；

（二）所在单位出具的终止或者解除劳动合同的证明；

（三）失业登记及求职证明；

（四）省级劳动保障行政部门规定的其他材料。

第八条 失业人员领取失业保险金，应由本人按月到经办机构领取，同时应向经办机构如实说明求职和接受职业指导、职业培训情况。

第九条 失业人员在领取失业保险金期间患病就医的，可以按照规定向经办机构申请领取医疗补助金。

第十条 失业人员在领取失业保险金期间死亡的，其家属可持失业人员死亡证明、领取人身份证明、与失业人员的关系证明，按规定向经办机构领取一次性丧葬补助金和其供养配偶、直系亲属的抚恤金。失业人员当月尚未领取的失业保险金可由其家属一并领取。

第十一条 失业人员在领取失业保险金期间，应积极求职，接受职业指导和职业培训。失业人员在领取失业保险金期间求职时，可以按规定享受就业服务减免费用等优惠政策。

第十二条 失业人员在领取失业保险金期间或期满后，符合享受当地城市居民最低生活保障条件的，可以按照规定申请享受城市居民最低生活保障待遇。

第十三条 失业人员在领取失业保险金期间，发生《条例》第十五条规定情形之一的，不得继续领取失业保险金和享受其他失业保险待遇。

第三章 失业保险金发放

第十四条 经办机构自受理失业人员领取失业保险金申请之日起 10 日内，对申领者的资格进行审核认定，并将结果及有关事项告知本人。经审核合格者，从其办理失业登记之日起计发失业保险金。

第十五条 经办机构根据失业人员累计缴费时间核定其领取失业保险金的期限。失业人员累计缴费时间按照下列原则确定：

（一）实行个人缴纳失业保险费前，按国家规定计算的工龄视同缴费时间，与《条例》发布后缴纳失业保险费的时间合并计算。

（二）失业人员在领取失业保险金期间重新就业后再次失业的，缴费时间重新计算，其领取失业保险金的期限可以与前次失业应领取而尚未领取的失业保险金的期限合并计算，但是最长不得超过24个月。失业人员在领取失业保险金期间重新就业后不满一年再次失业的，可以继续申领其前次失业应领取而尚未领取的失业保险金。

第十六条 失业保险金以及医疗补助金、丧葬补助金、抚恤金、职业培训和职业介绍补贴等失业保险待遇的标准按照各省、自治区、直辖市人民政府的有关规定执行。

第十七条 失业保险金应按月发放，由经办机构开具单证，失业人员凭单证到指定银行领取。

第十八条 对领取失业保险金期限即将届满的失业人员，经办机构应提前一个月告知本人。

失业人员在领取失业保险金期间，发生《条例》第十五条规定情形之一的，经办机构有权即行停止其失业保险金发放，并同时停止其享受其他失业保险待遇。

第十九条 经办机构应当通过准备书面资料、开设服务窗口、设立咨询电话等方式，为失业人员、用人单位和社会公众提供咨询服务。

第二十条 经办机构应按规定负责失业保险金申领、发放的统计工作。

第四章 失业保险关系转迁

第二十一条 对失业人员失业前所在单位与本人户籍不在同一统筹地区的，其失业保险金的发放和其他失业保险待遇的提供由两地劳动保障行政部门进行协商，明确具体办法。协商未能取得一致的，由上一级劳动保障行政部门确定。

第二十二条 失业人员失业保险关系跨省、自治区、直辖市转迁的，失业保险费用应随失业保险关系相应划转。需划转的失业保险费用包括失业保险金、医疗补助金和职业培训、职业介绍补贴。其中，医疗补助金和职业培训、职业介绍补贴按失业人员应享受的失业保险金总额的一半计算。

第二十三条 失业人员失业保险关系在省、自治区范围内跨统筹地区转迁，失业保险费用的处理由省级劳动保障行政部门规定。

第二十四条 失业人员跨统筹地区转移的，凭失业保险关系迁出地经办机构出具的证明材料到迁入地经办机构领取失业保险金。

第五章 附 则

第二十五条 经办机构发现不符合条件，或以涂改、伪造有关材料等非法手段骗取失业保险金和其他失业保险待遇的，应责令其退还；对情节严重的，经办机构可以提请劳动保障行政部门对其进行处罚。

第二十六条 经办机构工作人员违反本办法规定的，由经办机构或主管该经办机构的劳动保障行政部门责令其改正；情节严重的，依法给予行政处分；给失业人员造成损失的，依法赔偿。

第二十七条 失业人员因享受失业保险待遇与经办机构发生争议的，可以向主管该经办机构的劳动保障行政部门申请行政复议。

第二十八条 符合《条例》规定的劳动合同期满未续订或者提前解除劳动合同的农民合同制工人申领一次性生活补助，按各省、自治区、直辖市办法执行。

第二十九条 《失业保险金申领表》的样式，由劳动和社会保障部统一制定。

第三十条 本办法自2001年1月1日起施行。

关于事业单位参加失业保险有关问题的通知

（1999年8月30日 劳社部发〔1999〕29号）

各省、自治区、直辖市劳动（劳动和社会保障）厅（局）、财政厅（局）、人事厅（局）：

国务院今年1月22日发布的《失业保险条例》和《社会保险费征缴暂行条例》（国务院令第258、259号）规定："城镇企业事业单位、城镇企业事业单位职工按照本条例的规定，缴纳失业保险费。城镇企业事业单位失业人员依照本条例的规定，享受失业保险待遇"。现就事业单位参加失业保险有关问题通知如下：

一、事业单位应当按照两个《条例》和所在地区的有关规定，在单位所在地进行社会保险登记，按时申报并足额缴纳失业保险费。各主管部门应当督促所属事业单位做好相关工作。

二、事业单位缴纳失业保险费所需资金在其支出预算中列支。此项基金收支要在失业保险基金收支中单独反映，并在保证事业单位失业人员失业保险待遇的前提下统筹使用。

三、事业单位职工失业后，应到当地经办失业保险业务的社会保险经办机构办理失业登记，对符合享受失业保险待遇条件的，由经办机构按规定支付失业保险待遇。

四、在国家关于事业单位养老保险制度改革办法出台之前，事业单位职工失业期间的养老关系予以保留（失业期间不计算缴费年限或工作年限），再就业后，按照其新的工作单位的养老办法接续。新的工作单位已经实行养老保险社会统筹的，本人应随之参加，其在原单位的工作年限视同缴费年限；新的工作单位实行其他养老办法的，按该单位办法办理。

五、各级劳动保障、人事行政部门要加强对事业单位参加失业保险工作的指导。尚未将失业保险职能集中起来的地方，要尽快实行统一管理，并统一政策、统一运作。

国家税务总局关于失业保险费（金）征免个人所得税问题的通知

（2000年5月16日　国税发〔2000〕83号）

为支持失业保险制度的建立和完善，保障失业人员的基本生活，现对城镇企业事业单位及其职工个人缴纳的失业保险费（金）征免个人所得税问题明确如下：

一、城镇企业事业单位及其职工个人按照《失业保险条例》规定的比例，实际缴付的失业保险费，均不计入职工个人当期的工资、薪金收入，免予征收个人所得税。

本条所称城镇企业，是指国有企业、城镇集体企业、外商投资企业、城镇私营企业以及其他城镇企业。

本条所称职工个人，不包括城镇企业事业单位招用的农民合同制工人。

二、城镇企业事业单位和职工个人超过上述规定的比例缴付失业保险费的，应将其超过规定比例缴付的部分计入职工个人当期的工资、薪金收入，依法计征个人所得税。

三、具备《失业保险条例》规定条件的失业人员，领取的失业保险金，免予征收个人所得税。

四、本通知自2000年6月1日起执行。原政策规定与本通知相抵触的，按本通知规定执行。

劳动和社会保障部、财政部关于切实做好事业单位参加失业保险工作有关问题的通知

（2000 年 8 月 4 日　劳社部发〔2000〕14 号）

各省、自治区、直辖市劳动和社会保障厅（局）、财政厅（局），国务院有关部门劳动保障工作机构：

去年以来，各地认真贯彻《失业保险条例》和《社会保险费征缴暂行条例》（以下简称“两个条例”），积极推动事业单位参加失业保险，目前事业单位参保人数已达到 1500 多万人。为进一步贯彻落实“两个条例”和《国务院关于切实做好企业离退休人员基本养老金按时足额发放和国有企业下岗职工基本生活保障工作的通知》（国发〔2000〕8 号）精神，完善社会保障体系，现就切实做好事业单位参加失业保险工作的有关问题通知如下：

一、各地劳动保障部门及其经办失业保险业务的社会保险经办机构，要在今年三季度对本行政区域内的事业单位参加失业保险情况进行一次检查。对尚未参保的单位要搞好相关法规政策宣传，加强指导和帮助，促其按《失业保险条例》规定，依法办理参保手续；对已参保的单位，要检查其履行缴费义务的情况，以及这些单位职工失业后享受失业保险待遇情况，按照“两个条例”规定加以落实。已由税务机关征缴失业保险费的地区，社会保险经办机构要与税务机关密切协作配合，及时沟通有关信息，研究解决存在的问题，共同依法做好征收工作。

二、《事业单位财务规则》规定，事业单位实行收支统一核算与管理。因此，事业单位应根据单位所有收入（含财政补助收入）和支出（含缴纳的社会保险费），统一编制收支预算，报送同级财政部门，由财政部门统一核定单位的收支预算。事业单位缴纳失业保险费所需资金在本单位的支出预算中列支，列入“社会保障费”支出科目。今年未编制失业保险费支出预算的事业单位，要采取相应措施予以弥补，不能因此影响参保和缴费。

各级劳动保障部门和财政部门要加强对事业单位参加失业保险和缴纳失业保险费的指导，通力合作，促使“两个条例”落实。执行中存在的问题，请及时报劳动保障部和财政部。

关于对刑满释放或者解除劳动教养人员能否享受失业保险待遇问题的复函

（2000 年 9 月 7 日　劳社厅函〔2000〕108 号）

重庆市劳动局：

你局《关于刑满释放后解除劳教人员能否享受失业保险待遇的请示》（渝劳发〔2000〕91 号）收悉。经研究，现答复如下：

按照《失业保险条例》的规定，失业人员领取失业保险金应具备的条件是：按照规定参加失业保险，所在单位和本人已按照规定履行缴费义务满 1 年的，非因本人意愿中断就业的；已办理失业登记，并有求职要求的，失业人员在领取失业保险金期间被判刑收监执行或者被劳动教养的，停止领取失业保险金。

根据上述规定，在职人员因被判刑收监执行或者被劳动教养，而被用人单位解除劳动合同的，可以在其刑满、假释、劳动教养期满或解除劳动教养后，申请领取失业保险金。失业保险金自办理失业登记之日起计算。失业人员在领取失业保险金期间因被判刑收监执行或者被劳动教养而停止领取失业保险金的，可以在其刑满、假释、劳动教养期满或解除劳动教养后恢复领取失业保险金。失业人员在领取失业保险金期间，按照规定同时享受其他失业保险待遇。失业保险金及其他失业保险待遇标准按现行规定执行。

关于银行系统单位参加失业保险有关问题的通知

（2000 年 11 月 8 日　劳社部发〔2000〕22 号）

各省、自治区、直辖市劳动和社会保障厅（局），财政厅（局）：

为贯彻施行《失业保险条例》和《社会保险费征缴暂行条例》，做好银行系统参加失业保险工作，现就有关问题通知如下：

一、中国人民银行及其分支机构，不纳入失业保险实施范围。中国人民银行所属的各类企业事业单位及其职工，应按规定参加单位所在地的失业保险。

二、各商业银行及其职工，均应参加单位所在地的失业保险。

三、各国家政策性银行及其职工，均应参加单位所在地的失业保险。

四、参加失业保险的银行系统单位及其职工，应当认真履行规定的缴费义务。其职工失业后，按规定享受失业保险待遇。

五、各级劳动保障部门及其经办失业保险业务的社会保险经办机构，应对银行系统的有关单位做好相关法律、法规和政策的宣传工作，加强指导，使银行系统各单位按规定参加失业保险。

劳动和社会保障部办公厅关于破产企业职工自谋职业领取一次性安置费后能否享受失业保险待遇问题的复函

(2001 年 5 月 23 日　劳社厅函〔2001〕133 号)

河南省劳动和社会保障厅：

你厅《关于破产企业职工自谋职业领取一次性安置费后能否享受失业保险待遇的请示》(豫劳社函〔2001〕51 号) 收悉。经研究，答复如下：

一、根据《国务院关于若干城市试行国有企业破产有关问题的通知》(国发〔1994〕59 号) 和《国务院关于在若干城市试行国有企业兼并破产和职工再就业有关问题的补充通知》(国发〔1997〕10 号) 精神，优化资本结构试点城市安置国有破产企业职工时，可以根据当地情况，对自谋职业的发放一次性安置费，以鼓励和帮助职工尽快实现重新就业。实行这项政策，应坚持职工自愿原则，规范操作。按照《失业保险条例》的规定，在业人员不享受失业保险待遇。

二、对未提出自谋职业申请或虽提出申请但未实现自谋职业，及实行劳动合同制以后参加工作的职工，企业在与其解除劳动合同时，应按规定支付经济补偿金，符合法定条件的按规定享受失业保险待遇。

关于对军队机关事业单位职工参加失业保险有关问题的复函

(2002 年 2 月 22 日　劳社厅发〔2002〕52 号)

山西省劳动和社会保障厅：

你厅《关于军队机关事业单位职工参加失业保险有关问题的请示》(晋劳社失函〔2001〕6 号) 收悉，现答复如下：

一、人事部、劳动和社会保障部、中国人民解放军总后勤部《关于军队后勤保障社会化改革中人事和劳动保障工作有关问题的通知》(〔2000〕后司字第332号)规定,“军队机关事业单位职工,从2000年7月1日起,按国家规定参加当地失业保险,缴纳失业保险费,享受失业保险待遇”。其中,“军队机关事业单位职工”是指军队机关事业单位中无军籍的所有职工。即:列入军队队列编制员额的职工和不列入军队队列编制员额的职员、工人(含合同制)以及聘用的其他职工(不含离退休人员)。

二、军队机关事业单位参加失业保险,应按照规定如实提供职工人数、缴费工资基数等情况。失业保险经办机构应按照军队机关事业单位提供的参保人员名单和缴费工资等情况,为缴费单位和缴费个人办理参保手续、建立缴费记录。军队机关事业单位中的参保人员失业时,对符合条件的失业人员,要按时足额发放失业保险金,并提供相应的服务。

关于建立失业保险个人缴费记录的通知

(2002年4月12日 劳社部函〔2002〕69号)

各省、自治区、直辖市劳动和社会保障厅(局):

为规范城镇企业事业单位及其职工参加失业保险和履行缴费义务的行为及经办机构的管理服务程序,准确审定失业人员申领失业保险金资格、确定待遇期限,根据《社会保险费征缴暂行条例》(国务院令第259号)及《社会保险费申报缴纳管理暂行办法》(劳动保障部令第2号)的规定,各地应当在认真做好失业保险单位缴费记录的同时,普遍建立失业保险个人缴费记录(以下简称个人缴费记录)。现就有关问题通知如下。

一、建立个人缴费记录的实施范围及基本原则

个人缴费记录的对象为依法参加失业保险的缴费单位职工。个人缴费记录要简明、准确、安全、完整,便于操作、查询。有条件的地区,可采取适当方式与养老、医疗等社会保险实现信息资源共享。

二、建立个人缴费记录的实施单位及记录依据

个人缴费记录由劳动保障行政部门设立的经办失业保险业务的社会保险经办机构负责建立。失业保险费由税务机关征收的地区,经办机构应积极向税务机关索取缴费凭证等相关资料。

建立个人缴费记录的主要依据是缴费单位提供的经审核的社会保险费申报表、代扣代缴明细表、缴费凭证、单位职工名册及经办机构规定的其他资料。

三、个人缴费记录的基本内容

个人缴费记录的基本内容应包括职工个人基本信息和缴费信息两部分。

职工个人基本信息的内容包括：单位编号、单位名称、单位类型、姓名、性别、出生年月、社会保障号码（或公民身份证号码）、户口所在地、用工形式、参加失业保险时间等。

缴费信息的内容包括：职工个人缴费起始时间、职工个人与单位缴费情况等，是否记载个人缴费金额，各地可根据实际需要和技术条件自行决定。对农民合同制工人，只记录单位缴费情况。缴费情况应每年度汇总一次。

四、个人缴费记录的变更及转移

缴费单位及其职工情况发生变化时，经办机构应根据经审核的社会保险费申报表、代扣代缴明细表和其他资料，对个人缴费记录及时作出调整。

缴费单位成建制跨统筹地区转移、缴费个人跨统筹地区流动时，个人缴费记录随同转移。转出地经办机构应为其办理相应的转迁手续，转入地经办机构应及时为其接续失业保险关系。

五、个人缴费记录的管理

要规范和加强个人缴费记录管理，确保个人缴费记录内容清楚、准确，保存完整、安全。有条件的地区，应尽快建立起计算机管理的个人缴费记录，并按规定将数据备份。暂不具备条件的地区，可从实际出发，先采用手工方式建立个人缴费记录。

经办机构应做好个人缴费记录与申领失业保险金审核发放的衔接工作，以个人缴费记录为重要依据，确定失业人员领取失业保险金资格及待遇期限。缴费单位职工失业后按规定享受失业保险待遇的情况，可在个人缴费记录中予以反映。

缴费单位职工办理退休手续、出国定居或在职期间死亡的，其个人缴费记录保留两年后予以注销。

管理个人缴费记录的经办机构负责查询服务，对缴费单位职工提出查询本人缴费情况的，应及时提供优质服务。

六、组织实施

各地劳动保障部门应根据本地区实际情况，研究制订实施方案，提供必要条件，尽快推开，并切实做好组织实施工作。建立个人缴费记录不得向缴费单位及其职工收取费用，所需经费可报请当地财政部门予以支持。已经建立个人缴费记录的地区，应及时总结经验，进一步加强管理和规范。尚未建立的地区，应抓紧 时间积极准备，推动此项工作的开展。

最高人民检察院关于挪用失业保险基金和下岗职工基本生活保障资金的行为适用法律问题的批复

（2003 年 1 月 28 日最高人民检察院公告公布　自 2003 年 1 月 30 日起施行）

辽宁省人民检察院：

你院辽检发研字（2002）9 号《关于挪用职工失业保险金和下岗职工生活保障金是否属于挪用特定款物的请示》收悉。经研究，批复如下：

挪用失业保险基金和下岗职工基本生活保障资金属于挪用救济款物。挪用失业保险基金和下岗职工基本生活保障资金，情节严重，致使国家和人民群众利益遭受重大损害的，对直接责任人员，应当依照刑法第二百七十三条的规定，以挪用特定款物罪追究刑事责任；国家工作人员利用职务上的便利，挪用失业保险基金和下岗职工基本生活保障资金归个人使用，构成犯罪的，应当依照刑法第三百八十四条的规定，以挪用公款罪追究刑事责任。

此复。

劳动和社会保障部、财政部关于适当扩大失业保险基金支出范围试点有关问题的通知

（2006 年 1 月 11 日　劳社部发〔2006〕5 号）

为充分发挥失业保险制度促进再就业的功能，根据《国务院关于进一步加强就业再就业工作的通知》（国发〔2005〕36 号）的要求，自 2006 年 1 月起在北京、上海、江苏、浙江、福建、山东、广东 7 省、直辖市开展适当扩大失业保险基金支出范围试点（以下简称试点）工作，经国务院同意，现将有关问题通知如下：

一、试点地区要按照保障失业人员基本生活与促进再就业统筹兼顾、失业保险基金收支平衡、权利与义务相统一、合理安排失业保险基金与促进就业财政资金的原则，在保障失业人员基本生活的前提下，根据本地区促进再就业工作的需要，积极稳妥地开展试点工作。

二、试点工作要以失业保险基金统筹地区为单位。试点地区应具备以下条件：失业保险基金收入持续增长；实行省级调剂金制度的，要按规定缴纳调剂金；滚存结余大于上年度失业保险金、医疗补助金等基本生活保障支出金额；失业保险基金不需要同级财政补助；失业保险基金使用管理规范。

三、试点地区的失业保险基金可用于国发〔2005〕36 号文件规定的职业培训补贴、职业介绍补贴、社会保险补贴、岗位补贴和小额担保贷款贴息支出。享受上述补贴和贴息的对象为领取失业保险金期间的失业人员。在上述项目之外增设支出项目，北京市、上海市须经市人民政府批准，并报国务院备案。其他 5 省增设支出项目，须由省人民政府报请国务院批准后实施。

四、试点地区劳动保障部门要根据本地区促进就业再就业的任务目标、支出项目和标准，以及失业保险基金的收支、结余等情况，提出本地区就业再就业年度资金需求，包括从失业保险基金中列支部分和申请财政预算安排部分，报同级财政部门审核后编制本地区年度资金计划。

五、试点地区劳动保障、财政部门要加强对失业保险基金的管理和监督，做到专款专用，提高资金使用效益。对违规动用资金的，要按有关规定严肃处理。

六、试点地区应进一步加强失业保险扩面征缴工作，完善失业保险金申领办法和条件，合理确定失业保险金标准，及时掌握失业人员求职、参加职业培训和再就业状况，实现失业保险与促进就业的良性互动。要切实加强基础管理工作，规范工作流程，提高服务质量。

七、试点时间暂定 3 年。试点省、直辖市的实施方案由省级劳动保障、财政部门报经省级人民政府批准后施行，同时报劳动保障部和财政部备案。

八、试点省、直辖市在按规定切实保障失业人员基本生活和发挥失业保险制度促进再就业功能的前提下，可以按照《失业保险条例》的规定报经国务院批准后调整失业保险费率。

九、开展适当扩大失业保险基金支出范围试点工作，政策性强，各试点省市要高度重视，注重实效，加强指导，精心组织实施。要及时了解掌握试点进展情况，并对试点效果每年进行评估。对试点中遇到的重大问题及时向劳动保障部和财政部报告。

劳动和社会保障部办公厅关于印发优化失业保险经办业务流程指南的通知

（2006年9月11日　劳社厅发〔2006〕24号）

各省、自治区、直辖市劳动和社会保障厅（局）：

近年来，各地贯彻落实《失业保险条例》及相关规定，对失业保险业务流程加以规范，经办工作逐步走入科学管理轨道，管理服务水平有所提高，对发挥失业保险功能、加强制度建设起到了积极作用。目前，随着新一轮积极就业政策的实施，失业保险工作面临着一些新情况、新任务，对管理服务提出了更高的要求。面对新的形势，需要进一步提升失业保险管理服务水平。国务院《关于进一步加强就业再就业工作的通知》（国发〔2005〕36号）明确提出“围绕就业工作的主要任务和服务对象的需要，优化业务流程，逐步实现就业服务和失业保险业务的全程信息化。”为此，我们在总结一些地区经验的基础上，结合失业保险工作今后的发展，制定了《优化失业保险经办业务流程指南》，印发给你们，供各地在优化本地失业保险经办业务流程时参考。

附件：优化失业保险经办业务流程指南

优化失业保险经办业务流程指南

第一章　总　　则

一、为加强失业保险业务管理，进一步优化失业保险经办业务流程，根据《失业保险条例》及有关法规规章，制定本指南。

二、劳动保障部门经办失业保险业务的机构（以下简称经办机构）适用本指南。

三、失业保险经办业务分为失业保险登记管理、失业保险费征收、缴费记录、待遇审核与支付、财务管理、稽核监督等。

第二章　失业保险登记管理

失业保险登记管理包括参保登记、变更登记、注销登记和登记证件管理等。

由税务机关征收失业保险费的地区，经办机构应当按月向税务机关提供参保单位失业保险参保登记、变更登记及注销登记情况。

第一节　参保登记

一、经办机构为依法申报参加失业保险的单位办理参加失业保险登记手续，要求其填写《社会保险登记表》（表2－1），并出示以下证件和资料：

（一）营业执照、批准成立证件或其他核准执业证件；

（二）国家质量技术监督部门颁发的组织机构统一代码证书；

（三）经办机构规定的其他有关证件和资料。

已经参加养老、医疗等社会保险的，参保单位只提交社会保险登记证，填写《社会保险登记表》及《参加失业保险人员情况表》（表2－2）。

二、经办机构对参保单位填报的《社会保险登记表》、《参加失业保险人员情况表》及相关证件和资料即时受理，并在自受理之日起10个工作日内审核完毕。

审核通过的，经办机构应为参保单位及其职工个人建立基本信息，并将有关资料归档。已参加养老、医疗等社会保险的，在其社会保险登记证上标注失业保险项目。首次参加社会保险的，发给社会保险登记证。

未通过审核的，经办机构应向申报单位说明原因。

第二节　变更登记

一、参保单位在以下社会保险登记事项之一发生变更时，应依法向原经办机构申请办理变更登记：

（一）单位名称；

（二）住所或地址；

（三）法定代表人或负责人；

（四）单位类型；

（五）组织机构统一代码；

（六）主管部门；

（七）隶属关系；

（八）开户银行账号；

（九）经办机构规定的其他事项。

二、申请变更登记单位应按规定提供以下相关证件和资料：

（一）变更社会保险登记申请书；

（二）工商变更登记表和工商执照或有关机关批准或宣布变更证明；

（三）社会保险登记证；

（四）经办机构规定的其他资料。

三、申请变更登记单位提交资料齐全的，经办机构发给《社会保险变更登记表》（表2－3），并由申请变更登记单位依法如实填写，经办机构进行审核后，归入参保单位社会保险登记档案。

社会保险变更登记的内容涉及社会保险登记证件的内容需作变更的，经办机构收回原社会保险登记证，并按更改后的内容重新核发社会保险登记证。

第三节　注销登记

一、参保单位发生以下情形之一时，经办机构为其办理注销登记手续：

（一）参保单位发生解散、破产、撤销、合并以及其他情形，依法终止缴费义务；

（二）参保单位营业执照注销或被吊销；

（三）单位因住所变动或生产、经营地址变动而涉及改变登记机构；

（四）国家法律、法规规定的其他情形。

二、参保单位在办理注销社会保险登记前，应当结清应缴纳的失业保险费、滞纳金和罚款，并填写《社会保险注销登记表》（表2－4），提交相关法律文书或其他有关注销文件。经办机构予以核准，办理社会保险注销登记手续，并缴销社会保险登记证件。

三、经办机构办理注销登记手续后，在信息系统内进行标注，并封存其参保信息及有关档案资料。

第四节　登记证件管理

经办机构对已核发的社会保险登记证件，实行定期验证和换证制度，按规定为参保单位办理验证或换证手续。

一、经办机构定期进行失业保险登记验证，参保单位应在规定时间内填报《社会保险验证登记表》（表2－5），并提供以下证件和资料：

（一）社会保险登记证；

（二）营业执照、批准成立证件或其他核准执业证件；

（三）组织机构统一代码证书；

（四）经办机构规定的其他证件和资料。

二、经办机构对参保单位提供的证件和资料进行审核，审核的主要内容包括：

（一）办理社会保险登记、变更登记、上年度验证等情况；

（二）参保人数增减变化情况；

（三）申报缴费工资、缴纳失业保险费情况；

（四）经办机构规定的其他内容。

三、审核通过的，经办机构在信息系统内进行标注，并在社会保险登记证上加注核验标记或印章，期满时予以换证。社会保险登记证由参保单位保管。

四、参保单位如果遗失社会保险登记证件，应及时向原办理社会保险登记的经办机构报告，并按规定申请补办。经办机构应及时受理，并按相关规定程序补发社会保险登记证。

第三章　失业保险费征收

失业保险费征收包括缴费申报受理、缴费核定、费用征收与收缴欠费等。

失业保险费由税务机关征收的地区，经办机构应与税务机关建立信息沟通机制，并将税务机关提供的缴费信息及时记录。

第一节　申报受理

一、参保单位按规定定期办理缴费申报，经办机构予以受理。参保单位需填报《社会保险费申报表》（表3－1），并提供失业保险费代扣代缴明细表、劳动工资统计月（年）报表及经办机构规定的其他相关资料。

二、参保单位人员发生变化时，应按规定及时到经办机构进行人员变动缴费申报，填报《参保单位职工人数增减情况申报表》（表3－2），并提供相关证明和资料，办理缴费申报手续，经办机构予以受理。

三、实行社会保险费统一征收的地区，应当建立各项社会保险缴费申报的联动机制。经办机构在受理参保单位申报缴纳基本养老保险费、基本医疗保险费的同时，应当要求其必须申报缴纳失业保险费，并为其办理失业保险费缴费申报手续。

未实行社会保险费统一征收的地区，应积极创造条件，逐步实现统一征收，以提高工作效率，简化缴费申报手续，减少缴费申报环节。

第二节　缴费核定

一、经办机构审核参保单位填报的《社会保险费申报表》（表3－1）及有关资料，确定单位缴费金额和个人缴费金额。在审核缴费基数时，可根据参保单位性质与其申报基本养老保险、基本医疗保险的缴费基数相对照。审核通过后，在《社会保险费申报表》相应栏目内盖章，并由经办机构留存。

二、对未按规定申报的参保单位，经办机构暂按其上年（月）缴费数额的110%确定应缴数额；没有上年（月）缴费数额的，经办机构可暂按该单位的经营状况、职工人数等有关情况确定应缴数额。参保单位补办申报手续并按核定数额缴纳失业保险费后，经办机构再按规定进行结算。

三、办理参保人员增减变动缴费申报的，经办机构根据参保单位申报参保人员变动情况，核定其当期缴费基数和应征数额，同时办理其他相关手续，并为新增参保人员记录相关信息。

四、经办机构根据缴费核定结果，形成《失业保险缴费核定汇总表》（表3－3），并以此作为征收失业保险费的依据。

五、由税务机关征收失业保险费的地区，经办机构应将参保单位申报缴费的审核结果制成《失业保险费核定征收计划表》（表3－4）提供给税务机关。

第三节　费用征收

一、经办机构应以《失业保险缴费核定汇总表》作为征收失业保险费的依据。采取委托收款方式的，开具委托收款书，送“收入户存款”开户银行；采取其他方式征收的，以支票或其他方式实施收款。经办机构依据实际到账情况入账，开具基金专用收款凭证，并及时记录单位和个人缴费情况。

二、对中断或终止缴费的人员，经办机构应记录中断或终止缴费的日期、原因等信息，并办理相关手续。

三、由税务机关征收失业保险费的地区，经办机构要与税务机关建立信息沟通机制。经办机构按月向税务机关提供核定的参保单位和参保个人的应缴费数额及其他相关情况，并根据税务机关提供失业保险费的到账信息，做入账处理。

第四节　收缴欠费

一、参保单位办理申报后未及时缴纳失业保险费的，经办机构应向其发出《失业保险费催缴通知书》（表3－5），通知其在规定时间内补缴欠费。对拒不执行的，提请劳动保障行政部门要求参保单位限期改正；对逾期仍不缴纳的，除要求补缴欠缴数额外，从欠缴之日起，按规定加收滞纳金。收缴的滞纳金并入失业保险基金。

二、对因筹资困难，无法一次足额缴清欠费的企业，经办机构与其签定补缴协议。如欠费企业发生被兼并、分立等情况时，按下列方法签订补缴协议：

（一）欠费企业被兼并的，与兼并方签订补缴协议；

（二）欠费企业分立的，与分立各方分别签订补缴协议；

（三）欠费企业被拍卖、出售或实行租赁的，应在拍卖、出售、租赁协议或合同中明确补缴欠费的办法，并签订补缴协议。

三、破产的企业，其欠费按有关规定，在资产变现收入中予以清偿；无法完全清偿欠费的部分，经经办机构提出，劳动保障部门审核，财政部门复核，报当地人民政府批准后可以核销。

四、失业保险费由税务机关征收的地区，经办机构根据税务机关提供的参保单位失业保险费欠费变动情况，及时调整其欠费数据信息。

五、经办机构根据税务机关提供的补缴欠费到账信息和劳动保障行政部门提供的核销处理信息，编制参保单位缴费台账，调整参保单位或个人欠费信息。

第四章　缴费记录

缴费记录包括建立记录、转出记录、转入记录、停保和续保记录及缴费记录查询等。

第一节 建立记录

一、经办机构负责建立参保单位及其职工个人基本信息及缴费信息。实行社会保险费统一征收的地区，经办机构应对参保单位及其职工个人缴纳的社会保险费根据规定的各险种费率按比例进行分账，并根据失业保险费的缴纳情况进行详细、完整的记录。

二、失业保险费由税务机关征收的地区，经办机构根据税务机关提供的参保单位及其职工个人缴费信息为其建立缴费记录。经办机构应与税务机关建立定期对账制度。

三、缴费记录的主要内容

（一）参保单位记录的主要内容包括：单位编码、单位类型、单位名称、法定代表人或负责人、单位性质、组织机构统一代码、主管部门、所属行业、所属地区、开户银行账号、职工人数、工资总额、参保时间、缴费起始时间、缴费终止时间、单位应缴金额、个人应缴金额、单位实缴金额、个人实缴金额、单位欠费金额、单位欠费时间、个人欠费金额、个人欠费时间等。

（二）个人缴费记录的基本内容包括：单位编码、单位类型、单位名称、姓名、性别、出生年月、社会保障号码（或居民身份证号码）、民族、户口所在地、用工形式、参加失业保险时间、个人缴费起始时间、缴费终止时间、缴费年限（视同缴费年限、累计缴费年限）、个人应缴金额、个人实缴金额、个人欠费金额、个人欠费时间等。

第二节 转出记录

一、参保单位成建制跨统筹地区转移或职工个人在职期间跨统筹地区转换工作单位的，经办机构负责为其办理失业保险关系转迁手续。

二、参保单位成建制跨统筹地区转移的，转出地经办机构向转入地经办机构出具《参保单位失业保险关系转迁证明》（表4-1），并提供转迁参保单位及其职工个人的相关信息资料。

三、参保职工个人在职期间跨统筹地区转换工作单位的，转出地经办机构向转入地经办机构出具《参保人员失业保险关系转迁证明》（表4-2），并提供转迁职工个人相关信息资料。

第三节 转入记录

经办机构应及时为转入的参保单位及其职工个人接续失业保险关系。

一、转入地经办机构根据转入的参保单位的相关信息为该单位及其职工个人建立缴费记录。

二、城镇企业事业单位成建制跨统筹地区转移的，转入地经办机构根据转入单位提供的《参保单位失业保险关系转迁证明》、单位基本信息及缴费信息资料记录转入参保单位及其职工个人的基本信息和缴费情况。

三、参保职工个人在职期间跨统筹地区转换工作单位的，转入地经办机构根据转入职工个人提供的《参保人员失业保险关系转迁证明》、个人基本信息及缴费信息资料，记录转入职工个人的基本信息和缴费情况。

四、职工由机关进入企业或事业单位工作的，从工资发放之月起，所在参保单位应为其申报缴纳失业保险费。经办机构应按规定为职工个人核定视同缴费年限，建立缴费记录。

第四节　停保和续保记录

一、参保人员因出国（境）定居、退休、死亡等原因中断或终止缴费，经办机构根据变动信息，及时确认个人缴费记录，并将个人缴费记录予以注销或封存。

二、参保人员中断缴费后又续缴的，经办机构根据其所在单位提供的参保人员增加信息，并在确认以前其个人缴费记录信息后，继续进行个人缴费记录。

第五节　缴费记录查询

一、经办机构通过设立服务窗口、咨询电话等方式负责向参保单位及其职工个人提供缴费情况的查询服务。参保单位或职工个人对查询结果提出异议的，应根据参保单位和职工个人提供的有关资料予以复核，如需调整的，报经办机构负责人批准后予以修改，并保留调整前的记录。同时，将复核结果通知查询单位或职工个人。

二、经办机构应于缴费年度初向社会公布上一年度参保单位的缴费情况。经办机构应至少每年一次将个人缴费记录信息反馈给职工个人，以接受参保人员监督。

第五章　待遇审核与支付

待遇审核与支付包括失业保险金等待遇审核与支付、职业培训和职业介绍补贴审核与支付、农民合同制工人一次性生活补助审核与支付、失业人员失业保险关系转迁后的待遇审核与支付，以及待遇支付记录等。

第一节　失业保险金等待遇审核与支付

一、失业保险金审核与支付

（一）失业人员失业前所在单位，应将失业人员的名单自终止或解除劳动合同之日起7日内报经办机构备案，并按要求提供有关终止或解除劳动合同、参加失业保险及缴费情况等材料。

（二）失业人员应在终止或解除劳动合同之日起60日内到经办机构按规定

办理申领失业保险金手续。失业人员申领失业保险金应填写《失业保险金申领表》（表5－1），并出示以下证明材料：

1. 本人身份证明；

2. 所在单位出具的终止或解除劳动合同的证明；

3. 失业登记及求职证明；

4. 经办机构规定的其他材料。

（三）经办机构自受理失业人员领取失业保险金申请之日起10日内，对申领者的资格进行审核认定。对审核符合领取失业保险金条件的，按规定计算申领者领取失业保险金的数额和期限，在《失业保险金申领表》上填写审核意见和核定金额，并建立失业保险金领取台账，同时将审核结果告知失业人员，发给领取失业保险待遇证件。对审核不符合领取失业保险金条件的，也应告知失业人员，并说明原因。

（四）失业保险金应按月发放，由经办机构开具单证，失业人员凭单证到指定银行领取。

失业人员领取失业保险金，经办机构应要求本人按月办理领取手续，同时向经办机构如实说明求职和接受职业指导和职业培训情况。

对领取失业保险金期限即将届满的失业人员，经办机构应提前一个月告知本人。

失业人员在领取失业保险金期间，发生《失业保险条例》第十五条规定情形之一的，经办机构有权即行停止发放失业保险金、支付其他失业保险待遇。

二、医疗补助金审核与支付

失业人员在领取失业保险金期间，可以按照规定向经办机构申领医疗补助金。

经办机构对失业人员按规定提供的相关资料进行审核，确认享受医疗补助金的资格及医疗补助金数额，并按规定计发。

三、丧葬补助金和抚恤金审核与支付

（一）对失业人员在领取失业保险金期间死亡的，参照当地对在职职工的规定，对其家属发放一次性丧葬补助金和抚恤金。

（二）经办机构对死亡失业人员的家属提出享受丧葬补助金和抚恤金的申请予以办理，并要求其出示下列相关材料：

1. 失业人员死亡证明；

2. 失业人员身份证明；

3. 与失业人员的关系证明；

4. 经办机构规定的其他材料。

（三）经办机构对上述材料审核无误后按规定确定补助标准，并据此开具补助金和抚恤金单证，一次性计发。

第二节　职业培训和职业介绍补贴审核与支付

一、劳动保障部门认定的再就业培训或创业培训定点机构按相关规定对失业人员开展职业培训后，由培训机构提出申请，并提供培训方案、教学计划、失业证件复印件、培训合格失业人员花名册等相关材料。经办机构进行审核后，按规定向培训机构拨付职业培训补贴。

二、劳动保障部门认定的职业介绍机构按相关规定对失业人员开展免费职业介绍后，由职业介绍机构提出申请，并提供失业人员求职登记记录、失业证件复印件、用人单位劳动合同复印件、介绍就业人员花名册等相关材料。经办机构进行审核后，按规定向职业介绍机构拨付职业介绍补贴。

三、失业人员在领取失业保险金期间参加职业培训的，可以按规定申领职业培训补贴。失业人员应提供经经办机构批准的本人参加职业培训的申请报告、培训机构颁发的结（毕）业证明和本人支付培训费用的有效票据。经办机构进行审核后，按规定计算应予报销的数额，予以报销。

第三节　农民合同制工人一次性生活补助审核与支付

一、参保单位招用的农民合同制工人终止或解除劳动关系后申领一次性生活补助时，经办机构应要求其填写一次性生活补助金申领核定表，并提供以下证件和资料：

（一）本人居民身份证件；

（二）与参保单位签定的劳动合同；

（三）参保单位出具的终止或解除劳动合同证明；

（四）经办机构规定的其他证件和资料。

二、经办机构根据提供的资料，以及参保单位缴费情况记录进行审核。经确认后，按规定支付一次性生活补助。

第四节　失业人员失业保险关系转迁后的待遇审核与支付

一、领取失业保险金的失业人员跨统筹地区流动的，转出地经办机构审核通过后，应及时为其办理失业保险关系转迁手续，开具《失业人员失业保险关系转迁证明》（表5－2）及其他相关证明材料交失业人员本人。其中，失业人员跨省、自治区、直辖市流动的，转出地经办机构还应按规定将失业保险金、医疗补助金和职业培训、职业介绍补贴等失业保险费用随失业保险关系相应划转。失业人员失业保险关系在省、自治区范围内跨统筹地区流动的，失业保险费用的处理由省级劳动保障行政部门规定。

二、转入地经办机构对失业人员提供的《失业人员失业保险关系转迁证明》等其他相关证明材料进行审核，并按规定支付失业保险待遇。

第五节 待遇支付记录

经办机构在支付失业保险金、医疗补助金、丧葬补助金和抚恤金、职业培训和职业介绍补贴，以及一次性生活补助后，应将支付的相关信息作相应记录。

第六章 财务管理

失业保险基金实行收支两条线管理，会计核算采用收付实现制。财务管理包括收入、支出、会计核算、预算、决算等。

经办机构应定期与税务机关、财政部门和银行对账。对账有差异的，须逐笔查清原因，予以调节，做到账账、账款、账实相符。

第一节 收入

一、经办机构对失业保险基金收入、上级补助收入、下级上解收入、转移收入等到账信息予以确认，并按规定进行相应记录。

二、经办机构应按规定将收入户存款于每月月末全部转入财政专户。

三、对参保单位或职工个人在本省（自治区、直辖市）范围内成建制跨统筹地区转移或转换工作单位、按规定需要转移失业保险费的，对失业人员在领取失业保险金期间跨省（自治区、直辖市）流动的，经办机构根据失业保险费（费用）到账情况进行相应记录。

第二节 支出

一、经办机构根据失业保险基金支出计划，按月填写用款申请书，并注明支出项目，加盖本单位用款专用章，在规定时间内报送同级财政部门审核，并确认财政专户拨入支出户资金的到账情况。

二、经办机构对失业保险待遇支出核定汇总表等资料进行复核，复核无误后，将款项从支出户予以拨付。

三、参保单位或职工个人在本省（自治区、直辖市）范围内成建制跨统筹地区转移或转换工作单位、按规定需要转移失业保险费的，失业人员跨省（自治区、直辖市）流动的，经办机构根据《参保单位失业保险关系转迁证明》、《失业人员失业保险关系转迁证明》及相关材料，与转入地经办机构确认开户行、账号、机构名称后，从支出户支付有关失业保险费（费用）。

四、对转移支出、补助下级支出、上解上级支出等款项，经办机构根据有关规定或计划从支出户拨付。

第三节 会计核算

一、经办机构根据基金收入情况，及时填制收入记账凭证。

（一）经办机构征收的失业保险费收入，根据银行出具的原始凭证、失业保险基金专用收款收据、《失业保险缴费核定汇总表》（表3－6）等，填制记账凭证。

税务机关征收的失业保险费收入，以财政部门出具的财政专户缴拨凭证或税务机关出具的税收通用缴款书或税收完税凭证等作为原始凭证，并根据税务机关提供的失业保险费实缴清单，填制记账凭证。

（二）“收入户存款”、“支出户存款”、“财政专户存款”、“债券投资”形成的利息，根据银行出具的原始凭证和财政部门出具的财政专户缴拨凭证及加盖专用印章的原始凭证复印件，填制记账凭证。

（三）划入财政专户的财政补贴收入，根据财政部门出具的财政专户缴拨凭证及加盖专用印章的原始凭证复印件，填制记账凭证。

（四）划入收入户或财政专户的转移收入，根据银行出具的原始凭证或财政部门出具的财政专户缴拨凭证等，填制记账凭证，同时登记备查。

（五）上级补助收入和下级上解收入，根据银行出具的原始凭证或财政部门出具的财政专户缴拨凭证等，填制记账凭证。

（六）滞纳金等其他收入，根据银行出具的原始凭证或财政部门出具的财政专户缴拨凭证等，填制记账凭证。

二、对发生的每笔基金支出，经办机构应按规定及时填制支出记账凭证。

（一）失业保险金、医疗补助金、丧葬抚恤补助、职业培训和职业介绍补贴、其他费用等项支出，根据转账支票存根和银行出具的原始凭证及相关发放资料等，填制记账凭证。基本生活保障补助支出，以财政部门出具的财政专户缴拨凭证填制记账凭证。

（二）转移支出，根据银行出具的原始凭证和《参保单位失业保险关系转迁证明》、《失业人员失业保险关系转迁证明》等，填制记账凭证。

（三）补助下级支出和上解上级支出，以银行出具的原始凭证或财政部门出具的财政专户缴拨凭证等，填制记账凭证。

（四）经财政部门核准开支的其他非失业保险待遇性质的支出（如临时借款利息等）在“其他支出”科目核算，从支出户或财政专户划转。经办机构以银行出具的原始凭证或财政部门出具的财政专户缴拨凭证等，填制记账凭证。

三、按规定用结余基金购买的国家债券或转存定期存款，经办机构以财政部门出具的财政专户缴拨凭证和加盖专用印章的原始凭证复印件填制记账凭证。

四、经办机构根据收付款凭证登记“现金日记账”、“收入户存款日记账”、“支出户存款日记账”和“财政专户存款日记账”。按科目分类汇总记账凭证，制作科目汇总表，登记总分类账。

五、经办机构应定期将“收入户存款日记账”、“支出户存款日记账”与“银行对账单”核对，将“财政专户存款日记账”与财政部门对账单核对。每月终了，收入户存款账面结余、支出户存款账面结余与银行对账单余额之间如有差额，财政专户失业保险基金存款账面结余与财政部门对账单余额之间如有差额，经办机构应按月编制银行收入户存款、银行支出户存款、财政专户存款余额调节表，调节相符。

六、经办机构根据总分类账、明细分类账等，定期编制会计报表。

第四节 预　　算

一、年度终了前，经办机构根据本年度基金预算执行情况和下年度基金收支预测，编制下年度基金预算草案，按程序报批。

二、经办机构根据批准的预算，填制预算报表，并根据基金收支情况，定期报告预算执行情况。

三、因特殊情况需要调整预算时，经办机构应编制预算调整方案，按程序报批。

第五节 决　　算

一、经办机构根据决算编制工作要求，于年度终了前核对各项收支，清理往来款项，同开户银行、财政专户、国库对账，并进行年终结账。

二、年度终了后，经办机构根据决算编制工作要求，编制资产负债表、基金收支表、有关附表以及财务情况说明书，对重要指标进行财务分析，形成年度基金财务报告，并按程序报批。

第七章 稽核监督

第一节 稽　　核

一、经办机构按照年度工作计划采取以下方式确定被稽核单位：

（一）根据参保单位的参保缴费信息异常情况确定；

（二）根据对参保单位参保缴费情况的举报确定；

（三）从数据库中随机抽取；

（四）根据有关规定确定；

（五）根据其他有关情况确定。

二、经办机构向被稽核单位发出《社会保险稽核通知书》（表7－1），进行实地稽核或书面稽核。稽核内容包括：

（一）核查参保单位申报的缴费人数、缴费基数是否符合国家规定；

（二）核查参保单位及其职工个人是否按时足额缴纳失业保险费；

（三）核查欠缴失业保险费的参保单位及其职工个人是否足额补缴欠费；

（四）国家规定的或者劳动保障行政部门交办的其他稽核事项。

三、经办机构根据稽核情况填写《社会保险稽核工作记录表》（表7-2），全面记录稽核中发现的问题及所涉及的凭证等资料。

四、对于经稽核未发现违反法规行为的被稽核单位，经办机构应当在稽核结束后5个工作日内书面告知其稽核结果。

五、发现被稽核单位在参加失业保险、缴纳失业保险费方面，存在违反法规行为，经办机构要据实填写《社会保险稽核整改意见书》（表7-3），并在稽核结束后10个工作日内送达被稽核单位限期予以改正。

六、对被稽核单位在规定时间内不按照《社会保险稽核整改意见书》予以整改、也未提出复查申请的，经办机构下达《失业保险费催缴通知书》。对拒不执行的，填制《社会保险稽核提请行政处罚建议书》（表7-4），送请劳动保障行政部门予以处罚。

七、经办机构应当对失业人员享受失业保险待遇情况进行核查，发现失业人员丧失享受待遇资格后继续享受待遇或以其他形式骗取待遇的，经办机构应当立即停止待遇的支付并责令退还；拒不退还的，由劳动保障行政部门依法处理。

第二节　内部监督

一、稽核监督单位依据拟订的工作计划、群众举报等确定内审对象，按程序报批。

二、工作计划批准后组织实施。内审内容主要包括：

（一）抽查参保单位申报缴费的有关原始资料，验证对参保单位申报缴费人数、缴费基数的审核是否真实；

（二）抽查参保单位及个人缴费情况，验证是否按核定基数征收、个人缴费记录是否准确；

（三）抽查对失业人员享受失业保险待遇资格审核的有关材料，验证审核是否按规定办理；

（四）抽查失业人员享受失业保险待遇有关材料，验证是否按规定支付待遇；

（五）抽查失业保险基金收入、支出账目凭证，验证基金收入、支出是否符合规定；

（六）依据有关规定，需内部监督的其他内容。

三、经办机构对检查中发现的问题进行整改。

第八章　附　　则

一、参保单位和个人填写的原始表格，需经办机构有关人员签字或签章，并注明经办日期；经办机构内部或相互之间传递信息的表格，在转出、转入时须认真复核，确保无误，有关人员均需签字盖章。

二、经办机构应按有关规定对档案资料进行分类整理，确定密级，妥善保管，并做好电子文档的备份工作。

三、经办机构要加强和规范票据管理，按照规定进行票据的印刷、填写、整理、保管、销毁等工作。

四、各地可参考本指南优化本地区业务流程。

人力资源和社会保障部关于进一步做好失业保险和最低工资有关工作的通知

（2008年8月7日　人社部发〔2008〕69号）

各省、自治区、直辖市人事、劳动保障厅（局）：

根据国务院关于成品油、电力价格调整有关工作的部署和要求，为保障失业人员和低收入职工的基本生活，现就进一步做好失业保险和最低工资有关工作通知如下：

一、关于失业保险工作

各地区要按照《失业保险条例》的规定，继续健全和完善失业保险金标准调整机制，考虑物价上涨等因素对失业人员基本生活的影响，要结合本地实际，合理确定并及时调整失业保险金水平，具体调整幅度由省级人民政府确定。同时，要继续做好失业保险扩面和基金征缴工作，对符合条件的失业人员按时足额发放失业保险金，并按规定提供有针对性的促进就业服务，切实保障失业人员的基本生活。各地调整失业保险金水平的有关情况要于8月底前报部。

二、关于最低工资工作

各地区要继续调整并严格执行最低工资标准。今年尚未调整最低工资标准的地区，下半年应及时调整。① 在调整最低工资标准时，要综合考虑本地区经济发展水平、职工平均工资、城镇居民消费价格指数和就业状况等相关因素，尤其是要充分考虑物价上涨给低收入职工生活带来的影响，合理确定并适度调整最低工资标准，使最低工资标准的调整幅度不低于当地城镇居民消费价格指数上涨幅度。上半年已调整最低工资标准的地区，也要认真分析物价上涨对本地区低收入职工生活的影响，在明年对最低工资标准及时进行调整。

---

① 人力资源和社会保障部2008年11月17日发出通知，根据当前经济形势和企业实际，近期暂缓调整企业最低工资标准。

工伤保险

（一）综　　合

工伤保险条例

（2003年4月27日国务院令第375号公布　自2004年1月1日起施行）

第一章　总　　则

第一条　为了保障因工作遭受事故伤害或者患职业病的职工获得医疗救治和经济补偿，促进工伤预防和职业康复，分散用人单位的工伤风险，制定本条例。

第二条　中华人民共和国境内的各类企业、有雇工的个体工商户（以下称用人单位）应当依照本条例规定参加工伤保险，为本单位全部职工或者雇工（以下称职工）缴纳工伤保险费。

中华人民共和国境内的各类企业的职工和个体工商户的雇工，均有依照本条例的规定享受工伤保险待遇的权利。

有雇工的个体工商户参加工伤保险的具体步骤和实施办法，由省、自治区、直辖市人民政府规定。

第三条　工伤保险费的征缴按照《社会保险费征缴暂行条例》关于基本养老保险费、基本医疗保险费、失业保险费的征缴规定执行。

第四条　用人单位应当将参加工伤保险的有关情况在本单位内公示。

用人单位和职工应当遵守有关安全生产和职业病防治的法律法规，执行安全卫生规程和标准，预防工伤事故发生，避免和减少职业病危害。

职工发生工伤时，用人单位应当采取措施使工伤职工得到及时救治。

第五条　国务院劳动保障行政部门负责全国的工伤保险工作。

县级以上地方各级人民政府劳动保障行政部门负责本行政区域内的工伤保

险工作。

劳动保障行政部门按照国务院有关规定设立的社会保险经办机构（以下称经办机构）具体承办工伤保险事务。

第六条 劳动保障行政部门等部门制定工伤保险的政策、标准，应当征求工会组织、用人单位代表的意见。

第二章 工伤保险基金

第七条 工伤保险基金由用人单位缴纳的工伤保险费、工伤保险基金的利息和依法纳入工伤保险基金的其他资金构成。

第八条 工伤保险费根据以支定收、收支平衡的原则，确定费率。

国家根据不同行业的工伤风险程度确定行业的差别费率，并根据工伤保险费使用、工伤发生率等情况在每个行业内确定若干费率档次。行业差别费率及行业内费率档次由国务院劳动保障行政部门会同国务院财政部门、卫生行政部门、安全生产监督管理部门制定，报国务院批准后公布施行。

统筹地区经办机构根据用人单位工伤保险费使用、工伤发生率等情况，适用所属行业内相应的费率档次确定单位缴费费率。

第九条 国务院劳动保障行政部门应当定期了解全国各统筹地区工伤保险基金收支情况，及时会同国务院财政部门、卫生行政部门、安全生产监督管理部门提出调整行业差别费率及行业内费率档次的方案，报国务院批准后公布施行。

第十条 用人单位应当按时缴纳工伤保险费。职工个人不缴纳工伤保险费。

用人单位缴纳工伤保险费的数额为本单位职工工资总额乘以单位缴费费率之积。

第十一条 工伤保险基金在直辖市和设区的市实行全市统筹，其他地区的统筹层次由省、自治区人民政府确定。

跨地区、生产流动性较大的行业，可以采取相对集中的方式异地参加统筹地区的工伤保险。具体办法由国务院劳动保障行政部门会同有关行业的主管部门制定。

第十二条 工伤保险基金存入社会保障基金财政专户，用于本条例规定的工伤保险待遇、劳动能力鉴定以及法律、法规规定的用于工伤保险的其他费用的支付。任何单位或者个人不得将工伤保险基金用于投资运营、兴建或者改建办公场所、发放奖金，或者挪作其他用途。

第十三条 工伤保险基金应当留有一定比例的储备金，用于统筹地区重大事故的工伤保险待遇支付；储备金不足支付的，由统筹地区的人民政府垫付。储备金占基金总额的具体比例和储备金的使用办法，由省、自治区、直辖市人民政府规定。

第三章 工伤认定

第十四条 职工有下列情形之一的，应当认定为工伤：

（一）在工作时间和工作场所内，因工作原因受到事故伤害的；

（二）工作时间前后在工作场所内，从事与工作有关的预备性或者收尾性工作受到事故伤害的；

（三）在工作时间和工作场所内，因履行工作职责受到暴力等意外伤害的；

（四）患职业病的；

（五）因工外出期间，由于工作原因受到伤害或者发生事故下落不明的；

（六）在上下班途中，受到机动车事故伤害的；

（七）法律、行政法规规定应当认定为工伤的其他情形。

第十五条 职工有下列情形之一的，视同工伤：

（一）在工作时间和工作岗位，突发疾病死亡或者在 48 小时之内经抢救无效死亡的；

（二）在抢险救灾等维护国家利益、公共利益活动中受到伤害的；

（三）职工原在军队服役，因战、因公负伤致残，已取得革命伤残军人证，到用人单位后旧伤复发的。

职工有前款第（一）项、第（二）项情形的，按照本条例的有关规定享受工伤保险待遇；职工有前款第（三）项情形的，按照本条例的有关规定享受除一次性伤残补助金以外的工伤保险待遇。

第十六条 职工有下列情形之一的，不得认定为工伤或者视同工伤：

（一）因犯罪或者违反治安管理伤亡的；

（二）醉酒导致伤亡的；

（三）自残或者自杀的。

第十七条 职工发生事故伤害或者按照职业病防治法规定被诊断、鉴定为职业病，所在单位应当自事故伤害发生之日或者被诊断、鉴定为职业病之日起 30 日内，向统筹地区劳动保障行政部门提出工伤认定申请。遇有特殊情况，经报劳动保障行政部门同意，申请时限可以适当延长。

用人单位未按前款规定提出工伤认定申请的，工伤职工或者其直系亲属、工会组织在事故伤害发生之日或者被诊断、鉴定为职业病之日起 1 年内，可以直接向用人单位所在地统筹地区劳动保障行政部门提出工伤认定申请。

按照本条第一款规定应当由省级劳动保障行政部门进行工伤认定的事项，根据属地原则由用人单位所在地的设区的市级劳动保障行政部门办理。

用人单位未在本条第一款规定的时限内提交工伤认定申请，在此期间发生符合本条例规定的工伤待遇等有关费用由该用人单位负担。

第十八条 提出工伤认定申请应当提交下列材料：

（一）工伤认定申请表；

（二）与用人单位存在劳动关系（包括事实劳动关系）的证明材料；

（三）医疗诊断证明或者职业病诊断证明书（或者职业病诊断鉴定书）。

工伤认定申请表应当包括事故发生的时间、地点、原因以及职工伤害程度等基本情况。

工伤认定申请人提供材料不完整的，劳动保障行政部门应当一次性书面告知工伤认定申请人需要补正的全部材料。申请人按照书面告知要求补正材料后，劳动保障行政部门应当受理。

第十九条 劳动保障行政部门受理工伤认定申请后，根据审核需要可以对事故伤害进行调查核实，用人单位、职工、工会组织、医疗机构以及有关部门应当予以协助。职业病诊断和诊断争议的鉴定，依照职业病防治法的有关规定执行。对依法取得职业病诊断证明书或者职业病诊断鉴定书的，劳动保障行政部门不再进行调查核实。

职工或者其直系亲属认为是工伤，用人单位不认为是工伤的，由用人单位承担举证责任。

第二十条 劳动保障行政部门应当自受理工伤认定申请之日起60日内作出工伤认定的决定，并书面通知申请工伤认定的职工或者其直系亲属和该职工所在单位。

劳动保障行政部门工作人员与工伤认定申请人有利害关系的，应当回避。

第四章 劳动能力鉴定

第二十一条 职工发生工伤，经治疗伤情相对稳定后存在残疾、影响劳动能力的，应当进行劳动能力鉴定。

第二十二条 劳动能力鉴定是指劳动功能障碍程度和生活自理障碍程度的等级鉴定。

劳动功能障碍分为十个伤残等级，最重的为一级，最轻的为十级。

生活自理障碍分为三个等级：生活完全不能自理、生活大部分不能自理和生活部分不能自理。

劳动能力鉴定标准由国务院劳动保障行政部门会同国务院卫生行政部门等部门制定。

第二十三条 劳动能力鉴定由用人单位、工伤职工或者其直系亲属向设区的市级劳动能力鉴定委员会提出申请，并提供工伤认定决定和职工工伤医疗的有关资料。

第二十四条 省、自治区、直辖市劳动能力鉴定委员会和设区的市级劳动能力鉴定委员会分别由省、自治区、直辖市和设区的市级劳动保障行政部门、人事行政部门、卫生行政部门、工会组织、经办机构代表以及用人单位代表组成。

劳动能力鉴定委员会建立医疗卫生专家库。列入专家库的医疗卫生专业技术人员应当具备下列条件：

（一）具有医疗卫生高级专业技术职务任职资格；

（二）掌握劳动能力鉴定的相关知识；

（三）具有良好的职业品德。

第二十五条 设区的市级劳动能力鉴定委员会收到劳动能力鉴定申请后，应当从其建立的医疗卫生专家库中随机抽取 3 名或者 5 名相关专家组成专家组，由专家组提出鉴定意见。设区的市级劳动能力鉴定委员会根据专家组的鉴定意见作出工伤职工劳动能力鉴定结论；必要时，可以委托具备资格的医疗机构协助进行有关的诊断。

设区的市级劳动能力鉴定委员会应当自收到劳动能力鉴定申请之日起 60 日内作出劳动能力鉴定结论，必要时，作出劳动能力鉴定结论的期限可以延长 30 日。劳动能力鉴定结论应当及时送达申请鉴定的单位和个人。

第二十六条 申请鉴定的单位或者个人对设区的市级劳动能力鉴定委员会作出的鉴定结论不服的，可以在收到该鉴定结论之日起 15 日内向省、自治区、直辖市劳动能力鉴定委员会提出再次鉴定申请。省、自治区、直辖市劳动能力鉴定委员会作出的劳动能力鉴定结论为最终结论。

第二十七条 劳动能力鉴定工作应当客观、公正。劳动能力鉴定委员会组成人员或者参加鉴定的专家与当事人有利害关系的，应当回避。

第二十八条 自劳动能力鉴定结论作出之日起 1 年后，工伤职工或者其直系亲属、所在单位或者经办机构认为伤残情况发生变化的，可以申请劳动能力复查鉴定。

第五章　工伤保险待遇

第二十九条 职工因工作遭受事故伤害或者患职业病进行治疗，享受工伤医疗待遇。

职工治疗工伤应当在签订服务协议的医疗机构就医，情况紧急时可以先到就近的医疗机构急救。

治疗工伤所需费用符合工伤保险诊疗项目目录、工伤保险药品目录、工伤保险住院服务标准的，从工伤保险基金支付。工伤保险诊疗项目目录、工伤保险药品目录、工伤保险住院服务标准，由国务院劳动保障行政部门会同国务院卫生行政部门、药品监督管理部门等部门规定。

职工住院治疗工伤的，由所在单位按照本单位因公出差伙食补助标准的 70% 发给住院伙食补助费；经医疗机构出具证明，报经办机构同意，工伤职工到统筹地区以外就医的，所需交通、食宿费用由所在单位按照本单位职工因公出差标准报销。

工伤职工治疗非工伤引发的疾病，不享受工伤医疗待遇，按照基本医疗保险办法处理。

工伤职工到签订服务协议的医疗机构进行康复性治疗的费用，符合本条第三款规定的，从工伤保险基金支付。

第三十条 工伤职工因日常生活或者就业需要，经劳动能力鉴定委员会确认，可以安装假肢、矫形器、假眼、假牙和配置轮椅等辅助器具，所需费用按照国家规定的标准从工伤保险基金支付。

第三十一条 职工因工作遭受事故伤害或者患职业病需要暂停工作接受工伤医疗的，在停工留薪期内，原工资福利待遇不变，由所在单位按月支付。

停工留薪期一般不超过12个月。伤情严重或者情况特殊，经设区的市级劳动能力鉴定委员会确认，可以适当延长，但延长不得超过12个月。工伤职工评定伤残等级后，停发原待遇，按照本章的有关规定享受伤残待遇。工伤职工在停工留薪期满后仍需治疗的，继续享受工伤医疗待遇。

生活不能自理的工伤职工在停工留薪期需要护理的，由所在单位负责。

第三十二条 工伤职工已经评定伤残等级并经劳动能力鉴定委员会确认需要生活护理的，从工伤保险基金按月支付生活护理费。

生活护理费按照生活完全不能自理、生活大部分不能自理或者生活部分不能自理3个不同等级支付，其标准分别为统筹地区上年度职工月平均工资的50%、40%或者30%。

第三十三条 职工因工致残被鉴定为一级至四级伤残的，保留劳动关系，退出工作岗位，享受以下待遇：

（一）从工伤保险基金按伤残等级支付一次性伤残补助金，标准为：一级伤残为24个月的本人工资，二级伤残为22个月的本人工资，三级伤残为20个月的本人工资，四级伤残为18个月的本人工资；

（二）从工伤保险基金按月支付伤残津贴，标准为：一级伤残为本人工资的90%，二级伤残为本人工资的85%，三级伤残为本人工资的80%，四级伤残为本人工资的75%。伤残津贴实际金额低于当地最低工资标准的，由工伤保险基金补足差额；

（三）工伤职工达到退休年龄并办理退休手续后，停发伤残津贴，享受基本养老保险待遇。基本养老保险待遇低于伤残津贴的，由工伤保险基金补足差额。

职工因工致残被鉴定为一级至四级伤残的，由用人单位和职工个人以伤残津贴为基数，缴纳基本医疗保险费。

第三十四条 职工因工致残被鉴定为五级、六级伤残的，享受以下待遇：

（一）从工伤保险基金按伤残等级支付一次性伤残补助金，标准为：五级伤残为16个月的本人工资，六级伤残为14个月的本人工资；

（二）保留与用人单位的劳动关系，由用人单位安排适当工作。难以安排工作的，由用人单位按月发给伤残津贴，标准为：五级伤残为本人工资的70%，六级伤残为本人工资的60%，并由用人单位按照规定为其缴纳应缴纳的各项社会保险费。伤残津贴实际金额低于当地最低工资标准的，由用人单位补足差额。

经工伤职工本人提出，该职工可以与用人单位解除或者终止劳动关系，由用人单位支付一次性工伤医疗补助金和伤残就业补助金。具体标准由省、自治区、直辖市人民政府规定。

第三十五条 职工因工致残被鉴定为七级至十级伤残的，享受以下待遇：

（一）从工伤保险基金按伤残等级支付一次性伤残补助金，标准为：七级伤残为12个月的本人工资，八级伤残为10个月的本人工资，九级伤残为8个月的本人工资，十级伤残为6个月的本人工资；

（二）劳动合同期满终止，或者职工本人提出解除劳动合同的，由用人单位支付一次性工伤医疗补助金和伤残就业补助金。具体标准由省、自治区、直辖市人民政府规定。

第三十六条 工伤职工工伤复发，确认需要治疗的，享受本条例第二十九条、第三十条和第三十一条规定的工伤待遇。

第三十七条 职工因工死亡，其直系亲属按照下列规定从工伤保险基金领取丧葬补助金、供养亲属抚恤金和一次性工亡补助金：

（一）丧葬补助金为6个月的统筹地区上年度职工月平均工资；

（二）供养亲属抚恤金按照职工本人工资的一定比例发给由因工死亡职工生前提供主要生活来源、无劳动能力的亲属。标准为：配偶每月40%，其他亲属每人每月30%，孤寡老人或者孤儿每人每月在上述标准的基础上增加10%。核定的各供养亲属的抚恤金之和不应高于因工死亡职工生前的工资。供养亲属的具体范围由国务院劳动保障行政部门规定；

（三）一次性工亡补助金标准为48个月至60个月的统筹地区上年度职工月平均工资。具体标准由统筹地区的人民政府根据当地经济、社会发展状况规定，报省、自治区、直辖市人民政府备案。

伤残职工在停工留薪期内因工伤导致死亡的，其直系亲属享受本条第一款规定的待遇。

一级至四级伤残职工在停工留薪期满后死亡的，其直系亲属可以享受本条第一款第（一）项、第（二）项规定的待遇。

第三十八条 伤残津贴、供养亲属抚恤金、生活护理费由统筹地区劳动保障行政部门根据职工平均工资和生活费用变化等情况适时调整。调整办法由省、自治区、直辖市人民政府规定。

第三十九条 职工因工外出期间发生事故或者在抢险救灾中下落不明的，从事故发生当月起3个月内照发工资，从第4个月起停发工资，由工伤保险基金向其供养亲属按月支付供养亲属抚恤金。生活有困难的，可以预支一次性工亡补助金的50%。职工被人民法院宣告死亡的，按照本条例第三十七条职工因工死亡的规定处理。

第四十条 工伤职工有下列情形之一的，停止享受工伤保险待遇：

（一）丧失享受待遇条件的；

（二）拒不接受劳动能力鉴定的；

（三）拒绝治疗的；

（四）被判刑正在收监执行的。

第四十一条 用人单位分立、合并、转让的，承继单位应当承担原用人单位的工伤保险责任；原用人单位已经参加工伤保险的，承继单位应当到当地经办机构办理工伤保险变更登记。

用人单位实行承包经营的，工伤保险责任由职工劳动关系所在单位承担。

职工被借调期间受到工伤事故伤害的，由原用人单位承担工伤保险责任，但原用人单位与借调单位可以约定补偿办法。

企业破产的，在破产清算时优先拨付依法应由单位支付的工伤保险待遇费用。

第四十二条 职工被派遣出境工作，依据前往国家或者地区的法律应当参加当地工伤保险的，参加当地工伤保险，其国内工伤保险关系中止；不能参加当地工伤保险的，其国内工伤保险关系不中止。

第四十三条 职工再次发生工伤，根据规定应当享受伤残津贴的，按照新认定的伤残等级享受伤残津贴待遇。

第六章 监督管理

第四十四条 经办机构具体承办工伤保险事务，履行下列职责：

（一）根据省、自治区、直辖市人民政府规定，征收工伤保险费；

（二）核查用人单位的工资总额和职工人数，办理工伤保险登记，并负责保存用人单位缴费和职工享受工伤保险待遇情况的记录；

（三）进行工伤保险的调查、统计；

（四）按照规定管理工伤保险基金的支出；

（五）按照规定核定工伤保险待遇；

（六）为工伤职工或者其直系亲属免费提供咨询服务。

第四十五条 经办机构与医疗机构、辅助器具配置机构在平等协商的基础上签订服务协议，并公布签订服务协议的医疗机构、辅助器具配置机构的名单。具体办法由国务院劳动保障行政部门分别会同国务院卫生行政部门、民政部门等部门制定。

第四十六条 经办机构按照协议和国家有关目录、标准对工伤职工医疗费用、康复费用、辅助器具费用的使用情况进行核查，并按时足额结算费用。

第四十七条 经办机构应当定期公布工伤保险基金的收支情况，及时向劳动保障行政部门提出调整费率的建议。

第四十八条 劳动保障行政部门、经办机构应当定期听取工伤职工、医疗机构、辅助器具配置机构以及社会各界对改进工伤保险工作的意见。

第四十九条 劳动保障行政部门依法对工伤保险费的征缴和工伤保险基金

的支付情况进行监督检查。

财政部门和审计机关依法对工伤保险基金的收支、管理情况进行监督。

第五十条 任何组织和个人对有关工伤保险的违法行为，有权举报。劳动保障行政部门对举报应当及时调查，按照规定处理，并为举报人保密。

第五十一条 工会组织依法维护工伤职工的合法权益，对用人单位的工伤保险工作实行监督。

第五十二条 职工与用人单位发生工伤待遇方面的争议，按照处理劳动争议的有关规定处理。

第五十三条 有下列情形之一的，有关单位和个人可以依法申请行政复议；对复议决定不服的，可以依法提起行政诉讼：

（一）申请工伤认定的职工或者其直系亲属、该职工所在单位对工伤认定结论不服的；

（二）用人单位对经办机构确定的单位缴费费率不服的；

（三）签订服务协议的医疗机构、辅助器具配置机构认为经办机构未履行有关协议或者规定的；

（四）工伤职工或者其直系亲属对经办机构核定的工伤保险待遇有异议的。

第七章 法律责任

第五十四条 单位或者个人违反本条例第十二条规定挪用工伤保险基金，构成犯罪的，依法追究刑事责任；尚不构成犯罪的，依法给予行政处分或者纪律处分。被挪用的基金由劳动保障行政部门追回，并入工伤保险基金；没收的违法所得依法上缴国库。

第五十五条 劳动保障行政部门工作人员有下列情形之一的，依法给予行政处分；情节严重，构成犯罪的，依法追究刑事责任：

（一）无正当理由不受理工伤认定申请，或者弄虚作假将不符合工伤条件的人员认定为工伤职工的；

（二）未妥善保管申请工伤认定的证据材料，致使有关证据灭失的；

（三）收受当事人财物的。

第五十六条 经办机构有下列行为之一的，由劳动保障行政部门责令改正，对直接负责的主管人员和其他责任人员依法给予纪律处分；情节严重，构成犯罪的，依法追究刑事责任；造成当事人经济损失的，由经办机构依法承担赔偿责任：

（一）未按规定保存用人单位缴费和职工享受工伤保险待遇情况记录的；

（二）不按规定核定工伤保险待遇的；

（三）收受当事人财物的。

第五十七条 医疗机构、辅助器具配置机构不按服务协议提供服务的，经办机构可以解除服务协议。

经办机构不按时足额结算费用的，由劳动保障行政部门责令改正；医疗机构、辅助器具配置机构可以解除服务协议。

第五十八条 用人单位瞒报工资总额或者职工人数的，由劳动保障行政部门责令改正，并处瞒报工资数额1倍以上3倍以下的罚款。

用人单位、工伤职工或者其直系亲属骗取工伤保险待遇，医疗机构、辅助器具配置机构骗取工伤保险基金支出的，由劳动保障行政部门责令退还，并处骗取金额1倍以上3倍以下的罚款；情节严重，构成犯罪的，依法追究刑事责任。

第五十九条 从事劳动能力鉴定的组织或者个人有下列情形之一的，由劳动保障行政部门责令改正，并处2000元以上1万元以下的罚款；情节严重，构成犯罪的，依法追究刑事责任：

（一）提供虚假鉴定意见的；

（二）提供虚假诊断证明的；

（三）收受当事人财物的。

第六十条 用人单位依照本条例规定应当参加工伤保险而未参加的，由劳动保障行政部门责令改正；未参加工伤保险期间用人单位职工发生工伤的，由该用人单位按照本条例规定的工伤保险待遇项目和标准支付费用。

第八章 附 则

第六十一条 本条例所称职工，是指与用人单位存在劳动关系（包括事实劳动关系）的各种用工形式、各种用工期限的劳动者。

本条例所称工资总额，是指用人单位直接支付给本单位全部职工的劳动报酬总额。

本条例所称本人工资，是指工伤职工因工作遭受事故伤害或者患职业病前12个月平均月缴费工资。本人工资高于统筹地区职工平均工资300%的，按照统筹地区职工平均工资的300%计算；本人工资低于统筹地区职工平均工资60%的，按照统筹地区职工平均工资的60%计算。

第六十二条 国家机关和依照或者参照国家公务员制度进行人事管理的事业单位、社会团体的工作人员因工作遭受事故伤害或者患职业病的，由所在单位支付费用。具体办法由国务院劳动保障行政部门会同国务院人事行政部门、财政部门规定。

其他事业单位、社会团体以及各类民办非企业单位的工伤保险等办法，由国务院劳动保障行政部门会同国务院人事行政部门、民政部门、财政部门等部门参照本条例另行规定，报国务院批准后施行。

第六十三条 无营业执照或者未经依法登记、备案的单位以及被依法吊销营业执照或者撤销登记、备案的单位的职工受到事故伤害或者患职业病的，由该单位向伤残职工或者死亡职工的直系亲属给予一次性赔偿，赔偿标准不得低于本条例规定的工伤保险待遇；用人单位不得使用童工，用人单位使用童工造成童工伤残、死亡的，由该单位向童工或者童工的直系亲属给予一次性赔偿，赔偿标准不得低于本条例规定的工伤保险待遇。具体办法由国务院劳动保障行政部门规定。

前款规定的伤残职工或者死亡职工的直系亲属就赔偿数额与单位发生争议的，以及前款规定的童工或者童工的直系亲属就赔偿数额与单位发生争议的，按照处理劳动争议的有关规定处理。

第六十四条 本条例自2004年1月1日起施行。本条例施行前已受到事故伤害或者患职业病的职工尚未完成工伤认定的，按照本条例的规定执行。

《工伤保险条例》宣传提纲

（2003年11月13日 劳社部发〔2003〕30号）

一、充分认识贯彻落实《条例》的重要性

《工伤保险条例》（以下简称《条例》）的发布和实施，是贯彻落实党的十六大精神和“三个代表”重要思想的具体体现，是推进工伤保险制度改革的必然要求，是社会保障法制化进程中具有里程碑意义的大事，标志着工伤保险制度改革进入了一个崭新的发展阶段。本届政府成立不久就发布《条例》，充分体现了党中央、国务院对职工权益保障、对工伤保险制度改革的高度重视。贯彻落实《条例》具有重大的政治意义和经济意义，将对健全社会保障体系，加快社会保障法制化建设起到重要的推动作用。

（一）建立健全工伤保险制度，是健全社会保障体系的重要内容。在市场经济条件下，为了保证公平竞争，化解经营风险，维护社会稳定，必须建立完善的社会保障体系。工伤保险是社会保障体系的重要组成部分，建立健全工伤保险制度，是建立社会主义市场经济体系，建立有中国特色的社会保障制度的必然要求。

（二）建立健全工伤保险制度，是维护职工合法权益的重要手段。工伤事故是工业化进程中难以完全避免的劳动风险。尽管国家和用人单位采取各种措施和手段，预防工伤事故和职业病的发生，但在目前的条件下，工伤事故与职业病的发生难以完全避免。工伤事故与职业病严重威胁广大职工的健康和生命，影响工伤职工工作、经济收入和家庭生活，关系到社会稳定。建立工伤保险制度，一旦发生工伤，职工可以得到及时救治、医疗康复和必要的经济补偿。

（三）建立健全工伤保险制度，是分散用人单位风险，减轻用人单位负担的重要措施。工伤保险通过基金的互济功能，分散不同用人单位的工伤风险，避免用人单位一旦发生工伤事故便不堪重负，严重影响生产经营，甚至导致破产，有利于企业的正常经营和生产活动。

（四）建立健全工伤保险制度，是建立工伤事故和职业危害防范机制的重要条件。工伤保险可以促进职业安全，通过强化用人单位工伤保险缴费责任，通过实行行业差别费率和单位费率浮动机制，建立工伤保险费用与工伤发生率挂钩的预防机制，有效地促进企业的安全生产。

二、我国工伤保险制度改革的进展和改革目标

（一）改革开放后，我国工伤保险制度进行了十几年的改革探索，在此基础上，原劳动部于1996年按照《劳动法》的要求颁布了《企业职工工伤保险试行办法》（劳部发〔1996〕266号），对沿用40多年的工伤社会福利制度进行了改革。

（二）通过几年的改革实践，取得了初步成效：一是规范了工伤待遇标准，保障了参保职工的基本权益，受到职工的欢迎。二是分散了企业风险，减轻了企业的负担，受到了参保单位的欢迎。三是初步建立了工伤保险预防机制。四是探索了工伤保险管理服务的办法，积累了工伤保险制度改革的经验。

（三）实践证明，改革的方向是正确的，总体效果是好的。截止2003年10月，全国共有28个省、自治区、直辖市及新疆生产建设兵团实施了工伤保险社会统筹，参保人数4400多万人。

（四）我国工伤保险制度改革的目标，就是要建立适应社会主义市场经济体制要求的，覆盖城乡所有用人单位和职工，制度体系法制化，管理服务社会化，工伤保险与事故预防、职业康复相结合的工伤保险制度。

三、《条例》体现的主要原则

《条例》体现了以下几个原则：

（一）与社会主义初级阶段生产力发展水平相适应的原则。既要从根本上、制度上充分维护和保障广大职工的基本权益，又要从我国社会主义初级阶段的生产力发展水平出发，确定适当的保障水平，确保工伤保险制度持续平稳发展。

（二）倡导社会主义道德风尚的原则。为了倡导社会主义道德风尚，《条例》把在抢险救灾等维护国家利益、公共利益活动中受到伤害的，也视同为工伤，以鼓励维护国家利益、公共利益的行为。

（三）切实维护和保障职工基本权益的原则。《条例》明确了工伤待遇标准，并明确了用人单位、行政部门、经办机构、医疗机构等各行为主体的责任和多种监督形式，以切实维护和保障职工和供养亲属的权益。

（四）中央确定基本政策与地方制定具体政策相互衔接的原则。《条例》明确了工伤保险基本制度和主要的政策框架，同时又给地方决策留有充分的空间，使《条例》更加切合各地实际，更加具有可操作性。

（五）权利与义务相对应的原则。用人单位只有按照规定参加了工伤保险，工伤职工的医疗费用和应享受的工伤保险待遇才由工伤保险基金支付。否则，所有费用均由用人单位支出。

（六）无责任补偿的原则。是指职工发生工伤事故时，无论其在事故中有没有责任，都应依法得到补偿。

（七）以支定收，收支平衡的原则。工伤保险基金要在保证工伤保险待遇、劳动能力鉴定以及法律、法规规定的费用支出的基础上确定基金的规模。因此，工伤保险基金实行以支定收，收支平衡的原则。

（八）新老制度和政策平稳过渡的原则。《条例》对原已规定的工伤保险待遇水平均未降低，并对工伤认定范围和待遇作了进一步规范，以保证政策的平稳衔接。

四、用人单位的权利和义务

《条例》规定了用人单位的基本义务：

（一）参加工伤保险，为本单位全部职工缴纳工伤保险费。将参加工伤保险的有关情况在本单位内公示。

（二）遵守有关安全生产和职业病防治的法律法规，预防工伤事故发生，减少和避免职业病的危害。

（三）发生工伤时，采取措施使工伤职工得到及时救治。

（四）履行工伤认定申请和劳动能力鉴定申请的义务。

（五）支付按规定应由单位支付的有关费用和工伤职工待遇。

（六）协助劳动保障行政部门对事故进行调查核实。

《条例》规定用人单位主要有以下权利：

（一）在职工发生工伤伤害或者患职业病时，由工伤保险基金支付规定的费用和待遇。

（二）举报监督的权利。

（三）对工伤认定受理或者工伤认定决定不服的，有依法提出行政复议申请或提起行政诉讼的权利。

五、职工的权利和义务

《条例》规定了职工的基本权利：

（一）按《条例》规定享受工伤保险待遇的权利。

（二）提出工伤认定申请和劳动能力鉴定的权利。

（三）举报监督的权利。

（四）对工伤认定受理或者工伤认定决定不服的，有依法提出行政复议申请或提起行政诉讼的权利。

《条例》规定了职工承担的相应义务：

（一）遵守有关安全生产和职业病防治的法律法规，执行安全卫生规程和标准，预防工伤事故发生，减少事故和职业病的危害。

（二）发生事故和职业病伤害，积极配合治疗和康复。

（三）协助劳动保障行政部门对事故进行调查核实。

六、关于工伤保险覆盖范围

《条例》规定以下单位应当参加工伤保险：

（一）中华人民共和国境内的各类企业。无论何种所有制性质、无论规模大小，凡是已经工商登记注册的企业，都应参加工伤保险。

（二）有雇工的个体工商户。鉴于各地经济发展不平衡，有雇工的个体工商户参加工伤保险的具体步骤和实施办法，由各省、自治区、直辖市人民政府规定。

（三）事业单位、社会团体和民办非企业单位等参加工伤保险的办法另行制订。

此外，国家机关及其工作人员工伤管理服务的办法另行制订。

七、关于工伤保险费率和基金管理

（一）《条例》规定，工伤保险基金在直辖市和设区的市实行全市统筹，其他地区的统筹层次由省、自治区人民政府确定。

（二）按照《社会保险费征缴暂行条例》规定，用人单位必须按时向社会保险经办机构申报缴费基数，按时缴纳工伤保险费。用人单位的缴费基数为单位职工的工资总额，缴纳工伤保险费的数额为本单位职工工资总额乘以单位缴费费率之积。职工个人不缴纳工伤保险费。

用人单位缴费基数低于统筹地区上年度职工平均工资60%的，按60%征缴；高于300%的，按300%征缴。

（三）国家根据不同行业的工伤风险程度确定行业的差别费率。不同的行业，工伤风险有很大差别，工伤保险费率在实现社会共济的同时，与用人单位所属行业挂钩，形成行业差别费率，使工伤保险缴费更为公平。在实行行业差别费率的基础上，建立单位缴费浮动机制。根据用人单位的工伤发生情况和工伤保险费使用情况确定用人单位缴费费率。

（四）工伤保险基金实行收支两条线管理，工伤保险基金存入社会保障基金财政专户。工伤保险基金用于《条例》规定的工伤保险待遇、劳动能力鉴定以及法律、法规规定的用于工伤保险的其他费用的支付。任何单位或者个人不得将工伤保险基金用于投资运营、建办公场所、发放奖金，或者挪作其他用途。否则，要按规定承担相应的法律责任。《条例》规定，劳动保障行政部门依法对工伤保险费的征缴和工伤保险基金的支付情况进行监督检查。财政部门和审计机关依法对工伤保险基金的收支、管理情况进行监督，以保证基金安全。

（五）工伤事故的发生具有不确定性，为了应对重大工伤事故的发生，防范基金风险，《条例》规定建立储备金，用于统筹地区重大事故的工伤保险待遇支付，储备金不足支付的，由统筹地区的人民政府垫付。

八、关于工伤认定

（一）工伤是指在工作时间和工作场所，因工作原因受到事故的伤害。《条例》具体规定了七种受伤害的情形应当认定为工伤，其中职业病是指国家列入职业病名单中的疾病。同时，《条例》规定了在抢险救灾等维护国家利益、公共利益活动中受到伤害等三种情形，可以视同工伤。但是，由于犯罪或者违反治安管理条例导致伤亡的；酗酒导致伤亡的；自残或者自杀的不得认定为工伤或者视同工伤。

（二）发生工伤事故伤害或者被诊断为职业病后，用人单位应当在30日内向统筹地区劳动保障行政部门提出工伤认定申请。用人单位不按规定提出工伤认定申请的，工伤职工或者其直系亲属、工会组织可以在事故伤害发生或者诊断为职业病后1年内，提出工伤认定申请。

（三）提出工伤认定申请应当提交《工伤认定申请表》、与用人单位存在劳动关系的证明材料、医疗诊断证明或者职业病诊断证明。职工或者其直系亲属认为是工伤，用人单位不认为是工伤的，由该用人单位承担举证责任。根据工伤申请的材料，需要补正的，劳动保障行政部门予以一次性书面告知。申请材料完整的，劳动保障行政部门作出受理或者不予受理工伤认定申请的决定并书面通知申请人。

（四）劳动保障行政部门受理工伤申请后，可以对证据进行调查核实，用人单位和职工等有关部门和个人应予以配合。劳动保障行政部门自受理工伤认定申请之日起60日内作出工伤认定决定。职工或者其直系亲属、用人单位对工伤认定决定不服的，可以依法申请行政复议；对复议决定不服的，可以依法提起行政诉讼。

九、关于劳动能力鉴定

（一）劳动能力鉴定是劳动能力鉴定委员会组织专家，依据劳动能力鉴定标准，对工伤职工劳动功能障碍程度和生活自理障碍程度进行鉴定。劳动能力鉴定结论是工伤职工享受工伤保险待遇的依据。

（二）劳动能力鉴定委员会由劳动保障行政部门、人事行政部门、卫生行政部门、工会组织、经办机构代表以及用人单位代表组成。劳动能力鉴定委员会分为两级：设区的市一级和省、自治区、直辖市一级。按照《条例》规定进行的劳动能力鉴定，其鉴定费用由工伤保险基金支付。

（三）劳动功能障碍分为十个伤残等级，最重的为一级，最轻的为十级；生活自理障碍分为三个等级：生活完全不能自理、生活大部分不能自理和生活部分不能自理。

（四）职工发生工伤，伤情相对稳定后存在残疾、影响劳动能力的，应当进行劳动能力鉴定。此外，以下情况也应进行劳动能力鉴定：停工留薪超过一定时限的、旧伤复发的、工亡职工亲属完全丧失劳动能力享受抚恤待遇的、工伤职工安装辅助器具的等。

（五）劳动能力鉴定由用人单位、工伤职工或者其直系亲属向设区的市级劳动能力鉴定委员会提出申请，并提供工伤认定决定和职工工伤医疗的有关资料。收到劳动能力鉴定申请后，劳动能力鉴定委员会应当从其建立的医疗卫生专家库中随机抽取相关专家组成专家组，由专家组提出鉴定意见。然后，根据专家组的鉴定意见作出工伤职工劳动能力鉴定结论；必要时，可以委托具备资格的医疗机构协助进行有关的诊断。劳动能力鉴定委员会组成人员或者参加鉴定的专家与当事人有利害关系的，应当回避。

（六）对劳动能力鉴定结论不服的，可以在收到该鉴定结论之日起15日内向省、自治区、直辖市劳动能力鉴定委员会提出再次鉴定申请。省一级劳动能力鉴定委员会作出的劳动能力鉴定结论为最终结论。

十、关于工伤职工的待遇

（一）工伤保险基金支付的待遇项目：

工伤医疗待遇：

1. 工伤医疗费用。治疗工伤、职业病所发生的符合国家规定的相关目录或标准的全部费用。

2. 康复性治疗费用。

3. 辅助器具安装配置费用。

伤残待遇：

1. 一次性伤残补助金。一至十级伤残职工一次性伤残补助24个月~6个月的本人工资。

2. 伤残津贴。一至四级伤残职工每月补助工资的90%~75%。

3. 生活护理费。伤残职工按照完全不能自理、大部分不能自理或者部分不能自理3个不同等级，分别补助统筹地区上年度职工月平均工资的50%~30%。

工亡待遇：

1. 一次性工亡补助金。48个月至60个月的统筹地区上年度职工月平均工资。

2. 丧葬补助金。6个月的统筹地区上年度职工月平均工资。

3. 供养亲属抚恤金。工亡职工供养的亲属，包括配偶、子女、父母、祖父母、外祖父母、孙子女、外孙子女、兄弟姐妹，符合一定条件的享受40%~30%的抚恤金。核定的各供养亲属的抚恤金之和不高于因工死亡职工生前的工资。

（二）用人单位负责的待遇项目：

1. 住院伙食补助费。

2. 转外地治疗的交通、食宿费。

3. 停工留薪期内的工资福利及陪护。

4. 伤残津贴。五至六级的伤残职工，单位难以安排工作的，按月发给伤残津贴，其标准为本人工资的70%、60%。

5. 一次性工伤医疗补助金和伤残就业补助金。五至十级的伤残职工与用人单位解除或者终止劳动关系，由用人单位支付一次性工伤医疗补助金和伤残就业补助金。

（三）工伤职工或者其直系亲属对经办机构核定的工伤保险待遇有异议的，

可以依法申请行政复议；对复议决定不服的，可以依法提起行政诉讼。

（四）属于非法用工单位伤亡人员，按照有关规定非法用工单位应向伤残职工或死亡职工的直系亲属、伤残童工或死亡童工的直系亲属给予一次性赔偿。

十一、健全社会化管理服务体系，保证制度稳健运行

（一）要对工伤职工的待遇实行社会化发放。特别是长期待遇的支付，要通过银行、邮局等渠道及时足额发放到职工或其亲属，提供便捷的查询服务，保证各项待遇的落实。

（二）要完善协议管理，加强结算服务。对服务机构的费用使用情况进行核查，按时足额结算费用；定期听取医疗服务机构和有关方面对改进工伤保险工作的意见，适时调整和完善政策，不断改进结算服务。

（三）逐步对工伤职工实行社会化管理。对工伤职工，特别是用人单位改制、关闭或者破产的，要对其工伤职工进行社会化的管理服务，努力探索社会化服务的方式方法，解除企业负担，使工伤职工有所依靠。

十二、统一思想，加强领导，精心组织，确保《条例》的顺利实施

（一）《条例》是工伤保险工作的法律依据，要通过认真学习，深入宣传，将思想统一到《条例》上来。认真贯彻落实《条例》是实践“三个代表”的具体体现，要结合贯彻党的十六大精神和党的十六届三中全会决定，坚持“权为民所用，情为民所系，利为民所谋”，满腔热情，脚踏实地做好工伤保险工作。

（二）在各级党委、政府领导下，劳动保障部门要切实负起责任，协调有关部门，动员全社会力量，扎实有效地推进工伤保险工作。当前，要切实搞好学习和宣传工作；认真进行调查研究，摸清底数，制订配套措施办法；理顺体制，健全机构，充实人员；加强基础工作，做好新旧政策的过渡衔接。

（三）《条例》的颁布和实施将极大地推动我国工伤保险制度建设，同时也对政府和各有关部门提出了新的要求。《条例》作为行政法规具有强制性，相关行政行为具有时效性。因此，各级政府应加强领导，高度重视《条例》的贯彻落实工作。各部门要加强配合，搞好协调，统一思想认识，深刻认识贯彻《条例》的重要性、紧迫性，增强工作的自觉性、主动性，切实做好各项准备工作，保证《条例》顺利贯彻实施。

关于实施《工伤保险条例》若干问题的意见

（2004年11月1日　劳社部函〔2004〕256号）

各省、自治区、直辖市劳动和社会保障厅（局）：

《工伤保险条例》（以下简称条例）已于二〇〇四年一月一日起施行，现就条例实施中的有关问题提出如下意见。

一、职工在两个或两个以上用人单位同时就业的，各用人单位应当分别为职工缴纳工伤保险费。职工发生工伤，由职工受到伤害时其工作的单位依法承担工伤保险责任。

二、条例第十四条规定“上下班途中，受到机动车事故伤害的，应当认定为工伤”。这里“上下班途中”既包括职工正常工作的上下班途中，也包括职工加班加点的上下班途中。“受到机动车事故伤害的”既可以是职工驾驶或乘坐的机动车发生事故造成的，也可以是职工因其他机动车事故造成的。

三、条例第十五条规定“职工在工作时间和工作岗位，突发疾病死亡或者在48小时之内经抢救无效死亡的，视同工伤”。这里“突发疾病”包括各类疾病。“48小时”的起算时间，以医疗机构的初次诊断时间作为突发疾病的起算时间。

四、条例第十七条第二款规定的有权申请工伤认定的“工会组织”包括职工所在用人单位的工会组织以及符合《中华人民共和国工会法》规定的各级工会组织。

五、用人单位未按规定为职工提出工伤认定申请，受到事故伤害或者患职业病的职工或者其直系亲属、工会组织提出工伤认定申请，职工所在单位是否同意（签字、盖章），不是必经程序。

六、条例第十七条第四款规定“用人单位未在本条第一款规定的时限内提交工伤认定申请的，在此期间发生符合本条例规定的工伤待遇等有关费用由该用人单位负担”。这里用人单位承担工伤待遇等有关费用的期间是指从事故伤害发生之日或职业病确诊之日起到劳动保障行政部门受理工伤认定申请之日止。

七、条例第三十六条规定的工伤职工旧伤复发，是否需要治疗应由治疗工伤职工的协议医疗机构提出意见，有争议的由劳动能力鉴定委员会确认。

八、职工因工死亡，其供养亲属享受抚恤金待遇的资格，按职工因工死亡时的条件核定。

（二）工伤保险适用范围

劳动和社会保障部关于农民工参加工伤保险有关问题的通知

（2004年6月21日　劳社部发〔2004〕18号）

各省、自治区、直辖市劳动和社会保障厅（局）：

为了维护农民工的工伤保险权益，改善农民工的就业环境，根据《工伤保险条例》规定，从农民工的实际情况出发，现就农民工参加工伤保险、依法享受工伤保险待遇有关问题通知如下：

一、各级劳动保障部门要统一思想，提高认识，高度重视农民工工伤保险权益维护工作。要从践行“三个代表”重要思想的高度，坚持以人为本，做好农民工参加工伤保险、依法享受工伤保险待遇的有关工作，把这项工作作为全面贯彻落实《工伤保险条例》，为农民工办实事的重要内容。

二、农民工参加工伤保险、依法享受工伤保险待遇是《工伤保险条例》赋予包括农民工在内的各类用人单位职工的基本权益，各类用人单位招用的农民工均有享受工伤保险待遇的权利。各地要将农民工参加工伤保险，作为今年工伤保险扩面的重要工作，明确任务，抓好落实。凡是与用人单位建立劳动关系的农民工，用人单位必须及时为他们办理参加工伤保险的手续。对用人单位为农民工先行办理工伤保险的，各地经办机构应予办理。今年重点推进建筑、矿山等工伤风险较大、职业危害较重行业的农民工参加工伤保险。

三、用人单位注册地与生产经营地不在同一统筹地区的，原则上在注册地参加工伤保险。未在注册地参加工伤保险的，在生产经营地参加工伤保险。农民工受到事故伤害或患职业病后，在参保地进行工伤认定、劳动能力鉴定，并按参保地的规定依法享受工伤保险待遇。用人单位在注册地和生产经营地均未参加工伤保险的，农民工受到事故伤害或者患职业病后，在生产经营地进行工伤认定、劳动能力鉴定，并按生产经营地的规定依法由用人单位支付工伤保险待遇。

四、对跨省流动的农民工，即户籍不在参加工伤保险统筹地区（生产经营地）所在省（自治区、直辖市）的农民工，1至4级伤残长期待遇的支付，可试行一次性支付和长期支付两种方式，供农民工选择。在农民工选择一次性或长期支付方式时，支付其工伤保险待遇的社会保险经办机构应向其说明情况。一次性享受工伤保险长期待遇的，需由农民工本人提出，与用人单位解除或者终止劳动关系，与统筹地区社会保险经办机构签订协议，终止工伤保险关系。1至4级伤残农民工一次性享受工伤保险长期待遇的具体办法和标准由省（自治区、直辖市）劳动保障行政部门制定，报省（自治区、直辖市）人民政府批准。

五、各级劳动保障部门要加大对农民工参加工伤保险的宣传和督促检查力度，积极为农民工提供咨询服务，促进农民工参加工伤保险。同时要认真做好工伤认定、劳动能力鉴定工作，对侵害农民工工伤保险权益的行为要严肃查处，切实保障农民工的合法权益。

关于铁路企业参加工伤保险有关问题的通知

（2004 年 11 月 3 日 劳社部函〔2004〕257 号）

各省、自治区、直辖市劳动和社会保障厅（局），铁道部所属各单位：

为了贯彻实施《工伤保险条例》，做好铁路企业参加工伤保险的有关工作，现将有关问题通知如下：

一、铁路企业要按照属地管理原则参加工伤保险，执行国家和企业所在地的工伤保险政策。铁路运输企业以铁路局或铁路分局为单位集中参加铁路局或铁路分局所在地统筹地区的工伤保险。

二、铁路企业要按照国家和所在地人民政府确定的铁路行业工伤保险费率，按时缴纳工伤保险费。工伤保险基金按照国家和统筹地区劳动保障部门确定的有关规定进行筹集、使用和管理。

三、铁路企业工伤职工的认定工作由统筹地区劳动保障行政部门负责，工伤职工的劳动能力鉴定工作由统筹地区劳动能力鉴定机构负责。

四、《工伤保险条例》实施前已确认的铁路工伤人员和工亡人员供养亲属享受的工伤保险待遇，应纳入工伤保险管理。具体纳入方式和步骤由铁路企业与所在地省、自治区、直辖市劳动保障部门协商确定。

五、各省、自治区、直辖市劳动保障部门要认真做好铁路企业参加工伤保险的组织实施工作，加强对铁路企业参保工作的指导和监督，结合铁路行业特点和企业及其职工的分布，制定管理办法，方便铁路企业工伤人员的救治、工伤认定、劳动能力鉴定及待遇支付管理。

六、各铁路企业要积极配合劳动保障部门，共同做好铁路企业工伤保险工作。在实施过程中发现的重大问题，要及时向所在地人民政府和劳动保障部门反映，确保该项工作顺利实施。

劳动和社会保障部
关于进一步推进矿山等
高风险企业参加工伤
保险工作的通知

（2004年12月19日　劳社部明电〔2004〕9号）

各省、自治区、直辖市劳动和社会保障厅（局）：

最近一段时期以来，我国安全生产形势严峻，接连发生特大伤亡事故，使人民的生命财产遭受了重大损失。但部分包括矿山企业在内的高风险企业还没有依法参加工伤保险，职工的工伤保险权益没有得到有效保障。为进一步推进矿山、建筑施工和危险化学品、烟花爆竹、民用爆破器材生产等企业（以下简称“高风险企业”）参加工伤保险，切实保障职工合法权益，现就有关问题通知如下：

一、充分认识高风险企业参加工伤保险的重要性和紧迫性。矿山、建筑等企业职业风险高，从业人员的主体是农民工，是最迫切需要工伤保险的人群，也是工伤保险要重点覆盖的人群。各地要从维护职工权益和社会稳定大局出发，全面贯彻“三个代表”重要思想，坚持“以人为本”的科学发展观，加大工作力度，认真负责地抓好高风险企业参加工伤保险工作。

二、大力推进高风险企业参加工伤保险。各地要结合今年扩面工作总结，对高风险企业参加工伤保险情况进行一次全面检查，针对存在的问题制定有效措施，切实消除高风险企业参加工伤保险工作的“死角”。要认真落实国务院领导同志和部党组在全国劳动保障工作会议上对工伤保险扩大覆盖面的要求，将推进高风险企业参加工伤保险作为明年扩面工作的重点。从2005年开始，各级劳动保障部门在分解下达工伤保险扩面计划时，要将高风险企业纳入，并作为工作考核的重要内容，定期进行检查。

三、积极研究高风险企业参加工伤保险的统筹层次和费率等问题和政策。各地要加强调查研究，针对高风险企业工伤事故发生率高，群死群伤的事故较多，发生工伤事故后补偿资金支出大的特点，研究制定本地区高风险行业参加工伤保险实施方案，逐步完善有关政策措施。

四、加强协调配合，共同做好高风险企业参加工伤保险工作。各地要切实履行职责，加强与建设、安全生产监察、煤矿安全监察等部门协调配合，认真贯彻国务院《安全生产许可证条例》，切实将高风险企业参加工伤保险作为颁发安全生产许可证的必备条件，依法督促高风险企业参加工伤保险。

五、强化高风险企业工伤预防政策措施的研究和探索。促进工伤预防是《工伤保险条例》的立法宗旨之一，做好高风险企业工伤预防工作，从源头上遏制工伤事故和职业病的发生，可以更有效地减少职业伤害，减少工伤保险基金支出，更好地保障职工权益，分散用人单位风险。各地要加强对高风险企业工伤预防工作的研究，从本地区的实际出发，探索完善积极有效的工伤预防政策和工作机制。

六、加大高风险企业参加工伤保险工作的宣传培训力度。各地要高度重视宣传培训工作，通过开展定期或不定期的、多种形式的宣传活动，通过对高风险企业经营者及职工进行工伤保险政策培训，使高风险企业和职工充分了解相关政策法规，使高风险企业认识到参加工伤保险的好处，使职工真正了解工伤保险的劳动安全“保护伞”作用。

各地接到本通知后，要及时对高风险企业参保情况进行检查，并抓紧部署明年高风险企业扩面工作。我部将加强对各地高风险企业参保情况的监督检查，帮助解决研究工作中的实际问题，确保工作要求落到实处。请各地于2005年2月底前将本地区高风险企业参加工伤保险的具体计划和工作安排报送我部。

关于做好煤矿企业参加工伤保险有关工作的通知

（2005年11月30日　劳社部发〔2005〕29号）

各省、自治区、直辖市劳动和社会保障厅（局）、安全生产监督管理局，各省级煤矿安全监察机构：

为了严格规范企业的安全生产条件，加强安全生产监督管理，防止和减少生产安全事故，切实保障矿山、危险化学品、烟花爆竹、民用爆破器材生产等企业职工的生命安全和健康，国务院颁布了《安全生产许可证条例》。今年4月，劳动保障部、国家安监总局和国防科工委联合下发了《关于贯彻〈安全生产许可证条例〉做好企业参加工伤保险有关工作的通知》（劳社部发〔2005〕8号），各地劳动和社会保障部门与安全监管部门、煤矿安全监察机构积极支持配合，多数煤矿企业顺利参加了工伤保险，依法取得了安全生产许可证或提出了领证申请。但个别地区推进煤矿企业参加工伤保险工作进度较慢，影响了有关工作的开展。

为进一步加快推进煤矿企业参加工伤保险工作，切实保障煤矿企业职工的合法权益，并确保安全生产许可制度的顺利实施，把煤矿安全生产尽快纳入法制轨道，要求如下：

一、各级劳动和社会保障部门、安全监管部门和煤矿安全监察机构要充分认识煤矿企业参加工伤保险与国家建立和实行安全生产许可制度的重要性，加强配合协作，加快推进煤矿企业参加工伤保险工作进度，提高办理安全生产许可证的工作效率。

二、要把安全生产行政许可工作和工伤保险工作结合起来，共同推进。以煤矿等行业实施安全生产许可制度为契机，加大《工伤保险条例》的宣传贯彻力度。

三、在为煤矿企业办理工伤保险的过程中，必须严格按照《工伤保险条例》的规定和《关于农民工参加工伤保险有关问题的通知》（劳社部发〔2004〕18号）精神办理，不得搭车、捆绑其他项目。

四、各地劳动和社会保障部门、安全监管部门和煤矿安全监察机构要加强监督检查，对不认真执行《工伤保险条例》的，要及时予以纠正。

关于事业单位、民间非营利组织工作人员工伤有关问题的通知

（2005年12月29日　劳社部发〔2005〕36号）

各省、自治区、直辖市劳动保障、人事、民政、财政厅（局）：

为保障事业单位、民间非营利组织因工作遭受事故伤害或者患职业病的工作人员依法享受工伤保险待遇，根据《工伤保险条例》规定，经国务院批准，现就有关问题通知如下：

一、事业单位、民间非营利组织工作人员遭受事故伤害或者患职业病的，其工伤范围、工伤认定、劳动能力鉴定、待遇标准等按照《工伤保险条例》的有关规定执行。

二、不属于财政拨款支持范围或者没有经常性财政拨款的事业单位、民间非营利组织，参加统筹地区的工伤保险。缴纳工伤保险费所需费用在社会保障缴费中列支。

三、依照或者参加国家公务员制度管理的事业单位、社会团体的工作人员，执行国家机关工作人员的工伤政策。

四、第二条、第三条规定范围以外的事业单位、民间非营利组织，可参加统筹地区的工伤保险，也可按照国家机关工作人员的有关工伤政策执行。具体办法由省级人民政府根据当地经济社会发展的事业单位、民间非营利组织的具体情况确定。

五、本通知下发之日起施行。参加工伤保险的事业单位、民间非营利组织，其工作人员在本通知下发前已发生工伤的，其原享受的工伤待遇不变。

六、本通知所称民间非营利组织是指社会团体、基金会和民办非企业单位。

事业单位、民间非营利组织的工伤保险，关系广大职工的切身利益，涉及面广。劳动保障、人事、民政、财政等有关部门要认真履行各自的职责。各地区、各部门要密切配合，加强对事业单位、民间非营利组织工伤保险运行情况的监督和管理，确保事业单位、民间非营利组织工伤保险工作的正常开展，维护职工的合法权益，促进社会稳定和发展。重大问题请及时报告。

关于做好建筑施工企业农民工参加工伤保险有关工作的通知

（2006年12月5日　劳社部发〔2006〕44号）

各省、自治区、直辖市劳动和社会保障厅（局）、建设厅（建委）：

建筑业是农民工较为集中、工伤风险程度较高的行业。《国务院关于解决农民工问题的若干意见》（国发〔2006〕5号，以下简称国务院5号文件）对农民工特别是建筑行业农民工参加工伤保险提出了明确要求，各地劳动保障部门和建设行政主管部门要深入贯彻落实，加快推进建筑施工企业农民工参加工伤保险工作。现就有关问题通知如下：

一、建筑施工企业要严格按照国务院《工伤保险条例》规定，及时为农民工办理参加工伤保险手续，并按时足额缴纳工伤保险费。同时，按照《建筑法》规定，为施工现场从事危险作业的农民工办理意外伤害保险。

二、建筑施工企业和农民工应当严格遵守有关安全生产和职业病防治的法律法规，执行安全卫生标准和规程，预防工伤事故的发生，避免和减少职业病的发生。

三、各地劳动保障部门要按照《工伤保险条例》、国务院5号文件和《关于农民工参加工伤保险有关问题的通知》（劳社部发〔2004〕18号）、《关于实施农民工“平安计划”加快推进农民工参加工伤保险工作的通知》（劳社部发〔2006〕19号）的要求，针对建筑施工企业跨地区施工、流动性大等特点，切实做好建筑施工企业参加工伤保险的组织实施工作。注册地与生产经营地不在同一统筹地区、未在注册地参加工伤保险的建筑施工企业，在生产经营地参保，鼓励各地探索适合建筑业农民工特点的参保方式；对上一年度工伤费用支出少、工伤发生率低的建筑施工企业，经商建设行政部门同意，在行业基准费率的基础上，按有关规定下浮费率档次执行；建筑施工企业农民工受到事故伤害或者患职业病后，按照有关规定依法进行工伤认定、劳动能力鉴定，享受工伤保险待遇；建筑施工企业办理了参加工伤保险手续后，社会保险经办机构要及时为企业出具工伤保险参保证明。

四、各地建设行政主管部门要加强对建筑施工企业的管理，落实国务院《安全生产许可证条例》和《建筑施工企业安全生产许可证管理规定》，在审核颁发安全生产许可证时，将参加工伤保险作为建筑施工企业取得安全生产许可证的必备条件之一。

五、劳动保障部门和建设行政主管部门要定期交流、通报建设施工企业参加工伤保险情况和相关收支情况，及时研究解决工作中出现的问题，加快推进建筑施工企业参加工伤保险。探索建立工伤预防机制，从工伤保险基金中提取一定比例的资金用于工伤预防工作，充分运用工伤保险浮动费率机制，促进建筑施工企业加强安全生产管理，切实保障农民工合法权益。

对山东省人民政府法制办公室《关于安置在企业的伤残军人能否享受工伤医疗补助金待遇问题的请示》的复函

（2007 年 1 月 4 日　国法秘函〔2007〕3 号）

山东省人民政府法制办公室：

你办《关于安置在企业的伤残军人能否享受工伤医疗补助金待遇问题的请示》（鲁府法字〔2006〕26 号）收悉。经与劳动保障部研究，提出以下意见，供参考：

根据《工伤保险条例》第十五条第一款第（三）项关于“职工原在军队服役，因战、因公负伤致残，已取得革命伤残军人证，到用人单位后旧伤复发的”视同工伤的规定，同意你办提出的“对企业伤残军人已在退役前享受残疾抚恤金的，除在企业工作中形成新的伤残，或者旧伤复发外，不能重复享受一次性工伤医疗补助金和一次性伤残就业补助金”的意见。

（三）工伤保险基金管理及业务流程

关于工伤保险费率问题的通知

（2003年10月29日　劳社部发〔2003〕29号）

各省、自治区、直辖市劳动和社会保障厅（局）、财政厅（局）、卫生厅（局）、安全生产监督管理部门：

为贯彻实施《工伤保险条例》，合理确定工伤保险费率，促进工伤预防，实现工伤保险费用社会共济，经国务院批准，现就工伤保险费率问题通知如下：

一、关于行业划分

根据不同行业的工伤风险程度，参照《国民经济行业分类》（GB/T4754—2002），将行业划分为三个类别：一类为风险较小行业，二类为中等风险行业，三类为风险较大行业。三类行业分别实行三种不同的工伤保险缴费率。统筹地区社会保险经办机构要根据用人单位的工商登记和主要经营生产业务等情况，分别确定各用人单位的行业风险类别。行业风险分类见附件。

二、关于费率确定

各省、自治区、直辖市工伤保险费平均缴费率原则上要控制在职工工资总额的1.0%左右。在这一总体水平下，各统筹地区三类行业的基准费率要分别控制在用人单位职工工资总额的0.5%左右、1.0%左右、2.0%左右。各统筹地区劳动保障部门要会同财政、卫生、安全监管部门，按照以支定收、收支平衡的原则，根据工伤保险费使用、工伤发生率、职业病危害程度等情况提出分类行业基准费率的具体标准，报统筹地区人民政府批准后实施。基准费率的具体标准可定期调整。

三、关于费率浮动

用人单位属一类行业的，按行业基准费率缴费，不实行费率浮动。用人单位属二、三类行业的，费率实行浮动。用人单位的初次缴费费率，按行业基准费率确定，以后由统筹地区社会保险经办机构根据用人单位工伤保险费使用、工伤发生率、职业病危害程度等因素，一至三年浮动一次。在行业基准费率的基础上，可上下各浮动两档：上浮第一档到本行业基准费率的120%，上浮第二档到本行业基准费率的150%，下浮第一档到本行业基准费率的80%，下浮第二档到本行业基准费率的50%。费率浮动的具体办法由各统筹地区劳动保障行政部门会同财政、卫生、安全监管部门制定。

各地要认真做好工伤保险相关数据的测算，合理确定行业基准费率，科学制定费率浮动的具体办法。要加强对工伤保险运行情况的监测，定期分析工伤保险费率对工伤保险制度运行的影响，重大问题及时上报。我们将定期了解工伤保险基金收支等情况，及时提出调整行业差别费率及行业内费率档次的方案，报国务院批准后公布施行。

附件：

工伤保险行业风险分类表

行业类别	行业名称
一	银行业，证券业，保险业，其他金融活动业，居民服务业，其他服务业，租赁业，商务服务业，住宿业，餐饮业，批发业，零售业，仓储业，邮政业，电信和其他传输服务业，计算机服务业，软件业，卫生，社会保障业，社会福利业，新闻出版业，广播、电视、电影和音像业，文化艺术业，教育，研究与试验发展，专业技术业，科技交流和推广服务业，城市公共交通业
二	房地产业，体育，娱乐业，水利管理业，环境管理业，公共设施管理业，农副食品加工业，食品制造业，饮料制造业，烟草制品业，纺织业，纺织服装、鞋、帽制造业，皮革、毛皮、羽绒及其制品业，林业，农业，畜牧业，渔业、农、林、牧、渔服务业，木材加工及木、竹、藤、草制品业，家具制造业，造纸及纸制品业，印刷业和记录媒介的复制，文教体育用品制造业，化学纤维制造业，医药制造业，通用机械制造业，专用机械制造业，交通运输设备制造业，电气机械及器材制造业，仪器仪表及文化，办公用机械制造业，非金属矿物制品业，金属制品业，橡胶制品业，塑料制品业，通信设备，计算机及其他电子设备制造业，工艺品及其他制造业，废弃资源和废旧材料回收加工业，电力、热力的生产和供应业，燃气生产和供应业，水的生产和供应业，房屋和土木工程建筑业，建筑安装业，建筑装饰业，其他建筑业，地质勘查业，铁路运输业，道路运输业，水上运输业，航空运输业，管道运输业，装卸搬运和其他运输服务业
三	石油加工，炼焦及核心燃料加工业，化学原料及化学制品制造业，黑色金属冶炼及压延加工业、有色金属冶炼及压延加工业、石油和天然气开采业，黑色金属矿采选业，有色金属矿采选业，非金属矿采选业，煤炭开采和洗选业，其他采矿业

工伤保险经办业务管理规程（试行）

（2004 年 6 月 17 日　劳社厅发〔2004〕6 号）

第一章　总　　则

第一条　为加强工伤保险业务管理，规范和统一工伤保险业务操作程序，依据《工伤保险条例》（国务院令第 375 号）和《社会保险费征缴暂行条例》（国务院令第 259 号）等有关法规，制定本规程。

第二条　全国各统筹地区社会保险经办机构（以下简称“社保机构”）经办工伤保险业务适用本规程。

负责征缴工伤保险费的税务机关应参照执行本规程的有关要求。

第三条　本规程将工伤保险经办业务划分为工伤保险登记、工伤保险费征缴、工伤医疗康复与辅助器具配置管理、待遇审核与支付、财务管理、稽核监督等内容。

已实行社会保险费统一征缴的地区，可依据本规程简化相关程序。

第四条　各级社保机构要明确岗位职责，建立考核制度，确保业务经办的畅通、快捷、高效、优质。

第二章　工伤保险登记

工伤保险登记包括参保登记、变更登记、注销登记、验证和补证等内容。

第一节　参 保 登 记

第五条　用人单位（包括有雇工的个体工商户，下同）依法申报参加工伤保险时，社保机构登记部门为其办理工伤保险登记，用人单位需填报《社会保险登记表》（表 2－1）和《参加工伤保险人员情况表》（表 2－2），并提供以下证件或资料：

（一）营业执照、批准成立证件或其他核准执业证件；

（二）组织机构统一代码证书；

（三）参保人员身份证复印件；

（四）省、自治区、直辖市社保机构规定的其他证件和资料。

已经参加其它社会保险的，用人单位只提交社会保险登记证，填写《社会保险登记表》、《参加工伤保险人员情况表》。

第六条 社保机构登记部门审核参保单位填报的有关表格和有关证件、资料，并在自受理之日起10个工作日内审核完毕。

审核通过的，社保机构登记部门应建立参保单位数据库，依据用人单位营业执照登记的内容，对照《国民经济行业分类》（GB/T4754—2002）和《工伤保险行业风险分类表》，确定行业风险类别，录入单位和参保人员信息，并将有关资料归档。已参加其他社会保险的，在其社会保险登记表上标注工伤保险项目。首次参加社会保险的，发给社会保险登记证。

未通过审核的，社保机构应向申报单位说明原因。

第二节 变更登记

第七条 参保单位在以下事项变更时，社保机构登记部门为其办理工伤保险变更登记手续。

（一）单位名称；

（二）单位地址；

（三）法定代表人或负责人；

（四）单位类型；

（五）组织机构统一代码；

（六）主管部门或隶属关系；

（七）开户银行及账号；

（八）经营范围；

（九）省、自治区、直辖市社保机构规定的其他事项。

第八条 参保单位需填写《社会保险变更登记表》（表2-3），并提供以下证件和资料：

（一）工商变更登记表、有关部门或单位批准的变更证明；

（二）社会保险登记证；

（三）社保机构规定的其他证件和资料。

第九条 社保机构登记部门审核参保单位填写的《社会保险变更登记表》，核对有关证件和资料。审核通过的，应更改数据库的相关信息，并将有关资料归档，同时收回原登记证，并重新核发社会保险登记证。未通过审核的，社保机构应向申报单位说明原因。

第三节 注销登记

第十条 参保单位发生以下情形时，社保机构登记部门为其办理社会保险注销登记手续。

（一）营业执照注销或吊销；

（二）被批准解散、撤消、终止；

（三）跨统筹范围转出；

（四）国家法律、法规规定的其他情形。

第十一条 参保单位需填写《社会保险注销登记表》（表2－4），并根据注销类型分别提供以下证件和资料：

（一）注销通知或法院裁定单位破产等法律文书；

（二）单位主管部门批准解散、撤消、终止的有关文件；

（三）社会保险登记证；

（四）社保机构规定的其他证件和资料。

第十二条 社保机构登记部门核验上述证件和资料，符合注销登记条件的，为其办理工伤保险注销登记手续，注销其社会保险登记证，在信息系统内进行标注，并通知征缴、待遇审核、待遇支付等部门，封存其参保信息及有关档案资料。

第四节 验证和补证

第十三条 社保机构登记部门定期进行工伤保险登记验证，参保单位应在规定的时间内填报《社会保险验证登记表》（表2－5），并提供以下证件和资料：

（一）社会保险登记证；

（二）营业执照、批准成立证件或其他核准执业证件；

（三）组织机构统一代码证书；

（四）职工（雇工）工资发放明细表；

（五）社保机构规定的其他证件和资料。

第十四条 社保机构登记部门审核参保单位提供的证件和资料，审核的主要内容包括：

（一）办理社会保险登记、变更登记、上年度验证等情况；

（二）参保人数增减变化情况；

（三）申报缴费工资、缴纳工伤保险费情况；

（四）社保机构规定的其他内容。

第十五条 社保机构登记部门将初审意见送相关社保机构征求意见，并根据反馈信息确定审核结果。审核通过的，在信息系统内进行标注，并在社会保险登记证上加注核验标记或印章，期满时予以换证（不分社会保险险种，以首次登记为起点计算），并通知征缴和待遇支付等部门。

第十六条 参保单位因遗失社会保险登记证，到原发证机构办理补证，申请补证手续时，需提供与首次登记相同的资料。核实无误后，补发社会保险登记证，涉及相关社保机构时，应及时补办相关手续。

第三章 工伤保险费征缴

工伤保险费征缴包括申报受理、缴费核定、费用征收、补缴欠费等内容。

第一节 申报受理

第十七条 社保机构征缴部门按月受理参保单位填报的《工伤保险缴费申报核定表》(表3－1)，并要求提供以下资料：

(一) 劳动工资统计月 (年) 报表；

(二) 工资发放明细表；

(三)《参加工伤保险人员增减明细表》(表3－2)；

(四) 社保机构规定的其他资料。

第二节 缴费核定

第十八条 社保机构征缴部门审核参保单位填报的缴费申报核定表格及有关资料。审核通过后，办理参保人员核定或增减手续。

第十九条 社保机构征缴部门根据缴费申报和核定情况，为新增参保人员及时记录参保时间、当期缴费工资等信息。社保机构征缴部门根据参保单位申报情况核定当期缴费基数。

第二十条 社保机构征缴部门依据统筹地区分类行业基准费率的具体标准，确定参保单位的初次缴费费率，以后根据用人单位工伤保险费使用、工伤发生率、职业病危害程度等因素，确定参保单位年度缴费费率。

第二十一条 社保机构征缴部门根据核定的参保单位当期缴费基数、缴费费率计算应缴数额，并将核定的《工伤保险缴费申报核定表》反馈申报单位。

对未按规定申报的参保单位，按其上年 (月) 缴费数额的110%确定应缴数额；没有上年 (月) 缴费数额的，根据单位所属统筹地区的社会平均工资、单位职工人数和行业费率的规定确定应缴数额。

第二十二条 社保机构征缴部门根据缴费核定结果，生成《工伤保险缴费核定汇总表》(表3－3) 及《工伤保险缴费核定明细表》(表3－4)，并以此为依据进行征收。

第三节 费用征收

第二十三条 社保机构征收地区，采取委托收款方式的，通过“收入户存款”开户银行收费，也可采取支票、现金、电汇、本票等方式收费，并开具专用收款凭证。社保机构财务管理部门每月与银行对账结算，并将到账情况反馈给征缴部门。征缴部门每月定期根据财务管理部门反馈的信息生成《工伤保险费实缴清单》(表3－5)。

第二十四条 税务代征的地区，社保机构按月将《工伤保险缴费核定汇总表》及《工伤保险缴费核定明细表》传送给税务机关，作为其征收依据。税务机关收款后，每月在规定时间内向社保机构反馈到账信息，传送《工伤保险费实缴清单》及相关收款凭证，社保机构财务管理部门做入账处理。

第二十五条 社保机构征缴部门根据财务管理部门传送的《工伤保险费实缴清单》，向申报后未足额或未及时缴纳工伤保险费的参保单位发出《社会保险费催缴通知单》（表3-6）。逾期不执行的，向劳动保障行政部门提供相关情况和资料，由劳动保障行政部门限期改正。

第二十六条 社保机构征缴部门每月根据《工伤保险费实缴清单》，登记应缴、实缴、当期欠费等台账。

第四节 补缴欠费

第二十七条 社保机构征缴部门根据工伤保险欠费台账，建立欠费数据信息，填制《社会保险费补缴通知单》（表3-7），通知参保单位补缴欠费。

第二十八条 对因筹资困难，无法一次足额缴清欠费的参保单位，社保机构征缴部门与其签订社会保险补缴协议。如欠费单位发生被兼并、分立、破产等情况时，按下列方法签订补缴协议。

（一）欠费单位被兼并的，与兼并方签订补缴协议。

（二）欠费单位分立的，与各分立方签订补缴协议。

（三）欠费单位进入破产程序的，与清算组签订清偿协议。

（四）单位被拍卖出售或租赁的，与主管部门签订补缴协议。

第二十九条 参保单位根据《社会保险费补缴通知单》或补缴协议办理补缴，社保机构征缴部门予以受理，并通知社保机构财务管理部门或税务机关收款。

第三十条 破产单位无法完全清偿的欠费，社保机构征缴部门受理单位破产清算组提出的申请，审核后送稽核监督部门处理。

第三十一条 社保机构征缴部门依据财务管理部门传来的补缴欠费到账信息和稽核监督部门传来的核销信息，编制征缴台账，调整参保单位欠费信息，按月生成工伤保险补缴欠费台账。

第四章 工伤医疗、康复与辅助器具配置管理

工伤医疗、康复与辅助器具配置管理包括协议管理和工伤医疗、康复与辅助器具配置程序等内容。

第一节 协议管理

第三十二条 社保机构按规定与获得《执业许可证》的医疗机构签订“医疗服务协议”；

与医疗机构或康复机构签订“康复服务协议”；与辅助器具配置机构签订“辅助器具安装配置服务协议”。

工伤医疗、康复与辅助器具配置服务协议应包括服务人群、服务范围、服

务内容、服务质量、费用结算办法、费用审核与控制、违约责任、争议处理、协议有效期限等内容。

第三十三条 工伤医疗、康复与辅助器具配置服务协议在履行过程中如遇情况变化，需要变更或补充的，双方应及时协商议定。

第三十四条 签订服务协议的医疗机构、康复机构和辅助器具配置机构违反工伤保险管理政策的，社保机构可单方解除协议。

第三十五条 社保机构将已签订服务协议医疗机构、康复机构和辅助器具配置机构的名单及时向社会公布。

第二节 工伤医疗、康复与辅助器具配置程序

第三十六条 职工受到事故伤害或患职业病后，所在用人单位应积极救治，并在3日内用书面或电话形式向当地社保机构报告。

第三十七条 工伤职工就医一般应到协议医疗机构就诊。工伤职工因急诊就医可就近诊疗，待生命体征稳定后再转往协议医疗机构。工伤职工在门诊就医，实行双联处方。工伤职工住院诊疗实行医疗服务项目费用明细制度。

第三十八条 工伤职工因伤情需要到统筹地区以外就医的，由社保机构指定的协议医疗机构提出建议，参保单位提出意见，填写《工伤职工转诊转院申请表》（表4-1）；经社保机构核准后方可前往。

第三十九条 工伤职工因旧伤复发需要治疗的，填写《工伤职工旧伤复发治疗申请表》（表4-2），由就诊的协议医疗机构提出诊断意见，经社保机构核准后到协议医疗机构就医。对旧伤复发有争议的，由劳动能力鉴定委员会确认。

第四十条 工伤职工需要进行医疗、身体机能、心理、职业康复的，填写《工伤职工康复申请表》（表4-3），医疗（康复）机构提出建议，参保单位提出意见，经社保机构核准后到协议医疗（康复）机构进行康复。

第四十一条 工伤职工需要配置辅助器具的，依据劳动能力鉴定结论，由参保单位或工伤职工填写《工伤职工辅助器具配置申请表》（表4-4），社保机构按规定核准，到协议辅助器具配置机构配置。

第五章 待遇审核与支付

待遇审核与支付包括享受待遇资格审核与验证、医疗（康复）待遇审核、辅助器具费用审核、伤残待遇审核、工亡待遇审核、待遇调整审核和待遇支付等内容。

第一节 待遇资格审核与验证

第四十二条 社保机构待遇审核部门对下列人员进行享受待遇资格审核：

（一）经认定的工伤（亡）职工；

（二）视同工伤（亡）职工；

（三）符合领取供养亲属抚恤金的人员。

第四十三条 进行享受待遇资格审核时，社保机构待遇审核部门受理申请人填写的《工伤保险待遇申领表》（表5－1），并要求其提供以下证件和资料：

（一）居民身份证或户口簿；

（二）工伤认定结论；

（三）工亡职工供养亲属身份及供养关系公证材料或其它证明材料等；

（四）省、自治区、直辖市社保机构规定的其他证件或资料。

第四十四条 社保机构待遇审核部门对下列内容进行审核：

（一）工伤认定结论；

（二）该职工在发生工伤时，单位参保、缴费情况；

（三）参保单位是否在事故发生或职业病诊断（鉴定）后的规定时间内申请了工伤认定；

（四）工亡职工供养亲属有关证明资料。

第四十五条 审核通过后，社保机构待遇审核部门在《工伤保险待遇申领表》上填写审核意见，并及时记录有关信息，形成享受工伤保险待遇人员信息库，将审核意见告知申请人。

第四十六条 享受待遇资格的验证。待遇审核部门对工伤职工享受工伤待遇和供养亲属待遇资格每年验证一次，验证时应综合考虑职工的参保信息，供养亲属生存状况证明和待遇支付信息等。

第二节 医疗（康复）待遇审核

第四十七条 工伤职工在门、急诊及外埠就医发生的医疗费用、工伤认定前的医疗费用由参保单位垫付，待接到工伤认定决定书后，到社保机构按规定办理审核手续。

第四十八条 社保机构待遇审核部门受理申请人填写的《工伤职工医疗（康复）费用核定表》（表5－2），并要求提供以下资料：

（一）已通过资格核定的《工伤保险待遇申领表》；

（二）工伤职工的医疗（康复）票据、费用清单；

（三）医疗诊断证明书；

（四）经同意的《工伤职工转诊转院申请表》；

（五）省、自治区、直辖市社保机构规定的其他资料。

第四十九条 社保机构待遇审核部门对工伤职工发生的医疗费进行审核，审核内容包括：

各项检查治疗是否与工伤部位、职业病病情相符合，是否符合工伤保险诊疗项目目录、工伤保险药品目录、工伤保险住院服务标准的规定，以及其他需要审核的内容。

第五十条 审核通过后，社保机构待遇审核部门计算申请人的医疗（康复）待遇数额，在《工伤职工医疗（康复）费用核定表》上填写审核意见和核定金额，并及时记录有关信息，交社保机构待遇支付部门，将核定结果告知申请人。

第五十一条 职工经认定为工伤，或者工伤职工旧伤复发的，社保机构与协议医疗（康复）机构直接结算工伤医疗（康复）费用时，应对以下内容进行审核：医嘱处方、住院病历、治疗项目、病程记录、各种检查报告单及收费清单、用药清单等。

医疗（康复）费用的核定，必须遵守工伤保险诊疗项目目录、工伤保险药品目录、工伤保险住院服务标准及有关规定。

第五十二条 待遇申请人对工伤医疗（康复）待遇支付金额、费用结算金额有异议，提出重核时，社保机构待遇审核部门予以重核，并将重核结果通知待遇申请人。确有调整的，应及时通知社保机构待遇支付部门，并保留重核及修改记录。

第三节 辅助器具费用审核

第五十三条 社保机构待遇审核部门受理申请人安装、配置（更换）辅助器具的申请，并要求提供以下资料：

（一）已通过资格核定的《工伤保险待遇申领表》；

（二）劳动能力鉴定结论；

（三）经同意的《工伤职工辅助器具配置申请表》；

（四）省、自治区、直辖市社保机构规定的其他资料。

第五十四条 社保机构待遇审核部门按规定标准计算申请人的辅助器具安装、配置（更换）金额，在《工伤保险待遇申领表》上填写审核意见和核定金额，并及时记录有关信息，转社保机构待遇支付部门，将核定结果告知申请人。

第五十五条 社保机构与签订协议的辅助器具配置机构直接结算费用时，应按规定进行审核。

第五十六条 待遇申请人对配置（更换）辅助器具费用核定金额有异议，提出重核时，社保机构待遇审核部门予以重核，所需程序同第五十二条。

第四节 伤残待遇审核

伤残待遇的审核包括一次性伤残补助金、伤残津贴和生活护理费等内容。

第五十七条 社保机构待遇审核部门受理工伤职工伤残待遇申请，并审核以下资料：

（一）已通过资格核定的《工伤保险待遇申领表》；

（二）劳动能力鉴定结论；

（三）省、自治区、直辖市社保机构规定的其他资料。

第五十八条 审核通过后，社保机构待遇审核部门按照规定计算工伤职工的一次性伤残补助金、伤残津贴和生活护理费数额，在《工伤保险待遇申领表》上填写审核意见和核定金额，并及时记录有关信息，转社保机构待遇支付部门，将核定结果告知申请人。

第五十九条 工伤职工对一次性伤残补助金、伤残津贴和生活护理费核定金额有异议，提出重核时，社保机构待遇审核部门予以重核，所需程序同第五十二条。

第五节 工亡待遇审核

第六十条 职工因工死亡，社保机构待遇审核部门受理工亡待遇申请，并审核以下资料：

（一）已通过资格核定的《工伤保险待遇申领表》；

（二）工伤认定结论；

（三）省、自治区、直辖市社保机构规定的其他资料。

第六十一条 社保机构待遇审核部门按规定计算工亡职工的一次性工亡补助金、丧葬补助金，计算每一供养亲属享受的抚恤金数额，在《工伤保险待遇申领表》上填写审核意见和核定金额，并及时记录有关信息，转社保机构待遇支付部门，同时发给供养亲属资格证明，将核定结果告知申请人。

第六十二条 工亡职工供养亲属对工亡待遇核定金额有异议，提出重核时，社保机构待遇审核部门予以重核，所需程序同第五十二条。

第六节 待遇调整审核

第六十三条 当根据有关规定对享受工伤保险待遇人员的相关待遇进行统一调整时，待遇审核部门应依据有关规定，核对相关信息，建立待遇调整台账，送待遇支付部门。

第六十四条 工伤职工达到退休年龄、被收监执行、死亡的，供养亲属丧失或暂时丧失供养条件的，用人单位、工伤职工或其亲属应及时向社保机构报告并提供相应证明，社保机构待遇审核部门应及时核对相关信息，停止其工伤保险待遇。

第六十五条 工伤职工劳动能力鉴定结论发生变化或服刑完毕的，应重新填写《工伤保险待遇申领表》并提交劳动能力鉴定结论或服刑完毕证明。劳动能力鉴定结论发生变化的，在《工伤保险待遇申领表》备注栏写明原劳动能力鉴定结论变更时间、原鉴定结论及鉴定时间；服刑完毕的，在《工伤保险待遇申领表》备注栏写明收监日期、服刑完毕日期。

社保机构待遇审核部门应根据用人单位、工伤职工或其亲属提供的材料，核对相关信息，调整或恢复其工伤保险待遇。

第六十六条 享受工伤保险待遇人员对待遇调整金额有异议，提出重核时，社保机构待遇审核部门予以重核，所需程序同第五十二条。

第七节 待遇支付

第六十七条 待遇支付部门依据待遇审核部门提供的信息支付费用。伤残津贴、生活护理费从完成劳动能力鉴定的次月开始计发，供养亲属抚恤金从工伤职工死亡的次月开始计发。

第六十八条 社保机构待遇支付部门依据待遇审核部门核定的结果支付参保单位垫付的费用和协议医疗（康复）机构的医疗（康复）费。

第六十九条 社保机构待遇支付部门依据待遇审核部门核定的相关项目、金额，及时支付给工伤职工或工亡职工供养亲属。

第七十条 社保机构待遇支付部门依据待遇审核部门核定的相关项目、金额，及时支付给有关协议医疗（康复）机构或辅助器具配置机构。

第七十一条 社保机构待遇支付部门每月根据上月待遇支付记录及待遇审核部门传来的新增工伤职工工伤保险待遇、待遇调整、待遇重核等相关信息，建立当月工伤职工待遇支付台账，生成《工伤保险基金支出核定汇总表》(表5-3)。

第七十二条 社保机构待遇支付部门每月将《工伤保险基金支出核定汇总表》送社保机构财务管理部门。

第六章 财务管理

财务管理包括基金收入、支出、核算和预决算管理等内容。

第一节 收 入

第七十三条 社保机构财务管理部门根据工伤保险费到账信息，编制《工伤保险费实缴清单》，反馈社保机构征缴部门。

第七十四条 每月月末，社保机构财务管理部门将收入户存款全部转入财政专户。

第七十五条 社保机构财务管理部门应定期与财政、税务等部门对账。对账有差异的，须逐笔查清原因，调整相符。

第二节 支 出

第七十六条 社保机构财务管理部门根据基金支出计划，于每月月末填制下月用款申请书，报送同级财政部门审批，并确认资金到账情况。

第七十七条 对补助下级支出、上解上级支出、其他支出等款项，社保机构财务管理部门根据规定或计划从“支出户”支付。

第七十八条 社保机构财务管理部门应根据银行回单，将基金支出信息定期反馈给待遇支付、稽核监督等部门。

第三节　会计核算

第七十九条　社保机构财务管理部门根据基金收入情况，及时填制收入记账凭证。

（一）社保机构征缴收入应根据银行回单、工伤保险基金专用收款收据、《工伤保险缴费核定汇总表》、《工伤保险缴费核定明细表》，填制记账凭证。

税务机关征收地区，社保机构以收款银行（即财政专户开户行）或税务机关传来的税收通用缴款书或税收完税凭证作为原始凭证，并根据税务机关报送的《工伤保险费实缴清单》，填制记账凭证。

（二）对“收入户存款”、“支出户存款”、“财政专户存款”、“债券投资”生成的利息，根据银行转来的利息回单或财政转来的财政专户缴拨凭证等，填制记账凭证。

（三）对上级下拨和下级上解收入，以财政专户缴拨凭证作为原始凭证，填制记账凭证。

（四）对滞纳金等其他收入，根据银行回单或财政部门转来的财政专户缴拨凭证等，填制记账凭证。

第八十条　对发生的每笔基金支出，社保机构财务管理部门应及时填制支出记账凭证。

（一）工伤待遇支出，根据电汇单、转账支票存根和银行回单以及社保机构待遇支付部门传来的《工伤保险基金支出核定汇总表》，填制记账凭证。

（二）经财政部门核准的其他非工伤保险待遇性质支出，劳动能力鉴定费支出分列科目，其他支出（如临时借款的利息等），通过“其他支出”科目核算，从“支出户”划转，以支票存根、支付银行借款利息回单等相关支付凭据作为原始凭证，填制记账凭证。

（三）补助下级和上解上级的支出，以相关账户缴拨凭证作为原始凭证，填制记账凭证。

第八十一条　社保机构财务管理部门根据记账凭证登记现金日记账、银行日记账和明细分类账。按科目分类汇总记账凭证，制作科目汇总表，登记总分类账。

第八十二条　每月月终，收到银行对账单后，社保机构财务管理部门与银行日记账核对，编制银行存款余额调节表，并将现金日记账、银行日记账、财政存款日记账、明细分类账与总分类账核对。

第八十三条　社保机构财务管理部门根据总分类账、明细分类账等，编制月、季、年度会计报表。

第四节　预　　算

第八十四条　社保机构财务管理部门根据本年度实际征缴和支出、结余情况以及征缴和待遇支付部门传来的下年度征缴年度计划和待遇支出年度计划，编制预算草案，按程序报批。

第八十五条 社保机构财务管理部门根据批准的预算草案，填制预算报表，将其传给征缴部门和待遇支付部门，并根据征缴情况及实际收支情况，定期报告预算执行情况。

第八十六条 因特殊情况需要调整预算时，社保机构财务管理部门要根据具体情况编制预算调整方案，按程序报批。

第五节 决 算

第八十七条 社保机构财务管理部门根据决算编制工作要求，于年度终了前核对各项收支，清理往来款项，同开户银行、财政专户对账，并进行年终结账。

第八十八条 社保机构财务管理部门根据本年度各账户余额，编制年终决算资产负债表和有关明细表，编写报表附注及收支情况说明书，对重要指标进行财务分析，形成年度会计决算报告，并按程序报批。

第七章 稽核监督

稽核监督包括参保对象稽核和内部监督等内容。

第一节 参保对象稽核

第八十九条 社保机构稽核监督部门按照年度工作计划，采取以下方式确定稽核对象。

（一）从数据库中随机抽取；

（二）根据数据库信息异常情况确定；

（三）根据举报、有关部门转办、上级交办和异地信函协查件等资料确定；

（四）根据国家有关规定确定。

第九十条 社保机构稽核监督部门向被稽核对象发出《社会保险稽核通知书》（表7－1），进行实地稽核或书面稽核。稽核包括参保单位缴费情况以及工伤保险待遇享受人员情况等内容。

（一）参保单位缴费情况

1. 查阅《工伤保险缴费申报核定表》，摘录参保单位已申报、缴费的人数和缴费数额。

2. 查阅《职工工资发放明细表》、《劳动工资统计台账》及与缴费基数有关的会计总账、明细账、原始凭证、年度会计决算表及职工名册、人事档案，核实缴费人数及工资总额、缴费基数。

3. 对长期欠费的参保单位，定期或不定期进行稽核，审核其资产负债表、损益表等，调查其生产经营、工资发放等情况，综合评估缴费能力，督促其履行还款协议。

4. 对破产单位无法完全清偿的欠费，社保机构稽核监督部门收到征缴部门传送的信息后，对单位财务状况和缴费情况予以稽核。对符合核销条件的，按程序报批，并将审批的核销欠费信息及资料送社保机构征缴部门。

（二）工伤保险待遇享受人员情况

1. 核查工伤保险待遇享受人员户口簿、身份证件、户籍所在地公安派出所或街道劳动保障事务所提供的居住证明，或通过指纹认证等手段，确定工伤保险待遇享受者的生存状况。

2. 审查供养亲属身份证件或就业管理部门出具的无业证明及其他资料，核实是否存在重复享受、冒领和骗取供养亲属抚恤金的行为。

（三）依据国家有关规定，需稽核的其他项目。

第九十一条 社保机构稽核监督部门根据稽核情况填写《社会保险稽核工作记录》（表7－2），全面记录检查中发现的问题及所涉及的凭证等资料。

第九十二条 社保机构稽核监督部门根据《社会保险稽核工作记录》和取得的证据，填写《社会保险稽核情况告知书》（表7－3）或《社会保险稽核整改意见书》（表7－4），下达被稽核对象。

第九十三条 社保机构稽核监督部门将《社会保险稽核整改意见书》送社保机构征缴部门和待遇支付部门，并根据其执行情况建立稽核处理信息。

第九十四条 稽核对象不履行《社会保险稽核整改意见书》处理意见的，也未提出复查申请的，社保机构稽核监督部门通知社保机构征缴部门下达《社会保险费催缴通知单》，或通知待遇支付部门追回冒领金额。对拒不执行的，填制《社会保险提请行政处罚建议书》（表7－5），送劳动保障行政部门。

第二节 内部监督

第九十五条 社保机构稽核监督部门依据工作计划、群众举报等确定内审对象，按程序报批。

第九十六条 内审计划批准后，社保机构稽核监督部门组织实施，内审内容主要包括：

（一）抽查参保单位申报缴费的有关原始资料，验证参保单位的参保人数、缴费基数；

（二）抽查参保单位的缴费情况，验证是否按核定基数征缴；

（三）抽查缴费情况原始资料，验证工伤待遇计发标准的准确性；

（四）抽查工伤职工工伤保险待遇标准、调整待遇有关的原始资料，验证待遇调整的准确性；

（五）抽查工伤职工死亡、供养亲属证明等原始资料，验证待遇计发的准确性；

（六）抽查工伤保险基金收入、支出账目凭证，验证基金收入、支出的正确性；

（七）依据国家有关规定，需内部监督的其他内容。

第九十七条 社保机构稽核监督部门记录内审中发现的问题。根据内审记录和有关证据提出整改意见，按程序报批后送相关部门执行，并跟踪监督。

第八章 附 则

第九十八条 各业务部门应按照有关规定向统计部门传送本部门业务台账。统计部门对各业务台账信息进行整理、汇总，编制各类统计台账、统计报表和资料，与相关业务部门进行核对，撰写分析报告。

第九十九条 参保单位填写的原始表格，需经办人、审核人、负责人签字或签章，并注明经办日期；各业务部门之间传递信息的表格，转出、转入部门需认真复核，确保无误，经办人、审核人、复核人、主管领导均需签字盖章。

第一百条 各业务部门应按有关规定对档案资料进行分类整理，确定密级，妥善保管，并做好电子文档的备份工作。

第一百零一条 社保机构要加强和规范票据管理，按照规定进行票据的印制、填写、整理、保管、销毁等工作。

第一百零二条 各省、自治区、直辖市可根据本规程制定经办细则。

第一百零三条 本规程由劳动保障部负责解释。

第一百零四条 本规程自发布之日起施行。

附件：

1. 社会保险登记表（表2－1）（略）
2. 参加工伤保险人员情况表（表2－2）（略）
3. 社会保险变更登记表（表2－3）（略）
4. 社会保险注销登记表（表2－4）（略）
5. 社会保险验证登记表（表2－5）（略）
6. 工伤保险缴费申报核定表（表3－1）（略）
7. 参加工伤保险人员增减明细表（表3－2）（略）
8. 工伤保险缴费核定汇总表（表3－3）（略）
9. 工伤保险缴费核定明细表（表3－4）（略）
10. 工伤保险费实缴清单（表3－5）（略）
11. 社会保险费催缴通知单（表3－6）（略）
12. 社会保险费补缴通知单（表3－7）（略）
13. 工伤职工转诊转院申请表（表4－1）（略）
14. 工伤职工旧伤复发治疗申请表（表4－2）（略）
15. 工伤职工康复申请表（表4－3）（略）
16. 工伤职工配置辅助器具申请表（表4－4）（略）
17. 工伤保险待遇申领表（表5－1）（略）

18. 工伤职工医疗（康复）费用核定表（表5－2）（略）
19. 工伤保险支出核定汇总表（表5－3）（略）
20. 社会保险稽核通知书（表7－1）（略）
21. 社会保险稽核工作记录（表7－2）（略）
22. 社会保险稽核情况告知书（表7－3）（略）
23. 社会保险稽核整改意见书（表7－4）（略）
24. 社会保险提请行政处罚建议书（表7－5）（略）

关于加强工伤保险医疗服务协议管理工作的通知

（2007年2月27日　劳社部发〔2007〕7号）

各省、自治区、直辖市劳动和社会保障厅（局）、卫生厅（局）、中医药管理局：

职工因工作遭受事故伤害或患职业病时，由工伤保险为其提供医疗服务保障，是工伤保险制度的一项重要内容。做好工伤保险医疗服务协议管理工作，有利于保障工伤职工依法享有医疗服务的权益，有利于加强工伤保险基金管理，有利于规范医疗行为、促进我国卫生事业发展。各地要从以人为本、构建社会主义和谐社会的高度，充分认识加强工伤保险医疗服务协议管理工作的重要意义。根据《工伤保险条例》及国家有关法律法规，现就加强工伤保险医疗服务协议管理工作通知如下：

一、明确工伤保险医疗服务协议管理的方式，严格掌握工伤保险协议医疗机构的条件

工伤保险实行协议医疗服务方式。在公开、公正、平等协商的基础上，社会保险经办机构（简称经办机构）与符合条件的医疗机构签订医疗服务协议。工伤保险协议医疗机构的名单要以适当方式向社会公布。

工伤保险协议医疗机构必须具备以下基本条件：

（一）经卫生及中医药行政部门批准并取得《医疗机构执业许可证》的医疗机构，以及经地方卫生行政部门同意对社会提供服务的军队医疗机构；

（二）具备为工伤职工提供良好医疗服务的条件，在工伤救治、康复和职业病防治方面有专业技术优势；

（三）遵守国家有关医疗服务和职业病防治管理的法规和标准，有健全和完善的医疗服务管理制度；

（四）遵守国家和省、自治区、直辖市物价管理部门规定的医疗服务和药品的价格政策；

（五）遵守工伤保险的法律法规。

二、切实加强工伤职工的就医管理

职工发生工伤后，应当在统筹地区的协议医疗机构进行治疗，病情危急时可送往就近医疗机构进行抢救；在统筹区域以外发生工伤的职工，可在事故发生地优先选择协议医疗机构治疗。

凡未在统筹地协议医疗机构救治的工伤职工，用人单位要及时向经办机构报告工伤职工的伤情及救治医疗机构的情况，并待病情稳定后转回统筹地区的协议医疗机构治疗。

工伤职工因旧伤复发需要治疗的，用人单位凭协议医疗机构的诊断证明，向经办机构申请并经核准后列入工伤保险医疗服务管理范围。

用人单位、工伤职工、经办机构因治疗旧伤复发需要治疗发生争议的，须凭协议医疗机构的诊断证明，经劳动能力鉴定委员会鉴定后确认。

三、明确工伤保险协议医疗服务主体的职责

经办机构要依据协议加强对工伤保险医疗服务费用的管理和监督检查，按工伤保险有关规定和协议约定，及时支付工伤职工发生的医疗费用；建立、健全工伤保险医疗费用管理制度和各类台账，做好费用的统计分析；定期听取协议医疗机构对改进工作的意见；协调协议医疗机构与用人单位以及工伤职工有关工伤保险医疗服务的事宜。

工伤保险协议医疗机构要明确专门机构并配备专（兼）职人员，建立健全内部管理制度，做好医务人员工伤保险政策法规的宣传和培训；严格执行工伤保险诊疗项目目录、药品目录和住院服务标准，切实做到合理检查、合理治疗、合理用药、合理收费；按照协议约定作好工伤医疗费用管理，并按时提交工伤职工费用结算清单；配合劳动保障行政部门或经办机构，及时调取、据实出具医疗诊断证明书等有关医学材料。

经办机构和协议医疗机构有下列情形之一的，双方可终止协议：

（一）协议期满，其中一方提出终止协议的；

（二）协议执行期间，一方违反协议，经协商双方不能达成一致意见的；

（三）因协议医疗机构合并、解散等原因无法履行协议的。

协议医疗机构认为经办机构未履行有关协议或规定的，可以依法申请行政复议，对行政复议不服的，可以依法提出诉讼。

四、规范工伤保险协议医疗服务费用管理

工伤保险医疗服务水平要与我国现阶段经济和社会发展水平相适应，既要保证工伤职工救治的合理需要，又要保证工伤保险基金的合理使用。

对工伤职工发生的符合工伤保险药品目录、诊疗项目目录和住院服务标准等管理规定的医疗费用和康复费用，包括职工工伤认定前已由医疗保险基金、用人单位或职工个人垫付的工伤医疗费用，由经办机构从工伤保险基金中按规定予以支付。

对于工伤职工治疗非工伤疾病所发生的费用、符合出院条件拒不出院继续发生的费用，未经经办机构批准自行转入其他医疗机构治疗所发生的费用和其他违反工伤保险有关规定的费用，工伤保险基金不予支付。

工伤职工在协议医疗机构就医发生医疗事故的，按照《医疗事故处理条例》处理。

五、加强对工伤医疗服务协议管理工作的领导

各级劳动保障、卫生、中医药行政部门要按照各自的职能，积极发挥组织、协调、监督作用，密切配合，共同做好工伤保险医疗服务协议管理的相关工作。要认真开展工伤保险政策的宣传和培训，充分发挥用人单位在工伤保险医疗服务中的积极性和主动性，动员和引导用人单位协助经办机构和协议医疗机构做好工伤职工的相关管理和服务工作。执行中的重大问题，请及时向劳动保障、卫生、中医药管理部门报告。

（四）工伤认定

工伤认定办法

（2003年9月23日劳动和社会保障部令第17号公布　自2004年1月1日起施行）

第一条　为规范工伤认定程序，依法进行工伤认定，维护当事人的合法权益，根据《工伤保险条例》的有关规定，制定本办法。

第二条　劳动保障行政部门进行工伤认定按照本办法执行。

第三条　职工发生事故伤害或者按照职业病防治法规定被诊断、鉴定为职业病，所在单位应当自事故伤害发生之日或者被诊断、鉴定为职业病之日起30日内，向统筹地区劳动保障行政部门提出工伤认定申请。遇有特殊情况，经报劳动保障行政部门同意，申请时限可以适当延长。

按照前款规定应当向省级劳动保障行政部门提出工伤认定申请的，根据属地原则应向用人单位所在地设区的市级劳动保障行政部门提出。

第四条　用人单位未在规定的期限内提出工伤认定申请的，受伤害职工或者其直系亲属、工会组织在事故伤害发生之日或者被诊断、鉴定为职业病之日起1年内，可以直接按本办法第三条规定提出工伤认定申请。

第五条　提出工伤认定申请应当填写《工伤认定申请表》，并提交下列材料：

（一）劳动合同文本复印件或其他建立劳动关系的有效证明；

（二）医疗机构出具的受伤后诊断证明书或者职业病诊断证明书（或者职业

病诊断鉴定书）。

工伤认定申请表的样式由劳动保障部统一制定。

第六条 申请人提供材料不完整的，劳动保障行政部门应当当场或者在15个工作日内以书面形式一次性告知工伤认定申请人需要补正的全部材料。

第七条 工伤认定申请人提供的申请材料完整，属于劳动保障行政部门管辖范围且在受理时效内的，劳动保障行政部门应当受理。

劳动保障行政部门受理或者不予受理的，应当书面告知申请人并说明理由。

第八条 劳动保障行政部门受理工伤认定申请后，根据需要可以对提供的证据进行调查核实，有关单位和个人应当予以协助。用人单位、医疗机构、有关部门及工会组织应当负责安排相关人员配合工作，据实提供情况和证明材料。

第九条 劳动保障行政部门在进行工伤认定时，对申请人提供的符合国家有关规定的职业病诊断证明书或者职业病诊断鉴定书，不再进行调查核实。职业病诊断证明书或者职业病诊断鉴定书不符合国家规定的格式和要求的，劳动保障行政部门可以要求出具证据部门重新提供。

第十条 劳动保障行政部门受理工伤认定申请后，可以根据工作需要，委托其他统筹地区的劳动保障行政部门或相关部门进行调查核实。

第十一条 劳动保障行政部门工作人员进行调查核实，应由两名以上人员共同进行，并出示执行公务的证件。

第十二条 劳动保障行政部门工作人员进行调查核实时，可以行使下列职权：

（一）根据工作需要，进入有关单位和事故现场；

（二）依法查阅与工伤认定有关的资料，询问有关人员；

（三）记录、录音、录像和复制与工伤认定有关的资料。

第十三条 劳动保障行政部门人员进行调查核实时，应当履行下列义务：

（一）保守有关单位商业秘密及个人隐私；

（二）为提供情况的有关人员保密。

第十四条 职工或者其直系亲属认为是工伤，用人单位不认为是工伤的，由该用人单位承担举证责任。用人单位拒不举证的，劳动保障行政部门可以根据受伤害职工提供的证据依法作出工伤认定结论。

第十五条 劳动保障行政部门应当自受理工伤认定申请之日起60日内作出工伤认定决定。认定决定包括工伤或视同工伤的认定决定和不属于工伤或不视同工伤的认定决定。

第十六条 工伤认定决定应当载明下列事项：

（一）用人单位全称；

（二）职工的姓名、性别、年龄、职业、身份证号码；

（三）受伤部位、事故时间和诊治时间或职业病名称、伤害经过和核实情况、医疗救治的基本情况和诊断结论；

（四）认定为工伤、视同工伤或认定为不属于工伤、不视同工伤的依据；

（五）认定结论；

（六）不服认定决定申请行政复议的部门和期限；

（七）作出认定决定的时间。

工伤认定决定应加盖劳动保障行政部门工伤认定专用印章。

第十七条 劳动保障行政部门应当自工伤认定决定作出之日起20个工作日内，将工伤认定决定送达工伤认定申请人以及受伤害职工（或其直系亲属）和用人单位，并抄送社会保险经办机构。

工伤认定法律文书的送达按照《民事诉讼法》有关送达的规定执行。

第十八条 工伤认定结束后，劳动保障行政部门应将工伤认定的有关资料至少保存20年。

第十九条 职工或者其直系亲属、用人单位对不予受理决定不服或者对工伤认定决定不服的，可以依法申请行政复议或者提起行政诉讼。

第二十条 进行工伤认定调查核实时，用人单位及人员拒不依法履行协助义务的，由劳动保障行政部门责令改正。

第二十一条 本办法自2004年1月1日起施行。

劳动部办公厅关于在工作时间发病不作工伤处理的复函

（1994年6月3日 劳办发〔1994〕177号）

山西省劳动厅：

你厅《关于高血压病人在特殊工种现场犯病是否可比照工伤处理的请示》（晋劳仲函字〔1994〕第007号）收悉。经研究答复如下：

目前，我国仅将月经期女职工的高处作业列为禁忌工种。高血压病为一种常见病，发病原因及发病时间很难确定，现行政策也没有按工伤处理的规定。我们认为，即使在工作现场、工作时间内发病，也不应作工伤处理，而应按因病或非因工负伤处理。

劳动部办公厅关于企业招工考核时发生伤亡事故问题的批复

（1995年7月5日劳办发〔1995〕153号发布）

深圳市劳动局：

你局《关于判定有关工伤问题的请示》（深劳报〔1995〕43号）收悉。来函反映，1994年12月21日，求职者谢桂松经职业介绍所介绍到深圳金仓实业有限公司应聘，在该企业工地接受焊接操作考核时发生飞溅物伤及右眼角膜的事故。对此能否作为工伤处理的问题，当事人与企业发生纠纷。

我们认为，企业招工时进行操作考核必须保障应聘者的人身安全。深圳金仓实业有限公司对应聘人员谢桂松进行焊接操作考核时发生事故，使谢右眼受伤，公司负有不可推卸的责任，应当进行及时治疗和赔偿。由于应聘考核时没有正式招用，尚未签订劳动合同，未构成劳动关系，因此这种情形的伤亡事故不宜运用工伤保险法规进行处理，而应当运用民事伤害赔偿的法律法规解决。请你局责成深圳金仓实业有限公司妥善处理此事，并采取措施切实保障考核操作的安全。

劳动部办公厅关于在工作时间发病是否可比照工伤处理的复函

（1996年7月11日劳办发〔1996〕133号颁布）

山西省劳动厅：

最近，我部收到太原市中级人民法院关于审理郭云梅工伤劳动争议申诉案的情况和有关问题的函（〔1996〕并法告申第38号），经研究，现就郭云梅在工作时间发病是否可比照工伤处理的有关问题函复如下。

山西东方化工机械厂起重工（天车司机）郭云梅，1991年1月31日下午上班时，在车间发生“高血压脑出血”，经抢救治疗后，造成瘫痪，生活不能自理。郭云梅及其家属要求按照或比照工伤处理，厂方不同意，双方发生劳动争议。1994年5月6日，你厅向我部发出《关于高血压病人在特殊工种现场犯病是否可比照工伤处理的请示》（晋劳仲函字〔1994〕第007号），我们按照现行办法的一般规定，发出《关于在工作时间发病不作工伤处理的复函》（劳办发〔1994〕177号）。根据这一规定，山西省劳动争议仲裁委员会和太原市北城区人民法院以及太原市中级人民法院分别裁决和判决不应按工伤或比照工伤处理。对此，郭云梅不服，又向太原市中级人民法院提出申诉，太原市中级人民法院经调查、研究，认为法院一审、二审的判决在认定事实上和适用法规上存在着一些缺陷，对是否适用我部劳办发〔1994〕177号文件提出疑问。据此，我们研究后认为，此案不适用劳办发〔1994〕177号文件，应予重新研究处理，理由如下：

一、根据太原市中级人民法院的有关调查，在处理此案时，应当注意郭云梅在发病前两个月，有连续加班加点工作的具体情节，这在一定程度上影响了郭云梅高血压病的复发。1965年全国总工会劳动保险部（65）险字第760号文件规定："职工在正常的工作中，确因患病而造成死亡的，原则上应按非因工死亡处理。① 但是对于个别特殊情况，例如由于加班加点突击任务（包括开会）而突然发生急病死亡，……，可以当做个别特殊问题，予以照顾，比照因工死亡待遇处理"，按照这个文件精神，郭云梅经抢救造成全残，应按比照工伤待遇处理。

二、劳动部1991年颁发的《特种作业人员安全技术培训考核管理规定》（劳安字〔1991〕31号）和《特种作业人员安全技术培训考核大纲》（劳安字〔1991〕33号）明确要求，起重机司机属于特种作业人员范围，其上岗工作必须身体健康，无高血压等妨碍工作的疾病。郭云梅在1987年患有高血压病后是不宜继续从事起重机司机这一特殊工种的工作的。因此，在处理郭云梅申诉案件的过程中，可以适用劳安字〔1991〕31号和劳安字〔1991〕33号文件的有关规定。

特此函复，请协助法院妥善处理。

劳动部办公厅关于司机工伤认定问题的复函

（1996年12月30日　劳办发〔1996〕271号）

广东省社会保险管理局：

你局《关于司机工伤认定问题的请示》（粤社保〔1996〕52号）收悉，经研究，现答复如下：

---

① 对于工作时间、工作场所突发疾病死亡的情形，现行《工伤保险条例》第15条第（一）项作了明确规定，与此处的政策略有不同。

《企业职工工伤保险试行办法》（劳部发〔1996〕266 号）第八条规定：从事本单位日常生产、工作负伤、致残或死亡的，应当认定为工伤。① 因此，司机驾驶车辆执行本单位正常工作时发生交通事故导致本人伤亡的，也应按照此项规定，认定为工伤。同时，按照《企业职工工伤保险试行办法》第九条的规定，如果属于犯罪行为、自杀自伤行为、酗酒所造成或蓄意制造交通事故的，不应认定为工伤。1996 年 2 月 13 日劳动部办公厅《关于处理工伤争议有关问题的复函》（劳办发〔1996〕28 号）第七项对于司机工伤认定问题的意见应改按以上规定执行。

劳动部办公厅对《关于工伤确认等问题的请示》的复函

（1997 年 6 月 6 日　*劳办发*〔1997〕51 号）

广州市劳动局：

你局《关于工伤确认等问题的请示》（穗劳函字〔1997〕37 号）收悉。经研究，现答复如下：

一、关于认定工伤的政策依据问题。劳动部办公厅于 1996 年 2 月 13 日发出的《关于处理工伤争议有关问题的复函》（劳办发〔1996〕28 号）指出："现在认定工伤的法律和政策依据是《中华人民共和国劳动保险条例》、《中华人民共和国劳动保险条例实施细则》和全国总工会《劳动保险问题解答》等规定"。我部 1996 年 8 月 12 日发布了《企业职工工伤保险试行办法》（劳部发〔1996〕266 号，以下简称《试行办法》），《试行办法》第八条至第十二条对工伤范围和认定的程序作了新规定。因此，目前认定工伤的政策应按照《试行办法》和《劳动保险条例》等文件的有关规定执行。

二、对于司机在行车中发生交通事故造成本人伤亡并本人负有责任时是否认定工伤的问题。劳动部办公厅于 1996 年 12 月 30 日发出《关于司机工伤认定问题的复函》（劳办发〔1996〕271 号），对劳办发〔1996〕28 号文件作了进一步的解释，应当按照《试行办法》第八条和第九条的规定办理。

三、对于职工因交通事故引起的工伤，道路交通事故赔偿和工伤保险待遇的处理问题。《试行办法》第二十八条已作出规定，应按此执行。其中第（一）项规定："交通事故赔偿已给付了医疗费、丧葬费、护理费、残疾用具费、误工工资的，企业或者工伤保险经办机构不再支付相应待遇"。这里所指"医疗费"，一般是交通事故结案时凭单据支付的。如果结案后仍需治疗，肇事者（责任方）

① 《企业职工工伤保险试行办法》已废止，相似的规定可参见《工伤保险条例》第 14、15、16 条。

赔偿的医疗补助费用完后（按医疗单据确认），确属工伤旧伤复发的医疗费，应由企业或工伤保险经办机构支付。

伤残程度鉴定为五级和六级的，《试行办法》第二十四条第（四）项规定的伤残抚恤金由企业支付，而道路交通事故结案后，确属工伤旧伤复发的医疗费问题，要按照由企业或工伤保险经办机构支付的原则办理，不实行单位和个人分担办法。

四、除道路交通事故外，职工工伤涉及其他民事伤害赔偿的，例如《试行办法》第八条第（五）项所规定的"因履行职责遭致人身伤害的"情形，其民事伤害赔偿和工伤保险待遇的处理问题，也应参照《试行办法》第二十八条的规定办理。

国务院法制办公室对《关于职工在上下班途中因违章受到机动车事故伤害能否认定为工伤的请示》的复函

（2004年12月28日　国法秘函［2004］373号）

辽宁省人民政府法制办公室：

你室《关于职工在上下班途中因违章受到机动车事故伤害能否认定为工伤的请示》（以下简称《请示》）收悉。经研究，函复如下：

2003年4月27日国务院公布、自2004年1月1日起施行的《工伤保险条例》第十四条第（六）项规定：职工"在上下班途中，受到机动车事故伤害的"，应当认定为工伤；第十六条第（一）项规定：职工"违反治安管理伤亡的"，不得认定为工伤或者视同工伤。据此，职工在上下班途中因违章受到机动车事故伤害的，只要其违章行为没有违反治安管理，应当认定为工伤。

国务院法制办公室对《关于发生道路交通事故认定工伤申请期限如何确认问题的请示》的复函

（2006 年 6 月 1 日　国法秘函〔2006〕205 号）

辽宁省人民政府法制办公室：

你办《关于发生道路交通事故认定工伤申请期限如何确认问题的请示》（辽政法函〔2006〕5 号）收悉。经研究，函复如下：

根据《工伤保险条例》第十七条第二款的规定，工伤职工或者其直系亲属、工会组织提出工伤认定申请的期限为 1 年。

二〇〇六年六月一日

附：

辽宁省人民政府法制办公室关于发生道路交通事故认定工伤申请期限如何确认问题的请示

（辽政法〔2006〕5 号）

国务院法制办：

我省阜新市一企业职工在上班途中发生交通事故，于 2003 年 10 月 7 日死亡。公安交通管理部门于 2005 年 12 月 1 日对该事故制发了《道路交通事故认定书》。2005 年 12 月 4 日，该职工家属到市劳动和社会保障局申请工伤认定，市劳动和社会保障局以其逾期申请工伤认定为由，作出不予受理的决定。该职工家属不服，申请行政复议。在处理本案时，对发生道路交通事故工伤认定申请期限存在两种不同意见。一种意见认为，《工伤保险条例》第十七条第二款规定，工伤职工或者其直系亲属应在事故伤害发生之日起 1 年内向用人单位所在地统筹地区劳动保障行政部门提出工伤认定申请。本案申请人没有在事故发生之日起 1 年内提出工伤认定申请，对此申请不予受理符合法律规定。另一种意见则认为，虽然《工伤保险条例》第十七条第二款规定工伤认定申请期限为 1

年，但被申请人向申请人出具的制式工伤认定申请表填表说明中，载明上下班途中受到机动车事故伤害的，需要提交公安交通管理部门的证明。申请人在法定期限内未能提出工伤认定申请，是因为公安交通管理部门没有及时作出道路交通事故认定。因此，申请工伤认定的申请期限，应从公安交通管理部门出具道路交通事故认定书送达之日起主算，对工伤认定申请应予受理。

以上哪种意见为妥，请予明示。

二〇〇六年四月十七日

国务院法制办公室对广东省人民政府法制办公室《关于工伤认定管辖和〈工伤保险条例〉中相关法律适用问题的请示》的复函

(2007年1月4日　国法秘函〔2007〕4号)

广东省人民政府法制办公室：

你办《关于工伤认定管辖和〈工伤保险条例〉中相关法律适用问题的请示》(粤府法函〔2006〕617号，以下简称《请示》)收悉。经与劳动保障部研究，提出以下意见，供参考：

根据《工伤保险条例》第十七条第一款关于职工“按照职业病防治法规定被诊断、鉴定为职业病”的所在单位，应当自“被诊断、鉴定为职业病之日起30日内，向统筹地区劳动保障行政部门提出工伤认定申请”和第二款关于“用人单位未按前款规定提出工伤认定申请的”工伤职工，“可以直接向用人单位所在地统筹地区劳动保障行政部门提出工伤认定申请”的规定，同时考虑到《请示》中介绍的开封市疾病预防控制中心出具的《职业病诊断证明书》中诊断孙善彬患“慢性重度苯中毒”的工作单位为“开封市华星化工厂”的这一事实，孙善彬的工伤认定申请应当由造成其患职业病的工作单位所在地的劳动保障行政部门，即开封市劳动保障部门受理。

最高人民法院关于工伤认定法律适用的请示的答复

（2001 年 6 月 15 日　法行〔2000〕26 号）

北京市高级人民法院：

你院《关于工伤认定法律适用的请示》收悉，经研究，答复如下：

同意你院第二种意见，即司机因公外出造成交通事故，未构成交通肇事罪，也不属于自杀、酗酒、蓄意制造交通事故的，应认定为工伤。

（五）职业病防护、诊断与鉴定

中华人民共和国职业病防治法

（2001 年 10 月 27 日第九届全国人民代表大会常务委员会第二十四次会议通过　2001 年 10 月 27 日中华人民共和国主席令第 60 号公布　自 2002 年 5 月 1 日起施行）

第一章　总　　则

第一条　为了预防、控制和消除职业病危害，防治职业病，保护劳动者健康及其相关权益，促进经济发展，根据宪法，制定本法。

第二条　本法适用于中华人民共和国领域内的职业病防治活动。

本法所称职业病，是指企业、事业单位和个体经济组织（以下统称用人单位）的劳动者在职业活动中，因接触粉尘、放射性物质和其他有毒、有害物质等因素而引起的疾病。

职业病的分类和目录由国务院卫生行政部门会同国务院劳动保障行政部门规定、调整并公布。

第三条　职业病防治工作坚持预防为主、防治结合的方针，实行分类管理、综合治理。

第四条　劳动者依法享有职业卫生保护的权利。

用人单位应当为劳动者创造符合国家职业卫生标准和卫生要求的工作环境和条件，并采取措施保障劳动者获得职业卫生保护。

第五条 用人单位应当建立、健全职业病防治责任制，加强对职业病防治的管理，提高职业病防治水平，对本单位产生的职业病危害承担责任。

第六条 用人单位必须依法参加工伤社会保险。

国务院和县级以上地方人民政府劳动保障行政部门应当加强对工伤社会保险的监督管理，确保劳动者依法享受工伤社会保险待遇。

第七条 国家鼓励研制、开发、推广、应用有利于职业病防治和保护劳动者健康的新技术、新工艺、新材料，加强对职业病的机理和发生规律的基础研究，提高职业病防治科学技术水平；积极采用有效的职业病防治技术、工艺、材料；限制使用或者淘汰职业病危害严重的技术、工艺、材料。

第八条 国家实行职业卫生监督制度。

国务院卫生行政部门统一负责全国职业病防治的监督管理工作。国务院有关部门在各自的职责范围内负责职业病防治的有关监督管理工作。

县级以上地方人民政府卫生行政部门负责本行政区域内职业病防治的监督管理工作。县级以上地方人民政府有关部门在各自的职责范围内负责职业病防治的有关监督管理工作。

第九条 国务院和县级以上地方人民政府应当制定职业病防治规划，将其纳入国民经济和社会发展计划，并组织实施。

乡、民族乡、镇的人民政府应当认真执行本法，支持卫生行政部门依法履行职责。

第十条 县级以上人民政府卫生行政部门和其他有关部门应当加强对职业病防治的宣传教育，普及职业病防治的知识，增强用人单位的职业病防治观念，提高劳动者的自我健康保护意识。

第十一条 有关防治职业病的国家职业卫生标准，由国务院卫生行政部门制定并公布。

第十二条 任何单位和个人有权对违反本法的行为进行检举和控告。

对防治职业病成绩显著的单位和个人，给予奖励。

第二章 前期预防

第十三条 产生职业病危害的用人单位的设立除应当符合法律、行政法规规定的设立条件外，其工作场所还应当符合下列职业卫生要求：

（一）职业病危害因素的强度或者浓度符合国家职业卫生标准；

（二）有与职业病危害防护相适应的设施；

（三）生产布局合理，符合有害与无害作业分开的原则；

（四）有配套的更衣间、洗浴间、孕妇休息间等卫生设施；

（五）设备、工具、用具等设施符合保护劳动者生理、心理健康的要求；

（六）法律、行政法规和国务院卫生行政部门关于保护劳动者健康的其他要求。

第十四条 在卫生行政部门中建立职业病危害项目的申报制度。

用人单位设有依法公布的职业病目录所列职业病的危害项目的，应当及时、如实向卫生行政部门申报，接受监督。

职业病危害项目申报的具体办法由国务院卫生行政部门制定。

第十五条 新建、扩建、改建建设项目和技术改造、技术引进项目（以下统称建设项目）可能产生职业病危害的，建设单位在可行性论证阶段应当向卫生行政部门提交职业病危害预评价报告。卫生行政部门应当自收到职业病危害预评价报告之日起30日内，作出审核决定并书面通知建设单位。未提交预评价报告或者预评价报告未经卫生行政部门审核同意的，有关部门不得批准该建设项目。

职业病危害预评价报告应当对建设项目可能产生的职业病危害因素及其对工作场所和劳动者健康的影响作出评价，确定危害类别和职业病防护措施。

建设项目职业病危害分类目录和分类管理办法由国务院卫生行政部门制定。

第十六条 建设项目的职业病防护设施所需费用应当纳入建设项目工程预算，并与主体工程同时设计，同时施工，同时投入生产和使用。

职业病危害严重的建设项目的防护设施设计，应当经卫生行政部门进行卫生审查，符合国家职业卫生标准和卫生要求的，方可施工。

建设项目在竣工验收前，建设单位应当进行职业病危害控制效果评价。建设项目竣工验收时，其职业病防护设施经卫生行政部门验收合格后，方可投入正式生产和使用。

第十七条 职业病危害预评价、职业病危害控制效果评价由依法设立的取得省级以上人民政府卫生行政部门资质认证的职业卫生技术服务机构进行。职业卫生技术服务机构所作评价应当客观、真实。

第十八条 国家对从事放射、高毒等作业实行特殊管理。具体管理办法由国务院制定。

第三章 劳动过程中的防护与管理

第十九条 用人单位应当采取下列职业病防治管理措施：

（一）设置或者指定职业卫生管理机构或者组织，配备专职或者兼职的职业卫生专业人员，负责本单位的职业病防治工作；

（二）制定职业病防治计划和实施方案；

（三）建立、健全职业卫生管理制度和操作规程；

（四）建立、健全职业卫生档案和劳动者健康监护档案；

（五）建立、健全工作场所职业病危害因素监测及评价制度；

（六）建立、健全职业病危害事故应急救援预案。

第二十条 用人单位必须采用有效的职业病防护设施，并为劳动者提供个人使用的职业病防护用品。

用人单位为劳动者个人提供的职业病防护用品必须符合防治职业病的要求；不符合要求的，不得使用。

第二十一条 用人单位应当优先采用有利于防治职业病和保护劳动者健康的新技术、新工艺、新材料，逐步替代职业病危害严重的技术、工艺、材料。

第二十二条 产生职业病危害的用人单位，应当在醒目位置设置公告栏，公布有关职业病防治的规章制度、操作规程、职业病危害事故应急救援措施和工作场所职业病危害因素检测结果。

对产生严重职业病危害的作业岗位，应当在其醒目位置，设置警示标识和中文警示说明。警示说明应当载明产生职业病危害的种类、后果、预防以及应急救治措施等内容。

第二十三条 对可能发生急性职业损伤的有毒、有害工作场所，用人单位应当设置报警装置，配置现场急救用品、冲洗设备、应急撤离通道和必要的泄险区。

对放射工作场所和放射性同位素的运输、贮存，用人单位必须配置防护设备和报警装置，保证接触放射线的工作人员佩戴个人剂量计。

对职业病防护设备、应急救援设施和个人使用的职业病防护用品，用人单位应当进行经常性的维护、检修，定期检测其性能和效果，确保其处于正常状态，不得擅自拆除或者停止使用。

第二十四条 用人单位应当实施由专人负责的职业病危害因素日常监测，并确保监测系统处于正常运行状态。

用人单位应当按照国务院卫生行政部门的规定，定期对工作场所进行职业病危害因素检测、评价。检测、评价结果存入用人单位职业卫生档案，定期向所在地卫生行政部门报告并向劳动者公布。

职业病危害因素检测、评价由依法设立的取得省级以上人民政府卫生行政部门资质认证的职业卫生技术服务机构进行。职业卫生技术服务机构所作检测、评价应当客观、真实。

发现工作场所职业病危害因素不符合国家职业卫生标准和卫生要求时，用人单位应当立即采取相应治理措施，仍然达不到国家职业卫生标准和卫生要求的，必须停止存在职业病危害因素的作业；职业病危害因素经治理后，符合国家职业卫生标准和卫生要求的，方可重新作业。

第二十五条 向用人单位提供可能产生职业病危害的设备的，应当提供中文说明书，并在设备的醒目位置设置警示标识和中文警示说明。警示说明应当载明设备性能、可能产生的职业病危害、安全操作和维护注意事项、职业病防护以及应急救治措施等内容。

第二十六条 向用人单位提供可能产生职业病危害的化学品、放射性同位素和含有放射性物质的材料的，应当提供中文说明书。说明书应当载明产品特性、主要成份、存在的有害因素、可能产生的危害后果、安全使用注意事项、职业病防护以及应急救治措施等内容。产品包装应当有醒目的警示标识和中文警示说明。贮存上述材料的场所应当在规定的部位设置危险物品标识或者放射性警示标识。

国内首次使用或者首次进口与职业病危害有关的化学材料，使用单位或者进口单位按照国家规定经国务院有关部门批准后，应当向国务院卫生行政部门报送该化学材料的毒性鉴定以及经有关部门登记注册或者批准进口的文件等资料。

进口放射性同位素、射线装置和含有放射性物质的物品的，按照国家有关规定办理。

第二十七条 任何单位和个人不得生产、经营、进口和使用国家明令禁止使用的可能产生职业病危害的设备或者材料。

第二十八条 任何单位和个人不得将产生职业病危害的作业转移给不具备职业病防护条件的单位和个人。不具备职业病防护条件的单位和个人不得接受产生职业病危害的作业。

第二十九条 用人单位对采用的技术、工艺、材料，应当知悉其产生的职业病危害，对有职业病危害的技术、工艺、材料隐瞒其危害而采用的，对所造成的职业病危害后果承担责任。

第三十条 用人单位与劳动者订立劳动合同（含聘用合同，下同）时，应当将工作过程中可能产生的职业病危害及其后果、职业病防护措施和待遇等如实告知劳动者，并在劳动合同中写明，不得隐瞒或者欺骗。

劳动者在已订立劳动合同期间因工作岗位或者工作内容变更，从事与所订立劳动合同中未告知的存在职业病危害的作业时，用人单位应当依照前款规定，向劳动者履行如实告知的义务，并协商变更原劳动合同相关条款。

用人单位违反前两款规定的，劳动者有权拒绝从事存在职业病危害的作业，用人单位不得因此解除或者终止与劳动者所订立的劳动合同。

第三十一条 用人单位的负责人应当接受职业卫生培训，遵守职业病防治法律、法规，依法组织本单位的职业病防治工作。

用人单位应当对劳动者进行上岗前的职业卫生培训和在岗期间的定期职业卫生培训，普及职业卫生知识，督促劳动者遵守职业病防治法律、法规、规章和操作规程，指导劳动者正确使用职业病防护设备和个人使用的职业病防护用品。

劳动者应当学习和掌握相关的职业卫生知识，遵守职业病防治法律、法规、规章和操作规程，正确使用、维护职业病防护设备和个人使用的职业病防护用品，发现职业病危害事故隐患应当及时报告。

劳动者不履行前款规定义务的，用人单位应当对其进行教育。

第三十二条 对从事接触职业病危害的作业的劳动者，用人单位应当按照国务院卫生行政部门的规定组织上岗前、在岗期间和离岗时的职业健康检查，并将检查结果如实告知劳动者。职业健康检查费用由用人单位承担。

用人单位不得安排未经上岗前职业健康检查的劳动者从事接触职业病危害的作业；不得安排有职业禁忌的劳动者从事其所禁忌的作业；对在职业健康检查中发现有与所从事的职业相关的健康损害的劳动者，应当调离原工作岗位，并妥善安置；对未进行离岗前职业健康检查的劳动者不得解除或者终止与其订立的劳动合同。

职业健康检查应当由省级以上人民政府卫生行政部门批准的医疗卫生机构承担。

第三十三条 用人单位应当为劳动者建立职业健康监护档案，并按照规定的期限妥善保存。

职业健康监护档案应当包括劳动者的职业史、职业病危害接触史、职业健康检查结果和职业病诊疗等有关个人健康资料。

劳动者离开用人单位时，有权索取本人职业健康监护档案复印件，用人单位应当如实、无偿提供，并在所提供的复印件上签章。

第三十四条 发生或者可能发生急性职业病危害事故时，用人单位应当立即采取应急救援和控制措施，并及时报告所在地卫生行政部门和有关部门。卫生行政部门接到报告后，应当及时会同有关部门组织调查处理；必要时，可以采取临时控制措施。

对遭受或者可能遭受急性职业病危害的劳动者，用人单位应当及时组织救治、进行健康检查和医学观察，所需费用由用人单位承担。

第三十五条 用人单位不得安排未成年工从事接触职业病危害的作业；不得安排孕期、哺乳期的女职工从事对本人和胎儿、婴儿有危害的作业。

第三十六条 劳动者享有下列职业卫生保护权利：

（一）获得职业卫生教育、培训；

（二）获得职业健康检查、职业病诊疗、康复等职业病防治服务；

（三）了解工作场所产生或者可能产生的职业病危害因素、危害后果和应当采取的职业病防护措施；

（四）要求用人单位提供符合防治职业病要求的职业病防护设施和个人使用的职业病防护用品，改善工作条件；

（五）对违反职业病防治法律、法规以及危及生命健康的行为提出批评、检举和控告；

（六）拒绝违章指挥和强令进行没有职业病防护措施的作业；

（七）参与用人单位职业卫生工作的民主管理，对职业病防治工作提出意见和建议。

用人单位应当保障劳动者行使前款所列权利。因劳动者依法行使正当权利而降低其工资、福利等待遇或者解除、终止与其订立的劳动合同的，其行为无效。

第三十七条 工会组织应当督促并协助用人单位开展职业卫生宣传教育和培训，对用人单位的职业病防治工作提出意见和建议，与用人单位就劳动者反映的有关职业病防治的问题进行协调并督促解决。

工会组织对用人单位违反职业病防治法律、法规，侵犯劳动者合法权益的行为，有权要求纠正；产生严重职业病危害时，有权要求采取防护措施，或者向政府有关部门建议采取强制性措施；发生职业病危害事故时，有权参与事故调查处理；发现危及劳动者生命健康的情形时，有权向用人单位建议组织劳动者撤离危险现场，用人单位应当立即作出处理。

第三十八条 用人单位按照职业病防治要求，用于预防和治理职业病危害、工作场所卫生检测、健康监护和职业卫生培训等费用，按照国家有关规定，在生产成本中据实列支。

第四章 职业病诊断与职业病病人保障

第三十九条 职业病诊断应当由省级以上人民政府卫生行政部门批准的医疗卫生机构承担。

第四十条 劳动者可以在用人单位所在地或者本人居住地依法承担职业病诊断的医疗卫生机构进行职业病诊断。

第四十一条 职业病诊断标准和职业病诊断、鉴定办法由国务院卫生行政部门制定。职业病伤残等级的鉴定办法由国务院劳动保障行政部门会同国务院卫生行政部门制定。

第四十二条 职业病诊断，应当综合分析下列因素：

（一）病人的职业史；

（二）职业病危害接触史和现场危害调查与评价；

（三）临床表现以及辅助检查结果等。

没有证据否定职业病危害因素与病人临床表现之间的必然联系的，在排除其他致病因素后，应当诊断为职业病。

承担职业病诊断的医疗卫生机构在进行职业病诊断时，应当组织 3 名以上取得职业病诊断资格的执业医师集体诊断。

职业病诊断证明书应当由参与诊断的医师共同签署，并经承担职业病诊断的医疗卫生机构审核盖章。

第四十三条 用人单位和医疗卫生机构发现职业病病人或者疑似职业病病人时，应当及时向所在地卫生行政部门报告。确诊为职业病的，用人单位还应当向所在地劳动保障行政部门报告。

卫生行政部门和劳动保障行政部门接到报告后，应当依法作出处理。

第四十四条 县级以上地方人民政府卫生行政部门负责本行政区域内的职

业病统计报告的管理工作，并按照规定上报。

第四十五条 当事人对职业病诊断有异议的，可以向作出诊断的医疗卫生机构所在地地方人民政府卫生行政部门申请鉴定。

职业病诊断争议由设区的市级以上地方人民政府卫生行政部门根据当事人的申请，组织职业病诊断鉴定委员会进行鉴定。

当事人对设区的市级职业病诊断鉴定委员会的鉴定结论不服的，可以向省、自治区、直辖市人民政府卫生行政部门申请再鉴定。

第四十六条 职业病诊断鉴定委员会由相关专业的专家组成。

省、自治区、直辖市人民政府卫生行政部门应当设立相关的专家库，需要对职业病争议作出诊断鉴定时，由当事人或者当事人委托有关卫生行政部门从专家库中以随机抽取的方式确定参加诊断鉴定委员会的专家。

职业病诊断鉴定委员会应当按照国务院卫生行政部门颁布的职业病诊断标准和职业病诊断、鉴定办法进行职业病诊断鉴定，向当事人出具职业病诊断鉴定书。职业病诊断鉴定费用由用人单位承担。

第四十七条 职业病诊断鉴定委员会组成人员应当遵守职业道德，客观、公正地进行诊断鉴定，并承担相应的责任。职业病诊断鉴定委员会组成人员不得私下接触当事人，不得收受当事人的财物或者其他好处，与当事人有利害关系的，应当回避。

人民法院受理有关案件需要进行职业病鉴定时，应当从省、自治区、直辖市人民政府卫生行政部门依法设立的相关的专家库中选取参加鉴定的专家。

第四十八条 职业病诊断、鉴定需要用人单位提供有关职业卫生和健康监护等资料时，用人单位应当如实提供，劳动者和有关机构也应当提供与职业病诊断、鉴定有关的资料。

第四十九条 医疗卫生机构发现疑似职业病病人时，应当告知劳动者本人并及时通知用人单位。

用人单位应当及时安排对疑似职业病病人进行诊断；在疑似职业病病人诊断或者医学观察期间，不得解除或者终止与其订立的劳动合同。

疑似职业病病人在诊断、医学观察期间的费用，由用人单位承担。

第五十条 职业病病人依法享受国家规定的职业病待遇。

用人单位应当按照国家有关规定，安排职业病病人进行治疗、康复和定期检查。

用人单位对不适宜继续从事原工作的职业病病人，应当调离原岗位，并妥善安置。

用人单位对从事接触职业病危害的作业的劳动者，应当给予适当岗位津贴。

第五十一条 职业病病人的诊疗、康复费用，伤残以及丧失劳动能力的职业病病人的社会保障，按照国家有关工伤社会保险的规定执行。

第五十二条 职业病病人除依法享有工伤社会保险外，依照有关民事法律，尚有获得赔偿的权利的，有权向用人单位提出赔偿要求。

第五十三条 劳动者被诊断患有职业病，但用人单位没有依法参加工伤社会保险的，其医疗和生活保障由最后的用人单位承担；最后的用人单位有证据证明该职业病是先前用人单位的职业病危害造成的，由先前的用人单位承担。

第五十四条 职业病病人变动工作单位，其依法享有的待遇不变。

用人单位发生分立、合并、解散、破产等情形的，应当对从事接触职业病危害的作业的劳动者进行健康检查，并按照国家有关规定妥善安置职业病病人。

第五章 监督检查

第五十五条 县级以上人民政府卫生行政部门依照职业病防治法律、法规、国家职业卫生标准和卫生要求，依据职责划分，对职业病防治工作及职业病危害检测、评价活动进行监督检查。

第五十六条 卫生行政部门履行监督检查职责时，有权采取下列措施：

（一）进入被检查单位和职业病危害现场，了解情况，调查取证；

（二）查阅或者复制与违反职业病防治法律、法规的行为有关的资料和采集样品；

（三）责令违反职业病防治法律、法规的单位和个人停止违法行为。

第五十七条 发生职业病危害事故或者有证据证明危害状态可能导致职业病危害事故发生时，卫生行政部门可以采取下列临时控制措施：

（一）责令暂停导致职业病危害事故的作业；

（二）封存造成职业病危害事故或者可能导致职业病危害事故发生的材料和设备；

（三）组织控制职业病危害事故现场。

在职业病危害事故或者危害状态得到有效控制后，卫生行政部门应当及时解除控制措施。

第五十八条 职业卫生监督执法人员依法执行职务时，应当出示监督执法证件。

职业卫生监督执法人员应当忠于职守，秉公执法，严格遵守执法规范；涉及用人单位的秘密的，应当为其保密。

第五十九条 职业卫生监督执法人员依法执行职务时，被检查单位应当接受检查并予以支持配合，不得拒绝和阻碍。

第六十条 卫生行政部门及其职业卫生监督执法人员履行职责时，不得有下列行为：

（一）对不符合法定条件的，发给建设项目有关证明文件、资质证明文件或者予以批准；

（二）对已经取得有关证明文件的，不履行监督检查职责；

（三）发现用人单位存在职业病危害的，可能造成职业病危害事故，不及时依法采取控制措施；

（四）其他违反本法的行为。

第六十一条 职业卫生监督执法人员应当依法经过资格认定。

卫生行政部门应当加强队伍建设，提高职业卫生监督执法人员的政治、业务素质，依照本法和其他有关法律、法规的规定，建立、健全内部监督制度，对其工作人员执行法律、法规和遵守纪律的情况，进行监督检查。

第六章 法律责任

第六十二条 建设单位违反本法规定，有下列行为之一的，由卫生行政部门给予警告，责令限期改正；逾期不改正的，处10万元以上50万元以下的罚款；情节严重的，责令停止产生职业病危害的作业，或者提请有关人民政府按照国务院规定的权限责令停建、关闭：

（一）未按照规定进行职业病危害预评价或者未提交职业病危害预评价报告，或者职业病危害预评价报告未经卫生行政部门审核同意，擅自开工的；

（二）建设项目的职业病防护设施未按照规定与主体工程同时投入生产和使用的；

（三）职业病危害严重的建设项目，其职业病防护设施设计不符合国家职业卫生标准和卫生要求施工的；

（四）未按照规定对职业病防护设施进行职业病危害控制效果评价、未经卫生行政部门验收或者验收不合格，擅自投入使用的。

第六十三条 违反本法规定，有下列行为之一的，由卫生行政部门给予警告，责令限期改正；逾期不改正的，处2万元以下的罚款：

（一）工作场所职业病危害因素检测、评价结果没有存档、上报、公布的；

（二）未采取本法第十九条规定的职业病防治管理措施的；

（三）未按照规定公布有关职业病防治的规章制度、操作规程、职业病危害事故应急救援措施的；

（四）未按照规定组织劳动者进行职业卫生培训，或者未对劳动者个人职业病防护采取指导、督促措施的；

（五）国内首次使用或者首次进口与职业病危害有关的化学材料，未按照规定报送毒性鉴定资料以及经有关部门登记注册或者批准进口的文件的。

第六十四条 用人单位违反本法规定，有下列行为之一的，由卫生行政部门责令限期改正，给予警告，可以并处2万元以上5万元以下的罚款：

（一）未按照规定及时、如实向卫生行政部门申报产生职业病危害的项目的；

（二）未实施由专人负责的职业病危害因素日常监测，或者监测系统不能正常监测的；

（三）订立或者变更劳动合同时，未告知劳动者职业病危害真实情况的；

（四）未按照规定组织职业健康检查、建立职业健康监护档案或者未将检查结果如实告知劳动者的。

第六十五条 用人单位违反本法规定，有下列行为之一的，由卫生行政部门给予警告，责令限期改正，逾期不改正的，处5万元以上20万元以下的罚款；情节严重的，责令停止产生职业病危害的作业，或者提请有关人民政府按照国务院规定的权限责令关闭：

（一）工作场所职业病危害因素的强度或者浓度超过国家职业卫生标准的；

（二）未提供职业病防护设施和个人使用的职业病防护用品，或者提供的职业病防护设施和个人使用的职业病防护用品不符合国家职业卫生标准和卫生要求的；

（三）对职业病防护设备、应急救援设施和个人使用的职业病防护用品未按照规定进行维护、检修、检测，或者不能保持正常运行、使用状态的；

（四）未按照规定对工作场所职业病危害因素进行检测、评价的；

（五）工作场所职业病危害因素经治理仍然达不到国家职业卫生标准和卫生要求时，未停止存在职业病危害因素的作业的；

（六）未按照规定安排职业病病人、疑似职业病病人进行诊治的；

（七）发生或者可能发生急性职业病危害事故时，未立即采取应急救援和控制措施或者未按照规定及时报告的；

（八）未按照规定在产生严重职业病危害的作业岗位醒目位置设置警示标识和中文警示说明的；

（九）拒绝卫生行政部门监督检查的。

第六十六条 向用人单位提供可能产生职业病危害的设备、材料，未按照规定提供中文说明书或者设置警示标识和中文警示说明的，由卫生行政部门责令限期改正，给予警告，并处5万元以上20万元以下的罚款。

第六十七条 用人单位和医疗卫生机构未按照规定报告职业病、疑似职业病的，由卫生行政部门责令限期改正，给予警告，可以并处1万元以下的罚款；弄虚作假的，并处2万元以上5万元以下的罚款；对直接负责的主管人员和其他直接责任人员，可以依法给予降级或者撤职的处分。

第六十八条 违反本法规定，有下列情形之一的，由卫生行政部门责令限期治理，并处5万元以上30万元以下的罚款；情节严重的，责令停止产生职业病危害的作业，或者提请有关人民政府按照国务院规定的权限责令关闭：

（一）隐瞒技术、工艺、材料所产生的职业病危害而采用的；

（二）隐瞒本单位职业卫生真实情况的；

（三）可能发生急性职业损伤的有毒、有害工作场所、放射工作场所或者放射性同位素的运输、贮存不符合本法第二十三条规定的；

（四）使用国家明令禁止使用的可能产生职业病危害的设备或者材料的；

（五）将产生职业病危害的作业转移给没有职业病防护条件的单位和个人，

或者没有职业病防护条件的单位和个人接受产生职业病危害的作业的；

（六）擅自拆除、停止使用职业病防护设备或者应急救援设施的；

（七）安排未经职业健康检查的劳动者、有职业禁忌的劳动者、未成年工或者孕期、哺乳期女职工从事接触职业病危害的作业或者禁忌作业的；

（八）违章指挥和强令劳动者进行没有职业病防护措施的作业的。

第六十九条 生产、经营或者进口国家明令禁止使用的可能产生职业病危害的设备或者材料的，依照有关法律、行政法规的规定给予处罚。

第七十条 用人单位违反本法规定，已经对劳动者生命健康造成严重损害的，由卫生行政部门责令停止产生职业病危害的作业，或者提请有关人民政府按照国务院规定的权限责令关闭，并处10万元以上30万元以下的罚款。

第七十一条 用人单位违反本法规定，造成重大职业病危害事故或者其他严重后果，构成犯罪的，对直接负责的主管人员和其他直接责任人员，依法追究刑事责任。

第七十二条 未取得职业卫生技术服务资质认证擅自从事职业卫生技术服务的，或者医疗卫生机构未经批准擅自从事职业健康检查、职业病诊断的，由卫生行政部门责令立即停止违法行为，没收违法所得；违法所得5000元以上的，并处违法所得2倍以上10倍以下的罚款；没有违法所得或者违法所得不足5000元的，并处5000元以上5万元以下的罚款；情节严重的，对直接负责的主管人员和其他直接责任人员，依法给予降级、撤职或者开除的处分。

第七十三条 从事职业卫生技术服务的机构和承担职业健康检查、职业病诊断的医疗卫生机构违反本法规定，有下列行为之一的，由卫生行政部门责令立即停止违法行为，给予警告，没收违法所得；违法所得5000元以上的，并处违法所得2倍以上5倍以下的罚款；没有违法所得或者违法所得不足5000元的，并处5000元以上2万元以下的罚款；情节严重的，由原认证或者批准机关取消其相应的资格；对直接负责的主管人员和其他直接责任人员，依法给予降级、撤职或者开除的处分；构成犯罪的，依法追究刑事责任：

（一）超出资质认证或者批准范围从事职业卫生技术服务或者职业健康检查、职业病诊断的；

（二）不按照本法规定履行法定职责的；

（三）出具虚假证明文件的。

第七十四条 职业病诊断鉴定委员会组成人员收受职业病诊断争议当事人的财物或者其他好处的，给予警告，没收收受的财物，可以并处3000元以上5万元以下的罚款，取消其担任职业病诊断鉴定委员会组成人员的资格，并从省、自治区、直辖市人民政府卫生行政部门设立的专家库中予以除名。

第七十五条 卫生行政部门不按照规定报告职业病和职业病危害事故的，由上一级卫生行政部门责令改正，通报批评，给予警告；虚报、瞒报的，对单位负责人、直接负责的主管人员和其他直接责任人员依法给予降级、撤职或者开除的行政处分。

第七十六条 卫生行政部门及其职业卫生监督执法人员有本法第六十条所列行为之一，导致职业病危害事故发生，构成犯罪的，依法追究刑事责任；尚不构成犯罪的，对单位负责人、直接负责的主管人员和其他直接责任人员依法给予降级、撤职或者开除的行政处分。

第七章 附 则

第七十七条 本法下列用语的含义：

职业病危害，是指对从事职业活动的劳动者可能导致职业病的各种危害。职业病危害因素包括：职业活动中存在的各种有害的化学、物理、生物因素以及在作业过程中产生的其他职业有害因素。

职业禁忌，是指劳动者从事特定职业或者接触特定职业病危害因素时，比一般职业人群更易于遭受职业病危害和罹患职业病或者可能导致原有自身疾病病情加重，或者在从事作业过程中诱发可能导致对他人生命健康构成危险的疾病的个人特殊生理或者病理状态。

第七十八条 本法第二条规定的用人单位以外的单位，产生职业病危害的，其职业病防治活动可以参照本法执行。

中国人民解放军参照执行本法的办法，由国务院、中央军事委员会制定。

第七十九条 本法自2002年5月1日起施行。

中华人民共和国
尘肺病防治条例

（1987年12月3日 国发〔1987〕105号）

第一章 总 则

第一条 为保护职工健康，消除粉尘危害，防止发生尘肺病，促进生产发展，制定本条例。

第二条 本条例适用于所有有粉尘作业的企业、事业单位。

第三条 尘肺病系指在生产活动中吸入粉尘而发生的肺组织纤维化为主的疾病。

第四条 地方各级人民政府要加强对尘肺病防治工作的领导。在制定本地区国民经济和社会发展计划时，要统筹安排尘肺病防治工作。

第五条 企业、事业单位的主管部门应当根据国家卫生等有关标准，结合实际情况，制定所属企业的尘肺病防治规划，并督促其施行。

乡镇企业主管部门，必须指定专人负责乡镇企业尘肺病的防治工作，建立监督检查制度，并指导乡镇企业对尘肺病的防治工作。

第六条 企业、事业单位的负责人，对本单位的尘肺病防治工作负有直接责任，应采取有效措施使本单位的粉尘作业场所达到国家卫生标准。

第二章 防 尘

第七条 凡有粉尘作业的企业、事业单位应采取综合防尘措施和无尘或低尘的新技术、新工艺、新设备，使作业场所的粉尘浓度不超过国家卫生标准。

第八条 尘肺病诊断标准由卫生行政部门制定，粉尘浓度卫生标准由卫生行政部门会同劳动等有关部门联合制定。

第九条 防尘设施的鉴定和定型制度，由劳动部门会同卫生行政部门制定。任何企业、事业单位除特殊情况外，未经上级主管部门批准，不得停止运行或者拆除防尘设施。

第十条 防尘经费应当纳入基本建设和技术改造经费计划，专款专用，不得挪用。

第十一条 严禁任何企业、事业单位将粉尘作业转嫁、外包或以联营的形式给没有防尘设施的乡镇、街道企业或个体工商户。

中、小学校各类校办的实习工厂或车间，禁止从事有粉尘的作业。

第十二条 职工使用的防止粉尘危害的防护用品，必须符合国家的有关标准。企业、事业单位应当建立严格的管理制度，并教育职工按规定和要求使用。

对初次从事粉尘作业的职工，由其所在单位进行防尘知识教育和考核，考试合格后方可从事粉尘作业。

不满十八周岁的未成年人，禁止从事粉尘作业。

第十三条 新建、改建、扩建、续建有粉尘作业的工程项目，防尘设施必须与主体工程同时设计、同时施工、同时投产。设计任务书，必须经当地卫生行政部门、劳动部门和工会组织审查同意后，方可施工。竣工验收，应由当地卫生行政部门、劳动部门和工会组织参加，凡不符合要求的，不得投产。

第十四条 作业场所的粉尘浓度超过国家卫生标准，又未积极治理，严重影响职工安全健康时，职工有权拒绝操作。

第三章 监督和监测

第十五条 卫生行政部门、劳动部门和工会组织分工协作，互相配合，对企业、事业单位的尘肺病防治工作进行监督。

第十六条 卫生行政部门负责卫生标准的监测；劳动部门负责劳动卫生工程技术标准的监测。

工会组织负责组织职工群众对本单位的尘肺病防治工作进行监督，并教育职工遵守操作规程与防尘制度。

第十七条 凡有粉尘作业的企业、事业单位，必须定期测定作业场所的粉尘浓度。测尘结果必须向主管部门和当地卫生行政部门、劳动部门和工会组织报告，并定期向职工公布。

从事粉尘作业的单位必须建立测尘资料档案。

第十八条 卫生行政部门和劳动部门，要对从事粉尘作业的企业、事业单位的测尘机构加强业务指导，并对测尘人员加强业务指导和技术培训。

第四章 健康管理

第十九条 各企业、事业单位对新从事粉尘作业的职工，必须进行健康检查。对在职和离职的从事粉尘作业的职工，必须定期进行健康检查。检查的内容、期限和尘肺病诊断标准，按卫生行政部门有关职业病管理的规定执行。

第二十条 各企业、事业单位必须贯彻执行职业病报告制度，按期向当地卫生行政部门、劳动部门、工会组织和本单位的主管部门报告职工尘肺病发生和死亡情况。

第二十一条 各企业、事业单位对已确诊为尘肺病的职工，必须调离粉尘作业岗位，并给予治疗或疗养。尘肺病患者的社会保险待遇，按国家有关规定办理。

第五章 奖励和处罚

第二十二条 对在尘肺病防治工作中做出显著成绩的单位和个人，由其上级主管部门给予奖励。

第二十三条 凡违反本条例规定，有下列行为之一的，卫生行政部门和劳动部门，可视其情节轻重，给予警告、限期治理、罚款和停业整顿的处罚。但停业整顿的处罚，需经当地人民政府同意。

（一）作业场所粉尘浓度超过国家卫生标准，逾期不采取措施的；

（二）任意拆除防尘设施，致使粉尘危害严重的；

（三）挪用防尘措施经费的；

（四）工程设计和竣工验收未经卫生行政部门、劳动部门和工会组织审查同意，擅自施工、投产的；

（五）将粉尘作业转嫁、外包或以联营的形式给没有防尘设施的乡镇、街道企业或个体工商户的；

（六）不执行健康检查制度和测尘制度的；

（七）强令尘肺病患者继续从事粉尘作业的；

（八）假报测尘结果或尘肺病诊断结果的；

（九）安排未成年人从事粉尘作业的。

第二十四条 当事人对处罚不服的，可在接到处罚通知之日起15日内，向作出处理的部门的上级机关申请复议。但是，对停业整顿的决定应当立即执行。上级机关应当在接到申请之日起30日内作出答复。对答复不服的，可以在接到答复之日起15日内，向人民法院起诉。

第二十五条 企业、事业单位负责人和监督、监测人员玩忽职守，致使公共财产、国家和人民利益遭受损失，情节轻微的，由其主管部门给予行政处分；造成重大损失，构成犯罪的，由司法机关依法追究直接责任人员的刑事责任。

第六章 附 则

第二十六条 本条例由国务院卫生行政部门和劳动部门联合进行解释。

第二十七条 各省、自治区、直辖市人民政府应当结合当地实际情况，制定本条例的实施办法。

第二十八条 本条例自发布之日起施行。

职业病危害项目申报管理办法

（2002年3月28日中华人民共和国卫生部令第21号公布 自2002年5月1日起施行）

第一条 为了规范职业病危害项目申报工作，加强职业病危害项目的监督管理，根据《中华人民共和国职业病防治法》（以下简称《职业病防治法》），制定本办法。

第二条 存在或者产生职业病危害项目的用人单位，应当按照《职业病防治法》及本办法规定申报职业病危害项目。

本办法所称职业病危害项目是指存在或者产生职业病危害因素的项目。

职业病危害因素按照卫生部发布的《职业病危害因素分类目录》确定。

第三条 职业病危害项目申报的主要内容是：

（一）用人单位的基本情况；

（二）工作场所职业病危害因素种类、浓度或强度；

（三）产生职业病危害因素的生产技术、工艺和材料；

（四）职业病危害防护设施，应急救援设施。

第四条 用人单位应当向所在地县级卫生行政部门申报职业病危害项目，申报时应当提交《职业病危害项目申报表》及有关材料。

卫生行政部门应当在收到申报材料后5个工作日之内，出具《职业病危害项目申报回执》。

新建、改建、扩建、技术改造、技术引进项目，应当在竣工验收之日起30

日内申报职业病危害项目。

第五条 用人单位申报后，因采用的生产技术、工艺、材料等变更导致所申报的职业病危害因素及其相关内容发生改变的，应当在变更后30日内向原申报机关申报变更内容。

第六条 用人单位终止生产经营时，应当向原申报机关办理申报注销手续。

第七条 受理申报的卫生行政部门应当建立职业病危害项目管理档案。县级以上卫生行政部门应当按有关规定逐级汇总上报。

第八条 卫生行政部门应当对用人单位申报的情况进行抽查，并对职业病危害项目实施监督管理。

第九条 用人单位违反《职业病防治法》及本办法的规定，未申报职业病危害项目或者申报不实的，责令限期改正，给予警告，可以并处2万元以上5万元以下罚款。

第十条 《职业病危害项目申报表》、《职业病危害项目申报回执》的格式和内容由卫生部统一规定。

第十一条 职业病危害项目申报不收取费用。

第十二条 本办法自2002年5月1日起施行。

本办法实施前已经存在的职业病危害项目，用人单位应当在2003年1月31日前申报。

附件1：职业病危害项目申报表（略）

附件2：职业病危害项目申报回执（略）

职业病诊断与鉴定管理办法

（2002年3月28日中华人民共和国卫生部令第24号公布　自2002年5月1日起施行）

第一章　总　　则

第一条 为了规范职业病诊断鉴定工作，加强职业病诊断、鉴定管理，根据《中华人民共和国职业病防治法》（以下简称《职业病防治法》），制定本办法。

第二条 职业病的诊断与鉴定工作应当遵循科学、公正、公开、公平、及时、便民的原则。

职业病诊断、鉴定工作应当依据《职业病防治法》及本办法的规定和国家职业病诊断标准进行，并符合职业病诊断与鉴定的程序。

第二章　诊断机构

第三条　职业病诊断应当由省级卫生行政部门批准的医疗卫生机构承担。

第四条　从事职业病诊断的医疗卫生机构，应当具备以下条件：

（一）持有《医疗机构执业许可证》；

（二）具有与开展职业病诊断相适应的医疗卫生技术人员；

（三）具有与开展职业病诊断相适应的仪器、设备；

（四）具有健全的职业病诊断质量管理制度。

第五条　医疗卫生机构从事职业病诊断，应当向省级卫生行政部门提出申请，并提交以下资料：

（一）职业病诊断机构申请表；

（二）医疗机构执业许可证；

（三）申请从事的职业病诊断项目；

（四）与职业病诊断项目相适应的技术人员、仪器设备等资料；

（五）职业病诊断质量管理制度有关资料；

（六）省级卫生行政部门规定提交的其他资料。

第六条　省级卫生行政部门收到申请资料后，应当在90日内完成资料审查和现场考核，自现场考核结束之日起15日内，做出批准或者不批准的决定，并书面通知申请单位。批准的由省级卫生行政部门颁发职业病诊断机构批准证书。

职业病诊断机构批准证书有效期限为4年。

第七条　职业病诊断机构的职责是：

（一）在批准的职业病诊断项目范围内开展职业病诊断；

（二）职业病报告；

（三）承担卫生行政部门交付的有关职业病诊断的其他工作。

第八条　从事职业病诊断的医师应当具备以下条件，并取得省级卫生行政部门颁发的资格证书：

（一）具有执业医师资格；

（二）具有中级以上卫生专业技术职务任职资格；

（三）熟悉职业病防治法律规范和职业病诊断标准；

（四）从事职业病诊疗相关工作5年以上；

（五）熟悉工作场所职业病危害防治及其管理；

（六）经培训、考核合格。

第三章　诊　　断

第九条　职业病诊断机构依法独立行使诊断权，并对其做出的诊断结论承担责任。

第十条 劳动者可以选择用人单位所在地或本人居住地的职业病诊断机构进行诊断。

本办法所称居住地是指劳动者的经常居住地。

第十一条 申请职业病诊断时应当提供：

（一）职业史、既往史；

（二）职业健康监护档案复印件；

（三）职业健康检查结果；

（四）工作场所历年职业病危害因素检测、评价资料；

（五）诊断机构要求提供的其他必需的有关材料。

用人单位和有关机构应当按照诊断机构的要求，如实提供必要的资料。

没有职业病危害接触史或者健康检查没有发现异常的，诊断机构可以不予受理。

第十二条 职业病诊断应当依据职业病诊断标准，结合职业病危害接触史、工作场所职业病危害因素检测与评价、临床表现和医学检查结果等资料，进行综合分析做出。

对不能确诊的疑似职业病病人，可以经必要的医学检查或者住院观察后，再做出诊断。

第十三条 没有证据否定职业病危害因素与病人临床表现之间的必然联系的，在排除其他致病因素后，应当诊断为职业病。

第十四条 职业病诊断机构在进行职业病诊断时，应当组织三名以上取得职业病诊断资格的执业医师进行集体诊断。

对职业病诊断有意见分歧的，应当按多数人的意见诊断；对不同意见应当如实记录。

第十五条 职业病诊断机构做出职业病诊断后，应当向当事人出具职业病诊断证明书。职业病诊断证明书应当明确是否患有职业病，对患有职业病的，还应当载明所患职业病的名称、程度（期别）、处理意见和复查时间。

职业病诊断证明书应当由参加诊断的医师共同签署，并经职业病诊断机构审核盖章。

职业病诊断证明书应当一式三份，劳动者、用人单位各执一份，诊断机构存档一份。

职业病诊断证明书的格式由卫生部统一规定。

第十六条 用人单位和医疗卫生机构发现职业病病人或者疑似职业病病人时，应当按规定报告。确诊为职业病的，用人单位还应当向所在地县级劳动保障行政部门报告。

第十七条 职业病诊断机构应当建立职业病诊断档案并永久保存，档案内容应当包括：

（一）职业病诊断证明书；

（二）职业病诊断过程记录：包括参加诊断的人员、时间、地点、讨论内容及诊断结论；

（三）用人单位和劳动者提供的诊断用所有资料；

（四）临床检查与实验室检验等结果报告单；

（五）现场调查笔录及分析评价报告。

第十八条 确诊为职业病的患者，用人单位应当按照职业病诊断证明书上注明的复查时间安排复查。

第四章 鉴 定

第十九条 当事人对职业病诊断有异议的，在接到职业病诊断证明书之日起30日内，可以向做出诊断的医疗卫生机构所在地设区的市级卫生行政部门申请鉴定。

设区的市级卫生行政部门组织的职业病诊断鉴定委员会负责职业病诊断争议的首次鉴定。

当事人对设区的市级职业病诊断鉴定委员会的鉴定结论不服的，在接到职业病诊断鉴定书之日起15日内，可以向原鉴定机构所在地省级卫生行政部门申请再鉴定。

省级职业病诊断鉴定委员会的鉴定为最终鉴定。

第二十条 省级卫生行政部门应当设立职业病诊断鉴定专家库。专家库由具备下列条件专业技术人员组成：

（一）具有良好的业务素质和职业道德；

（二）具有相关专业的高级卫生技术职务任职资格；

（三）具有五年以上相关工作经验；

（四）熟悉职业病防治法律规范和职业病诊断标准；

（五）身体健康，能够胜任职业病诊断鉴定工作。

专家库专家任期四年，可以连聘连任。

第二十一条 职业病诊断鉴定委员会承担职业病诊断争议的鉴定工作。职业病诊断鉴定委员会由卫生行政部门组织。

第二十二条 卫生行政部门可以委托办事机构承担职业诊断鉴定的组织和日常性工作。职业病诊断鉴定办事机构的职责是：

（一）接受当事人申请；

（二）组织当事人或者接受当事人委托抽取职业病诊断鉴定委员会专家；

（三）管理鉴定档案；

（四）承办与鉴定有关的事务性工作；

（五）承担卫生行政部门委托的有关鉴定的其他工作。

第二十三条 参加职业病诊断鉴定的专家，由申请鉴定的当事人在职业病诊断鉴定办事机构的主持下，从专家库中以随机抽取的方式确定。

当事人也可以委托职业病诊断鉴定办事机构抽取专家。

职业病诊断鉴定委员会组成人数为5人以上单数，鉴定委员会设主任委员1名，由鉴定委员会推举产生。

在特殊情况下，职业病诊断鉴定专业机构根据鉴定工作的需要，可以组织在本地区以外的专家库中随机抽取相关专业的专家参加鉴定或者函件咨询。

第二十四条 职业病诊断鉴定委员会专家有下列情形之一的，应当回避：

（一）是职业病诊断鉴定当事人或者当事人近亲属的；

（二）与职业病诊断鉴定有利害关系的；

（三）与职业病诊断鉴定当事人有其他关系，可能影响公正鉴定的。

第二十五条 当事人申请职业病诊断鉴定时，应当提供以下材料：

（一）职业病诊断鉴定申请书；

（二）职业病诊断证明书；

（三）本办法第十一条规定的材料；

（四）其他有关资料。

第二十六条 职业病诊断鉴定办事机构应当自收到申请资料之日起10日内完成材料审核，对材料齐全的发给受理通知书；材料不全的，通知当事人补充。

职业病诊断鉴定办事机构应当在受理鉴定之日起60日内组织鉴定。

第二十七条 鉴定委员会应当认真审查当事人提供的材料，必要时可以听取当事人的陈述和申辩，对被鉴定人进行医学检查，对被鉴定人的工作场所进行现场调查取证。

鉴定委员会根据需要可以向原职业病诊断机构调阅有关的诊断资料。

鉴定委员会根据需要可以向用人单位索取与鉴定有关的资料。用人单位应当如实提供。

对被鉴定人进行医学检查，对被鉴定人的工作场所进行现场调查取证等工作由职业病诊断鉴定办事机构安排、组织。

第二十八条 职业病诊断鉴定委员会可以根据需要邀请其他专家参加职业病诊断鉴定。邀请的专家可以提出技术意见、提供有关资料，但不参与鉴定结论的表决。

第二十九条 职业病诊断鉴定委员会应当认真审阅有关资料，依照有关规定和职业病诊断标准，运用科学原理和专业知识，独立进行鉴定。在事实清楚的基础上，进行综合分析，做出鉴定结论，并制作鉴定书。鉴定结论以鉴定委员会成员的过半数通过。鉴定过程应当如实记载。

职业病诊断鉴定书应当包括以下内容：

（一）劳动者、用人单位的基本情况及鉴定事由；

（二）参加鉴定的专家情况；

（三）鉴定结论及其依据，如果为职业病，应当注明职业病名称，程度（期别）；

（四）鉴定时间。

参加鉴定的专家应当在鉴定书上签字，鉴定书加盖职业病诊断鉴定委员会印章。

职业病诊断鉴定书应当于鉴定结束之日起 20 日内由职业病诊断鉴定办事机构发送当事人。

第三十条 职业病诊断鉴定过程应当如实记录，其内容应当包括：

（一）鉴定专家的情况；

（二）鉴定所用资料的名称和数目；

（三）当事人的陈述和申辩；

（四）鉴定专家的意见；

（五）表决的情况；

（六）鉴定结论；

（七）对鉴定结论的不同意见；

（八）鉴定专家签名；

（九）鉴定时间。

鉴定结束后，鉴定记录应当随同职业病诊断鉴定书一并由职业病诊断鉴定办事机构存档。

第三十一条 职业病诊断、鉴定的费用由用人单位承担。

第五章 监督管理

第三十二条 在职业病诊断机构批准证书有效期届满前六个月内，职业病诊断机构应当向原批准机关申请续展，原批准机关复核后，对合格的，换发证书；逾期未申请续展的，其《职业病诊断机构批准证书》过期失效。

第三十三条 省级卫生行政部门应当对取得批准证书的职业病诊断机构进行日常监督检查与年度考核，对日常监督检查或者年度考核不合格的，责令限期改正，逾期不改正或者经检查仍不合格的，由原发证机关注消其资格，并收缴《职业病诊断机构批准证书》；对不合格的职业病诊断医师，应当注销其诊断资格。

第三十四条 省级卫生行政部门应当对其设立的专家库定期复审，并根据职业病诊断鉴定工作需要及时进行调整。

第六章 罚　　则

第三十五条 用人单位违反《职业病防治法》及本办法规定，未安排职业病病人、疑似职业病病人进行诊治的，由卫生行政部门给予警告，责令限期改正，逾期不改正的，处 5 万元以上 20 万元以下的罚款。

第三十六条 用人单位违反《职业病防治法》及本办法规定，隐瞒本单位职业卫生真实情况的，由卫生行政部门责令限期改正，并处5万元以上10万元以下的罚款。

第三十七条 违反《职业病防治法》及本办法规定，医疗卫生机构未经批准擅自从事职业病诊断的，由卫生行政部门责令立即停止违法行为，没收违法所得；违法所得5000元以上的，并处违法所得2倍以上10倍以下的罚款；没有违法所得或者违法所得不足5000元的，并处5000元以上5万元以下的罚款；情节严重的，对直接负责的主管人员和其他直接责任人员，依法给予降级、撤职或者开除的处分。

第三十八条 职业病诊断机构违反《职业病防治法》及本办法规定，有下列行为之一的，由卫生行政部门责令立即停止违法行为，给予警告，没收违法所得；违法所得5000元以上的，并处违法所得2倍以上5倍以下的罚款；没有违法所得或者违法所得不足5000元的，并处5000元以上2万元以下的罚款；情节严重的，由原批准机关取消其相应的资格；对直接负责的主管人员和其他直接责任人员，依法给予降级、撤职或者开除的处分；构成犯罪的，依法追究刑事责任：

（一）超出批准范围从事职业病诊断的；

（二）不按照本法规定履行法定职责的；

（三）出具虚假证明文件的。

第三十九条 职业病诊断鉴定委员会组成人员违反《职业病防治法》及本办法规定，收受职业病诊断争议当事人的财物或者其他好处的，给予警告，没收收受的财物，可以并处3000元以上5万元以下的罚款，取消其担任职业病诊断鉴定委员会组成人员的资格，并从省级卫生行政部门设立的专家库中予以除名。

第四十条 用人单位和医疗卫生机构违反《职业病防治法》及本办法规定，未报告职业病、疑似职业病的，由卫生行政部门责令限期改正，给予警告，可以并处1万元以下的罚款；弄虚作假的，并处2万元以上5万元以下的罚款；对直接负责的主管人员和其他直接责任人员，可以依法给予降级或者撤职的处分。

第七章 附 则

第四十一条 本办法自2002年5月1日实施。卫生部1984年3月29日颁发的《职业病诊断管理办法》同时废止。

职业病危害事故
调查处理办法

(2002 年 3 月 28 日中华人民共和国卫生部令第 25 号公布　自 2005 年 1 月 1 日起施行)

第一章　总　　则

第一条　为了规范职业病危害事故的调查处理，及时有效地控制职业病危害事故，减轻职业病危害事故造成的损害，根据《中华人民共和国职业病防治法》(以下简称《职业病防治法》)，制定本办法。

第二条　按一次职业病危害事故所造成的危害严重程度，职业病危害事故分为三类：

(一) 一般事故：发生急性职业病 10 人以下的；

(二) 重大事故：发生急性职业病 10 人以上 50 人以下或者死亡 5 人以下的，或者发生职业性炭疽 5 人以下的；

(三) 特大事故：发生急性职业病 50 人以上或者死亡 5 人以上，或者发生职业性炭疽 5 人以上的。

放射事故的分类及调查处理按照卫生部制定的《放射事故管理规定》执行。

第三条　县级以上卫生行政部门负责本辖区内职业病危害事故的调查处理。

重大和特大职业病危害事故由省级以上卫生行政部门会同有关部门和工会组织，按照规定的程序和职责进行调查处理。

第四条　职业病危害事故调查处理的主要内容是：

(一) 依法采取临时控制和应急救援措施，及时组织抢救急性职业病病人；

(二) 按照规定进行事故报告；

(三) 组织事故调查；

(四) 依法对事故责任人进行查处；

(五) 结案存档。

第五条　职业病危害事故的调查处理应当迅速、有效、科学、公正。

第二章　事 故 报 告

第六条　发生职业病危害事故时，用人单位应当立即向所在地县级卫生行政部门和有关部门报告。

第七条　县级卫生行政部门接到职业病危害事故报告后，应当实施紧急报告：

（一）特大和重大事故，应当立即向同级人民政府、省级卫生行政部门和卫生部报告；

（二）一般事故，应当于6小时内向同级人民政府和上级卫生行政部门报告。

第八条 接收遭受急性职业病危害劳动者的首诊医疗卫生机构，应当及时向所在地县级卫生行政部门报告。

第九条 职业病危害事故报告的内容应当包括事故发生的地点、时间、发病情况、死亡人数、可能发生原因、已采取措施和发展趋势等。

第十条 地方各级卫生行政部门按照《卫生监督统计报告管理规定》，负责管辖范围内职业病危害事故的统计报告工作，并应当定期向有关部门和同级工会组织通报职业病危害事故发生情况。

职业病危害事故发生的情况，由省级以上卫生行政部门统一对外公布。

第十一条 任何单位和个人不得以任何借口对职业病危害事故瞒报、虚报、漏报和迟报。

第三章 事故处理

第十二条 发生职业病危害事故时，用人单位应当根据情况立即采取以下紧急措施：

（一）停止导致职业病危害事故的作业，控制事故现场，防止事态扩大，把事故危害降到最低限度；

（二）疏通应急撤离通道，撤离作业人员，组织泄险；

（三）保护事故现场，保留导致职业病危害事故的材料、设备和工具等；

（四）对遭受或者可能遭受急性职业病危害的劳动者，及时组织救治、进行健康检查和医学观察；

（五）按照规定进行事故报告；

（六）配合卫生行政部门进行调查，按照卫生行政部门的要求如实提供事故发生情况、有关材料和样品；

（七）落实卫生行政部门要求采取的其他措施。

第十三条 卫生行政部门接到职业病危害事故报告后，根据情况可以采取以下措施：

（一）责令暂停导致职业病危害事故的作业；

（二）组织控制职业病危害事故现场；

（三）封存造成职业病危害事故的材料、设备和工具等；

（四）组织医疗卫生机构救治遭受或者可能遭受急性职业病危害的劳动者。

第十四条 事故发生后，卫生行政部门应当及时组织用人单位主管部门、公安、安全生产部门、工会等有关部门组成职业病危害事故调查组，进行事故调查。

第十五条 事故调查组成员应当符合下列条件：

（一）具有事故调查所需要的专业知识和实践经验；

（二）与所发生事故没有直接利害关系。

第十六条 职业病危害事故调查组的职责：

（一）进行现场勘验和调查取证，查明职业病危害事故发生的经过、原因、人员伤亡情况和危害程度；

（二）分析事故责任；

（三）提出对事故责任人的处罚意见；

（四）提出防范事故再次发生所应采取的改进措施的意见；

（五）形成职业病事故调查处理报告。

第十七条 事故调查组进行现场调查取证时，有权向用人单位、有关单位和有关人员了解有关情况，任何单位和个人不得拒绝、隐瞒或提供虚假证据或资料，不得阻碍、干涉事故调查组的现场调查和取证工作。

第十八条 卫生行政部门根据事故调查组提出的事故处理意见，决定和实施对发生事故的用人单位的行政处罚，并责令用人单位及其主管部门负责落实有关改进措施建议。

第十九条 职业病危害事故处理工作应当按照有关规定在90日内结案，特殊情况不得超过180日。事故处理结案后，应当公布处理结果。

第二十条 违反《职业病防治法》及本办法规定，用人单位不采取职业病危害预防措施而导致一般职业病危害事故的，由卫生行政部门责令限期治理，并处10万元以上15万元以下罚款；导致特大或者重大事故的，由卫生行政部门责令停止产生职业病危害的作业，或者提请有关人民政府按照国务院规定的权限责令关闭，并处15万元以上30万元以下罚款；构成犯罪的，对直接负责的主管人员和其他直接责任人员依法追究刑事责任。

第二十一条 违反《职业病防治法》及本办法规定，有下列情形之一的，由卫生行政部门给予警告，责令限期改正；逾期不改正的，处5万元以上20万元以下罚款：

（一）未按规定及时报告职业病危害事故的；

（二）发生或者可能发生急性职业病危害事故时，未立即采取应急救援和控制措施的；

（三）拒绝接受调查或者拒绝提供有关情况和资料的；

（四）对遭受或者可能遭受急性职业病危害的劳动者，未及时组织救治、进行健康检查或医学观察的。

第二十二条 卫生行政部门不按照规定报告职业病危害事故的，由上一级卫生行政部门责令改正，通报批评，给予警告；虚报瞒报的，对单位负责人、直接负责的主管人员和其他直接负责人给予降级、撤职或者开除的行政处分。

第二十三条 本规定自2002年5月1日起施行。

关于印发《职业病目录》的通知

（2002年4月18日 卫法监发〔2002〕108号）

根据《中华人民共和国职业病防治法》第二条的规定，现将《职业病目录》印发给你们，请遵照执行。1987年11月5日卫生部、劳动人事部、财政部和全国总工会联合发布的《职业病范围和职业病患者处理办法的规定》中的职业病名单同时废止。

职业病目录

一、尘肺

1. 矽肺
2. 煤工尘肺
3. 石墨尘肺
4. 碳黑尘肺
5. 石棉肺
6. 滑石尘肺
7. 水泥尘肺
8. 云母尘肺
9. 陶工尘肺
10. 铝尘肺
11. 电焊工尘肺
12. 铸工尘肺
13. 根据《尘肺病诊断标准》和《尘肺病理诊断标准》可以诊断的其他尘肺

二、职业性放射性疾病

1. 外照射急性放射病
2. 外照射亚急性放射病
3. 外照射慢性放射病
4. 内照射放射病
5. 放射性皮肤疾病
6. 放射性肿瘤
7. 放射性骨损伤

8. 放射性甲状腺疾病
9. 放射性性腺疾病
10. 放射复合伤
11. 根据《职业性放射性疾病诊断标准（总则）》可以诊断的其他放射性损伤

三、职业中毒

1. 铅及其化合物中毒（不包括四乙基铅）
2. 汞及其化合物中毒
3. 锰及其化合物中毒
4. 镉及其化合物中毒
5. 铍病
6. 铊及其化合物中毒
7. 钡及其化合物中毒
8. 钒及其化合物中毒
9. 磷及其化合物中毒
10. 砷及其化合物中毒
11. 铀中毒
12. 砷化氢中毒
13. 氯气中毒
14. 二氧化硫中毒
15. 光气中毒
16. 氨中毒
17. 偏二甲基肼中毒
18. 氮氧化合物中毒
19. 一氧化碳中毒
20. 二硫化碳中毒
21. 硫化氢中毒
22. 磷化氢、磷化锌、磷化铝中毒
23. 工业性氟病
24. 氰及腈类化合物中毒
25. 四乙基铅中毒
26. 有机锡中毒
27. 羰基镍中毒
28. 苯中毒
29. 甲苯中毒
30. 二甲苯中毒
31. 正己烷中毒

32. 汽油中毒
33. 一甲胺中毒
34. 有机氟聚合物单体及其热裂解物中毒
35. 二氯乙烷中毒
36. 四氯化碳中毒
37. 氯乙烯中毒
38. 三氯乙烯中毒
39. 氯丙烯中毒
40. 氯丁二烯中毒
41. 苯的氨基及硝基化合物（不包括三硝基甲苯）中毒
42. 三硝基甲苯中毒
43. 甲醇中毒
44. 酚中毒
45. 五氯酚（钠）中毒
46. 甲醛中毒
47. 硫酸二甲酯中毒
48. 丙烯酰胺中毒
49. 二甲基甲酰胺中毒
50. 有机磷农药中毒
51. 氨基甲酸酯类农药中毒
52. 杀虫脒中毒
53. 溴甲烷中毒
54. 拟除虫菊酯类农药中毒
55. 根据《职业性中毒性肝病诊断标准》可以诊断的职业性中毒性肝病
56. 根据《职业性急性化学物中毒诊断标准（总则）》可以诊断的其他职业性急性中毒

四、物理因素所致职业病

1. 中暑
2. 减压病
3. 高原病
4. 航空病
5. 手臂振动病

五、生物因素所致职业病

1. 炭疽
2. 森林脑炎
3. 布氏杆菌病

六、职业性皮肤病

1. 接触性皮炎
2. 光敏性皮炎
3. 电光性皮炎
4. 黑变病
5. 痤疮
6. 溃疡
7. 化学性皮肤灼伤
8. 根据《职业性皮肤病诊断标准（总则）》可以诊断的其他职业性皮肤病

七、职业性眼病

1. 化学性眼部灼伤
2. 电光性眼炎
3. 职业性白内障（含放射性白内障、三硝基甲苯白内障）

八、职业性耳鼻喉口腔疾病

1. 噪声聋
2. 铬鼻病
3. 牙酸蚀病

九、职业性肿瘤

1. 石棉所致肺癌、间皮瘤
2. 联苯胺所致膀胱癌
3. 苯所致白血病
4. 氯甲醚所致肺癌
5. 砷所致肺癌、皮肤癌
6. 氯乙烯所致肝血管肉瘤
7. 焦炉工人肺癌
8. 铬酸盐制造业工人肺癌

十、其他职业病

1. 金属烟热
2. 职业性哮喘
3. 职业性变态反应性肺泡炎
4. 棉尘病
5. 煤矿井下工人滑囊炎

建设项目职业病危害分类管理办法

（2006年7月27日中华人民共和国卫生部令第49号公布 自公布之日起施行）

第一条 为了预防、控制和消除建设项目可能产生的职业病危害，根据《中华人民共和国职业病防治法》（以下称《职业病防治法》），制定本办法。

第二条 本办法所称的建设项目，是指可能产生职业病危害的新建、扩建、改建建设项目和技术改造、技术引进项目。

第三条 可能产生职业病危害项目是指存在或产生《职业病危害因素分类目录》所列职业病危害因素的项目。

可能产生严重职业病危害的因素包括下列内容：

（一）《高毒物品目录》所列化学因素；

（二）石棉纤维粉尘、含游离二氧化硅10%以上粉尘；

（三）放射性因素：核设施、辐照加工设备、加速器、放射治疗装置、工业探伤机、油田测井装置、甲级开放型放射性同位素工作场所和放射性物质贮存库等装置或场所；

（四）卫生部规定的其他应列入严重职业病危害因素范围的。

第四条 建设项目的备案、审核、审查和竣工验收实行分级管理。

卫生部负责下列建设项目的备案、审核、审查和竣工验收：

（一）由国务院投资主管部门和国务院授权的有关部门审批、核准或备案，总投资在50亿人民币以上的建设项目；

（二）核设施、绝密工程等特殊性质的建设项目；

（三）跨省、自治区、直辖市行政区域的建设项目。

其他建设项目的备案、审核、审查和竣工验收，由省级卫生行政部门根据本地区的实际情况确定。

第五条 上级卫生行政部门可以委托下级卫生行政部门负责有关职业病危害建设项目的备案、审核、审查和竣工验收。

第六条 国家对职业病危害建设项目实行分类管理。对可能产生职业病危害的建设项目分为职业病危害轻微、职业病危害一般和职业病危害严重三类。

（一）职业病危害轻微的建设项目，其职业病危害预评价报告、控制效果评价报告应当向卫生行政部门备案；

（二）职业病危害一般的建设项目，其职业病危害预评价、控制效果评价应当进行审核、竣工验收；

（三）职业病危害严重的建设项目，除进行前项规定的卫生审核和竣工验收外，还应当进行设计阶段的职业病防护设施设计的卫生审查。

第七条 对存在或可能产生职业病危害因素的建设项目的职业病危害评价报告实行专家审查制度。

卫生部和省级卫生行政部门应当分别建立国家和省级专家库，专家库按职业卫生、辐射防护、卫生工程、检测检验等专业分类，并指定机构负责管理。

专家库专家应当熟悉职业卫生相关法律法规、具有较高的专业理论水平、实践经验和建设项目评价相关的专业背景以及良好的职业道德。专家参与建设项目职业病危害评价报告审查，应当遵循科学、客观、公正的原则，并对审查意见负责。

专家库有关规定另行制定。

第八条 职业病危害预评价、职业病危害控制效果评价应当由依法取得资质的职业卫生技术服务机构承担。

由卫生部负责备案、审核、审查和验收的建设项目，其职业病危害预评价和职业病危害控制效果评价应当由取得甲级资质的职业卫生技术服务机构承担。

第九条 职业卫生技术服务机构应当依据建设项目的可行性论证报告或设计文件，按照职业卫生有关技术规范、标准进行职业病危害预评价和职业病危害控制效果评价，并出具评价报告，评价报告应当公正、客观。

评价报告的形式根据建设项目规模和职业病危害因素的复杂程度确定。投资规模较大、职业病危害因素复杂的应当编制评价报告书，其他项目可编制评价报告表。评价报告规范另行颁布。

第十条 职业卫生服务机构应当根据建设项目是否存在严重职业病危害因素，工作场所可能存在职业病危害因素的毒理学特征、浓度（强度）、潜在危险性、接触人数、频度、时间、职业病危害防护措施和发生职业病的危（风）险程度等进行综合分析后，对建设项目的职业病危害进行分类。

建设项目职业病危害的分类标准另行规定。

第十一条 职业卫生技术服务机构应当组织5名以上专家，对评价报告进行技术审查。审查专家应当具有与所评价的建设项目相关的专业背景，一般由相关专业的专家和相关行业专家组成，其中从专家库抽取的专家数不少于参加审查专家总数的3/5。

卫生部审批的项目，从国家专家库抽取专家。审查专家实行回避制度，参加评价报告编制、审核人员不得作为审查专家。

职业卫生技术服务机构应当如实、客观地记录专家审查意见。审查意见应当由专家组全体人员签字。专家审查意见、意见采纳情况及审查专家名单应当作为评价报告的附件。

对建设项目有管辖权的卫生行政部门必要时可以指派人员参加审查会并监督审查过程。

职业卫生技术服务机构对其作出的评价报告负责。

第十二条 建设单位应当在建设项目可行性论证阶段，根据《职业病危害因素分类目录》和《建设项目职业卫生专篇编制规范》编写职业卫生专篇，并委托具有相应资质的职业卫生技术服务机构进行职业病危害预评价。

第十三条 建设单位在可行性论证阶段完成建设项目职业病危害预评价报告后，应当按规定填写《建设项目职业病危害预评价报告审核（备案）申请书》，向有管辖权的卫生行政部门提出申请并提交申报材料。

按照国家有关规定，不需要进行可行性论证的建设项目，建设单位应当在建设项目开工前提出职业病危害预评价报告的卫生审核或备案。

第十四条 卫生行政部门收到《建设项目职业病危害预评价报告审核（备案）申请书》和有关资料后，属于审核管理的项目，应当对申请资料是否齐全进行核对，并在5个工作日内作出是否受理申请的决定或出具申请材料补正通知书。属于备案管理的项目，应当对申请资料完整性和合法性进行核对，符合要求的予以备案，并出具备案通知书。不符合要求的不予备案。

第十五条 卫生行政部门应当对建设项目职业病危害预评价报告进行审核，审核的内容包括：职业卫生技术服务机构资质、服务范围，评价报告的规范性，技术审查专家组成及审查意见处理情况等。

卫生行政部门对职业病危害预评价报告审核同意的，应当在受理之日起20个工作日内予以批复；不同意的，应当书面通知建设单位并说明理由。

第十六条 建设项目未经卫生行政部门审核同意或备案的，有关部门不得批准该建设项目。

第十七条 建设项目职业病危害预评价报告经卫生行政部门审核或备案后，建设项目的生产规模、工艺或者职业病危害因素的种类、防护设施等发生变更时，应当对变更内容重新进行职业病危害预评价和卫生审核或备案。

第十八条 职业病危害严重的建设项目，在初步设计阶段，建设单位应当委托具有资质的设计单位对该项目编制职业病防护设施设计专篇。

第十九条 职业病危害严重的建设项目，建设单位应当向原审批职业病危害预评价报告的卫生行政部门提出建设项目职业病防护设施设计卫生审查申请，填写《建设项目职业病防护设施设计审查申请书》，并按规定提交申报材料。

中、高能加速器、进口放射治疗装置、γ辐照加工装置等大型辐射装置建设项目还应当提交卫生部指定的放射防护技术机构出具的职业病防护设施设计技术审查意见。

第二十条 卫生行政部门收到《建设项目职业病防护设施设计审查申请书》和有关资料后，应当对申请资料是否齐全进行核对，并在5个工作日内作出是否受理申请的决定或出具申请材料补正通知书。

第二十一条 卫生行政部门可以指定机构或组织专家对建设项目职业病防护设施设计进行技术审查，并根据技术审查结论进行行政审查。审查同意的，应当在受理之日起20个工作日内予以批复；不同意的，应当书面通知建设单位并说明理由。

第二十二条 职业病危害严重的建设项目，其职业病防护设施设计未经审查或审查不合格的，不得施工。

第二十三条 建设单位在竣工验收前，应当委托具有资质的职业卫生技术服务机构进行职业病危害控制效果评价，职业病危害控制效果评价应当尽可能由原编制职业病危害预评价报告的技术机构承担。

建设项目的主体工程完工后，需要进行试生产的，其配套建设的职业病防护设施必须与主体工程同时投入试运行，在试运行期间应当对职业病防护设施运行情况和工作场所职业病危害因素进行监测，并在试运行12个月内进行职业病危害控制效果评价。

第二十四条 职业病危害轻微的建设项目，建设单位应当将职业病危害控制效果评价报告报原预评价备案卫生行政部门备案。卫生行政部门收到《建设项目职业病防护设施竣工验收（备案）申请书》和有关资料后，应当对申请资料是否齐全、程序是否合法进行审查，符合要求的进行备案，不符合要求的不予备案。

第二十五条 职业病危害一般和职业病危害严重的建设项目，建设单位应当向原审批职业病危害预评价报告的卫生行政部门提出竣工验收申请，填写《建设项目职业病防护设施竣工验收（备案）申请书》，并按规定提交申报材料。

中、高能加速器、进口放射治疗装置、γ辐照加工装置等大型辐射装置建设项目还应当提交卫生部指定的放射防护技术机构出具的职业病危害控制效果评价报告技术审查意见。

第二十六条 卫生行政部门收到《建设项目职业病防护设施竣工验收（备案）申请书》和有关资料后，应当对申请资料是否齐全进行核对，并在5个工作日内作出是否受理申请的决定或出具申请材料补正通知书。

第二十七条 卫生行政部门可以指定机构或组织专家对控制效果评价报告进行技术审查，并根据审查结论进行现场验收。通过验收的，应当在现场验收后20个工作日内予以批复；未通过的，应当书面通知建设单位并说明理由。

第二十八条 分期建设、分期投入生产或者使用的建设项目，其相应的职业病防护设施应当同步进行卫生验收。

第二十九条 职业病危害一般和职业病危害严重的建设项目未经卫生验收或验收不合格的，不得投入生产或使用。

第三十条 在建设项目卫生评价、备案、审核、审查和竣工验收过程中，建设单位应当按规定向卫生行政部门或者职业卫生技术服务机构提供有关资料。

对建设单位提供的资料中涉及技术秘密的，卫生行政部门及职业卫生技术服务机构负有保密义务。

第三十一条 建设单位违反《职业病防治法》及本办法规定，有下列行为之一的，由卫生行政部门给予警告，责令限期改正；逾期不改正的，处十万元以上五十万元以下的罚款；情节严重的，责令停止产生职业病危害的作业，或者提请有关人民政府按照国务院规定的权限责令停建、关闭：

（一）未按照规定进行职业病危害预评价或者未提交职业病危害预评价报告，或者职业病危害预评价报告未经卫生行政部门审核同意，擅自开工的；

（二）建设项目的职业病防护设施未按照规定与主体工程同时投入生产和使用的；

（三）职业病危害严重的建设项目，其职业病防护设施设计不符合国家职业卫生标准和卫生要求施工的；

（四）未按照规定对职业病防护设施进行职业病危害控制效果评价、未经卫生行政部门验收或者验收不合格，擅自投入使用的。

第三十二条 卫生行政部门及其职业卫生监督执法人员对不符合法定条件的建设项目，发给建设项目有关证明文件或者予以批准，并导致职业病危害事故发生，构成犯罪的，依法追究刑事责任；尚不构成犯罪的，对单位负责人、直接负责的主管人员和其他直接责任人员依法给予降级、撤职或者开除的行政处分。

第三十三条 其他违反《职业病防治法》及本办法规定的，依据《职业病防治法》有关规定处理。

第三十四条 本办法自发布之日起施行。2002 年 3 月 28 日卫生部发布的《建设项目职业病危害分类管理办法》同时废止。

附件：

一、建设项目职业病危害预评价报告审核（备案）申请书（略）

二、建设项目职业病防护设施设计审查申请书（略）

三、建设项目职业病防护设施竣工验收（备案）申请书（略）

卫生部关于修订《建设项目职业病危害分类管理办法》第四条规定的通知

（2007 年 3 月 21 日　卫政法发〔2007〕97 号）

各省、自治区、直辖市卫生厅局，新疆生产建设兵团卫生局：

为进一步提高建设项目职业卫生审查效率，规范审查行为，推进依法行政工作。经研究，对《建设项目职业病危害分类管理办法》（2006 年 7 月 27 日发布，卫生部令第 49 号）第四条修改如下：

建设项目的备案、审核、审查和竣工验收实行分级管理。

卫生部负责下列建设项目的备案、审核、审查和竣工验收：

（一）由国务院投资主管部门和国务院授权的有关部门审批、核准或备案，总投资在200亿人民币以上的建设项目；

（二）核设施、绝密工程等特殊性质的建设项目；

（三）跨省、自治区、直辖市行政区域的建设项目。

其他建设项目的备案、审核、审查和竣工验收，由省级卫生行政部门根据本地区的实际情况确定。

卫生部关于对异地职业病诊断有关问题的批复

（2003年10月17日　卫法监发〔2003〕298号）

广东省卫生厅：

你厅《关于异地职业病诊断有关问题的请示》（粤卫〔2003〕302号）收悉。经研究，现就有关问题批复如下：

一、根据《职业病防治法》的有关规定，劳动者可以选择用人单位所在地或本人居住地的职业病诊断机构申请职业病诊断，在申请诊断时应当提供既往诊断活动资料。某一诊断机构已作出职业病诊断的，在没有新的证据资料时，其他诊断机构不再进行重复诊断。

二、在尘肺病诊断中涉及晋级诊断的，原则上应当在原诊断机构进行诊断。对职业病诊断结论不服的，应当按照《职业病诊断与鉴定管理办法》申请鉴定，而不宜寻求其他机构再次诊断。

三、职业病诊断机构应当严格按照《职业病诊断与鉴定管理办法》的规定进行诊断，凡违反规定作出的诊断结论，应当视为无效诊断。

此复。

卫生部关于职业病诊断机构有关问题的批复

（2005年7月26日　卫监督发〔2005〕298号）

河南省卫生厅：

你厅《关于职业病诊断机构资质认定有关问题的请示》（豫卫监〔2005〕84号）收悉，经研究，现批复如下：

《职业病诊断鉴定管理办法》第三条规定的“职业病诊断应当由省级卫生行

政部门批准的医疗卫生机构承担。”是指按照《医疗机构管理条例》依法取得《医疗机构执业许可证》的医疗卫生机构，经省级卫生行政部门批准，方可从事职业病诊断鉴定工作。

此复。

卫生部关于职业病诊断鉴定工作有关问题的批复

（2006年10月27日 卫监督发〔2006〕429号）

黑龙江省卫生厅：

你厅《关于职业病诊断鉴定工作有关问题的紧急请示》（黑卫监督发〔2006〕542号）收悉。经研究，现就有关问题批复如下：

一、当事人在规定期限内提出职业病诊断鉴定申请，但申请材料不齐全的，职业病诊断鉴定办事机构可以要求当事人补充材料；当事人提交全部补充材料的，职业病诊断鉴定办事机构应当受理申请，并组织鉴定。

二、凡用人单位没有对劳动者进行职业健康监护以及没有开展工作场所职业病危害因素监测、评价，导致当事人在申请职业病诊断、鉴定时无法提供《职业病诊断与鉴定管理办法》第十一条第一款第（二）、（四）项材料的，职业病诊断与鉴定机构可以受理职业病诊断、鉴定申请，并根据当事人提供的自述材料、相关机构（包括卫生监督机构和取得资质的职业卫生技术服务机构等）和人员提供的有关材料，按照《职业病防治法》第四十二条第二款的规定作出诊断或鉴定结论。

此复。

卫生部关于成立国家职业病诊断与鉴定技术指导委员会的通知

（2006年9月20日 卫监督发〔2006〕388号）

各省、自治区、直辖市卫生厅局，新疆生产建设兵团卫生局，中国疾病预防控制中心、卫生部卫生监督中心：

为了贯彻实施《中华人民共和国职业病防治法》及其有关配套规章，进一步规范职业病诊断与鉴定工作，经研究，卫生部决定成立国家职业病诊断与鉴定技术指导委员会。现将有关事项通知如下：

一、国家职业病诊断与鉴定技术指导委员会的组成

国家职业病诊断与鉴定技术指导委员会由48位专家组成，分职业病诊断与鉴定技术指导组（27人）和放射性疾病诊断与鉴定技术指导组（21人）两个专业组，成员名单附后。卫生部根据工作需要，适时调整各专业组人员组成。

二、国家职业病诊断与鉴定技术指导委员会的职责

（一）根据各地职业病诊断与鉴定组织的申请，为地方各职业病诊断与鉴定机构在工作中遇到的疑难问题提供技术指导和咨询；

（二）调研、分析全国职业病诊断与鉴定工作状况并向卫生部提出意见和建议；

（三）协助卫生部宣传贯彻职业病诊断与鉴定法规、标准和技术规范；

（四）完成卫生部交办的相关工作。

三、国家职业病诊断与鉴定技术指导委员会的管理

国家职业病诊断与鉴定技术指导委员会日常管理工作委托中国疾病预防控制中心负责。

国家职业病诊断与鉴定技术指导委员会成员应当认真学习国家职业病防治法律、法规、标准和技术规范，坚持原则，实事求是，努力做好职业病诊断与鉴定技术指导工作。

附件：国家职业病诊断与鉴定技术指导委员会成员名单（略）

卫生部关于如何确定职业病诊断机构权限范围的批复

（2007年1月26日　卫监督发〔2007〕36号）

浙江省卫生厅：

你厅《关于如何确定职业病诊断机构权限范围的请示》（浙卫〔2006〕28号）收悉。经研究，现批复如下：

一、根据《中华人民共和国职业病防治法》和《职业病诊断与鉴定管理办法》等规定，凡经省级卫生行政部门批准承担职业病诊断的医疗卫生机构，在批准的职业病诊断项目范围内依法开展职业病诊断工作。

二、职业病诊断是技术行为，不是行政行为，没有行政级别区分，出具的诊断证明书具有同等效力。

三、劳动者申请职业病诊断时，应当首选本人居住地或用人单位所在地（以下简称本地）的县（区）行政区域内的职业病诊断机构进行诊断；如本地县（区）行政区域内没有职业病诊断机构，可以选择本地市行政区域内的职业病诊断机构进行诊断；如本地市行政区域内没有职业病诊断机构，可以选择本地省级行政区域内的职业病诊断机构进行诊断。

此复。

（六）劳动能力鉴定

劳动能力鉴定 职工
工伤与职业病致残等级

（2006 年 11 月 2 日中华人民共和国国家质量监督检验检疫总局、中国国家标准化管理委员会发布 2007 年 5 月 1 日实施）

前 言

本标准的全部内容为推荐性的。

本标准参考了世界卫生组织有关“损害、功能障碍与残疾”的国际分类，以及美国、英国、日本等国家残疾分级原则和基准。

根据《工伤保险条例》（中华人民共和国国务院第 375 号令）制定本标准。本标准代替 GB/T 16180—1996《职工工伤与职业病致残程度鉴定》。

本标准参考与协调的国家文件、医学技术标准与相关评残标准有：残疾人标准，革命伤残军人评定标准等。

为使劳动能力鉴定适应我国当前社会经济发展的要求，保障因工作遭受事故伤害或者患职业病的劳动者获得医疗救治和经济补偿，对工伤或患职业病劳动者的伤残程度做出更加客观、科学的技术鉴定，在总结分析 10 余年工伤评残实践经验基础上，对 GB/T16180—1996 进行了修订与完善，并与我国劳动能力鉴定法规制度相配套，将原标准更名为《劳动能力鉴定 职工工伤与职业病致残等级》，并对以下技术原则作了调整：

——增加了总则中 4. 1. 3 医疗依赖的分级判定；

——取消了总则中关于工伤、职业病证明的规定；

——取消了总则中关于重新鉴定的规定；

——伤残类别增加了十二指肠的损伤，同时取消了单列的耳廓缺损；

——智能减退改为智能损伤，增加记忆商（MQ）判定指标；

——取消了利手与非利手的表述；

——增加了低氧血症的判断标准；

——增加了活动性肺结核诊断要点的判定；

——增加了大血管的界定；

——增加了瘢痕诊断的界定；

——增加了贫血诊断标准与分级；

——修订了6.4.1肝功能损害的判定与分级；

——修订了6.5.4中毒性肾病和6.5.5肾功能不全的判定指标；

——取消了辅助器具如安装假肢的表述；

——修订了人格改变的判定基准指标；

——全身瘢痕的最低下限由≤30%修改为<5%，但≥1%；

——对附录A判定基准补充的A.1智能损伤表述内容作了调整；

——取消了判定基准补充的A.3人格障碍与人格改变的表述，同时增加了“与工伤、职业病相关的精神障碍的认定”的表述；

——伤残条目由470条调整为572条；

——根据国家工伤保险法规及有关文件精神，对“于国家社会保险法规所规定的医疗期满后……”的表述改为“于国家工伤保险法规所规定的停工留薪期满……”，达到与相关法规相衔接，以便于判断与执行。

本标准的附录A、附录B是规范性附录。

本标准的附录C是资料性附录。

本标准由中华人民共和国劳动和社会保障部、卫生部共同提出。

本标准由劳动和社会保障部工伤保险司归口。

本标准负责起草单位：中国疾病预防控制中心职业卫生与中毒控制所。

本标准参加起草单位：中国医学科学院协和医院、北京医院、北京积水潭医院、北京市红十字朝阳医院、北京市宣武医院、中日友好医院、北京市安定医院、北京市口腔医院、北京大学第三医院、北京大学第一医院、北京同仁医院、北京友谊医院、北京天坛医院、北京市结核病胸部肿瘤研究所、北京市安贞医院、北京市儿科研究所以及天津市劳动和社会保障局和广州市劳动和社会保障局。

本标准主要起草人：周安寿、李舜伟、田祖恩、张寿林、游凯涛、鲁锡荣、朱秀安、杨秉贤、安宗超、白连启、陈秉良、刘磊、吕名端、宫月秋、姜宏志、李锦涛、李忠实、梁枝松、沈祖尧、隋良朋、孙家帮、严尚诚、杨和均、于庆波、赵金垣、左峰、张敏、陈泰才、任广田、赵振华。

本标准由劳动和社会保障部负责解释。

劳动能力鉴定　职工
工伤与职业病致残等级

1　范围

本标准规定了职工工伤致残劳动能力鉴定原则和分级标准。

本标准适用于职工在职业活动中因工负伤和因职业病致残程度的鉴定。

2 规范性引用文件

下列文件中的条款通过本标准的引用而成为本标准的条款。凡是注日期的引用文件，其随后所有的修改单（不包括勘误的内容）或修订版均不适用于本标准，然而，鼓励根据本标准达成协议的各方研究是否可使用这些文件的最新版本。凡是不注日期的引用文件，其最新版本适用于本标准。

GB 4854 校准纯音听力计用的标准零级

GB/T 7341 听力计

GB/T 7582—2004 声学 听阈与年龄关系的统计分布

GB/T 7583 声学 纯音气导听阈测定 保护听力用

GB 11533 标准对数视力表

GBZ 4 职业性慢性二硫化碳中毒诊断标准

GBZ 5 工业性氟病诊断标准

GBZ 7 职业性手臂振动病诊断标准

GBZ 9 职业性急性电光性眼炎（紫外线角膜结膜炎）诊断标准

GBZ12 职业性铬鼻病诊断标准

GBZ 23 职业性急性一氧化碳中毒诊断标准

GBZ 24 职业性减压病诊断标准

GBZ 35 职业性白内障诊断标准

GBZ 45 职业性三硝基甲苯白内障诊断标准

GBZ 54 职业性化学性眼灼伤诊断标准

GBZ 61 职业性牙酸蚀病诊断标准

GBZ 69 职业性慢性三硝基甲苯中毒诊断标准

GBZ 70 尘肺病诊断标准

GBZ 81 职业性磷中毒诊断标准

GBZ 82 职业性煤矿井下工人滑囊炎诊断标准

GBZ 83 职业性慢性砷中毒诊断标准

GBZ 94 职业性肿瘤诊断标准

GBZ 95 放射性白内障诊断标准

GBZ 96 内照射放射病诊断标准

GBZ 97 放射性肿瘤诊断标准

GBZ 104 外照射急性放射病诊断标准

GBZ 105 外照射慢性放射病诊断标准

GBZ 106 放射性皮肤疾病诊断标准

3 术语和定义

劳动能力鉴定是指劳动能力鉴定机构对劳动者在职业活动中因工负伤或患

职业病后，根据国家工伤保险法规规定，在评定伤残等级时通过医学检查对劳动功能障碍程度（伤残程度）和生活自理障碍程度做出的判定结论。

4　总则

4.1　判断依据

本标准依据工伤致残者于评定伤残等级技术鉴定时的器官损伤、功能障碍及其对医疗与护理的依赖程度，适当考虑了由于伤残引起的社会心理因素影响，对伤残程度进行综合判定分级。

4.1.1　器官损伤

是工伤的直接后果，但职业病不一定有器官缺损。

4.1.2　功能障碍

工伤后功能障碍的程度与器官缺损的部位及严重程度有关，职业病所致的器官功能障碍与疾病的严重程度相关。对功能障碍的判定，应以评定伤残等级技术鉴定时的医疗检查结果为依据，根据评残对象逐个确定。

4.1.3　医疗依赖

指工伤致残于评定伤残等级技术鉴定后仍不能脱离治疗者。

医疗依赖判定分级：

a）　特殊医疗依赖　是指工伤致残后必须终身接受特殊药物、特殊医疗设备或装置进行治疗者；

b）　一般医疗依赖　是指工伤致残后仍需接受长期或终身药物治疗者。

4.1.4　护理依赖

指工伤致残者因生活不能自理，需依赖他人护理者。生活自理范围主要包括下列五项：

a）　进食；

b）　翻身；

c）　大、小便；

d）　穿衣、洗漱；

e）　自主行动。

护理依赖的程度分三级：

a）　完全护理依赖　指生活完全不能自理，上述五项均需护理者；

b）　大部分护理依赖　指生活大部分不能自理，上述五项中三项需要护理者；

c）　部分护理依赖　指部分生活不能自理，上述五项中一项需要护理者。

4.1.5　心理障碍

一些特殊残情，在器官缺损或功能障碍的基础上虽不造成医疗依赖，但却导致心理障碍或减损伤残者的生活质量，在评定伤残等级时，应适当考虑这些后果。

4.2 门类划分

按照临床医学分科和各学科间相互关联的原则，本标准对残情的判定划分为五个门类。

4.2.1 神经内科、神经外科、精神科门。

4.2.2 骨科、整形外科、烧伤科门。

4.2.3 眼科、耳鼻喉科、口腔科门。

4.2.4 普外科、胸外科、泌尿生殖科门。

4.2.5 职业病内科门。

4.3 条目划分

本标准按照上述五个门类，以附录B中表B.1~B.5及一至十级分级系列，根据伤残的类别和残情的程度划分伤残条目，共列出残情573条。

4.4 等级划分

根据条目划分原则以及工伤致残程度，综合考虑各门类间的平衡，将残情级别分为一至十级。最重为第一级，最轻为第十级。对本标准未列载的个别伤残情况，可根据上述原则，参照本标准中相应等级进行评定。

4.5 晋级原则

对于同一器官或系统多处损伤，或一个以上器官不同部位同时受到损伤者，应先对单项伤残程度进行鉴定。如果几项伤残等级不同，以重者定级；如果两项及以上等级相同，最多晋升一级。

4.6 对原有伤残及合并症的处理

如受工伤损害的器官原有伤残和疾病史，或工伤及职业病后出现合并症，其致残等级的评定以鉴定时实际的致残结局为依据。

5 分级原则

5.1 一级

器官缺失或功能完全丧失，其他器官不能代偿，存在特殊医疗依赖，或完全或大部分护理依赖。

5.2 二级

器官严重缺损或畸形，有严重功能障碍或并发症，存在特殊医疗依赖，或大部分护理依赖。

5.3 三级

器官严重缺损或畸形，有严重功能障碍或并发症，存在特殊医疗依赖，或部分护理依赖。

5.4 四级

器官严重缺损或畸形，有严重功能障碍或并发症，存在特殊医疗依赖，或部分护理依赖或无护理依赖。

5.5 五级

器官大部缺损或明显畸形，有较重功能障碍或并发症，存在一般医疗依赖，无护理依赖。

5.6　六级

器官大部缺损或明显畸形，有中等功能障碍或并发症，存在一般医疗依赖，无护理依赖。

5.7　七级

器官大部分缺损或畸形，有轻度功能障碍或并发症，存在一般医疗依赖，无护理依赖。

5.8　八级

器官部分缺损，形态异常，轻度功能障碍，存在一般医疗依赖，无护理依赖。

5.9　九级

器官部分缺损，形态异常，轻度功能障碍，无医疗依赖或者存在一般医疗依赖，无护理依赖。

5.10　十级

器官部分缺损，形态异常，无功能障碍，无医疗依赖或者存在一般医疗依赖，无护理依赖。

6　各门类工伤、职业病致残分级判定基准

6.1　神经内科、神经外科、精神科门

6.1.1　智能损伤分级

a)　极重度智能损伤

1)　记忆损伤，记忆商（MQ）0~19；

2)　智商（IQ）<20；

3)　生活完全不能自理。

b)　重度智能损伤

1)　记忆损伤，MQ 20~34；

2)　IQ 20~34；

3)　生活大部不能自理。

c)　中度智能损伤

1)　记忆损伤，MQ 35~49；

2)　IQ 35~49；

3)　生活能部分自理。

d)　轻度智能损伤

1)　记忆损伤，MQ 50~69；

2)　IQ 50~69；

3)　生活勉强能自理，能做一般简单的非技术性工作。

6.1.2 精神病性症状

有下列表现之一者：

a） 突出的妄想；

b） 持久或反复出现的幻觉；

c） 病理性思维联想障碍；

d） 紧张综合症，包括紧张性兴奋与紧张性木僵；

e） 情感障碍显著，且妨碍社会功能（包括生活自理功能、社交功能及职业和角色功能）。

6.1.3 人格改变

个体原来特有的人格模式发生了改变，一般需有两种或两种以上的下列特征，至少持续6个月方可诊断：

a） 语速和语流明显改变，如以赘述或粘滞为特征；

b） 目的性活动能力降低，尤以耗时较久才能得到满足的活动更明显；

c） 认知障碍，如偏执观念、过分沉湎于某一主题（如宗教），或单纯以对或错来对他人进行僵化的分类；

d） 情感障碍，如情绪不稳、欣快、肤浅、情感流露不协调、易激惹，或淡漠；

e） 不可抑制的需要和冲动（不顾后果和社会规范要求）。

6.1.4 癫痫的诊断分级

a） 轻度

需系统服药治疗方能控制的各种类型癫痫发作者。

b） 中度

各种类型的癫痫发作，经系统服药治疗两年后，全身性强直—阵挛发作、单纯或复杂部分发作，伴自动症或精神症状（相当于大发作、精神运动性发作）平均每月1次或1次以下，失神发作和其他类型发作平均每周1次以下。

c） 重度

各种类型的癫痫发作，经系统服药治疗两年后，全身性强直—阵挛发作、单纯或复杂部分发作，伴自动症或精神症状（相当于大发作、精神运动性发作）平均每月1次以上，失神发作和其他类型发作平均每周1次以上者。

6.1.5 运动障碍

6.1.5.1 肢体瘫 以肌力作为分级标准。为判断肢体瘫痪程度，将肌力分级划分为0～5级。

0级：肌肉完全瘫痪，毫无收缩。

1级：可看到或触及肌肉轻微收缩，但不能产生动作。

2级：肌肉在不受重力影响下，可进行运动，即肢体能在床面上移动，但不能抬高。

3级：在和地心引力相反的方向中尚能完成其动作，但不能对抗外加的阻力。

4级：能对抗一定的阻力，但较正常人为低。

5级：正常肌力。

6.1.5.2 非肢体瘫的运动障碍　包括肌张力增高、深感觉障碍和（或）小脑性共济失调、不自主运动或震颤等。根据其对生活自理的影响程度划分为轻、中、重三度。

a)　重度

不能自行进食，大小便、洗漱、翻身和穿衣需由他人护理。

b)　中度

上述动作困难，但在他人帮助下可以完成。

c)　轻度

完成上述运动虽有一些困难，但基本可以自理。

6.2　骨科、整形外科、烧伤科门

6.2.1　颜面毁容

6.2.1.1　重度

面部瘢痕畸形，并有以下六项中四项者：

a)　眉毛缺失；

b)　双睑外翻或缺失；

c)　外耳缺失；

d)　鼻缺失；

e)　上下唇外翻、缺失或小口畸形；

f)　颈颏粘连。

6.2.1.2　中度

具有下述六项中三项者：

a)　眉毛部分缺失；

b)　眼睑外翻或部分缺失；

c)　耳廓部分缺失；

d)　鼻部分缺失；

e)　唇外翻或小口畸形；

f)　颈部瘢痕畸形。

6.2.1.3　轻度

含中度畸形六项中二项者。

6.2.2　面部异物色素沉着或脱失

6.2.2.1　轻度

异物色素沉着或脱失超过颜面总面积的1/4。

6.2.2.2　重度

异物色素沉着或脱失超过颜面总面积的1/2。

6.2.3 高位截肢

指肱骨或股骨缺失2/3以上。

6.2.4 关节功能障碍

6.2.4.1 功能完全丧失

指非功能位关节僵直、固定或关节周围其他原因导致关节连枷状或严重不稳，以致无法完成其功能活动者。

6.2.4.2 功能大部分丧失

指残留功能不能完成原有专业劳动，并影响日常生活活动者。

6.2.4.3 功能部分丧失

指残留功能不能完成原有专业劳动，但不影响日常生活活动者。

6.2.5 放射性皮肤损伤

6.2.5.1 急性放射性皮肤损伤Ⅳ度

初期反应为红斑、麻木、搔痒、水肿、刺痛，经过数小时至10d假愈期后出现第二次红斑、水泡、坏死、溃疡，所受剂量可能≥20Gy。

6.2.5.2 慢性放射性皮肤损伤Ⅱ度

临床表现为角化过度、皲裂或皮肤萎缩变薄，毛细血管扩张，指甲增厚变形。

6.2.5.3 慢性放射性皮肤损伤Ⅲ度

临床表现为坏死、溃疡，角质突起，指端角化与融合，肌腱挛缩，关节变形及功能障碍（具备其中一项即可）。

6.3 眼科、耳鼻喉科、口腔科门

6.3.1 视力的评定

6.3.1.1 视力检查

按照视力检查标准（GB 11533）执行。视力记录可采用5分记录（对数视力表）或小数记录两种方式（评见表1）。

表1　小数记录折算5分记录参考表

旧法记录	0（无光感）				1/∞（光感）				0.001（光感）			
5分记录	0				1				2			
旧法记录，cm（手指/cm）	6	8	10	12	15	20	25	30	35	40	45	
5分记录	2.1	2.2	2.3	2.4	2.5	2.6	2.7	2.8	2.85	2.9	2.95	
走近距离	50cm	60cm	80cm	1m	1.2m	1.5m	2m	2.5m	3m	3.5m	4m	4.5m
小数记录	0.01	0.012	0.015	0.02	0.025	0.03	0.04	0.05	0.06	0.07	0.08	0.09
5分记录	3.0	3.1	3.2	3.3	3.4	3.5	3.6	3.7	3.8	3.85	3.9	3.95
小数记录	0.1	0.12	0.15	0.2	0.25	0.3	0.4	0.5	0.6	0.7	0.8	0.9
5分记录	4.0	4.1	4.2	4.3	4.4	4.5	4.6	4.7	4.8	4.85	4.9	4.95
小数记录	1.0	1.2	1.5	2.0	2.5	3.0	4.0	5.0	6.0	8.0	10.0	
5分记录	5.0	5.1	5.2	5.3	5.4	5.5	5.6	5.7	5.8	5.9	6.0	

6.3.1.2　盲及低视力分级（见表2）。

表2　盲及低视力分级

类　别	级　别	最佳矫正视力
盲	一级盲	<0.02～无光感，或视野半径<5°
	二级盲	<0.05～0.02，或视野半径<10°
低视力	一级低视力	<0.1～0.05
	二级低视力	<0.3～0.1

6.3.2　周边视野

6.3.2.1　视野检查的要求

视标颜色：白色；视标大小：3mm，检查距离：330mm；视野背景亮度：31.5asb。

6.3.2.2　视野缩小的计算

视野有效值计算公式：

$$实测视野有效值=\frac{8条子午线实测视野值}{500}\times100\%$$

6.3.3　伪盲鉴定方法

6.3.3.1 单眼全盲检查法

a） 视野检查法

在不遮盖眼的情况下，检查健眼的视野，鼻侧视野 >60°者，可疑为伪盲。

b） 加镜检查法

将准备好的试镜架上（好眼之前）放一个屈光度为 +6.00D 的球镜片，在所谓盲眼前放上一个屈光度为 +0.25D 的球镜片，戴在患者眼前以后，如果仍能看清 5m 处的远距离视力表时，即为伪盲。或嘱患者两眼注视眼前一点，将一个三棱镜度为 6 的三棱镜放于所谓盲眼之前，不拘底向外或向内，注意该眼球必向内或向外转动，以避免发生复视。

6.3.3.2 单眼视力减退检查法

a） 加镜检查法 先记录两眼单独视力，然后将平面镜或不影响视力的低度球镜片放于所谓患眼之前，并将一个屈光度为 +12.00D 的凸球镜片同时放于好眼之前，再检查两眼同时看的视力，如果所得的视力较所谓患眼的单独视力更好时，则可证明患眼为伪装视力减退。

b） 视觉诱发电位（VEP）检查法（略）。

6.3.4 听力损伤计算法

6.3.4.1 听阈值计算 30 岁以上受检查在计算其听阈值时，应从实测值中扣除其年龄修正值，见表 3。后者取 GB/T7582——2004 附录 B 中数值。

表 3 纯音气导阈的年龄修正值

年龄/岁	频率/Hz					
	男			女		
	500	1000	2000	500	1000	2000
30	1	1	1	1	1	1
40	2	2	3	2	2	3
50	4	4	7	4	4	6
60	6	7	12	6	7	11
70	10	11	19	10	11	16

6.3.4.2 单耳听力损失计算法 取该耳语频 500Hz、1000Hz 及 2000Hz 纯音气导听阈值相加取其均值，若听阈超过 100dB，仍按 100dB 计算。如所得均值不是整数，则小数点后之尾数采用四舍五入法进为整数。

6.3.4.3 双耳听力损失计算法 听力较好一耳的语频纯音气导听阈均值（PTA）乘以 4 加听力较差耳的均值，其和除以 5。如听力较差耳的致聋原因与工伤或职业无关，则不予计入，直接比较好一耳的语频听阈均值为准。在标定听阈均值时，小数点后之尾数采取四舍五入法进为整数。

6.3.5 张口度判定及测量方法 以患者自身的食指、中指、无名指并列垂直置入上、下中切牙切缘间测量。

6. 3. 5. 1　正常张口度　张口时上述三指可垂直置入上、下切牙切缘间（相当于4. 5cm左右）。

6. 3. 5. 2　张口困难Ⅰ度　大张口时，只能垂直置入食指和中指（相当于3cm左右）。

6. 3. 5. 3　张口困难Ⅱ度　大张口时，只能垂直置入食指（相当于1. 7cm左右）。

6. 3. 5. 4　张口困难Ⅲ度　大张口时，上、下切牙间距小于食指之横径。

6. 3. 5. 5　完全不能张口。

6. 4　普外科、胸外科、泌尿生殖科门

6. 4. 1　肝功能损害的判定与分级　以血清白蛋白、血清胆红素、腹水、脑病和凝血酶原时间五项指标在肝功能损害中所占积分的多少作为其损害程度的判定（见表4），并将其分为重度、中度和轻度三级。

表4　肝功能损害的判定

项　目	分　数		
	1分	2分	3分
血清白蛋白	3. 0g/dL ~ 3. 5g/dL	2. 5g/dL ~ 3. 0g/dL	<2. 5g/dL
血清胆红素	1. 5mg/dL ~ 2. 0mg/dL	2. 0mg/dL3. 0mg/dL	>3. 0mg/dL
腹水	无	少量腹水，易控制	腹水多，难于控制
脑病	无	轻度	重度
凝血酶原时间	延长>3s	延长>6s	延长>9s

6. 4. 1. 1　肝功能重度损害：10 ~ 15分。

6. 4. 1. 2　肝功能中度损害：7 ~ 9分。

6. 4. 1. 3　肝功能轻度损害：5 ~ 6分。

6. 4. 2　肺、肾、心功能损害

参见6. 5。

6. 4. 3　甲状腺功能低下分级

6. 4. 3. 1　重度

a）　临床症状严重；

b）　T_3、T_4 或 FT_3、FT_4 低于正常值，TSH > $50\mu U/L$。

6. 4. 3. 2　中度

a）　临床症状较轻；

b）　T_3、T_4 或 FT_3、FT_4 正常，TSH > $50\mu U/L$。

6. 4. 3. 3　轻度

a）　临床症状较轻；

b） T_3、T_4 或 FT_3、FT_4 正常，TSH 轻度增高但 <50μU/L。

6.4.4 甲状旁腺功能低下分级

6.4.4.1 重度：空腹血钙质量浓度 <6mg/dL；

6.4.4.2 中度：空腹血钙质量浓度 6 ~ 7mg/dL；

6.4.4.3 轻度：空腹血钙质量浓度 7 ~ 8mg/dL。

注：以上分级均需结合临床症状分析。

6.4.5 肛门失禁

6.4.5.1 重度

a） 大便不能控制；

b）肛门括约肌收缩力很弱或丧失；

c）肛门括约肌收缩反射很弱或消失；

d） 直肠内压测定：采用肛门注水法测定时直肠内压应小于 1961Pa（$20cmH_20$）。

6.4.5.2 轻度

a） 稀便不能控制；

b） 肛门括约肌收缩力较弱；

c） 肛门括约肌收缩反射较弱；

d） 直肠内压测定：采用肛门注水法测定时直肠内压应为 1961Pa ~ 2942Pa（$20 \sim 30cmH_20$）。

6.4.6 排尿障碍

6.4.6.1 重度：系出现真性重度尿失禁或尿潴留残余尿体积≥50mL 者。

6.4.6.2 轻度：系出现真性轻度尿失禁或残余尿体积 <50mL 者。

6.4.7 生殖功能损害

6.4.7.1 重度：精液中精子缺如。

6.4.7.2 轻度：精液中精子数 <500 万/mL 或异常精子 >30% 或死精子或运动能力很弱的精子 >30%。

6.4.8 血睾酮正常值

血睾酮正常值为 14.4nmol/L ~ 41.5 nmol/L（ <60ng/dL）。

6.4.9 左侧肺叶计算

本标准按三叶划分，即顶区、舌叶和下叶。

6.4.10 大血管界定

本标准所称大血管是指主动脉、上腔静脉、下腔静脉、肺动脉和肺静脉。

6.4.11 呼吸困难

参见 6.5.1。

6.5 职业病内科门

6.5.1 呼吸困难及呼吸功能损害

6.5.1.1 呼吸困难分级

Ⅰ级：与同龄健康者在平地一同步行无气短，但登山或上楼时呈现气短。

Ⅱ级：平路步行 1 000m 无气短，但不能与同龄健康者保持同样速度，平路快步行走呈现气短，登山或上楼时气短明显。

Ⅲ级：平路步行 100 m 即有气短。

Ⅳ级：稍活动（如穿衣、谈话）即气短。

6.5.1.2 肺功能损伤分级（详见表 5）。

表 5 肺功能损伤分级 单位为%

损伤级别	FVC	FEV_1	MVV	FEV_1/FVC	RV/TLC	DL_{co}
正常	>80	>80	>80	>70	>35	>80
轻度损伤	60~79	60~79	60~79	55~69	36~45	60~79
中度损伤	40~59	40~59	40~59	35~54	46~55	45~59
重度损伤	<40	<40	<40	<35	<55	<45

注：FVC、FEV_1、MVV、DL_{co}为占预计值百分数。

6.5.1.3 低氧血症分级

正常：po_2 为 13.3 kPa~10.6 kPa（100 mmHg~80 mmHg）；

轻度：po_2 为 10.5 kPa~8.0 kPa（79 mmHg~60 mmHg）；

中度：po_2 为 7.9 kPa~5.3 kPa（59 mmHg~40 mmHg）；

重度：po_2 <5.3 kPa（<40 mmHg）。

6.5.2 活动性肺结核病诊断要点 尘肺合并活动性肺结核，应根据胸部 X 射线片、痰涂片、痰结核杆菌培养和相关临床表现作出判断。

6.5.2.1 涂阳肺结核诊断

符合以下三项之一者：

a) 直接痰涂片镜检抗酸杆菌阳性 2 次；

b) 直接痰涂片镜检抗酸杆菌 1 次阳性，且胸片显示有活动性肺结核病变；

c) 直接痰涂片镜检抗酸杆菌 1 次阳性加结核分枝杆菌培养阳性 1 次。

6.5.2.2 涂阴肺结核的判定

直接痰涂片检查三次均阴性者，应从以下几方面进行分析和判断：

a) 有典型肺结核临床症状和胸部 X 线表现；

b) 支气管或肺部组织病理检查证实结核性改变。

此外，结核菌素（PPD 5IU）皮肤试验反应≥15 mm 或有丘疹水疱；血清抗结核抗体阳性；痰结核分枝杆菌 PCR 加探针检测阳性以及肺外组织病理检查证实结核病变等可作为参考指标。

6.5.3 心功能不全

6.5.3.1 一级心功能不全 能胜任一般日常劳动，但稍重体力劳动即有心悸、气急等症状。

6.5.3.2 二级心功能不全 普通日常活动即有心悸、气急等症状，休息时消失。

6.5.3.3 三级心功能不全 任何活动均可引起明显心悸、气急等症状，甚至卧床休息仍有症状。

6.5.4 中毒性肾病 肾小管功能障碍为中毒性肾病的特征性表现。

6.5.4.1 轻度中毒性肾病

a) 近曲小管损伤：尿 β_2 微球蛋白持续 >1000μg/g 肌酐，可见葡萄糖尿和氨基酸尿，尿钠排出增加，临床症状不明显；

b) 远曲小管损伤：肾脏浓缩功能降低，尿液稀释（尿渗透压持续 <350mOsm/kg · H_2O），尿液碱化（尿液 pH 持续 >6.2）。

6.5.4.2 重度中毒性肾病

除上述表现外，尚可波及肾小球，引起白蛋白尿（持续 >150mg/24h），甚至肾功能不全。

6.5.5 肾功能不全

6.5.5.1 肾功能不全尿毒症期 内生肌酐清除率 <25mL/min，血肌酐浓度为 450μmol/L ~ 707μmol/L（5mg/dL ~ 8mg/dL），血尿素氮浓度 >21.4mmol/L（60mg/dL），常伴有酸中毒及严重尿毒症临床症象。

6.5.5.2 肾功能不全失代偿期 内生肌酐清除率 25mL/min ~ 49mL/min，血肌酐浓度 >177μmol/L（2mg/dL），但 <450μmol/L（5mg/dL），无明显临床症状，可有轻度贫血、夜尿、多尿。

6.5.5.3 肾功能不全代偿期 内生肌酐清除率降低至正常的 50%（50mL/min ~ 70mL/min），血肌酐及血尿素氮水平正常，通常无明显临床症状。

6.5.6 中毒性血液病诊断分级

6.5.6.1 重新再生障碍性贫血

急性再生障碍性贫血及慢性再生障碍性贫血病情恶化期

a) 临床：发病急，贫血呈进行性加剧，常伴严重感染，内脏出血；

b) 血象：除血红蛋白下降较快外，须具备下列三项中之二项：

1) 网织红细胞 <1%，含量 $<15 \times 10^9/L$；

2) 白细胞明显减少，中性粒细胞绝对值 $<0.5 \times 10^9/L$；

3) 血小板 $<20 \times 10^9/L$。

c) 骨髓象

1) 多部位增生减低，三系造血细胞明显减少，非造血细胞增多。如增生活跃须有淋巴细胞增多；

2) 骨髓小粒中非造血细胞及脂肪细胞增多。

6.5.6.2 慢性再生障碍性贫血

a）　临床：发病慢，贫血，感染，出血均较轻。

b）　血象：血红蛋白下降速度较慢，网织红细胞、白细胞、中性粒细胞及血小板值常较急性再生障碍性贫血为高。

c）　骨髓象

1）　三系或二系减少，至少一个部位增生不良，如增生良好，红系中常有晚幼红（炭核）比例增多，巨核细胞明显减少。

2）　骨髓小粒中非造血细胞及脂肪细胞增多。

6.5.6.3　骨髓增生异常综合症

须具备以下条件：

a）　骨髓至少两系呈病态造血；

b）　外周血一系、二系或全血细胞减少，偶可见白细胞增多，可见有核红细胞或巨大红细胞或其他病态造血现象；

c）　除外其他引起病态造血的疾病。

6.5.6.4　贫血

重度贫血：血红蛋白含理（Hb）$<60g/L$，红细胞含量（RBC）$<2.5\times10^{12}/L$；

轻度贫血：成年男性 Hb $<120g/L$，RBC $<4.5\times10^{12}/L$ 及红细胞比积（HCT）<0.42，成年女性 Hb $<11g/L$，RBC $<4.0\times10^{12}/L$ 及 HCT <0.37。

6.5.6.5　粒细胞缺乏症

外周血中性粒细胞含量低于 $0.5\times10^{9}/L$。

6.5.6.6　中性粒细胞减少症

外周血中性粒细胞含量低于 $2.0\times10^{9}/L$。

6.5.6.7　白细胞减少症

外周血白细胞含量低于 $4.0\times10^{9}/L$。

6.5.6.8　血小板减少症

外周血液血小板计数 $<8\times10^{10}/L$，称血小板减少症；当 $<4\times10^{10}/L$ 以下时，则有出血危险。

6.5.7　再生障碍性贫血完全缓解

贫血和出血症状消失，血红蛋白含量：男不低于 120g/L，女不低于 100g/L；白细胞含量 $4\times10^{9}/L$ 左右；血小板含量达 $8\times10^{10}/L$；3 个月内不输血，随访 1 年以上无复发者。

6.5.8　急性白血病完全缓解

a）　骨髓象：原粒细胞Ⅰ型＋Ⅱ型（原单＋幼稚单核细胞或原淋＋幼稚淋巴细胞）≤5%，红细胞及巨核细胞系正常。

M2b 型：原料Ⅰ型＋Ⅱ型≤5%，中性中幼粒细胞比例在正常范围。

M3 型：原粒＋早幼粒≤5%。

M4 型：原粒Ⅰ、Ⅱ型＋原红及幼单细胞≤5%。

M6 型：原粒Ⅰ、Ⅱ型≤5%，原红＋幼红以及红细胞比例基本正常。

M7 型：粒、红二系比例正常，原巨＋幼稚巨核细胞基本消失。

b） 血象：男 Hb 含量≥100g/L 或女 Hb 含量≥90g/L；中性粒细胞含量≥1.5×10^{9}/L；血小板含量≥10×10^{10}/L；外周血分类无白血病细胞。

c） 临床无白血病浸润所致的症状和体征，生活正常或接近正常。

6.5.9 慢性粒细胞白血病完全缓解

a） 临床：无贫血、出血、感染及白血病细胞浸润表现。

b） 血象：Hb 含量＞100 g/L，白细胞总数（WBC）＜10×10^{10}/L，分类无幼稚细胞，血小板含量 10×10^{10}/L～40×10^{10}/L。

c） 骨髓象：正常。

6.5.10 慢性淋巴细胞白血病完全缓解

外周血白细胞含量≤10×10^{9}/L，淋巴细胞比例正常（或＜40%），骨髓淋巴细胞比例正常（或＜30%）临床症状消失，受累淋巴结和肝脾回缩至正常。

6.5.11 慢性中毒性肝病诊断分级

6.5.11.1 慢性轻度中毒性肝病

出现乏力、食欲减退、恶心、上腹饱胀或肝区疼痛等症状，肝脏肿大，质软或柔韧，有压痛；常规肝功能试验或复筛肝功能试验异常。

6.5.11.2 慢性中度中毒性肝病

a） 上述症状较严重，肝脏有逐步缓慢性肿大或质地有变硬趋向，伴有明显压痛。

b） 乏力及胃肠道症状较明显，血清转氨酶活性、γ－谷氨酰转肽酶或γ－球蛋白等反复异常或持续升高。

c） 具有慢性轻度中毒性肝病的临床表现，伴有脾脏肿大。

6.5.11.3 慢性重度中毒性肝病

有下述表现之一者：

a） 肝硬化；

b） 伴有较明显的肾脏损害；

c） 在慢性中度中毒性肝病的基础上，出现白蛋白持续降低及凝血机制紊乱。

6.5.12 慢性肾上腺皮质功能减退

6.5.12.1 功能明显减退

a） 乏力，消瘦，皮肤、黏膜色素沉着，白癜，血压降低，食欲不振；

b） 24 h 尿中 17－羟类固醇＜4 mg，17－酮类固醇＜10 mg；

c） 血浆皮质醇含量 早上 8 时，＜9 mg/100mL，下午 4 时，＜3mg/100mL；

d） 尿中皮质醇＜5 mg/24 h。

6.5.12.2 功能轻度减退

a）　具有 6. 5. 12. 1b）、c）两项；

b）　无典型临床症状。

6. 5. 13　免疫功能减低

6. 5. 13. 1　功能明显减低

a）　表现为易于感染，全身抵抗力下降；

b）　体液免疫（各类免疫球蛋白）及细胞免疫（淋巴细胞亚群测定及周围血白细胞总数和分类）功能减退。

6. 5. 13. 2　功能轻度减低

a）　具有 6. 5. 13. 1b）项；

b）　无典型临床症状。

附　录　A

（规范性附录）

判定基准的补充

A. 1　智能损伤

a）　症状标准

1）　记忆减退，最明显的是学习新事物的能力受损；

2）　以思维和信息处理过程减退为特征的智能损害，如抽象概括能力减退，难以解释成语、谚语，掌握词汇量减少，不能理解抽象意义的词汇，难以概括同类事物的共同特征，或判断力减退；

3）　情感障碍，如抑郁、淡漠，或敌意增加等；

4）　意志减退，如懒散、主动性降低；

5）　其他高级皮层功能受损，如失语、失认、失用，或人格改变等；

6）　无意识障碍。

b）　严重标准

日常生活或社会功能受损。

c）　病程标准

符合症状标准和严重标准至少已 6 个月。

A. 2　特殊类型意识障碍

意识是急性器质性脑功能障碍的临床表现。如持续性植物状态、去皮层状态、动作不能性缄默等常常长期存在，久治不愈。遇到这类意识障碍，因患者生活完全不能自理，一切需别人照料，应评为最重级。

A. 3　与工伤、职业病相关的精神障碍的认定

a） 精神障碍的发病基础需有工伤、职业病的存在；
b） 精神障碍的起病时间需与工伤、职业病的发生相一致；
c） 精神障碍应随着工伤、职业病的改善和缓解而恢复正常；
d） 无证据提示精神障碍的发病有其他原因（如强阳性家族病史）。

A.4 继发于工伤或职业病的癫痫

要有工伤或职业病的确切病史，有医师或其他目击者叙述或证明有癫痫的临床表现，脑电图显示异常，方可诊断。

A.5 神经心理学障碍

指局灶性皮层功能障碍，内容包括失语、失用、失写、失读、失认等，前三者即在没有精神障碍、感觉缺失和肌肉瘫痪的条件下，患者失去用言语或文字去理解或表达思想的能力（失语），或失去按意图利用物体来完成有意义的动作的能力（失用），或失去书写文字的能力（失写）。失读指患者看见文字符号的形象，读不出字音，不了解意义，就像文盲一样。失认指某一种特殊感觉的认知障碍，如视觉失认就是失读。临床上以失语为最常见，其他较少单独出现。

A.6 创伤性骨关节炎（骨质增生）评定时的年龄界定

年龄大于50岁者的骨关节炎是否确定为创伤性骨关节炎应慎重，因为普通人50岁以后骨性关节炎发病率已明显增高。故评残时必须考虑年龄因素。

A.7 女性面部毁容年龄界定

40周岁以下的女职工发生面部毁容，含单项鼻缺损、颌面部缺损（不包括耳廓缺损）和面瘫，按其伤残等级晋一级。晋级后之新等级不因年龄增长而变动。

A.8 视力减弱补偿率

视力减弱补偿率是眼科致残评级依据之一。从表A.1中提示，双眼视力等于0.8，其补偿率为0，而当一眼视力 <0.05，另一眼视力等于0.05时，其补偿率为百分之一百。余可类推。

表 A.1　视力减弱补偿率

左眼		右眼												
		6/6	5/6	6/9	5/9	6/12	6/18	6/24	6/36		6/60	4/60	3/60	
		1~0.9	0.8	0.6	0.6	0.5	0.4	0.3	0.2	0.15	0.1	1/15	1/20	<1/120
6/6	1~0.9	0	0	2	3	4	6	9	12	16	20	23	25	27
5/6	0.8	0	0	3	4	5	7	10	14	18	22	24	26	28
6/9	0.7	2	3	4	5	6	8	12	16	20	24	26	28	30
5/9	0.6	3	4	5	6	7	10	14	19	22	26	29	32	35
6/12	0.5	4	5	6	7	8	12	17	22	25	28	32	36	40
6/18	0.4	6	7	8	10	12	16	20	25	28	31	35	40	45
6/24	0.3	9	10	12	14	17	20	25	33	38	42	47	52	60
6/36	0.2	12	14	16	19	22	25	33	47	55	60	67	75	80
	0.15	16	18	20	22	25	28	38	55	63	70	78	83	83
6/60	0.1	20	22	24	26	28	31	42	60	70	80	80	90	95
4/60	1/15	23	24	26	29	32	35	47	67	78	85	92	95	98
3/60	1/20	25	26	28	32	36	40	52	75	83	90	95	98	100
	<1/120	27	28	30	35	40	45	60	80	88	95	98	100	100

A.9　无晶体眼的视觉损伤程度评价

因工伤或职业病导致眼晶体摘除，除了导致视力障碍外，还分别影响到患者视野及立体视觉功能，因此，对无晶体眼中心视力（矫正后）的有效值的计算要低于正常晶体眼。计算办法可根据无晶体眼的只数和无晶体眼分别进行视力最佳矫正（包括戴眼镜或接触镜和植人人工晶体）后，与正常晶体眼，依视力递减受损程度百分比进行比较来确定无晶体眼视觉障碍的程度，见表 A.2。

表 A.2　无晶体眼视觉损伤程度评价参考表

视　力	无晶体眼中心视力有效值百分比		
	晶体眼	单眼无晶体	双眼无晶体
1.2	100	50	75
1.0	100	50	75
0.8	95	47	71
0.6	90	45	67
0.5	85	42	64
0.4	75	37	56
0.3	65	32	49
0.25	60	30	45
0.20	50	25	37
0.15	40	20	30
0.12	30	—	22
0.1	20	—	—

A.10　面神经损伤的评定

面神经损伤分中枢性（核上性）和外周性损伤。本标准所涉及到的面神经损伤主要指外周性（核下性）病变。

一侧完全性面神经损伤系指面神经的五个分支支配的全部颜面肌肉瘫痪，表现为：

a）　额纹消失，不能皱眉；

b）　眼睑不能充分闭合，鼻唇沟变浅；

c）　口角下垂，不能示齿、鼓腮、吹口哨，饮食时汤水流逸。

不完全性面神经损伤系指面神经颧枝损伤或下颌枝损伤或颞枝和颊枝损伤者。

A.11　脾切除年龄界定

脾外伤全切除术评残时，青年指年龄在35岁以下者，成人指年龄在35岁以上者。

A.12　肾损伤性高血压判定

肾损伤所致高血压系指血压的两项指标（收缩压≥21.3kPa，舒张压≥12.7kPa）只须具备一项即可成立。

A.13　非职业病内科疾病的评残

由职业因素所致内科以外的，且属于卫生部颁布的职业病名单中的病伤，在经治疗于停工留薪期满时其致残等级皆根据附录B中表B.1～表B.5部分中相应的残情进行鉴定，其中因职业肿瘤手术所致的残情，参照主要受损器官的相应条目进行评定。

A.14 瘢痕诊断界定

指创面愈合后的增生性瘢痕，不包括皮肤平整、无明显质地改变的萎缩性瘢痕或疤痕。

附 录 B
（规范性附录）
劳动能力鉴定——职工工伤与职业病致残等级分级

B.1 分级系列

a） 一级

1） 极重度智能损伤；

2） 四肢瘫肌力≤3级或三肢瘫肌力≤2级；

3） 颈4以上截瘫，肌力≤2级；

4） 重度运动障碍（非肢体瘫）；

5） 面部重度毁容，同时伴有表B.2中二级伤残之一者；

6） 全身重度瘢痕形成，占体表面积≥90%，伴有脊柱及四肢大关节活动功能基本丧失；

7） 双肘关节以上缺失或功能完全丧失；

8） 双下肢高位缺失及一上肢高位缺失；

9） 双下肢及一上肢严重瘢痕畸形，活动功能丧失；

10） 双眼无光感或仅有光感但光定位不准者；

11） 肺功能重度损伤和呼吸困难Ⅳ级，需终生依赖机械通气；

12） 双肺或心肺联合移植术；

13） 小肠切除≥90%；

14） 肝切除后原位肝移植；

15） 胆道损伤原位肝移植；

16） 全胰切除；

17） 双侧肾切除或孤肾切除术后，用透析维持或同种肾移植术后肾功能不全尿毒症期；

18） 尘肺Ⅲ期伴肺功能重度损伤及/或重度低氧血症［po_2 < 5.3 kPa（40mmHg）］；

19） 其他职业性肺部疾患，伴肺功能重度损伤及/或重度低氧血症［po_2 <5.3kPa（40mmHg）］；

20） 放射性肺炎后，两叶以上肺纤维化伴重度低氧血症［po_2 <5.3 kPa（40 mmHg）］；

21） 职业性肺癌伴肺功能重度损伤；

22） 职业性肝血管肉瘤，重度肝功能损害；

23） 肝硬化伴食道静脉破裂出血，肝功能重度损害；

24） 肾功能不全尿毒症期，内生肌酐清除率持续 <10 mL/min，或血浆肌酐水平持续 >707/μmol/L（8 mg/dL）。

b） 二级

1） 重度智能损伤；

2） 三肢瘫肌力 3 级；

3） 偏瘫肌力≤2 级；

4） 截瘫肌力≤2 级；

5） 双手全肌瘫肌力≤3 级；

6） 完全感觉性或混合性失语；

7） 全身重度瘢痕形成，占体表面积≥80%，伴有四肢大关节中 3 个以上活动功能受限；

8） 全面部瘢痕或植皮伴有重度毁容；

9） 双侧前臂缺失或双手功能完全丧失；

10） 双下肢高位缺失；

11） 双下肢瘢痕畸形，功能完全丧失；

12） 双膝双踝僵直于非功能位；

13） 双膝以上缺失；

14） 双膝、踝关节功能完全丧失；

15） 同侧上、下肢瘢痕畸形，功能完全丧失；

16） 四肢大关节（肩、髋、膝、肘）中四个以上关节功能完全丧失者；

17） 一眼有或无光感，另眼矫正视力≤0.02，或视野≤8%（或半径≤5°）；

18） 无吞咽功能，完全依赖胃管进食；

19） 双侧上颌骨完全缺损；

20） 双侧下颌骨完全缺损；

21） 一侧上颌骨及对侧下颌骨完全缺损，并伴有颜面软组织缺损 >30 cm^2；

22） 一侧全肺切除并胸廓成形术，呼吸困难Ⅲ级；

23） 心功能不全三级；

24） 食管闭锁或损伤后无法行食管重建术，依赖胃造瘘或空肠造瘘进食；

25）　小肠切除3/4，合并短肠综合症；

26）　肝切除3/4，并肝功能重度损害；

27）　肝外伤后发生门脉高压三联症或发生 Budd – chiari 综合征；

28）　胆道损伤致肝功能重度损害；

29）　胰次全切除，胰腺移植术后；

30）　孤肾部分切除后，肾功能不全失代偿期；

31）　肺功能重度损伤及/或重度低氧血症；

32）　尘肺Ⅲ期伴肺功能中度损伤及/或中度低氧血症；

33）　尘肺Ⅱ期伴肺功能重度损伤及/或重度低氧血症［po_2 < 5.3 kPa（40mmHg）］；

34）　尘肺Ⅲ期伴活动性肺结核；

35）　职业性肺癌或胸膜间皮瘤；

36）　职业性急性白血病；

37）　急性重型再生障碍性贫血；

38）　慢性重度中毒性肝病；

39）　肝血管肉瘤；

40）　肾功能不全尿毒症期，内生肌酐清除率<25 mL/min 或血浆肌酐水平持续>450μmol/L（5 mg/dL）；

41）　职业性膀胱癌；

42）　放射性肿瘤。

c）　三级

1）　精神病性症状表现为危险或冲动行为者；

2）　精神病性症状致使缺乏生活自理能力者；

3）　重度癫痫；

4）　偏瘫肌力3级；

5）　截瘫肌力3级；

6）　双足全肌瘫肌力≤2级；

7）　中度运动障碍（非肢体瘫）；

8）　完全性失用、失写、失读、失认等具有两项及两项以上者；

9）　全身重度瘢痕形成，占体表面积≥70%，伴有四肢大关节中2个以上活动功能受限；

10）　面部瘢痕或植皮≥2/3并有中度毁容；

11）　一手缺失，另一手拇指缺失；

12）　双手拇、食指缺失或功能完全丧失；

13）　一侧肘上缺失；

14）　一手功能完全丧失，另一手拇指对掌功能丧失；

15）　双髋、双膝关节中，有一个关节缺失或无功能及另一关节伸屈活动达不到0°~90°者；

16） 一侧髋、膝关节畸形，功能完全丧失；

17） 非同侧腕上、踝上缺失；

18） 非同侧上、下肢瘢痕畸形，功能完全丧失；

19） 一眼有或无光感，另眼矫正视力≤0.05或视野≤16%（半径≤10°）；

20） 双眼矫正视力<0.05或视野≤16%（半径≤10°）；

21） 一侧眼球摘除或眶内容剜出，另眼矫正视力<0.1或视野≤24%（或半径≤15°）；

22） 呼吸完全依赖气管套管或造口；

23） 静止状态下或仅轻微活动即有呼吸困难（喉源性）；

24） 同侧上、下颌骨完全缺损；

25） 一侧上颌骨完全缺损，伴颜面部软组织缺损>$30cm^2$；

26） 一侧下颌骨完全缺损，伴颜面部软组织缺损>$30cm^2$；

27） 舌缺损>全舌的2/3；

28） 一侧全肺切除并胸廓成形术；

29） 一侧胸廓成形术，肋骨切除6根以上；

30） 一侧全肺切除并隆凸切除成形术；

31） 一侧全肺切除并血管代用品重建大血管术；

32） Ⅲ度房室传导阻滞；

33） 肝切除2/3，并肝功能中度损害；

34） 胰次全切除，胰岛素依赖；

35） 一侧肾切除，对侧肾功能不全失代偿期；

36） 双侧输尿管狭窄，肾功能不全失代偿期；

37） 永久性输尿管腹壁造瘘；

38） 膀胱全切除；

39） 尘肺Ⅲ期；

40） 尘肺Ⅱ期伴肺功能中度损伤及（或）中度低氧血症；

41） 尘肺Ⅱ期合并活动性肺结核；

42） 放射性肺炎后两叶肺纤维化，伴肺功能中度损伤及（或）中度低氧血症；

43） 粒细胞缺乏症；

44） 再生障碍性贫血；

45） 职业性慢性白血病；

46） 中毒性血液病，骨髓增生异常综合征；

47） 中毒性血液病，严重出血或血小板含量≤2×10^{10}/L；

48） 砷性皮肤癌；

49） 放射性皮肤癌。

d)　四级

1)　中度智能损伤；

2)　精神病性症状致使缺乏社交能力者；

3)　单肢瘫肌力≤2 级；

4)　双手部分肌瘫肌力≤2 级；

5)　一手全肌瘫肌力≤2 级；

6)　脑脊液漏伴有颅底骨缺损不能修复或反复手术失败；

7)　面部中度毁容；

8)　全身瘢痕面积≥60%，四肢大关节中 1 个关节活动功能受限；

9)　面部瘢痕或植皮≥1/2 并有轻度毁容；

10)　双拇指完全缺失或无功能；

11)　一侧手功能完全丧失，另一手部分功能丧失；

12)　一侧膝以下缺失，另一侧前足缺失；

13)　一侧膝以上缺失；

14)　一侧踝以下缺失，另一足畸形行走困难；

15)　双膝以下缺失或无功能；

16)　一眼有或无光感，另眼矫正视力＜0.2 或视野≤32%（或半径≤20°）；

17)　一眼矫正视力＜0.05，另眼矫正视力≤0.1；

18)　双眼矫正视力＜0.1 或视野≤32%（或半径≤20°）；

19)　双耳听力损失≥91dB；

20)　牙关紧闭或因食管狭窄只能进流食；

21)　一侧上颌骨缺损 1/2，伴颜面部软组织缺损＞$20cm^2$；

22)　下颌骨缺损长 6cm 以上的区段，伴口腔、颜面软组织缺损＞$20cm^2$；

23)　双侧颞下颌关节骨性强直，完全不能张口；

24)　面颊部洞穿性缺损＞$20cm^2$；

25)　双侧完全性面瘫；

26)　一侧全肺切除术；

27)　双侧肺叶切除术；

28)　肺叶切除后并胸廓成形术后；

29)　肺叶切除并隆凸切除成形术后；

30)　一侧肺移植术；

31)　心瓣膜置换术后；

32)　心功能不全二级；

33)　食管重建术后吻合口狭窄，仅能进流食者；

34)　全胃切除；

35)　胰头、十二指肠切除；

36） 小肠切除3/4；

37） 小肠切除2/3，包括回盲部切除；

38） 全结肠、直肠、肛门切除，回肠造瘘；

39） 外伤后肛门排便重度障碍或失禁；

40） 肝切除2/3；

41） 肝切除1/2，肝功能轻度损害；

42） 胆道损伤致肝功能中度损害；

43） 甲状旁腺功能重度损害；

44） 肾修补术后，肾功能不全失代偿期；

45） 输尿管修补术后，肾功能不全失代偿期；

46） 永久性膀胱造瘘；

47） 重度排尿障碍；

48） 神经原性膀胱，残余尿≥50mL；

49） 尿道狭窄，需定期行扩张术；

50） 双侧肾上腺缺损；

51） 未育妇女双侧卵巢切除；

52） 尘肺Ⅱ期；

53） 尘肺Ⅰ期伴肺功能中度损伤或中度低氧血症；

54） 尘肺Ⅰ期伴活动性肺结核；

55） 病态窦房结综合征（需安装起搏器者）；

56） 肾上腺皮质功能明显减退；

57） 免疫功能明显减退。

e） 五级

1） 癫痫中度；

2） 四肢瘫肌力4级；

3） 单肢瘫肌力3级；

4） 双手部分肌瘫肌力3级；

5） 一手全肌瘫肌力3级；

6） 双足全肌瘫肌力3级；

7） 完全运动性失语；

8） 完全性失用、失写、失读、失认等具有一项者；

9） 不完全性失用、失写、失读、失认等具有多项者；

10） 全身瘢痕占体表面积≥50%，并有关节活动功能受限；

11） 面部瘢痕或植皮≥1/3并有毁容标准之一项；

12） 脊柱骨折后遗30°以上侧弯或后凸畸形，伴严重根性神经痛（以电生理检查为依据）；

13） 一侧前臂缺失；

14）　一手功能完全丧失；
15）　肩、肘、腕关节之一功能完全丧失；
16）　一手拇指缺失，另一手除拇指外三指缺失；
17）　一手拇指无功能，另一手除拇指外三指功能丧失；
18）　双前足缺失或双前足瘢痕畸形，功能完全丧失；
19）　双跟骨足底软组织缺损瘢痕形成，反复破溃；
20）　一髋（或一膝）功能完全丧失；
21）　一侧膝以下缺失；
22）　第Ⅲ对脑神经麻痹；
23）　双眼外伤性青光眼术后，需用药物维持眼压者；
24）　一眼有或无光感，另眼矫正视力≤0.3 或视野≤40%（或半径≤25°）；
25）　一眼矫正视力<0.05，另眼矫正视力≤0.2～0.25；
26）　一眼矫正视力<0.1，另眼矫正视力等于0.1；
27）　双眼视野≤40%（或半径≤25°）；
28）　一侧眼球摘除者；
29）　双耳听力损失≥81 dB；
30）　一般活动及轻工作时有呼吸困难；
31）　吞咽困难，仅能进半流食；
32）　双侧喉返神经损伤，喉保护功能丧失致饮食呛咳、误吸；
33）　一侧上颌骨缺损>1/4，但<1/2，伴软组织缺损>10cm^2，但<20 cm^2；
34）　下颌骨缺损长4 cm以上的区段，伴口腔、颜面软组织缺损>10 cm^2；
35）　舌缺损>1/3，但<2/3；
36）　一侧完全面瘫，另一侧不完全面瘫；
37）　双肺叶切除术；
38）　肺叶切除术并血管代用品重建大血管术；
39）　隆凸切除成形术；
40）　食管重建术后吻合口狭窄，仅能进半流食者；
41）　食管气管（或支气管）瘘；
42）　食管胸膜瘘；
43）　胃切除3/4；
44）　十二指肠憩室化；
45）　小肠切除2/3，包括回肠大部；
46）　直肠、肛门切除，结肠部分切除，结肠造瘘；
47）　肝切除1/2；
48）　胰切除2/3；

49） 甲状腺功能重度损害；
50） 一侧肾切除，对侧肾功能不全代偿期；
51） 一侧输尿管狭窄，肾功能不全代偿期；
52） 尿道瘘不能修复者；
53） 两侧睾丸、副睾丸缺损；
54） 生殖功能重度损伤；
55） 双侧输精管缺损，不能修复；
56） 阴茎全缺损；
57） 未育妇女子宫切除或部分切除；
58） 已育妇女双侧卵巢切除；
59） 未育妇女双侧输卵管切除；
60） 阴道闭锁；
61） 会阴部瘢痕挛缩伴有阴道或尿道或肛门狭窄；
62） 未育妇女双侧乳腺切除；
63） 肺功能中度损伤；
64） 中度低氧血症；
65） 莫氏Ⅱ型Ⅱ度房室传导阻滞；
66） 病态窦房结综合征（不需安起博器者）；
67） 中毒性血液病，血小板减少（$\leqslant 4\times10^{10}/L$）并有出血倾向；
68） 中毒性血液病，白细胞含量持续 $<3\times10^{9}/L$（$<3\ 000/mm^{3}$）或粒细胞含量 $<1.5\times10^{9}/L$（$1\ 500/mm^{3}$）；
69） 慢性中度中毒性肝病；
70） 肾功能不全失代偿期，内生肌酐清除率持续 <50 mL/min 或血浆肌酐水平持续 $>177/\mu mol/L$（>2 mg/dL）；
71） 放射性损伤致睾丸萎缩；
72） 慢性重度磷中毒；
73） 重度手臂振动病。

f） 六级

1） 轻度智能损伤；
2） 精神病性症状影响职业劳动能力者；
3） 三肢瘫肌力 4 级；
4） 截瘫双下肢肌力 4 级伴轻度排尿障碍；
5） 双手全肌瘫肌力 4 级；
6） 双足部分肌瘫肌力 $\leqslant 2$ 级；
7） 单足全肌瘫肌力 $\leqslant 2$ 级；
8） 轻度运动障碍（非肢体瘫）；
9） 不完全性失语；

10） 面部重度异物色素沉着或脱失；
11） 面部瘢痕或植皮≥1/3；
12） 全身瘢痕面积≥40%；
13） 撕脱伤后头皮缺失1/5以上；
14） 脊柱骨折后遗小于30°畸形伴根性神经痛（神经电生理检查不正常）；
15） 单纯一拇指完全缺失，或连同另一手非拇指二指缺失；
16） 一拇指功能完全丧失，另一手除拇指外有二指功能完全丧失；
17） 一手三指（含拇指）缺失；
18） 除拇指外其余四指缺失或功能完全丧失；
19） 一侧踝以下缺失；
20） 一侧踝关节畸形，功能完全丧失；
21） 下肢骨折成角畸形>15°，并有肢体短缩4cm以上；
22） 一前足缺失，另一足仅残留拇趾；
23） 一前足缺失，另一足除拇趾外，2~5趾畸形，功能丧失；
24） 一足功能丧失，另一足部分功能丧失；
25） 一髋或一膝关节伸屈活动达不到0°~90°者；
26） 单侧跟骨足底软组织缺损瘢痕形成，反复破溃；
27） 一眼有或无光感，另一眼矫正视力≥0.4；
28） 一眼矫正视力≤0.05，另一眼矫正视力≥0.3；
29） 一眼矫正视力≤0.1，另一眼矫正视力≥0.2；
30） 双眼矫正视力≤0.2或视野≤48%（或半径≤30°）；
31） 第Ⅳ或第Ⅵ对脑神经麻痹，或眼外肌损伤致复视的；
32） 双耳听力损失≥71 dB；
33） 双侧前庭功能丧失，睁眼行走困难，不能并足站立；
34） 单侧或双侧颞下颌关节强直，张口困难Ⅲ°；
35） 一侧上颌骨缺损1/4，伴口腔、颜面软组织缺损>$10cm^2$；
36） 面部软组织缺损>20 cm^2，伴发涎瘘；
37） 舌缺损>1/3，但<1/2；
38） 双侧颧骨并颧弓骨折，伴有开口困难Ⅱ°以上及颜面部畸形经手术复位者；
39） 双侧下颌骨髁状突颈部骨折，伴有开口困难Ⅱ°以上及咬合关系改变，经手术治疗者；
40） 一侧完全性面瘫；
41） 肺叶切除并肺段或楔形切除术；
42） 肺叶切除并支气管成形术后；
43） 支气管（或气管）胸膜瘘；
44） 冠状动脉旁路移植术；

45） 血管代用品重建大血管；
46） 胃切除2/3；
47） 小肠切除1/2，包括回盲部；
48） 肛门外伤后排便轻度障碍或失禁；
49） 肝切除1/3；
50） 胆道损伤致肝功能轻度损伤；
51） 腹壁缺损面积≥腹壁的1/4；
52） 胰切除1/2；
53） 青年脾切除；
54） 甲状腺功能中度损害；
55） 甲状旁腺功能中度损害；
56） 肾损伤性高血压；
57） 膀胱部分切除合并轻度排尿障碍；
58） 两侧睾丸创伤后萎缩，血睾酮低于正常值；
59） 生殖功能轻度损伤；
60） 阴茎部分缺损；
61） 已育妇女双侧乳腺切除；
62） 女性双侧乳房完全缺损或严重瘢痕畸形；
63） 尘肺Ⅰ期伴肺功能轻度损伤及（或）轻度低氧血症；
64） 放射性肺炎后肺纤维化（＜两叶），伴肺功能轻度损伤及（或）轻度低氧血症；
65） 其他职业性肺部疾患，伴肺功能轻度损伤；
66） 白血病完会缓解；
67） 中毒性肾病，持续性低分子蛋白尿伴白蛋白尿；
68） 中毒性肾病，肾小管浓缩功能减退；
69） 肾上腺皮质功能轻度减退；
70） 放射性损伤致甲状腺功能低下；
71） 减压性骨坏死Ⅲ期；
72） 中度手臂振动病；
73） 工业性氟病Ⅲ期。

g） 七级

1） 偏瘫肌力4级；
2） 截瘫肌力4级；
3） 单手部分肌瘫肌力3级；
4） 双足部分肌瘫肌力3级；
5） 单足全肌瘫肌力3级；
6） 中毒性周围神经病重度感觉障碍；

7)　不完全性失用、失写、失读和失认等具有一项者；
8)　符合重度毁容标准之二项者；
9)　烧伤后颅骨全层缺损≥30cm²，或在硬脑膜上植皮面积≥10cm²；
10)　颈部瘢痕挛缩，影响颈部活动；
11)　全身瘢痕面积≥30%；
12)　面部瘢痕、异物或植皮伴色素改变占面部的10%以上；
13)　女性两侧乳房部分缺损；
14)　骨盆骨折后遗产道狭窄（未育者）；
15)　骨盆骨折严重移位，症状明显者；
16)　一拇指指间关节离断；
17)　一拇指指间关节畸形，功能完全丧失；
18)　一手除拇指外，其他2~3指（含食指）近侧指间关节离断；
19)　一手除拇指外，其他2~3指（含食指）近侧指间关节功能丧失；
20)　肩、肘、腕关节之一损伤后活动度未达功能位者；
21)　一足1~5趾缺失；
22)　一足除拇趾外，其他四趾瘢痕畸形，功能完全丧失；
23)　一前足缺失；
24)　四肢大关节人工关节术后，基本能生活自理；
25)　四肢大关节创伤性关节炎，长期反复积液；
26)　下肢伤后短缩>2cm，但<3 cm者；
27)　膝关节韧带损伤术后关节不稳定，伸屈功能正常者；
28)　一眼有或无光感，另眼矫正视力≥0.8；
29)　一眼有或无光感，另一眼各种客观检查正常；
30)　一眼矫正视力≤0.05，另眼矫正视力≥0.6；
31)　一眼矫正视力≤0.1，另眼矫正视力≥0.4；
32)　双眼矫正视力≤0.3或视野≤64%（或半径≤40°）；
33)　单眼外伤性青光眼术后，需用药物维持眼压者；
34)　双耳听力损失≥56 dB；
35)　咽成形术后，咽下运动不正常；
36)　牙槽骨损伤长度≥8 cm，牙齿脱落10个及以上；
37)　一侧颧骨并颧弓骨折；
38)　一侧下颌骨髁状突颈部骨折；
39)　双侧颧骨并颧弓骨折，无功能障碍者；
40)　单侧颧骨并颧弓骨折，伴有开口困难Ⅱ°以上及颜面部畸形经手术复位者；
41)　双侧不完全性面瘫；
42)　肺叶切除术；

43） 限局性脓胸行部分胸廓成形术；
44） 气管部分切除术；
45） 肺功能轻度损伤；
46） 食管重建术后伴返流性食管炎；
47） 食管外伤或成形术后咽下运动不正常；
48） 胃切除1/2；
49） 小肠切除1/2；
50） 结肠大部分切除；
51） 肝切除1/4；
52） 胆道损伤，胆肠吻合术后；
53） 成人脾切除；
54） 胰切除1/3；
55） 一侧肾切除；
56） 膀胱部分切除；
57） 轻度排尿障碍；
58） 已育妇女子宫切除或部分切除；
59） 未育妇女单侧卵巢切除；
60） 已育妇女双侧输卵管切除；
61） 阴道狭窄；
62） 未育妇女单侧乳腺切除；
63） 尘肺Ⅰ期，肺功能正常；
64） 放射性肺炎后肺纤维化（＜两叶），肺功能正常；
65） 轻度低氧血症；
66） 心功能不全一级；
67） 再生障碍性贫血完全缓解；
68） 白细胞减少症，[含量持续 $<4\times10^9$/L（4 000/mm^3）]；
69） 中性粒细胞减少症，[含量持续 $<2\times10^9$/L（2 000/mm^3）]；
70） 慢性轻度中毒性肝病；
71） 肾功能不全代偿期，内生肌酐清除率＜70mL/min；
72） 三度牙酸蚀病。

h） 八级

1） 人格改变；
2） 单肢体瘫肌力4级；
3） 单手全肌瘫肌力4级；
4） 双手部分肌瘫肌力4级；
5） 双足部分肌瘫肌力4级；
6） 单足部分肌瘫肌力≤3级；

7）　脑叶切除术后无功能障碍；

8）　符合重度毁容标准之一项者；

9）　面部烧伤植皮≥1/5；

10）　面部轻度异物沉着或色素脱失；

11）　双侧耳廓部分或一侧耳廓大部分缺损；

12）　全身瘢痕面积≥20%；

13）　女性一侧乳房缺损或严重瘢痕畸形；

14）　一侧或双侧眼睑明显缺损；

15）　脊椎压缩骨折，椎体前缘总体高度减少1/2以上者；

16）　一手除拇、食指外，有两指近侧指间关节离断；

17）　一手除拇、食指外，有两指近侧指间关节无功能；

18）　一足拇趾缺失，另一足非拇趾一趾缺失；

19）　一足拇趾畸形，功能完全丧失，另一足非拇趾一趾畸形；

20）　一足除拇趾外，其他三趾缺失；

21）　因开放骨折感染形成慢性骨髓炎，反复发作者；

22）　四肢大关节创伤性关节炎，无积液；

23）　急性放射皮肤损伤Ⅳ度及慢性放射性皮肤损伤手术治疗后影响肢体功能；

24）　放射性皮肤溃疡经久不愈者；

25）　一眼矫正视力≤0.2，另眼矫正视力≥0.5；

26）　双眼矫正视力等于0.4；

27）　双眼视野≤80%（或半径≤50°）；

28）　一侧或双侧睑外翻或睑闭合不全者；

29）　上睑下垂盖及瞳孔1/3者；

30）　睑球粘连影响眼球转动者；

31）　外伤性青光眼行抗青光眼手术后眼压控制正常者；

32）　双耳听力损失≥41dB或一耳≥91dB；

33）　体力劳动时有呼吸困难；

34）　发声及言语困难；

35）　牙槽骨损伤长度≥6cm，牙齿脱落8个及以上；

36）　舌缺损＜舌的1/3；

37）　双侧鼻腔或鼻咽部闭锁；

38）　双侧颞下颌关节强直，张口困难Ⅱ°；

39）　上、下颌骨骨折，经牵引、固定治疗后有功能障碍者；

40）　双侧颧骨并颧弓骨折，无开口困难，颜面部凹陷畸形不明显，不需手术复位；

41）　肺段切除术；

42） 支气管成形术；
43） 双侧多根多处肋骨骨折致胸廓畸形；
44） 膈肌破裂修补术后，伴膈神经麻痹；
45） 心脏、大血管修补术；
46） 心脏异物滞留或异物摘除术；
47） 食管重建术后，进食正常者；
48） 胃部分切除；
49） 十二指肠带蒂肠片修补术；
50） 小肠部分切除；
51） 结肠部分切除；
52） 肝部分切除；
53） 胆道修补术；
54） 腹壁缺损面积 < 腹壁的 1/4；
55） 脾部分切除；
56） 胰部分切除；
57） 甲状腺功能轻度损害；
58） 甲状旁腺功能轻度损害；
59） 输尿管修补术；
60） 尿道修补术；
61） 一侧睾丸、副睾丸切除；
62） 一侧输精管缺损，不能修复；
63） 性功能障碍；
64） 一侧肾上腺缺损；
65） 已育妇女单侧卵巢切除；
66） 已育妇女单侧输卵管切除；
67） 已育妇女单侧乳腺切除；
68） 其他职业性肺疾患，肺功能正常；
69） 中毒性肾病，持续低分子蛋白尿；
70） 慢性中度磷中毒；
71） 工业性氟病Ⅱ期；
72） 减压性骨坏死Ⅱ期；
73） 轻度手臂振动病；
74） 二度牙酸蚀。

i） 九级

1） 癫痫轻度；
2） 中毒性周围神经病轻度感觉障碍；
3） 脑挫裂伤无功能障碍；

4）　开颅手术后无功能障碍者；
5）　颅内异物无功能障碍；
6）　颈部外伤致颈总、颈内动脉狭窄，支架置入或血管搭桥手术后无功能障碍；
7）　符合中度毁容标准之二项或轻度毁容者；
8）　发际边缘瘢痕性秃发或其他部位秃发，需戴假发者；
9）　颈部瘢痕畸形，不影响活动；
10）　全身瘢痕占体表面积≥5%；
11）　面部有≥8cm² 或三处以上≥1cm² 的瘢痕；
12）　两个以上横突骨折后遗腰痛；
13）　三个节段脊柱内固定术；
14）　脊椎压缩前缘高度<1/2 者；
15）　椎间盘切除术后无功能障碍；
16）　一拇指末节部分 1/2 缺失；
17）　一手食指 2~3 节缺失；
18）　一拇指指间关节功能丧失；
19）　一足拇趾末节缺失；
20）　除拇趾外其他二趾缺失或瘢痕畸形，功能不全；
21）　跖骨或跗骨骨折影响足弓者；
22）　患肢外伤后一年仍持续存在下肢中度以上凹陷性水肿者；
23）　骨折内固定术后，无功能障碍者；
24）　外伤后膝关节半月板切除、髌骨切除、膝关节交叉韧带修补术后无功能障碍；
25）　第 V 对脑神经眼支麻痹；
26）　眶壁骨折致眼球内陷、两眼球突出度相差>2 mm 或错位变形影响外观者；
27）　一眼矫正视力≤0.3，另眼矫正视力>0.6；
28）　双眼矫正视力等于 0.5；
29）　泪器损伤，手术无法改进溢泪者；
30）　双耳听力损失≥31dB 或一耳损失≥71dB；
31）　发声及言语不畅；
32）　铬鼻病有医疗依赖；
33）　牙槽骨损伤长度>4cm，牙脱落 4 个及以上；
34）　上、下颌骨骨折，经牵引、固定治疗后无功能障碍者；
35）　肺修补术；
36）　肺内异物滞留或异物摘除术；
37）　膈肌修补术；

38） 限局性脓胸行胸膜剥脱术；
39） 食管修补术；
40） 胃修补术后；
41） 十二指肠修补术；
42） 小肠修补术后；
43） 结肠修补术后；
44） 肝修补术后；
45） 胆囊切除；
46） 开腹探查术后；
47） 脾修补术后；
48） 胰修补术后；
49） 肾修补术后；
50） 膀胱修补术后；
51） 子宫修补术后；
52） 一侧卵巢部分切除；
53） 阴道修补或成形术后；
54） 乳腺成形术后。

j） 十级

1） 符合中度毁容标准之一项者；
2） 面部有瘢痕，植皮，异物色素沉着或脱失 $>2\ cm^2$；
3） 全身瘢痕面积 <5%，但≥1%；
4） 外伤后受伤节段脊柱骨性关节炎伴腰痛，年龄在50岁以下者；
5） 椎间盘突出症未做手术者；
6） 一手指除拇指外，任何一指远侧指间关节离断或功能丧失；
7） 指端植皮术后（增生性瘢痕 $1\ cm^2$ 以上）；
8） 手背植皮面积 $>50\ cm^2$，并有明显瘢痕；
9） 手掌、足掌植皮面积 >30% 者；
10） 除拇指外，余3～4指末节缺失；
11） 除拇趾外，任何一趾末节缺失；
12） 足背植皮面积 $>100\ cm^2$；
13） 膝关节半月板损伤、膝关节交叉韧带损伤未做手术者；
14） 身体各部位骨折愈合后无功能障碍；
15） 一手或两手慢性放射性皮肤损伤Ⅱ度及Ⅱ度以上者；
16） 一眼矫正视力≤0.5，另一眼矫正视力≥0.8；
17） 双眼矫正视力≤0.8；
18） 一侧或双侧睑外翻或睑闭合不全行成形手术后矫正者；
19） 上睑下垂盖及瞳孔1/3行成形手术后矫正者；

20）　睑球粘连影响眼球转动行成形手术后矫正者；
21）　职业性及外伤性白内障术后人工晶状体眼，矫正视力正常者；
22）　职业性及外伤性白内障，矫正视力正常者；
23）　晶状体部分脱位；
24）　眶内异物未取出者；
25）　眼球内异物未取出者；
26）　外伤性瞳孔放大；
27）　角巩膜穿通伤治愈者；
28）　双耳听力损失≥26 dB，或一耳≥56 dB，
29）　双侧前庭功能丧失，闭眼不能并足站立；
30）　铬鼻病（无症状者）；
31）　嗅觉丧失；
32）　牙齿除智齿以外，切牙脱落 1 个以上或其他牙脱落 2 个以上；
33）　一侧颞下颌关节强直，张口困难 I 度；
34）　鼻窦或面颊部有异物未取出；
35）　单侧鼻腔或鼻孔闭锁；
36）　鼻中隔穿孔；
37）　一侧不完全性面瘫；
38）　血、气胸行单纯闭式引流术后，胸膜粘连增厚；
39）　开胸探查术后；
40）　肝外伤保守治疗后；
41）　胰损伤保守治疗后；
42）　脾损伤保守治疗后；
43）　肾损伤保守治疗后；
44）　膀胱外伤保守治疗后；
45）　卵巢修补术后；
46）　输卵管修补术后；
47）　乳腺修补术后；
48）　免疫功能轻度减退；
49）　慢性轻度磷中毒；
50）　工业性氟病 I 期；
51）　煤矿井下工人滑囊炎；
52）　减压性骨坏死 I 期；
53）　一度牙酸蚀病；
54）　职业性皮肤病久治不愈。

B.2 分级表

表 B.1 神经内科、神经外科、精神科门

伤残类别	分级									
	1	2	3	4	5	6	7	8	9	10
智能损伤	极重度	重度		中度		轻度				
精神症状			1. 精神病性症状表现为危险或冲动行为者 2. 精神病性症状致使缺乏生活自理能力者	精神病性症状致使缺乏社交能力者		精神病性症状影响职业劳动能力者		人格改变		
癫痫			重度		中度				轻度	
运用障碍脑损伤	四肢瘫肌力≤3级或三肢瘫肌力≤2级	1. 三肢瘫肌力3级 2. 偏瘫肌力≤2级	偏瘫肌力3级	单肢瘫肌力≤2级	1. 四肢瘫肌力4级 2. 单肢瘫肌力3级	三肢肌瘫肌力4级	偏瘫肌力4级	单肢体瘫肌力4级		
脊髓损伤	颈4以上截瘫，肌力≤2级	截瘫肌力≤2级	截瘫肌力3级			截瘫双下肢肌力4级伴轻度排尿障碍	截瘫肌力4级			

表 B.1(续)

伤残类别	分级									
	1	2	3	4	5	6	7	8	9	10
周围神经损伤		双手全肌瘫肌力≤3级	双足全肌瘫肌力≤2级	1. 双手部分肌瘫肌力≤2级 2. 一手全肌瘫肌力≤2级	1. 双手部分肌瘫肌力3级 2. 一手全肌瘫肌力3级 3. 双足全肌瘫肌力3级	1. 双手全肌瘫肌力4级 2. 双足部分肌瘫肌力≤2级 3. 单足全肌瘫肌力≤2级	1. 单手部分肌瘫肌力3级 2. 双足部分肌瘫肌力3级 3. 单足全肌瘫肌力3级 4. 中毒性周围神经病重度感觉障碍	1. 单手全肌瘫肌力4级 2. 双手部分肌瘫肌力4级 3. 双足部分肌瘫肌力4级 4. 单足部分肌瘫肌力≤3级	中毒性周围神经病轻度感觉障碍	
非肢体瘫的运动障碍	重度		中度			轻度				
特殊皮层功能障碍 1. 失语		完全感觉性或混合性失语			完全运动性失语	不完全失语				

表 B.1(续)

伤残类别	分级									
	1	2	3	4	5	6	7	8	9	10
2. 失用、失写、失读、失认等			两项以上完全性		1. 单项完全性 2. 多项不完全性		单项不完全性			
颅脑损伤				脑脊液漏伴有颅底骨缺损不能修复,或反复手术失败				脑叶切除术后无功能障碍	1. 脑挫裂伤无功能障碍 2. 开颅手术后无功能障碍 3. 颅内异物无功能障碍 4. 劲部外伤致颈总、颈内动脉狭窄,支架置入或血管搭桥手术后无功能障碍	

表 B.2　骨科、整形外科、烧伤科门

伤残类别	分级									
	1	2	3	4	5	6	7	8	9	10
头面部毁容	1. 面部重度毁容，同时伴有表B.2中二级伤残之一 2. 全身重度瘢痕形成，占体表面积≥90%，伴有脊柱及四肢大关节活动功能基本丧失	1. 全身重度瘢痕形成，占体表面职≥80%，伴有四肢大关节中3个以上活动功能受限 2. 全面部瘢痕或植皮伴有重度毁容	1. 全身重度瘢痕形成，占体表面积≥70%，伴有四肢大关节中2个以上活动功能受限 2. 面部瘢痕或植皮≥2/3并有中度毁容	1. 面部中度毁容 2. 全身瘢痕面积≥60%，四肢大关节中1个关节活动功能受限 3. 面部瘢痕或植皮≥1/2并有轻度毁容	1. 全身瘢痕占体表面积≥50%，并有关节活动功能受限 2. 面部瘢痕或植皮≥1/3并有毁容标准之一项	1. 面部重度异物色素沉着或脱失 2. 面部瘢痕或植皮≥1/3 3. 全身瘢痕面积≥40% 4. 撕脱伤后头皮缺失1/5以上 5. 女性两侧乳房完全缺损或严重瘢痕畸形	1. 符合重度毁容标准之二项者 2. 烧伤后颅骨全层缺损≥30cm^2，或在硬脑膜上植皮面积≥10cm^2 3. 颈部瘢痕挛缩，影响颈部活动 4. 全身瘢痕面积≥30% 5. 面部瘢痕、异物或植皮伴色素改变占面部的10%以上	1. 符合重度毁容标准之一项者 2. 面部烧伤植皮≥1/5 3. 面部轻度异物沉着或色素脱失 4. 双侧耳廓部分或一侧耳廓大部分缺损 5. 全身瘢痕面积≥20% 6. 女性一侧乳房缺损或严重瘢痕畸形	1. 符合中度毁容标准之二项或轻度毁容者 2. 发际边缘瘢痕性秃发或其他部位秃发，需戴假发者 3. 面部有≥8cm^{2}或三处以上≥1 cm^{2}的瘢痕 4. 颈部瘢痕畸形，不影响活动 5. 全身瘢痕占体表面积≥5%	1. 符合中度毁容标准之一项者 2. 面部有瘢痕，植皮，异物色素沉着或脱失>2cm^2 3. 全身瘢痕面积<5%，≥1%

表 B.2(续)

伤残类别	分级									
	1	2	3	4	5	6	7	8	9	10
头面部毁容							6. 女性两侧乳房部分缺损	7. 一侧或双侧眼睑明显缺损		
脊柱损伤					脊柱骨折后遗30°以上侧弯或后凸畸形,伴严重根性神经痛(以电生理检查为依据)	脊柱骨折后遗小于30°畸形伴根性神经痛(神经电生理检查不正常)	1. 骨盆骨折后遗产道狭窄(未育者) 2. 骨盆骨折严重移位,症状明显者	脊椎压缩骨折,前缘高度减少1/2以上者	1. 两个以上横突骨折后遗腰痛 2. 三个节段脊柱内固定术 3. 脊椎压缩前缘高度<1/2者 4. 椎间盘切除术后,无功能障碍	1. 外伤后受伤节段脊柱骨性关节炎伴腰痛,年龄在50岁以下者 2. 椎间盘突出症未做手术者

表 B.2(续)

伤残类别	分级									
	1	2	3	4	5	6	7	8	9	10
上肢	双肘关节以上缺失或功能完全丧失	双侧前臂缺失或双手功能完全丧失	1. 一手缺失,另一手拇指缺失 2. 双手拇、食指缺失或功能完全丧失 3. 一侧肘上缺失 4. 一侧手功能完全丧失,另一手拇指对掌功能丧失	1. 双拇指完全缺失或无功能 2. 一侧手功能完全丧失,另一手部分功能丧失	1. 一侧前臂缺失 2. 一侧手功能完全丧失 3. 肩、肘、腕关节之一功能完全丧失 4. 一手拇指缺失,另一手除拇指外三指缺失 5. 一手拇指无功能,另一手除拇指外三指功能丧失	1. 单纯一拇指完全缺失,或连同另一手非拇指二指缺失 2. 一拇指功能完全丧失,另一手除拇指外有二指功能完全丧失 3. 一手三指(含拇指)缺失 4. 除拇指外其余四指缺失或功能完全丧失	1. 一拇指指间关节离断 2. 一拇指指间关节畸形,功能完全丧失 3. 一手除拇指外,其他2~3指(含食指)近侧指间关节离断 4. 一手除拇指外,其他2~3指(含食指)近侧指间关节功能丧失	1. 一手除拇、食指外,有两指近侧指间关节离断 2. 一手除拇、食指外,有两指近侧指间关节无功能	1. 一拇指末节部分1/2缺失 2. 一手食指2~3节缺失 3. 一拇指指关节功能丧失	1. 一手除拇指外,任何一指远侧指间关节离断或功能完全丧失 2. 指端植皮术后(增生性瘢痕 $1cm^2$ 以上) 3. 手背植皮面积 > $50cm^2$,并有明显瘢痕 4. 手掌、足掌植皮面积>30%者 5. 除拇指外,余3~4指末节缺失

表 B.2(续)

伤残类别	分级									
	1	2	3	4	5	6	7	8	9	10
上肢							5. 肩、肘、腕关节之一损伤后活动度未达功能位者			
下肢		1. 双下肢高位缺失 2. 双下肢瘢痕畸形,功能完全丧失 3. 双膝双踝僵直于非功能位 4. 双膝以上缺失	1. 双髋、双膝关节中,有一个关节缺失或无功能及另一关节伸屈活动达不到0°~90°者 2. 一侧髋、膝关节畸形,功能完全丧失	1. 一侧膝以下缺失,另一侧前足缺失 2. 一侧膝以上缺失 3. 一侧踝以下缺失,另一足畸形行走困难 4. 双膝以下缺失或无功能	1. 双前足缺失或双前足瘢痕畸形,功能完全丧失 2. 双跟骨足底软组织缺损瘢痕形成,反复破溃 3. 一髋(或一膝)功能完全丧失 4. 一侧膝以下缺失	1. 一侧踝以下缺失 2. 一侧踝关节畸形,功能完全丧失 3. 下肢骨折成角畸形 >15°并有肢体缩短4cm以上 4. 一前足缺失,另一足仅残留拇趾	1. 一足1~5趾缺失 2. 一足除拇趾外,其他4趾瘢痕畸形,功能完全丧失 3. 一前足缺失 4. 下肢伤后短缩 < 3cm, > 2cm者	1. 一足拇趾缺失,另一足非拇趾一趾缺失 2. 一足拇趾畸形,功能完全丧失,另一足非拇趾一趾畸形 3. 一足除拇趾外,其他三趾缺失	1. 一足拇趾末节缺失 2. 除拇趾外其他二趾缺失或瘢痕畸形,功能不全 3. 跖骨或附骨骨折影响足弓者	1. 除拇趾外,任何一趾末节缺失 2. 足背植皮面积 > $100cm^2$

表 B.2(续)

伤残类别	分级									
	1	2	3	4	5	6	7	8	9	10
下肢		5. 双膝、踝关节功能完全丧失				5. 一前足缺失,另一足除拇趾外,2~5趾畸形,功能丧失 6. 一足功能丧失,另一足部分功能丧失 7. 一髋或一膝关节伸屈活动达不到0°~90°者 8. 单侧跟骨足底软组织缺损瘢痕形成,反复破溃	5. 膝关节韧带损伤术后关节不稳定,伸屈功能正常者	4. 因开放骨折感染,形成慢性骨髓炎反复发作者	4. 患肢外伤后1年仍持续存在下肢中度以上凹陷性水肿者	

表 B.2(续)

伤残类别	分级									
	1	2	3	4	5	6	7	8	9	10
上肢及下肢	1. 双下肢高位缺失及一上肢高位缺失 2. 双下肢及一上肢严重瘢痕畸形，活动功能丧失	1. 同侧上、下肢瘢痕畸形，功能完全丧失 2. 四肢大关节（肩、髋、膝、肘）中四个以上关节功能完全丧失	1. 非同侧腕上、踝上缺失 2. 非同侧上、下肢瘢痕畸形，功能完全丧失				1. 四肢大关节创伤性关节炎，长期反复积液 2. 四肢大关节人工关节术后，基本能生活自理	1. 急性放射性皮肤损伤Ⅳ度及慢性放射性皮肤损伤手术治疗后影响肢体功能者 2. 放射性皮肤溃疡经久不愈者 3. 四肢大关节创伤性关节炎，无积液	1. 骨折内固定术后，无功能障碍 2. 外伤后膝关节半月板切除、髌骨切除、膝关节交叉韧带修补术后无功能障碍	1. 一手或两手慢性放射性皮肤损伤Ⅱ度及Ⅱ度以上 2. 膝关节半月板损伤、膝关节交叉韧带损伤未做手术者 3. 身体各部位骨折愈合后无功能障碍

表 B.3　眼科、耳鼻喉科、口腔科门

伤残类别	分级									
	1	2	3	4	5	6	7	8	9	10
眼损伤与视功能障碍	双眼无光感或仅有光感但光定位不准者	一眼有或无光感，另眼矫正视力≤0.02或视野≤8%（或半径≤5°）	1. 一眼有或无光感，另眼矫正视力≤0.05或视野≤16%（或半径≤10°） 2. 双侧矫正视力<0.05或视野≤16%（或半径≤10°） 3. 一侧眼球摘除或眶内容剜出，另眼矫正视力<0.1或视野≤24%（或半径≤15°）	1. 一眼有或无光感，另眼矫正视力<0.2或视野≤32%（或半径≤20°） 2. 一眼矫正视力<0.05，另眼矫正视力≤0.1 3. 双眼矫正视力<0.1或视野≤32%（或半径≤20°）	1. 一眼有或无光感，另眼矫正视力≤0.3或视野≤40%（或半径≤25°） 2. 一眼矫正视力<0.05，另眼矫正视力≤0.2～0.25 3. 一眼矫正视力<0.1，另眼矫正视力等于0.1 4. 双眼视野≤40%（或半径≤25°）	1. 一眼有或无光感，另眼矫正视力≥0.4 2. 一眼矫正视力≤0.05，另眼矫正视力≥0.3 3. 一眼矫正视力≤0.1，另眼矫正视力≥0.2 4. 双眼矫正视力≤0.2，或视野≤48%（或半径≤30°）	1. 一眼有或无光感，另眼矫正视力≥0.8 2. 一眼有或无光感，另眼各种客观检查正常 3. 一眼矫正视力≤0.05，另眼矫正视力≥0.6 4. 一眼矫正视力≤0.1，另眼矫正视力≥0.4	1. 一眼矫正视力≤0.2，另眼矫正视力≥0.5 2. 双眼矫正视力等于0.4 3. 双眼视野≤80%（或半径≤50°） 4. 一侧或双侧睑外翻或睑闭合不全者 5. 上睑不垂盖及瞳孔1/3者 6. 睑球粘连影响眼球转动者	1. 一眼矫正视力≤0.3，另眼矫正视力>0.6 2. 双眼矫正视力等于0.5 3. 泪器损伤，手术无法改进溢泪者 4. 第V对脑神经眼支麻痹 5. 眶壁骨折致眼球内陷、两眼球突出度相差>2mm或错位变形影响外观者	1. 一眼矫正视力≤0.5，另眼矫正视力≥0.8 2. 双眼矫正视力≤0.8 3. 一侧或双侧睑外翻或睑闭合不全行成形术矫正者 4. 上睑下垂盖及瞳孔1/3，行成形术矫正者 5. 睑球粘连影响眼球转动行成形术矫正者

表 B.3 眼科、耳鼻喉科、口腔科门

伤残类别	分级									
	1	2	3	4	5	6	7	8	9	10
眼损伤与视功能障碍					5. 一侧眼球摘除者 6. 第Ⅲ对脑神经麻痹 7. 双眼外伤性青光眼术后,需用药物维持眼压者	5. 第Ⅳ或第Ⅵ对脑神经麻痹,或眼外肌损伤致复视的	5. 双眼矫正视力≤0.3,或视野≤64%(或半径≤40°) 6. 单眼外伤性青光眼术后,需用药物维持眼压者	7. 外伤性青光眼行抗青光眼手术后眼压控制正常者		6. 职业性及外伤性白内障,矫正视力正常者 7. 职业性及外伤性白内障术后人工晶状体眼,矫正视力正常者或术后无晶状体眼,矫正视力正常者 8. 晶状体部分脱位 9. 眶内异物未取出 10. 球内异物未取出 11. 外伤性瞳孔放大 12. 角巩膜穿通伤治愈者

表 B.3　眼科、耳鼻喉科、口腔科门

伤残类别	分级									
	1	2	3	4	5	6	7	8	9	10
听功能障碍				双耳听力损失≥91dB	双耳听力损失≥81dB	双耳听力损失≥71dB	双耳听力损失≥56dB	双耳听力损失≥41dB或一耳听力损失≥91dB	双耳听力损失≥31dB或一耳听力损失≥71dB	双耳听力损失≥26dB或一耳听力损失≥56dB
前庭性平衡障碍						双侧前庭功能丧失，睁眼行走困难，不能并足站立				双侧前庭功能丧失，闭眼不能并足站立
喉原性呼吸困难及发声障碍			1. 呼吸完全依赖气管套管或造口 2. 静止状态下或轻微活动即有呼吸困难		一般活动及轻工作时有呼吸困难			1. 体力劳动时有呼吸困难 2. 发声及言语困难	发声及音语不畅	

表 B.3 （续）

伤残类别	分级									
	1	2	3	4	5	6	7	8	9	10
吞咽功能障碍		无吞咽功能，完全依赖胃管进食		牙关紧闭或因食管狭窄只能进流食	1. 吞咽困难，仅能进半流食 2. 双侧喉返神经损伤，喉保护功能丧失致饮食呛咳、误吸		咽成形术后，咽下运动不正常			
嗅觉障碍和铬鼻病									铬鼻病有医疗依赖	1. 铬鼻病（无症状者） 2. 嗅觉丧失
口腔颌面损伤		1. 双侧上颌骨完全缺损 2. 双侧下颌骨完全缺损	1. 同侧上下颌骨完全缺损 2. 一侧上颌骨完全缺损，伴颜面部软组织缺损 $>30cm^2$	1. 一侧上颌骨缺损 1/2，伴颜面部软组织缺损 $>20cm^2$	1. 一侧上颌骨缺损 $>1/4$，但 $<1/2$，伴软组织缺损 $<20\ cm^2$，但 $>10\ cm^2$	1. 单侧或双侧颞下颌关节强直，张口困难Ⅲ° 2. 面部软组织缺损 $>20\ cm^2$，伴发涎瘘	1. 牙槽骨损伤长度 ≥8 cm，牙齿脱落 10 个及以上 2. 一侧颧骨并颧弓骨折	1. 牙槽骨损伤长度 ≥6 cm，牙脱落 8 个及以上 2. 舌缺损 <舌的 1/3	1. 牙槽骨损伤长度 >4 cm，牙脱落 4 个及以上	1. 牙齿除智齿以外，切牙脱落 1 个以上或其他牙脱落 2 个以上

表 B.3 （续）

伤残类别	分级									
	1	2	3	4	5	6	7	8	9	10
口腔颌面损伤		3. 一侧上颌骨及对侧下颌骨完全缺损并伴有颜面部软组织缺损 > 30 cm^2	3. 一侧下颌骨完全缺损，伴颜面部软组织缺损 > $30cm^2$ 4. 舌缺损 > 全舌的2/3	2. 下颌骨缺损长6cm以上的区段伴口腔颜面部软组织缺损 > $20cm^2$ 3. 双侧颞下颌关节骨性强直，完全不能张口 4. 面颊部洞穿性缺损 > 20 cm^2	2. 下颌骨缺损长4cm以上的区段，伴口腔颜面软组织缺损 > $10cm^2$ 3. 舌缺损 > 1/3，但 < 2/3	3. 一侧上颌骨缺损1/4，伴口腔、颜面软组织缺损 > 10 cm^2 4. 舌缺损 > 1/3，但 < 1/2 5. 双侧颧骨并颧弓骨折，伴有开口困难Ⅱ°以上及颜面部畸形经手术复位者	3. 一侧下颌骨髁状突颈部骨折 4. 双侧颧骨并颧弓骨折，无功能障碍者 5. 单侧颧骨并颧弓骨折，伴有开口困难Ⅱ°以上及颜面部畸形经手术复位者	3. 双侧鼻腔或鼻咽部闭锁 4. 双侧颞下颌关节强直，张口困难Ⅱ度 5. 上、下颌骨骨折，经牵引、固定治疗后有功能障碍者 6. 双侧颧骨并颧弓骨折，无开口困难，颜面部凹陷畸形不明显，不需手术复位	2. 上、下颌骨骨折，经牵引、固定治疗后无功能障碍者	2. 一侧颞下颌关节强直，张口困难Ⅰ度 3. 鼻窦或面颊部有异物未取出 4. 单侧鼻腔或鼻孔闭锁 5. 鼻中隔穿孔

表 B.3 （续）

伤残类别	分级									
	1	2	3	4	5	6	7	8	9	10
口腔颌面损伤						6. 双侧下颌骨髁状突颈部骨折,伴有开口困难Ⅱ°以上及咬合关系改变,经手术治疗者				
面神经损伤				双侧完全性面瘫	一侧完全面瘫,另一侧不完全面瘫	一侧完全性面瘫	双侧不完全面瘫			一侧不完全面瘫

表 B.4　普外、胸外、泌尿生殖科门

伤残类别	分级									
	1	2	3	4	5	6	7	8	9	10
胸壁、气管、支气管、肺	1. 肺功能重度损伤和呼吸困难Ⅳ级，需终生依赖机械通气 2. 双肺或心肺联合移植术	一侧全肺切除并胸廓成形术，呼吸困难Ⅲ级	1. 一侧全肺切除并胸廓成形术 2. 一侧胸廓成形术，肋骨切除6根以上 3. 一侧全肺切除并隆凸切除成形术 4. 一侧全肺切除并血管代用品重建大血管术	1. 一侧全肺切除术 2. 双侧肺叶切除术 3. 肺叶切除并胸廓成形术 4. 肺叶切除并隆凸切除成形术 5. 一侧肺移植术	1. 双肺叶切除术 2. 肺叶切除术并血管代用品重建大血管术 3. 隆凸切除成形术	1. 肺叶切除并肺段或楔形切除术 2. 肺叶切除并支气管成形术 3. 支气管（或气管）胸膜瘘	1. 肺叶切除术 2. 限局性脓胸行部分胸廓成形术 3. 肺功能轻度损伤 4. 气管部分切除术	1. 肺段切除术 2. 支气管成形术 3. 双侧多根多处肋骨骨折致胸廓畸形 4. 膈肌破裂修补术后，伴膈神经麻痹	1. 肺修补术 2. 肺内异物滞留或异物摘除术 3. 膈肌修补术 4. 限局性脓胸行胸膜剥脱术	1. 血、气胸行单纯闭式引流术后，胸膜粘连增厚 2. 开胸探查术后
心脏与大血管		心功能不全三级	Ⅲ度房室传导阻滞	1. 瓣膜置换术 2. 心功能不全二级		1. 冠状动脉旁路移植术		1. 心脏、大血管修补术		

表 B.4 （续）

伤残类别	分级									
	1	2	3	4	5	6	7	8	9	10
心脏与大血管						2. 血管代用品重建大血管		2. 心脏异物滞留或异物摘除术		
食管		食管闭锁或损伤后无法行食管重建术,依赖胃造瘘或空肠造瘘进食		食管重建术吻合口狭窄,仅能进流食者	1. 食管重建术后吻合狭窄,仅能进半流食者 2. 食管气管(或支气管)瘘 3. 食管胸膜瘘		1. 食管重建术后伴返流性食管炎 2. 食管外伤或成形术后咽下运动不正常	食管重建术后,进食正常者	食管修补术后	
胃				全胃切除	胃切除 3/4	胃切除 2/3	胃切除 1/2	胃部分切除	胃修补术后	
十二指肠				胰头、十二指肠切除	十二指肠憩室化			十二指肠带蒂肠片修补术	十二指肠修补术	

表 B.4　（续）

伤残类别	分级									
	1	2	3	4	5	6	7	8	9	10
小肠	切除≥90%	切除3/4，合并短肠综合症		1. 切除3/4 2. 切除2/3，包括回盲部切除	小肠切除2/3，包括回肠大部	小肠切除1/2，包括回盲部	小肠切除1/2	小肠部分切除	小肠修补术后	
结肠、直肠				1. 全结肠、直肠、肛门切除、回肠造瘘 2. 外伤后肛门排便重度障碍或失禁	直肠、肛门切除、结肠部分切除，结肠造瘘	肛门外伤后排便轻度障碍或失禁	结肠大部分切除	结肠部分切除	结肠修补术后	
肝	肝切除后原位肝移植	1. 肝切除3/4，并肝功能重度损害 2. 肝外伤后发生门脉高压三联症或发生Budd－Chiari综合征	肝切除2/3，并肝功能中度损害	1. 肝切除2/3 2. 肝切除1/2，肝功能轻度损害	肝切除1/2	肝切除1/3	肝切除1/4	肝部分切除	肝修补术后	肝外伤保守治疗后

表 B.4 （续）

伤残类别	分级									
	1	2	3	4	5	6	7	8	9	10
胆道	胆道损伤原位肝移植	胆道损伤致肝功能重度损害		胆道损伤致肝功能中度损害		胆道损伤致肝功能轻度损伤	胆道损伤，胆肠吻合术后	胆道修补术	胆囊切除	
腹壁						腹壁缺损≥腹壁1/4		腹壁缺损＜腹壁的1/4	开腹探查术后	
胰、脾	全腹切除	胰次全切除，胰腺移植术后	胰次全切除，胰岛素依赖		胰切除2/3	1. 胰切除1/2 2. 青年脾切除	1. 胰切除1/3 2. 成人脾切除	胰部分切除 脾部分切除	1. 脾修补术后 2. 胰修补术后	1. 胰损伤保守治疗后 2. 脾损伤保守治疗后
甲状腺					甲状腺功能重度损害	甲状腺功能中度损害		甲状腺功能轻度损害		
甲状旁腺				甲状旁腺功能重度损害		甲状旁腺功能中度损害		甲状旁腺功能轻度损害		

表 B.4 (续)

伤残类别	分级									
	1	2	3	4	5	6	7	8	9	10
肾脏	双肾切除或孤肾切除术后,用透析维持或同种肾移植术后肾功能不全尿毒症期	孤肾部分切除后,肾功能不全失代偿期	一侧肾切除,对侧肾功能不全失代偿期	肾修补术后,肾功能不全失代偿期	一侧肾切除,对侧肾功能不全代偿期	肾损伤性高血压	一侧肾切除		肾修补术后	肾损伤保守治疗后
输尿管			1. 双侧输尿管狭窄,肾功能不全失代偿期 2. 永久性输尿管腹壁造瘘	输尿管修补术后,肾功能不全失代偿期	一侧输尿管狭窄,肾功能不全代偿期			输尿管修补术		

表 B.4 （续）

伤残类别	分级									
	1	2	3	4	5	6	7	8	9	10
膀胱			膀胱全切除	1. 永久性膀胱造瘘 2. 重度排尿障碍 3. 神经原性膀胱，残余尿 ≥ 50mL		膀胱部分切除合并轻度排尿障碍	1. 轻度排尿障碍 2. 膀胱部分切除		膀胱修补术后	膀胱外伤保守治疗后
尿道				尿道狭窄，需定期行扩张术	尿道瘘不能修复者			尿道修补		
睾丸					1. 两侧睾丸、副睾丸缺损 2. 生殖功能重度损伤	1. 两侧睾丸创伤后萎缩，血睾酮低于正常值 2. 生殖功能轻度损伤		一侧睾丸、副睾丸切除		

表 B.4 （续）

伤残类别	分级									
	1	2	3	4	5	6	7	8	9	10
输精管					双侧输精管缺损,不能修复			一侧输精管缺损,不能修复		
阴茎					阴茎全缺损	阴茎部分缺损		性功能障碍		
肾上腺				双侧肾上腺缺损				一侧肾上腺缺损		
子宫					未育妇女子宫切除或部分切除		已育妇女子宫切除或部分切除		子宫修补术后	
卵巢				未育妇女双侧卵巢切除	已育妇女双侧卵巢切除		未育妇女单侧卵巢切除	已育妇女单侧卵巢切除	一侧卵巢部分切除	卵巢修补术后

表 B.4 （续）

伤残类别	分级									
	1	2	3	4	5	6	7	8	9	10
输卵管					未育妇女双侧输卵管切除		已育妇女双侧输卵管切除	已育妇女单侧输卵管切除		输卵管修补术后
阴道					1. 阴道闭锁 2. 会阴部瘢痕挛缩伴有阴道或尿道或肛门狭窄		阴道狭窄		阴道修补或成形术后	
乳腺					未育妇女双侧乳腺切除	1. 已育妇女双侧乳腺切除 2. 女性双侧乳房完全缺损或严重瘢痕畸形	未育妇女单侧乳腺切除	已育妇女单侧乳腺切除	乳腺成形术后	乳腺修补术后

表 B.5　职业病内科门

伤残类别	分级									
	1	2	3	4	5	6	7	8	9	10
肺部疾患	1. 尘肺Ⅲ期伴肺功能重度损伤及/或重度低氧血症[po_2 < 5.3kPa（<40mmHg）] 2. 其他职业性肺部疾患，伴肺功能重度损伤及/或重度低氧血症[po_2 < 5.3kPa（<40mmHg）] 3. 放射性肺炎后，两叶以上肺纤维化伴重度低氧血症[po_2 < 5.3kPa（<40mmHg）] 4. 职业性肺癌伴肺功能重度损伤	1. 肺功能重度损伤及/或重度低氧血症 2. 尘肺Ⅱ期伴肺功能中度损伤及（或）中度低氧血症 3. 尘肺Ⅱ期伴肺功能重度损伤及或重度低氧血症[po_2 <5.3kpa（<40mmHg）] 4. 尘肺Ⅱ期合并活动性肺结核 5. 职业性肺癌或胸膜间皮瘤	1. 尘肺Ⅱ期 2. 尘肺Ⅱ期伴肺功能中度损伤及/或中度低氧血症 3. 放射性肺炎后两叶肺纤维化伴肺功能中度损伤及/或中度低氧血症 4. 尘肺Ⅱ期合并活动性肺结核	1. 尘肺Ⅱ期 2. 尘肺Ⅰ期伴肺功能中度损伤及/或中度低氧血症 3. 尘肺Ⅰ期合并活动性肺结核	1. 肺功能中度损伤 2. 中度低氧血症	1. 尘肺Ⅰ期伴肺功能轻度损伤及/或轻度低氧血症 2. 放射性肺炎后肺纤维化（<两叶），伴肺功能轻度损伤及/或轻度低氧血症 3. 其他职业性肺部疾患，伴肺功能轻度损伤	1. 尘肺Ⅰ期，肺功能正常 2. 放射性肺炎后肺纤维化（<两叶），肺功能正常 3. 轻度低氧血症	其他职业性肺疾患，肺功能正常		

表 B.5 （续）

伤残类别	分级									
	1	2	3	4	5	6	7	8	9	10
心脏		心功能不全三级	Ⅲ度房室阻滞	1. 病态窦房结综合征（需要装起搏器者） 2. 心功能不全二级	1. 莫氏Ⅱ型Ⅱ度房室阻滞 2. 病态窦房结综合症（不需安装起搏器者）		心功能不全一级			
血液		1. 职业性急性白血病 2. 急性重型再生障碍性贫血	1. 粒细胞缺乏症 2. 再生障碍性贫血 3. 职业性慢性白血病 4. 中毒性血液病，骨髓增生异常综合征		1. 中毒性血液病，血小板减少并有出血倾向（$\leq 4\times10^{10}$/L）	白血病完全缓解	1. 再生障碍性贫血完全缓解 2. 白细胞减少症，含量持续 $<4\times10^{9}$/L 3. 中性粒细胞减少症，含量持续 $<2\times10^{9}$/L			

表 B.5 （续）

伤残类别	分级									
	1	2	3	4	5	6	7	8	9	10
血液			5. 中毒性血液病，严重出血或血小板含量≤2×10^{10}/L		2. 中毒性血液病，白细胞含量持续<3×10^{9}/L（3000/mm^3）或粒细胞含量<1.5×10^{9}/L（1500/mm^3）					
肝脏	1. 职业性肝血管肉瘤，重度肝功能损害 2. 肝硬化伴食道静脉破裂出血，肝功能重度损害	1. 慢性重度中毒性肝病 2. 肝血管肉瘤			慢性中度中毒性肝病		慢性轻度中毒性肝病			

表 B.5 （续）

伤残类别	分级									
	1	2	3	4	5	6	7	8	9	10
肾脏	肾功能不全尿毒症期，内生肌酐清除率持续<10mL/min，或血浆肌酐水平持续>707μmol/L(8mg/dL)	肾功能不全尿毒症期，内生肌酐清除率>25mL/min或血浆肌酐水平持续>450μmol/L(5mg/dL)			肾功能不全失代偿期，内生肌酐清除率持续<50mL/min或血浆肌酐水平持续>177μmol/L(2mg/dL)	1. 中毒性肾病，持续性低分子蛋白尿伴白蛋白尿 2. 中毒性肾病，肾小管浓缩功能减退	肾功能不全代偿期，内生肌酐清除率<70mL/min	中毒性肾病，持续低分子蛋白尿		
内分泌				肾上腺皮质功能明显减退		肾上腺皮质功能轻度减退				
免疫功能				明显减退						轻度减退
其他		职业性膀胱癌放射性肿瘤	砷性皮肤癌放射性皮肤癌		1. 放射性损伤致睾丸萎缩 2. 慢性重度磷中毒	1. 放射性损伤致甲状腺功能低下 2. 减压性骨坏死Ⅲ期	三度牙酸蚀病	1. 慢性中度磷中毒 2. 减压性骨坏死Ⅱ期		1. 慢性轻度磷中毒 2. 工业性氟病Ⅰ期

表 B.5 （续）

伤残类别	分级									
	1	2	3	4	5	6	7	8	9	10
其他					3. 重度手臂振动病	3. 中度手臂振动病 4. 工业性氟病Ⅲ期		3. 轻度手臂振动病 4. 二度牙酸蚀病 5. 工业性氟病Ⅱ期		3. 煤矿井下工人滑囊炎 4. 减压性骨坏死Ⅰ期 5. 一度牙酸蚀病 6. 职业性皮肤病久治不愈

附 录 C
（资料性附录）
正确使用本标准的说明

C.1 关于标准“总则”与“分级原则”

C.1.1 医疗依赖的判定分为一般依赖和特殊依赖。特殊依赖是指致残后必须终生接受特殊药物、特殊医疗设备或装置进行治疗者，如血液透析、人工呼吸机以及免疫抑制剂等的治疗；一般医疗依赖是指致残后仍需接受长期或终生药物治疗者，如降压药、降糖药、抗凝剂以及抗癫痫药治疗等。

C.1.2 护理依赖程度主要根据生活自理能力做出判断。下列生活自理范围及护理依赖程度是指：

a） 进食：是指完全不能自主进食，需依赖他人者；

b） 翻身：是指不能自主翻身；

c） 大、小便：是指不能自主行动，排大、小便需依靠他人者；

d） 穿衣、洗漱：是指不能自己穿衣、洗漱，完全依赖他人者；

e） 自主行动：是指不能自主走动。

C.1.3 劳动能力鉴定的前提应是劳动者因公负伤或患职业病，其工伤或职业病的认定依照《工伤保险条例》第十八条和第十九条的规定执行。

C.1.4 在劳动能力鉴定后伤残情况发生变化，应根据《工伤保险条例》第二十八条的规定，对残情进行复查鉴定。

C.1.5 残情晋级原则 当被鉴定者同一器官或系统或一个以上器官不同部位同时受到损伤，应首先完成单项残情的鉴定，若有两项以上或多项残情的，如果伤残等级不同，以重者定级，如果两项以上等级相同，最多晋升一级。

C.1.6 原有伤残及合并症的处理 在劳动能力鉴定过程中，遇到被鉴定者受损害器官或组织原有伤残或疾病，或工伤及职业病后发生的合并症，本标准规定以鉴定时实际的致残结局为依据，所谓实际致残结局是指：若为单个器官或系统损伤，本次鉴定时应包括在发生工伤前已经存在的残情（包括原有疾病致功能的损伤或原有工伤所致的残情）；若为双器官如双眼、四肢、肾脏的损伤，本次鉴定时应同时对另一侧的残情或功能（无论是否工伤引起）进行鉴定，并作为伤残等级评定的依据。

C.1.7 关于分级原则 本次修订在原标准规定基础上，分别对八级、九级、十级做了适当调整，即在八级中明确存在有一般医疗依赖，而在九级、十级中明确无医疗依赖或存在一般医疗依赖。

C.2 神经内科、神经外科、精神科门

C.2.1 反复发作性的意识障碍，作为伤残的症状表现，多为癫痫的一组症状或癫痫发作的一种形式，故不单独评定其致残等级。

C.2.2 精神分裂症和躁郁症均为内源性精神病，发病主要决定于病人自身的生物学素质。在工伤或职业病过程中伴发的内源性精神病不应与工伤或职业病直接所致的精神病相混淆。精神分裂症和躁郁症不属于工伤或职业病性精神病。

C.2.3 智能损伤说明

1） 智能损伤的总体严重性以记忆或智能损伤程度予以考虑，按“就重原则”其中哪项重，就以哪项表示；

2） 记忆商（MQ）的测查，按照中国科学院心理研究所1984年编印的《临床记忆量表手册》要求执行。智商（1Q）的测查，根据湖南医学院1982年龚耀先主编的《修订韦氏成人智力量表手册》的要求进行。

C.2.4 鉴于手、足部肌肉由多条神经支配，可出现完全瘫，亦可表现不完全瘫，在评定手、足瘫致残程度时，应区分完全性瘫与不完全性瘫，再根据肌力分级判定基准，对肢体瘫痪致残程度详细分级。

C.2.5 神经系统多部位损伤或合并其他器官的伤残时，其致残程度的鉴定依照本标准总则中的有关规定处理。

C.2.6 癫痫是一种以反复发作性抽搐或以感觉、行为、意识等发作性障碍为特征的临床征候群，属于慢性病之一。因为它的临床体征较少，若无明显颅脑器质性损害则难于定性。工伤和职业病所致癫痫的诊断前提应有严重颅脑外伤或中毒性脑病的病史。为了科学、合理地进行劳动能力鉴定，在进行致残程度评定时，应尽可能收集相关信息资料。每次鉴定时，应要求被鉴定者提供下列相关信息材料（至少两项），以供判定时参考。

a） 两年来系统治疗病历资料；

b） 脑电图资料；

c） 原工作单位或现工作单位组织上提供的患者平时发病情况的资料；

d） 必要时测定血药浓度。

C.2.7 各种颅脑损伤出现功能障碍参照有关功能障碍评级。

C.2.8 为便于分类分级，将运动障碍按损伤部位不同分为脑、脊髓、周围神经损伤三类。鉴定中首先分清损伤部位，再给予评级。

C.2.9 考虑到颅骨缺损多可修补后按开颅术定级，且颅骨缺损的大小与功能障碍程度无比然联系，故不再以颅骨缺损大小作为评级标准。

C.2.10 脑挫裂伤应具有相应病史、临床治疗经过，经CT及（或）MRI等辅助检查证实有脑实质损害征象。

C.2.11 开颅手术包括开颅检查、去骨瓣减压术、颅骨整复、各种颅内血

肿清除、慢性硬膜下血肿引流、脑室外引流、脑室－腹腔分流等。

C. 2. 12 脑叶切除术后合并人格改变或边缘智能应晋升到七级。

C. 2. 13 脑脊液漏手术修补成功无功能障碍按开颅手术定为九级；脑脊液漏伴颅底骨缺损反复修补失败或无法修补者定为四级。

C. 2. 14 中毒性周围神经病表现为四肢对称性感觉减退或消失，肌力减退，肌肉萎缩，四肢腱反射（特别是跟腱反射）减退或消失。神经肌电图显示神经源性损害。如仅表现以感觉障碍为主的周围神经病，有深感觉障碍的定为七级，只有浅感觉障碍的定为九级（见表 B. 1），出现运动障碍者可参见神经科部分"运动障碍"定级。

外伤或职业中毒引起的周围神经损害，如出现肌萎缩者，可按肌力予以定级。

C. 2. 15 有关大小便障碍参见表 B. 4。

C. 2. 16 由于外伤或职业中毒引起的前庭功能障碍，参见表 B. 3。

C. 2. 17 外伤或职业中毒引起的同向偏盲或象限性偏盲，其视野缺损程序可参见眼科标准予以定级。

C. 3 骨科、整形外科、烧伤科门

C. 3. 1 本标准只适用于因工负伤或职业病所致脊柱、四肢损伤的致残程度鉴定之用，其他先天畸形，或随年龄增长出现的退行性改变，如骨性关节炎等，不适用本标准。

C. 3. 2 有关节内骨折史的骨性关节炎或创伤后关节骨坏死，按该关节功能损害程度，列入相应评残等级处理。

C. 3. 3 创伤性滑膜炎，滑膜切除术后留有关节功能损害或人工关节术后残留有功能不全者，按关节功能损害程度，列入相应等级处理。

C. 3. 4 脊柱骨折合并有神经系统症状，骨折治疗后仍残留不同程度的脊髓和神经功能障碍者，参照表 B. 1 评残等级处理。

C. 3. 5 外伤后（一周内）发生的椎间盘突出症，经劳动与社会保障部门认定为工伤的，按本标准相应条款进行伤残等级评定，若手术后残留有神经系统症状者，参照表 B. 1 进行处理。

C. 3. 6 职业性损害如氟中毒或减压病等所致骨与关节损害，按损害部位功能障碍情况列入相应评残等级处理。

C. 3. 7 神经根性疼痛的诊断除临床症状外，需有神经电生理改变。

C. 3. 8 烧伤面积、深度不作为评残标准，需等治疗停工留薪期满后，依据造成的功能障碍程度、颜面瘢痕畸形程度和瘢痕面积（包括供皮区明显瘢痕）大小进行评级。

C. 3. 9 诊断椎管狭窄症，除临床症状外，需有 CT 或 MRI 检查证据。

C. 3. 10 在实际应用中，如果仍有某些损伤类型未在本标准中提及者，可

按其对劳动、生活能力影响程度列入相应等级，如果划人某一分类项中有疑问时，可列入高一级分类中。

C.3.11 面部异物色素沉着是指由于工伤如爆炸伤所致颜面部各种异物（包括石子、铁粒等）的存留，或经取异物后仍有不同程度的色素沉着。但临床上很难对面部异物色素沉着量及面积作出准确的划分，同时也因性别、年龄等因素造成的心理影响更难一概而论，而考虑到实际工作中可能遇见多种复杂情况，故本标准将面部异物色素沉着分为轻度及重度两个级别，分别以超过颜面总面积的1/4及1/2作为判定轻、重的基准（参见6.2.2）。

C.3.12 以外伤为主导诱因引发的急性腰椎间盘突出症，应按下列要求确定诊断：

a）　急性外伤史并发坐骨神经刺激征；

b）　有CT或MRI影像学依据；

c）　临床体征应与CT或MRI影像符合。

C.3.13 膝关节损伤的诊断应从以下几方面考虑：明确的外伤史；相应的体征；结合影像学资料。如果还不能确诊者，可行关节镜检查确定。

C.4　眼科、耳鼻喉科、口腔科门

C.4.1 非工伤和职业性五官科疾病如夜盲、立体盲、耳硬化症等不适用本标准。

C.4.2 职工工伤与职业病所致视觉损伤不仅仅是眼的损伤或破坏，重要的是涉及视功能的障碍以及有关的解剖结构和功能的损伤如眼睑等。因此，视觉损伤的鉴定包括：

a）　眼睑、眼球及眼眶等的解剖结构和功能损伤或破坏程度的鉴定；

b）　视功能（视敏锐度、视野和立体视觉等）障碍程度的鉴定。

C.4.3 眼伤残鉴定标准主要的鉴定依据为眼球或视神经器质性损伤所致的视力、视野、立体视功能障碍及其他解剖结构和功能的损伤或破坏。其中视力残疾主要参照了盲及低视力分级标准和视力减弱补偿率视力损伤百分计算办法（A.9）。“一级”划线的最低限为双眼无光感或仅有光感但光定位不准；“二级”等于“盲”标准（见6.3.1.2）的一级盲；“三级”等于或相当于二级盲；“四级”相当于一级低视力；“五级”相当于二级低视力，“六～十级”则分别相当于视力障碍的0.2～0.8。

C.4.4 周边视野损伤程度鉴定以实际测得的8条子午线视野值的总和，计算平均值即有效视野值。计算方法参见6.3.2。当视野检查结果与眼部客观检查不符时，可用Humphrey视野或Octopus视野检查。

C.4.5 中心视野缺损目前尚无客观的计量办法，评残时可根据视力受损程度确定其相应级别。

C.4.6 无晶状体眼视觉损伤程度评价参见A.9。在确定无晶状体眼中心视力的实际有效值之后，分别套入本标准的实际级别。

C.4.7 眼非工伤致残的鉴定可参照总则判断依据对双眼进行鉴定。但非工伤残疾眼工伤临床鉴定可能有多种复杂情况，比如：

a） 在双残疾眼的基础上发生的一眼或两眼的工伤及单残疾眼的工伤；

b） 单残疾眼工伤又分别可有以下三种情况，即：

1） 残疾眼工伤；

2） 正常眼工伤；

3） 正常眼及残疾眼同时因工损伤。

鉴于以上情况，在对非工伤残疾眼眼工伤致残程度最终评定等级时，应兼顾国家、集体和个人三方面的合法利益。

C.4.8 中央视力及视野（周边视力）的改变，均须有相应的眼组织器质性改变来解释，如不能解释则要根据视觉诱发电位及多焦视网膜电流图检查结果定级。

C.4.9 伪盲鉴定参见6.3.3。视觉诱发电位等的检查可作为临床鉴定伪盲的主要手段。如一眼有或无光感，另眼眼组织无器质性病变，并经视觉诱发电位及多焦视网膜电流图检查结果正常者，应考虑另眼为伪盲眼。也可采用其他行之有效的办法包括社会调查、家庭采访等。

C.4.10 睑球粘连严重、同时有角膜损伤者按中央视力定级。

C.4.11 职业性眼病（包括白内障、电光性眼炎、二硫化碳中毒、化学性眼灼伤）的诊断可分别参见 GBZ 35、GBZ 9、GBZ 4、GBZ 45、GBZ 54。

C.4.12 职业性及外伤性白内障视力障碍程度较本标准所规定之级别重者（即视力低于标准9级和10级之0.5～0.8），则按视力减退情况分别套入不同级别。白内障术后评残办法参见A.9。如果术前已经评残者，术后应根据矫正视力情况，并参照A.9无晶状体眼视觉损伤程度评价重新评级。

外伤性白内障未做手术者根据中央视力定级；白内障摘除人工晶状体植入术后谓人工晶状体眼，人工晶状体眼根据中央视力定级。白内障摘除未能植入人工晶状体者，谓无晶状体眼，根据其矫正视力并参见C.4.6的要求定级。

C.4.13 泪器损伤指泪道（包括泪小点、泪小管、泪囊、鼻泪管等）及泪腺的损伤。

C.4.14 有明确的外眼或内眼组织结构的破坏，而视功能检查好于本标准第十级（即双眼视力≤0.8）者，可视为十级。

C.4.15 本标准没有对光觉障（暗适应）作出规定，如果临床上确有因工或职业病所致明显暗适应功能减退者，应根据实际情况，作出适当的判定。

C.4.16 一眼受伤后健眼发生交感性眼炎者无论伤后何时都可以申请定级。

C.4.17 本标准中的双眼无光感、双眼矫正视力或双眼视野，其“双眼”为临床习惯称谓，实际工作（包括评残）中是以各眼检查或矫正结果为准。

C.4.18 听功能障碍包括长期暴露于生产噪声所致的职业性噪声聋，压力波、冲击波造成的爆破性聋等，颅脑外伤所致的颞骨骨折、内耳震荡、耳蜗神经挫伤等产生的耳聋及中、外耳伤后遗的鼓膜穿孔、鼓室瘢痕粘连，外耳道闭锁等产生的听觉损害。

C. 4. 19　听阈测定的设备和方法必须符合国家标准：GB/T 7341、GB 4854、GB/T 7583。

C. 4. 20　纯音电测听重度、极重度听功能障碍时，应同时加测听觉脑干诱发电位（A. B. R）。

C. 4. 21　耳廓、外鼻完全或部分缺损，可参照整形科“头面部毁容”。

C. 4. 22　耳科平衡功能障碍指前庭功能丧失而平衡功能代偿不全者。因肌肉、关节或其他神经损害引起的平衡障碍，按有关学科残情定级。

C. 4. 23　如职工因与工伤或职业有关的因素诱发功能性视力障碍和耳聋，应用相应的特殊检查法明确诊断，在其器质性视力和听力减退确定以前暂不评残。伪聋，也应先予排除，然后评残。

C. 4. 24　喉原性呼吸困难系指声门下区以上呼吸道的阻塞性疾患引起者。由胸外科、内科病所致的呼吸困难参见 6. 5. 1。

C. 4. 25　发声及言语困难系指喉外伤后致结构改变，虽呼吸通道无障碍，但有明显发声困难及言语表达障碍；轻者则为发声及言语不畅。

发声障碍系指声带麻痹或声带的缺损、小结等器质性损害致不能胜任原来的嗓音职业工作者。

C. 4. 26　职业性铬鼻病、工业性氟病、减压病、尘肺病、职业性肿瘤、慢性砷中毒、磷中毒、手臂振动病、牙酸蚀病以及煤矿井下工人滑囊炎等的诊断分别参见 GBZ 12、GBZ 5、GBZ 24、GBZ 70、GBZ 94、GBZ 83、GBZ 81、GBZ 7、GBZ 61、GBZ 82。

C. 4. 27　颞下颌关节强直，临床上分二类：一为关节内强直，一为关节外强直（颌间挛缩），本标准中颞下颌关节强直即包括此二类。

C. 4. 28　本标准将舌划分为三等份即按舌尖、舌体和舌根计算损伤程度。

C. 4. 29　头面部毁容参见 6. 2. 1。

C. 5　普外科、胸外科、泌尿生殖科门

C. 5. 1　器官缺损伴功能障碍者，在评残时一般应比器官完整伴功能障碍者级别高。

C. 5. 2　多器官损害的评级标准依照本标准总则中制定的有关规定处理。

C. 5. 3　任何并发症的诊断都要有影像学和实验室检查的依据，主诉和体征供参考。

C. 5. 4　评定任何一个器官的致残标准，都要有原始病历记录，其中包括病历记录、手术记录、病理报告等。

C. 5. 5　甲状腺损伤若伴有喉上神经和喉返神经损伤致声音嘶哑、呼吸困难

或呛咳者，判定级别标准参照耳鼻喉科部分。

C. 5. 6 阴茎缺损指阴茎全切除或部分切除并功能障碍者。

C. 5. 7 心脏及大血管的各种损伤其致残程度的分级，均按治疗期满后的功能不全程度分级。

C. 5. 8 胸部（胸壁、气管、支气管、肺）各器官损伤的致残分级除按表B. 4中列入各项外，其他可按治疗期结束后的肺功能损害和呼吸困难程度分级。

C. 5. 9 生殖功能损害主要指放射性损伤所致。

C. 5. 10 性功能障碍系指脊髓神经周围神经损伤，或盆腔、会阴手术后所致。

C. 5. 11 肝、脾、胰挫裂伤，有明显外伤史并有影像学诊断依据者，保守治疗后可定为十级。

C. 5. 12 普外科开腹探查术后或任何开腹手术后发生粘连性肠梗阻、且反复发作，有明确影像学诊断依据，应在原级别基础上上升一级。

C. 6 职业病内科门

C. 6. 1 本标准适用于确诊患有中华人民共和国卫生部颁布的职业病名单中的各种职业病所致肺脏、心脏、肝脏、血液或肾脏损害经治疗停工留薪期满时需评定致残程度者。

C. 6. 2 心律失常（包括传导阻滞）与心功能不全往往有联系，但两者的严重程度可不平衡，但心律失常者，不一定有心功能不全或劳动能力减退，评残时应按实际情况定级。

C. 6. 3 本标准所列各类血液病、内分泌及免疫功能低下及慢性中毒性肝病等，病情常有变化，对已进行过评残，经继续治疗后残情发生变化者应按国家社会保险法规的要求，对残情重新进行评级。

C. 6. 4 肝功能的测定

肝功能的测定包括：

常规肝功能试验：包括血清丙氨酸氨基转换酶（ALT即GPT）、血清胆汁酸等。

复筛肝功能试验：包括血清蛋白电泳，总蛋白及白蛋白、球蛋白、血清天门冬氨酸氨基转移酶（AST即GOT）、血清谷氨酰转肽酶（γ-GT），转铁蛋白或单胺氧化酶测定等，可根据临床具体情况选用。

静脉色氨酸耐量试验（ITTT），吲哚氰绿滞留试验（IGG）是敏感性和特异性都较好的肝功能试验，有备件可作为复筛指标。

C. 6. 5 职业性肺部疾患主要包括尘肺、铍病、职业性哮喘等，在评定残情分级时，除尘肺在分级表中明确注明外，其他肺部疾病可分别参照相应的国家诊断标准，以呼吸功能损害程度定级。

C. 6. 6 对职业病患者进行肺部损害鉴定的要求：

a） 须持有职业病诊断证明书；

b） 须有近期胸部X线平片；

c） 须有肺功能测定结果及（或）血气测定结果。

C.6.7 肺功能测定时注意的事项：

a） 肺功能仪应在校对后使用；

b） 对测定对象，测定肺功能前应进行训练；

c） *FVC*、FEV_1 至少测定二次，二次结果相差不得超过5%；

d） 肺功能的正常预计值公式宜采用各实验室的公式作为预计正常值。

C.6.8 鉴于职业性哮喘在发作或缓解期所测得的肺功能不能正确评价哮喘病人的致残程度，可以其发作频度和影响工作的程度进行评价。

C.6.9 在判定呼吸困难有困难时或呼吸困难分级与肺功能测定结果有矛盾时，应以肺功能测定结果作为致残分级标准的依据。

C.6.10 石棉肺是尘肺的一种，本标准未单独列出，在评定致残分级时，可根据石棉肺的诊断，主要结合肺功能损伤情况进行评定。

C.6.11 鉴于职业性呼吸系统疾病一般不存在医疗终结问题，所以在执行此标准时，应每1～2年鉴定一次，故鉴定结果的有效期为1～2年。

C.6.12 放射性疾病包括外照射急性放射病，外照射慢性放射病，放射性皮肤病、放射性白内障、内照射放射病、放射性甲状腺疾病、放射性性腺疾病、放射性膀胱疾病、急性放射性肺炎及放射性肿瘤，临床诊断及处理可参照GBZ 104、GBZ 105、GBZ 106、GBZ 95、GBZ 96、GBZ 101、GBZ 107、GBZ 109、GBZ 110、GBZ 94。放射性白内障可参照眼科评残处理办法，其他有关放射性损伤评残可参照相应条目进行处理。

C.6.13 本标准中有关慢性肾上腺皮质功能减低、免疫功能减低及血小板减少症均指由于放射性损伤所致不适用于其他非放射性损伤的评残。

劳动和社会保障部关于新旧劳动能力鉴定标准衔接有关问题处理意见的通知

（2007年3月6日 劳社部发〔2007〕8号）

各省、自治区、直辖市劳动保障厅（局）：

《劳动能力鉴定 职工工伤与职业病致残等级》（GB/T 16180—2006）（以下简称新标准）已经由国家标准化管理委员会批准发布，将于2007年5月1日实施。新标准总结了实践中的经验，吸收了各地劳动能力鉴定机构以及社会各界的修改建议，对原标准《职工工伤与职业病致残程度鉴定》做了修改和完善。新标准实施后，为做好新旧标准的衔接，实现新旧标准的平稳过渡，现对新旧标准衔接过程中的有关问题通知如下：

一、从2007年5月1日开始，劳动能力鉴定委员会对符合《工伤保险条例》规定的申请劳动能力鉴定的工伤职工，进行初次劳动能力鉴定的，按新标准的规定执行。

二、对于2007年5月1日前已经作出了初次鉴定结论，工伤职工按照《工伤保险条例》的规定申请再次鉴定的，2007年5月1日后劳动能力鉴定委员会应按新标准的规定进行再次鉴定。

三、新标准实施前已经作出了鉴定结论，如果伤情发生变化，工伤职工申请复查鉴定的，复查鉴定按新标准执行。但伤情加重复查鉴定的级别低于原级别的，原鉴定级别不再改变。伤情未发生变化，申请复查鉴定的，原鉴定结论不变。

四、对于在2007年5月1日前已经作出了劳动能力鉴定结论，而在新标准实施后进行复查鉴定且伤残级别提高的，工伤保险长期待遇做相应提高，工伤保险一次性伤残补助金不再调整。

五、各地在实施新标准过程中可依照上述处理意见，结合本地实际，妥善处理实施中遇到的具体问题。特别是要在合法的前提下，采取措施避免新标准实施前已经作出了初次鉴定结论，新标准实施后依据新标准进行再次鉴定，前后结论不同引起的矛盾。新标准实施中遇到的重大问题请及时上报我部。

职工非因工伤残或因病丧失劳动能力程度鉴定标准（试行）

（2002年4月5日　劳社部发〔2002〕8号）

职工非因工伤残或因病丧失劳动能力程度鉴定标准，是劳动者由于非因工伤残或因病后，于国家社会保障法规所规定的医疗期满或医疗终结时通过医学检查对伤残失能程度做出判定结论的准则和依据。

1　范　　围

本标准规定了职工非因工伤残或因病丧失劳动能力程度的鉴定原则和分级标准。

本标准适用于职工非因工伤残或因病需进行劳动能力鉴定时，对其身体器官缺损或功能损失程度的鉴定。

2　总　　则

2.1　本标准分完全丧失劳动能力和大部分丧失劳动能力两个程度档次。

2.2　本标准中的完全丧失劳动能力，是指因损伤或疾病造成人体组织器官缺失、严重缺损、畸形或严重损害，致使伤病的组织器官或生理功能完全丧失或存在严重功能障碍。

2.3　本标准中的大部分丧失劳动能力，是指因损伤或疾病造成人体组织器官大部分缺失、明显畸形或损害，致使受损组织器官功能中等度以上障碍。

2.4　如果伤病职工同时符合不同类别疾病三项以上（含三项）“大部分丧失劳动能力”条件时，可确定为“完全丧失劳动能力”。

2.5　本标准将《职工工伤与职业病致残程度鉴定》（GB/T16180—1996）中的1至4级和5至6级伤残程度分别列为本标准的完全丧失劳动能力和大部分丧失劳动能力的范围。

3　判定原则

3.1　本标准中劳动能力丧失程度主要以身体器官缺损或功能障碍程度作为判定依据。

3.2　本标准中对功能障碍的判定，以医疗期满或医疗终结时所作的医学检查结果为依据。

4　判定依据

4.1　完全丧失劳动能力的条件

4.1.1　各种中枢神经系统疾病或周围神经肌肉疾病等，经治疗后遗有下列情况之一者：

（1）单肢瘫，肌力2级以下（含2级）。

（2）两肢或三肢瘫，肌力3级以下（含3级）。

（3）双手或双足全肌瘫，肌力2级以下（含2级）。

（4）完全性（感觉性或混合性）失语。

（5）非肢体瘫的中度运动障碍。

4.1.2　长期重度呼吸困难。

4.1.3　心功能长期在Ⅲ级以上。左室疾患左室射血分数≤50%。

4.1.4　恶性室性心动过速经治疗无效。

4.1.5　各种难以治愈的严重贫血，经治疗后血红蛋白长期低于6克/分升以下（含6克/分升）者。

4.1.6　全胃切除或全结肠切除或小肠切除3/4。

4.1.7　慢性重度肝功能损害。

4.1.8　不可逆转的慢性肾功能衰竭期。

4.1.9　各种代谢性或内分泌疾病、结缔组织疾病或自身免疫性疾病所导致心、脑、肾、肺、肝等一个以上主要脏器严重合并症，功能不全失代偿期。

4.1.10　各种恶性肿瘤（含血液肿瘤）经综合治疗、放疗、化疗无效或术后复发。

4.1.11　一眼有光感或无光感，另眼矫正视力 <0.2 或视野半径≤20 度。

4.1.12　双眼矫正视力 <0.1 或视野半径≤20 度。

4.1.13　慢性器质性精神障碍，经系统治疗 2 年仍有下述症状之一，并严重影响职业功能者：痴呆（中度智能减退）；持续或经常出现的妄想和幻觉，持续或经常出现的情绪不稳定以及不能自控的冲动攻击行为。

4.1.14　精神分裂症，经系统治疗 5 年仍不能恢复正常者；偏执性精神障碍，妄想牢固，持续 5 年仍不能缓解，严重影响职业功能者。

4.1.15　难治性的情感障碍，经系统治疗 5 年仍不能恢复正常，男性年龄 50 岁以上（含 50 岁），女性 45 岁以上（含 45 岁），严重影响职业功能者。

4.1.16　具有明显强迫型人格发病基础的难治性强迫障碍，经系统治疗 5 年无效，严重影响职业功能者。

4.1.17　符合《职工工伤与职业病致残程度鉴定》标准 1 至 4 级者。

4.2　大部分丧失劳动能力的条件

4.2.1　各种中枢神经系统疾病或周围神经肌肉疾病等，经治疗后遗有下列情况之一者：

（1）单肢瘫，肌力 3 级。

（2）两肢或三肢瘫，肌力 4 级。

（3）单手或单足全肌瘫，肌力 2 级。

（4）双手或双足全肌瘫，肌力 3 级。

4.2.2　长期中度呼吸困难。

4.2.3　心功能长期在Ⅱ级。

4.2.4　中度肝功能损害。

4.2.5　各种疾病造瘘者。

4.2.6　慢性肾功能不全失代偿期。

4.2.7　一眼矫正视力≤0.05，另眼矫正视力≤0.3。

4.2.8　双眼矫正视力≤0.2 或视野半径≤30 度。

4.2.9　双耳听力损失≥91 分贝。

4.2.10　符合《职工工伤与职业病致残程度鉴定》标准 5 至 6 级者。

5　判定基准

5.1　运动障碍判定基准

5.1.1　肢体瘫以肌力作为分级标准，划分为 0 至 5 级：

0 级：肌肉完全瘫痪，无收缩。

1 级：可看到或触及肌肉轻微收缩，但不能产生动作。

2 级：肌肉在不受重力影响下，可进行运动，即肢体能在床面上移动，但不能抬高。

3 级：在和地心引力相反的方向中尚能完成其动作，但不能对抗外加的阻力。

4 级：能对抗一定的阻力，但较正常人为低。

5 级：正常肌力。

5.1.2　非肢体瘫的运动障碍包括肌张力增高、共济失调、不自主运动、震颤或吞咽肌肉麻痹等。根据其对生活自理的影响程度划分为轻、中、重三度：

（1）重度运动障碍不能自行进食、大小便、洗漱、翻身和穿衣。

（2）中度运动障碍上述动作困难，但在他人帮助下可以完成。

（3）轻度运动障碍完成上述运动虽有一些困难，但基本可以自理。

5.2　呼吸困难及肺功能减退判定基准

5.2.1　呼吸困难分级

表 1　呼吸困难分级

	轻度	中度	重度	严重度
临床表现	平路快步或登山、上楼时气短明显	平路步行100米即气短。	稍活动（穿衣，谈话）即气短。	静息时气短
阻塞性通气功能减退：一秒钟用力呼气量占预计值百分比	≥80%	50—79%	30—49%	<30%
限制性通气功能减退：肺活量	≥70%	60—69%	50—59%	<50%
血氧分压			60—87 毫米汞柱	<60 毫米汞柱

* 血气分析氧分压 60—87 毫米汞柱时，需参考其他肺功能结果。

5.3　心功能判定基准

心功能分级

Ⅰ级：体力活动不受限制。

Ⅱ级：静息时无不适，但稍重于日常生活活动量即致乏力、心悸、气促或心绞痛。

Ⅲ级：体力活动明显受限，静息时无不适，但低于日常活动量即致乏力、心悸、气促或心绞痛。

Ⅳ级：任何体力活动均引起症状，休息时亦可有心力衰竭或心绞痛。

5.4　肝功能损害程度判定基准

表2　肝功能损害的分级

	轻度	中度	重度
血浆白蛋白	3.1–3.5克/分升	2.5–3.0克/分升	<2.5克/分升
血清胆红质	1.5–5毫克/分升	5.1–10毫克/分升	>10毫克/分升
腹水	无	无或少量，治疗后消失	顽固性
脑症	无	轻度	明显
凝血酶原时间	稍延长（较对照组>3秒）	延长（较对照组>6秒）	明显延长（较对照组>9秒）

5.5　慢性肾功能损害程度判定基准

表3　肾功能损害程度分期

	肌酐清除率	血尿素氮	血肌酐	其他临床症状
肾功能不全代偿期	50–80毫升/分	正常	正常	无症状
肾功能不全失代偿期	20–50毫升/分	20–50毫克/分升	2–5毫克/分升	乏力；轻度贫血；食欲减退
肾功能衰竭期	10–20毫升/分	50–80毫克/分升	5–8毫克/分升	贫血；代谢性酸中毒；水电解质紊乱
尿毒症期	<10毫升/分	>80毫克/分升	>8毫克/分升	严重酸中毒和全身各系统症状

注：血尿素氮水平受多种因素影响，一般不单独作为衡量肾功能损害轻重的指标。

附件：

正确使用标准的说明

1. 本标准条目只列出达到完全丧失劳动能力的起点条件，比此条件严重的伤残或疾病均属于完全丧失劳动能力。

2. 标准中有关条目所指的“长期”是经系统治疗12个月以上（含12个月）。

3. 标准中所指的“系统治疗”是指经住院治疗，或每月二次以上（含二次）到医院进行门诊治疗并坚持服药一个疗程以上，以及恶性肿瘤在门诊进行放射或化学治疗。

4. 对未列出的其他伤病残丧失劳动能力程度的条目，可参照国家标准《职工工伤与职业病致残程度鉴定》（GB/T16180—1996）相应条目执行。

事故伤害损失工作日标准

（GB/T 15499－1995）

（国家技术监督局 1995年3月10日批准 自1995年10月1日起实施）

1 主题内容与适用范围

本标准规定了定量记录人体伤害程度的方法及伤害对应的损失工作日数值。

本标准适用于企业职工伤亡事故造成的身体伤害。

2 引用标准

GB6441 企业职工伤亡事故分类

GB7794 职业性急性有机磷农药中毒 诊断标准及处理原则

GB7799 职业性急性丙烯腈中毒 诊断标准及处理原则

GB7800 职业性急性氨中毒 诊断标准及处理原则

GB8781 职业性急性一氧化碳中毒 诊断标准及处理原则

GB8787 职业性急性光气中毒 诊断标准及处理原则

GB8789 职业性急性硫化氢中毒 诊断标准及处理原则

GB11533 标准对数视力表

3 术　语

3.1 累积伤害 accumulated injury

同一、同名肢体、或器官、或组织系统的多处伤害。

3.2 共存伤害 coexistant injury

功能无关的肢体、器官、组织系统的伤害。

3.3 损失工作日 lost workdays

指被伤害者失能的工作时间。

3.4 损伤 injury

受伤害人员心理、生理、功能或解剖组织学上异常或缺失。

4 肢体损伤

4.1 截肢部位损失工作日数换算表

表1

	手				
	拇指	食指	中指	无名指	小指
远节指骨	300 (330)	100 (120)	75 (90)	60 (70)	50 (60)
中节指骨	–	200 (240)	150 (180)	120 (140)	100 (120)
近节指骨	600 (660)	400 (440)	300 (330)	240 (280)	200 (240)
掌骨	900 (990)	600 (660)	500 (550)	450 (500)	400 (480)
腕部截肢	3 000（3 600）				
	脚				
	拇趾	二趾	三趾	四趾	小趾
远节趾骨	150	35	35	35	35
中节趾骨	–	75	75	75	75
近节趾骨	300	150	150	150	150
跖骨、跗骨	600	350	350	350	350
踝部	2 400				
	上肢				
肘关节以上任一部位（包括肩关节）					4 500 (4 700)
腕以上任一部位，且在肘关节或低于肘关节					3 600 (3 800)
	下肢				
膝关节以上任一部位（包括髋关节）					4 500
踝部以上，且在或低于膝关节					3 000

注：表中括号内数值为利手对应值

4.2 肢体瘫和丧失功能

4.2.1 肢体瘫与肌力损失换算表

表2

肌力分级	0级	1级	2级	3级	4级	5级
取表1对应数值的	100%	100%	90%	66%	25%	0

4.2.2　单纯骨折损失工作日换算表

表3

骨折部位		损失工作日	骨折部位		损失工作日
4.2.2.1	锁骨	120	4.2.2.31	股骨头	310
4.2.2.2	锁骨（手术治疗）	170	4.2.2.32	臀肌粗隆	200
4.2.2.3	肋骨	110	4.2.2.33	股骨干	300
4.2.2.4	肋骨（手术治疗）	160	4.2.2.34	骰骨髁骨折	200
4.2.2.5	肩胛骨骨折	110	4.2.2.35	髌骨	190
4.2.2.6	肩胛关节盂	110	4.2.2.36	胫骨干	160
4.2.2.7	肩胛颈	110	4.2.2.37	腓骨干	160
4.2.2.8	肩峰骨折伴骨折移位	150	4.2.2.38	胫骨粗隆骨折	115
4.2.2.9	肱骨髁骨折	260	4.2.2.39	胫骨髁骨折	145
4.2.2.10	肱骨头外科颈	270	4.2.2.40	踝部内踝骨折	175
4.2.2.11	肱骨颈	270	4.2.2.41	踝部外踝骨折	115
4.2.2.12	肱骨干骨折	300	4.2.2.42	距骨	155
4.2.2.13	肱骨髁上中下	260	4.2.2.43	跟骨	155
4.2.2.14	肱骨小头骨折	350	4.2.2.44	跟骨骨折波及距跟关节	255
4.2.2.15	尺骨鹰嘴骨折	110	4.2.2.45	舟骨	205
4.2.2.16	尺骨干骨折	130	4.2.2.46	胸骨	300
4.2.2.17	桡骨头骨折	110	4.2.2.47	胸椎横突	75
4.2.2.18	桡骨下端骨折	140	4.2.2.48	单纯腰椎关节突	180
4.2.2.19	桡骨干骨折	130	4.2.2.49	腰椎压缩骨折	180
4.2.2.20	舟状骨	220	4.2.2.50	腰椎横突	170
4.2.2.21	月骨	190	4.2.2.51	腰椎棘突	170
4.2.2.22	其他腕骨	170	4.2.2.52	腰椎稳定性骨折	185
4.2.2.23	耻骨单支	160	4.2.2.53	腰椎非稳定性骨折	480
4.2.2.24	髂骨翼	200	4.2.2.54	环椎	380
4.2.2.25	骶骨骨折	50	4.2.2.55	颈7椎或胸椎棘突	170
4.2.2.26	尾骨	50	4.2.2.56	颈椎	300
4.2.2.27	骨盆前半环移位骨折	250	4.2.2.57	鼻骨	30
4.2.2.28	骨盆后半环移位	350	4.2.2.58	上颌骨	160
4.2.2.29	股骨颈关节囊内骨折	350	4.2.2.59	下颌骨	160
4.2.2.30	股骨颈关节囊外骨折	300	4.2.2.60	颧骨	110

注：开放性骨折按表3数值乘以1.5取值；闭合性裂纹型骨折乘以0.5取值。

4.2.3 手、足单纯骨折损失工作日数换算表

表4

手					
	拇指	食指	中指	无名指	小指
远节指骨	60	50	40	35	30
中节指骨	–	55	40	35	30
近节指骨	60	60	60	50	40
掌骨	70	60	60	60	60
足					
	拇趾	二趾	三趾	四趾	小趾
远节趾骨	50	20	20	20	20
中节趾骨	–	40	40	40	40
近节趾骨	60	55	55	55	55
跖骨、跗骨	65	60	60	60	60

4.2.4 肢体功能障碍

表5

功能损伤与部位	损失工作日
4.2.4.1 肩关节强直、畸形	1 000
4.2.4.2 肩关节活动度丧失50%	600
4.2.4.3 肘关节强直	700
4.2.4.4 肘关节活动限制在功能位活动度小于10°或丧失50%	400
4.2.4.5 前臂骨折畸形，愈后强直在旋前位或者旋后位	600
4.2.4.6 腕关节强直，挛缩畸形	1 500
4.2.4.7 腕关节运动活动度丧失50%	1 000
4.2.4.8 一手功能不能对指和握物	600
4.2.4.9 髋关节强直、挛缩畸形	2 000
4.2.4.10 髋关节运动活动度丧失50%	1 000
4.2.4.11 膝关节强直、挛缩畸形	1 000
4.2.4.12 膝关节运动活动度丧失达50%	600

续表

功能损伤与部位	损失工作日
4.2.4.13　开放性踝关节骨折致成踝关节强直、挛缩畸形	1 500
4.2.4.14　股骨或胫腓骨折并发假关节	3 000
4.2.4.15　股骨或胫腓骨折畸形愈合，骨折成角畸形大于15°，下肢缩短4cm以上	2 400
4.2.4.16　股骨或胫腓骨折畸形愈合，骨折成角畸形大于15°，下肢缩短5cm以上	3 000
4.2.4.17　股骨或胫腓骨折畸形愈合，骨折成角达到30°或严重转畸形	3 000
4.2.4.18　下肢骨折畸形愈合肢体短缩3cm以上	1 000
4.2.4.19　四肢长管骨骨折并发慢性骨髓炎	1 500
4.2.4.20　长管状骨折形成假关节需手术者	1 500
4.2.4.21　肩、肘、指、趾关节脱位经手法复位无明显并发证及后遗症者	30
4.2.4.22　指甲脱落在两个及以上	50
4.2.4.23　四肢软组织创口愈合，血肿吸收，功能良好	25
4.2.4.24　四肢软组织损伤，愈后能形成疤痕，有轻度活动受限	70
4.2.4.25　四肢关节附属结构损伤，关节肿胀消退、积液吸收，关节活动不受限，无外伤性关节炎	100
4.2.4.26　四肢关节附属结构损作，关节肿胀消退、积液吸收，关节活动轻度受限	180
4.2.4.27　四肢关节有脱位，愈合基本复位，关节有痛感，关节活动轻度受限	200
4.2.4.28　一手股腱损伤愈合，伸屈功能良好	60
4.2.4.29　一手肌腱损伤愈合，伸屈功能轻度障碍但能完成功能活动	300
4.2.4.30　一手皮肤套状撕脱伤	1 000
4.2.4.31　一脚皮肤套状撕脱伤	1 200

5　眼部损伤

表6

功能损伤与部位	损失工作日
5.1　五级盲	6 000A
5.2　四级盲	6 000B
5.3　三级盲	6 000C
5.4　一眼盲，另眼视力正常	1 800
5.5　视野损伤	
5.5.1　双眼视野≤80%（或半径≤50°）	1 200

续表

功能损伤与部位	损失工作日
5.5.2　双眼视野≤64%（或半径≤40°）	1 760
5.5.3　双眼视野≤48%（或半径≤30°）	2 400
5.5.4　双眼视野≤40%（或半径≤25°）	3 200
5.5.5　双眼视野≤32%（或半径≤20°）	4 400
5.5.6　双眼视野≤24%（或半径≤15°）	6 000C
5.5.7　双眼视野≤8%（或半径≤5°）	6 000B
5.6　眼睑损伤	
5.6.1　眼睑血肿	10～14
5.6.2　眼睑裂伤	5～10
5.6.3　眼睑裂伤伴后遗症	50～300
5.6.4　眼睑损伤创口愈合，眼睑闭合不全或外翻	800
5.6.5　眼睑损伤合并提上睑肌损伤，上睑下垂盖及瞳孔三分之一者	1 200
5.7　泪器损伤后溢泪，手术无法改进者	800
5.8　眼外肌损伤致麻痹性斜视	600
5.9　眼眶损伤	
5.9.1　未累及眼球	50
5.9.2　累及眼球并后遗症	600
5.9.3　眶内异物未取出者	50
5.10　结膜损伤	
5.10.1　出血或充血，能自行吸收者	5
5.10.2　后遗睑球粘连伴眼运动障碍	1 200
5.11　角膜损伤	
5.11.1　无后遗症	10～30
5.12　角巩膜损伤	
5.12.1　浅层损伤无后遗症	10～30
5.12.2　深层损伤伴并发症	50～100
5.12.3　深层损伤伴严重后遗症（包括眼内遗物）	500
5.13　虹膜睫状体损伤	
5.13.1　外伤性虹膜炎	50～100
5.13.2　瞳孔永久性散大；虹膜根部离断	600
5.13.3　前房出血	20～30
5.13.4　前房出血致角膜血染	600
5.14　晶状体损伤	
5.14.1　外伤性白内障（Ⅰ～Ⅱ期）	300～600
5.14.2　外伤性白内障（Ⅲ）期	800
5.14.3　无晶状体眼视力可矫正	700

续表

功能损伤与部位	损失工作日
5.14.4 晶体脱位	300
5.15 玻璃体积血	150～600
5.16 眼底损伤	100～600
5.17 外伤性青光眼	1 200
5.18 球内异物未取出者	700
5.19 一侧眼球摘除者	2 400

注：表中 6 000 损失工作日数值后的 A、B、C 表示严重程度等级（下文同）。

5.20 视力损失工作日数值换算表

表 7

右眼＼左眼	1.0～0.9	0.8	0.7	0.6	0.5	0.4	0.3	0.2	0.15	0.1	0.06	0.05	0.02
1.0～1.9	0	0	120	180	240	290	540	720	960	1200	1380	1500	1620
0.8	0	0	180	240	290	420	600	840	1080	1320	1440	1560	1680
0.7	120	180	240	290	360	480	720	960	1200	1440	1560	1680	1800
0.6	180	240	290	360	420	600	840	1140	1320	1560	1740	1920	2100
0.5	240	290	360	420	480	720	1020	1320	1500	1680	1920	2160	2400
0.4	290	420	480	600	720	960	1200	1500	1680	1860	2100	2400	2700
0.3	540	600	720	840	1020	1200	1500	1980	2280	2520	2820	3120	3600
0.2	720	840	960	1140	1320	1500	1980	2820	3300	3600	4020	4500	4800
0.15	960	1080	1200	1320	1500	1680	2280	3300	3780	4200	4680	4980	5280
0.1	1200	1320	1440	1560	1680	1860	2520	3600	4200	4800	5100	5400	5700
0.06	1380	1440	1560	1740	1920	2100	2820	4020	4680	5100	5520	5700	5880
0.05	1500	1560	1680	1920	2160	2400	3120	4500	4980	5400	5700	5880	6000
0.02	1620	1680	1800	2100	2400	2700	3600	4800	5280	5700	5880	6000	6000

6 鼻部损伤

表8

功能损伤与部位	损失工作日
6.1 外鼻挫伤创口愈合，肿胀消退，鼻腔能通畅	30
6.2 鼻骨骨折、鼻部轻度变形	100
6.3 鼻脱落者	2 000
6.4 鼻局部缺损致使嗅觉功能显著障碍者	1 000
6.5 鼻骨粉碎性骨折或鼻骨线形骨折，伴有明显移位者，需手术整复者	300
6.6 单纯性无移位性鼻骨骨折	60
6.7 单侧鼻腔或鼻孔闭锁	400
6.8 鼻中隔穿孔	90

7 耳部损伤

表9

功能损伤与部位	损失工作日
7.1 耳轮开放性损伤轻度血肿，或无缺损的撕裂伤，愈后无明显外形改变	20
7.2 耳轮开放性损伤明显变形	150
7.3 鼓膜充血未穿孔，无明显听力减退	20
7.4 外伤性鼓膜穿孔（鼓膜能形成疤痕与听力损失叠加计算）	
7.4.1 单侧	50
7.4.2 双侧	100
7.5 耳廓缺损	
7.5.1 一耳、两耳缺损三分之二	600
7.5.2 1/5 <一耳、两耳缺损 <1/3	300
7.5.3 1/10 <一耳、两耳缺损≤1/5	200
7.5.4 一耳、两耳缺损≤1/10	100
7.5.5 一耳再造	300
7.5.6 两耳再造	600
7.6 外耳道损伤，愈后外耳道基本畅通	30
7.7 外耳道损伤，愈后外耳道部分狭窄，但不影响听力	90

7.8 听力损伤工作日数值换算表

表 10

≥91	≥81	≥71	≥56	≥41	≥31	≥26	正常	左耳 dB 右耳 dB
1 200	1 000	800	280	220	200	80	0	正常
1 400	1 100	900	400	280	220	200	80	≥26
2 000	1 200	1 100	900	290	280	220	200	≥31
2 200	2 000	1 200	1 100	900	290	280	220	≥41
2 600	2 400	2 000	1 200	1 100	900	400	280	≥56
3 000	2 800	2 400	2 000	1 200	1 000	900	800	≥71
3 400	3 200	2 800	2 400	2 000	1 200	1 100	1 000	≥81
4 400	3 400	3 000	2 600	2 200	2 000	1 400	1 200	≥91

8 口腔颌面部损伤

表 11

功能损伤与部位	损失工作日
8.1 上唇或下唇损伤影响发音	300
8.2 上唇或下唇损伤影响发音、美观及进食功能，整形手术不能达到功能恢复者	900
8.3 颌下腺、舌下腺损伤伴有功能障碍	150
8.4 腮腺损伤伴有面神经麻痹及涎瘘	900
8.5 舌体损伤愈后，无功能障碍者	15
8.6 舌缺损，经整复手术只能部分恢复语言功能	1 500
8.7 舌下神经一侧损伤或神经一侧损伤引起舌运动及感觉功能障碍	900
8.8 口腔颌面部损伤，影响语言功能部分丧失或全部丧失	2 000 ~ 3 000
8.9 口腔颌面部损伤，引起吞咽功能（舌腭缺损）丧失不影响面容者	3 000
8.10 颌面软组织非贯穿性挫裂伤 1 ~ 2 处，创口长度不超过 2cm	25
8.11 面部软组织单个创口长度 3.5cm，或者创口累计长度达 5cm，或小于长度的颌面部穿透创	260
8.12 面部损伤能遗有明显疤痕	
8.12.1 单条长 3cm 或者长度达 4cm	260
8.12.2 单块面积 $2cm^2$ 或者累计面积达 $3cm^2$	400
8.12.3 影响面容的色素沉着面积达 $6cm^2$	700
8.13 面部损伤能遗有明显疤痕	
8.13.1 单块面积相当 $4cm^2$，条状疤痕单条长 $5cm^2$	800
8.13.2 两块面积相当 $7cm^2$，条状疤痕两条累计长度 8cm	900

续表

功能损伤与部位	损失工作日
8.13.3　三块以上面积相当 $9cm^2$；条状疤痕三条以上累计长度10cm	1 200
8.14　面部损伤留有散在的细小疤痕，范围达面部30%	1 000
8.15　三叉神经损伤，面感觉障碍	200
8.16　面神经损伤	
8.16.1　不完全性面瘫	300
8.16.2　完全性面瘫，需行吻合手术者	600
8.17　颈部损伤引起一侧颈动脉、椎动脉血栓形成，颈动、静脉瘘或者假性动脉瘤	800

8.18　长齿脱落损失工作日数值换算表

表 12

脱落、折断或手术矫正牙齿数	1	2	3	4	5	6	7
损失工作日数	20	80	180	300	350	400	450
脱落、折断或手术矫正牙齿数	8	9	10	11	12	13	14
损失工作日数	500	550	600	650	700	750	800

8.19　颧骨、上下颌骨骨折、颞下颌关节损伤

表 13

功能损伤与部位	损失工作日
8.19.1　上或下颌骨骨折愈合后，咬合功能良好，轻度影响咀嚼功能	200
8.19.2　上或下颌骨骨折愈合后，有错合畸形，开口受限	
8.19.2.1　Ⅰ度	200
8.19.2.2　Ⅱ度	1 200
8.19.2.3　Ⅲ度	2 400
8.19.3　上下颌骨合并骨折，治愈后有中枢及周围神经症状，影响功能	2 000

9 头皮、颅脑损伤

表 14

功能损伤与部位	损失工作日
9.1 头皮损伤	
9.1.1 头皮血肿，不经手术能治愈者	20
9.1.2 头皮血肿，经穿刺抽血和加压包扎后，短期内能吸收自愈者	25
9.1.3 头皮血肿，需手术者	60
9.2 头皮裂伤	
9.2.1 头皮锐器创、挫裂创 1 ~ 2 处，其累计总长度在 8cm 以下未损及骨膜	30
9.2.2 锐器创、创口累计长度达 8cm	60
9.2.3 钝器创、创口累计长度达 6cm	60
9.3 头皮撕脱伤	
9.3.1 撕脱面积 < $20cm^2$	200
9.3.2 撕脱面积 = $20cm^2$	300
9.3.3 撕脱面积 > $20cm^2$	400
9.3.4 撕脱面积达头皮面积 25%，有失血性休克者	600
9.3.5 撕脱面积达头皮面积 50%	1 000
9.3.6 全头皮撕脱	2 000
9.4 头皮缺损	
9.4.1 头皮缺损达 $10cm^2$	300
9.4.2 头皮缺损达全头皮 25%	900
9.4.3 头皮缺损达全头皮 25% 以上	2 400
9.4.4 头皮大部分缺损	3 000
9.5 颅骨骨折	
9.5.1 颅盖骨单纯线状骨折，创口愈合血肿吸收，不伴有颅神经损伤症状	150
9.5.2 颅盖骨多发性骨折	400
9.5.3 颅盖骨凹陷性骨折	400
9.5.4 颅盖骨凹陷性骨折需手术整复，非功能区超过 0.5cm ×20cm	1 000
9.5.5 颅盖骨凹陷性骨折需手术整复，功能区超过 0.5cm × 20cm	1500
9.5.6 眶部骨折	
9.5.6.1 单纯闭合骨折	90

续表

功能损伤与部位	损失工作日
9.5.6.2　单纯开放骨折	150
9.5.6.3　遗有眶部轻度变形	250
9.5.6.4　与健侧相比，遗有容貌明显改变	700
9.5.7　颌面软组织及颌骨外伤缺损遗有神经症状影响功能者	680
9.5.8　吞咽、迷走神经损伤、呛咳、误咽、声音嘶哑	2300
9.5.9　咀嚼、咽下功能能遗有显著障碍者	3000
9.5.10　吞咽、迷走神经损伤，遗有吞咽神经痛	3500
9.6　颅底骨折不伴有颅神经损伤，仅有脑脊液漏者	400
9.7　头部损伤，当时无意识障碍，有主诉症状，但临床神经系统检查无客观体征	60
9.8　轻型颅脑损伤	
9.8.1　头部损伤，有原发性意识障碍，伴有逆行性健忘，无颅骨骨折，无神经定位体征，仅有头痛、头迷等症状	200
9.8.2　头部损伤颅骨骨折，遗有头痛、头迷等症状，神经系统无阳性体征，头颅 CT 无脑实质损害，脑电图有轻度异常	400
9.9　中型颅脑损伤	
9.9.1　仅有脑挫伤，头颅 CT 证实有挫伤，神经系统有或无阳性体征，脑电图有中度以上异常改变者	600
9.9.2　脑挫裂伤，伴有蛛网膜下腔出血，腰椎穿刺有血性脑脊液	1 000
9.9.3　脑挫裂伤，蛛网膜下腔出血和颅骨骨折	1 200
9.9.4　脑挫裂伤和凹陷性骨折需手术者	1 500
9.10　重型颅脑损伤	
9.10.1　颅内血肿	
9.10.1.1　硬脑膜外血肿需手术清除者	1 200
9.10.1.2　硬脑膜下血肿需手术清除者	1 500
9.10.1.3　脑内单发血肿需手术清除者	2 000
9.10.1.4　颅内多发性血肿需手术清除者	3 000
9.10.1.5　广泛脑挫裂伤合并小血肿不需手术者	2 000
9.10.2　脑干损伤	
9.10.2.1　轻度	700
9.10.2.2　中度	3 000
9.10.2.3　重度	5 000
9.10.2.4　极重型	6 000
9.11　颅脑损伤合并症	
9.11.1　头皮感染合并颅骨骨髓炎	1 000
9.11.2　化脓性脑膜炎	1 500
9.11.3　外伤性脑脓肿	2 000

续表

功能损伤与部位	损失工作日
9.11.4　颅骨缺损，需行颅骨成形术者	800
9.11.5　颅底骨折伴有脑脊液漏（鼻、耳漏）	
9.11.5.1　不需手术者，有不全面听神经损伤	1 000
9.11.5.2　颅神经损伤，需要手术修复者	2 000
9.11.5.3　不能修复者	2 500
9.11.6　颅底骨折合并嗅神经损伤，单侧	300
9.11.7　颅底骨折合并嗅神经损伤，双侧	800
9.11.8　颅底骨折合并视神经损伤，单侧	2 000
9.11.9　颅底骨折合并视神经损伤，双侧	3 000
9.11.10　前庭神经损伤、脑晕、平衡障碍或有呕吐者	700
9.12　颅内异物，有功能障碍者	2 000
9.13　脑外伤遗有失语	
9.13.1　不完全失语	2 300
9.13.2　完全运动性失语	4 000
9.13.3　完全感觉性或混合性失语	6 000
9.13.4　不完全性失用、失写、失读、失认等	1 000
9.13.5　完全性失用、失写、失读、失认等	2 300
9.14　脑外伤性癫痫	
9.14.1　用抗癫痫药物能控制者	1 200
9.14.2　每月大发作一次，小发作平均每周一次	2 400
9.14.3　每月大发作二次，小发作二次以上	6 000
9.15　颅脑损伤致其他症与并发症	
9.15.1　外伤性颈内动脉海绵窦瘘	2 000
9.15.2　垂体功能低下综合症	3 500
9.15.3　尿崩症	3 000
9.16　外伤性智力损伤	
9.16.1　轻微适应缺陷	850
9.16.2　轻度适应缺陷	2 300
9.16.3　中度适应缺陷	4 000
9.16.4　重度适应缺陷	6 000C
9.16.5　极重度适应缺陷	6 000A
9.17　精神病症状	
9.17.1　人格改变	1 200
9.17.2　精神病症状影响职业劳动	2 400
9.17.3　精神病症状致使缺乏社交能力	4 400
9.17.4　精神病症状表现为危险或冲动行为	6 000C
9.17.5　精神病症状缺乏生活自理能力	6 000B

10 颈部损伤

表15

功能损伤与部位	损失工作日
10.1 甲状腺损伤	
10.1.1 伴有喉返神经损伤致使功能严重障碍	1 000
10.1.2 甲状腺功能轻度损伤	1 200
10.1.3 甲状腺功能中度损伤	2 400
10.1.4 甲状腺功能重度损伤	4 400
10.2 甲状旁腺损伤	
10.2.1 甲状旁腺功能轻度损伤	300
10.2.2 甲状旁腺功能中度损伤	1 700
10.2.3 甲状旁腺功能重度损伤	5 000
10.3 胸导管损伤致乳糜胸，保守治疗可痊愈者	150
10.4 胸导管损伤致乳糜胸，需手术治疗	500
10.5 喉损伤，遗有喉狭窄声带轻度麻痹，能基本发音和呼吸	800
10.6 喉损伤，引起喉狭窄影响发音及呼吸者	1 600
10.7 颈部创口1~2处，单创口长度不超过5cm，无运动功能障碍	25

11 胸部损伤

表16

功能损伤与部位	损失工作日
11.1 胸部严重挤压伤不影响呼吸功能致成胸壁组织缺损或胸壁组织疤痕挛缩	
11.1.1 损伤面积占体表面积1%	60
11.1.2 损伤面积占体表面积2%	120
11.1.3 损伤面积占体表面积3%	300
11.1.4 多发性肋骨骨折出现胸壁浮动，反常呼吸、呼吸困难	800
11.2 胸部外伤致成胸壁组织缺损，或胸壁组织疤痕挛缩其面积占体表面积3%以上者，且影响呼吸功能和胸部活动的：	
11.2.1 轻微	600
11.2.2 中度	1 200

续表

功能损伤与部位	损失工作日
11.2.3　重度	1 700
11.3　胸部严重挤压伤	
11.3.1　致使循环、呼吸运动障碍，愈后症状消失，心、肺功能恢复正常	250
11.3.2　致使循环障碍，合并呼吸窘迫综合症（ARDS），愈后心、肺功能不良	2 500
11.3.3　致使颅内出血，肺合并呼吸窘迫综合症（ARDS），肾合并挤压综合症	4 000
11.4　女性乳房损伤，导致一侧乳房部分缺失或乳腺导管损伤	200
11.5　女性一侧乳房缺失，双侧乳房丧失哺乳功能（未婚、育龄女性）	1 200
11.6　闭合性气胸	
11.6.1　小量气胸，有轻度呼吸加快，愈后无不良改变	50
11.6.2　积气多、呼吸困难，呼吸音减弱或消失，愈后无症状	90
11.7　开放性气胸，严重缺氧、紫绀，常伴有休克，并遗有二级呼吸困难	300
11.8　张力性气胸，愈后症状消失	150
11.9　张力性气胸，愈后遗有呼吸困难二级	300
11.10　外伤性血胸	
11.10.1　小量血胸，无明显症状和体征	150
11.10.2　中等量以上血胸有明显症状和体征，可伴有休克，愈后有轻度胸膜粘连	600
11.10.3　进行性血胸，迟发性血胸，凝固性血胸，呼吸困难，需剖胸手术治疗	1 200
11.10.4　胸壁异物滞留	200 ~ 600
11.10.5　血气胸行单纯闭式引流手后，胸膜粘连增厚	500
11.11　胸部外伤致成脓胸	
11.11.1　单纯胸腔闭式引流可治愈，愈后不影响呼吸功能	200
11.11.2　局限性脓胸行部分胸改术	1 800
11.11.3　需胸廓改形术治疗，术后明显影响呼吸功能，呼吸困难在二级以上者	2 300
11.11.4　胸改术后，呼吸困难在三级以上者	4 000
11.11.5　一侧胸改术后，切除六根肋骨以上	6 000C
11.11.6　胸部外伤致成支气管胸膜瘘、脓胸	2 000
11.11.7　胸部外伤致成脓胸治疗后遗有呼吸困难四级	6 000

续表

功能损伤与部位	损失工作日
11.12　胸部外伤致成呼吸窘迫综合症	
11.12.1　纵隔气肿	1 000
11.12.2　纵隔脓肿	2 500
11.12.3　纵隔炎	2 000
11.13　食管损伤	
11.13.1　愈后能进普通饮食者	200
11.13.2　食道狭窄，能进半流食者	1 000
11.13.3　食道狭窄，只能进全流食者	3 500
11.13.4　食管切除术后进食正常者	1 000
11.13.5　食管重建术后并返流食管炎	2 300
11.13.6　食管重建术后吻合口狭窄，仅能进半流食者	2 400
11.13.7　食管重建术后吻合口狭窄，仅能进流食者	4 500
11.13.8　食管闭锁或切除后摄食依赖胃造瘘者	6 000B
11.14　气管、支气管破裂，保守治疗可治愈，愈后功能良好	300
11.15　气管、支气管破裂，需重建呼吸道，术后呼吸通畅，呼吸功能良好	1 000
11.16　肺爆震伤	
11.16.1　轻者：胸痛、胸闷、咳嗽、咳泡沫样血痰，愈后症状消失，肺功能正常	400
11.16.2　重者：烦燥不安、呼吸困难、紫绀，甚至休克	1 000
11.17　肺破裂，肺损伤形成较大的肺内血肿，或间质出血，合并血气胸严重影响呼吸功能	2 000
11.18　长管状骨折，致成肺脂肪栓塞综合症	4 000
11.19　肺损伤	
11.19.1　肺修补术	800
11.19.2　肺内异物滞留或异物摘除术后	900
11.19.3　支气管成形术	800
11.20　肺切除	
11.20.1　肺段切除	1 200
11.20.2　肺段切除，肺功能轻度损害	1 700
11.20.3　肺叶切除，并肺段或楔形切除	2 400
11.20.4　双肺叶切除	4 000
11.20.5　肺叶切除后，并部分胸改术	3 800
11.20.6　一侧全肺切除术后肺功能中度损伤	4 400
11.20.7　一侧全肺切除，并胸廓改形术	6 000C
11.21　心脏、血管损伤	

续表

功能损伤与部位	损失工作日
11.21.1 心脏挫伤，有心律失常：如心房纤颤、室性心动过速	4 500
11.21.2 心包破裂、心包异物，需手术者	800
11.21.3 心脏或大血管损伤并有心包填塞、损伤性动脉瘤	3 000 ~5 000
11.21.4 心脏修补术	1 190
11.21.5 大血管修补术	800
11.21.6 心脏异物滞留或异物摘除术后	1 100
11.21.7 血管代用品重建血管	1 200
11.21.8 冠状运脉旁路移植术	3 100
11.21.9 瓣膜置换术后	4 000
11.21.10 瓣膜置换术后，心功能不全二级	5 000
11.21.11 瓣膜置换术后，心功能不全三级	6 000B
11.21.12 心脏损伤Ⅲ度房室传导阻滞	6 000C
11.22 创伤性膈肌破裂致成膈疝	1 000
11.23 膈肌修补术	600

12 腹部损伤

表 17

功能损伤与部位	损失工作日
12.1 腹壁损伤	
12.1.1 单纯腹壁损伤，创口愈合，血肿吸收	30
12.1.2 损伤疤痕收缩，活动有疼痛感	100
12.1.3 腹壁缺损 10cm 左右	1 200
12.1.4 腹壁缺损大于腹壁的四分之一	2 400
12.2 腹膜后间隙损伤	
12.2.1 愈后血肿吸收，轻度腹胀	200
12.2.2 神经丛损伤致持久严重腹胀	400
12.3 腹部损伤致使腹腔积血，需剖腹手术探察	400
12.4 实质器官损伤（肝、脾、肾）保守疗法可治愈	350
12.5 实质器官损伤，切口愈合有轻度腹胀	750
12.6 肾损伤	
12.6.1 一侧肾全切除，另一侧肾正常	2 500
12.6.2 一侧肾脏破裂引起出血性休克，肾脏损伤后期伴有肾性高血压、肾功能障碍	3 000
12.6.3 一侧肾切除，对侧肾功能不全代偿期	4 000
12.6.4 一侧肾切除，对侧肾功能不全失代偿期	6 000C

续表

功能损伤与部位	损失工作日
12.6.5 一侧肾切除，对侧肾部分切除后，肾功能不全失代偿期	6 000B
12.6.6 双肾切除，能用透析维持或同种异体肾移植术	6 000A
12.7 脾摘除	
12.7.1 30 岁以上摘除者	1 400
12.7.2 30 岁以下摘除者	2 500
12.8 空腔器官损伤（胃、肠、胆囊）伴有疝，手术修复，影响功能	700
12.9 胃切除	
12.9.1 胃部分切除	500
12.9.2 胃切除二分之一	800
12.9.3 胃切除三分之二	1 200
12.9.4 胃切除四分之三	2 400
12.9.5 胃全切	4 400
12.10 肠损伤	
12.10.1 腹部损伤致使空腔脏器穿孔术后合并腹膜炎	1 000
12.10.2 腹部损伤致使肠梗阻或者肠瘘者发作频繁	2 500
12.10.3 腹部损伤致使肠梗阻或者肠瘘者发作不频繁	1 500
12.11 小肠切除	
12.11.1 小肠切除 <1/3	400
12.11.2 小肠切除≥1/3	800
12.11.3 小肠切除三分之一，并回盲部切除	1 200
12.11.4 小肠切除≥1/2	1 800
12.11.5 小肠切除三分之二，保留回盲部	2 400
12.11.6 小肠切除三分之二，回盲部也切除，施行逆蠕动吻合术	3 200
12.11.7 小肠切除四分之三，施行逆蠕动吻合术	4 400
12.11.8 小肠切除四分之三，未施行逆蠕动吻合术	6 000C
12.11.9 小肠切除 <3/4，未施行逆蠕动吻合术	6 000B
12.11.10 小肠切除 90% 以上	6 000A
12.11.11 结肠部分切除	600
12.11.12 右、左横结肠大部分切除	850
12.11.13 右半结肠切除	1 000
12.11.14 外伤致直肠脱出，治疗后效果不佳	800
12.11.15 左半结肠切除	1 200
12.11.16 乙状结肠或回盲部切除	700
12.11.17 会阴部损伤后，肛门排便轻度障碍	1 700
12.11.18 会阴部损伤后，肛门排便重度障碍	4 000
12.11.19 直肠、肛门、结肠部分切除，结肠造瘘	2 600

续表

功能损伤与部位	损失工作日
12.11.20 全结肠、直肠、肛门切除，回肠造瘘	5 000
12.12 肝损伤	
12.12.1 肝外伤、合并胆瘘	1 500
12.12.2 肝部分切除	790
12.12.3 肝切除二分之一	2 000
12.12.4 肝切除三分之二	3 500
12.12.5 肝切除三分之二，并有常规肝功能轻度损伤	4 500
12.12.6 肝切除三分之二，并有常规肝功能中度损伤	6 000C
12.12.7 肝切除四分之三，并有常规肝功能重度损伤	6 000B
12.12.8 肝外伤后发生门脉高压三联症或发生 Budd - chiar 氏综合症	6 000B
12.12.9 肝切除后，原位肝移植	6 000A
12.13 胆损伤	
12.13.1 胆肠吻合术后	1 200
12.13.2 致肝功能轻度损伤	2 500
12.13.3 胆道反复感染	2 400
12.13.4 致中度肝功能损伤	4 500
12.13.5 致重度肝功能损伤	6 000B
12.14 胰损伤	
12.14.1 胰部分切除	750
12.14.2 胰切除二分之一	1 300
12.14.3 胰次全切除，胰岛素依赖	3 200
12.15 外力引起腹疝，需简单手术修复	450
12.16 外力引起腹疝，需复杂手术修复	600
12.17 膀胱损伤	
12.17.1 闭合性膀胱挫伤、镜检血尿在二周内自行消失	30
12.17.2 膀胱破裂，手术修复，无尿道狭窄	450
12.17.3 膀胱破裂，手术修复，有尿道狭窄	900
12.17.4 膀胱破裂，手术修复，尚须改道者	3 000
12.17.5 膀胱损伤，轻度排尿障碍	1 760
12.17.6 神经原性膀胱残余尿≥50mL	3 200
12.17.7 膀胱部分切除容量＜100mL	3 500
12.17.8 永久性膀胱造瘘	4 500
12.17.9 重度排尿障碍	4 800
12.17.10 膀胱全切除	6 000C
12.18 尿道瘘不能修复者	2 500
12.19 尿道狭窄需定期行扩张术	4 400
12.20 一侧输尿管狭窄，肾功能不全代偿期	3 500

续表

功能损伤与部位	损失工作日
12.21　永久性输尿管腹壁造瘘	4 500
12.22　双侧输尿管狭窄，肾功能不全失代偿期	6 000C
12.23　腰部软组织损伤	
12.23.1　轻度挫伤占腰部体表面积30%以下	100～200
12.23.2　广泛挫伤占腰部体表面积30%以上	300～400
12.23.3　躯干部创口1～2处，累计长度10cm以下，仅伤及肌层	25
12.24　会阴部损伤	
12.24.1　阴囊一侧挫伤形成较小血肿，未伤及睾丸，能自行吸收	20
12.24.2　会阴部较小血肿能自行吸收	20

13　骨盆部损伤

表18

功能损伤与部位	损失工作日
13.1　骨盆不稳定性骨折	2000
13.2　骨盆稳定性骨折	300
13.3　骨盆骨折合并尿道损伤，遗有尿道狭窄，不需手术修复	1 500
13.4　骨盆骨折合并尿道损伤，完全性尿道断裂，需手术治疗	2 500
13.5　骨盆骨折，遗产道狭窄（未育者）	1 700
13.6　生殖器官损伤	
13.6.1　已育妇女子宫切除或部分切除	900～1 000
13.6.2　子宫修补术	400
13.6.3　未育妇女子宫切除或部分切除	2 300～2 400
13.6.4　一侧睾丸切除	1 200
13.7　外伤致孕妇早产、流产	600
13.8　外伤致孕妇胎盘早期剥离发生出血性休克	1 000

14 脊柱损伤

表19

功能损伤与部位	损失工作日
14.1 脊椎骨骨折，造成轻度驼背畸形	600
14.2 脊柱施内固定术，屈伸功能受影响	1 000
14.3 压缩性骨折达椎体三分之一以上	1 000
14.4 压缩性骨折达椎体二分之一以上	1 500
14.5 脊椎骨折伴有神经压迫症状	1 500
14.6 脊柱损伤致脊髓半离断	4 000 ~600
14.7 脊柱损伤致脊髓离断形成截瘫者	6 000
14.8 上胸段、颈段高位截瘫	6 000A

15 其他损伤

表20

功能损伤与部位	损失工作日
15.1 接触国家规定的工业毒物、有害气体急性中毒	
15.1.1 一氧化碳中毒	
15.1.1.1 轻度中毒	30 ~50
15.1.1.2 中度中毒	200 ~400
15.1.1.3 重度中毒	450 ~1 100
15.1.1.4 严重一氧化碳中毒，急性中毒症状消失，导致脑实质病变或痴呆者	4 400 ~6 000
15.1.2 有机磷农药中毒	
15.1.2.1 轻度中毒	30 ~90
15.1.2.2 中度中毒	200 ~350
15.1.2.3 重度中毒	400 ~850
15.1.3 硫化氢中毒	
15.1.3.1 轻度中毒	30 ~50
15.1.3.2 中度中毒	200 ~350
15.1.3.3 重度中毒	400 ~850
15.1.4 氨中毒	
15.1.4.1 轻度中毒	30 ~50
15.1.4.2 中度中毒	200 ~350

续表

功能损伤与部位	损失工作日
15.1.4.3　重度中毒	400～850
15.1.4.4　急性中毒严重损伤呼吸道并遗有功能障碍者	2 000
15.1.5　光气中毒	
15.1.5.1　轻度中毒	30～50
15.1.5.2　中度中毒	200～350
15.1.5.3　重度中毒	400～850
15.1.6　丙烯腈中毒	
15.1.6.1　轻度中毒	30～50
15.1.6.2　重度中毒	400～850
15.1.7　接触高浓度有害气体、毒物，急性中毒症状消失后，遗有心肌、肝肾等内脏损伤，且明显影响劳动功能者	2 400～4 400
15.1.8　接触高浓度有害气体、毒物，急性中毒症状消失后，遗有造血功能改变且影响劳动能力者	3 000～3 500
15.1.9　接触高浓度有害气体、毒物，急性中毒症状消失后，遗有明显精神障碍且影响劳动能力者	2 400～4 400
15.1.10　接触国家规定的其他工业毒物、有害气体所致急性中毒	
15.1.10.1　有接触反应、刺激反应，符合观察对象条件者	3～15
15.1.10.2　轻度中毒	30～50
15.1.10.3　中度中毒	200～300
15.1.10.4　重度中毒	400～1 100
15.2　烧伤	
15.2.1　Ⅰ度、浅Ⅱ度烧伤，面积在3%以下	25
15.2.2　深Ⅱ度烧伤、烧伤面积2%	40
15.2.3　浅Ⅱ度烧伤、烧伤面积5%	40
15.2.4　轻度烧伤（较上述严重的轻度烧伤）	110
15.2.5　中度烧伤	
15.2.5.1　烧伤面积≥11%	200
15.2.5.2　烧伤面积≥20%	250
15.2.5.3　烧伤面积30%	800
15.2.5.4　Ⅱ度烧伤≤10%，Ⅲ度烧伤面积≥5%	300
15.2.6　重度烧伤	
15.2.6.1　Ⅲ度烧伤面积≥10%	600
15.2.6.2　Ⅲ度烧伤面积≥15%	1 000
15.2.6.3　Ⅲ度烧伤面积20%	2 000
15.2.6.4　31%≤烧伤面积<40%	1 100

续表

功能损伤与部位	损失工作日
15.2.6.5　40%≤烧伤面积<50%	1 700
15.2.7　特重度烧伤	
15.2.7.1　Ⅲ度烧伤面积>20%	2 000
15.2.7.2　50%≤烧伤面积<60%	2 200
15.2.7.3　60%≤烧伤面积<70%	3 000
15.2.7.4　70%≤烧伤面积≤80%	5 500
15.2.7.5　Ⅲ度烧伤面积≥50%	5 500
15.2.8　明显的呼吸道烧伤；或休克；或化学中毒	600
15.2.9　特殊部位烧伤	
15.2.9.1　手指端植皮	30
15.2.9.2　手背植皮面积>1/3	500
15.2.9.3　手掌植皮面积>30%	600
15.2.9.4　足背植皮面积>2/3	600
15.2.9.5　头、面、颈、会阴部位Ⅲ度烧伤，面积占人体总面积≥3%	300
15.2.9.6　面部广泛植皮	1 200
15.2.9.7　全颜面植皮	2 400
15.2.9.8　面部轻度毁容	3 200
15.2.9.9　面部中度毁容	4 400
15.2.9.10　面部重度毁容	6 000C
15.3　低温损伤	
15.3.1　冻伤	
15.3.1.1　Ⅰ度冻伤	75
15.3.1.2　Ⅱ度冻伤	90
15.3.1.3　Ⅲ度冻伤	100～300
15.3.1.4　Ⅳ度冻伤	300～800
15.3.2　冻僵	
15.3.2.1　轻度冻僵	100
15.3.2.2　中度冻僵	300
15.3.2.3　重度冻僵	1 000
15.4　损伤引起出血	
15.4.1　失血量占全身总血量3%以下	25
15.4.2　失血量占全身总血量10%	100
15.4.3　失血量占全身总血量20%	200～290
15.4.4　失血量占全身总血量30%	300～800
15.5　软组织轻度挫伤占体表面积3%者	25

续表

功能损伤与部位	损失工作日
15.6　轻微物理性、化学性、生物性损伤，对人体未造成明显影响，无后遗症者	25
15.7　臂丛神经损伤	
15.7.1　感觉运动机能恢复	180
15.7.2　感觉运动机能轻度障碍	1 000
15.7.3　感觉运动机能完全丧失	2 700
15.8　桡神经干损伤	
15.8.1　感觉运动机能恢复	200
15.8.2　感觉运动机能轻度障碍	460
15.8.3　感觉运动机能遗有"垂腕"、拇指伸展及外展力消失、其余四指伸展力消失，肘关节屈曲及前臂施展均软弱，感觉丧失区以手背为主	3 200
15.9　正中神经干损伤	
15.9.1　感觉运动机能恢复	150
15.9.2　感觉运动机能轻度障碍	300
15.9.3　感觉运动机能完全丧失	2 300
15.10　尺神经干损伤	
15.10.1　感觉运动机能恢复	260
15.10.2　感觉运动机能轻度障碍	600
15.10.3　感觉运动机能完全丧失	3 600
15.11　胫神经干损伤	
15.11.1　感觉运动机能恢复	260
15.11.2　感觉运动机能轻度障碍	600
15.11.3　感觉运动机能完全丧失	2 400
15.12　腓神经干损伤	
115.12.1　感觉运动机能恢复	260
15.12.2　感觉运动机能轻度障碍	600
15.12.3　感觉运动机能完全丧失	2 400
15.13　股神经干损伤	
15.13.1　感觉运动机能恢复	150
15.13.2　感觉运动机能轻度障碍	460
15.13.3　感觉运动机能完全丧失	4 500
15.14　坐骨神经干损伤	
15.14.1　感觉运动机能恢复	360
15.14.2　感觉运动机能轻度障碍	2 000
15.14.3　感觉运动机能完全丧失	4 500

续表

功能损伤与部位	损失工作日
15.15 末梢神经损伤	
15.15.1 感觉运动机能恢复	30
15.15.2 感觉运动机能轻度障碍	60

附录 A
伤情判定依据
（补充件）

A1 四肢

A1.1 本标准表 1 所示数字，是指该截肢部位对应的损失工作日数（参照图 1），计算时仅取该数值，其数值与该部位前端各部位所对应的数值无关。比如：无名指近节指骨截肢，应记该部位所示数字——240 日，不应按 240 + 120 + 60 进行计算。

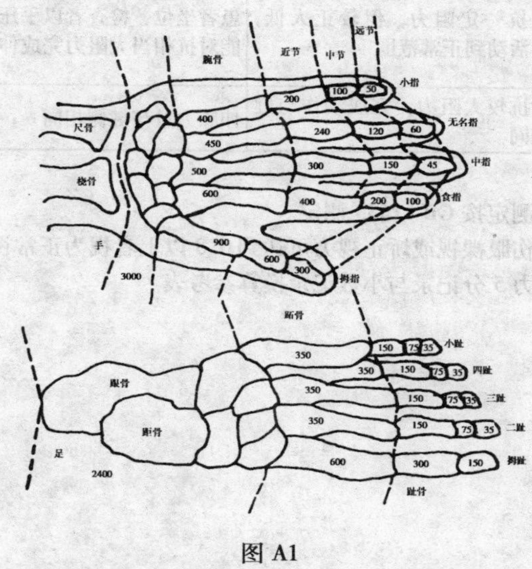

图 A1

A1.2 肌力等级标准及判定方法

表 A1

级别	名称	愈后症状	判定标准（以四头肌为例）
0	全瘫	用力收缩该部位肌肉以期完成动作，但看不到肌肉收缩	无肌肉收缩
1	微弱	用力收缩该部位肌肉以期完成动作，可看到和触到肌肉变紧，肌腱活动，但不能产生关节活动	有轻微肌肉收缩，但不能产生动作
2	差	排除肢体重力时，肌肉收缩可使关节主动活动	侧卧位、患肢居上，能主动伸直原先屈曲的膝关节。在地心引力相反方向能完成动作
3	良	能抗肢体重力，关节能主动活动到正常范围，但不能对抗阻力进行活动	坐床边小腿下垂，膝关节能主动伸直，此法可视作能抗肢体重力
4	优	可对抗一定阻力，但较正人低，关节活动到正常范围	患者坐位，检查者以手压住病人小腿时，能对抗相当大阻力完成伸膝动作
5	正常	能对抗较大阻力，完成动作与健侧相同	伸膝力量与健侧相同

A2　**眼部**

A2.1　视力测定按 GB 11533 测定。

A2.1.1　凡伤眼裸视或矫正视力可达到 0.8 以上者视为正常视力。

A2.1.2　视力 5 分记录与小数记录换算参考表

表 A2

旧法记录		0（无光感）				1/∞（光感）				0.001（手动）		
5 分记录		0				1				2		
旧法记录，cm（手指/cm）	6	8	10	12	15	20	25	30	35	40	45	
5 分记录	2.1	2.2	2.3	2.4	2.5	2.6	2.7	2.8	2.85	2.9	2.95	
走近距离	50cm	60cm	80cm	1m	1.2m	1.5m	2m	2.5m	3m	3.5m	4m	4.5m
小数记录	0.01	0.012	0.015	0.02	0.025	0.03	0.04	0.05	0.06	0.07	0.08	0.09
5 分记录	3.0	3.1	3.2	3.3	3.4	3.5	3.6	3.7	3.8	3.85	3.9	3.95
小数记录	0.1	0.12	0.15	0.2	0.25	0.3	0.4	0.5	0.6	0.7	0.8	0.9
5 分记录	4.0	4.1	4.2	4.3	4.4	4.5	4.6	4.7	4.8	4.85	4.9	4.95
小数记录	1.0	1.2	1.5	2.0	2.5	3.0	4.0	5.0	6.0	8.0	10.0	
5 分记录	5.0	5.1	5.2	5.3	5.4	5.5	5.6	5.7	5.8	5.9	6.0	

A2.1.3 视野有效值与视野缩小度数（半径）对照表

表 A3

视野有效值,%	视野度数（半径）
8	5°
16	10°
24	15°
32	20°
40	25°
48	30°
56	35°
64	40°
72	45°
80	50°
88	55°
96	60°

A2.1.4 无晶体眼视觉损伤程度参考表

表 A4

视力	无晶体眼中心视力有效值,%		
	晶体眼	单眼无晶体	双眼无晶体
1.2	100	50	75
1.0	100	50	75
0.8	95	47	71
0.6	90	45	67
0.5	85	42	64
0.4	75	37	58
0.3	65	32	49
0.25	60	30	45
0.20	50	25	37
0.15	40	20	30
0.12	30	—	22
0.1	20	—	—

A2.2 低视力与盲分级

表 A5

类别	级别	矫正视力	
		最高 <	最低 ≥
低视力	1	0.3	0.1
	2	0.1	0.05（3m 指数）
盲	3	0.05	0.02（1m 指数）
	4	0.02	光感
	5	无光感	

注：中心视力好，而视野缩小，以注视点为中心，视野半径小于 10°而大于 5°者为 3 级盲；如半径小于 5°者为 4 级盲。

A2.2.1 盲或低视力均指双眼。

A2.2.2 最佳矫正视力，是指以适当镜片矫正能达到的最高视力（或以针孔镜所测得的视力）。若矫正无效，即以裸眼视力为准。

A2.2.3 视力测定低至不能认定指数时，则按常规进行暗室检查，以确定有无光感。

A2.3 在日光下确定视标直径 1 cm。以八方位的视野角度测定。减退至正常视野的 60%以下者，谓之视野变形。暗点应采用绝对暗点为准。单眼检查发现视野明显缩小者，可按常规方法，采用球面视野计测定视野。

A2.4 眼球显著调节机能障碍是指调节力减退二分之一以上者。向某一方向侧视时发生转动闲难，非盲眼且可伴有复视现象。

A2.5　眼部损伤各条款未提及者，可按视力一项记录鉴定。

A3　口腔颌面部损伤

A3.1　开口度按下述方法确定：以被测者手指置入上、下切牙切缘间进行测定。

a. 正常开口度：大开口时，可将食指、中指、无名指并列垂直置入；

b. 开口困难Ⅰ度，大开口时，只能将食指、中指并列垂直置入；

c. 开口困难Ⅱ度，大开口时，只能将食指横径垂直置入；

d. 开口困难Ⅲ度，大开口时，食指横径不能垂直置入；

e. 不能开口。

A3.2　面神经损伤评定

本标准所涉及到的面神经损伤主要指外周性（核下性）病变。

一侧完全性面神经损伤系指面神经的五个分支（颞支、颧支、颊支、下颌缘支及颈支）支配的全部颜面肌肉瘫痪，表现：

a. 额纹消失，不能皱眉；

b. 眼睑不能充分闭合，鼻唇沟变浅；

c. 口角下垂，不能示齿、鼓腮、吹口哨、饮食时汤水流逸。

不完全性面神经损伤系指出现部分上述症状和体征及鳄泪、面肌间歇抽搐或在面部运动时出现联动者。

A3.3　面部异物色素沉着或脱失的判定

a. 轻度：异物色素沉着或脱失超过额面总面积的四分之一。

b. 重度：异物色素沉着或脱失超过颜面总面积的二分之一。

A3.4　毁容分级

A3.4.1　重度：面部瘢痕畸形。并有以下六项中四项者：

a. 眉毛缺损；

b. 双睑外翻或缺损；

c. 外耳缺损；

b. 鼻缺损；

e. 上下唇外翻或小口畸形；

f. 颈颏粘连。

A3.4.2　中度：具有下述六项中三项者：

a. 眉毛部分缺损；

b. 眼睑外翻或部分缺损；

c. 耳廓部分缺损；

d. 鼻翼部分缺损；

e. 唇外翻或小口畸形；

f. 颈部增生性瘢痕畸形。

A3.4.3　轻度：含中度畸形六项中二项者。

A4　**颅脑损伤**

A4.1　轻型颅脑损伤：即单纯脑震荡，伤后有立即发生一次性意识障碍史，昏迷时间在0.5h之内，清醒后有“逆行性健忘”，有轻度头痛、头昏、头晕、恶心呕吐、无力等症状，生命体征基本正常。

A4.2　中型颅脑损伤：即轻度脑挫伤，伴有蛛网膜出血，但无脑受压征，昏迷时间在0.5～12h内，有较轻神经系统阳性体征。

A4.3　重型颅脑损伤：深昏迷在12h（含12h）以上，有明显神经系统体征。

A4.4　极重型颅脑损伤：严重脑挫裂伤，伤后立即深昏迷，有去大脑僵直或有晚期脑疝，表现双侧瞳孔扩大，生命体征衰竭或呼吸几近停止等。

A4.5　智力损伤对照表

表A6

适应能力	适应能力行为表现	IQ值（智商）
轻微适应缺陷	记忆力明显减弱，脑力劳动速度减慢，劳动能力轻度下降，不能完成高级复杂的脑力劳动。适应行为低于一般人水平，具有相当的实用技能，如能独立生活，能承担一般的家务劳动或工作，但缺乏技巧和创造性	70～85
轻度适应缺陷	领悟、理解、综合分析困难，反映迟钝，记忆力很差，经指导能适应社会	50～69
中度适应缺陷	适应行为不完全、实用技能不完全，能生活自理，能做简单家务劳动；生活尚需他人帮助。阅读和计算能力差，对周围环境辨别能力差，能以简单方式与别人交往，能掌握日常用语	35～49
重度适应缺陷	适应行为差，生活能力差，即使经过训练也很难达到自理，日常生活需他人照料，语言功能严重受损，不能有效地进行语言交流	20～34
极重度适应缺陷	适应行为极差，面容明显呆滞，终生需他人照料，运动感觉功能差，通过训练，下肢、手及颌的运动有所反应、语言功能丧失	20以下

A4.6　精神病症状

有下列表现之一者：

a. 突出的妄想；

b. 持久或反复出现的幻觉；

c. 病理性思维联想障碍；

d. 紧张综合症，包括紧张性运动兴奋与紧张性木僵；

e. 情感障碍显著，且妨碍社会功能（包括生活自理、社交功能及职业和角色功能）。

A4.7 人格改变

由于外伤或职业中毒因素影响大脑所造成的器质性人格异常，称为人格改变。

器质性人格改变，以行为模式和人际关系显著而持久的改变为主要临床表现，至少有下述情况之一：

a. 情绪不稳，有习惯态度和行为方式的改变，如心境由正常突然转变为抑郁，或焦虑，或易激惹；

b. 反复的暴怒发作或攻击行为，与诱发因素显然不相称。对攻击冲动控制能力减弱；

c. 社会责任感减退，工作不负责任，丧失兴趣，与人交往而无信；性欲减退或丧失，情感迟钝、冷漠，或产生欣快症，对周围事物缺乏应有的关心，对人也不能保持正常的人际关系；

d. 本能亢进，伦理道德观念明显受损，缺乏自尊心和羞耻感；自我中心，易于冲动，行为不顾后果：

e. 社会适应能力明显受损。

A5 癫痫分级

癫痫的诊断：要有企业事故受伤史，有医师或其他目击者叙述或证明，脑电图显示异常。

癫痫的程度分级：

A5.1 轻度：需系统服药治疗控制和各种类型癫痫发作者。

A5.2 中度：各种类型的癫痫发作，经系统服药治疗两年后，大发作、精神运动性发作平均每月 1 次或 1 次以下，不发作和其他类型发作平均每周 1 次以—下。

A5.3 重度：各种类型的癫痫发作，经系统服药治疗两年后，大发作、精神运动性发作平均每月 1 次以上，小发作和其他类型发作平均每周 1 次以上者。

A6 护理依赖分级

日常生活能力包括：

a. 端坐；

b. 站立；

c. 行走；

d. 穿衣；

e. 洗嗽；

f. 进食餐；

g. 大小便；

h. 书写（相对失写而言八项）。

日常生活能力是人们维持生命活动的基本活动，能实现一项算 1 分，实现有困难的算 0.5 分，按其完成程度分为四级。

表 A7

级别	程　度	表　现	计分
一级	完全护理依赖	愈后，上述活动即使有适当设备或他人帮助也不能自己完成，全部功能活动需由他人代做	0~2
二级	大部分护理依赖	愈后，上述活动大部分需要他人帮助才能完成	3~4
三级	部分护理依赖	愈后，上述活动部分需要他人帮助才能完成	5~6
四级	自理	愈后，独立完成上述活动，有些困难，但无需他人语言和体力上的帮助，基本可以自理	7~8

A7　**烧伤**

A7.1　烧伤面积估算

本标准采用两种方法相结合的方式估算烧伤面积。九分法用于大面积估算。手掌法用于中、小片烧伤面积估算。

a. 九分估算法

成人体表的面积视为100%。将总体表面积划分为11个9%等面积区域，即头颈部占一个9%，双上肢占二个9%，躯干前后及会阴部占三个9%，臀部及双下肢占五个9%+1%（参见表A8）。

表 A8

部位	面积,%	按九分法面积,%
头 颈	6 3	（1×9）=9
前躯 后躯 会阴	13 13 1	（3×9）=27
双上臂 双前臂 双手	7 6 5	（2×9）=18
臀 双大腿 双小腿 双足	5 21 13 7	（5×9+1）=46
全身合计	100	（11×9+1）=100

b. 手掌法

受伤者五指并拢，一掌面积为其自身体表面积的1%。

A7.2 烧伤深度的判定

表 A9

烧伤深度分类		损伤组织	烧伤部位特点	愈后情况
Ⅰ度		表皮	皮肤红肿，有热、痛感，无水疱，干燥，局部温度稍有增高	不留疤痕
Ⅱ度	浅Ⅱ度	真皮浅层	剧痛，表皮有大而薄的水疱，泡底有组织充血和明显水肿；组织坏死仅限于皮肤的真皮层，局部温度明显增高	不留疤痕
	深Ⅱ度	真皮深层	痛，损伤已达真皮深层，水疱较小，表皮和真皮层大部分凝固和坏死。将已分离的表皮揭去，可见基底微湿，色泽苍白上有红出血点，局部温度较低	可留下疤痕
Ⅲ度		全层皮肤或皮下组织、肌肉骨骼	不痛，皮肤全层坏死，干燥如皮革样，不起水疱，蜡白或焦黄，碳化，知觉丧失，脂肪层的大静脉全部坏死，局部温度低，发凉	需自体皮肤移植，有疤痕或畸形

A7.3 烧伤严重程度分类

表 A10

严重程度	烧伤面积与深度
轻度烧伤	烧伤面积≤10%的Ⅱ度烧伤；<5%Ⅲ度烧伤
中度烧伤	（1）11%≤烧伤面积≤30%的Ⅱ度烧伤 （2）5%≤烧伤面积≤10%的Ⅲ度烧伤
重度烧伤	（1）31%≤烧伤面积≤50%的Ⅱ度烧伤 （2）11%≤烧伤面积≤20%的Ⅲ度烧伤 （3）烧伤面积接近30%的Ⅱ度烧伤，如有休克、化学中毒，中、重度呼吸道烧伤及吸入性损伤之一者应与14.2.12累计计算
特重度烧伤	（1）烧伤面积≥50%的Ⅱ度烧伤 （2）烧伤面积≥20%的Ⅲ度烧伤

A8 冻伤

A8.1 冻伤的分度与鉴别

表 A11

严重程度		冻伤部位特点
轻度	Ⅰ度	亦称红斑性冻伤，损伤在表皮层。受冻早期皮肤苍白、麻木。复温后局部充血和水肿。出现针刺样疼痛、痒感、灼热感，不出现小泡。冻伤一周内不治自愈，愈后有局部表皮剥脱
	Ⅱ度	亦称水泡性冻伤，损伤达真皮层。除充血和水肿外，主要特点：12 ~ 24h 出现大量浆液性水泡，泡液多为橙黄色，泡底呈鲜红色，少数呈血性水泡，水泡大而连成片。周内可痊愈
严重程度		冻伤部位特点
重度	Ⅲ度	损伤达皮肤全层（表皮真皮）并累及皮下组织。皮肤呈青紫、紫红或青蓝色，皮肤温度下降，感觉存在。有明显的水肿和多个水泡，水泡内液体多为血性渗出液，泡底呈暗红色。局部明显疼痛。受冻部位皮肤全层变黑坏死，创面愈后遗留疤痕
	Ⅳ度	损伤除皮肤、皮下组织外，受冻深度达肌肉和骨骼。皮肤呈苍白色、青灰色、蓝紫色甚至紫黑色；指（趾）甲床灰黑色，肿胀常不明显，严重者也可无水泡或有水泡，孤立而分散，水泡液呈暗红色，咖啡色或深紫色，复温后，出现剧痛，而后感觉丧失，皮肤温度低于正常皮肤温度

A8.2　全身冻伤（冻僵）

用肛门温度计，插入肛门内 5—12 cm 测定中心体温。

表 A12

冻僵程度	直肠温度，℃
轻度	34 ~ 36
中度	31 ~ 33
重度	≤30

A9　失血量的估算

A9.1　失血量与人体的反应对照

表 A13

占全血量,%	机体的反应
10	无明显反应，偶而发生精神紧张性昏厥
20	失血者在安静休息时，一般看不出明显的失血效应，但在运动时则出现心跳加快，轻微的体位性低血压。失血 700mL 时，可出现口渴、恶心、乏力、眩晕、手足厥冷、脉搏加快、血压降低，站立或轻微活动时可发生昏倒
30	失血者卧倒时出现低血压、心跳加快、颈静脉平坦、缺氧、脉搏微弱、皮肤苍白、湿冷，易死亡

A9.2　正常血容量的计算公式：

Vx = W × n…………………………………………………………（A1）

式中：Vx——血容量,%；

W——体重，kg；

n——系数。

A14

不同类型人	男性	健壮男性	肥胖男性	女
n	7	7.5	6	6.5

A10　休克分级

表 A15

级别	血压（收缩压）kPa	脉搏 次/分	全身状况
轻度	12～13.3（90～100mmHg）	90～100	尚好
中度	10～12（75～90mmHg）	110～130	抑制、苍白、皮肤冷
重度	〈10（〈75mmHg）	120～160	明显抑制
垂危	0	–	呼吸障碍、意识模糊

A11　听力损伤测定

听力级单位为分贝（dB）。听力损失是指生活语音的听力阈值“语言频率平均听力损失”，采用 500、1000、2000Hz 的平均值。

A12　关节运动活动度的鉴定

鉴定关节运动活动度应从被检关节的整体功能判定，其活动度值按正常人体关节活动度综合分析做出结论。检查时，应注意关节过去的功能状态，并与健侧关节运动活动度对比。

A12.1　肩关节活动范围

肩关节上臂下垂为中立位。关节活动度：

a. 前屈：70°～90°。

b. 后伸：40°～45°。

c. 前屈上举：150°～170°。

d. 上举：160°～180°。

e. 外展：80°～90°。

f. 内收：20°～40°。

g. 内旋：70°～90°。

h. 外旋：40°～50°。

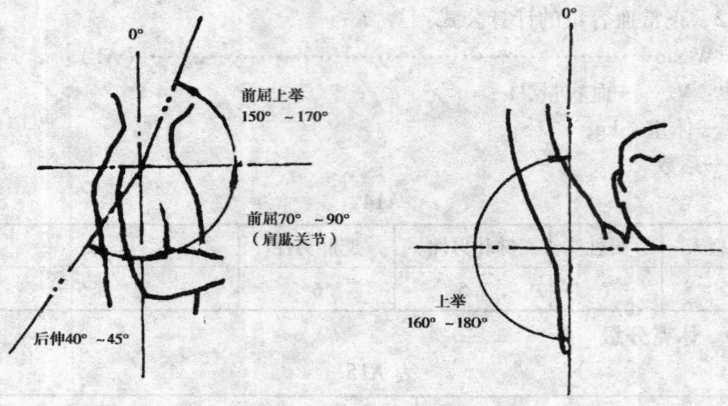

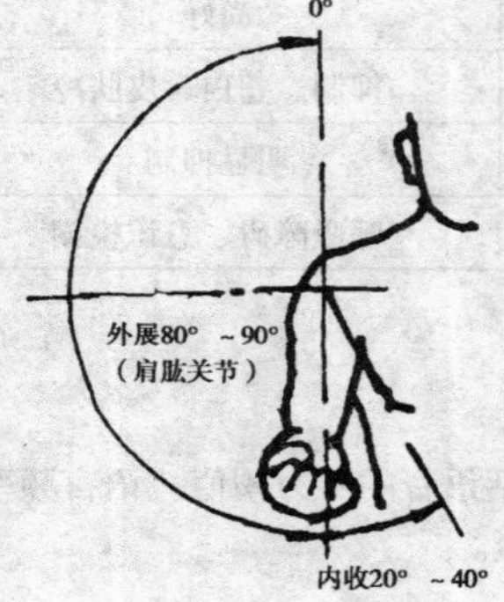

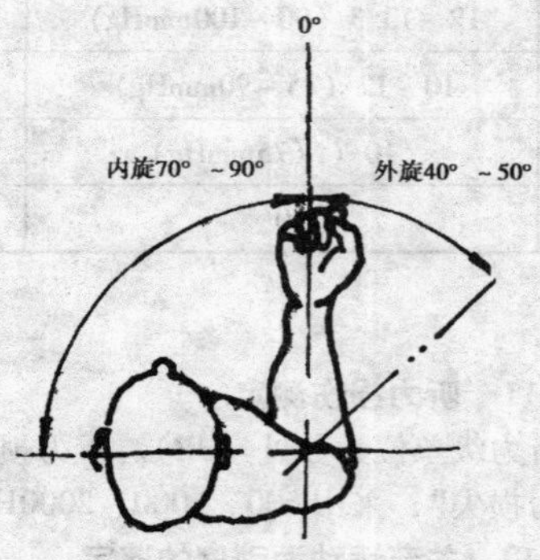

图 A2

A12.2 肘关节与尺桡关节活动范围

肘关节中立位为前臂伸直。

a. 屈曲：135°～150°。

b. 过度伸直：10°。

c. 旋前：80°～90°。

d. 旋后：80°～90°。

尺桡关节拇指在上为中立位。

a. 旋前（手掌向下）：80°～90°。

b. 旋后（手掌向上）：80°～90°。

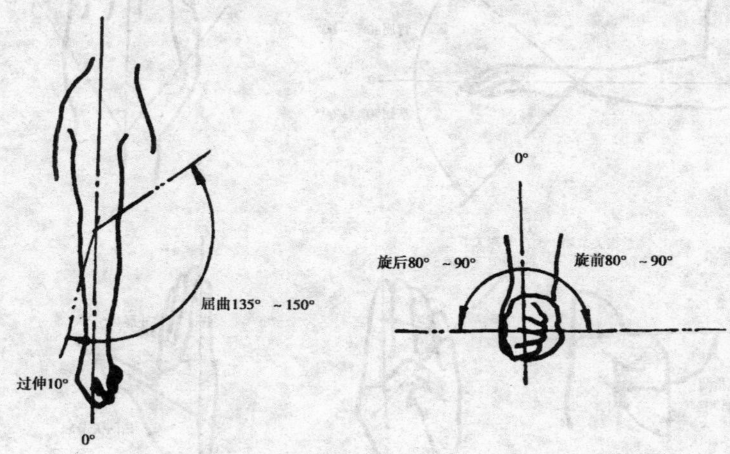

图 A3

A12.3　腕关节及手部各关节活动范围

腕关节中立位为手与前臂成直线，手掌向下。

关节活动度：

a. 背伸：30°～60°。

b. 掌屈：50°～60°。

c. 桡侧倾斜：25°～30°。

d. 尺侧倾斜：30°～40°。

拇指：中立位为拇指沿食指方向伸直。

a. 外展：40°。

b. 屈曲：掌拇关节20°～50°。指间关节可达90°。

c. 对掌：不易量出度数，注意拇指横越手掌之程度。

d. 内收：伸直位可与食指桡侧并贴。

手指关节中立位为手指伸直。

a. 掌指关节：伸为0°，屈可达60°～90°。

b. 近侧指间关节：伸为0°，屈可达90°。

c. 远侧指间关节：伸为0°，屈可达60°～90。

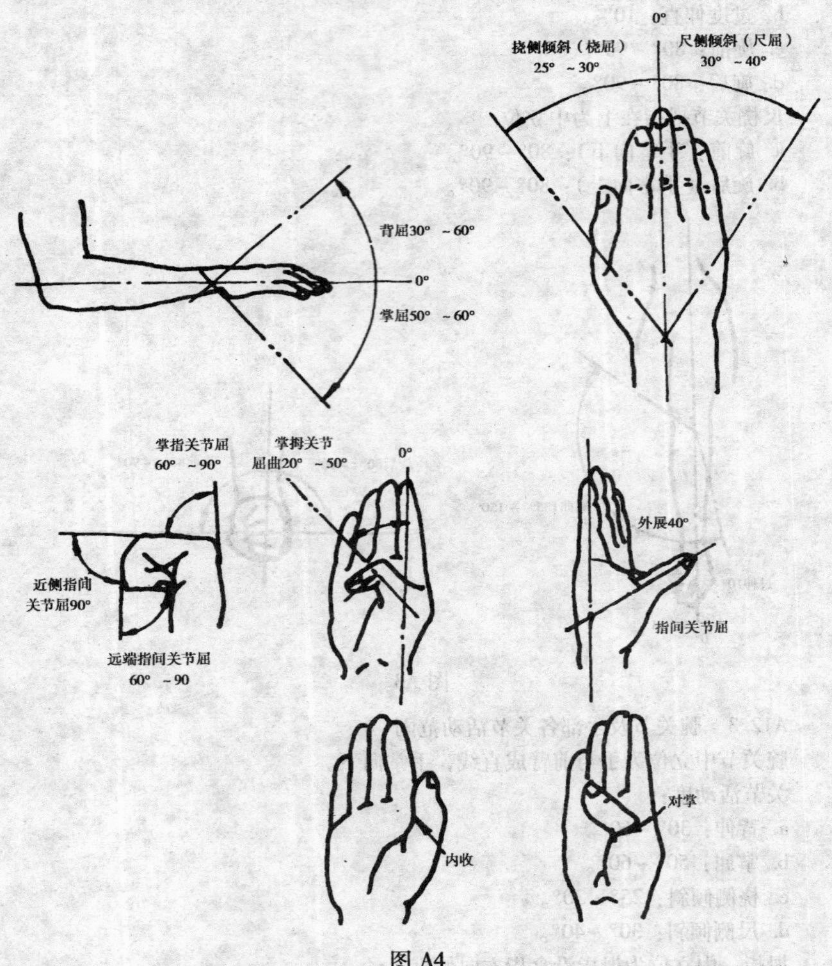

图 A4

A12.4　颈椎活动范围

中立位为面向前，眼平视，下颌内收。

a. 前屈：35°~45°。

b. 后伸：35°~45°。

c. 左右侧屈：45°。

d. 左右旋转：各 60°~80°。

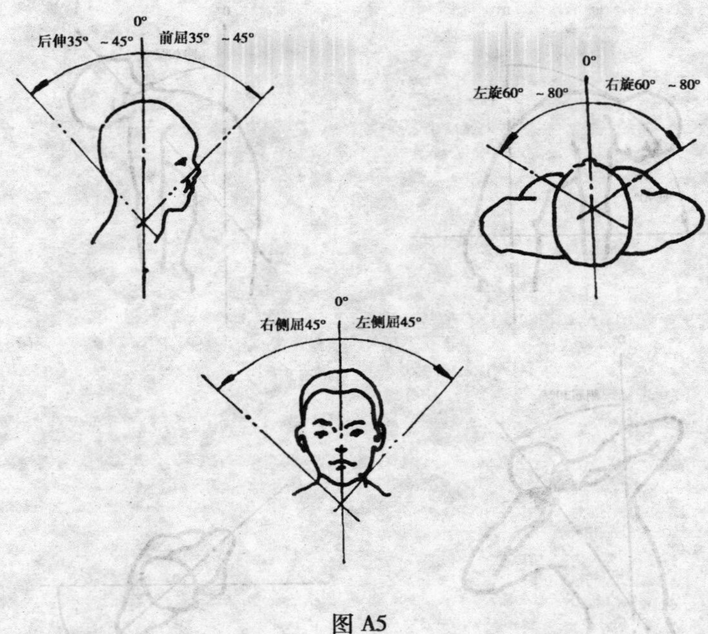

图 A5

A12.5 腰椎活动范围

腰部中立位不易确定。

a. 前屈：测量数值不易准确，患者直立，向前弯腰，正常时中指尖可达足面，腰椎呈弧形。一般称为90°。

b. 后伸：30°。

t. 侧屈：左右各30°。

d. 侧旋：固定骨盆后脊柱左右旋转的程度，应依据旋转后两肩连线与骨盆横径所成角度计算。正常为30°。

A12.6 膝关节活动范围

中立位为膝关节伸直。

关节活动：

a. 屈曲：120°~150°。

b. 过伸：5°~10°。

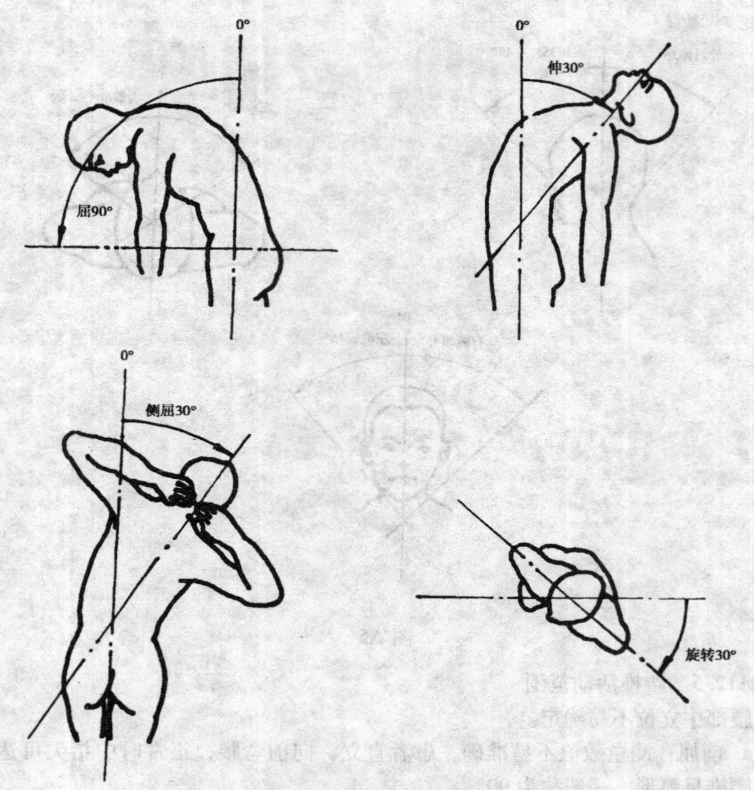

图 A6

c. 旋转：屈膝时内旋约 10°，外旋 20°。

A12. 7 髓关节活动范围

中立位为髋关节伸直，髌骨向上。

关节活动度：

a. 屈曲：仰卧位，被检查侧大腿屈曲膝关节，髋关节尽量屈曲，正常可达 130° ~140°。

b. 后伸：俯卧位，一侧大腿垂于检查台边，髋关节屈曲 90°，被检查侧髓关节后伸，正常可达 10° ~15°。

c. 外展：检查者一手按在髂嵴上，固定骨盆，另一手握住踝部，在伸膝位下外展下肢，正常可达 30° ~45°。

d. 内收：固定骨盆，被检查的下肢保持伸直位，向对侧下肢前面交叉内收，正常可达 20° ~30°。

e. 伸位旋转（内旋或外旋）：俯卧，将膝关节屈曲 90°，正常外旋 30° ~

40°，内旋 40°～50°。

f. 屈曲位旋转（内旋或外旋）：仰卧，髋、膝关节均屈曲 90°，做髋关节旋转运动，正常时外旋 30°～40°，内旋 40°～50°。

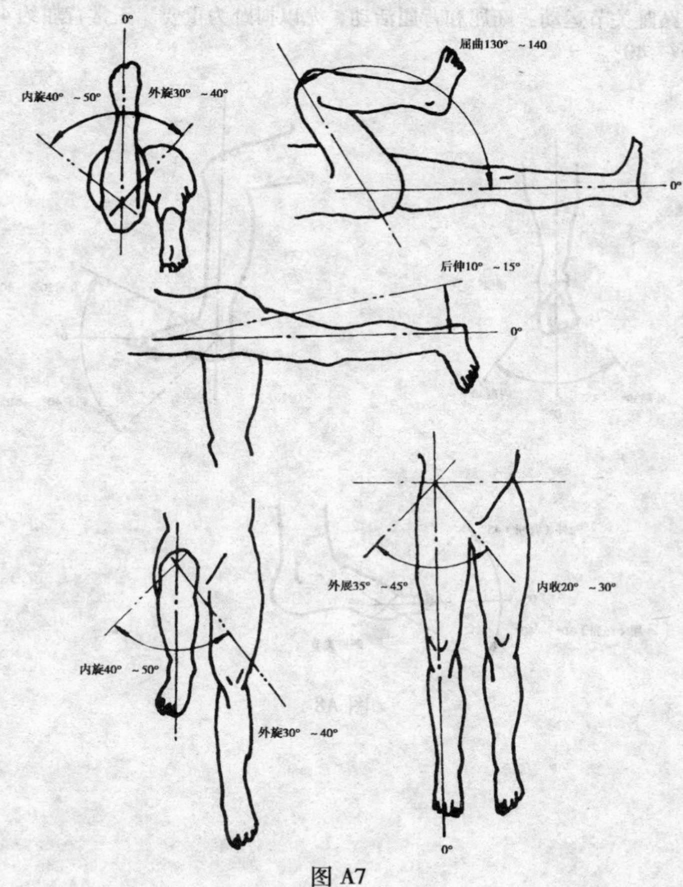

图 A7

A12. 8　踝关节及足部关节活动范围

踝关节中立位为足与小腿间呈 90°角，而无足内翻或外翻。足之中立位不易确定。

关节活动度：

a. 踝关节背屈：应于屈膝及伸膝位分别测量，以除去小腿后侧肌群紧张的影响。正常 20°～30°。

b. 踝关节跖屈：约 40°～50°。

c. 距下关节之内翻 30°，外翻 30° ~35°。

d. 跗骨间关节（足前部外展或内收）之活动度，采用被动活动，跟骨保持中立位。正常各约 25°。

e. 跖趾关节运动：跖屈和背屈活动，尤以拇趾为重要。正常背屈约 45°，跖屈为 30° ~40°。

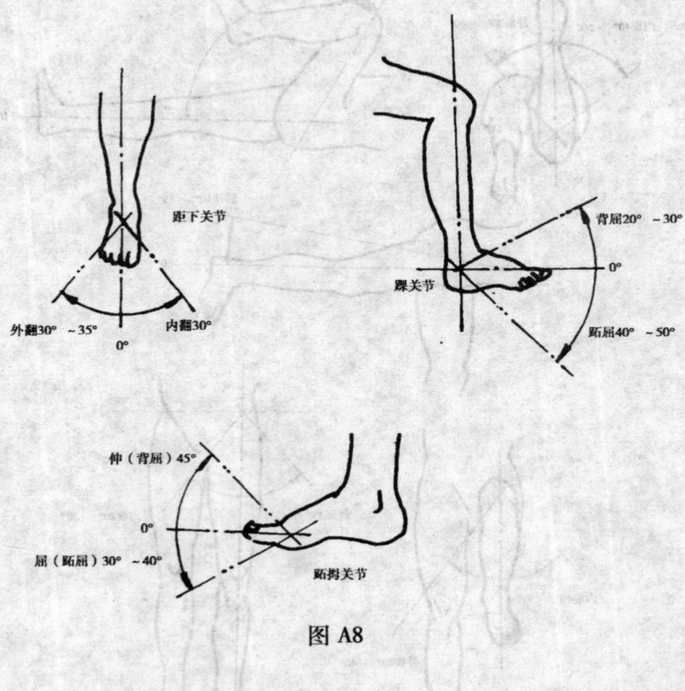

图 A8

A13　**呼吸困难分级**

表 A16

级别	表　现
1 级	平地步行无气短，登山或上楼时呈气短
2 级	平地步行1000m，速度低于正常人无气短，快速步行呈气短，上楼或登山明显气短
3 级	平地慢行 100m 即有气短
4 级	静息（稍活动）即有气短

A14　**呼吸衰竭**

呼吸频率：30～35 次/分；

PaO_2 急性 <6.6 kPa（50 mmHg），慢性 <8 kPa（60 mmHg）；

pH 低于 7.20～7.25；

$PaCO_2$ 急性：在 8～9.3 kPa（60～70 mmHg）以上；

慢性：在 9.3～10.67 kPa（70～80 mmHg）以上。

A15　**血胸**

a. 胸腔小量积血 500 mL 以下，可无征状，X 线上仅见肋隔角消失；

b. 胸腔中等量积血 500～1000 mL 左右，有内出血征，X 线上见上界可达肺门；

c. 胸腔大量积血 1000～1500 mL 以上，有严重的呼吸和循环紊乱征，X 线上见上界达胸膜腔顶。

A16　**心功能不全分级**

表 A17

一级	称为代偿期，轻度体力劳动时无不适感。但中度体力劳动则可引起呼吸困难，疲劳和心悸。心脏可轻度扩大，但无脏器淤血的体征
二级	休息时无不适感，轻度体力劳动时即有呼吸困难，疲劳和心悸。心脏中度增大。有轻度脏器淤血的体征。如肺底少许湿性罗音，肝轻度肿大和凹陷性水肿等
三级	休息时即有呼吸困难和心悸，心脏多明显增大。肺底有多数湿性罗音，肝中度以上肿大，有明显的皮下凹陷性浮肿等

A17　肺功能损害分级

表 A18

	FVC	FEV1	MVV	FEV1/FVC%	RV/TLC%	Dlco	PaO_2 kPa	$PaCO_2$ kPa	$(A-a)O_2$ kPa
正常	>80	>80	>80	>70	<35	>80			
轻度损害	60~79	60~79	60~79	55~69	36~45	60~79			
中度损害	40~59	40~59	40~59	35~54	46~55	40~59			
重度损害	<40	>40	<40	<35	>55	>40	4~8	6~8	9.3

注：FVC、FEV、MVV、DLco 为占预计值百分数

A18　大小便功能障碍的判定

a. 完全（重度）失禁与部分（轻度）失禁；

b. 大小便不能完全自理，指排便中枢正常而由于肢体伤残使移动困难或不能自行穿着衣裤者。

A19　肛门失禁分级

A19.1　重度

a. 大便不能控制；

b. 肛门括约肌收缩力很弱或丧失；

c. 肛门括约肌收缩反射很弱或消失；

d. 直肠内压测定，肛门注水法 $<20\ cmH_2O$。

A19.2　轻度

a. 稀便不能控制；

b. 肛门括约肌收缩力较弱；

c. 肛门括约肌收缩反射较弱；

d. 直肠内压测定，肛门注水法 $20\sim30\ cmH_2O$。

A20　排尿障碍分级

A20.1　重度：出现真性重度尿失禁或尿潴留残余尿≥50 mL 者。

A20.2　轻度：出现真性轻度尿失禁或残余尿≥50 mL 者。

A21　心功能分级

A21.1　一级心功能不全：能胜任一般日常劳动，但稍重体力劳动即有心悸、气急等症状。

A21.2　二级心功能不全：普通日常活动即有心悸、气急等症状，休息时消失。

A21.3　三级心功能不全：任何活动均可引起明显心悸、气急等症状，甚至卧床休息仍有症状。

A22　肾功能不全判定

a. 肾功能不全尿毒症期：血尿素氮 >21.4 mmol/L（60 mg/dL），常伴有酸

中毒，出现严重的尿毒症临床症象。

b. 肾功能不全失代偿期，内生肌酐廓清值低于正常水平的50%，血肌酐水平＞177 μmol/L（2 mg/dL），血尿素氮增高，其他各项肾功能进一步损害而出现一些临床症状，包括疲乏、不安、胃肠道症状、搔痒等。

c. 肾功能不全代偿期：内生肌酐廓清值降低至正常的50%，血肌酐水平、血尿素氮水平正常，其他肾功能出现减退。

A23　甲状旁腺功能低下分级

A23.1　重度：空腹血钙＜6 mg%；

A23.2　中度：空腹血钙6～7 mg%；

A23.3　轻度：空腹血钙7～8 mg%

以上分级均需结合临床症状分析。

A24　甲状腺功能低下分级判定

A24.1　重度

a. 临床症状严重；

b. B. M. R＜—30%；

c. 吸碘率＜10%（24 h）；

d. 参考T_3、T_4检查和甲状腺同位素扫描。

A24.2　中度

a. 临床症状较重；

b. B. M. R—30%～—20%；

c. 吸碘率10%～15%（24 h）；

d. 参考T_3、T_4‘检查和甲状腺同位素扫描。

A24.3　轻度

a. 临床症状较轻；

b. B. M. R～20%～10%；

c. 吸碘率＜15%～20%（24 h）；

d. 参考T_3、T_4检查和甲状腺同位素扫描。

A25 肝功能损害的判定

表 A19

分级 内容	轻度	中度	重度
中毒症状	轻度	中度	重度
血浆白蛋白	3.0～3.5g%	2.5～3.0g%	<2.5g%
血内胆红质	1.5～10mg%	10～20mg%	>20mg%
腹水	无	无或少量，治疗后消失	顽固性
脑症	无	无或轻度	明显
凝血酶原时间	稍延长（较对照组〉3s）	延长	明显延长
谷丙转氨酶	供参考	供参考	供参考

A26 中毒性血液病分级

重型再生障碍性贫血——I 型（急性再障）

临床：发病急，贫血呈进行性加剧，常伴严重感染，内脏出血；

血象：除血红蛋白下降较快外，须具备下列三项中之二项：

a. 网织红细胞 $<1\%$，绝对值 $<15\times10^9/L$；

b. 白细胞明显减少，中性粒细胞绝对值 $<0.5\times10^9/L$；

c. 血小板 $<20\times10^9/L$。

骨髓象：

a. 多部位增生减低，三系造血细胞明显减少，非造血细胞增多。如增生活跃须有淋巴细胞增多；

b. 骨髓小粒中非造血细胞及脂肪细胞增多。

A27 职业性急性一氧化碳中毒分级

A27.1 接触反应

出现头痛、头昏、心悸、恶心等症状，吸入新鲜空气后症状可消失者。

A27.2 轻度中毒

具有以下任何一项表现者：

a. 出现剧烈的头痛、头昏、四肢无力、恶心、呕吐；

b. 轻度至中度意识障碍，但无昏迷者。

血液碳氧血红蛋白浓度可高于 10%。

A27.3 中度中毒

除有上述症状外，意识障碍表现为浅至中度昏迷，经抢救后恢复且无明显并发症者。

血液碳氧血红蛋白浓度可高于30%。

A27.4 重度中毒

意识障碍程度达深昏迷；去大脑皮层状态或患者有意识障碍且并发有下列任何一项表现者：

a. 脑水肿；

b. 休克或严重的心肌损害；

c. 肺水肿；

d. 呼吸衰竭；

e. 上消化道出血；

f. 脑局灶损害如锥体系或锥体外系损害体征。

碳氧血红蛋白浓度可高于50%。

A27.5 急性一氧化碳中毒迟发脑病（神经精神后发症）

急性一氧化碳中毒意识障碍恢复后，经约2~60天的“假愈期”，又出现下列临床表现之一者：

a. 精神及意识障碍呈痴呆状态，谵妄状态或去大脑皮层状态；

b. 锥体外系神经障碍出现帕金森氏综合征的表现；

c. 锥体系神经损害（如偏瘫、病理反射阳性或小便失禁等）；

d. 大脑皮层局灶性功能障碍如失语、失明等，或出现继发性癫痫。

头部CT检查可发现脑部有病理性密度减低区；脑电图检查可发现中度及高度异常。

A28 职业性急性硫化氢中毒分级

A28.1 刺激反应

接触硫化氢后出现流泪、眼刺痛、流涕、咽喉部灼热感等刺激症状，在短时间内恢复者。

A28.2 轻度中毒

有眼胀痛、畏光、咽干、咳嗽，以及轻度头痛、头晕、乏力、恶心等症状。检查见眼结膜充血，肺部可有干性罗音等体征。

A28.3 中度中毒

具有下列临床表现之一者：

a. 有明显的头痛、头晕等症状，并出现轻度意识障碍；

b. 有明显的粘膜刺激症状，出现咳嗽、胸闷、视力模糊、眼结膜水肿及角膜溃疡等。肺部闻及干性或湿性罗音，X线胸片显示肺纹理增强或有片状阴影。

A28.4 重度中毒

具有下列临床表现之一者：

a. 昏迷；

b. 肺水肿；

c. 呼吸循环衰竭。

A29 **职业性急性氨中毒分级**

A29.1 氨气刺激反应

仅有一过性的眼和上呼吸道刺激症状，肺部无明显阳性体征。

A29.2 轻度中毒

根据以下指标，综合判断，可诊断为轻度中毒：

症状：流泪、咽痛、声音嘶哑、咳嗽、咯痰并伴有轻度头晕、头痛、乏力等；

体征：眼结膜、咽部充血、水肿、肺部有干性罗音；

胸部X线征象：肺纹理增强或伴边缘模糊，符合支气管炎或支气管周围炎；

血气分析：在呼吸空气时，动脉血氧分压可低于预计值1.33~2.66 kPa (10~20 mmHg)。

A29.3 中度中毒

根据以下指标，综合判断，可诊断为中度中毒。

症状：声音嘶哑，剧烈咳嗽，有时伴血丝痰，胸闷、呼吸困难，并常有头晕、头痛、恶心、呕吐及乏力等；

体征：呼吸频速，轻度紫绀，肺部有干、湿罗音；

胸部X线征象：肺纹理增强，边缘模糊或呈网状阴影；或肺野透亮度降低；或有边缘模糊的散在性或斑片状阴影，符合肺炎或间质性肺炎的表现，

血气分析：在吸低浓度氧（小于50%氧）时，能维持动脉血氧分压大于8 kPa (60 mmHg)。

A29.4 重度中毒

具有下列情况之一者：

a. 根据下列指标综合判断

症状：剧烈咳嗽，咯大量粉红色泡沫痰，气急、胸闷、心悸等，并常有烦燥、恶心、呕吐及昏迷等；

体征：呼吸窘迫，明显紫绀，双肺满布干、湿罗音；

胸部X线征象：两肺野有密度较淡、边缘模糊的斑片状、云絮状阴影；可相互融合成大片状或呈蝶状阴影；符合严重的肺炎或肺泡性肺水肿；

血气分析：在吸高浓度氧（大于50%氧）情况下，动脉血氧分压仍低于8 kPa (60 mmHg)

b. 呼吸系统损害程度符合中度中毒，而伴有严重喉头水肿或支气管粘膜坏死脱落所致窒息；或较重的气胸或纵膈气肿；或较明显的心、肝或肾等脏器的损害者。

A30 **职业性急性光气中毒分级**

A30.1 刺激反应

在吸人光气后48 h内，出现一过性的眼及上呼吸道粘膜刺激症状。肺部无阳性体征，X线胸片无异常改变。

A30.2 轻度中毒

根据症状、体征、X线表现及必要的血气分析资料，综合判断，可诊断为轻度中毒。

咳嗽、气短、胸闷或胸痛，肺部可有散在干性罗音。

X线胸片表现：肺纹理增强或伴边缘模糊，符合支气管炎或支气管周围炎X线所见。

血气分析：在呼吸空气时，动脉血氧分压正常或低于预计值1.33～2.66 kPa（10～20 mmHg）。

A30.3　中度中毒

呛咳、咯少量痰，可有血痰、气短、胸网或轻度呼吸困难，轻度紫绀，肺部出现干性罗音或局部湿性罗音。

X线胸片表现：两肺纹理增强、边缘模糊，并出现网状及粟粒状阴影；或局部有散在的点片状模糊的阴影。两肺野透亮度减低。符合间质性肺水肿的X线所见。

血气分析：在吸入小于50%浓度氧时，能维持动脉血氧分压大于8 kPa（60 mmHg）。

A30.4　重度中毒

出现频繁咳嗽、咯大量白色或粉红色泡沫痰，呼吸窘迫，明显紫绀，两肺有广泛的干、湿性罗音。可出现纵隔及皮下气肿、气胸、急性呼吸或循环功能衰竭、心肌损害、昏迷。

X线胸片表现：两肺弥漫分布大小不等、密度不均和边缘模糊的点片状、云絮状或棉团样阴影，有的相互融合成大片状阴影。符合肺泡性肺水肿的X线所见。

血气分析：在吸入大于50%浓度氧时，动脉血氧分压仍低于8 kPa（60 mmHg）。

A31　职业性急性丙烯腈中毒分级

A31.1　轻度中毒

接触丙烯腈24 h内出现以下临床表现者：

a. 头晕、头痛、乏力、上腹部不适、恶心、呕吐、胸闷、手足麻木等或出现短暂的意识朦胧与口唇紫绀；

b. 眼结膜及鼻、咽部充血；

c. 尿硫氰酸盐含量可增高，病程中血清谷丙转氨酶可增高。

A31.2　重度中毒

除上述症状较重外，出现以下情况之一者：

a. 四肢阵发性强直性抽搐；

b. 昏迷。

A32　职业性急性有机磷农药中毒

A32.1　观察对象

a. 有轻度毒蕈碱样，烟碱样症状或中枢神经系统症状，而全血胆碱酪酶活性不低于70%者；

b. 无明显中毒临床表现，而全血胆碱酪酶活性在70%以下者。

A32.2　急性轻度中毒

短时间内接触较大量的有机磷农药后，在24 h内出现头晕、头痛、恶心、呕吐、多汗、胸闷、视力模糊、无力等症状，瞳孔可能缩小，全血胆碱酯酶活性一般在50% ~70%。

A32.3　急性中度中毒

除较重的上述症状外，还有肌束震颤、瞳孔缩小、轻度呼吸困难、流涎、腹痛、腹泻、步态蹒跚、意识清楚或模糊。全血胆碱酯酶活性一般在30% ~50%。

A32.4　急性重度中毒

除上述症状外，并出现下列情况之一者：

a. 肺水肿；

b. 昏迷；

c. 呼吸麻痹；

d. 脑水肿。

全血胆碱酯酶活性一般在30%以下。

A32.5　迟发性神经病

在急性重度中毒症状消失后2~3周，有的病例可出现感觉、运动型周围神经病，肌电图检查显示神经原性损害。

附录B

伤情判定基本原则

（补充件）

B1　评定伤害程度，以事故现场直接造成的人体伤害为主。其伤害包括受伤时的原发性病变以及与伤害有直接联系的并发症。

B1.1　根据伤情诊断，能直接对照标准确定损失工作日数值的伤害（如截肢、骨折等）按对应的损失工作日数确定伤害程度。

B1.2　对于涉及功能损伤的伤害，不能等医疗终结的“愈后症状”结果，必须依据事故发生时至报告期内所有的伤情诊断，按标准中对应损失工作日数确定其伤害程度。

B1.3　遇有本标准未规定的伤害有争议时，可由发生事故的企业所在地劳动安全监察部门依据报告期内所有的伤情诊断，提出结论性意见；劳动安全监察部门认为有必要时可以组织专家进行会诊，再依据会诊结果提出结论性意见。

B2 多处伤害，应以较严重伤害为主进行定性。定量时，首先进行累积伤害计算。将每处伤害数值逐项相加，但最后得出的损失工作日数不能大于该器官（肢体、功能系统）完全丧失的损失工作日数。

其次，进行共存伤害计算，其伤害按重轻顺序，最重者取 100%，次之取 70%，再次之取 10%，然后相加，但总值不能大于 6000 损失工作日。

B3 本标准末规定的暂时性失能伤害，可按实际歇工天数记录损失工作日，但该天数不能作为划分伤害程度定性的依据。

附加说明

本标准由中华人民共和国劳动部提出。

本标准由黑龙江省劳动保护科学技术研究所负责起草。

本标准主要起草人吴道成、李德仁、王鸿学、岳武、张滨娣、许同瑞、于永娜、王玉林、赵子诚、陈礼明、高长河、张林英、安瑞霓、吕建敏。

（七）工伤待遇与赔偿

因工死亡职工供养亲属范围规定

（2003年9月23日中华人民共和国劳动和社会保障部令第18号公布　自2004年1月1日起施行）

第一条　为明确因工死亡职工供养亲属范围，根据《工伤保险条例》第三十七条第一款第二项的授权，制定本规定。

第二条　本规定所称因工死亡职工供养亲属，是指该职工的配偶、子女、父母、祖父母、外祖父母、孙子女、外孙子女、兄弟姐妹。

本规定所称子女，包括婚生子女、非婚生子女、养子女和有抚养关系的继子女，其中，婚生子女、非婚生子女包括遗腹子女；

本规定所称父母，包括生父母、养父母和有抚养关系的继父母；

本规定所称兄弟姐妹，包括同父母的兄弟姐妹、同父异母或者同母异父的兄弟姐妹、养兄弟姐妹、有抚养关系的继兄弟姐妹。

第三条　上条规定的人员，依靠因工死亡职工生前提供主要生活来源，并有下列情形之一的，可按规定申请供养亲属抚恤金：

（一）完全丧失劳动能力的；

（二）工亡职工配偶男年满60周岁、女年满55周岁的；

（三）工亡职工父母男年满60周岁、女年满55周岁的；

（四）工亡职工子女未满18周岁的；

（五）工亡职工父母均已死亡，其祖父、外祖父年满60周岁，祖母、外祖母年满55周岁的；

（六）工亡职工子女已经死亡或完全丧失劳动能力，其孙子女、外孙子女未满18周岁的；

（七）工亡职工父母均已死亡或完全丧失劳动能力，其兄弟姐妹未满18周岁的。

第四条　领取抚恤金人员有下列情形之一的，停止享受抚恤金待遇：

（一）年满18周岁且未完全丧失劳动能力的；

（二）就业或参军的；

（三）工亡职工配偶再婚的；

（四）被他人或组织收养的；

（五）死亡的。

第五条 领取抚恤金的人员，在被判刑收监执行期间，停止享受抚恤金待遇。刑满释放仍符合领取抚恤金资格的，按规定的标准享受抚恤金。

第六条 因工死亡职工供养亲属享受抚恤金待遇的资格，由统筹地区社会保险经办机构核定。

因工死亡职工供养亲属的劳动能力鉴定，由因工死亡职工生前单位所在地设区的市级劳动能力鉴定委员会负责。

第七条 本办法自2004年1月1日起施行。

非法用工单位伤亡人员一次性赔偿办法

（2003年9月23日中华人民共和国劳动和社会保障部令第19号公布 自2004年1月1日起施行）

第一条 根据《工伤保险条例》第六十三条第一款的授权，制定本办法。

第二条 本办法所称非法用工单位伤亡人员，是指在无营业执照或者未经依法登记、备案的单位以及被依法吊销营业执照或者撤销登记、备案的单位受到事故伤害或者患职业病的职工，或者用人单位使用童工造成的伤残、死亡童工。

前款所列单位必须按照本办法的规定向伤残职工或死亡职工的直系亲属、伤残童工或者死亡童工的直系亲属给予一次性赔偿。

第三条 一次性赔偿包括受到事故伤害或患职业病的职工或童工在治疗期间的费用和一次性赔偿金，一次性赔偿金数额应当在受到事故伤害或患职业病的职工或童工死亡或者经劳动能力鉴定后确定。

劳动能力鉴定按属地原则由单位所在地设区的市级劳动能力鉴定委员会办理。劳动能力鉴定费用由伤亡职工或者童工所在单位支付。

第四条 职工或童工受到事故伤害或患职业病，在劳动能力鉴定之前进行治疗期间的生活费、医疗费、护理费、住院期间的伙食补助费及所需的交通费等费用，按照《工伤保险条例》规定的标准和范围，全部由伤残职工或童工所在单位支付。

第五条 一次性赔偿金按以下标准支付：

一级伤残的为赔偿基数的16倍，二级伤残的为赔偿基数的14倍，三级伤残的为赔偿基数的12倍，四级伤残的为赔偿基数的10倍，五级伤残的为赔偿基数的8倍，六级伤残的为赔偿基数的6倍，七级伤残的为赔偿基数的4倍，八级伤残的为赔偿基数的3倍，九级伤残的为赔偿基数的2倍，十级伤残的为赔偿基数的1倍。

第六条 受到事故伤害或患职业病造成死亡的，按赔偿基数的10倍支付一次性赔偿金。

第七条 本办法所称赔偿基数，是指单位所在地工伤保险统筹地区上年度职工年平均工资。

第八条 单位拒不支付一次性赔偿的，伤残职工或死亡职工的直系亲属、伤残童工或者死亡童工的直系亲属可以向劳动保障行政部门举报。经查证属实的，劳动保障行政部门应责令该单位限期改正。

第九条 伤残职工或死亡职工的直系亲属、伤残童工或者死亡童工的直系亲属就赔偿数额与单位发生争议的，按照劳动争议处理的有关规定处理。

第十条 本办法自2004年1月1日起施行。

劳动部办公厅关于外派船员伤亡善后处理问题的复函

（1994年8月31日 劳办〔1994〕282号）

交通部办公厅：

你部人事劳动司《关于我部所属企业外派船员伤亡善后处理问题的请示》（人劳险字〔1994〕648号）收悉。本文反映：交通部所属中远集团公司广州远洋运输公司派往香港福星船务公司“阿波罗海”轮工作的36名船员，已在南非附近海域遇难；该轮在香港西英船东互保协会投了人身伤害保险，该协会同意按照香港劳工赔偿标准支付一次性赔偿金。对于这批遇难船员获得一次性赔偿金后是否还享受国家规定的工伤保险待遇问题，经研究，现答复如下：

关于职工能否双重领取境外有关当局给付的赔偿金和国内抚恤金问题，应按照1981年《国务院关于驻外、援外人员在国外牺牲、病故善后工作的暂行规定》（国发〔1981〕147号）处理，即：“驻在国或有关当局给予死者以赔偿性抚恤金时，原则上归死者的遗属所有，应全部转回国内由主管部门负责转交。国内的抚恤费和遗属生活困难补助费则不再发给，但若驻在国的赔偿性抚恤金低于国内抚恤费和遗属生活困难补助费标准时，不足之数应补齐，国内的丧葬费照发”。请你们按照上述精神做好遇难船员的善后处理工作。由于单位代表死难者家属集体办理索赔事宜，单位所垫付的索赔费用应当从赔偿金中返还。

劳动部办公厅关于处理工伤争议有关问题的复函

（1996年2月13日　劳办发〔1996〕28号）

北京市劳动局：

你局《关于处理工伤争议几个问题的请示》（京劳办文〔1995〕108号）收悉。经研究，答复如下：

一、关于工伤认定的时效问题。目前劳动行政部门对受理劳动者工伤申诉没有时效规定。如劳动者与用人单位因工伤认定及可否享受工伤待遇发生争议，当事人向劳动争议仲裁委员会申请仲裁的，只要符合劳动争议的受案范围，劳动争议仲裁委员会不应不加区别地将职工负伤之日确定为劳动争议发生之日，而应根据具体情况确定劳动争议发生之日，并依据国家有关规定予以受理和处理。

二、关于因工伤认定发生争议的处理问题。现行认定工伤的法律和政策依据是《中华人民共和国劳动保险条例》、《中华人民共和国劳动保险条例实施细则》和全国总工会《劳动保险问题解答》等规定，负责监督执行工伤保险政策的是各级劳动行政部门的社会保险行政机构。因此，劳动者和用人单位对工伤认定问题发生争议，当事人可向当地劳动行政部门的社会保险行政机构申诉，也可以向劳动争议仲裁委员会申请仲裁。由劳动行政部门的社会保险行政机构处理的，当事人对其认定结论不服时，可依法提起行政复议或行政诉讼；向劳动争议仲裁委员会申请仲裁的，只要符合受理条件，仲裁委员会应予受理，并按《劳动争议仲裁委员会办案规则》（以下简称《办案规则》）的有关规定委托当地劳动行政部门的社会保险行政机构进行认定，然后依据认定结论和国家有关规定进行处理。

三、关于职工因要求伤残鉴定发生争议的处理问题。职工被认定工伤后，因要求进行伤残等级和护理依赖程度鉴定的问题与用人单位发生劳动争议，可以向当地劳动争议仲裁委员会申请仲裁，仲裁委员会受理后，先按《办案规则》的有关规定委托当地劳动鉴定委员会进行伤残鉴定，然后依据鉴定结论及国家有关规定进行处理。

四、关于职工对伤残鉴定结论不服如何申诉的问题。职工对劳动鉴定委员会作出的伤残等级和护理领事程度鉴定结论不服，可依法提起行政复议或行政诉讼。但是，职工对劳动争议仲裁委员会在处理工伤方面的劳动争议过程中委托当地劳动鉴定委员会所作的伤残鉴定不服的，不能提起行政复议或行政诉讼，而应按劳动争议仲裁程序进行。

五、关于工伤待遇给付发生争议的处理问题。职工因工伤待遇给付问题与用人单位发生的争议，属于劳动争议，可向当地劳动争议仲裁委员会申请仲裁。但是，职工与社会保险机构发生的工伤待遇给付争议，不属于劳动争议，劳动争议仲裁委员会不予受理。职工可向社会保险机构的上一级主管部门申请行政复议。

六、关于工伤认定问题。对职工在工作时间、工作区域因工作原因造成的伤亡（包括因工随车外出发生交通事故而造成的伤亡），即使职工本人有一定的责任，都应认定为工伤，但不包括犯罪或自杀行为。认定职工工伤，给予职工工伤保险待遇，并不影响企业按规定对违章操作的职工给予行政处分。

七、关于司机在工作中发生伤亡事故是否认定工伤问题。由于司机是特殊工种，职业危险性较大，所以司机在执行正常工作时发生交通事故造成伤亡，属无责任或少部分责任的，一般应认定为工伤。

人事部关于外派劳务人员享受工伤保险待遇问题的复函

（1996 年 12 月 5 日　人办函〔1996〕83 号）

交通部人事劳动局：

你司《关于我部劳务外派人员享受工伤保险待遇的函》（人劳险字〔1996〕863 号）收悉。根据《国务院关于驻外、援外人员在国外牺牲、病故善后工作的暂行规定》（国发〔1981〕147 号）和最高人民法院 1991 年 11 月 8 日《关于审理涉外海上人身伤亡案件损害赔偿的具体规定（试行）》精神，参考有关部门处理同类问题的做法，我们意见，如外方赔偿金中包括了永久性致残后的生活费，其标准已达到国（境）内同类退休人员水平，不再重复享受国（境）内退休费待遇。

关于在国内发生并由外方支付赔偿的工伤事故待遇处理问题的复函

（1998年2月17日　劳办发〔1998〕9号）

山西省劳动厅：

你厅《关于山西机床厂卢毅同志工伤后如何享受保险待遇的请示》（晋劳险便字〔1998〕17号）和所附有关材料收悉。经研究，现答复如下：

在国内发生由外国人造成的工伤事故，并由外方给付赔偿金的，被伤害职工的工伤保险待遇应参照劳动部《关于外派劳务人员伤、残、亡善后处理问题的复函》（劳险字〔1992〕16号）、《关于外派劳务人员因工伤亡保险待遇问题的复函》（劳办发〔1994〕131号）和《企业职工工伤保险试行办法》（劳部发〔1996〕266号）等文件的有关规定处理。外方支付的赔偿金，属于人身伤害赔偿性质，应归被伤害职工所有。同时，该职工应从外方赔偿金中偿还企业为处理该工伤事故垫付的医疗费用、工伤津贴的费用。

关于当事人对工伤认定不服申请行政复议问题的复函

（2004年5月18日　劳社厅函〔2004〕123号）

重庆市劳动和社会保障局：

你局关于当事人对工伤认定不服申请复议问题的紧急请示（渝劳社文〔2004〕48号）收悉。经研究，现答复如下：

按照《工伤保险条例》第五十三条规定，申请工伤认定的职工或者直系亲属、该职工所在单位对工伤认定结论不服的，应该首先申请行政复议，对行政复议不服的，再依法提起行政诉讼。

在适用《工伤认定办法》第十九条规定时，当事人对工伤认定结论不服的，应按照《工伤保险条例》第五十三条规定执行；当事人对不予受理决定不服的，可以依法申请行政复议或者提起行政诉讼，即这种情况下行政复议不是前置程序。

劳动和社会保障部办公厅关于对一至四级"老工伤"人员在二〇〇四年一月一日后死亡是否享受一次性工亡补助金问题的复函

(2005 年 12 月 12 日　劳社厅函〔2005〕436 号)

吉林省劳动和社会保障厅：

你厅《关于一至四级"老工伤"人员在二〇〇四年一月一日后死亡是否享受一次性工亡补助金问题的请示》(吉劳社医字〔2004〕261 号) 收悉。经研究，函复如下：

1996 年 10 月 1 日前 (即《企业职工工伤保险试行办法》施行前) 发生工伤没有给付一次性伤残补助金的一至四级伤残人员，在《工伤保险条例》施行后死亡的，是否享受一次性工亡补助金，可由你省根据实际情况，自行确定。

最高人民法院关于郑立本与青岛市建筑安装工程公司追索赔偿金纠纷一案的复函

(1993 年 7 月 13 日　〔1993〕民他字第 14 号)

山东省高级人民法院：

你院鲁高法函〔1993〕66 号关于审理郑立本与青岛市建筑安装公司 (简称安装公司) 追索赔偿金纠纷一案的请示报告收悉。

根据你院报告，郑立本 (系安装公司施工技术处处长、工程师) 于 1988 年 2 月被公派到博茨瓦纳共和国任使馆工程项目总工程师，郑在任职期间，于 1989 年 5 月 29 日因车祸受重伤，高位截瘫，车祸责任完全在博方。事后，安装公司提供证据，积极为郑立本办理索赔事宜。1991 年 2 月博国机动车辆保险基金会一次性赔偿郑立本博币 15 万普拉，结汇成美元 81375 元，汇至山东省建筑安装工程总公司，该公司又通过中国人民银行汇成人民币 431198.49 元，汇给了青岛市建筑安装公司。1991 年 10 月郑立本得知后，即向安装公司索要赔偿金，安装公司只同意付给郑10万元。为此，郑立本诉至法院，要求安装公司返还全部赔偿金及利息。

经研究，我们同意你院审判委员会第一种意见，即：对方争执的赔偿金是基于特定的损害赔偿法律关系由博方付给受害人郑立本的。因此，赔偿金应全部归郑立本所有。安装公司在代行办理索赔时所需的必要费用，可从赔偿金中扣除。郑立本退休后，按照我国劳动保护法规的有关规定，仍应享受工伤待遇。

以上意见，供参考。

生育保险

女职工劳动保护规定

（1988年7月21日中华人民共和国国务院令第9号发布　自1988年9月1日起施行）

第一条　为维护女职工的合法权益，减少和解决女职工在劳动和工作（以下统称劳动）中因生理特点造成的特殊困难，保护其健康，以利于社会主义现代化建设，制定本规定。

第二条　本规定适用于中华人民共和国境内一切国家机关、人民团体、企业、事业单位（以下统称单位）的女职工。

第三条　凡适合妇女从事劳动的单位，不得拒绝招收女职工。

第四条　不得在女职工怀孕期、产期、哺乳期降低其基本工资，或者解除劳动合同。

第五条　禁止安排女职工从事矿山井下、国家规定的第四级体力劳动强度的劳动和其他女职工禁忌从事的劳动。

第六条　女职工在月经期间，所在单位不得安排其从事高空、低温、冷水和国家规定的第三级体力劳动强度的劳动。

第七条　女职工在怀孕期间，所在单位不得安排其从事国家规定的第三级体力劳动强度的劳动和孕期禁忌从事的劳动，不得在正常劳动日以外延长劳动时间；对不能胜任原劳动的，应当根据医务部门的证明，予以减轻劳动量或者安排其他劳动。

怀孕7个月以上（含7个月）的女职工，一般不得安排其从事夜班劳动；在劳动时间内应当安排一定的休息时间。

怀孕的女职工，在劳动时间内进行产前检查，应当算作劳动时间。

第八条　女职工产假为90天，其中产前休假15天。难产的，增加产假15天。多胞胎生育的，每多生育1个婴儿，增加产假15天。

女职工怀孕流产的，其所在单位应当根据医务部门的证明，给予一定时间的产假。

第九条 有不满1周岁婴儿的女职工，其所在单位应当在每班劳动时间内给予其两次哺乳（含人工喂养）时间，每次30分钟。多胞胎生育的，每多哺乳一个婴儿，每次哺乳时间增加30分钟。女职工每班劳动时间内的两次哺乳时间，可以合并使用。哺乳时间和在本单位内哺乳往返途中的时间，算作劳动时间。

第十条 女职工在哺乳期内，所在单位不得安排其从事国家规定的第三级体力劳动强度的劳动和哺乳期禁忌从事的劳动，不得延长其劳动时间，一般不得安排其从事夜班劳动。

第十一条 女职工比较多的单位应当按照国家有关规定，以自办或者联办的形式，逐步建立女职工卫生室、孕妇休息室、哺乳室、托儿所、幼儿园等设施，并妥善解决女职工在生理卫生、哺乳、照料婴儿方面的困难。

第十二条 女职工劳动保护的权益受到侵害时，有权向所在单位的主管部门或者当地劳动部门提出申诉。受理申诉的部门应当自收到申诉书之日起30日内作出处理决定；女职工对处理决定不服的，可以在收到处理决定书之日起15日内向人民法院起诉。

第十三条 对违反本规定侵害女职工劳动保护权益的单位负责人及其直接责任人员，其所在单位的主管部门，应当根据情节轻重，给予行政处分，并责令该单位给予被侵害女职工合理的经济补偿；构成犯罪的，由司法机关依法追究刑事责任。

第十四条 各级劳动部门负责对本规定的执行进行检查。

各级卫生部门和工会、妇联组织有权对本规定的执行进行监督。

第十五条 女职工违反国家有关计划生育规定的，其劳动保护应当按照国家有关计划生育规定办理，不适用本规定。

第十六条 女职工因生理特点禁忌从事劳动的范围由劳动部规定。

第十七条 省、自治区、直辖市人民政府可以根据本规定，制定具体办法。

第十八条 本规定由劳动部负责解释。

第十九条 本规定自1988年9月1日起施行。1953年1月2日政务院修正发布的《中华人民共和国劳动保险条例》中有关女工人、女职员生育待遇的规定和1955年4月26日《国务院关于女工作人员生产假期的通知》同时废止。

企业职工生育保险试行办法

（1994年12月14日 劳部发〔1994〕504号）

第一条 为了维护企业女职工的合法权益，保障她们在生育期间得到必要的经济补偿和医疗保健，均衡企业间生育保险费用的负担，根据有关法律、法规的规定，制定本办法。

第二条 本办法适用于城镇企业及其职工。

第三条 生育保险按属地原则组织。生育保险费用实行社会统筹。

第四条 生育保险根据“以支定收，收支基本平衡”的原则筹集资金，由企业按照其工资总额的一定比例向社会保险经办机构缴纳生育保险费，建立生育保险基金。生育保险费的提取比例由当地人民政府根据计划内生育人数和生育津贴、生育医疗费等项费用确定，并可根据费用支出情况适时调整，但最高不得超过工资总额的1%。企业缴纳的生育保险费作为期间费用处理，列入企业管理费用。

职工个人不缴纳生育保险费。

第五条 女职工生育按照法律、法规的规定享受产假。产假期间的生育津贴按照本企业上年度职工月平均工资计发，由生育保险基金支付。

第六条 女职工生育的检查费、接生费、手术费、住院费和药费由生育保险基金支付。超出规定的医疗服务费和药费（含自费药品和营养药品的药费）由职工个人负担。

女职工生育出院后，因生育引起疾病的医疗费，由生育保险基金支付；其他疾病的医疗费，按照医疗保险待遇的规定办理。女职工产假期满后，因病需要休息治疗的，按照有关病假待遇和医疗保险待遇规定办理。

第七条 女职工生育或流产后，由本人或所在企业持当地计划生育部门签发的计划生育证明，婴儿出生、死亡或流产证明，到当地社会保险经办机构办理手续，领取生育津贴和报销生育医疗费。

第八条 生育保险基金由劳动部门所属的社会保险经办机构负责收缴、支付和管理。

生育保险基金应存入社会保险经办机构在银行开设的生育保险基金专户。银行应按照城乡居民个人储蓄同期存款利率计息，所得利息转入生育保险基金。

第九条 社会保险经办机构可从生育保险基金中提取管理费，用于本机构经办生育保险工作所需的人员经费、办公费及其他业务经费。管理费标准，各地根据社会保险经办机构人员设置情况，由劳动部门提出，经财政部门核定后，报当地人民政府批准。管理费提取比例最高不得超过生育保险基金的2%。

生育保险基金及管理费不征税、费。

第十条 生育保险基金的筹集和使用，实行财务预、决算制度，由社会保险经办机构作出年度报告，并接受同级财政、审计监督。

第十一条 市（县）社会保险监督机构定期监督生育保险基金管理工作。

第十二条 企业必须按期缴纳生育保险费。对逾期不缴纳的，按日加收2‰的滞纳金。滞纳金转入生育保险基金。滞纳金计入营业外支出，纳税时进行调整。

第十三条 企业虚报、冒领生育津贴或生育医疗费的，社会保险经办机构应追回全部虚报、冒领金额，并由劳动行政部门给予处罚。

企业欠付或拒付职工生育津贴、生育医疗费的，由劳动行政部门责令企业限期支付；对职工造成损害的，企业应承担赔偿责任。

第十四条 劳动行政部门或社会保险经办机构的工作人员滥用职权、玩忽职守、徇私舞弊，贪污、挪用生育保险基金，构成犯罪的，依法追究刑事责任；不构成犯罪的，给予行政处分。

第十五条 省、自治区、直辖市人民政府劳动行政部门可以按照本办法的规定，结合本地区实际情况制定实施办法。

第十六条 本办法自1995年1月1日起试行。

生育保险覆盖计划

（1997年10月8日 劳部发〔1997〕291号）

一、总体目标

到本世纪末，按照建立现代企业制度的需要，改革女职工生育保险制度；尽快建立生育保险基金，将女职工生育保险费用由企业管理逐步改为社会统筹管理；将实施范围由国有企业职工扩展到所有城镇企业的各类职工；逐步实现在直辖市和地市级范围内统一保险项目、统一缴费比例、统一给付标准。

二、实施进度要求

考虑到各地经济、社会发展水平和改革进程不平衡，育龄女职工在年龄结构和职业分布上也有较大差异，按照“区别情况，分类指导，逐步提高”原则，对不同地区的覆盖进度提出以下要求：

1. 福建省、山西省、新疆生产建设兵团等3个地区和单位，1997年底基本实现全覆盖。

2. 江苏省、山东省、浙江省、重庆市等4个地区，1997年底覆盖率达到80%，1998年底基本实现全覆盖。

3. 上海市1998年底实现全覆盖。

4. 湖北省、广东省、河北省、黑龙江省、吉林省、辽宁省、江西省、四川省、云南省、广西壮族自治区、海南省等11个地区，1997年底覆盖率达到60%，1998年底覆盖率达到80%，1999年底基本实现全覆盖。

5. 湖南省、陕西省、青海省、内蒙古自治区4个地区，1997年底覆盖率达到40%，1998年底覆盖率达到70%，1999年底基本实现全覆盖。

6. 河南省、贵州省、安徽省、甘肃省、宁夏回族自治区、新疆维吾尔自治区、西藏自治区、北京市、天津市第9个地区，1997年底覆盖率达到30%，1998年底覆盖率达到60%，1999年底基本实现全覆盖。

各地扩大覆盖面的进度，能一步到位的应一步到位。确有困难的，可根据本地区实际情况分步实施：第一步先覆盖国有企业、集体企业、股份制企业职工；第二步覆盖外商投资企业中方职工、私营企业雇员；第三步覆盖城镇个体工商劳动者及其帮工。各地也可以选择部分条件较好的市县先组织试点，待总结试点经验后再全面推开。

三、有关政策措施

1. 已实行生育保险费用县（市）级社会统筹的地区，应逐步向地市级统筹过渡。尚未实行县（市）级统筹的地区，要按照本覆盖计划的要求，抓紧制定办法，组织实施。

2. 目前仍按绝对额征集基金或给付生育保险待遇的地区，应于1997年底以前按劳动部《关于发布〈企业职工生育保险试行办法〉的通知》（劳部发〔1994〕504号）规定的缴费基数、缴费比例及给付标准修订办法。其缴费比例原则上应控制在企业工资总额的0.6%左右，最高不得超过1%。

3. 已实行生育保险费用社会统筹，但未将符合计划生育需要的女职工流产津贴及流产医疗服务费用纳入统筹项目的地区，应尽快将流产津贴及流产医疗服务费用纳入统筹项目。

4. 为减轻企业负担，各地生育保险基金累计结余额原则上不得超过上年度实际支付生育保险基金总额的30%。其超过部分应采取返还的办法退还企业，提取比例过高的要降低比例。

5. 各地在建立和完善本地区生育保险制度的进程中，要特别注意及时制定生育保险医疗服务费用的支付标准及因生育引起的疾病界定标准。在制定过程中，要争取计划生育、妇联、工会、物价等部门的配合。

6. 各地对参与生育保险的医疗服务机构，要建立资格审定和考评制度；要与承担生育保险的医疗单位签定《生育保险服务合同》，明确服务范围、项目质量要求、收费标准、付费方式及合同期限。

7. 各级社会保险机构应当建立健全参保企业育龄女职工的生育保险基础资料及台账，以保证劳动者流动时能够顺利地接续缴费年限，享受生育保险待遇。

8. 加强组织领导。各级劳动部门要将加快实施覆盖计划作为深化生育保险制度改革的重要内容，实行分管领导负责制，落实专人，形成工作制度，确定规范的工作进度统计表。

四、督促检查与评估

1. 各省、自治区、直辖市应抓紧制定并实施各市县生育保险覆盖计划，于每年一季度对“覆盖计划”的实施进展情况进行检查，并于当年4月10日前将检查结果书面报送劳动部社会保险司。

2. 年度检查督促的重点是：本阶段计划执行情况（详见附表），包括应参保而未参保的单位、人数、原因分析及改进措施。

附表：（略）

劳动部关于女职工生育待遇若干问题的通知

（1988 年 9 月 4 日　劳险字〔1988〕2 号）

国务院关于《女职工劳动保护规定》，对女职工产假、产假期间待遇以及适用范围等问题作出新的规定，请你们认真贯彻落实。经商得人事部同意，现就执行中的几个具体问题，通知如下：

一、女职工怀孕不满四个月流产时，应当根据医务部门的意见，给予 15 天至 30 天的产假；怀孕满四个月以上流产时，给予 42 天产假。产假期间，工资照发。

二、女职工怀孕，在本单位的医疗机构或者指定的医疗机构检查和分娩时，其检查费、接生费、手术费、住院费和药费由所在单位负担，费用由原医疗经费渠道开支。

三、女职工产假期满，因身体原因仍不能工作的，经过医务部门证明后，其超过产假期间的待遇，按照职工患病的有关规定处理。

四、本通知自 1988 年 9 月 1 日起执行。

关于机关、事业单位女职工产假期间工资计发问题的通知

（1994 年 2 月 24 日　人薪发〔1994〕7 号）

各省、自治区、直辖市及计划单列市人事（劳动人事）厅（局），国务院各部委、各直属机构人事（干部）司（局），新疆生产建设兵团：

关于机关和事业单位工资制度改革后，女职工产假期间工资如何计发问题，经研究，通知如下：

一、机关、事业单位工资制度改革后，女职工在国家规定的产假期间，其工资按下列各项之和计发：

1. 机关实行职级工资制的人员，为本人职务工资、级别工资、基础工资与工龄工资；

2. 机关技术工人，为本人岗位工资、技术等级（职务）工资与按国家规定比例计算的奖金；

3. 机关普通工人，为本人岗位工资与按国家规定比例计算的奖金；

4. 事业单位职工，为本人职务（技术等级）工资与按国家规定比例计算的津贴（其中，体育运动员，为本人体育基础津贴与成绩津贴）。

二、本通知自1993年10月1日起执行。

中国人民银行关于城镇企业职工工伤、生育保险基金存款计息问题的复函

（1999年9月24日　银货政〔1999〕131号）

中国人民银行南京分行办公室：

你行《关于城镇企业职工工伤、生育保险基金存款计息问题的请示》（南银办〔1999〕203号）收悉。现函复如下：

对城镇企业职工工伤、生育保险基金等基金存款，除国务院和中国人民银行已明文规定给予优惠利率的以外，一律按《单位存款管理办法》有关规定计结息。

劳动和社会保障部办公厅关于进一步加强生育保险工作的指导意见

（2004年9月8日　劳社厅发〔2004〕14号）

各省（自治区、直辖市）劳动和社会保障厅（局）：

近十年来，各级劳动保障部门认真贯彻落实《企业职工生育保险试行办法》（劳部发〔1994〕504号），生育保险工作取得了积极进展。为了贯彻落实党的十六届三中全会精神，推进生育保险制度建设，加强生育保险管理，保障生育职工合法权益，现就进一步加强生育保险工作提出如下意见：

一、高度重视生育保险工作

建立生育保险制度，是我国社会主义市场经济发展和全面建设小康社会的必然要求，对促进经济和社会协调发展、保障妇女平等就业、促进企业公平竞争、维护妇女合法权益等方面具有重要作用。各级劳动保障部门要将建立和完善生育保险制度作为完善社会保障体系的一项重要任务，纳入当地劳动保障事业发展规划，逐步建立和完善与本地区经济发展相适应的生育保险制度。没有出台生育保险办法的地区，要积极创造条件，尽快建立生育保险制度。已经出台生育保险办法的地区，要逐步完善政策措施，确保生育保险制度稳健运行和

可持续发展。

二、协同推进生育保险与医疗保险工作

各地要充分利用医疗保险的工作基础，以生育津贴社会化发放和生育医疗费用实行社会统筹为目标，加快推进生育保险制度建设。要充分利用医疗保险的医疗服务管理措施和手段，积极探索与医疗保险统一管理的生育保险医疗服务管理模式。各地要按照《中国妇女发展纲要（2001－2010年）》提出的2010年城镇职工生育保险覆盖面达到90%的目标要求，制定发展规划，积极扩大参保范围。

三、切实保障生育职工的医疗需求和基本生活待遇

各地要按照国务院《女职工劳动保护规定》明确的产假期限和当地职工工资水平，合理确定生育津贴标准并及时支付，逐步实现直接向生育职工发放生育津贴，保障女职工生育期间的基本生活。暂不具备条件的地区，可以先实行生育医疗费用社会统筹，生育津贴由用人单位负担的办法，以保障生育职工的合法权益。生育保险筹资水平按照以支定收、收支基本平衡的原则合理确定，并及时调整。

四、加强生育保险的医疗服务管理

生育保险实行医疗机构协议管理，签订协议的医疗机构范围要考虑基本医疗保险定点医疗机构和妇产医院、妇幼保健院等医疗机构。社会保险经办机构在对这些医疗机构的保险管理、服务质量、信息管理等服务能力评价的基础上，选择适合生育保险要求的医疗机构签订生育保险医疗服务协议，明确双方的权利和义务。参保职工在生育保险协议医疗机构因生育所发生符合规定的医疗费用，由生育保险基金支付。生育保险医疗费用支付的范围原则上按照基本医疗保险药品目录、诊疗项目和医疗服务设施标准执行，具体支付办法由各地根据实际情况制定。

要积极探索生育医疗费用的结算办法，逐步实现社会保险经办机构与协议管理医疗机构直接结算。要加强对医疗服务费用的监督检查，控制不合理的支出，探索制定科学规范的生育医疗费用结算办法。在协议中明确监督检查措施和考核办法。要根据协议及时结算医疗费用，对不合理的医疗费用不予支付，对严重违反协议的医疗机构可以终止协议。采取向生育职工定额支付生育保险待遇的地区，应根据本地区职工工资水平、生育医疗费用实际支出等情况，合理确定待遇支付标准，并建立调整机制。

五、提高经办机构管理和服务水平

经办生育保险的社会保险经办机构要理顺管理职能，落实经费和人员，完善管理措施，加强基础建设，提高管理服务能力。要认真做好生育保险参保登记、保险费征缴和基金管理工作，加强医疗服务协议管理和生育保险津贴的社会化管理服务工作，简化经办流程，提高办事效率，为参保职工提供快捷、便利的服务。

关于生育保险覆盖范围的复函

(2006 年 9 月 14 日　劳社厅函〔2006〕515 号)

四川省劳动和社会保障厅：

你厅《关于生育保险覆盖范围问题的请示》(川劳社〔2006〕44 号)收悉。经研究，答复如下：

目前，国家未出台有关生育保险的专项法律、法规，按照《中华人民共和国劳动法》第七十条“国家发展社会保险事业，建立社会保险制度，设立社会保险基金，使劳动者在年老、患病、工伤、失业、生育等情况下获得帮助和补偿”的规定，各地可制定适合本地实际的生育保险办法，扩大生育保险制度覆盖范围。

国家人口和计划生育委员会、中国保险监督管理委员会关于印发计划生育保险试点方案的通知

(2007 年 6 月 4 日)

各省、自治区、直辖市人口计生委，计划单列市、新疆生产建设兵团人口计生委，解放军、武警部队人口和计划生育领导小组办公室，各保监局，各人寿保险公司：

为贯彻落实《中共中央国务院关于全面加强人口和计划生育工作统筹解决人口问题的决定》(中发〔2006〕22 号，以下简称中央《决定》)和《国务院关于保险业改革发展的若干意见》(国发〔2006〕23 号)精神，探索建立计划生育保险制度，建立和完善计划生育利益导向政策体系，国家人口计生委、中国保监会决定联合开展计划生育保险试点。现将《计划生育保险试点方案》印发给你们，请参照执行。

各地要根据人口和计划生育工作情况以及本试点方案要求，研究拟定试点地区，并在 2007 年 6 月 20 日前向国家计划生育保险工作领导小组提出试点申请，内容包括试点地区、试点项目、经费来源、试点计划与初步方案等。国家计划生育保险工作领导小组将根据各地人口和计划生育工作以及开展试点准备

工作情况，确定国家级试点地区。

各试点地区要将开展计划生育保险试点作为贯彻落实中央《决定》的一项重要任务，作为新时期建立人口和计划生育长效工作机制的一项重要内容，作为保险业参与社会管理的一项重要举措，纳入重要议事日程，积极做好党委政府的参谋助手，协调各有关部门，积极筹措资金，认真研究解决有关试点的重大问题，制定切实可行的试点实施方案，积极开展试点工作。

各试点地区要及时将试点工作进展情况以及存在的问题，向国家计划生育保险工作领导小组报告。

联系人：国家人口计生委政策法规司　周美林　贺　丹

中国保监会人身保险监管部　孙东雅

联系电话：(010) 82504716、82504711　(010) 66286627

附：

计划生育保险试点方案

为贯彻落实《中共中央国务院关于全面加强人口和计划生育工作统筹解决人口问题的决定》(中发〔2006〕22号）和《国务院关于保险业改革发展的若干意见》(国发〔2006〕23号）精神，探索建立计划生育保险制度，国家人口计生委、中国保监会决定联合开展计划生育保险试点。试点方案如下：

一、试点目标

近年来，各地人口计生部门和保险业把握人口和计划生育工作发展要求，积极探索创新保险业参与社会管理的途径和方式，运用保险和市场机制，帮助解决计划生育家庭意外伤害、健康等风险保障问题，提高其抵抗风险的能力及保障福利的水平，引导群众自觉实行计划生育。

实践表明，开展计划生育保险有利于帮助解决计划生育家庭的后顾之忧，稳定低生育水平，提高人口素质和健康水平；有利于发挥保险业的社会管理功能，普及保险知识，增强群众保险意识；有利于转变政府职能，创新公共产品和服务供给机制，促进公共政策和公共服务的落实。但目前各地开展的计划生育保险在政策定位、运行机制、产品开发、市场规范等方面存在着突出问题。

“十一五”时期，人口和计划生育工作进入稳定低生育水平、统筹解决人口问题、促进人的全面发展的新阶段。我国经济的快速增长、保险市场逐步成熟、群众保险需求不断提高、低生育水平持续稳定，为探索建立计划生育保险制度创造了良好的条件。

计划生育保险制度试点的目标是，适应我国经济社会发展以及保险业改革发展的形势，总结各地开展计划生育保险的成功经验，进一步明确计划生育保险工作重点，创新保险运作方式，开发独立保险产品，探索建立政府组织、市场运营、独立核算、群众受益的政策性计划生育保险制度。

二、试点地区的基本条件及保险公司的准入条件

开展计划生育保险试点的地区应具备以下基本条件：

一是党政领导重视人口和计划生育工作，重视计划生育保险试点。

二是人口计生委和保监局有积极性，组织协调能力强。

三是人口和计划生育工作基础较扎实，试点资金有保障。

四是试点工作要在地（市）以上范围地区开展。

经营计划生育保险业务的保险公司应具备以下条件：

一是组织网络健全，信息系统完善。保险公司至少在县级（包括县级）以上地区设有规范的服务机构，具有与经营区域和经营业务相适应的保险服务能力。

二是能够提供长期、全面、便捷优质的人身保障产品及服务。保险公司要拥有经验丰富的保险专业人员，社会信誉好、服务能力强。

三是开发了专门的计划生育保险产品。保险公司要根据政策性保险缴费有保证、保障水平要求高、运行成本低的特点，开发针对性强、价格低、简洁易懂、独立的计划生育保险产品，简化承保和理赔流程。

四是建立了与人口计生部门信息交换与共享制度。保险公司定期向人口计生部门通报情况，及时反映各计划生育保险产品群众参保、保费积累、保险理赔以及赔付水平等情况及分析结果。

三、基本要求和主要内容

基本要求是：

（一）政府组织。要积极争取各级政府组织实施计划生育保险试点，并将其纳入政府工作的重要议事日程之中，筹措必要经费，建立健全各项制度。

（二）市场运营。要按照市场规则，充分发挥保险公司的专业优势，开发和经营计划生育保险产品，提供人口和计划生育公共服务。

（三）独立核算。要对计划生育保险的投保、理赔及资金管理、运行实行分账管理、独立核算。建立健全计划生育保险监管制度，加强检查和指导，保障资金安全，保证保险责任落实到位。

（四）群众受益。计划生育保险的成本和各项费用不高于30%，以保证保险公司保本微利，最大程度地回报参保群众，提高计划生育保险的保障力度。要根据实际赔付水平，建立费率正常调整机制。

主要内容有：

一是农村计划生育手术保险试点。通过建立手术保险制度，保证计划生育手术并发症患者能够得到基本的治疗服务和必要的扶助。计划生育手术保险由县或县以上人口计生部门在群众施行计划生育手术前统一向保险公司投保，并缴纳保险费。要积极争取财政安排专项经费开展计划生育手术保险。

二是独生子女保险试点。要认真总结各地开展独生子女安康保险、独生子

女两全保险的经验，开展独生子女保险试点，保障独生子女死亡、残疾及重大疾病等风险。独生子女保险由乡（包括镇、街道办事处）以上人口计生部门或办事机构统一组织向保险公司投保。可宣传动员群众自愿运用独生子女父母奖励费参加独生子女保险。

四、组织实施

一要成立计划生育保险工作领导小组。国家人口计生委和中国保监会联合成立计划生育保险工作领导小组及办公室，统筹协调、部署安排试点工作。各试点省（区、市）人口计生委和保监局也要成立相应的领导小组及办事机构，负责指导、协调和监督试点工作，制定计划生育保险的具体运行管理制度。要通过招标或邀请招标等方式，确定经营计划生育保险产品的保险公司，并签订有关协议。要配备必要的专（兼）职人员，争取安排必要的工作经费。

二要明确各有关部门的职责。试点地区各级人口计生部门要积极争取党委、政府的支持，多方筹集资金，协调制定政策，并将试点工作纳入人口和计划生育目标管理责任制；组织动员群众参加计划生育保险，确定资格对象；组织开展人口计生系统的保险知识培训。

各级保险监管部门要建立专门的计划生育保险统计报表制度，监督指导计划生育保险经验数据积累，加强对计划生育保险产品、经营主体准入及市场行为等方面的监管。

各有关保险公司要严格按照有关规定及与人口计生部门签订的协议，开发计划生育保险产品，履行保险责任，及时落实理赔，实行理赔信息公开，同时，加强内部管理，降低保险成本，提高服务质量。

三要广泛开展宣传培训。试点地区要制定切实可行的方案，通过开展各种培训班、研讨班，充分利用各种媒体，多渠道、多层次、多形式地开展计划生育保险的宣传培训。要以各级人口计生部门的干部为重点，提高其对计划生育保险试点工作重要性、必要性的认识，掌握计划生育保险的实质、特点及基本要求，善于利用保险机制，保障计划生育家庭利益，推动人口和计划生育工作深入发展。要面向广大计划生育群众，普及保险知识，提高保险意识，引导其积极参加计划生育保险。

四要加强评估和监督。各地人口计生委和各有关保险公司要建立计划生育保险的信息管理交流系统，实行动态管理，定期进行相关数据的汇总分析。要广泛发动社会各界对计划生育保险运行各环节进行监督。

国家计划生育保险工作领导小组将组织有关部门和社会机构每年进行一次试点工作的总结评估。试点地区每半年对试点工作组织开展一次评估。对在试点工作中做出突出成绩的单位和个人，要给予表彰和奖励；对在工作中出现重大问题、造成社会影响的，要依法追究有关部门和人员的责任。

优抚安置

退伍义务兵安置条例

(1987 年 12 月 13 日　国发〔1987〕106 号)

第一条　为了做好退伍义务兵安置工作，根据《中华人民共和国兵役法》的有关规定，制定本条例。

第二条　本条例所称退伍义务兵是指中国人民解放军和中国人民武装警察部队的下列人员：

(一) 服现役期满（包括超期服役）退出现役的；

(二) 服现役期未满，因下列原因之一，经部队师级以上机关批准提前退出现役的；

(1) 因战、因公负伤（包括因病）致残，部队发给《革命伤残军人抚恤证》的；

(2) 经驻军医院证明，患病基本治愈，但不适宜在部队继续服现役以及精神病患者经治疗半年未愈的；

(3) 部队编制员额缩减，需要退出现役的；

(4) 家庭发生重大变故，经家庭所在地的县、市、市辖区民政部门和人民武装部证明，需要退出现役的；

(5) 国家建设需要调出部队的。

第三条　退伍义务兵安置工作必须贯彻从哪里来、回哪里去的原则和妥善安置、各得其所的方针。

第四条　退伍义务兵安置工作，在地方各级人民政府领导下进行。

地方各级人民政府，可以根据安置工作的情况设置退伍军人安置机构或者指定工作人员负责办理退伍义务兵安置的日常工作。退伍军人安置机构设在民政部门，人民武装、计划、劳动人事等各有关部门应当协助民政部门做好退伍义务兵的安置工作。

第五条　接收退伍义务兵时间，按照国务院、中央军委当年的规定执行。

因气候或地理原因，经国防部批准提前或者推迟退伍的，可相应提前或推迟接收。

第六条 退伍义务兵回到原征集地时，当地人民政府应当认真组织接待。

第七条 退伍义务兵回到原征集地三十天内，持退伍证和部队介绍信到县、市、市辖区兵役机关办理预备役登记，然后向退伍军人安置机构报到，凭退伍军人安置机构介绍信办理落户手续。

第八条 退伍义务兵原是农业户口的，由当地退伍军人安置机构按下列规定安置：

（一）对确无住房或者严重缺房而自建和靠集体帮助又确有困难的，应当按照国家规定安排一定数量的建筑材料和经费帮助解决；

（二）在服役期间荣立二等功（含二等功，下同）以上的，应当安排工作；

（三）对有一定专长的，应当向有关部门推荐录用；

（四）各用人单位向农村招收工人时，在同等条件下应当优先录用退伍义务兵。对在服役期间荣立三等功、超期服役的退伍义务兵和女性退伍义务兵，应当给予适当照顾。

第九条 原是城镇户口的退伍义务兵，服役前没有参加工作的，由国家统一分配工作，实行按系统分配任务、包干安置办法，各接收单位必须妥善安排。

具体安置按下列规定办理：

（一）每年退伍义务兵回到原征集地前，省、自治区、直辖市应当下达预分劳动指标，退伍义务兵回到原征集地后先安置，待国家计划下达后统一结算；

（二）在部队获得大军区（含大军区）以上单位授予的荣誉称号和立二等功以上的，安排工作时，应优先照顾本人志愿；

（三）在部队荣立三等功和超期服役的，安排工作时，在条件允许的情况下，应当照顾本人特长和志愿；

（四）在部队被培养成为有一定专业和特长的，安排工作时，应当尽量做到专业对口；

（五）无正当理由，本人要求中途退伍的；被部队开除军籍或除名的；在部队或者退伍后待安排期间犯有刑事罪（过失罪除外）被判处有期徒刑以上处罚的，退伍军人安置机构不负责安排工作，按社会待业人员对待。

第十条 因战、因公致残的二等、三等革命伤残军人，原是城市户口的，由原征集地的退伍军人安置机构安排力所能及的工作。原是农业户口的，原征集地区有条件的，可以在企业、事业单位安排适当工作；不能安排的，按照规定增发残废抚恤金，保障他们的生活。

第十一条 义务兵入伍前原是国家机关、人民团体、企业、事业单位正式职工，退伍后原则上回原单位复工复职。对于因残、因病不能坚持八小时工作的，原工作单位应当按照对具有同样情况一般工作人员的安排原则予以妥善安置。退伍义务兵原工作单位已撤销或合并的，由上一级机关或合并后的单位负责安置。

第十二条 义务兵入伍前原是学校（含中等专业学校和技术学校）未毕业的学生，退伍后要求继续学习而本人又符合学习条件的，在年龄上可适当放宽，原学校应在他们退伍后的下一学期准于复学。如果原学校已经撤销、合并或者由于其他原因在原学校复学确有困难，可以由本人或者原学校申请县、市以上教育部门另行安排他们到相应的学校学习。

第十三条 退伍义务兵报考高等院校和中等专业学校，在与其他考生同等条件下，优先录取。

第十四条 对在服役期间家庭住址变迁，退伍时要求到父母所在地落户安置的，经父母所在单位和当地公安机关证明，应当允许。但国家另有规定者除外。

第十五条 义务兵从兵役机关批准入伍之日起至部队批准退出现役止，为服现役的军龄，满十个月的，按周年计算。退伍后新分配参加工作的，其军龄和待分配的时间应计算为连续工龄。入伍前原是国家机关、企业、事业单位的职工，其入伍前的工龄和军龄连同待分配的时间一并计算为连续工龄，享受与所在单位职工同等待遇。

第十六条 退伍义务兵接到安排工作的通知后，逾期半年无正当理由，并经多次教育仍不报到的，退伍军人安置机构不再负责安排工作，由当地人民政府按社会待业人员对待。

第十七条 本条例由民政部负责解释。

第十八条 省、自治区、直辖市人民政府可根据本条例，制定实施细则。

第十九条 本条例自发布之日起施行。1958年3月17日《国务院关于处理义务兵退伍的暂行规定》同时废止。

军人抚恤优待条例

（2004年8月1日中华人民共和国国务院、中华人民共和国中央军事委员会令第413号公布　自2004年10月1日起施行）

第一章　总　　则

第一条 为了保障国家对军人的抚恤优待，激励军人保卫祖国、建设祖国的献身精神，加强国防和军队建设，根据《中华人民共和国国防法》、《中华人民共和国兵役法》等有关法律，制定本条例。

第二条 中国人民解放军现役军人（以下简称现役军人）、服现役或者退出现役的残疾军人以及复员军人、退伍军人、烈士遗属、因公牺牲军人遗属、病故军人遗属、现役军人家属，是本条例规定的抚恤优待对象，依照本条例的规定享受抚恤优待。

第三条 军人的抚恤优待，实行国家和社会相结合的方针，保障军人的抚恤优待与国民经济和社会发展相适应，保障抚恤优待对象的生活不低于当地的平均生活水平。

全社会应当关怀、尊重抚恤优待对象，开展各种形式的拥军优属活动。

国家鼓励社会组织和个人对军人抚恤优待事业提供捐助。

第四条 国家和社会应当重视和加强军人抚恤优待工作。

军人抚恤优待所需经费由国务院和地方各级人民政府分级负担。中央和地方财政安排的军人抚恤优待经费，专款专用，并接受财政、审计部门的监督。

第五条 国务院民政部门主管全国的军人抚恤优待工作；县级以上地方人民政府民政部门主管本行政区域内的军人抚恤优待工作。

国家机关、社会团体、企业事业单位应当依法履行各自的军人抚恤优待责任和义务。

第六条 各级人民政府对在军人抚恤优待工作中作出显著成绩的单位和个人，给予表彰和奖励。

第二章 死亡抚恤

第七条 现役军人死亡被批准为烈士、被确认为因公牺牲或者病故的，其遗属依照本条例的规定享受抚恤。

第八条 现役军人死亡，符合下列情形之一的，批准为烈士：

（一）对敌作战死亡，或者对敌作战负伤在医疗终结前因伤死亡的；

（二）因执行任务遭敌人或者犯罪分子杀害，或者被俘、被捕后不屈遭敌人杀害或者被折磨致死的；

（三）为抢救和保护国家财产、人民生命财产或者参加处置突发事件死亡的；

（四）因执行军事演习、战备航行飞行、空降和导弹发射训练、试航试飞任务以及参加武器装备科研实验死亡的；

（五）其他死难情节特别突出，堪为后人楷模的。

现役军人在执行对敌作战、边海防执勤或者抢险救灾任务中失踪，经法定程序宣告死亡的，按照烈士对待。

批准烈士，属于因战死亡的，由军队团级以上单位政治机关批准；属于非因战死亡的，由军队军级以上单位政治机关批准；属于本条第一款第（五）项规定情形的，由中国人民解放军总政治部批准。

第九条 现役军人死亡，符合下列情形之一的，确认为因公牺牲：

（一）在执行任务中或者在上下班途中，由于意外事件死亡的；

（二）被认定为因战、因公致残后因旧伤复发死亡的；

（三）因患职业病死亡的；

（四）在执行任务中或者在工作岗位上因病猝然死亡，或者因医疗事故死亡的；

（五）其他因公死亡的。

现役军人在执行对敌作战、边海防执勤或者抢险救灾以外的其他任务中失踪，经法定程序宣告死亡的，按照因公牺牲对待。

现役军人因公牺牲，由军队团级以上单位政治机关确认；属于本条第一款第（五）项规定情形的，由军队军级以上单位政治机关确认。

第十条 现役军人除第九条第一款第（三）项、第（四）项规定情形以外，因其他疾病死亡的，确认为病故。

现役军人非执行任务死亡或者失踪，经法定程序宣告死亡的，按照病故对待。

现役军人病故，由军队团级以上单位政治机关确认。

第十一条 对烈士遗属、因公牺牲军人遗属、病故军人遗属，由县级人民政府民政部门分别发给《中华人民共和国烈士证明书》、《中华人民共和国军人因公牺牲证明书》、《中华人民共和国军人病故证明书》。

第十二条 现役军人死亡，根据其死亡性质和死亡时的月工资标准，由县级人民政府民政部门发给其遗属一次性抚恤金，标准是：烈士，80 个月工资；因公牺牲，40 个月工资；病故，20 个月工资。月工资或者津贴低于排职少尉军官工资标准的，按照排职少尉军官工资标准发给其遗属一次性抚恤金。

获得荣誉称号或者立功的烈士、因公牺牲军人、病故军人，其遗属在应当享受的一次性抚恤金的基础上，由县级人民政府民政部门按照下列比例增发一次性抚恤金：

（一）获得中央军事委员会授予荣誉称号的，增发 35%；

（二）获得军队军区级单位授予荣誉称号的，增发 30%；

（三）立一等功的，增发 25%；

（四）立二等功的，增发 15%；

（五）立三等功的，增发 5%。

多次获得荣誉称号或者立功的烈士、因公牺牲军人、病故军人，其遗属由县级人民政府民政部门按照其中最高等级奖励的增发比例，增发一次性抚恤金。

第十三条 对生前作出特殊贡献的烈士、因公牺牲军人、病故军人，除按照本条例规定发给其遗属一次性抚恤金外，军队可以按照有关规定发给其遗属一次性特别抚恤金。

第十四条 一次性抚恤金发给烈士、因公牺牲军人、病故军人的父母（抚养人）、配偶、子女；没有父母（抚养人）、配偶、子女的，发给未满 18 周岁的兄弟姐妹和已满 18 周岁但无生活费来源且由该军人生前供养的兄弟姐妹。

第十五条 对符合下列条件之一的烈士遗属、因公牺牲军人遗属、病故军人遗属，发给定期抚恤金：

（一）父母（抚养人）、配偶无劳动能力、无生活费来源，或者收入水平低于当地居民平均生活水平的；

（二）子女未满18周岁或者已满18周岁但因上学或者残疾无生活费来源的；

（三）兄弟姐妹未满18周岁或者已满18周岁但因上学无生活费来源且由该军人生前供养的。

对符合享受定期抚恤金条件的遗属，由县级人民政府民政部门发给《定期抚恤金领取证》。

第十六条 定期抚恤金标准应当参照全国城乡居民家庭人均收入水平确定。定期抚恤金的标准及其调整办法，由国务院民政部门会同国务院财政部门规定。

第十七条 县级以上地方人民政府对依靠定期抚恤金生活仍有困难的烈士遗属、因公牺牲军人遗属、病故军人遗属，可以增发抚恤金或者采取其他方式予以补助，保障其生活不低于当地的平均生活水平。

第十八条 享受定期抚恤金的烈士遗属、因公牺牲军人遗属、病故军人遗属死亡的，增发6个月其原享受的定期抚恤金，作为丧葬补助费，同时注销其领取定期抚恤金的证件。

第十九条 现役军人失踪，经法定程序宣告死亡的，在其被批准为烈士、确认为因公牺牲或者病故后，又经法定程序撤销对其死亡宣告的，由原批准或者确认机关取消其烈士、因公牺牲军人或者病故军人资格，并由发证机关收回有关证件，终止其家属原享受的抚恤待遇。

第三章 残疾抚恤

第二十条 现役军人残疾被认定为因战致残、因公致残或者因病致残的，依照本条例的规定享受抚恤。

因第八条第一款规定的情形之一导致残疾的，认定为因战致残；因第九条第一款规定的情形之一导致残疾的，认定为因公致残；义务兵和初级士官因第九条第一款第（三）项、第（四）项规定情形以外的疾病导致残疾的，认定为因病致残。

第二十一条 残疾的等级，根据劳动功能障碍程度和生活自理障碍程度确定，由重到轻分为一级至十级。

残疾等级的具体评定标准由国务院民政部门、劳动保障部门、卫生部门会同军队有关部门规定。

第二十二条 现役军人因战、因公致残，医疗终结后符合评定残疾等级条件的，应当评定残疾等级。义务兵和初级士官因病致残符合评定残疾等级条件，本人（精神病患者由其利害关系人）提出申请的，也应当评定残疾等级。

因战、因公致残，残疾等级被评定为一级至十级的，享受抚恤；因病致残，残疾等级被评定为一级至六级的，享受抚恤。

第二十三条 因战、因公、因病致残性质的认定和残疾等级的评定权限是：

（一）义务兵和初级士官的残疾，由军队军级以上单位卫生部门认定和评定；

（二）现役军官、文职干部和中级以上士官的残疾，由军队军区级以上单位卫生部门认定和评定；

（三）退出现役的军人和移交政府安置的军队离休、退休干部需要认定残疾性质和评定残疾等级的，由省级人民政府民政部门认定和评定。

评定残疾等级，应当依据医疗卫生专家小组出具的残疾等级的医学鉴定意见。

残疾军人由认定残疾性质和评定残疾等级的机关发给《中华人民共和国残疾军人证》。

第二十四条 现役军人因战、因公致残，未及时评定残疾等级，退出现役后或者医疗终结满 3 年后，本人（精神病患者由其利害关系人）申请补办评定残疾等级，有档案记载或者有原始医疗证明的，可以评定残疾等级。

现役军人被评定残疾等级后，在服现役期间或者退出现役后残疾情况发生严重恶化，原定残疾等级与残疾情况明显不符，本人（精神病患者由其利害关系人）申请调整残疾等级的，可以重新评定残疾等级。

第二十五条 退出现役的残疾军人，按照残疾等级享受残疾抚恤金。残疾抚恤金由县级人民政府民政部门发给。

因工作需要继续服现役的残疾军人，经军队军级以上单位批准，由所在部队按照规定发给残疾抚恤金。

第二十六条 残疾军人的抚恤金标准应当参照全国职工平均工资水平确定。残疾抚恤金的标准以及一级至十级残疾军人享受残疾抚恤金的具体办法，由国务院民政部门会同国务院财政部门规定。

县级以上地方人民政府对依靠残疾抚恤金生活仍有困难的残疾军人，可以增发残疾抚恤金或者采取其他方式予以补助，保障其生活不低于当地的平均生活水平。

第二十七条 退出现役的因战、因公致残的残疾军人因旧伤复发死亡的，由县级人民政府民政部门按照因公牺牲军人的抚恤金标准发给其遗属一次性抚恤金，其遗属享受因公牺牲军人遗属抚恤待遇。

退出现役的因战、因公、因病致残的残疾军人因病死亡的，对其遗属增发 12 个月的残疾抚恤金，作为丧葬补助费；其中，因战、因公致残的一级至四级残疾军人因病死亡的，其遗属享受病故军人遗属抚恤待遇。

第二十八条 退出现役的一级至四级残疾军人，由国家供养终身；其中，对需要长年医疗或者独身一人不便分散安置的，经省级人民政府民政部门批准，可以集中供养。

第二十九条 对分散安置的一级至四级残疾军人发给护理费，护理费的标准为：

（一）因战、因公一级和二级残疾的，为当地职工月平均工资的50%；

（二）因战、因公三级和四级残疾的，为当地职工月平均工资的40%；

（三）因病一级至四级残疾的，为当地职工月平均工资的30%。

退出现役的残疾军人的护理费，由县级以上地方人民政府民政部门发给；未退出现役的残疾军人的护理费，经军队军级以上单位批准，由所在部队发给。

第三十条 残疾军人需要配制假肢、代步三轮车等辅助器械，正在服现役的，由军队军级以上单位负责解决；退出现役的，由省级人民政府民政部门负责解决。

第四章 优　　待

第三十一条 义务兵服现役期间，其家庭由当地人民政府发给优待金或者给予其他优待，优待标准不低于当地平均生活水平。

义务兵和初级士官入伍前是国家机关、社会团体、企业事业单位职工（含合同制人员）的，退出现役后，允许复工复职，并享受不低于本单位同岗位（工种）、同工龄职工的各项待遇；服现役期间，其家属继续享受该单位职工家属的有关福利待遇。

义务兵和初级士官入伍前的承包地（山、林）等，应当保留；服现役期间，除依照国家有关规定和承包合同的约定缴纳有关税费外，免除其他负担。

义务兵从部队发出的平信，免费邮递。

第三十二条 国家对一级至六级残疾军人的医疗费用按照规定予以保障，由所在医疗保险统筹地区社会保险经办机构单独列账管理。具体办法由国务院民政部门会同国务院劳动保障部门、财政部门规定。

七级至十级残疾军人旧伤复发的医疗费用，已经参加工伤保险的，由工伤保险基金支付，未参加工伤保险，有工作的由工作单位解决，没有工作的由当地县级以上地方人民政府负责解决；七级至十级残疾军人旧伤复发以外的医疗费用，未参加医疗保险且本人支付有困难的，由当地县级以上地方人民政府酌情给予补助。

残疾军人、复员军人、带病回乡退伍军人以及烈士遗属、因公牺牲军人遗属、病故军人遗属享受医疗优惠待遇。具体办法由省、自治区、直辖市人民政府规定。

中央财政对抚恤优待对象人数较多的困难地区给予适当补助，用于帮助解决抚恤优待对象的医疗费用困难问题。

第三十三条 在国家机关、社会团体、企业事业单位工作的残疾军人，享受与所在单位工伤人员同等的生活福利和医疗待遇。所在单位不得因其残疾将其辞退、解聘或者解除劳动关系。

第三十四条 现役军人凭有效证件、残疾军人凭《中华人民共和国残疾军人证》优先购票乘坐境内运行的火车、轮船、长途公共汽车以及民航班机；残疾军人享受减收正常票价50%的优待。

现役军人凭有效证件乘坐市内公共汽车、电车和轨道交通工具享受优待，具体办法由有关城市人民政府规定。残疾军人凭《中华人民共和国残疾军人证》免费乘坐市内公共汽车、电车和轨道交通工具。

第三十五条 现役军人、残疾军人凭有效证件参观游览公园、博物馆、名胜古迹享受优待，具体办法由公园、博物馆、名胜古迹管理单位所在地的县级以上地方人民政府规定。

第三十六条 烈士、因公牺牲军人、病故军人的子女、兄弟姐妹，本人自愿应征并且符合征兵条件的，优先批准服现役。

第三十七条 义务兵和初级士官退出现役后，报考国家公务员、高等学校和中等职业学校，在与其他考生同等条件下优先录取。

残疾军人、烈士子女、因公牺牲军人子女、一级至四级残疾军人的子女，驻边疆国境的县（市）、沙漠区、国家确定的边远地区中的三类地区和军队确定的特、一、二类岛屿部队现役军人的子女报考普通高中、中等职业学校、高等学校，在与其他考生同等条件下优先录取；接受学历教育的，在同等条件下优先享受国家规定的各项助学政策。现役军人子女的入学、入托，在同等条件下优先接收。具体办法由国务院民政部门会同国务院教育部门规定。

第三十八条 残疾军人、复员军人、带病回乡退伍军人、烈士遗属、因公牺牲军人遗属、病故军人遗属承租、购买住房依照有关规定享受优先、优惠待遇。居住农村的抚恤优待对象住房困难的，由地方人民政府帮助解决。具体办法由省、自治区、直辖市人民政府规定。

第三十九条 经军队师（旅）级以上单位政治机关批准随军的现役军官家属、文职干部家属、士官家属，由驻军所在地的公安机关办理落户手续。随军前是国家机关、社会团体、企业事业单位职工的，驻军所在地人民政府劳动保障部门、人事部门应当接收和妥善安置；随军前没有工作单位的，驻军所在地人民政府应当根据本人的实际情况作出相应安置；对自谋职业的，按照国家有关规定减免有关费用。

第四十条 驻边疆国境的县（市）、沙漠区、国家确定的边远地区中的三类地区和军队确定的特、一、二类岛屿部队的现役军官、文职干部、士官，其符合随军条件无法随军的家属，所在地人民政府应当妥善安置，保障其生活不低于当地的平均生活水平。

第四十一条 随军的烈士遗属、因公牺牲军人遗属和病故军人遗属移交地方人民政府安置的，享受本条例和当地人民政府规定的抚恤优待。

第四十二条 复员军人生活困难的，按照规定的条件，由当地人民政府民政部门给予定期定量补助，逐步改善其生活条件。

第四十三条 国家兴办优抚医院、光荣院，治疗或者集中供养孤老和生活不能自理的抚恤优待对象。

各类社会福利机构应当优先接收抚恤优待对象。

第五章 法律责任

第四十四条 军人抚恤优待管理单位及其工作人员挪用、截留、私分军人抚恤优待经费，构成犯罪的，依法追究相关责任人员的刑事责任；尚不构成犯罪的，对相关责任人员依法给予行政处分或者纪律处分。被挪用、截留、私分的军人抚恤优待经费，由上一级人民政府民政部门、军队有关部门责令追回。

第四十五条 军人抚恤优待管理单位及其工作人员、参与军人抚恤优待工作的单位及工作人员有下列行为之一的，由其上级主管部门责令改正；情节严重，构成犯罪的，依法追究相关责任人员的刑事责任；尚不构成犯罪的，对相关责任人员依法给予行政处分或者纪律处分：

（一）违反规定审批军人抚恤待遇的；

（二）在审批军人抚恤待遇工作中出具虚假诊断、鉴定、证明的；

（三）不按规定的标准、数额、对象审批或者发放抚恤金、补助金、优待金的；

（四）在军人抚恤优待工作中利用职权谋取私利的。

第四十六条 负有军人优待义务的单位不履行优待义务的，由县级人民政府民政部门责令限期履行义务；逾期仍未履行的，处以2000元以上1万元以下罚款。对直接负责的主管人员和其他直接责任人员依法给予行政处分、纪律处分。因不履行优待义务使抚恤优待对象受到损失的，应当依法承担赔偿责任。

第四十七条 抚恤优待对象有下列行为之一的，由县级人民政府民政部门给予警告，限期退回非法所得；情节严重的，停止其享受的抚恤、优待；构成犯罪的，依法追究刑事责任：

（一）冒领抚恤金、优待金、补助金的；

（二）虚报病情骗取医药费的；

（三）出具假证明，伪造证件、印章骗取抚恤金、优待金、补助金的。

第四十八条 抚恤优待对象被判处有期徒刑、剥夺政治权利或者被通缉期间，中止其抚恤优待；被判处死刑、无期徒刑的，取消其抚恤优待资格。

第六章 附 则

第四十九条 本条例适用于中国人民武装警察部队。

第五十条 军队离休、退休干部的抚恤优待，按照本条例有关现役军人抚恤优待的规定执行。

因参战伤亡的民兵、民工的抚恤，因参加军事演习、军事训练和执行军事勤务伤亡的预备役人员、民兵、民工以及其他人员的抚恤，参照本条例的有关规定办理。

第五十一条 本条例所称的复员军人，是指在1954年10月31日之前入伍、后经批准从部队复员的人员；带病回乡退伍军人，是指在服现役期间患病，尚未达到评定残疾等级条件并有军队医院证明，从部队退伍的人员。

第五十二条 本条例自2004年10月1日起施行。1988年7月18日国务院发布的《军人抚恤优待条例》同时废止。

中国人民解放军士官退出现役安置暂行办法

（1999年12月13日 国发〔1999〕27号发布）

一、根据《中华人民共和国兵役法》（以下简称《兵役法》）和《中国人民解放军现役士兵服役条例》的有关规定，制定本办法。

二、士官符合下列情况之一的，退出现役：

（一）服现役满本期规定的年限，未被批准继续服现役的；

（二）服现役满30年或者年满55岁的；

（三）军队编制员额缩减需要退出现役的；

（四）国家建设需要调出军队的；

（五）经驻军医院诊断证明本人健康状况不适于继续服现役的。

三、退出现役的士官符合下列条件之一的，作复员安置：

（一）服现役满第一期或第二期规定年限的；

（二）符合转业或者退休条件，本人要求复员并经批准的。

四、退出现役的士官符合下列条件之一的，作转业安置：

（一）服现役满10年的；

（二）服现役期间荣获二等功以上奖励的；

（三）服现役期间因战、因公致残被评为二等、三等伤残等级的；

（四）服现役未满10年，符合本办法第二条第（四）项情况的；

（五）符合退休条件，地方需要和本人自愿转业的。

五、退出现役的士官符合下列条件之一的，作退休安置：

（一）年满55岁的；

（二）服现役满30年的；

（三）服现役期间因战、因公致残，被评为特等、一等伤残等级的；

（四）服现役期间因病基本丧失工作能力，并经驻军医院诊断证明，军以上卫生部门鉴定确认的。

六、士官服现役未满本期规定年限，严重违反纪律或者无正当理由坚持要求退出现役的，经批准，可按义务兵作退伍处理；家居城镇的，人民政府不负责安排工作。

士官无正当理由坚持要求退出现役的，须附本人书面申请。

七、士官因家庭发生重大变故，服现役未满本期规定年限要求退出现役的，需有县级以上人民政府民政部门证明，经批准，不满10年的作复员安置，满10年的作转业安置。

八、士官退出现役作复员安置或者作转业安置的，第一期、第二期由团（旅）级单位批准；第三期、第四期由师（旅）级单位批准；第五期、第六期由军级单位批准；

士官退出现役作退休安置的，由军级单位批准；改按义务兵退伍的，由师（旅）级以上单位批准。

九、士官退出现役，由批准单位的司令机关填写《士官退出现役登记表》（其中改按义务兵退伍的填写《士官改按义务兵退伍审批表》），发给国防部制发的《中国人民解放军士官退出现役证》。

十、作复员和转业安置的士官退出现役，原则上回入伍时户口所在地的县（市）安置。符合下列情况之一的，可以易地安置：

（一）国家或者军队建设需要的；

（二）服现役期间，家庭常住户口所在地变动的；

（三）结婚满2年且配偶在其常住户口所在地有生活基础的；

（四）因其他特殊情况经省级以上人民政府安置主管部门批准的。

十一、士官退出现役的时间：

（一）因国家建设需要调出军队的；随时办理；

（二）作复员安置的，与当年义务兵退伍同步进行；

（三）作转业安置的，按民政部、总参谋部当年的规定执行；

（四）作退休安置的，在符合退休条件时下达退休命令。

十二、士官复员后，由征集地的县（市）人民政府按退伍义务兵的有关规定妥善安置。

农村入伍的初级士官服现役期间，保留承包土地、自留地；中级以上士官复员后，没有承包土地、自留地的，重新划给。

农村入伍符合转业条件的士官，本人要求并经批准作复员安置的，允许落城镇户口。

十三、士官转业后，按照《兵役法》和国务院、中央军委的有关文件以及国务院、中央军委当年度退伍工作通知的有关规定执行。

十四、转业士官和城镇入伍的复员士官待安置期间，由当地人民政府按照不低于当地最低生活水平的原则发给生活补助费。

十五、退休士官符合本办法第五条第（一）、第（二）或者第（三）项条件的，参照军队退休干部的安置办法执行；符合本办法第五条第（四）项条件的，在原征集地或者直系亲属所在地分散安置，其待遇按照有关规定执行，其中患精神病的士官不符合转业安置条件的，按退伍义务兵的接收安置规定执行。

十六、士官退出现役离队时，应办妥党（团）组织关系、供给关系的转移手续，按照规定发给工资、伙食费以及各种补助费和返回安置地途中的差旅费。到达安置地的县（市）时，持批准机关的行政介绍信，到县（市）人民政府民政部门报到；确定服预备役的，并到人民武装部进行预备役登记。

十七、士官退出现役后，到安置地的县（市）人民政府民政部门报到前发生的问题，由原部队负责处理；报到后发生的问题，由当地人民政府负责处理。

十八、本办法适用于中国人民武装警察部队。

十九、本办法自下发之日起施行。以往有关规定与此不符的即行废止。执行中的有关问题，由民政部、总参谋部负责解释。

军队转业干部安置暂行办法

（2001年1月19日　中发〔2001〕3号）

第一章　总　　则

第一条　为了做好军队转业干部安置工作，加强国防和军队建设，促进经济和社会发展，保持社会稳定，根据《中华人民共和国国防法》、《中华人民共和国兵役法》和其他有关法律法规的规定，制定本办法。

第二条　本办法所称军队转业干部，是指退出现役作转业安置的军官和文职干部。

第三条　军队转业干部是党和国家干部队伍的组成部分，是重要的人才资源，是社会主义现代化建设的重要力量。

军队转业干部为国防事业、军队建设作出了牺牲和贡献，应当受到国家和社会的尊重、优待。

第四条　军队干部转业到地方工作，是国家和军队的一项重要制度。国家对军队转业干部实行计划分配和自主择业相结合的方式安置。

计划分配的军队转业干部由党委、政府负责安排工作和职务；自主择业的军队转业干部由政府协助就业、发给退役金。

第五条　军队转业干部安置工作，坚持为经济社会发展和军队建设服务的方针，贯彻妥善安置、合理使用、人尽其才、各得其所的原则。

第六条　国家设立军队转业干部安置工作机构，在中共中央、国务院、中央军事委员会领导下，负责全国军队转业干部安置工作。

省（自治区、直辖市）设立相应的军队转业干部安置工作机构，负责本行政区域的军队转业干部安置工作。市（地）可以根据实际情况设立军队转业干部安置工作机构。

第七条 解放军总政治部统一管理全军干部转业工作。

军队团级以上单位党委和政治机关负责本单位干部转业工作。

省军区（卫戍区、警备区）负责全军转业到所在省、自治区、直辖市干部的移交，并配合当地党委、政府做好军队转业干部安置工作。

第八条 接收、安置军队转业干部是一项重要的政治任务，是全社会的共同责任。党和国家机关、团体、企业事业单位，应当按照国家有关规定，按时完成军队转业干部安置任务。

第九条 军队转业干部应当保持和发扬人民军队的优良传统，适应国家经济和社会发展的需要，服从组织安排，努力学习，积极进取，为社会主义现代化建设贡献力量。

第十条 对在社会主义现代化建设中贡献突出的军队转业干部和在军队转业干部安置工作中做出显著成绩的单位、个人，国家和军队给予表彰奖励。

第二章 转业安置计划

第十一条 全国的军队转业干部安置计划，由国家军队转业干部安置工作主管部门会同解放军总政治部编制下达。

省（自治区、直辖市）的军队转业干部安置计划，由省（自治区、直辖市）军队转业干部安置工作主管部门编制下达。

中央和国家机关及其管理的在京企业事业单位军队转业干部安置计划，由国家军队转业干部安置工作主管部门编制下达。

中央和国家机关京外直属机构、企业事业单位的军队转业干部安置计划，由所在省（自治区、直辖市）军队转业干部安置工作主管部门编制下达。

第十二条 担任团级以下职务（含处级以下文职干部和享受相当待遇的专业技术干部，下同）的军队干部，有下列情形之一的，列入军队干部转业安置计划：

（一）达到平时服现役最高年龄的；

（二）受军队编制员额限制不能调整使用的；

（三）因身体状况不能坚持军队正常工作但能够适应地方工作的；

（四）其他原因需要退出现役作转业安置的。

第十三条 担任团级以下职务的军队干部，有下列情形之一的，不列入军队干部转业安置计划：

（一）年龄超过50周岁的；

（二）二等甲级以上伤残的；

（三）患有严重疾病，经驻军医院以上医院诊断确认，不能坚持正常工作的；

（四）受审查尚未作出结论或者留党察看期未满的；

（五）故意犯罪受刑事处罚的；

（六）被开除党籍或者受劳动教养丧失干部资格的；

（七）其他原因不宜作转业安置的。

第十四条 担任师级职务（含局级文职干部，下同）或高级专业技术职务的军队干部，年龄50周岁以下的，本人申请，经批准可以安排转业，列入军队干部转业安置计划。

担任师级职务或高级专业技术职务的军队干部，年龄超过50周岁、地方工作需要的，可以批准转业，另行办理。

第十五条 因军队体制、编制调整或者国家经济社会发展需要，成建制成批军队干部的转业安置，由解放军总政治部与国家军队转业干部安置工作主管部门协商办理。

中央和国家机关及其管理的在京企业事业单位计划外选调军队干部，经大军区级单位政治机关审核并报解放军总政治部批准转业后，由国家军队转业干部安置工作主管部门办理审批。

第三章 安置地点

第十六条 军队转业干部一般由其原籍或者入伍时所在省（自治区、直辖市）安置，也可以到配偶随军前或者结婚时常住户口所在地安置。

第十七条 配偶已随军的军队转业干部，具备下列条件之一的，可以到配偶常住户口所在地安置：

（一）配偶取得北京市常住户口满4年的；

（二）配偶取得上海市常住户口满3年的；

（三）配偶取得天津市、重庆市和省会（自治区首府）城市、副省级城市常住户口满2年的；

（四）配偶取得其他城市常住户口的。

第十八条 父母身边无子女或者配偶为独生子女的军队转业干部，可以到其父母或者配偶父母常住户口所在地安置。未婚的军队转业干部可以到其父母常住户口所在地安置。

父母双方或者一方为军人且长期在边远艰苦地区工作的军队转业干部，可以到父母原籍、入伍地或者父母离退休安置地安置。

第十九条 军队转业干部具备下列条件之一的，可以到配偶常住户口所在地安置，也可以到其父母或者配偶父母、本人子女常住户口所在地安置：

（一）自主择业的；

（二）在边远艰苦地区或者从事飞行、舰艇工作满10年的；

（三）战时获三等功、平时获了二等功以上奖励的；

（四）因战因公致残的。

第二十条 夫妇同为军队干部且同时转业的，可以到任何一方的原籍或者入伍地安置，也可以到符合配偶随军条件的一方所在地安置；一方转业，留队一方符合配偶随军条件的，转业一方可以到留队一方所在地安置。

第二十一条 因国家重点工程、重点建设项目、新建扩建单位以及其他工作需要的军队转业干部，经接收单位所在省（自治区、直辖市）军队转业干部安置工作主管部门批准，可以跨省（自治区、直辖市）安置。

符合安置地吸引人才特殊政策规定条件的军队转业干部，可以到该地区安置。

第四章 工作分配与就业

第二十二条 担任师级职务的军队转业干部或者担任营级以下职务（含科级以下文职干部和享受相当待遇的专业技术干部，下同）且军龄不满20年的军队转业干部，由党委、政府采取计划分配的方式安置。

担任团级职务的军队转业干部或者担任营级职务且军龄满20年的军队转业干部，可以选择计划分配或者自主择业的方式安置。

第二十三条 计划分配的军队转业干部，党委、政府应当根据其德才条件和在军队的职务等级、贡献、专长安排工作和职务。

担任师级领导职务或者担任团级领导职务且任职满最低年限的军队转业干部，一般安排相应的领导职务。接收师、团级职务军队转业干部人数较多、安排领导职务确有困难的地区，可以安排相应的非领导职务。

其他担任师、团级职务或者担任营级领导职务且任职满最低年限的军队转业干部，参照上述规定，合理安排。

第二十四条 各省、自治区、直辖市应当制定优惠的政策措施，鼓励军队转业干部到艰苦地区和基层单位工作。

对自愿到边远艰苦地区工作的军队转业干部，应当安排相应的领导职务，德才优秀的可以提职安排。

在西藏或者其他海拔3500米以上地区连续工作满5年的军队转业干部，应当安排相应的领导职务或者非领导职务，对正职领导干部安排正职确有困难的，可以安排同级副职。

第二十五条 各地区、各部门、各单位应当采取使用空出的领导职位、按规定增加非领导职数或者先进后出、带编分配等办法，安排好师、团级职务军队转业干部的工作和职务。

党和国家机关按照军队转业干部安置计划数的15%增加行政编制，所增加的编制主要用于安排师、团级职务军队转业干部。

各地区、各部门、各单位应当把师、团级职务军队转业干部的安排与领导班子建设通盘考虑，有计划地选调师、团级职务军队转业干部，安排到市（地）、县（市）级领导班子或者事业单位、国有大中型企业领导班子任职。

第二十六条 担任专业技术职务的军队转业干部，一般应当按照其在军队担任的专业技术职务或者国家承认的专业技术资格，聘任相应的专业技术职务；工作需要的可以安排行政职务。

担任行政职务并兼任专业技术职务的军队转业干部，根据地方工作需要和本人志愿，可以安排相应的行政职务或者聘任相应的专业技术职务。

第二十七条 国家下达的机关、团体、事业单位的年度增人计划，应当首先用于安置军队转业干部。编制满员的事业单位接收安置军队转业干部，按照实际接收人数相应增加编制，并据此增加人员工资总额计划。

第二十八条 党和国家机关接收计划分配的军队转业干部，按照干部管理权限，在主管部门的组织、指导下，对担任师、团级职务的，采取考核选调等办法安置；对担任营级以下职务的，采取考试考核和双向选择等办法安置。对有的岗位，也可以在军队转业干部中采取竞争上岗的办法安置。

第二十九条 对计划分配到事业单位的军队转业干部，参照其军队职务等级安排相应的管理或者专业技术工作岗位，并给予3年适应期。

企业接收军队转业干部，由军队转业干部安置工作主管部门编制计划，根据军队转业干部本人志愿进行分配，企业安排管理或者专业技术工作岗位，并给予2年适应期。

军队转业干部可以按照有关规定与用人单位签订无固定期限或者有固定期限劳动、聘用合同，用人单位不得违约解聘、辞退或者解除劳动、聘用合同。

第三十条 中央和国家机关京外直属机构、企业事业单位，应当按时完成所在地党委、政府下达的军队转业干部安置任务。需要增加编制、职数和工资总额的，其上级主管部门应当予以支持。

第三十一条 对自主择业的军队转业干部，安置地政府应当采取提供政策咨询、组织就业培训、拓宽就业渠道、向用人单位推荐、纳入人才市场等措施，为其就业创造条件。

第三十二条 党和国家机关、团体、企业事业单位在社会上招聘录用人员时，对适合军队转业干部工作的岗位，应当优先录用、聘用自主择业的军队转业干部。

第三十三条 对从事个体经营或者创办经济实体的自主择业的军队转业干部，安置地政府应当在政策上给予扶持，金融、工商、税务等部门，应当视情提供低息贷款，及时核发营业执照，按照社会再就业人员的有关规定减免营业税、所得税等税费。

第五章 待　遇

第三十四条 计划分配到党和国家机关、团体、事业单位的军队转业干部，其工资待遇按照不低于接收安置单位与其军队职务等级相应或者同等条件人员的标准确定，津贴、补贴、奖金以及其他生活福利待遇，按照国家有关规定执行。

第三十五条 计划分配到党和国家机关、团体、事业单位的军队转业干部，退休时的职务等级低于转业时军队职务等级的，享受所在单位与其转业时军队职务等级相应或者同等条件人员的退休待遇。

本条规定不适用于到地方后受降级以上处分的军队转业干部。

第三十六条 计划分配到企业的军队转业干部，其工资和津贴、补贴、奖金以及其他生活福利待遇，按照国家和所在企业的有关规定执行。

第三十七条 军队转业干部的军龄，计算为接收安置单位的连续工龄（工作年限），享受相应的待遇。在军队从事护理、教学工作，转业后仍从事该职业的，其在军队的护龄、教龄应当连续计算，享受接收安置单位同类人员的待遇。

第三十八条 自主择业的军队转业干部，由安置地政府逐月发给退役金。团级职务和军龄满 20 年的营级职务军队转业干部的月退役金，按照本人转业时安置地同职务等级军队干部月职务、军衔（级别）工资和军队统一规定的津贴补贴为计发基数 80% 的数额与基础、军龄工资的全额之和计发。军龄满 20 年以上的，从第 21 年起，军龄每增加一年，增发月退役金计发基数的 1%。

第三十九条 自主择业的军队转业干部，按照下列条件和标准增发退役金：

（一）荣立三等功、二等功、一等功或者被大军区级以上单位授予荣誉称号的，分别增发月退役金计发基数的 5%、10%、15%。符合其中两项以上的，按照最高的一项标准增发。

（二）在边远艰苦地区或者从事飞行、舰艇工作满 10 年、15 年、20 年以上的，分别增发月退役金计发基数的 5%、10%、15%。符合其中两项以上的，按照最高的一项标准增发。

本办法第三十八条和本条各项规定的标准合并计算后，月退役金数额不得超过本人转业时安置地同职务等级军队干部月职务、军衔、基础、军龄工资和军队统一规定的津贴补贴之和。

第四十条 自主择业的军队转业干部的退役金，根据移交地方安置的军队退休干部退休生活费调整的情况相应调整增加。

经济比较发达的地区，自主择业军队转业干部的月退役金低于安置地当年党和国家机关相应职务等级退休干部月退休生活费数额的，安置地政府可以发给差额补贴。

自主择业的军队转业干部的退役金，免征个人所得税。

自主择业的军队转业干部，被党和国家机关选用为正式工作人员的，停发退役金。其工资等各项待遇按照本办法第三十四条规定执行。

第四十一条 自主择业的军队转业干部去世后，从去世的下月起停发退役金。区别不同情况，一次发给本人生前 10 个月至 40 个月的退役金作为抚恤金和一定数额的退役金作为丧葬补助费。具体办法由有关部门另行制定。

自主择业的军队转业干部的遗属生活确有困难的，由安置地政府按照国家和当地的有关规定发给生活困难补助金。

第四十二条 计划分配的军队转业干部，享受所在单位与其军队职务等级相应或者同等条件人员的政治待遇；自主择业的军队转业干部，享受安置地相应职务等级退休干部的有关政治待遇。

第四十三条 军队转业干部在服现役期间被中央军事委员会授予荣誉称号的，比照全国劳动模范（先进工作者）享受相应待遇；被大军区级单位授予荣誉称号或者荣立一等功，以及被评为全国模范军队转业干部的，比照省部级劳动模范（先进工作者）享受相应待遇。

第六章 培 训

第四十四条 军队转业干部的培训工作，是军队转业干部安置工作的重要组成部分，各级党委、政府和有关部门应当在政策和经费等方面提供必要保障。

第四十五条 对计划分配的军队转业干部应当进行适应性培训和专业培训，有条件的地区也可以在安置前组织适应性培训。培训工作贯彻“学用结合、按需施教、注重实效”和“培训、考核、使用相结合”的原则，增强针对性和实用性，提高培训质量。

军队转业干部培训的规划、组织协调和督促检查工作，由军队转业干部安置工作主管部门负责。

第四十六条 计划分配的军队转业干部的专业培训，由省（自治区、直辖市）按部门或者专业编班集中组织实施，培训时间不少于3个月。

军队转业干部参加培训期间享受接收安置单位在职人员的各项待遇。

第四十七条 自主择业的军队转业干部的就业培训，主要依托军队转业干部培训中心具体实施，也可以委托地方院校、职业培训机构承担具体工作。负责培训的部门应当根据社会人才需求合理设置专业课程，加强定向职业技能培训，以提高自主择业的军队转业干部就业竞争能力。

第四十八条 军队转业干部培训中心，主要承担计划分配的军队转业干部的适应性培训和部分专业培训，以及自主择业的军队转业干部的就业培训。

军队转业干部安置工作主管部门应当加强对军队转业干部培训中心的管理。军队转业干部培训中心从事社会服务的收益，主要用于补助培训经费的不足。

第四十九条 各级教育行政管理部门应当在师资、教学设施等方面，支持军队转业干部培训工作。对报考各类院校的军队转业干部，应适当放宽年龄条件，在与其他考生同等条件下，优先录取；对获二等功以上奖励的，应适当降低录取分数线投档。

第七章 社会保障

第五十条 军队转业干部的住房，由安置地政府按照统筹规划、优先安排、重点保障、合理负担的原则给予保障，主要采取购买经济适用住房、现有住房或者租住周转住房，以及修建自有住房等方式解决。

计划分配的军队转业干部，到地方单位工作后的住房补贴，由安置地政府或者接收安置单位按照有关规定解决。自主择业的军队转业干部，到地方后未被党和国家机关、团体、企业事业单位录用聘用期间的住房补贴，按照安置地党和国家机关与其军队职务等级相应或者同等条件人员的住房补贴的规定执行。

军队转业干部因配偶无住房补贴，购买经济适用住房超过家庭合理负担的部分，个人支付确有困难的，安置地政府应当视情给予购房补助或者优先提供住房公积金贷款。

军队转业干部住房保障具体办法，按照国家有关规定执行。

第五十一条 军队转业干部的军龄视同社会保险缴费年限。其服现役期间的医疗等社会保险费，转入安置地社会保险经办机构。

第五十二条 计划分配到党和国家机关、团体、事业单位的军队转业干部，享受接收安置单位与其军队职务等级相应或者同等条件人员的医疗、养老、失业、工伤、生育等社会保险待遇；计划分配到企业的军队转业干部，按照国家有关规定参加社会保险，缴纳社会保险费，享受社会保险待遇。

第五十三条 自主择业的军队转业干部，到地方后未被党和国家机关、团体、企业事业单位录用聘用期间的医疗保障，按照安置地党和国家机关与其军队职务等级相应或者同等条件人员的有关规定执行。

第八章 家属安置

第五十四条 军队转业干部随调配偶的工作，安置地党委、政府应当参照本人职务等级和从事的职业合理安排，与军队转业干部同时接收安置，发出报到通知。调入调出单位相应增减工资总额。

对安排到实行合同制、聘任制企业事业单位的军队转业干部随调配偶，应当给予2年适应期。适应期内，非本人原因不得擅自违约解聘、辞退或者解除劳动、聘用合同。

第五十五条 军队转业干部随迁配偶、子女符合就业条件的，安置地政府应当提供就业指导和服务，帮助其实现就业；对从事个体经营或者创办经济实体的，应当在政策上给予扶持，并按照国家和安置地促进就业的有关规定减免税费。

第五十六条 军队转业干部配偶和未参加工作的子女可以随调随迁，各地公安部门凭军队转业干部安置工作主管部门的通知及时办理迁移、落户手续。随迁子女需要转学、入学的，由安置地教育行政管理部门负责安排；报考各类院校时，在与其他考生同等条件下优先录取。

军队转业干部身边无子女的，可以随调一名已经工作的子女及其配偶。

各地在办理军队转业干部及其随调随迁配偶、子女的工作安排、落户和转学、入学事宜时，不得收取国家政策规定以外的费用。

第五十七条 军队转业干部随调随迁配偶、子女，已经参加医疗、养老、失业、工伤、生育等社会保险的，其社会保险关系和社会保险基金，由社会保险经办机构按照国家有关规定一并转移或者继续支付。未参加社会保险的，按照国家和安置地有关规定，参加医疗、养老、失业、工伤、生育等社会保险。

第九章 安置经费

第五十八条 军队转业干部安置经费，分别列入中央财政、地方财政和军费预算，并根据经济社会发展，逐步加大投入。

军队转业干部安置工作涉及的行政事业费、培训费、转业生活补助费、安家补助费和服现役期间的住房补贴，按照现行的经费供应渠道予以保障。

军队转业干部培训经费的不足部分由地方财政补贴。安置业务经费由本级财政部门解决。

第五十九条 自主择业的军队转业干部的退役金，由中央财政专项安排；到地方后未被党和国家机关、团体、企业事业单位录用聘用期间的住房补贴和医疗保障所需经费，由安置地政府解决。

第六十条 军队转业干部安置经费应当专款专用，不得挪用、截留、克扣、侵占，有关职能部门对安置经费的使用情况应当进行监督检查。

第十章 管理与监督

第六十一条 各级党委、政府应当把军队转业干部安置工作纳入目标管理，建立健全领导责任制，作为考核领导班子、领导干部政绩的重要内容和评选双拥模范城（县）的重要条件。

第六十二条 军队转业干部安置工作主管部门主要负责军队转业干部的计划安置、就业指导、就业培训、经费管理和协调军队转业干部的社会保障等工作。

自主择业的军队转业干部，由军队转业干部安置工作主管部门管理，主要负责自主择业的军队转业干部的政策指导、就业培训、协助就业、退役金发放、档案接转与存放，并协调解决有关问题；其他日常管理服务工作，由户口所在街道、乡镇负责。

第六十三条 各级党委、政府应当加强对军队转业干部安置工作的监督检查，坚决制止和纠正违反法律、法规和政策的行为；对拒绝接收军队转业干部或者未完成安置任务的部门和单位，组织、人事、编制等部门可以视情暂缓办理其人员调动、录用和编制等审批事项。

第六十四条 军队转业干部到地方报到前发生的问题，由其原部队负责处理；到地方报到后发生的问题，由安置地政府负责处理，涉及原部队的，由原部队协助安置地政府处理。

对无正当理由经教育仍不到地方报到的军队转业干部，由原部队根据有关规定给予党纪、军纪处分或者其他处罚。

第六十五条 退出现役被确定转服军官预备役的军队转业干部，到地方接收安置单位报到时，应当到当地人民武装部进行预备役军官登记，履行其预备役军官的职责和义务。

第六十六条 凡违反本办法规定，对军队转业干部安置工作造成严重影响的单位和个人，视情节轻重给予批评教育或者处分、处罚；构成犯罪的，依法追究刑事责任。

第十一章 附 则

第六十七条 中国人民武装警察部队转业干部的安置工作，按照本办法执行。

第六十八条 各省、自治区、直辖市依据本办法制定实施细则。

第六十九条 本办法自发布之日起施行，适用于此后批准转业的军队干部。以往有关军队转业干部安置工作的规定，凡与本办法不一致的，以本办法为准。

第七十条 本办法由国家军队转业干部安置工作主管的部门会同有关部门负责解释。

伤残抚恤管理办法

（2007 年 7 月 31 日民政部令第 34 号公布 自 2007 年 8 月 1 日起施行）

第一章 总 则

第一条 为了规范和加强民政部门管理的伤残抚恤工作，根据《军人抚恤优待条例》等法规，制定本办法。

第二条 本办法适用对象为下列中国公民：

（一）在服役期间因战因公致残退出现役的军人，在服役期间因病评定了残疾等级退出现役的残疾军人；

（二）因战因公负伤时为行政编制的人民警察；

（三）因战因公负伤时为公务员以及参照《中华人民共和国公务员法》管理的国家机关工作人员；

（四）因参战、参加军事演习、军事训练和执行军事勤务致残的预备役人员、民兵、民工以及其他人员；

（五）为维护社会治安同违法犯罪分子进行斗争致残的人员；

（六）为抢救和保护国家财产、人民生命财产致残的人员；

（七）法律、行政法规规定应当由民政部门负责伤残抚恤的其他人员。

前款所列第（四）、第（五）、第（六）项人员，根据《工伤保险条例》应当认定视同工伤的，不再办理因战、因公伤残抚恤。

第三条 伤残抚恤工作应当遵循公开、公平、公正的原则。县级人民政府民政部门应当公布有关评残程序和抚恤金标准。

第二章 残疾等级评定

第四条 残疾等级评定包括新办评定残疾等级、补办评定残疾等级、调整残疾等级。

新办评定残疾等级是指对第二条第一款第（一）项以外的人员认定因战因公残疾性质，评定残疾等级。补办评定残疾等级是指对现役军人因战因公致残未能及时评定残疾等级，在退出现役后依据《军人抚恤优待条例》的规定，认定因战因公性质、评定残疾等级。调整残疾等级是指对已经评定残疾等级，因残疾情况变化与所评定的残疾等级明显不符的人员调整残疾等级级别。

属于新办评定残疾等级的，申请人应当在因战因公负伤或者被诊断、鉴定为职业病3年内提出申请。

第五条 申请人（精神病患者由其利害关系人）申请评定残疾等级，应当向所在单位提出书面申请；没有单位的，向户籍所在地的街道办事处或者乡镇人民政府提出书面申请。

以原致残部位申请调整残疾等级的，可以直接向户籍所在地县级人民政府民政部门提出申请。

第六条 申请人所在单位或者街道办事处或者乡镇人民政府审查评定残疾等级申请后出具书面意见，连同本人档案材料、书面申请和本人近期二寸免冠彩色照片等一并报送户籍所在地的县级人民政府民政部门审查。

申请新办评定残疾等级，应当提交致残经过证明和医疗终结后的诊断证明。

申请补办评定残疾等级，应当提交因战因公致残档案记载或者原始医疗证明。

申请调整残疾等级，应当提交原评定残疾等级的证明和本人认为残疾情况与原残疾等级明显不符的医疗诊断证明。民政部门认为需要调整等级的，应当提出调整的理由，并通知本人到指定的医疗卫生机构进行残疾情况鉴定。

第七条 县级人民政府民政部门对报送的有关材料进行核对，符合受理条件的签发受理通知书；材料不全或者材料不符合法定形式的应当告知当事人补充材料。

县级人民政府民政部门经审查认为申请人符合因战因公负伤条件的，应当填写《评定、调整伤残等级审批表》，并在受理之日起20个工作日内，通知本人到设区的市人民政府或者行政公署以上民政部门指定的医疗卫生机构，对属于因战因公导致的残疾情况进行鉴定，由医疗卫生专家小组根据《军人残疾等级评定标准》，出具残疾等级医学鉴定意见。职业病的残疾情况鉴定由省级人民政府民政部门指定的有职业病诊断资质的医疗机构作出；精神病的残疾情况鉴定由省级人民政府民政部门指定的二级以上精神病专科医院作出。

县级人民政府民政部门依据医疗卫生专家小组出具的残疾等级医学鉴定意见对申请人拟定残疾等级，在《评定、调整伤残等级审批表》上签署意见，加盖印章，连同其他申请材料，于收到医疗卫生专家小组签署意见之日起20个工作日内，一并报送设区的市人民政府民政部门或者行政公署民政部门。

对第二条第一款第（一）项人员，经审查认为不符合因战因公负伤条件的，或者经医疗卫生专家小组鉴定达不到评定或者调整残疾等级的，县级人民政府民政部门应当根据《军人抚恤优待条例》第二十三条第一款第（三）项的规定逐级上报省级人民政府民政部门。对第二条第一款第（一）项以外的人员，经审查认为不符合因战因公负伤条件的，或者经医疗卫生专家小组鉴定达不到评定或者调整残疾等级标准的，县级人民政府民政部门应当填写《不予评定、调整伤残等级决定书》，连同医疗卫生专家小组出具的残疾等级医学鉴定意见（复印件）和申请人提供的材料，退还申请人。

第八条 设区的市人民政府民政部门或者行政公署民政部门对报送的材料审查后，在《评定、调整伤残等级审批表》上签署意见，并加盖印章。

对符合条件的，于收到材料之日起20个工作日内，将上述材料报送省级人民政府民政部门。对不符合条件的，属于第二条第一款第（一）项人员，根据《军人抚恤优待条例》第二十三条第一款第（三）项的规定上报省级人民政府民政部门；属于第二条第一款第（一）项以外人员的，填写《不予评定、调整伤残等级决定书》，连同医疗卫生专家小组出具的残疾等级医学鉴定意见（复印件）和申请人提供的材料，逐级退还申请人。

第九条 省级人民政府民政部门对报送的材料初审后，认为符合条件的，逐级通知县级人民政府民政部门对申请人的评残情况进行公示。公示内容应当包括致残的时间、地点、原因、残疾情况（涉及隐私或者不宜公开的不公示）、拟定的残疾等级以及民政部门联系方式。公示应当在申请人工作单位所在地或者居住地进行，时间不少于7个工作日。县级人民政府民政部门应当对公示中反馈的意见进行核实并签署意见，逐级上报省级人民政府民政部门，对调整等级的应当将本人持有的伤残人员证一并上报。

省级人民政府民政部门应当对公示的意见进行审核，在《评定、调整伤残等级审批表》上签署审批意见，加盖印章。对符合条件的，由民政部门办理伤残人员证（调整等级的，在证件变更栏处填写新等级），连同医疗卫生专家小组出具的伤残等级医学鉴定意见（复印件），于收到材料之日起60个工作日内逐级发给申请人。对不符合条件的，由民政部门填写《不予评定、调整伤残等级决定书》，连同医疗卫生专家小组出具的残疾等级医学鉴定意见（复印件）和申请人提供的材料，于收到材料之日起60个工作日内逐级退还申请人。

第十条 申请人或者民政部门对医疗卫生专家小组作出的残疾等级医学鉴

定意见有异议的，可以到省级人民政府民政部门指定的医疗卫生机构重新进行鉴定。

省级人民政府民政部门可以成立医疗卫生专家小组，对残疾情况与应当评定的残疾等级提出评定意见。

第十一条 伤残人员以军人、人民警察、公务员以及参照《中华人民共和国公务员法》管理的国家机关工作人员和其他人员不同身份多次致残的，民政部门按上述顺序只发给一种证件，并在伤残证件变更栏上注明第二次致残的时间和性质，以及合并评残后的等级和性质。

致残部位不能合并评残的，可以先对各部位分别评残。等级不同的，以重者定级；两项以上等级相同的，只能晋升一级。

多次致残的伤残性质不同的，以等级重者定性。等级相同的，按因战、因公、因病的顺序定性。

第三章 伤残证件和档案管理

第十二条 伤残证件的发放种类：

（一）退役军人在服役期间因战因公因病致残的，发给《中华人民共和国残疾军人证》；

（二）人民警察因战因公致残的，发给《中华人民共和国伤残人民警察证》；

（三）公务员以及参照《中华人民共和国公务员法》管理的国家机关工作人员因战因公致残的，发给《中华人民共和国伤残公务员证》；

（四）其他人员因战因公致残的，发给《中华人民共和国因战因公伤残人员证》。

第十三条 伤残证件由国务院民政部门统一制作。证件的有效期：15 周岁以下为 5 年，16－25 周岁为 10 年，26－45 周岁为 20 年，46 周岁以上为长期。

第十四条 伤残证件有效期满、损毁或者遗失的，当事人应当到县级人民政府民政部门申请换发证件或者补发证件。伤残证件遗失的须本人登报声明作废。

县级人民政府民政部门经审查认为符合条件的，填写《伤残人员换证补证报批表》，连同照片逐级上报省级人民政府民政部门。省级人民政府民政部门将新办理的伤残证件逐级通过县级人民政府民政部门发给申请人。各级民政部门应当在 20 个工作日内完成本级民政部门需要办理的事项。

第十五条 伤残人员办理前往香港、澳门、台湾定居或者出国定居前，由户籍所在地县级人民政府民政部门在变更栏内注明变更内容。对需要换发新证的，“身份证号”处填写所在国（或者香港、澳门、台湾）核发的居住证件号码。“户籍地”为国内抚恤关系所在地。

第十六条 伤残人员死亡的，县级人民政府民政部门应当注销其伤残证件，并逐级上报省级人民政府民政部门备案。

第十七条 民政部门对申报和审批的各种材料、伤残证件应当有登记手续。送达的材料或者证件，均须挂号邮寄或者由当事人签收。

第十八条 县级人民政府民政部门应当建立伤残人员资料档案，一人一档，长期保存。

第四章 伤残抚恤关系转移

第十九条 残疾军人退役或者向政府移交，必须自军队办理了退役手续或者移交手续后60日内，向户籍迁入地的县级人民政府民政部门申请转入抚恤关系。民政部门必须进行审查、登记、备案。审查的材料有：《户口簿》、《残疾军人证》、解放军总后勤部卫生部（或者武警后勤部卫生部、武警边防部队后勤部、武警部队消防局、武警部队警卫局）监制的《军人残疾等级评定表》或者《换领〈中华人民共和国残疾军人证〉申报审批表》、退役证件或者移交政府安置的相关证明。

县级人民政府民政部门应当对残疾军人残疾情况及有关材料进行审查，必要时可以复查鉴定残疾情况。认为符合条件的，将《残疾军人证》及有关材料逐级报送省级人民政府民政部门。省级人民政府民政部门审查无误的，在《残疾军人证》变更栏内填写新的户籍地、重新编号，并加盖印章，将《残疾军人证》逐级通过县级人民政府民政部门发还申请人。各级民政部门应当在20个工作日内完成本级民政部门需要办理的事项，如复查鉴定残疾情况的可以延长到30个工作日。

《军人残疾等级评定表》或者《换领〈中华人民共和国残疾军人证〉申报审批表》记载的残疾情况与残疾等级明显不符的，民政部门应当暂缓登记，逐级上报省级人民政府民政部门通知原审批机关更正。复查鉴定的残疾情况与《军人残疾等级评定表》或者《换领〈中华人民共和国残疾军人证〉申报审批表》记载的残疾情况明显不符的，按复查鉴定的残疾情况重新评定残疾等级。伪造、变造《残疾军人证》的，民政部门收回《残疾军人证》不予登记，并移交当地公安机关处理。

第二十条 伤残人员跨省迁移的，迁出地的县级人民政府民政部门根据伤残人员申请及其伤残证件和迁入地户口簿，将伤残档案、迁入地户口簿复印件以及《伤残人员关系转移证明》，发送迁入地县级人民政府民政部门，并同时将此信息上报本省级人民政府民政部门。

迁入地县级人民政府民政部门在收到上述材料和伤残人员提供的伤残证件后，逐级上报省级人民政府民政部门。省级人民政府民政部门在向迁出地省级人民政府民政部门核实无误后，在伤残证件变更栏内填写新的户籍地、重新编号，并加盖印章，逐级通过县级人民政府民政部门发还申请人。各级民政部门应当在20个工作日内完成本级民政部门需要办理的事项。

迁出地民政部门邮寄伤残档案时，应当将伤残证及其军队或者地方相关的评残审批表或者换证表复印备查。

第二十一条 伤残人员本省、自治区、直辖市范围内迁移的有关手续，由省、自治区、直辖市人民政府民政部门规定。

第五章 抚恤金发放

第二十二条 伤残人员从被批准残疾等级评定后的第二个月起，由发给其伤残证件的县级人民政府民政部门按照规定予以抚恤。伤残人员抚恤关系转移的，其当年的抚恤金由部队或者迁出地的民政部门负责发给，从第二年起由迁入地民政部门按当地标准发给。

第二十三条 在国内异地（指非发放抚恤金所在地）居住的伤残人员或者前往香港、澳门、台湾定居或者出国定居的中国国籍伤残人员，经向县级人民政府民政部门申请并办理相关手续后，其伤残抚恤金可以委托他人代领，也可以委托民政部门邮寄给本人、或者存入其指定的金融机构账户，所需费用由本人负担。

第二十四条 在国内异地居住的伤残人员，每年应当向负责支付其伤残抚恤金的民政部门提供一次居住地公安机关出具的居住证明。当年未提交证明的，县级人民政府民政部门应当经过公告或者通知其家属提交证明；经过公告或者通知其家属后60日内，伤残人员仍未提供上述居住证明的，从第二年起停发伤残抚恤金。

前往香港、澳门、台湾定居或者出国定居的伤残人员，县级人民政府民政部门应当告知当事人每年向负责支付其伤残抚恤金的民政部门提供一次由我国驻外使领馆或者当地公证机关出具的居住证明，由当地公证机关出具的证明书，须经我驻外使领馆认证。香港地区由内地认可的公证人出具居住证明，澳门地区由内地认可的公证人或者澳门地区政府公证部门出具居住证明，台湾地区由当地公证机构出具居住证明。当年未提供上述居住证明的，从第二年起停发伤残抚恤金。

第二十五条 伤残人员死亡的，从死亡后的第二个月起停发抚恤金。

第二十六条 县级人民政府民政部门依据人民法院的判决书，或者公安机关发布的通缉令，对具有中止抚恤情形的伤残人员决定中止抚恤，并通知本人或者其家属。

第二十七条 中止抚恤的伤残人员在刑满释放并恢复政治权利或者取消通缉后，经本人申请，并经民政部门审查符合条件的，从第二个月起恢复抚恤，原停发的抚恤金不予补发。办理恢复抚恤手续应当提供下列材料：本人申请、户口簿、司法部门的相关证明。需要重新办证的，按照证件丢失规定办理。

第六章 附 则

第二十八条 未列入行政编制的人民警察，参照本办法评定伤残等级，其伤残抚恤金由所在单位按规定发放。

第二十九条 本办法施行以前发生的有关第二条第一款第（三）项中“因战因公负伤时为参照《中华人民共和国公务员法》管理的国家机关工作人员”和第二条第一款第（六）项事项不予办理。

本办法施行以前已经发放的《伤残国家机关工作人员证》、《伤残民兵民工证》不再换发。

第三十条 省级人民政府民政部门可以根据本地实际情况，制定具体工作细则。

第三十一条 本办法自2007年8月1日起施行。1997年民政部颁布的《伤残抚恤管理暂行办法》同时废止。

附件： 1.《评定、调整伤残等级审批表》（式样）（略）

2.《不予评定伤残等级决定书》（主要内容）（略）

3.《不予调整伤残等级决定书》（主要内容）（略）

国务院办公厅转发民政部等部门关于扶持城镇退役士兵自谋职业优惠政策意见的通知

（2004年1月20日 国办发〔2004〕10号）

各省、自治区、直辖市人民政府，国务院各部委、各直属机构：

民政部、教育部、公安部、财政部、人事部、劳动保障部、人民银行、税务总局、工商总局《关于扶持城镇退役士兵自谋职业优惠政策的意见》已经国务院同意，现转发给你们，请认真贯彻执行。

城镇退役士兵自谋职业是社会主义市场经济条件下安置城镇退役士兵的有效途径，对维护退役士兵的合法权益，促进国防和军队建设，保持经济发展和社会稳定具有重要意义。制定城镇退役士兵自谋职业优惠政策，对促进安置工作尽快适应社会主义市场经济发展要求，确保自谋职业工作的顺利开展是十分必要的。地方各级人民政府要以“三个代表”重要思想和党的十六大精神为指导，着眼于国防和军队建设大局，从党和国家的根本利益出发，加强领导，精心组织，周密安排。各有关部门要各司其职，相互支持，密切配合，及时督促检查，认真研究解决工作中遇到的矛盾和问题，落实好扶持城镇退役士兵自谋职业的各项优惠政策。

各省、自治区、直辖市人民政府可根据本通知规定制定具体实施意见。

关于扶持城镇退役士兵自谋职业优惠政策的意见

为适应社会主义市场经济发展的要求，促进国防和军队建设，维护退役士兵的合法权益，根据《中华人民共和国兵役法》和国务院、中央军委的有关政策规定，现就扶持城镇退役士兵自谋职业的有关优惠政策提出如下意见：

一、享受优惠政策的资格

（一）符合城镇安置条件，并与安置地民政部门签订《退役士兵自谋职业协议书》，领取《城镇退役士兵自谋职业证》的士官和义务兵，可以享受自谋职业优惠政策。自谋职业的城镇退役士兵，凭《城镇退役士兵自谋职业证》在户口所在地享受自谋职业优惠政策。

《城镇退役士兵自谋职业证》式样由民政部统一制定，各省、自治区、直辖市负责印制，安置地民政部门负责核发。

二、就业服务和社会保障

（二）各类就业培训和职业教育等机构，要根据劳动力市场变化和产业结构调整需要，为自谋职业的城镇退役士兵提供就业培训。对经过培训取得国家承认的职业资格证书的城镇退役士兵，安置地民政部门要对个人所付培训费给予一定的补助，所需经费由地方财政列入预算，中央财政对安置任务重和经济欠发达地区给予适当补助。

（三）各类人才交流服务机构和公共职业介绍机构，要积极为自谋职业的城镇退役士兵提供职业介绍和指导服务。公共职业介绍机构要为自谋职业的城镇退役士兵提供档案管理及劳动保障事务代理服务，并在一定期限内减免有关服务费用。

（四）用人单位在面向社会招聘员工时，同等条件下要优先录用自谋职业的城镇退役士兵。各级行政机关在考录公务员时，应允许符合报考条件的自谋职业的城镇退役士兵参加考试，服役期视为具有社会实践的年限，在同等条件下优先录用。

自谋职业的城镇退役士兵，在两年内被行政机关或财政补助的事业单位录用的，要将《城镇退役士兵自谋职业证》交回民政部门，并退回发给的一次性经济补助金，不再享受自谋职业优惠政策。

（五）自谋职业的城镇退役士兵就业后，要按照国家和当地政府有关规定，参加基本养老、基本医疗、失业等社会保险，军龄视同社会保险缴费年限，并和实际缴费年限合并计算，享受相应社会保险待遇。

安置地社会保险经办机构凭县级以上民政部门核发的《城镇退役士兵自谋职业证》，为自谋职业的城镇退役士兵办理社会保险登记接续手续，及时建立基本养老、基本医疗等社会保险个人账户。在服役期间参加基本养老、基本医疗保险的个人账户储存额，并入新建立的基本养老。基本医疗保险个人账户。

三、成人教育和普通高等教育

（六）自谋职业的城镇退役士兵报考成人高等学校的，投档总计可增加 10 分，其中服役期问荣立三等功以上的，投档总分可增加 20 分。

自谋职业的城镇退役士兵报考普通高等学校的，投档总分可增加 10 分，其中服役期问荣立二等功以上或被大军区以上单位授予荣誉称号的，投档总分可增加 20 分。自谋职业的城镇退役士兵具有本科学历报考研究生的，在同等条件下，可优先予以复试或录取。

四、个体经营

（七）自谋职业城镇退役士兵从事个体经营的，除国家限制的行业（包括建筑业、娱乐业以及广告业、桑拿、按摩、网吧、氧吧等）外，自工商部门批准其经营之日起，凭《城镇退役士兵自谋职业证》3 年内免交下列费用：

1. 工商部门收取的个体工商户注册登记费（包括开业登记、变更登记）、个体工商户管理费、集贸市场管理费、经济合同示范文本工本费。

2. 卫生部门收取的民办医疗机构管理费。

3. 劳动保障部门收取的劳动合同鉴证费。

4. 各省、自治区、直辖市人民政府及其财政。价格主管部门批准设立的涉及个体经营的登记类和管理类收费项目。

5. 其他有关登记类、管理类的收费项目。

五、税收

（八）为安置自谋职业的城镇退役士兵就业而新办的服务型企业（除广告业、桑拿、按摩、网吧、氧吧外）当年新安置自谋职业的城镇退役士兵达到职工总数 30% 以上，并与其签订 1 年以上期限劳动合同的，经县级以上民政部门认定，税务机关审核，3 年内免征营业税及其附征的城市维护建设税、教育费附加和企业所得税。

上述企业当年新安置自谋职业的城镇退．役士兵不足职工总数 30%，但与其签订 1 年以上期限劳动合同的，经县级以上民政部门认定，税务机关审核，3 年内可按计算的减征比例减征企业所得税。减征比例 =（企业当年新招用自谋职业的城镇退役士兵 ÷ 企业职工总数 ×100%） × 2。

（九）为安置自谋职业的城镇退役士兵就业而新办的商贸企业（从事批发、批零兼营以及其他非零售业务的商贸企业除外），当年新安置自谋职业的城镇退役士兵达到职工总数 30% 以上，并与其签订 1 年以上期限劳动合同的，经县级以上民政部门认定，税务机关审核，3 年内免征城市维护建设税、教育费附加和企业所得税。

上述企业当年新安置自谋职业的城镇退役士兵不足职工总数 30%，但与其签订 1 年以上期限劳动合同的，经县级以上民政部门认定，税务机关审核，3 年内可按计算的减征比例减征企业所得税。减征比例 =（企业当年新招用的自谋职业的城镇退役士兵 ÷ 企业职工总数 ×100%）×2。

（十）对自谋职业的城镇退役士兵从事个体经营（除建筑业、娱乐业以及广告业、桑拿、按摩、网吧、氧吧外）的，自领取税务登记证之日起，3 年内免征营业税、城市维护建设税、教育费附加和个人所得税。

（十一）本意见所称新办企业是指本意见印发后新组建的企业。原有的企业合并、分立、改制、改组、扩建、搬迁、转产以及吸收新成员、改变领导或隶属关系、改变企业名称的，不能视为新办企业。

本意见所称服务型企业是指从事现行营业税“服务业”税目规定的经营活动的企业。

（十二）对自谋职业的城镇退役士兵，从事开发荒山、荒地、荒滩、荒水的，从有收入年度开始，3 年内免征农业税。对从事种植、养殖业的，其应缴纳的个人所得税按照国家有关种植、养殖业个人所得税的规定执行。对从事农业机耕、排灌、病虫害防治、植保、农牧保险和相关技术培训业务以及家禽、牲畜、水生动物的繁殖和疾病防治业务的，按现行营业税规定免征营业税。

六、贷款

（十三）自谋职业的城镇退役士兵从事个体经营或创办经济实体，经营资金不足时，可持《城镇退役士兵自谋职业证》向商业银行申请贷款。符合贷款条件的，商业银行应优先予以信贷支持。

七、户籍

（十四）自谋职业的城镇退役士兵在县级以下城镇具有合法固定住所、稳定职业或生活来源的，应准予其凭《城镇退役士兵自谋职业证》和相应证明办理落户，其家属和子女是农业户口的，允许办理“农转非”手续并随其落户。自谋职业的城镇退役士兵在地级以上城市落户的，按照当地的有关规定办理。各地在办理自谋职业城镇退役士兵及其随调（迁）配偶、子女落户时，不得收取国家政策规定以外的费用。

国务院关于进一步做好城镇退役士兵安置工作的通知

（2005 年 7 月 10 日　国发〔2005〕23 号）

各省、自治区、直辖市人民政府，国务院各部委、各直属机构：

长期以来，各地区、各部门认真贯彻落实《中华人民共和国兵役法》和国家有关政策，积极做好城镇退役士兵安置工作，取得很大成绩。但随着劳动人事、社会保障等各项改革的不断深入，这项工作也遇到了许多新情况新问题，安置难的问题越来越突出。城镇退役士兵有的长期得不到安置，有的安置后长期不能上岗，有的自谋职业一次性经济补助和优惠政策不能兑现。为此，现就进一步做好城镇退役士兵安置工作问题通知如下：

一、依法保障城镇退役士兵安置就业

地方各级人民政府要在现行法规政策框架内，强化政府调控职能，加大工作力度，采取有效措施，努力挖掘安置潜力和就业岗位资源，在规定时限内安置城镇退役士兵上岗就业。

（一）坚决执行现行有关法律和政策规定。坚决维护《中华人民共和国兵役法》的严肃性，所有机关、团体、企事业单位，不分所有制性质和组织形式，都有依法接收安置城镇退役士兵的义务。坚决纠正片面强调局部利益和困难，拒绝接收安置城镇退役士兵的错误做法。任何部门、行业和单位严禁下发针对城镇退役士兵的歧视性文件，严禁限制或禁止下属单位接收城镇退役士兵。凡与《中华人民共和国兵役法》及国务院、中央军委有关政策规定相抵触的部门或行业文件，一律不得执行。

（二）坚决将未安置的城镇退役士兵尽快安排到位。县级以上地方各级人民政府要立即组织民政、人事、劳动保障等有关部门，对本地区历年来未安置的城镇退役士兵情况进行清理，在切实摸清情况的基础上，按照国防义务均衡负担的原则，及时拟订、下达安置计划，落实接收单位。各地区务必于2005年8月底前开出所有安置介绍信，并督促有关单位尽快落实，确保城镇退役士兵真正上岗就业。

（三）坚决落实已安置城镇退役士兵的工作岗位。要督促有关单位不折不扣地落实政府下达的安置计划，认真落实分配到本单位的城镇退役士兵的工作岗位；未落实工作岗位的，接收单位要于2005年10月底前予以落实。因接收单位原因导致城镇退役士兵不能按时上岗的，应当按照国务院、中央军委有关文件要求，从当地安置部门开出介绍信当月起，接收单位要按照不低于本单位同工龄职工平均工资的80%，逐月发放生活费；对未发生活费的，接收单位要于2005年10月底前全额补发。

（四）坚决维护已安置城镇退役士兵的合法权益。接收单位要确保城镇退役士兵享受本单位同工龄、同岗位、同工种职工的一切相应待遇。非退役士兵本人原因、接收企业生产经营基本正常的，三年内不得安排下岗。对因企业破产、倒闭或停产半停产而下岗失业的城镇退役士兵，地方各级人民政府要优先推荐其再就业。对符合《失业保险条例》和《城市居民最低生活保障条例》规定条件的，要及时提供失业保险、城市居民最低生活保障待遇。县级以上地方各级人民政府要加大城镇退役士兵接收安置工作的督查力度，组织开展执法监察，对拒绝接收、变相拒收或损害退役士兵合法权益的单位，要责令改正，并依照《中华人民共和国兵役法》的有关规定予以处罚。

二、大力推进城镇退役士兵自谋职业

城镇退役士兵自谋职业是解决当前城镇退役士兵安置难问题的有效途径。地方各级人民政府要积极创造条件，鼓励城镇退役士兵自谋职业。

（一）尽快落实扶持城镇退役士兵自谋职业优惠政策。各省、自治区、直辖市人民政府要按照《国务院办公厅转发民政部等部门关于扶持城镇退役士兵自谋职业优惠政策意见的通知》（国办发〔2004〕10号）要求，抓紧制定并落实具体实施办法。没有下发具体实施办法的，要于2005年10月底前制定下发相应办法。

（二）切实兑现城镇退役士兵自谋职业一次性经济补助。地方各级人民政府要把落实城镇退役士兵自谋职业一次性经济补助作为推进城镇退役士兵自谋职业工作的重点，通过地方财政预算安排等渠道筹措资金，确保自谋职业的城镇退役士兵按时足额领取一次性经济补助。对已选择自谋职业但仍未领到一次性经济补助的城镇退役士兵，地方各级人民政府要于2005年10月底前全部兑现。对确有困难的县（市），省级人民政府要给予帮助。中央财政对退役士兵安置任务重和中西部省、自治区、直辖市的退役士兵自谋职业一次性经济补助资金予以适当支持。

（三）做好自谋职业城镇退役士兵的技能培训和就业服务工作。地方各级人民政府要对城镇退役士兵技能培训和就业服务工作进行统一规划。要充分利用现有公共就业服务机构、院校和培训机构，开展多种形式的职业技能培训，帮助城镇退役士兵尽快转换角色，掌握就业基本技能，提高就业竞争能力。要利用现有各类人才、劳动力市场和公共职业介绍机构，为城镇退役士兵举办人才交流活动，拓宽城镇退役士兵和用人单位之间的沟通渠道。有条件的地方要尽快建立城镇退役士兵就业服务信息网络，为他们提供就业服务。培训经费纳入当地财政预算，中央和省级财政给予补助。

三、切实加强城镇退役士兵安置工作的组织领导

解决好城镇退役士兵安置工作中存在的问题，事关社会稳定大局，事关社会主义和谐社会的构建，事关国防和军队现代化建设。地方各级人民政府和国务院有关部门要从政治高度，从维护改革发展稳定大局出发，充分认识做好这项工作的重要意义。

要把妥善处理城镇退役士兵安置问题作为一项重要政治任务，摆上地方各级人民政府的重要议事日程，专题研究部署，主要负责同志亲自抓、负总责，建立健全领导责任制度和责任追究制度。要把城镇退役士兵安置工作与干部考核和政绩评价以及双拥模范城（县）评选工作结合起来，对因责任心不强、措施不力、作风不实，造成严重后果的，要追究主要领导人的责任。国务院有关部门要加强工作指导和督促检查。

要有针对性地做好城镇退役士兵的宣传教育工作，教育他们正确认识形势，理解和体谅国家的困难，服从政府安排。要加强有关法规和政策宣传，增强全社会的国防意识，营造有利于城镇退役士兵安置和维护城镇退役士兵合法权益的良好社会氛围。

各省、自治区、直辖市和国务院有关部门要于2005年10月30日前将贯彻落实本通知的情况报民政部汇总上报。国务院将适时派出督导组，对各地贯彻落实情况进行检查。

民政部、人事部、财政部关于国家机关工作人员及离退休人员死亡一次性抚恤发放办法的通知

（2007年5月8日　民发〔2007〕64号）

中央和国家机关各部门、各直属机构人事（干部）部门，各省、自治区、直辖市民政厅（局）、人事厅（局）、财政厅（局），计划单列市民政局、人事局、财政局，新疆生产建设兵团民政局、人事局、财务局：

2004年10月1日，国务院、中央军委公布施行的《军人抚恤优待条例》提高了一次性抚恤金标准；2006年7月1日，国家机关工资制度进行了改革。为适应有关政策的调整变化，现就国家机关工作人员及离退休人员死亡一次性抚恤金发放有关问题通知如下：

一、调整一次性抚恤金标准

自2004年10月1日起，国家机关工作人员及离退休人员死亡，一次性抚恤金按照以下标准执行：烈士为本人生前80个月基本工资或基本离退休费，因公牺牲为本人生前40个月基本工资或基本离退休费，病故为本人生前20个月基本工资或基本离退休费。发放一次性抚恤金所需经费按现行渠道解决。

二、一次性抚恤金计发办法

自2006年7月1日起，国家机关工作人员及离退休人员死亡一次性抚恤金的计发办法为：

（一）国家机关在职工作人员死亡，一次性抚恤金按本人生前最后一个月基本工资为基数计发。其中：

1. 公务员，为本人职务工资和级别工资之和；

2. 机关技术工人，为本人岗位工资和技术等级（职务）工资之和；

3. 机关普通工人，为本人岗位工资。

（二）国家机关离退休人员死亡，一次性抚恤金按本人生前最后一个月享受的国家规定的基本离退休费为基数计发。其中：

1. 离退休人员为本人基本离退休费，即本人离退休时计发的基本离退休费和本人离退休后历次按国家规定增加的基本离退休费之和；

2. 按照《国务院关于颁发〈国务院关于安置老弱病残干部的暂行办法〉和〈国务院关于工人退休、退职的暂行办法〉的通知》（国发〔1978〕104号）规

定办理退职的人员为本人基本退职生活费，即本人退职时计发的基本退职生活费和本人退职后历次按国家规定增加的基本退职生活费之和。

（三）驻外使领馆工作人员、驻外非外交人员和港澳地区内派人员中的机关工作人员死亡，一次性抚恤金按本人国内（内地）基本工资为基数计发。

本《通知》下发后，《民政部、人事部、财政部关于工资制度改革后国家机关工作人员死亡一次性抚恤金计发问题的通知》（民优函〔1994〕212号）即行废止。

本通知由民政部负责解释

民政部办公厅关于如何理解《军人抚恤优待条例》第九条第一款第（一）项中“意外事件”的复函

（2007年10月26日　民办函〔2007〕247号）

湖南省民政厅：

你厅《关于刘贤英同志公伤评残有关问题的请示》（湘民字〔2007〕59号）收悉。经研究，现就有关问题答复如下：

《军人抚恤优待条例》（国务院令第413号）第九条第一款第（一）项规定“在执行任务中或者上下班途中，由于意外事件死亡的”为“因公牺牲”情形之一。第二十条第二款规定因此情形致残的为“因公致残”。其中，“意外事件”是指“无法抗拒或无法预料造成的情形或事故”，关键是强调主观不可预见性。“在执行任务中或者上下班途中，由于意外事件致残”的“因公致残”情形应当按照上述原则把握。

请你们根据以上意见处理有关问题。

人力资源和社会保障部、民政部、财政部关于事业单位工作人员和离退休人员死亡一次性抚恤金发放办法的通知

（2008年6月18日　人社部发〔2008〕42号）

各省、自治区、直辖市人事厅（局）、劳动保障厅（局）、民政厅（局）、财政厅（局），新疆生产建设兵团人事局、劳动保障局、民政局、财务局，中央和国

家机关各部门、各直属机构人事（干部）部门：

经研究，现就事业单位工作人员和离退休人员死亡一次性抚恤金发放有关问题通知如下。

一、关于一次性抚恤金（工亡补助金）标准

（一）参照公务员法管理事业单位的工作人员和离退休人员死亡一次性抚恤金标准和计发办法，按照民政部、人事部、财政部《关于国家机关工作人员及离退休人员死亡一次性抚恤发放办法的通知》（民发〔2007〕64号）的规定执行。

（二）按照劳动和社会保障部、人事部、民政部、财政部《关于事业单位民间非营利组织工作人员工伤有关问题的通知》（劳社部发〔2005〕36号）规定，参加统筹地区工伤保险的事业单位工作人员属于因工死亡的，一次性工亡补助金标准按当地工伤保险规定执行。

（三）已参加企业职工基本养老保险事业单位的工作人员和离退休人员，属于病故的，一次性抚恤待遇仍按当地规定执行。

（四）除上述情形外，事业单位工作人员和离退休人员死亡一次性抚恤金标准，从2004年10月1日起调整为：因公牺牲为本人生前40个月基本工资或基本离退休费，病故为本人生前20个月基本工资或基本离退休费。烈士的抚恤待遇，按国家有关规定执行。

发放事业单位工作人员和离退休人员死亡一次性抚恤金所需经费，按原渠道解决。

二、关于一次性抚恤金计发办法

从2006年7月1日起，执行事业单位工作人员和离退休人员死亡一次性抚恤金的，一次性抚恤金的计发基数调整为：

（一）工作人员。计发基数为本人生前最后一个月基本工资，即岗位工资和薪级工资之和。

（二）离退休人员。计发基数为本人生前最后一个月享受的基本离退休费，即离退休时计发的基本离退休费和离退休后历次按国家规定增加的基本离退休费之和。

（三）退职人员。按照《国务院关于颁发〈国务院关于安置老弱病残干部的暂行办法〉和〈国务院关于工人退休、退职的暂行办法〉的通知》（国发〔1978〕104号）规定办理退职的人员，计发基数为本人基本退职生活费，即退职时计发的基本退职生活费和退职后历次按国家规定增加的基本退职生活费之和。

（四）驻外使领馆工作人员、驻外非外交人员和港澳地区内派人员中原属事业单位工作人员的，计发基数为本人国内（内地）基本工资。

本《通知》下发后，《人事部、财政部关于工资制度改革后事业单位工作人员死亡一次性抚恤金计发问题的通知》（人薪发〔1994〕48号）即行废止。

本《通知》由人力资源和社会保障部负责解释。

最低生活保障

城市居民最低生活保障条例

（1999 年 9 月 28 日国务院令第 271 号发布　自 1999 年 10 月 1 日起施行）

第一条　为了规范城市居民最低生活保障制度，保障城市居民基本生活，制定本条例。

第二条　持有非农业户口的城市居民，凡共同生活的家庭成员人均收入低于当地城市居民最低生活保障标准的，均有从当地人民政府获得基本生活物质帮助的权利。

前款所称收入，是指共同生活的家庭成员的全部货币收入和实物收入，包括法定赡养人、扶养人或者抚养人应当给付的赡养费、扶养费或者抚养费，不包括优抚对象按照国家规定享受的抚恤金、补助金。

第三条　城市居民最低生活保障制度遵循保障城市居民基本生活的原则，坚持国家保障与社会帮扶相结合、鼓励劳动自救的方针。

第四条　城市居民最低生活保障制度实行地方各级人民政府负责制。县级以上地方各级人民政府民政部门具体负责本行政区域内城市居民最低生活保障的管理工作；财政部门按照规定落实城市居民最低生活保障资金；统计、物价、审计、劳动保障和人事等部门分工负责，在各自的职责范围内负责城市居民最低生活保障的有关工作。

县级人民政府民政部门以及街道办事处和镇人民政府（以下统称管理审批机关）负责城市居民最低生活保障的具体管理审批工作。

居民委员会根据管理审批机关的委托，可以承担城市居民最低生活保障的日常管理、服务工作。

国务院民政部门负责全国城市居民最低生活保障的管理工作。

第五条　城市居民最低生活保障所需资金，由地方人民政府列入财政预算，纳入社会救济专项资金支出项目，专项管理，专款专用。

国家鼓励社会组织和个人为城市居民最低生活保障提供捐赠、资助；所提供的捐赠资助，全部纳入当地城市居民最低生活保障资金。

第六条 城市居民最低生活保障标准，按照当地维持城市居民基本生活所必需的衣、食、住费用，并适当考虑水电燃煤（燃气）费用以及未成年人的义务教育费用确定。

直辖市、设区的市的城市居民最低生活保障标准，由市人民政府民政部门会同财政、统计、物价等部门制定，报本级人民政府批准并公布执行；县（县级市）的城市居民最低生活保障标准，由县（县级市）人民政府民政部门会同财政、统计、物价等部门制定，报本级人民政府批准并报上一级人民政府备案后公布执行。

城市居民最低生活保障标准需要提高时，依照前两款的规定重新核定。

第七条 申请享受城市居民最低生活保障待遇，由户主向户籍所在地的街道办事处或者镇人民政府提出书面申请，并出具有关证明材料，填写《城市居民生活最低保障待遇审批表》。城市居民最低生活保障待遇，由其所在地的街道办事处或者镇人民政府初审，并将有关材料和初审意见报送县人民政府民政部门审批。

管理审批机关为审批城市居民最低生活保障待遇的需要，可以通过入户调查、邻里访问以及信函索证等方式对申请人的家庭经济状况和实际生活水平进行调查核实，申请人及有关单位、组织或者个人应当接受调查，如实提供有关情况。

第八条 县级人民政府民政部门经审查，对符合享受城市居民最低生活保障待遇条件的家庭，应当区分下列不同情况批准其享受城市居民最低生活保障待遇：

（一）对无生活来源、无劳动能力又无法定赡养人、扶养人或者抚养人的城市居民，批准其按照当地城市居民最低生活保障标准全额享受；

（二）对尚有一定收入的城市居民，批准其按照家庭人均收入低于当地城市居民最低生活保障标准的差额享受。

县级人民政府民政部门经审查，对不符合享受城市居民最低生活保障待遇条件的，应当书面通知申请人，并说明理由。

管理审批机关应当自接到申请人提出申请之日起的30日内办结审批手续。

城市居民最低生活保障待遇由管理审批机关以货币形式按月发放；必要时，也可以给付实物。

第九条 对经批准享受城市居民最低生活保障待遇的城市居民，由管理审批机关采取适当形式以户为单位予以公布，接受群众监督。任何人对不符合法定条件而享受城市居民最低生活保障待遇的，都有权向管理审批机关提出意见；管理审批机关经核查，对情况属实的，应当予以纠正。

第十条 享受城市居民最低生活保障待遇的城市居民家庭人均收入情况发生变化的，应当及时通过居民委员会告知管理审批机关，办理停发、减发或者增发城市居民最低生活保障待遇的手续。

管理审批机关应当对享受城市居民最低生活保障待遇的城市居民的家庭收入情况定期进行核查。

在就业年龄内有劳动能力但尚未就业的城市居民，在享受城市居民最低生活保障待遇期间，应当参加其所在的居民委员会组织的公益性社区服务劳动。

第十一条 地方各级人民政府及其有关部门，应当对享受城市居民最低生活保障待遇的城市居民在就业、从事个体经营等方面给予必要的扶持和照顾。

第十二条 财政部门、审计部门依法监督城市居民最低生活保障资金的使用情况。

第十三条 从事城市居民最低生活保障管理审批工作的人员有下列行为之一的，给予批评教育，依法给予行政处分；构成犯罪的，依法追究刑事责任：

（一）对符合享受城市居民最低生活保障待遇条件的家庭拒不签署同意享受城市居民最低生活保障待遇意见的，或者对不符合享受城市居民最低生活保障待遇条件的家庭故意签署同意享受城市居民最低生活保障待遇意见的；

（二）玩忽职守、徇私舞弊，或者贪污、挪用、扣压、拖欠城市居民最低生活保障款物的。

第十四条 享受城市居民最低生活保障待遇的城市居民有下列行为之一的，由县级人民政府民政部门给予批评教育或者警告，追回其冒领的城市居民最低生活保障款物；情节恶劣的，处冒领金额1倍以上3倍以下的罚款：

（一）采取虚报、隐瞒、伪造等手段，骗取享受城市居民最低生活保障待遇的；

（二）在享受城市居民最低生活保障待遇期间家庭收入情况好转，不按规定告知管理审批机关，继续享受城市居民最低生活保障待遇的。

第十五条 城市居民对县级人民政府民政部门作出的不批准享受城市居民最低生活保障待遇或者减发、停发城市居民最低生活保障款物的决定或者给予的行政处罚不服的，可以依法申请行政复议；对复议决定仍不服的，可以依法提起行政诉讼。

第十六条 省、自治区、直辖市人民政府可以根据本条例，结合本行政区域城市居民最低生活保障工作的实际情况，规定实施的办法和步骤。

第十七条 本条例自1999年10月1日起施行。

农村五保供养工作条例

（2006年1月21日国务院令第456号公布　自2006年3月1日起施行）

第一章　总　则

第一条 为了做好农村五保供养工作，保障农村五保供养对象的正常生活，促进农村社会保障制度的发展，制定本条例。

第二条 本条例所称农村五保供养，是指依照本条例规定，在吃、穿、住、医、葬方面给予村民的生活照顾和物质帮助。

第三条 国务院民政部门主管全国的农村五保供养工作；县级以上地方各级人民政府民政部门主管本行政区域内的农村五保供养工作。

乡、民族乡、镇人民政府管理本行政区域内的农村五保供养工作。

村民委员会协助乡、民族乡、镇人民政府开展农村五保供养工作。

第四条 国家鼓励社会组织和个人为农村五保供养对象和农村五保供养工作提供捐助和服务。

第五条 国家对在农村五保供养工作中做出显著成绩的单位和个人，给予表彰和奖励。

第二章 供养对象

第六条 老年、残疾或者未满16周岁的村民，无劳动能力、无生活来源又无法定赡养、抚养、扶养义务人，或者其法定赡养、抚养、扶养义务人无赡养、抚养、扶养能力的，享受农村五保供养待遇。

第七条 享受农村五保供养待遇，应当由村民本人向村民委员会提出申请；因年幼或者智力残疾无法表达意愿的，由村民小组或者其他村民代为提出申请。经村民委员会民主评议，对符合本条例第六条规定条件的，在本村范围内公告；无重大异议的，由村民委员会将评议意见和有关材料报送乡、民族乡、镇人民政府审核。

乡、民族乡、镇人民政府应当自收到评议意见之日起20日内提出审核意见，并将审核意见和有关材料报送县级人民政府民政部门审批。县级人民政府民政部门应当自收到审核意见和有关材料之日起20日内作出审批决定。对批准给予农村五保供养待遇的，发给《农村五保供养证书》；对不符合条件不予批准的，应当书面说明理由。

乡、民族乡、镇人民政府应当对申请人的家庭状况和经济条件进行调查核实；必要时，县级人民政府民政部门可以进行复核。申请人、有关组织或者个人应当配合、接受调查，如实提供有关情况。

第八条 农村五保供养对象不再符合本条例第六条规定条件的，村民委员会或者敬老院等农村五保供养服务机构（以下简称农村五保供养服务机构）应当向乡、民族乡、镇人民政府报告，由乡、民族乡、镇人民政府审核并报县级人民政府民政部门核准后，核销其《农村五保供养证书》。

农村五保供养对象死亡，丧葬事宜办理完毕后，村民委员会或者农村五保供养服务机构应当向乡、民族乡、镇人民政府报告，由乡、民族乡、镇人民政府报县级人民政府民政部门核准后，核销其《农村五保供养证书》。

第三章 供养内容

第九条 农村五保供养包括下列供养内容：

（一）供给粮油、副食品和生活用燃料；

（二）供给服装、被褥等生活用品和零用钱；

（三）提供符合基本居住条件的住房；

（四）提供疾病治疗，对生活不能自理的给予照料；

（五）办理丧葬事宜。

农村五保供养对象未满16周岁或者已满16周岁仍在接受义务教育的，应当保障他们依法接受义务教育所需费用。

农村五保供养对象的疾病治疗，应当与当地农村合作医疗和农村医疗救助制度相衔接。

第十条 农村五保供养标准不得低于当地村民的平均生活水平，并根据当地村民平均生活水平的提高适时调整。

农村五保供养标准，可以由省、自治区、直辖市人民政府制定，在本行政区域内公布执行，也可以由设区的市级或者县级人民政府制定，报所在的省、自治区、直辖市人民政府备案后公布执行。

国务院民政部门、国务院财政部门应当加强对农村五保供养标准制定工作的指导。

第十一条 农村五保供养资金，在地方人民政府财政预算中安排。有农村集体经营等收入的地方，可以从农村集体经营等收入中安排资金，用于补助和改善农村五保供养对象的生活。农村五保供养对象将承包土地交由他人代耕的，其收益归该农村五保供养对象所有。具体办法由省、自治区、直辖市人民政府规定。

中央财政对财政困难地区的农村五保供养，在资金上给予适当补助。

农村五保供养资金，应当专门用于农村五保供养对象的生活，任何组织或者个人不得贪污、挪用、截留或者私分。

第四章 供养形式

第十二条 农村五保供养对象可以在当地的农村五保供养服务机构集中供养，也可以在家分散供养。农村五保供养对象可以自行选择供养形式。

第十三条 集中供养的农村五保供养对象，由农村五保供养服务机构提供供养服务；分散供养的农村五保供养对象，可以由村民委员会提供照料，也可以由农村五保供养服务机构提供有关供养服务。

第十四条 各级人民政府应当把农村五保供养服务机构建设纳入经济社会发展规划。

县级人民政府和乡、民族乡、镇人民政府应当为农村五保供养服务机构提供必要的设备、管理资金，并配备必要的工作人员。

第十五条 农村五保供养服务机构应当建立健全内部民主管理和服务管理制度。

农村五保供养服务机构工作人员应当经过必要的培训。

第十六条 农村五保供养服务机构可以开展以改善农村五保供养对象生活条件为目的的农副业生产。地方各级人民政府及其有关部门应当对农村五保供养服务机构开展农副业生产给予必要的扶持。

第十七条 乡、民族乡、镇人民政府应当与村民委员会或者农村五保供养服务机构签订供养服务协议，保证农村五保供养对象享受符合要求的供养。

村民委员会可以委托村民对分散供养的农村五保供养对象提供照料。

第五章 监督管理

第十八条 县级以上人民政府应当依法加强对农村五保供养工作的监督管理。县级以上地方各级人民政府民政部门和乡、民族乡、镇人民政府应当制定农村五保供养工作的管理制度，并负责督促实施。

第十九条 财政部门应当按时足额拨付农村五保供养资金，确保资金到位，并加强对资金使用情况的监督管理。

审计机关应当依法加强对农村五保供养资金使用情况的审计。

第二十条 农村五保供养待遇的申请条件、程序、民主评议情况以及农村五保供养的标准和资金使用情况等，应当向社会公告，接受社会监督。

第二十一条 农村五保供养服务机构应当遵守治安、消防、卫生、财务会计等方面的法律、法规和国家有关规定，向农村五保供养对象提供符合要求的供养服务，并接受地方人民政府及其有关部门的监督管理。

第六章 法律责任

第二十二条 违反本条例规定，有关行政机关及其工作人员有下列行为之一的，对直接负责的主管人员以及其他直接责任人员依法给予行政处分；构成犯罪的，依法追究刑事责任：

（一）对符合农村五保供养条件的村民不予批准享受农村五保供养待遇的，或者对不符合农村五保供养条件的村民批准其享受农村五保供养待遇的；

（二）贪污、挪用、截留、私分农村五保供养款物的；

（三）有其他滥用职权、玩忽职守、徇私舞弊行为的。

第二十三条 违反本条例规定，村民委员会组成人员贪污、挪用、截留农村五保供养款物的，依法予以罢免；构成犯罪的，依法追究刑事责任。

违反本条例规定，农村五保供养服务机构工作人员私分、挪用、截留农村五保供养款物的，予以辞退；构成犯罪的，依法追究刑事责任。

第二十四条 违反本条例规定，村民委员会或者农村五保供养服务机构对农村五保供养对象提供的供养服务不符合要求的，由乡、民族乡、镇人民政府责令限期改正；逾期不改正的，乡、民族乡、镇人民政府有权终止供养服务协议；造成损失的，依法承担赔偿责任。

第七章 附 则

第二十五条 《农村五保供养证书》由国务院民政部门规定式样，由省、自治区、直辖市人民政府民政部门监制。

第二十六条 本条例自2006年3月1日起施行。1994年1月23日国务院发布的《农村五保供养工作条例》同时废止。

民政部 财政部 国家发展和改革委员会关于进一步做好农村五保供养工作的通知

（2004年8月23日 民发〔2004〕145号）

各省（自治区、直辖市）民政厅（局）、财政厅（局）、发展改革委（计委）：

党中央、国务院历来重视农村社会救助工作。早在农业合作化时期，我国就建立了农村五保供养制度，长期坚持对无劳动能力、无生活来源、无法定扶养义务人的老年人、残疾人和未成年人在衣、食、住、医、葬（教）方面给予保障的政策。这一政策在保障农村困难群众的生存权益，维护农村社会稳定中发挥了重要作用。

农村税费改革试点工作全面推开后，五保供养工作出现了一些新情况、新问题。党中央、国务院对农村五保对象的生活十分关心，温家宝总理在十届人大第二次会议所作《政府工作报告》中明确提出了“完善农村‘五保户’生活保障制度，确保供养资金”的要求。为贯彻党中央、国务院的指示精神，切实做好农村五保供养工作，使农村五保对象的基本生活得到有效保障，现就有关问题通知如下：

一、充分认识进一步做好五保供养工作的重要意义

五保供养对象是农村最困难的群体。解决这部分人的生活问题，关系到党和政府在农村工作中的形象。各地、各部门要充分认识做好当前五保供养工作的紧迫性和重要性，加强领导，统一部署，从实践“三个代表”重要思想，落实科学发展观，维护宪法所赋予五保对象合法权益，保持农村社会稳定的高度，认真研究解决税费改革新形势下农村五保供养工作面临的新情况、新问题。各

级民政、财政、发展改革等部门要切实履行好自己的职责，把妥善解决好五保对象生活、实现五保对象“应保尽保”，列为当前和今后工作的重点，进一步加大工作力度，全面提高农村五保供养工作水平。

二、规范五保管理，实现“应保尽保”

农村五保供养是一项政策性、原则性很强的工作。各地民政部门要进一步规范对五保供养工作的管理。根据《农村五保供养工作条例》规定，五保供养对象是指符合下列条件的老年人、残疾人和未成年人：1. 无法定扶养义务人，或者虽有法定扶养义务人，但扶养义务人无扶养能力的；2. 无劳动能力的；3. 无生活来源的。五保对象的审批程序为：由本人申请或者由村民小组提名，经村民代表会议民主评议，村民委员会初审，乡镇人民政府审核，县级民政部门审批并颁发《五保供养证书》。五保供养的形式分为分散供养和集中供养。对于分散供养的五保对象，要由乡（镇）人民政府、受委托的扶养人和五保对象签订五保供养协议，约定各自的权利和义务，落实服务责任制和帮扶措施。对于在敬老院集中供养的五保对象，要签订入院协议，明确相关责任和义务。五保供养标准要确保五保对象生活达到当地村民一般生活水平。五保供养要包括以下内容：供给粮油和燃料；供给服装、被褥等用品和零用钱；提供符合基本生活条件的住房；及时治疗疾病；有人照料生活不能自理者；妥善办理丧葬事宜；五保对象是未成年人的，保障他们依法接受义务教育。

各地民政部门要严格按照国家和当地政府有关规定，以高度的责任感和紧迫感，切实搞好五保对象的认定、审核、审批和发证工作，实现“应保尽保”。

三、加强资金管理，确保五保供养资金落实

实行农村税费改革后，农村五保供养资金发生了变化，除保留原由集体经营收入开支的以外，从农业税附加收入中列支；村级开支确有困难的，乡镇财政给予适当补助。免征、减征农业税及其附加后，原从农业税附加中列支的五保供养资金，列入县乡财政预算。地方在安排使用农村税费改革转移支付资金时，应当确保五保供养资金的落实，不得截留、挪用。

各地要采取有效措施，确保五保供养资金及时足额发放。集中供养经费可由县级财政部门根据县级民政部门提出的用款计划直接拨付敬老院；分散供养经费可由县级财政部门根据县级民政部门提出的用款计划，通过银行直接发放到户。

四、进一步加强敬老院建设

各地要统筹规划，积极支持敬老院建设。各级民政、财政、发展改革等部门，要根据《国务院办公厅关于转发民政部等部门〈关于加快实现社会福利社会化意见〉的通知》（国办发〔2000〕19号）要求，进一步加强农村社会福利事业单位建设，推进农村敬老院管理体制改革。要把农村敬老院建设纳入当地经济社会发展总体规划，加快农村敬老院建设和改造步伐。要充分利用乡镇合并后的闲置资源，改造和完善现有农村敬老院服务设施，鼓励社会力量投资兴办农村敬老院或资助农村敬老院建设。要落实各项对社会福利事业的优惠政策，积极扶持农村敬老院根据自身条件开展生产经营活动。农村敬老院要根据《老年人社会福利服务机构基本规范》，加强内部管理，配备合格的专兼职工作人员，切实提高服务水平。同时，要充分利用现有资源，积极探索适合自身实际的以副养院办法，走自我管理、自我发展的路子。

五、发动社会力量，支持五保供养工作

各地要加快农村社会福利事业社会化发展步伐。在发挥各级政府作用的同时，要充分发扬中华民族尊老爱幼、邻里互助的传统美德，广泛发动社会力量，积极挖掘民间资源，形成全社会共同关心支持五保供养工作的良好局面，营造农村尊老敬老的良好社会氛围。在保证五保供养经费财政投入基础上，要继续发挥乡村集体经济组织的作用。五保户承包的土地由村集体或受委托的扶养人代为耕种的，集体或受委托的扶养人要根据五保供养协议（或敬老院入院协议），对五保对象的生活给予必要补助或帮扶。各地民政部门在开展社会捐助活动中募集的物资，应当优先用于解决农村五保户的生活需要。

六、加强督促检查，确保五保供养政策落实

要建立五保供养信息公开制度。各地要公开五保供养申请条件、审批程序，五保供养标准和五保供养资金发放与使用情况。同时，各地民政部门要设立举报电话，让全社会监督农村五保供养工作。

要建立定期检查和情况通报制度。各地要定期检查五保供养政策落实情况，发现问题，及时解决。民政部、财政部等部门将组成联合检查组，对各地五保供养工作情况进行定期或不定期检查，对检查结果予以通报。对五保供养搞得好，政策落实到位的地方，给予通报表扬；对于五保供养政策落实不力，未按规定程序审批、不如实上报、弄虚作假的单位，一经发现，给予通报批评，并提交有关部门追究主要责任人的责任；对于挪用、挤占五保供养经费的，根据国家有关政策规定追究有关部门领导和当事人的责任。

各地、各部门要认真贯彻落实本通知精神，结合本地实际，加强领导，采取切实可行的措施，狠抓督促落实。工作推进中的有关情况和问题，请及时报告上级有关部门。

民政部关于公布农村五保供养标准的公告

（2006 年 12 月 25 日　民政部公告 77 号）

新修订的《农村五保供养工作条例》（以下简称《条例》）已经国务院颁布，自 2006 年 3 月 1 日起施行。《条例》规定，“农村五保供养标准不得低于当地村民的平均生活水平，并根据当地村民平均生活水平的提高适时调整”，“农村五保供养待遇的申请条件、程序、民主评议情况以及农村五保供养的标准和资金使用情况等，应当向社会公告，接受社会监督。”《条例》施行以来，有28个省（自治区、直辖市）结合实际，制定公布了新的农村五保供养标准，其余3个省正在制定方案。为了进一步贯彻落实《条例》，督促各地按照公布的标准为农村五保供养对象提供符合要求的供养服务，切实保障农村五保供养对象的合法权益，现将各省（自治区、直辖市）调整前后的农村五保供养标准向社会公布。各县（市、区）农村五保供养标准的详情可登陆民政部网站查询（网址为：www. mca. gov. cn）。

特此公告。

最高人民法院关于如何处理农村五保对象遗产问题的批复

（2000年7月25日 法释〔2000〕23号）

各省、自治区、直辖市高级人民法院，解放军军事法院，新疆维吾尔自治区高级人民法院生产建设兵团分院：

国务院1994年1月23日《农村五保供养工作条例》发布后，一些高级人民法院反映，我院1985年9月11日发布的法（民）发〔1985〕22号《关于贯彻执行〈中华人民共和国继承法〉若干问题的意见》第55条的规定与该条例的有关规定不一致。经研究，答复如下：

农村五保对象死亡后，其遗产按照国务院《农村五保供养工作条例》第十八条、第十九条的有关规定处理。

此复

住房

国务院关于解决城市低收入家庭住房困难的若干意见

（2007 年 8 月 7 日 国发〔2007〕24 号）

住房问题是重要的民生问题。党中央、国务院高度重视解决城市居民住房问题，始终把改善群众居住条件作为城市住房制度改革和房地产业发展的根本目的。20 多年来，我国住房制度改革不断深化，城市住宅建设持续快速发展，城市居民住房条件总体上有了较大改善。但也要看到，城市廉租住房制度建设相对滞后，经济适用住房制度不够完善，政策措施还不配套，部分城市低收入家庭住房还比较困难。为切实加大解决城市低收入家庭住房困难工作力度，现提出以下意见：

一、明确指导思想、总体要求和基本原则

（一）指导思想。以邓小平理论和“三个代表”重要思想为指导，深入贯彻落实科学发展观，按照全面建设小康社会和构建社会主义和谐社会的目标要求，把解决城市（包括县城，下同）低收入家庭住房困难作为维护群众利益的重要工作和住房制度改革的重要内容，作为政府公共服务的一项重要职责，加快建立健全以廉租住房制度为重点、多渠道解决城市低收入家庭住房困难的政策体系。

（二）总体要求。以城市低收入家庭为对象，进一步建立健全城市廉租住房制度，改进和规范经济适用住房制度，加大棚户区、旧住宅区改造力度，力争到“十一五”期末，使低收入家庭住房条件得到明显改善，农民工等其他城市住房困难群体的居住条件得到逐步改善。

（三）基本原则。解决低收入家庭住房困难，要坚持立足国情，满足基本住房需要；统筹规划，分步解决；政府主导，社会参与；统一政策，因地制宜；省级负总责，市县抓落实。

二、进一步建立健全城市廉租住房制度

（四）逐步扩大廉租住房制度的保障范围。城市廉租住房制度是解决低收入家庭住房困难的主要途径。2007 年底前，所有设区的城市要对符合规定住房困难条件、申请廉租住房租赁补贴的城市低保家庭基本做到应保尽保；2008 年底前，所有县城要基本做到应保尽保。“十一五”期末，全国廉租住房制度保障范围要由城市最低收入住房困难家庭扩大到低收入住房困难家庭；2008 年底前，东部地区和其他有条件的地区要将保障范围扩大到低收入住房困难家庭。

（五）合理确定廉租住房保障对象和保障标准。廉租住房保障对象的家庭收入标准和住房困难标准，由城市人民政府按照当地统计部门公布的家庭人均可支配收入和人均住房水平的一定比例，结合城市经济发展水平和住房价格水平确定。廉租住房保障面积标准，由城市人民政府根据当地家庭平均住房水平及财政承受能力等因素统筹研究确定。廉租住房保障对象的家庭收入标准、住房困难标准和保障面积标准实行动态管理，由城市人民政府每年向社会公布一次。

（六）健全廉租住房保障方式。城市廉租住房保障实行货币补贴和实物配租等方式相结合，主要通过发放租赁补贴，增强低收入家庭在市场上承租住房的能力。每平方米租赁补贴标准由城市人民政府根据当地经济发展水平、市场平均租金、保障对象的经济承受能力等因素确定。其中，对符合条件的城市低保家庭，可按当地的廉租住房保障面积标准和市场平均租金给予补贴。

（七）多渠道增加廉租住房房源。要采取政府新建、收购、改建以及鼓励社会捐赠等方式增加廉租住房供应。小户型租赁住房短缺和住房租金较高的地方，城市人民政府要加大廉租住房建设力度。新建廉租住房套型建筑面积控制在 50 平方米以内，主要在经济适用住房以及普通商品住房小区中配建，并在用地规划和土地出让条件中明确规定建成后由政府收回或回购；也可以考虑相对集中建设。积极发展住房租赁市场，鼓励房地产开发企业开发建设中小户型住房面向社会出租。

（八）确保廉租住房保障资金来源。地方各级人民政府要根据廉租住房工作的年度计划，切实落实廉租住房保障资金：一是地方财政要将廉租住房保障资金纳入年度预算安排。二是住房公积金增值收益在提取贷款风险准备金和管理费用之后全部用于廉租住房建设。三是土地出让净收益用于廉租住房保障资金的比例不得低于 10%，各地还可根据实际情况进一步适当提高比例。四是廉租住房租金收入实行收支两条线管理，专项用于廉租住房的维护和管理。对中西部财政困难地区，通过中央预算内投资补助和中央财政廉租住房保障专项补助资金等方式给予支持。

三、改进和规范经济适用住房制度

（九）规范经济适用住房供应对象。经济适用住房供应对象为城市低收入住房困难家庭，并与廉租住房保障对象衔接。经济适用住房供应对象的家庭收入标准和住房困难标准，由城市人民政府确定，实行动态管理，每年向社会公布一次。低收入住房困难家庭要求购买经济适用住房的，由该家庭提出申请，有关单位按规定的程序进行审查，对符合标准的，纳入经济适用住房供应对象范围。过去享受过福利分房或购买过经济适用住房的家庭不得再购买经济适用住房。已经购买了经济适用住房的家庭又购买其他住房的，原经济适用住房由政府按规定回购。

（十）合理确定经济适用住房标准。经济适用住房套型标准根据经济发展水平和群众生活水平，建筑面积控制在60平方米左右。各地要根据实际情况，每年安排建设一定规模的经济适用住房。房价较高、住房结构性矛盾突出的城市，要增加经济适用住房供应。

（十一）严格经济适用住房上市交易管理。经济适用住房属于政策性住房，购房人拥有有限产权。购买经济适用住房不满5年，不得直接上市交易，购房人因各种原因确需转让经济适用住房的，由政府按照原价格并考虑折旧和物价水平等因素进行回购。购买经济适用住房满5年，购房人可转让经济适用住房，但应按照届时同地段普通商品住房与经济适用住房差价的一定比例向政府交纳土地收益等价款，具体交纳比例由城市人民政府确定，政府可优先回购；购房人向政府交纳土地收益等价款后，也可以取得完全产权。上述规定应在经济适用住房购房合同中予以明确。政府回购的经济适用住房，继续向符合条件的低收入住房困难家庭出售。

（十二）加强单位集资合作建房管理。单位集资合作建房只能由距离城区较远的独立工矿企业和住房困难户较多的企业，在符合城市规划前提下，经城市人民政府批准，并利用自用土地组织实施。单位集资合作建房纳入当地经济适用住房供应计划，其建设标准、供应对象、产权关系等均按照经济适用住房的有关规定执行。在优先满足本单位住房困难职工购买基础上房源仍有多余的，由城市人民政府统一向符合经济适用住房购买条件的家庭出售，或以成本价收购后用作廉租住房。各级国家机关一律不得搞单位集资合作建房；任何单位不得新征用或新购买土地搞集资合作建房；单位集资合作建房不得向非经济适用住房供应对象出售。

四、逐步改善其他住房困难群体的居住条件

（十三）加快集中成片棚户区的改造。对集中成片的棚户区，城市人民政府要制定改造计划，因地制宜进行改造。棚户区改造要符合以下要求：困难住户的住房得到妥善解决；住房质量、小区环境、配套设施明显改善；困难家庭的负担控制在合理水平。

（十四）积极推进旧住宅区综合整治。对可整治的旧住宅区要力戒大拆大建。要以改善低收入家庭居住环境和保护历史文化街区为宗旨，遵循政府组织、居民参与的原则，积极进行房屋维修养护、配套设施完善、环境整治和建筑节能改造。

（十五）多渠道改善农民工居住条件。用工单位要向农民工提供符合基本卫生和安全条件的居住场所。农民工集中的开发区和工业园区，应按照集约用地的原则，集中建设向农民工出租的集体宿舍，但不得按商品住房出售。城中村改造时，要考虑农民工的居住需要，在符合城市规划和土地利用总体规划的前提下，集中建设向农民工出租的集体宿舍。有条件的地方，可比照经济适用住房建设的相关优惠政策，政府引导，市场运作，建设符合农民工特点的住房，以农民工可承受的合理租金向农民工出租。

五、完善配套政策和工作机制

（十六）落实解决城市低收入家庭住房困难的经济政策和建房用地。一是廉租住房和经济适用住房建设、棚户区改造、旧住宅区整治一律免收城市基础设施配套费等各种行政事业性收费和政府性基金。二是廉租住房和经济适用住房建设用地实行行政划拨方式供应。三是对廉租住房和经济适用住房建设用地，各地要切实保证供应。要根据住房建设规划，在土地供应计划中予以优先安排，并在申报年度用地指标时单独列出。四是社会各界向政府捐赠廉租住房房源的，执行公益性捐赠税收扣除的有关政策。五是社会机构投资廉租住房或经济适用住房建设、棚户区改造、旧住宅区整治的，可同时给予相关的政策支持。

（十七）确保住房质量和使用功能。廉租住房和经济适用住房建设、棚户区改造以及旧住宅区整治，要坚持经济、适用的原则。要提高规划设计水平，在较小的户型内实现基本的使用功能。要按照发展节能省地环保型住宅的要求，推广新材料、新技术、新工艺。要切实加强施工管理，确保施工质量。有关住房质量和使用功能等方面的要求，应在建设合同中予以明确。

（十八）健全工作机制。城市人民政府要抓紧开展低收入家庭住房状况调查，于2007年底之前建立低收入住房困难家庭住房档案，制订解决城市低收入家庭住房困难的工作目标、发展规划和年度计划，纳入当地经济社会发展规划和住房建设规划，并向社会公布。要按照解决城市低收入家庭住房困难的年度计划，确保廉租住房保障的各项资金落实到位；确保廉租住房、经济适用住房建设用地落实到位，并合理确定区位布局。要规范廉租住房保障和经济适用住房供应的管理，建立健全申请、审核和公示办法，并于2007年9月底之前向社会公布；要严格做好申请人家庭收入、住房状况的调查审核，完善轮候制度，特别是强化廉租住房的年度复核工作，健全退出机制。要严肃纪律，坚决查处弄虚作假等违纪违规行为和有关责任人员，确保各项政策得以公开、公平、公正实施。

（十九）落实工作责任。省级人民政府对本地区解决城市低收入家庭住房困难工作负总责，要对所属城市人民政府实行目标责任制管理，加强监督指导。有关工作情况，纳入对城市人民政府的政绩考核之中。解决城市低收入家庭住房困难是城市人民政府的重要责任。城市人民政府要把解决城市低收入家庭住房困难摆上重要议事日程，加强领导，落实相应的管理工作机构和具体实施机构，切实抓好各项工作；要接受人民群众的监督，每年在向人民代表大会所作的《政府工作报告》中报告解决城市低收入家庭住房困难年度计划的完成情况。

房地产市场宏观调控部际联席会议负责研究提出解决城市低收入家庭住房困难的有关政策，协调解决工作实施中的重大问题。国务院有关部门要按照各自职责，加强对各地工作的指导，抓好督促落实。建设部会同发展改革委、财政部、国土资源部等有关部门抓紧完善廉租住房管理办法和经济适用住房管理办法。民政部会同有关部门抓紧制定城市低收入家庭资格认定办法。财政部会同建设部、民政部等有关部门抓紧制定廉租住房保障专项补助资金的实施办法。发展改革委会同建设部抓紧制定中央预算内投资对中西部财政困难地区新建廉租住房项目的支持办法。财政部、税务总局抓紧研究制定廉租住房建设、经济适用住房建设和住房租赁的税收支持政策。人民银行会同建设部、财政部等有关部门抓紧研究提出对廉租住房和经济适用住房建设的金融支持意见。

（二十）加强监督检查。2007 年底前，直辖市、计划单列市和省会（首府）城市要把解决城市低收入家庭住房困难的发展规划和年度计划报建设部备案，其他城市报省（区、市）建设主管部门备案。建设部会同监察部等有关部门负责本意见执行情况的监督检查，对工作不落实、措施不到位的地区，要通报批评，限期整改，并追究有关领导责任。对在解决城市低收入家庭住房困难工作中以权谋私、玩忽职守的，要依法依规追究有关责任人的行政和法律责任。

（二十一）继续抓好国务院关于房地产市场各项调控政策措施的落实。各地区、各有关部门要在认真解决城市低收入家庭住房困难的同时，进一步贯彻落实国务院关于房地产市场各项宏观调控政策措施。要加大住房供应结构调整力度，认真落实《国务院办公厅转发建设部等部门关于调整住房供应结构稳定住房价格意见的通知》（国办发〔2006〕37 号），重点发展中低价位、中小套型普通商品住房，增加住房有效供应。城市新审批、新开工的住房建设，套型建筑面积 90 平方米以下住房面积所占比重，必须达到开发建设总面积的 70% 以上。廉租住房、经济适用住房和中低价位、中小套型普通商品住房建设用地的年度供应量不得低于居住用地供应总量的 70%。要加大住房需求调节力度，引导合理的住房消费，建立符合国情的住房建设和消费模式。要加强市场监管，坚决整治房地产开发、交易、中介服务、物业管理及房屋拆迁中的违法违规行为，维护群众合法权益。要加强房地产价格的监管，抑制房地产价格过快上涨，保持合理的价格水平，引导房地产市场健康发展。

（二十二）凡过去文件规定与本意见不一致的，以本意见为准。

住房公积金管理条例

（1999 年 4 月 3 日中华人民共和国国务院令第 262 号发布　根据 2002 年 3 月 24 日《国务院关于修改〈住房公积金管理条例〉的决定》修订）

第一章　总　　则

第一条　为了加强对住房公积金的管理，维护住房公积金所有者的合法权益，促进城镇住房建设，提高城镇居民的居住水平，制定本条例。

第二条　本条例适用于中华人民共和国境内住房公积金的缴存、提取、使用、管理和监督。

本条例所称住房公积金，是指国家机关、国有企业、城镇集体企业、外商投资企业、城镇私营企业及其他城镇企业、事业单位、民办非企业单位、社会团体（以下统称单位）及其在职职工缴存的长期住房储金。

第三条　职工个人缴存的住房公积金和职工所在单位为职工缴存的住房公积金，属于职工个人所有。

第四条　住房公积金的管理实行住房公积金管理委员会决策、住房公积金管理中心运作、银行专户存储、财政监督的原则。

第五条　住房公积金应当用于职工购买、建造、翻建、大修自住住房，任何单位和个人不得挪作他用。

第六条　住房公积金的存、贷利率由中国人民银行提出，经征求国务院建设行政主管部门的意见后，报国务院批准。

第七条　国务院建设行政主管部门会同国务院财政部门、中国人民银行拟定住房公积金政策，并监督执行。

省、自治区人民政府建设行政主管部门会同同级财政部门以及中国人民银行分支机构，负责本行政区域内住房公积金管理法规、政策执行情况的监督。

第二章　机构及其职责

第八条　直辖市和省、自治区人民政府所在地的市以及其他设区的市（地、州、盟），应当设立住房公积金管理委员会，作为住房公积金管理的决策机构。住房公积金管理委员会的成员中，人民政府负责人和建设、财政、人民银行等有关部门负责人以及有关专家占1/3，工会代表和职工代表占1/3，单位代表占1/3。

住房公积金管理委员会主任应当由具有社会公信力的人士担任。

第九条　住房公积金管理委员会在住房公积金管理方面履行下列职责：

（一）依据有关法律、法规和政策，制定和调整住房公积金的具体管理措施，并监督实施；

（二）根据本条例第十八条的规定，拟订住房公积金的具体缴存比例；

（三）确定住房公积金的最高贷款额度；

（四）审批住房公积金归集、使用计划；

（五）审议住房公积金增值收益分配方案；

（六）审批住房公积金归集、使用计划执行情况的报告。

第十条 直辖市和省、自治区人民政府所在地的市以及其他设区的市（地、州、盟）应当按照精简、效能的原则，设立一个住房公积金管理中心，负责住房公积金的管理运作。县（市）不设立住房公积金管理中心。

前款规定的住房公积金管理中心可以在有条件的县（市）设立分支机构。住房公积金管理中心与其分支机构应当实行统一的规章制度，进行统一核算。

住房公积金管理中心是直属城市人民政府的不以营利为目的的独立的事业单位。

第十一条 住房公积金管理中心履行下列职责：

（一）编制、执行住房公积金的归集、使用计划；

（二）负责记载职工住房公积金的缴存、提取、使用等情况；

（三）负责住房公积金的核算；

（四）审批住房公积金的提取、使用；

（五）负责住房公积金的保值和归还；

（六）编制住房公积金归集、使用计划执行情况的报告；

（七）承办住房公积金管理委员会决定的其他事项。

第十二条 住房公积金管理委员会应当按照中国人民银行的有关规定，指定受委托办理住房公积金金融业务的商业银行（以下简称受委托银行）；住房公积金管理中心应当委托受委托银行办理住房公积金贷款、结算等金融业务和住房公积金账户的设立、缴存、归还等手续。

住房公积金管理中心应当与受委托银行签订委托合同。

第三章 缴　存

第十三条 住房公积金管理中心应当在受委托银行设立住房公积金专户。

单位应当到住房公积金管理中心办理住房公积金缴存登记，经住房公积金管理中心审核后，到受委托银行为本单位职工办理住房公积金账户设立手续。每个职工只能有一个住房公积金账户。

住房公积金管理中心应当建立职工住房公积金明细账，记载职工个人住房公积金的缴存、提取等情况。

第十四条 新设立的单位应当自设立之日起30日内到住房公积金管理中心办理住房公积金缴存登记，并自登记之日起20日内持住房公积金管理中心的审核文件，到受委托银行为本单位职工办理住房公积金账户设立手续。

单位合并、分立、撤销、解散或者破产的，应当自发生上述情况之日起30日内由原单位或者清算组织到住房公积金管理中心办理变更登记或者注销登记，并自办妥变更登记或者注销登记之日起20日内持住房公积金管理中心的审核文件，到受委托银行为本单位职工办理住房公积金账户转移或者封存手续。

第十五条 单位录用职工的，应当自录用之日起30日内到住房公积金管理中心办理缴存登记，并持住房公积金管理中心的审核文件，到受委托银行办理职工住房公积金账户的设立或者转移手续。

单位与职工终止劳动关系的，单位应当自劳动关系终止之日起30日内到住房公积金管理中心办理变更登记，并持住房公积金管理中心的审核文件，到受委托银行办理职工住房公积金账户转移或者封存手续。

第十六条 职工住房公积金的月缴存额为职工本人上一年度月平均工资乘以职工住房公积金缴存比例。

单位为职工缴存的住房公积金的月缴存额为职工本人上一年度月平均工资乘以单位住房公积金缴存比例。

第十七条 新参加工作的职工从参加工作的第二个月开始缴存住房公积金，月缴存额为职工本人当月工资乘以职工住房公积金缴存比例。

单位新调入的职工从调入单位发放工资之日起缴存住房公积金，月缴存额为职工本人当月工资乘以职工住房公积金缴存比例。

第十八条 职工和单位住房公积金的缴存比例均不得低于职工上一年度月平均工资的5%；有条件的城市，可以适当提高缴存比例。具体缴存比例由住房公积金管理委员会拟订，经本级人民政府审核后，报省、自治区、直辖市人民政府批准。

第十九条 职工个人缴存的住房公积金，由所在单位每月从其工资中代扣代缴。

单位应当于每月发放职工工资之日起5日内将单位缴存的和为职工代缴的住房公积金汇缴到住房公积金专户内，由受委托银行计入职工住房公积金账户。

第二十条 单位应当按时、足额缴存住房公积金，不得逾期缴存或者少缴。

对缴存住房公积金确有困难的单位，经本单位职工代表大会或者工会讨论通过，并经住房公积金管理中心审核，报住房公积金管理委员会批准后，可以降低缴存比例或者缓缴；待单位经济效益好转后，再提高缴存比例或者补缴缓缴。

第二十一条 住房公积金自存入职工住房公积金账户之日起按照国家规定的利率计息。

第二十二条 住房公积金管理中心应当为缴存住房公积金的职工发放缴存住房公积金的有效凭证。

第二十三条 单位为职工缴存的住房公积金，按照下列规定列支：

（一）机关在预算中列支；

（二）事业单位由财政部门核定收支后，在预算或者费用中列支；

（三）企业在成本中列支。

第四章　提取和使用

第二十四条　职工有下列情形之一的，可以提取职工住房公积金账户内的存储余额：

（一）购买、建造、翻建、大修自住住房的；

（二）离休、退休的；

（三）完全丧失劳动能力，并与单位终止劳动关系的；

（四）出境定居的；

（五）偿还购房贷款本息的；

（六）房租超出家庭工资收入的规定比例的。

依照前款第（二）、（三）、（四）项规定，提取职工住房公积金的，应当同时注销职工住房公积金账户。

职工死亡或者被宣告死亡的，职工的继承人、受遗赠人可以提取职工住房公积金账户内的存储余额；无继承人也无受遗赠人的，职工住房公积金账户内的存储余额纳入住房公积金的增值收益。

第二十五条　职工提取住房公积金账户内的存储余额的，所在单位应当予以核实，并出具提取证明。

职工应当持提取证明向住房公积金管理中心申请提取住房公积金。住房公积金管理中心应当自受理申请之日起 3 日内作出准予提取或者不准提取的决定，并通知申请人；准予提取的，由受委托银行办理支付手续。

第二十六条　缴存住房公积金的职工，在购买、建造、翻建、大修自住住房时，可以向住房公积金管理中心申请住房公积金贷款。

住房公积金管理中心应当自受理申请之日起 15 日内作出准予贷款或者不准贷款的决定，并通知申请人；准予贷款的，由受委托银行办理贷款手续。

住房公积金贷款的风险，由住房公积金管理中心承担。

第二十七条　申请人申请住房公积金贷款的，应当提供担保。

第二十八条　住房公积金管理中心在保证住房公积金提取和贷款的前提下，经住房公积金管理委员会批准，可以将住房公积金用于购买国债。

住房公积金管理中心不得向他人提供担保。

第二十九条　住房公积金的增值收益应当存入住房公积金管理中心在受委托银行开立的住房公积金增值收益专户，用于建立住房公积金贷款风险准备金、住房公积金管理中心的管理费用和建设城市廉租住房的补充资金。

第三十条　住房公积金管理中心的管理费用，由住房公积金管理中心按照规定的标准编制全年预算支出总额，报本级人民政府财政部门批准后，从住房公积金增值收益中上交本级财政，由本级财政拨付。

住房公积金管理中心的管理费用标准，由省、自治区、直辖市人民政府建设行政主管部门会同同级财政部门按照略高于国家规定的事业单位费用标准制定。

第五章 监 督

第三十一条 地方有关人民政府财政部门应当加强对本行政区域内住房公积金归集、提取和使用情况的监督，并向本级人民政府的住房公积金管理委员会通报。

住房公积金管理中心在编制住房公积金归集、使用计划时，应当征求财政部门的意见。

住房公积金管理委员会在审批住房公积金归集、使用计划和计划执行情况的报告时，必须有财政部门参加。

第三十二条 住房公积金管理中心编制的住房公积金年度预算、决算，应当经财政部门审核后，提交住房公积金管理委员会审议。

住房公积金管理中心应当每年定期向财政部门和住房公积金管理委员会报送财务报告，并将财务报告向社会公布。

第三十三条 住房公积金管理中心应当依法接受审计部门的审计监督。

第三十四条 住房公积金管理中心和职工有权督促单位按时履行下列义务：

（一）住房公积金的缴存登记或者变更、注销登记；

（二）住房公积金账户的设立、转移或者封存；

（三）足额缴存住房公积金。

第三十五条 住房公积金管理中心应当督促受委托银行及时办理委托合同约定的业务。

受委托银行应当按照委托合同的约定，定期向住房公积金管理中心提供有关的业务资料。

第三十六条 职工、单位有权查询本人、本单位住房公积金的缴存、提取情况，住房公积金管理中心、受委托银行不得拒绝。

职工、单位对住房公积金账户内的存储余额有异议的，可以申请受委托银行复核；对复核结果有异议的，可以申请住房公积金管理中心重新复核。受委托银行、住房公积金管理中心应当自收到申请之日起5日内给予书面答复。

职工有权揭发、检举、控告挪用住房公积金的行为。

第六章 罚 则

第三十七条 违反本条例的规定，单位不办理住房公积金缴存登记或者不为本单位职工办理住房公积金账户设立手续的，由住房公积金管理中心责令限期办理；逾期不办理的，处1万元以上5万元以下的罚款。

第三十八条 违反本条例的规定，单位逾期不缴或者少缴住房公积金的，由住房公积金管理中心责令限期缴存；逾期仍不缴存的，可以申请人民法院强制执行。

第三十九条 住房公积金管理委员会违反本条例规定审批住房公积金使用计划的，由国务院建设行政主管部门会同国务院财政部门或者由省、自治区人民政府建设行政主管部门会同同级财政部门，依据管理职权责令限期改正。

第四十条 住房公积金管理中心违反本条例规定，有下列行为之一的，由国务院建设行政主管部门或者省、自治区人民政府建设行政主管部门依据管理职权，责令限期改正；对负有责任的主管人员和其他直接责任人员，依法给予行政处分：

（一）未按照规定设立住房公积金专户的；

（二）未按照规定审批职工提取、使用住房公积金的；

（三）未按照规定使用住房公积金增值收益的；

（四）委托住房公积金管理委员会指定的银行以外的机构办理住房公积金金融业务的；

（五）未建立职工住房公积金明细账的；

（六）未为缴存住房公积金的职工发放缴存住房公积金的有效凭证的；

（七）未按照规定用住房公积金购买国债的。

第四十一条 违反本条例规定，挪用住房公积金的，由国务院建设行政主管部门或者省、自治区人民政府建设行政主管部门依据管理职权，追回挪用的住房公积金，没收违法所得；对挪用或者批准挪用住房公积金的人民政府负责人和政府有关部门负责人以及住房公积金管理中心负有责任的主管人员和其他直接责任人员，依照刑法关于挪用公款罪或者其他罪的规定，依法追究刑事责任；尚不够刑事处罚的，给予降级或者撤职的行政处分。

第四十二条 住房公积金管理中心违反财政法规的，由财政部门依法给予行政处罚。

第四十三条 违反本条例规定，住房公积金管理中心向他人提供担保的，对直接负责的主管人员和其他直接责任人员依法给予行政处分。

第四十四条 国家机关工作人员在住房公积金监督管理工作中滥用职权、玩忽职守、徇私舞弊，构成犯罪的，依法追究刑事责任；尚不构成犯罪的，依法给予行政处分。

第七章　附　　则

第四十五条 住房公积金财务管理和会计核算的办法，由国务院财政部门商国务院建设行政主管部门制定。

第四十六条 本条例施行前尚未办理住房公积金缴存登记和职工住房公积金账户设立手续的单位，应当自本条例施行之日起60日内到住房公积金管理中心办理缴存登记，并到受委托银行办理职工住房公积金账户设立手续。

第四十七条 本条例自发布之日起施行。

经济适用住房管理办法

（2007年11月19日 建住房〔2007〕258号）

第一章 总 则

第一条 为改进和规范经济适用住房制度，保护当事人合法权益，制定本办法。

第二条 本办法所称经济适用住房，是指政府提供政策优惠，限定套型面积和销售价格，按照合理标准建设，面向城市低收入住房困难家庭供应，具有保障性质的政策性住房。

本办法所称城市低收入住房困难家庭，是指城市和县人民政府所在地镇的范围内，家庭收入、住房状况等符合市、县人民政府规定条件的家庭。

第三条 经济适用住房制度是解决城市低收入家庭住房困难政策体系的组成部分。经济适用住房供应对象要与廉租住房保障对象相衔接。经济适用住房的建设、供应、使用及监督管理，应当遵守本办法。

第四条 发展经济适用住房应当在国家统一政策指导下，各地区因地制宜，政府主导、社会参与。市、县人民政府要根据当地经济社会发展水平、居民住房状况和收入水平等因素，合理确定经济适用住房的政策目标、建设标准、供应范围和供应对象等，并组织实施。省、自治区、直辖市人民政府对本行政区域经济适用住房工作负总责，对所辖市、县人民政府实行目标责任制管理。

第五条 国务院建设行政主管部门负责对全国经济适用住房工作的指导和实施监督。县级以上地方人民政府建设或房地产行政主管部门（以下简称“经济适用住房主管部门”）负责本行政区域内经济适用住房管理工作。

县级以上人民政府发展改革（价格）、监察、财政、国土资源、税务及金融管理等部门根据职责分工，负责经济适用住房有关工作。

第六条 市、县人民政府应当在解决城市低收入家庭住房困难发展规划和年度计划中，明确经济适用住房建设规模、项目布局和用地安排等内容，并纳入本级国民经济与社会发展规划和住房建设规划，及时向社会公布。

第二章 优惠和支持政策

第七条 经济适用住房建设用地以划拨方式供应。经济适用住房建设用地应纳入当地年度土地供应计划，在申报年度用地指标时单独列出，确保优先供应。

第八条 经济适用住房建设项目免收城市基础设施配套费等各种行政事业性收费和政府性基金。经济适用住房项目外基础设施建设费用，由政府负担。经济适用住房建设单位可以以在建项目作抵押向商业银行申请住房开发贷款。

第九条 购买经济适用住房的个人向商业银行申请贷款，除符合《个人住房贷款管理办法》规定外，还应当出具市、县人民政府经济适用住房主管部门准予购房的核准通知。

购买经济适用住房可提取个人住房公积金和优先办理住房公积金贷款。

第十条 经济适用住房的贷款利率按有关规定执行。

第十一条 经济适用住房的建设和供应要严格执行国家规定的各项税费优惠政策。

第十二条 严禁以经济适用住房名义取得划拨土地后，以补交土地出让金等方式，变相进行商品房开发。

第三章 建设管理

第十三条 经济适用住房要统筹规划、合理布局、配套建设，充分考虑城市低收入住房困难家庭对交通等基础设施条件的要求，合理安排区位布局。

第十四条 在商品住房小区中配套建设经济适用住房的，应当在项目出让条件中，明确配套建设的经济适用住房的建设总面积、单套建筑面积、套数、套型比例、建设标准以及建成后移交或者回购等事项，并以合同方式约定。

第十五条 经济适用住房单套的建筑面积控制在60平方米左右。市、县人民政府应当根据当地经济发展水平、群众生活水平、住房状况、家庭结构和人口等因素，合理确定经济适用住房建设规模和各种套型的比例，并进行严格管理。

第十六条 经济适用住房建设按照政府组织协调、市场运作的原则，可以采取项目法人招标的方式，选择具有相应资质和良好社会责任的房地产开发企业实施；也可以由市、县人民政府确定的经济适用住房管理实施机构直接组织建设。在经济适用住房建设中，应注重发挥国有大型骨干建筑企业的积极作用。

第十七条 经济适用住房的规划设计和建设必须按照发展节能省地环保型住宅的要求，严格执行《住宅建筑规范》等国家有关住房建设的强制性标准，采取竞标方式优选规划设计方案，做到在较小的套型内实现基本的使用功能。积极推广应用先进、成熟、适用、安全的新技术、新工艺、新材料、新设备。

第十八条 经济适用住房建设单位对其建设的经济适用住房工程质量负最终责任，向买受人出具《住宅质量保证书》和《住宅使用说明书》，并承担保修责任，确保工程质量和使用安全。有关住房质量和性能等方面的要求，应在建设合同中予以明确。

经济适用住房的施工和监理，应当采取招标方式，选择具有资质和良好社会责任的建筑企业和监理公司实施。

第十九条 经济适用住房项目可采取招标方式选择物业服务企业实施前期物业服务，也可以在社区居委会等机构的指导下，由居民自我管理，提供符合居住区居民基本生活需要的物业服务。

第四章 价格管理

第二十条 确定经济适用住房的价格应当以保本微利为原则。其销售基准价格及浮动幅度，由有定价权的价格主管部门会同经济适用住房主管部门，依据经济适用住房价格管理的有关规定，在综合考虑建设、管理成本和利润的基础上确定并向社会公布。房地产开发企业实施的经济适用住房项目利润率按不高于3%核定；市、县人民政府直接组织建设的经济适用住房只能按成本价销售，不得有利润。

第二十一条 经济适用住房销售应当实行明码标价，销售价格不得高于基准价格及上浮幅度，不得在标价之外收取任何未予标明的费用。经济适用住房价格确定后应当向社会公布。价格主管部门应依法进行监督管理。

第二十二条 经济适用住房实行收费卡制度，各有关部门收取费用时，必须填写价格主管部门核发的交费登记卡。任何单位不得以押金、保证金等名义，变相向经济适用住房建设单位收取费用。

第二十三条 价格主管部门要加强成本监审，全面掌握经济适用住房成本及利润变动情况，确保经济适用住房做到质价相符。

第五章 准入和退出管理

第二十四条 经济适用住房管理应建立严格的准入和退出机制。经济适用住房由市、县人民政府按限定的价格，统一组织向符合购房条件的低收入家庭出售。经济适用住房供应实行申请、审核、公示和轮候制度。市、县人民政府应当制定经济适用住房申请、审核、公示和轮候的具体办法，并向社会公布。

第二十五条 城市低收入家庭申请购买经济适用住房应同时符合下列条件：

（一）具有当地城镇户口；

（二）家庭收入符合市、县人民政府划定的低收入家庭收入标准；

（三）无房或现住房面积低于市、县人民政府规定的住房困难标准。

经济适用住房供应对象的家庭收入标准和住房困难标准，由市、县人民政府根据当地商品住房价格、居民家庭可支配收入、居住水平和家庭人口结构等因素确定，实行动态管理，每年向社会公布一次。

第二十六条 经济适用住房资格申请采取街道办事处（镇人民政府）、市（区）、县人民政府逐级审核并公示的方式认定。审核单位应当通过入户调查、邻里访问以及信函索证等方式对申请人的家庭收入和住房状况等情况进行核实。申请人及有关单位、组织或者个人应当予以配合，如实提供有关情况。

第二十七条 经审核公示通过的家庭，由市、县人民政府经济适用住房主管部门发放准予购买经济适用住房的核准通知，注明可以购买的面积标准。然后按照收入水平、住房困难程度和申请顺序等因素进行轮候。

第二十八条 符合条件的家庭，可以持核准通知购买一套与核准面积相对应的经济适用住房。购买面积原则上不得超过核准面积。购买面积在核准面积以内的，按核准的价格购买；超过核准面积的部分，不得享受政府优惠，由购房人按照同地段同类普通商品住房的价格补交差价。

第二十九条 居民个人购买经济适用住房后，应当按照规定办理权属登记。房屋、土地登记部门在办理权属登记时，应当分别注明经济适用住房、划拨土地。

第三十条 经济适用住房购房人拥有有限产权。

购买经济适用住房不满5年，不得直接上市交易，购房人因特殊原因确需转让经济适用住房的，由政府按照原价格并考虑折旧和物价水平等因素进行回购。

购买经济适用住房满5年，购房人上市转让经济适用住房的，应按照届时同地段普通商品住房与经济适用住房差价的一定比例向政府交纳土地收益等相关价款，具体交纳比例由市、县人民政府确定，政府可优先回购；购房人也可以按照政府所定的标准向政府交纳土地收益等相关价款后，取得完全产权。

上述规定应在经济适用住房购买合同中予以载明，并明确相关违约责任。

第三十一条 已经购买经济适用住房的家庭又购买其他住房的，原经济适用住房由政府按规定及合同约定回购。政府回购的经济适用住房，仍应用于解决低收入家庭的住房困难。

第三十二条 已参加福利分房的家庭在退回所分房屋前不得购买经济适用住房，已购买经济适用住房的家庭不得再购买经济适用住房。

第三十三条 个人购买的经济适用住房在取得完全产权以前不得用于出租经营。

第六章 单位集资合作建房

第三十四条 距离城区较远的独立工矿企业和住房困难户较多的企业，在符合土地利用总体规划、城市规划、住房建设规划的前提下，经市、县人民政府批准，可以利用单位自用土地进行集资合作建房。参加单位集资合作建房的对象，必须限定在本单位符合市、县人民政府规定的低收入住房困难家庭。

第三十五条 单位集资合作建房是经济适用住房的组成部分，其建设标准、优惠政策、供应对象、产权关系等均按照经济适用住房的有关规定严格执行。单位集资合作建房应当纳入当地经济适用住房建设计划和用地计划管理。

第三十六条 任何单位不得利用新征用或新购买土地组织集资合作建房；各级国家机关一律不得搞单位集资合作建房。单位集资合作建房不得向不符合经济适用住房供应条件的家庭出售。

第三十七条 单位集资合作建房在满足本单位低收入住房困难家庭购买后，房源仍有少量剩余的，由市、县人民政府统一组织向符合经济适用住房购房条件的家庭出售，或由市、县人民政府以成本价收购后用作廉租住房。

第三十八条 向职工收取的单位集资合作建房款项实行专款管理、专项使用，并接受当地财政和经济适用住房主管部门的监督。

第三十九条 已参加福利分房、购买经济适用住房或参加单位集资合作建房的人员，不得再次参加单位集资合作建房。严禁任何单位借集资合作建房名义，变相实施住房实物分配或商品房开发。

第四十条 单位集资合作建房原则上不收取管理费用，不得有利润。

第七章 监督管理

第四十一条 市、县人民政府要加强对已购经济适用住房的后续管理，经济适用住房主管部门要切实履行职责，对已购经济适用住房家庭的居住人员、房屋的使用等情况进行定期检查，发现违规行为及时纠正。

第四十二条 市、县人民政府及其有关部门应当加强对经济适用住房建设、交易中违纪违法行为的查处。

（一）擅自改变经济适用住房或集资合作建房用地性质的，由国土资源主管部门按有关规定处罚。

（二）擅自提高经济适用住房或集资合作建房销售价格等价格违法行为的，由价格主管部门依法进行处罚。

（三）未取得资格的家庭购买经济适用住房或参加集资合作建房的，其所购买或集资建设的住房由经济适用住房主管部门限期按原价格并考虑折旧等因素作价收购；不能收购的，由经济适用住房主管部门责成其补缴经济适用住房或单位集资合作建房与同地段同类普通商品住房价格差，并对相关责任单位和责任人依法予以处罚。

第四十三条 对弄虚作假、隐瞒家庭收入和住房条件，骗购经济适用住房或单位集资合作建房的个人，由市、县人民政府经济适用住房主管部门限期按原价格并考虑折旧等因素作价收回所购住房，并依法和有关规定追究责任。对出具虚假证明的，依法追究相关责任人的责任。

第四十四条 国家机关工作人员在经济适用住房建设、管理过程中滥用职权、玩忽职守、徇私舞弊的，依法依纪追究责任；涉嫌犯罪的，移送司法机关处理。

第四十五条 任何单位和个人有权对违反本办法规定的行为进行检举和控告。

第八章 附 则

第四十六条 省、自治区、直辖市人民政府经济适用住房主管部门会同发展改革（价格）、监察、财政、国土资源、金融管理、税务主管部门根据本办法，可以制定具体实施办法。

第四十七条 本办法由建设部会同发展改革委、监察部、财政部、国土资源部、人民银行、税务总局负责解释。

第四十八条 本办法下发后尚未销售的经济适用住房，执行本办法有关准入和退出管理、价格管理、监督管理等规定；已销售的经济适用住房仍按原有规定执行。此前已审批但尚未开工的经济适用住房项目，凡不符合本办法规定内容的事项，应按本办法做相应调整。

第四十九条 建设部、发展改革委、国土资源部、人民银行《关于印发〈经济适用住房管理办法〉的通知》（建住房〔2004〕77 号）同时废止。

经济适用住房价格管理办法

（2002 年 11 月 17 日 计价格〔2002〕2503 号）

第一条 为规范经济适用住房价格管理，促进经济适用住房健康发展，根据《中华人民共和国价格法》和国务院关于经济适用住房建设的规定，制定本办法。

第二条 本办法适用于在城市规划区内经济适用住房的价格管理。

第三条 本办法所称经济适用住房，是指纳入政府经济适用住房建设计划，建设用地实行行政划拨，享受政府提供的优惠政策，向城镇中低收入家庭供应的普通居民住房。

第四条 县级以上政府价格主管部门是经济适用住房价格的主管部门，依法对本地区经济适用住房价格实施管理。

县级以上政府建设主管部门应协助政府价格主管部门做好经济适用住房价格的监督和管理工作。

第五条 经济适用住房价格实行政府指导价。

制定经济适用住房价格，应当与城镇中低收入家庭经济承受能力相适应，以保本微利为原则，与同一区域内的普通商品住房价格保持合理差价，切实体现政府给予的各项优惠政策。

第六条 经济适用住房基准价格由开发成本、税金和利润三部分构成。

（一）开发成本

1. 按照法律、法规规定用于征用土地和拆迁补偿等所支付的征地和拆迁安置补偿费。

2. 开发项目前期工作所发生的工程勘察、规划及建筑设计、施工通水、通电、通气、通路及平整场地等勘察设计和前期工程费。

3. 列入施工图预（决）算项目的主体房屋建筑安装工程费，包括房屋主体部分的土建（含桩基）工程费、水暖电气安装工程费及附属工程费。

4. 在小区用地规划红线以内，与住房同步配套建设的住宅小区基础设施建设费，以及按政府批准的小区规划要求建设的不能有偿转让的非营业性公共配套设施建设费。

5. 管理费按照不超过本条（一）项 1 至 4 目费用之和的 2% 计算。

6. 贷款利息按照房地产开发经营企业为住房建设筹措资金所发生的银行贷款利息计算。

7. 行政事业性收费按照国家有关规定计收。

（二）税金

依照国家规定的税目和税率计算。

（三）利润

按照不超过本条（一）项 1 至 4 目费用之和的 3% 计算。

第七条 下列费用不得计入经济适用住房价格：

（一）住宅小区内经营性设施的建设费用；

（二）开发经营企业留用的办公用房、经营用房的建筑安装费用及应分摊的各种费用；

（三）各种与住房开发经营无关的集资、赞助、捐赠和其他费用；

（四）各种赔偿金、违约金、滞纳金和罚款；

（五）按规定已经减免及其他不应计入价格的费用。

第八条 经济适用住房价格由有定价权的政府价格主管部门会同建设（房地产）主管部门，按照本办法有关规定，在项目开工之前确定，并向社会公布。

凡不具备在开工前确定公布新建经济适用住房价格的，以及已开发建设的商品房项目经批准转为经济适用住房项目的，房地产开发经营企业应当在经济适用住房销售前，核算住房成本并提出书面定价申请，按照价格管理权限报送有定价权的政府价格主管部门确定。

第九条 按本办法第八条第二款确定价格的，房地产开发经营企业定价申请应附以下材料：

（一）经济适用住房价格申报表和价格构成项目审核表；

（二）经济适用住房建设的立项、用地批文及规划、拆迁、施工许可证复印件；

（三）建筑安装工程预（决）算书及工程设计、监理、施工合同复印件；

（四）政府价格主管部门规定的其他应当提供的材料。

第十条 政府价格主管部门在接到房地产开发经营企业的定价申请后，应会同建设（房地产）主管部门审查成本费用，核定销售（预售）价格。对申报手续、材料齐全的，应在接到定价申请报告后30个工作日内作出制定或调整价格的决定。

第十一条 按照本办法确定或审批的经济适用住房价格，为同一期工程开发住房的基准价格。分割零售单套住房，应当以基准价格为基础，计算楼层、朝向差价。楼层、朝向差价按整幢（单元）增减的代数和为零的原则确定。

第十二条 经济适用住房价格的上浮幅度，由有定价权的政府价格主管部门在核定价格时确定，下浮幅度不限。

第十三条 经济适用住房价格经政府价格主管部门确定公布或审批后，任何单位和个人不得擅自提高。

第十四条 房地产开发经营企业销售经济适用住房，不得在批准的房价外加收任何费用或强行推销及搭售商品；凡未按本办法规定确定或审批价格的，建设主管部门或房地产管理部门不予核发销售（预售）许可证。

第十五条 房地产开发经营企业应当按照政府价格主管部门的规定实行明码标价，在销售场所显著位置公布价格主管部门批准的价格及批准文号，自觉接受社会监督。

第十六条 建立房地产开发经营企业负担卡制度。凡涉及房地产开发经营企业的建设项目收费，收费的部门和单位必须按规定在企业负担卡上如实填写收费项目、标准、收费依据、执收单位等内容，并加盖单位公章。拒绝填写或不按规定要求填写的，房地产开发经营企业有权拒交，并向政府价格主管部门举报。

第十七条 政府价格主管部门要加强对涉及房地产建设项目收费的监督检查，对不按国家及地方政府规定的经济适用住房收费政策，超标准收费以及其他乱收费行为要依法处理。

第十八条 政府价格主管部门要加强对经济适用住房价格的监督检查。房地产开发经营企业违反价格法律、法规和本办法规定的价格行为的，由政府价格主管部门依据《中华人民共和国价格法》和《价格违法行为行政处罚规定》予以处罚。

第十九条 本办法由国家计委负责解释。

第二十条 各省、自治区、直辖市政府价格主管部门可根据本办法制定实施细则，并报国家计委备案。

第二十一条 本办法自2003年1月1日起施行。

廉租住房保障办法

（2007 年 11 月 8 日 建设部、发改委、监察部、民政部、财政部、国土资源部、中国人民银行、国家税务总局、国家统计局令第 162 号公布 自 2007 年 12 月 1 日起施行）

第一章 总 则

第一条 为促进廉租住房制度建设，逐步解决城市低收入家庭的住房困难，制定本办法。

第二条 城市低收入住房困难家庭的廉租住房保障及其监督管理，适用本办法。

本办法所称城市低收入住房困难家庭，是指城市和县人民政府所在地的镇范围内，家庭收入、住房状况等符合市、县人民政府规定条件的家庭。

第三条 市、县人民政府应当在解决城市低收入家庭住房困难的发展规划及年度计划中，明确廉租住房保障工作目标、措施，并纳入本级国民经济与社会发展规划和住房建设规划。

第四条 国务院建设主管部门指导和监督全国廉租住房保障工作。县级以上地方人民政府建设（住房保障）主管部门负责本行政区域内廉租住房保障管理工作。廉租住房保障的具体工作可以由市、县人民政府确定的实施机构承担。

县级以上人民政府发展改革（价格）、监察、民政、财政、国土资源、金融管理、税务、统计等部门按照职责分工，负责廉租住房保障的相关工作。

第二章 保障方式

第五条 廉租住房保障方式实行货币补贴和实物配租等相结合。货币补贴是指县级以上地方人民政府向申请廉租住房保障的城市低收入住房困难家庭发放租赁住房补贴，由其自行承租住房。实物配租是指县级以上地方人民政府向申请廉租住房保障的城市低收入住房困难家庭提供住房，并按照规定标准收取租金。

实施廉租住房保障，主要通过发放租赁补贴，增强城市低收入住房困难家庭承租住房的能力。廉租住房紧缺的城市，应当通过新建和收购等方式，增加廉租住房实物配租的房源。

第六条 市、县人民政府应当根据当地家庭平均住房水平、财政承受能力以及城市低收入住房困难家庭的人口数量、结构等因素，以户为单位确定廉租住房保障面积标准。

第七条 采取货币补贴方式的，补贴额度按照城市低收入住房困难家庭现住房面积与保障面积标准的差额、每平方米租赁住房补贴标准确定。

每平方米租赁住房补贴标准由市、县人民政府根据当地经济发展水平、市场平均租金、城市低收入住房困难家庭的经济承受能力等因素确定。其中对城市居民最低生活保障家庭，可以按照当地市场平均租金确定租赁住房补贴标准；对其他城市低收入住房困难家庭，可以根据收入情况等分类确定租赁住房补贴标准。

第八条 采取实物配租方式的，配租面积为城市低收入住房困难家庭现住房面积与保障面积标准的差额。

实物配租的住房租金标准实行政府定价。实物配租住房的租金，按照配租面积和市、县人民政府规定的租金标准确定。有条件的地区，对城市居民最低生活保障家庭，可以免收实物配租住房中住房保障面积标准内的租金。

第三章 保障资金及房屋来源

第九条 廉租住房保障资金采取多种渠道筹措。

廉租住房保障资金来源包括：

（一）年度财政预算安排的廉租住房保障资金；

（二）提取贷款风险准备金和管理费用后的住房公积金增值收益余额；

（三）土地出让净收益中安排的廉租住房保障资金；

（四）政府的廉租住房租金收入；

（五）社会捐赠及其他方式筹集的资金。

第十条 提取贷款风险准备金和管理费用后的住房公积金增值收益余额，应当全部用于廉租住房建设。

土地出让净收益用于廉租住房保障资金的比例，不得低于10%。

政府的廉租住房租金收入应当按照国家财政预算支出和财务制度的有关规定，实行收支两条线管理，专项用于廉租住房的维护和管理。

第十一条 对中西部财政困难地区，按照中央预算内投资补助和中央财政廉租住房保障专项补助资金的有关规定给予支持。

第十二条 实物配租的廉租住房来源主要包括：

（一）政府新建、收购的住房；

（二）腾退的公有住房；

（三）社会捐赠的住房；

（四）其他渠道筹集的住房。

第十三条 廉租住房建设用地，应当在土地供应计划中优先安排，并在申报年度用地指标时单独列出，采取划拨方式，保证供应。

廉租住房建设用地的规划布局，应当考虑城市低收入住房困难家庭居住和就业的便利。

廉租住房建设应当坚持经济、适用原则，提高规划设计水平，满足基本使用功能，应当按照发展节能省地环保型住宅的要求，推广新材料、新技术、新工艺。廉租住房应当符合国家质量安全标准。

第十四条 新建廉租住房，应当采取配套建设与相对集中建设相结合的方式，主要在经济适用住房、普通商品住房项目中配套建设。

新建廉租住房，应当将单套的建筑面积控制在50平方米以内，并根据城市低收入住房困难家庭的居住需要，合理确定套型结构。

配套建设廉租住房的经济适用住房或者普通商品住房项目，应当在用地规划、国有土地划拨决定书或者国有土地使用权出让合同中，明确配套建设的廉租住房总建筑面积、套数、布局、套型以及建成后的移交或回购等事项。

第十五条 廉租住房建设免征行政事业性收费和政府性基金。

鼓励社会捐赠住房作为廉租住房房源或捐赠用于廉租住房的资金。

政府或经政府认定的单位新建、购买、改建住房作为廉租住房，社会捐赠廉租住房房源、资金，按照国家规定的有关税收政策执行。

第四章 申请与核准

第十六条 申请廉租住房保障，应当提供下列材料：

（一）家庭收入情况的证明材料；

（二）家庭住房状况的证明材料；

（三）家庭成员身份证和户口簿；

（四）市、县人民政府规定的其他证明材料。

第十七条 申请廉租住房保障，按照下列程序办理：

（一）申请廉租住房保障的家庭，应当由户主向户口所在地街道办事处或者镇人民政府提出书面申请；

（二）街道办事处或者镇人民政府应当自受理申请之日起30日内，就申请人的家庭收入、家庭住房状况是否符合规定条件进行审核，提出初审意见并张榜公布，将初审意见和申请材料一并报送市（区）、县人民政府 建设（住房保障）主管部门；

（三）建设（住房保障）主管部门应当自收到申请材料之日起15日内，就申请人的家庭住房状况是否符合规定条件提出审核意见，并将符合条件的申请人的申请材料转同级民政部门；

（四）民政部门应当自收到申请材料之日起15日内，就申请人的家庭收入是否符合规定条件提出审核意见，并反馈同级建设（住房保障）主管部门；

（五）经审核，家庭收入、家庭住房状况符合规定条件的，由建设（住房保障）主管部门予以公示，公示期限为15日；对经公示无异议或者异议不成立的，作为廉租住房保障对象予以登记，书面通知申请人，并向社会公开登记结果。

经审核，不符合规定条件的，建设（住房保障）主管部门应当书面通知申请人，说明理由。申请人对审核结果有异议的，可以向建设（住房保障）主管部门申诉。

第十八条 建设（住房保障）主管部门、民政等有关部门以及街道办事处、镇人民政府，可以通过入户调查、邻里访问以及信函索证等方式对申请人的家庭收入和住房状况等进行核实。申请人及有关单位和个人应当予以配合，如实提供有关情况。

第十九条 建设（住房保障）主管部门应当综合考虑登记的城市低收入住房困难家庭的收入水平、住房困难程度和申请顺序以及个人申请的保障方式等，确定相应的保障方式及轮候顺序，并向社会公开。

对已经登记为廉租住房保障对象的城市居民最低生活保障家庭，凡申请租赁住房货币补贴的，要优先安排发放补贴，基本做到应保尽保。

实物配租应当优先面向已经登记为廉租住房保障对象的孤、老、病、残等特殊困难家庭，城市居民最低生活保障家庭以及其他急需救助的家庭。

第二十条 对轮候到位的城市低收入住房困难家庭，建设（住房保障）主管部门或者具体实施机构应当按照已确定的保障方式，与其签订租赁住房补贴协议或者廉租住房租赁合同，予以发放租赁住房补贴或者配租廉租住房。

发放租赁住房补贴和配租廉租住房的结果，应当予以公布。

第二十一条 租赁住房补贴协议应当明确租赁住房补贴额度、停止发放租赁住房补贴的情形等内容。

廉租住房租赁合同应当明确下列内容：

（一）房屋的位置、朝向、面积、结构、附属设施和设备状况；

（二）租金及其支付方式；

（三）房屋用途和使用要求；

（四）租赁期限；

（五）房屋维修责任；

（六）停止实物配租的情形，包括承租人已不符合规定条件的，将所承租的廉租住房转借、转租或者改变用途，无正当理由连续6个月以上未在所承租的廉租住房居住或者未交纳廉租住房租金等；

（七）违约责任及争议解决办法，包括退回廉租住房、调整租金、依照有关法律法规规定处理等；

（八）其他约定。

第五章 监督管理

第二十二条 国务院建设主管部门、省级建设（住房保障）主管部门应当会同有关部门，加强对廉租住房保障工作的监督检查，并公布监督检查结果。

市、县人民政府应当定期向社会公布城市低收入住房困难家庭廉租住房保障情况。

第二十三条 市（区）、县人民政府建设（住房保障）主管部门应当按户建立廉租住房档案，并采取定期走访、抽查等方式，及时掌握城市低收入住房困难家庭的人口、收入及住房变动等有关情况。

第二十四条 已领取租赁住房补贴或者配租廉租住房的城市低收入住房困难家庭，应当按年度向所在地街道办事处或者镇人民政府如实申报家庭人口、收入及住房等变动情况。

街道办事处或者镇人民政府可以对申报情况进行核实、张榜公布，并将申报情况及核实结果报建设（住房保障）主管部门。

建设（住房保障）主管部门应当根据城市低收入住房困难家庭人口、收入、住房等变化情况，调整租赁住房补贴额度或实物配租面积、租金等；对不再符合规定条件的，应当停止发放租赁住房补贴，或者由承租人按照合同约定退回廉租住房。

第二十五条 城市低收入住房困难家庭不得将所承租的廉租住房转借、转租或者改变用途。

城市低收入住房困难家庭违反前款规定或者有下列行为之一的，应当按照合同约定退回廉租住房：

（一）无正当理由连续 6 个月以上未在所承租的廉租住房居住的；

（二）无正当理由累计 6 个月以上未交纳廉租住房租金的。

第二十六条 城市低收入住房困难家庭未按照合同约定退回廉租住房的，建设（住房保障）主管部门应当责令其限期退回；逾期未退回的，可以按照合同约定，采取调整租金等方式处理。

城市低收入住房困难家庭拒绝接受前款规定的处理方式的，由建设（住房保障）主管部门或者具体实施机构依照有关法律法规规定处理。

第二十七条 城市低收入住房困难家庭的收入标准、住房困难标准等以及住房保障面积标准，实行动态管理，由市、县人民政府每年向社会公布一次。

第二十八条 任何单位和个人有权对违反本办法规定的行为进行检举和控告。

第六章 法律责任

第二十九条 城市低收入住房困难家庭隐瞒有关情况或者提供虚假材料申请廉租住房保障的，建设（住房保障）主管部门不予受理，并给予警告。

第三十条 对以欺骗等不正当手段，取得审核同意或者获得廉租住房保障的，由建设（住房保障）主管部门 给予警告；对已经登记但尚未获得廉租住房保障的，取消其登记；对已经获得廉租住房保障的，责令其退还已领取的租赁住房补贴，或者退出实物配租的住房并按市场价格补交以前房租。

第三十一条 廉租住房保障实施机构违反本办法规定，不执行政府规定的廉租住房租金标准的，由价格主管部门依法查处。

第三十二条 违反本办法规定，建设（住房保障）主管部门及有关部门的工作人员或者市、县人民政府确定的实施机构的工作人员，在廉租住房保障工作中滥用职权、玩忽职守、徇私舞弊的，依法给予处分；构成犯罪的，依法追究刑事责任。

第七章 附 则

第三十三条 对承租直管公房的城市低收入家庭，可以参照本办法有关规定，对住房保障面积标准范围内的租金予以适当减免。

第三十四条 本办法自2007年12月1日起施行。2003年12月31日发布的《城镇最低收入家庭廉租住房管理办法》（建设部、财政部、民政部、国土资源部、国家税务总局令第120号）同时废止。

国家发改委、建设部关于印发《城镇廉租住房租金管理办法》的通知

（2005年3月14日 发改价格〔2005〕405号）

各省、自治区发展改革委、物价局、建设厅，直辖市发展改革委、物价局、建委（房地局）：

为规范城镇廉租住房租金管理，保障城镇最低收入家庭的基本住房权益，我们制定了《城镇廉租住房租金管理办法》。现印送你们，请按照执行。执行过程中遇到的情况及问题，请及时反馈国家发展改革委和建设部。

附：

城镇廉租住房租金管理办法

第一条 为规范城镇廉租住房租金管理，保障城镇最低收入家庭的基本住房权益，根据《价格法》及相关规定，制定本办法。

第二条 本办法适用于城镇规划区内城镇廉租住房的租金管理。

第三条 本办法所称廉租住房租金，是指享受廉租住房待遇的城镇最低收入家庭承租廉租住房应当交纳的住房租金。

第四条 县级以上地方人民政府价格主管部门是廉租住房租金的主管部门，

依法对本地区廉租住房租金实施管理。

县级以上地方人民政府房地产行政主管部门应协助价格主管部门做好廉租住房租金管理工作。

第五条　廉租住房租金实行政府定价。具体定价权限按照地方定价目录的规定执行。

第六条　廉租住房租金标准原则上由房屋的维修费和管理费两项因素构成，并与城镇最低收入家庭的经济承受能力相适应。

维修费是指维持廉租住房在预定使用期限内正常使用所必须的修理、养护等费用。

管理费是指实施廉租住房管理所需的人员、办公等正常开支费用。

第七条　廉租住房的计租单位应当与当地公有住房租金计租单位一致。

第八条　制定和调整廉租住房租金标准，应当遵循公正、公开的原则，充分听取社会各有关方面的意见。

第九条　廉租住房租金标准制定或调整，应当在媒体上公布，并通过政府公报、政府网站或政府信息公告栏等方式进行公示。

第十条　因收入等情况变化而不再符合租住廉租住房条件而继续租住的，应当按商品住房的市场租金补交租金差额。

第十一条　廉租住房管理单位应严格按照规定或合同约定提供相应的服务，政府价格主管部门要加强对廉租住房租金的监督检查。廉租住房管理单位违反价格法律、法规和本办法规定的价格行为，由政府价格主管部门依据《价格法》和《价格违法行为行政处罚规定》予以处罚。

第十二条　本办法由国家发展改革委会同建设部负责解释。

第十三条　各省、自治区、直辖市政府价格主管部门可会同房地产行政主管部门根据本办法制定实施细则，并抄报国家发展改革委、建设部。

第十四条　本办法自2005年5月1日起施行。

建设部　民政部关于印发《城镇最低收入家庭廉租住房申请、审核及退出管理办法》的通知

（2005年7月7日　建住房〔2005〕122号）

各省、自治区建设厅、民政厅，直辖市建委（房地局）、民政局：

为规范城镇最低收入家庭廉租住房管理，完善廉租住房工作机制，我们制订了《城镇最低收入家庭廉租住房申请、审核及退出管理办法》。现印发给你

们，请遵照执行。

城镇最低收入家庭廉租住房
申请、审核及退出管理办法

第一条 为规范城镇最低收入家庭廉租住房管理，完善廉租住房工作机制，根据《城镇最低收入家庭廉租住房管理办法》（建设部令第120号），制定本办法。

第二条 城镇最低收入家庭廉租住房的申请、审核及退出管理，适用本办法。

第三条 市、县人民政府房地产行政主管部门负责城镇最低收入家庭廉租住房的申请、审核及退出管理工作。

第四条 申请廉租住房的家庭（以下简称申请家庭）应当同时具备下列条件：

（一）申请家庭人均收入符合当地廉租住房政策确定的收入标准；

（二）申请家庭人均现住房面积符合当地廉租住房政策确定的面积标准；

（三）申请家庭成员中至少有1人为当地非农业常住户口；

（四）申请家庭成员之间有法定的赡养、扶养或者抚养关系。

（五）符合当地廉租住房政策规定的其他标准。

第五条 申请廉租住房，应当由申请家庭的户主作为申请人；户主不具有完全民事行为能力的，申请家庭推举具有完全民事行为能力的家庭成员作为申请人。

申请人应当向户口所在地街道办事处或乡镇人民政府（以下简称受理机关）提出书面申请，并提供下列申请材料：

（一）民政部门出具的最低生活保障、救助证明或政府认定有关部门或单位出具的收入证明；

（二）申请家庭成员所在单位或居住地街道办事处出具的现住房证明；

（三）申请家庭成员身份证和户口簿；

（四）地方政府或房地产行政主管部门规定需要提交的其他证明材料。

申请人为非户主的，还应当出具其他具有完全行为能力的家庭成员共同签名的书面委托书。

第六条 受理机关收到廉租住房申请材料后，应当及时作出是否受理的决定，并向申请人出具书面凭证。申请资料不齐全或者不符合法定形式的，应当在5日内书面告知申请人需要补正的全部内容，受理时间从申请人补齐资料的次日起计算；逾期不告知的，自收到申请材料之日起即为受理。

材料齐备后，受理机关应当及时签署意见并将全部申请资料移交房地产行政主管部门。

第七条　接到受理机关移交的申请资料后，房地产行政主管部门应当会同民政等部门组成审核小组予以审核。并可以通过查档取证、入户调查、邻里访问以及信函索证等方式对申请家庭收入、家庭人口和住房状况进行调查。申请家庭及有关单位、组织或者个人应当如实提供有关情况。房地产行政主管部门应当自收到申请材料之日起15日内向申请人出具审核决定。

经审核不符合条件的，房地产行政主管部门应当书面通知申请人，说明理由。经审核符合条件的，房地产行政主管部门应当在申请人的户口所在地、居住地或工作单位将审核决定予以公示，公示期限为15日。

第八条　经公示无异议或者异议不成立的，由房地产行政主管部门予以登记，并书面通知申请人。

经公示有异议的，房地产行政主管部门应在10日内完成核实。经核实异议成立的，不予登记。对不予登记的，应当书面通知申请人，说明不予登记的理由。

第九条　对于已登记的、申请租赁住房补贴或者实物配租的家庭，由房地产行政主管部门按照规定条件排队轮候。经民政等部门认定的由于无劳动能力、无生活来源、无法定赡养人、扶养人或抚养人、优抚对象、重度残疾等原因造成困难的家庭可优先予以解决。

轮候期间，申请家庭收入、人口、住房等情况发生变化，申请人应当及时告知房地产行政主管部门，经审核后，房地产行政主管部门应对变更情况进行变更登记，不再符合廉租住房条件的，由房地产行政主管部门取消资格。

第十条　已准予租赁住房补贴的家庭，应当与房地产行政主管部门签订《廉租住房租赁补贴协议》。协议应当明确租赁住房补贴标准、停止廉租住房补贴的规定及违约责任。租赁补贴家庭根据协议约定，可以根据居住需要，选择适当的住房，在与出租人达成租赁意向后，报房地产行政主管部门审查。经审查同意后，方可与出租人签订房屋租赁合同，并报房地产行政主管部门备案。房地产行政主管部门按规定标准向该家庭发放租赁补贴，用于冲减房屋租金。

第十一条　已准予实物配租的家庭，应当与廉租住房产权人签订廉租住房租赁合同。合同应当明确廉租住房情况、租金标准、腾退住房方式及违约责任等内容。承租人应当按照合同约定的标准缴纳租金，并按约定的期限腾退原有住房。

确定实物配租的最低收入家庭不接受配租方案的，原则上不再享有实物配租资格，房地产行政主管部门可视情况采取发放租赁住房补贴或其它保障方式对其实施住房保障。

第十二条　已准予租金核减的家庭，由房地产行政主管部门出具租金核减认定证明，到房屋产权单位办理租金核减手续。

第十三条　房地产行政主管部门应当在发放租赁住房补贴、配租廉租住房或租金核减后一个月内将结果在一定范围内予以公布。

第十四条 享受廉租住房保障的最低收入家庭应当按年度向房地产行政主管部门如实申报家庭收入、人口及住房变动情况。

房地产行政主管部门应当每年会同民政等相关部门对享受廉租住房保障家庭的收入、人口及住房等状况进行复核，并根据复核结果对享受廉租住房保障的资格、方式、额度等进行及时调整并书面告知当事人。

第十五条 享受廉租住房保障的家庭有下列情况之一的，由房地产行政主管部门作出取消保障资格的决定，收回承租的廉租住房，或者停止发放租赁补贴，或者停止租金核减：

（一）未如实申报家庭收入、家庭人口及住房状况的；

（二）家庭人均收入连续一年以上超出当地廉租住房政策确定的收入标准的；

（三）因家庭人数减少或住房面积增加，人均住房面积超出当地廉租住房政策确定的住房标准的；

（四）擅自改变房屋用途的；

（五）将承租的廉租住房转借、转租的；

（六）连续六个月以上未在廉租住房居住的。

第十六条 房地产行政主管部门作出取消保障资格的决定后，应当在5日内书面通知当事人，说明理由。享受实物配租的家庭应当将承租的廉租住房在规定的期限内退回。逾期不退回的，房地产行政主管部门可以依法申请人民法院强制执行。

第十七条 房地产行政主管部门或者其他有关行政管理部门工作人员，违反本办法规定，在廉租住房管理工作中利用职务上的便利，收受他人财物或者其他好处的，对已批准的廉租住房不依法履行监督管理职责的，或者发现违法行为不予查处的，依法给予行政处分；构成犯罪的，依法追究刑事责任。

第十八条 各地可根据当地的实际情况制定具体细则。

第十九条 纳入廉租住房管理的其它家庭的申请、审核及退出管理办法，由各地结合当地实际情况，比照本办法自行制定。

第二十条 本办法自2005年10月1日之日起施行。

财政部关于印发《廉租住房保障资金管理办法》的通知

（2007年10月30日 财综〔2007〕64号）

各省、自治区、直辖市、计划单列市财政厅（局），新疆生产建设兵团财务局：

根据《国务院关于解决城市低收入家庭住房困难的若干意见》（国发

〔2007〕24号）的规定，为规范廉租住房保障资金管理，提高廉租住房保障资金使用效益，确保廉租住房保障资金专款专用，经商建设部、国家发展改革委、国土资源部、民政部同意，我部制定了《廉租住房保障资金管理办法》。现印发给你们，请遵照执行。

附件：

廉租住房保障资金管理办法

第一章　总　　则

第一条　为规范廉租住房保障资金管理，提高廉租住房保障资金使用效益，确保廉租住房保障资金专款专用，根据《国务院关于解决城市低收入家庭住房困难的若干意见》（国发〔2007〕24号）的规定，制定本办法。

第二条　本办法所称廉租住房保障资金是指按照国家规定筹集并用于廉租住房保障的专项资金。

第三条　各级财政部门是廉租住房保障资金的主管部门，负责廉租住房保障资金的筹集、管理、预算分配、拨付和监督检查。

财政部商建设部、国家发展改革委、国土资源部、民政部负责制定全国性廉租住房保障资金管理政策，分配和拨付中央廉租住房保障专项补助资金，拨付中央预算内投资补助资金。国家发展改革委负责安排新建廉租住房中央预算内投资补助资金。

省、自治区、直辖市、计划单列市（以下简称省级）财政部门商同级建设、发展改革、国土资源、民政等部门负责制定本地区廉租住房保障资金管理实施办法，安排本地区廉租住房保障补助资金，督促市县财政部门落实廉租住房保障资金。

市县财政部门具体负责廉租住房保障资金的筹集、拨付、管理和预决算审核以及监督检查工作。

市县廉租住房行政主管部门负责廉租住房保障资金的预决算编制，严格按照财政部门规定安排和使用廉租住房保障资金。

第四条　廉租住房保障资金的筹集、拨付、使用和管理依法接受审计机关的审计监督。

第二章　资 金 来 源

第五条　地方各级财政部门要结合当地财力，积极参与制定廉租住房保障计划，并按照年度廉租住房保障计划以及国发〔2007〕24号文件规定的来源渠道筹集廉租住房保障资金。

第六条 廉租住房保障资金来源于下列渠道：

（一）住房公积金增值收益扣除计提贷款风险准备金和管理费用后的全部余额；

（二）从土地出让净收益中按照不低于10%的比例安排用于廉租住房保障的资金；

（三）市县财政预算安排用于廉租住房保障的资金；

（四）省级财政预算安排的廉租住房保障补助资金；

（五）中央预算内投资中安排的补助资金；

（六）中央财政安排的廉租住房保障专项补助资金；

（七）社会捐赠的廉租住房保障资金；

（八）其他资金。

第七条 土地出让净收益为当年实际收取的土地出让总价款扣除实际支付的征地补偿费（含土地补偿费、安置补助费、地上附着物和青苗补偿费）、拆迁补偿费、土地开发费、计提用于农业土地开发的资金以及土地出让业务费等费用后的余额。

第八条 中央预算内投资安排的补助资金，按照国家发展改革委会同建设部、财政部制定的《中央预算内投资对中西部财政困难地区新建廉租住房项目支持办法》规定执行。

第九条 中央财政安排的廉租住房保障专项补助资金按照财政部商建设部、民政部制定的《中央廉租住房保障专项补助资金实施办法》规定执行。

第十条 廉租住房租金收入严格按照财政部规定实行“收支两条线”管理，专项用于廉租住房维护和管理，不足部分在一般预算中安排。廉租住房租金与廉租住房保障资金不得混同安排使用。

第三章　资金使用

第十一条 廉租住房保障资金实行专项管理、分账核算、专款专用，专项用于廉租住房保障开支，包括收购、改建和新建廉租住房开支以及向符合廉租住房保障条件的低收入家庭发放租赁补贴开支，不得用于其他开支。

第十二条 收购廉租住房开支，指利用廉租住房保障资金收购房屋用于廉租住房保障的支出，包括支付的房屋价款等开支。

第十三条 改建廉租住房开支，指对已收购的旧有住房和腾空的公有住房进行维修改造后用于廉租住房保障的支出。

第十四条 新建廉租住房开支，指利用廉租住房保障资金新建廉租住房的开支，包括新建廉租住房需要依法支付的土地补偿费、拆迁补偿费以及支付廉租住房建设成本支出。

第十五条 发放租赁补贴开支，指利用廉租住房保障资金向符合廉租住房保障条件的低收入家庭发放的租赁补贴支出。

第四章 预算管理

第十六条 廉租住房保障资金实行项目预算管理。市县廉租住房行政主管部门应当会同有关部门于每年第三季度根据下年度廉租住房保障计划，编制下年度廉租住房保障支出项目预算，经同级财政部门审核，并报经同级人民政府提请同级人大批准后实施。

市县财政部门要商有关部门根据当地年度廉租住房保障计划，指导同级廉租住房行政主管部门科学、合理测算廉租住房保障资金需求，并根据年度廉租住房保障资金来源情况，做好年度廉租住房保障支出项目预算编制工作。

第十七条 市县财政部门在安排年度廉租住房保障支出项目预算时，首先要按照《住房公积金管理条例》（国务院令第350号）的规定，确保将住房公积金增值收益计提贷款风险准备金和管理费用后的余额全部用于廉租住房保障；其次要按规定将土地出让净收益不低于10%的比例用于廉租住房保障。上述两项资金不足的，可以适当提高土地出让净收益用于廉租住房保障的比例，仍不足的由市县财政通过本级预算以及上级补助（包括中央预算内投资补助以及中央财政和省级财政专项补助）予以安排。

第十八条 年度廉租住房保障支出项目预算中涉及购建廉租住房的，必须符合固定资产投资管理程序。

第十九条 年度廉租住房保障支出项目预算经批准后，市县廉租住房行政主管部门应当严格按照批准的预算执行，原则上不得突破预算。

第五章 资金拨付

第二十条 市县财政部门按照批准的廉租住房保障支出项目预算，根据廉租住房保障计划和投资计划，以及实施进度拨付廉租住房保障资金，确保廉租住房保障资金切实落实到廉租住房购建项目以及符合廉租住房保障条件的低收入家庭。

第二十一条 廉租住房保障资金原则上实行国库集中支付。申请租赁补贴的符合廉租住房保障条件的低收入家庭，经市县廉租住房行政主管部门、民政部门公示和审核确认无误后，由市县财政部门根据市县廉租住房行政主管部门、民政部门的审核意见和年度预算安排，将租赁补贴资金直接支付给符合廉租住房保障条件的低收入家庭或向廉租住房保障对象出租住房的租赁方。暂未实施国库集中支付制度的地区，市县财政部门按照地方财政国库管理制度有关规定拨付租赁补贴资金，确保租赁补贴资金落实到人、到户。

第二十二条 收购、改建和新建廉租住房，由市县廉租住房行政主管部门根据工程合同和进度、购房合同以及年度预算，提出预算拨款申请，经同级财政部门审核后，由同级财政部门将资金直接支付给廉租住房建设单位或销售廉租住房的单位和个人。

第六章 决算管理

第二十三条 每年年度终了，市县廉租住房行政主管部门应当按照同级财政部门规定，报送年度廉租住房保障支出项目决算。年度廉租住房保障支出项目出现资金结余，经同级财政部门批准后，可以继续滚存下年安排使用。

第二十四条 市县廉租住房行政主管部门在向同级财政部门报送年度廉租住房保障支出项目决算时，还应当会同民政部门提交年度廉租住房保障工作实施进展情况，包括当年租赁补贴发放户数、发放标准、发放金额，当年购建廉租住房套数、面积、位置、金额，当年廉租住房实物配租户数、面积、金额等相关资料。

第二十五条 市县财政部门应当会同廉租住房行政主管部门、发展改革部门、民政部门将市县年度廉租住房保障工作实施进展情况报省级财政等相关部门备案。省级财政部门应当会同建设、发展改革、民政部门汇总本地区年度廉租住房保障工作实施进展情况，于次年 2 月 28 日前报财政部等相关部门备案。具体报表格式详见附表《______省（自治区、直辖市、计划单列市、新疆兵团）______年廉租住房保障情况表》。

第七章 监督检查

第二十六条 市县财政部门应当配合同级廉租住房行政主管部门会同民政部门建立廉租住房保障对象的动态监管机制，对于年度享受廉租住房保障的低收入家庭的收入状况进行跟踪复核，确认其是否可以继续享受廉租住房保障制度。对于不符合廉租住房保障条件的，应当停止发放租赁补贴、按照市场租金收取廉租住房租金或收回配租的廉租住房。

第二十七条 各级财政部门要加强对廉租住房保障资金筹集和使用情况的监督检查。对于不按照规定筹集、安排使用和管理廉租住房保障资金的，要严格按照《财政违法行为处罚处分条例》（国务院令第 427 号）等有关规定进行处理，并依法追究有关责任人员的行政责任。构成犯罪的，依法追究刑事责任。

第八章 附则

第二十八条 本办法自2008 年 1 月 1 日起实施。

第二十九条 本办法由财政部负责解释。

第三十条 各省、自治区、直辖市、计划单列市财政部门可以根据本办法，结合各地实际，会同有关部门制定具体实施办法，并报财政部等相关部门备案。

第三十一条 新疆生产建设兵团廉租住房保障资金管理办法参照上述规定

执行。

附表：______省（自治区、直辖市、计划单列市、新疆兵团）______年廉租住房保障情况表（略）

国务院关于进一步加强住房公积金管理的通知

（2002年5月13日　国发〔2002〕12号）

各省、自治区、直辖市人民政府，国务院各部委、各直属机构：

自住房公积金制度建立以来，特别是《国务院关于进一步深化城镇住房制度改革加快住房建设的通知》（国发〔1998〕23号）以及《住房公积金管理条例》（国务院令第262号，以下简称《条例》）印发后，各地按照“房委会决策、中心运作、银行专户、财政监督”的基本原则和要求，采取一系列措施，适时调整资金使用方向，加大个人住房贷款发放力度，进一步推动了住房公积金制度的发展。实践证明，实行住房公积金制度对加快城镇住房制度改革、完善住房供应体系，改善中低收入家庭居住条件等发挥了重要作用。但是，目前住房公积金管理和使用中还存在一些亟待解决的问题：一是一些地区住房委员会制度没有真正建立，“房委会决策”流于形式；二是住房公积金管理机构设置不规范，住房公积金管理中心未能真正作为“不以营利为目的的独立的事业单位”运行，一些城市甚至存在多个管理中心现象，资金管理分散；三是一些地方住房公积金监督机制不健全，住房公积金使用率低，挤占、挪用住房公积金等违法违规现象时有发生，住房公积金存在风险隐患。为了进一步完善住房公积金管理办法、健全住房公积金监督管理体系，从根本上解决目前住房公积金使用和管理中存在的问题，国务院已对《条例》进行了修改，并于2002年3月24日发布实施。为进一步贯彻落实《条例》，加强住房公积金管理，现就有关问题通知如下：

一、调整和完善住房公积金决策体系

各直辖市、省会城市以及其他设区的市、地、州、盟（以下统称设区城市）要按照《条例》规定，设立住房公积金管理委员会，作为住房公积金管理的决策机构。每个设区城市只能设立一个住房公积金管理委员会。住房公积金管理委员会以住房公积金缴存人代表为主组成，其中：人民政府负责人和建设、财政、人民银行等有关部门负责人以及有关专家占1/3，工会代表和职工代表占1/3，单位代表占1/3。住房公积金管理委员会委员由设区城市人民政府聘任，主任应当由具有社会公信力的人士担任。住房公积金管理委员会通过建立严格、规范的会议制度（每季度至少召开一次会议），实行民主决策。住房公积金管理委员会履行以下职责：依据有关法律、法规和政策，制定和调整住房公积金的具体管理办法，并监督实施；拟订住房公积金的具体缴存比例；确定住房公积金最高贷款额度；审批住房公积金归集、使用计划；审议住房公积金增值收益分配方案；审批住房公积金归集、使用计划执行情况的报告。此外，住房公积金购买国债比例的确定，以及住房公积金年度公报的公布事宜，也由住房公积金管理委员会审议批准。

二、规范住房公积金管理机构设置

每个设区城市应当按照精简、效能的原则，设立一个住房公积金管理中心，负责本行政区域内住房公积金的管理运作。县（市）不设立住房公积金管理中心。自本《通知》发布之日起，在保证住房公积金正常归集、转移、提取和发放个人住房委托贷款的前提下，现有住房公积金管理中心的资产、人员编制一律冻结。各地设区城市人民政府要对现有住房公积金管理中心资产、人员等状况进行清理，核实债权债务，经审计后逐一登记造册。在此基础上，将清理后的资产（包括债权、债务）一并转入新设立的住房公积金管理中心。根据业务和合理布局的需要，原住房公积金管理中心可改组为业务经办网点；少数资金数额大、管理工作较规范的，可改组为分支机构。原住房公积金管理中心编制取消，人员由新的住房公积金管理中心择优留用，未留用人员由原主管部门或挂靠单位负责，妥善安置。住房公积金管理中心与其分支机构实行统一的规章制度，进行统一核算。资金数额和业务量较小的县（市）的住房公积金归集管理业务，也可由受托银行办理。各省（区、市）要在2002年10月底之前，完成本行政区域内住房公积金管理机构的调整工作。在机构调整过程中，要保证住房公积金管理和使用工作正常进行，不断、不乱。

住房公积金管理中心是直属城市人民政府的不以营利为目的的独立的事业单位，不得挂靠任何部门或单位，不得与其他部门或单位合署办公，也不得兴办各类经济实体。住房公积金管理中心要建立岗位责任制度和内部审计制度，加强内部管理。住房公积金管理中心的管理费用实行收支两条线管理。住房公积金管理中心负责人由住房公积金管理委员会推荐，按照干部管理权限审批并办理任免手续，不得兼职。上级建设行政主管部门和住房公积金管理委员会要加强对住房公积金管理中心负责人的监督，发现问题及时向设区城市人民政府反映，必要时，可以提出撤换住房公积金管理中心负责人的建议。设区城市机构编制管理部门要根据当地住房公积金规模，合理核定住房公积金管理中心的编制，严格控制住房公积金管理中心人员。住房公积金管理中心工作人员实行竞争上岗、择优聘用。

三、规范住房公积金银行专户和个人账户管理

住房公积金管理委员会应在人民银行规定的工商银行、农业银行、中国银行、建设银行和交通银行等五家商业银行范围内，确定受委托银行，办理住房公积金贷款、结算等金融业务和住房公积金账户的设立、缴存、归还等手续。

其中，受委托办理住房公积金账户设立、缴存、归还等手续的银行，一个城市不得超过两家。建设行政主管部门、财政部门、人民银行及其分支机构应依据管理职权，对住房公积金管理中心在受委托银行设立住房公积金账户进行监督。受委托银行对专户内住房公积金的使用行为负有监督责任，发现违规问题要及时向当地住房公积金管理委员会、上级建设行政主管部门和人民银行及其分支机构反映。凡不按规定设置账户的，有关部门要进行严肃处理。

住房公积金是在职职工及其所在单位缴存的长期住房储金，属于职工个人所有。受委托银行要为缴存住房公积金的职工建立个人账户；住房公积金管理中心要建立职工住房公积金明细账，记载职工个人住房公积金的缴存、提取等情况，并和受委托银行定期对账。对职工住房公积金的记账时间以住房公积金在受委托银行缴交入账时间为准。住房公积金管理中心对已办理缴存住房公积金的职工，要发放有效凭证。

四、强化住房公积金归集，加大个人贷款发放力度

各地要采取多种措施，加强住房公积金归集工作，提高归集率，依法督促有关单位按时足额缴存住房公积金。凡用人单位招聘职工，单位和职工个人都须承担缴存住房公积金的义务。要加强对住房公积金管理中心归集住房公积金和发放个人住房委托贷款工作的考核，落实责任。

住房公积金管理中心和受委托银行要简化个人住房委托贷款手续，提高办事效率，改进贷款服务工作。住房公积金管理中心要按规定确定住房公积金个人住房委托贷款发放范围，对于职工买房、集资合作建房，以及自建、翻建和大修住房的，均应提供住房公积金贷款。住房公积金管理中心要加强贷款风险管理，健全贷款档案管理制度。

五、健全和完善住房公积金监督体系

国务院各有关部门和各省（区、市）人民政府要加强对住房公积金管理和使用的监督。建设部会同财政部、人民银行负责直接对北京、天津、上海、重庆四个直辖市住房公积金管理和使用实施监督。省、自治区人民政府建设行政主管部门会同同级财政部门、人民银行分支机构，负责本行政区域内住房公积金管理法规、政策执行情况的监督。建设部要充分依托现有网络系统基础，建立健全全国住房公积金信息管理系统，与各省（区、市）住房公积金监管机构联网，对各地区住房公积金管理和使用实施监督。建设部要会同有关部门定期对各省（区、市）住房公积金管理和使用情况进行检查，对检查中发现的问题，要责成有关省（区、市）进行纠正，违规违纪的要及时组织查处，重大情况要及时报告国务院。

建立设区城市财政部门对住房公积金管理和使用的全过程监督机制。住房公积金管理中心应严格执行财政部《住房公积金财务管理办法》（财综字〔1999〕59号）、《住房公积金会计核算办法》（财会字〔1999〕33号）等规定，按时向财政部门报送住房公积金财务收支预算和管理费用预算，并严格按财政部门批复的预算执行。住房公积金管理委员会在审批住房公积金归集、使用计划和计划执行情况的报告时，必须有财政部门参加。住房公积金管理中心年终编制住房公积金财务收支决算和管理费用决算，要报同级财政部门审批并抄报同级审计部门。人民银行要加强对受委托银行承办住房公积金金融业务的监管。审计部门应对住房公积金管理和使用情况的真实性、合规性、效益性进行审计监督，对住房公积金管理中心负责人进行经济责任审计。住房公积金管理中心在结算年度终了后两个月内，将包括住房公积金资产负债表、损益表、增值收益分配表等内容的财务报告向社会公布，便于社会和公众监督。

六、加强组织领导，严肃法纪，切实维护住房公积金缴存人的合法权益

加强和改进住房公积金管理，关系到广大住房公积金缴存人合法权益的维护，关系到城镇住房建设和居民居住水平的提高。各省（区、市）人民政府要切实加强对住房公积金管理中心调整工作的领导，统一部署，精心组织，保证调整工作的顺利实施。有关部门要统一思想，各司其职，各负其责，密切配合，进一步加强对各地贯彻《条例》的指导和监督。

为了促进住房公积金制度的规范发展，由建设部、财政部、人民银行、国家经贸委、监察部、劳动保障部、审计署、法制办、中编办、全国总工会的负责同志以及中国社会科学院、国务院发展研究中心有关专家，组成住房公积金工作联席会议，定期召开会议，研究住房公积金发展规划、政策，协商解决住房公积金制度发展中的有关问题等。

各地要严格执行《条例》有关规定，对住房公积金管理和使用过程中出现的违法违纪行为，要坚决查处和纠正。对目前已被挤占、挪用的住房公积金，由原决策机构和决策人负责，于2002年6月底前全部收回；对违规发放的项目贷款，要在2002年底前全部收回。因违规使用住房公积金而造成资金损失的，要依法追究直接责任人及有关领导的责任；构成犯罪的，依法追究其刑事责任。在机构调整过程中，严禁借机私分钱物、侵吞国有资产、突击提职、挥霍浪费；违反规定的，一律从严查处。

建设部要会同有关部门督促检查《条例》和本通知的贯彻执行情况，并向国务院报告。

国务院办公厅关于制止违反规定突击分房和低价出售公有住房问题的紧急通知

（1998 年 4 月 10 日　国办发明电〔1998〕4 号）

各省、自治区、直辖市人民政府，国务院各部委、各直属机构：

近一时期，一些地方的机关、企事业单位出现了违反规定突击分房和低价出售公有住房的问题，造成新的社会分配不公和公有财产的流失，干扰了住房制度改革的部署，并引起社会不良反映。为制止违反规定突击分房和低价出售公有住房，促进住房制度改革工作健康发展，经国务院领导同志同意，现就有关问题紧急通知如下：

一、城镇住房制度改革政策性强，关系群众切身利益，各地区、各部门要在国务院统一部署下，制定科学合理的实施方案，积极稳妥地推进这项改革。在新的住房制度改革方案尚未出台和实施之前，各地区、各部门、各单位要继续按照《国务院关于深化城镇住房制度改革的决定》（国发〔1994〕43 号，以下简称《决定》）精神和当地人民政府的有关规定，搞好住房制度改革工作。

二、严禁违反规定突击分房和低价出售公有住房。各机关、企事业单位出售现有公有住房，应符合《决定》精神，实施方案须报当地负责住房制度改革的机构审核，否则不予办理产权变更手续。尚未建成交付使用的公有住房，不得提前无偿实物分配，也不得以低于当地人民政府规定的价格出售。各机关、企事业单位向职工出售新建经济适用住房，应按成本价或微利价出售。

三、各级监察、审计部门要加强对住房制度改革政策执行情况的监督、检查。对违反规定已突击分房和低价出售公有住房的，要立即清理，坚决纠正。对本通知下发后仍然违反规定突击分房和低价出售公有住房的，要严肃查处，并追究主要领导的责任；情节严重触犯刑律的，要依法追究刑事责任。

关于调整个人住房公积金存贷款利率等有关问题的通知

（2008 年 10 月 30 日 建金〔2008〕207 号）

各省、自治区建设厅，各直辖市、新疆生产建设兵团住房公积金管理委员会、住房公积金管理中心：

根据 2008 年 10 月 22 日《中国人民银行关于扩大商业性个人住房贷款利率下浮幅度有关问题的通知》（银发〔2008〕302 号）和 2008 年 10 月 29 日《中国人民银行关于调整金融机构人民币存贷款基准利率的通知》（银发〔2008〕309 号），现就调整个人住房公积金存贷款利率的有关事项通知如下：

一、从 2008 年 10 月 27 日起，下调个人住房公积金贷款各档次利率 0.27 个百分点。五年期以下（含五年）从 4.32% 调整为 4.05%，五年期以上从 4.86% 调整为 4.59%。

二、从 2008 年 10 月 30 日起，下调上年结转的个人住房公积金存款利率 0.27 个百分点，从 3.15% 调整为 2.88%。当年归集的个人住房公积金存款利率不变。

三、各地住房公积金管理中心要进一步加强个人住房贷款管理，严格贷前审查，加强贷后管理，切实控制贷款风险。

请各省、自治区建设厅立即将本通知转发各住房公积金管理委员会、住房公积金管理中心执行。各地在政策执行中出现的新情况、新问题请及时报告我部。

附表：个人住房公积金存贷款利率调整表

附表:

个人住房公积金存贷款利率调整表

单位:%

项　　目	调整前利率	调整后利率
一、个人住房公积金存款		
当年缴存	0.72	0.72
上年结转	3.15	2.88
二、个人住房公积金贷款		
五年以下（含五年）	4.32	4.05
五年以上	4.86	4.59

工作时间及休假

全国年节及纪念日放假办法

（1949年12月23日政务院发布　根据1999年9月18日《国务院关于修改〈全国年节及纪念日放假办法〉的决定》第一次修订　根据2007年12月14日《国务院关于修改〈全国年节及纪念日放假办法〉的决定》第二次修订）

第一条　为统一全国年节及纪念日的假期，制定本办法。

第二条　全体公民放假的节日：

（一）新年，放假1天（1月1日）；

（二）春节，放假3天（农历除夕、正月初一、初二）；

（三）清明节，放假1天（农历清明当日）；

（四）劳动节，放假1天（5月1日）；

（五）端午节，放假1天（农历端午当日）；

（六）中秋节，放假1天（农历中秋当日）；

（七）国庆节，放假3天（10月1日、2日、3日）。

第三条　部分公民放假的节日及纪念日：

（一）妇女节（3月8日），妇女放假半天；

（二）青年节（5月4日），14周岁以上的青年放假半天；

（三）儿童节（6月1日），不满14周岁的少年儿童放假1天；

（四）中国人民解放军建军纪念日（8月1日），现役军人放假半天。

第四条　少数民族习惯的节日，由各少数民族聚居地区的地方人民政府，按照各该民族习惯，规定放假日期。

第五条　二七纪念日、五卅纪念日、七七抗战纪念日、九三抗战胜利纪念日、九一八纪念日、教师节、护士节、记者节、植树节等其他节日、纪念日，均不放假。

第六条　全体公民放假的假日，如果适逢星期六、星期日，应当在工作日补假。部分公民放假的假日，如果适逢星期六、星期日，则不补假。

第七条 本办法自公布之日起施行。

职工带薪年休假条例

（2007年12月14日中华人民共和国国务院令第514号公布　自2008年1月10起施行）

第一条 为了维护职工休息休假权利，调动职工工作积极性，根据劳动法和公务员法，制定本条例。

第二条 机关、团体、企业、事业单位、民办非企业单位、有雇工的个体工商户等单位的职工连续工作1年以上的，享受带薪年休假（以下简称年休假）。单位应当保证职工享受年休假。职工在年休假期间享受与正常工作期间相同的工资收入。

第三条 职工累计工作已满1年不满10年的，年休假5天；已满10年不满20年的，年休假10天；已满20年的，年休假15天。

国家法定休假日、休息日不计入年休假的假期。

第四条 职工有下列情形之一的，不享受当年的年休假：

（一）职工依法享受寒暑假，其休假天数多于年休假天数的；

（二）职工请事假累计20天以上且单位按照规定不扣工资的；

（三）累计工作满1年不满10年的职工，请病假累计2个月以上的；

（四）累计工作满10年不满20年的职工，请病假累计3个月以上的；

（五）累计工作满20年以上的职工，请病假累计4个月以上的。

第五条 单位根据生产、工作的具体情况，并考虑职工本人意愿，统筹安排职工年休假。

年休假在1个年度内可以集中安排，也可以分段安排，一般不跨年度安排。单位因生产、工作特点确有必要跨年度安排职工年休假的，可以跨1个年度安排。

单位确因工作需要不能安排职工休年休假的，经职工本人同意，可以不安排职工休年休假。对职工应休未休的年休假天数，单位应当按照该职工日工资收入的300%支付年休假工资报酬。

第六条 县级以上地方人民政府人事部门、劳动保障部门应当依据职权对单位执行本条例的情况主动进行监督检查。

工会组织依法维护职工的年休假权利。

第七条 单位不安排职工休年休假又不依照本条例规定给予年休假工资报酬的，由县级以上地方人民政府人事部门或者劳动保障部门依据职权责令限期改正；对逾期不改正的，除责令该单位支付年休假工资报酬外，单位还应当按照年休假工资报酬的数额向职工加付赔偿金；对拒不支付年休假工资报酬、赔偿金的，属于公务员和参照公务员法管理的人员所在单位的，对直接负责的主管人员以及其他直接责任人员依法给予处分；属于其他单位的，由劳动保障部门、人事部门或者职工申请人民法院强制执行。

第八条 职工与单位因年休假发生的争议，依照国家有关法律、行政法规的规定处理。

第九条 国务院人事部门、国务院劳动保障部门依据职权，分别制定本条例的实施办法。

第十条 本条例自2008年1月1日起施行。

国务院关于职工探亲待遇的规定

（1981年3月14日　国发〔1981〕36号）

第一条 为了适当地解决职工同亲属长期远居两地的探亲问题，特制定本规定。

第二条 凡在国家机关、人民团体和全民所有制企业、事业单位工作满1年的固定职工，与配偶不住在一起，又不能在公休假日团聚的，可以享受本规定探望配偶的待遇；与父亲、母亲都不住在一起，又不能在公休假日团聚的，可以享受本规定探望父母的待遇。但是，职工与父亲或与母亲一方能够在公休假日团聚的，不能享受本规定探望父母的待遇。

第三条 职工探亲假期：

（一）职工探望配偶的，每年给予一方探亲假一次，假期为30天。

（二）未婚职工探望父母，原则上每年给假一次，假期为20天。如果因为工作需要，本单位当年不能给予假期，或者职工自愿两年探亲一次的，可以两年给假一次，假期为45天。

（三）已婚职工探望父母的，每4年给假一次，假期为20天。

探亲假期是指职工与配偶、父、母团聚的时间，另外，根据实际需要给予路程假。上述假期均包括公休假日和法定节日在内。

第四条 凡实行休假制度的职工（例如学校的教职工），应该在休假期间探亲；如果休假期较短，可由本单位适当安排，补足其探亲假的天数。

第五条 职工在规定的探亲假期和路程假期内，按照本人的标准工资发给工资。

第六条 职工探望配偶和未婚职工探望父母的往返路费，由所在单位负担。已婚职工探望父母的往返路费，在本人月标准工资30%以内的，由本人自理，超过部分由所在单位负担。

第七条 各省、直辖市人民政府可以根据本规定制定实施细则，并抄送国家劳动总局备案。

自治区可以根据本规定的精神制定探亲规定，报国务院批准执行。

第八条 集体所有制企业、事业单位职工的探亲待遇，由各省、自治区、直辖市人民政府根据本地区的实际情况自行规定。

第九条 本规定自发布之日起施行。1958 年 2 月 9 日《国务院关于工人、职员回家探亲的假期和工资待遇的暂行规定》同时废止。

国家机关工作人员病假期间生活待遇的规定

（1981 年 4 月 6 日国务院发布　自发布之日起施行）

为了适当解决国家机关工作人员病假期间的生活困难问题，有利于病休人员早日恢复健康，根据按劳分配的原则，对国家机关工作人员病假期间生活待遇，作如下规定：

一、工作人员病假在两个月以内的，发给原工资。

二、工作人员病假超过两个月的，从第三个月起按照下列标准发给病假期间工资：

（一）工作年限不满 10 年的，发给本人工资的百分之九十；

（二）工作年限满 10 年的，工资照发。

三、工作人员病假超过 6 个月的，从第 7 个月起按照下列标准发给病假期间工资：

（一）工作年限不满 10 年的，发给本人工资的百分之七十；

（二）工作年限满 10 年和 10 年以上的，发给本人工资的百分之八十；

（三）1945 年 9 月 2 日以前参加革命工作的人员，发给本人工资的百分之九十。

上述（一）、（二）、（三）项工作人员中，获得省、市、自治区人民政府和国务院各部门授予的劳动英雄、劳动模范称号，仍然保持荣誉的，病假期间的工资，经过省、市、自治区人民政府和国务院各部门批准，可以适当提高。

四、1949 年 9 月底以前参加革命工作的行政公署副专员及相当职务或行政十四级以上的干部，1945 年 9 月 2 日以前参加革命工作的县人民政府正副县长及相当职务或行政十八级以上的干部，1937 年 7 月 6 日以前参加革命工作的工作人员，在病假期间工资照发。

五、病假期间工资低于 30 元的按 30 元发给，原工资低于 30 元的发给原工资。

六、工作人员在病假期间，可以继续享受所在单位的生活福利待遇。

七、工作人员病假期间享受本规定的生活待遇，应有医疗机构证明，并经主管领导机关批准。

八、工作人员工作年限的计算，按照国务院现行有关规定办理。

九、国家机关所属事业单位可参照本规定执行。

十、本规定由国家人事局负责解释。

十一、本规定从发布之日起施行。1955年12月29日国务院发布的《国家机关工作人员病假期间生活待遇试行办法》同时废止。

关于职工探亲路费的规定

（1981年4月8日）

第一条 根据《国务院关于职工探亲待遇的规定》制定本规定。

第二条 职工探亲往返车船费，按下列标准开支：

一、乘火车（包括直快、特快）的，不分职级，一律报硬席座位费。年满五十周岁以上并连续乘火车四十八小时以上的，可报硬席卧铺费。

二、乘轮船的，报四等舱位（或比统舱高一级舱位）费。

三、乘长途公共汽车及其他民用交通工具的，凭据按实支报销。其他民用交通工具的范围和乘坐条件，由各省、直辖市自行规定。

四、探亲途中的市内交通费，可按起止站的直线公共电车、汽车轮渡费凭据报销。但乘坐市内出租机动车辆的开支，应由职工自理，不予报销。

五、职工探亲不得报销飞机票。因故乘坐飞机的，可按直线车、船票价报销，多支部分由职工自理。

第三条 职工探亲往返途中，限于交通条件，必须中途转车、转船并在中转地点住宿的，每中转一次，可凭据报销一天的普通房间床位的住宿费。如中转住宿费超过规定天数的，其超过部分由职工自理。

职工探亲途中连续乘长途汽车及其他民用交通工具，夜间停驶必须住宿的，其住宿费凭据报销。

职工探亲途中，遇到意外交通事故（如坍方道路受阻，洪水冲毁桥梁）造成交通暂时停顿，其等待恢复期间的住宿费，可凭当地交通机关证明和住宿费单据报销。

第四条 已婚职工探望父母的往返路费（包括车船费、市内交通费、住宿费），在本人标准工资30%以内的，由职工本人自理，超过部分由所在单位负担。

第五条 职工探亲期间的伙食费，行李物品寄存费，托运费，以及趁便参观、游览等项开支，均由职工自理，不得报销。

第六条 各省、直辖市可根据本规定制定具体实施办法，在本省、直辖市范围内统一执行，并报财政部备案。自治区的职工探亲路费规定，可根据本规定的精神，由自治区制定，并报财政部备案。

第七条 本规定自《国务院关于职工探亲待遇的规定》发布之日起执行。过去有关职工探亲路费的规定同时废止。

国家劳动总局关于制定《国务院关于职工探亲待遇的规定》实施细则的若干问题的意见

（1981年3月26日 劳总险字〔1981〕12号）

为便于各地区制定《国务院关于职工探亲待遇的规定》的实施细则，现就若干问题提出如下意见：

一、《国务院关于职工探亲待遇的规定》（以下简称《探亲规定》）所称的父母，包括自幼抚养职工长大，现在由职工供养的亲属。不包括岳父母、公婆。

二、学徒、见习生、实习生在学习、见习、实习期间不能享受《探亲规定》的待遇。

三、《探亲规定》所称的“不能在公休假日团聚”是指不能利用公休假日在家居住一夜和休息半个白天。

四、符合探望配偶条件的职工，因工作需要当年不能探望配偶时，其不实行探亲制度的配偶，可以到职工工作地点探亲，职工所在单位应按规定报销其往返路费。职工本人当年则不应再享受探亲待遇。

五、女职工到配偶工作地点生育，在生育休假期间，超过56天（难产、双生70天）产假以后，与配偶团聚30天以上的，不再享受当年探亲待遇。

六、职工的父亲或母亲和职工的配偶同居一地的，职工在探望配偶时，即可同时探望其父亲或者母亲，因此，不能再享受探望父母的待遇。

七、具备探望父母条件的已婚职工，每4年给假一次，在这4年中的任何1年，经过单位领导批准即可探亲。

八、职工配偶是军队干部的，其探亲待遇仍按1964年7月27日《劳动部关于配偶是军官的工人、职员是否享受探亲假待遇问题的通知》办理。

九、职工在探亲往返旅途中，遇到意外交通事故，例如坍方、洪水冲毁道路等，造成交通停顿，以致职工不能按期返回工作岗位的，在持有当地交通机关证明，向所在单位行政提出申请后，其超假日期可以算作探亲路程假期。

十、各单位要合理安排职工探亲的假期，务求不要妨碍生产和工作的正常进行，并且不得因此而增加人员编制。

十一、各单位对职工探亲要建立严格的审批、登记、请假、销假制度。对无故超假的，要按旷工处理。

十二、有关探亲路费的具体开支办法按财政部的规定办理。

十三、1958 年 4 月 23 日《劳动部对于制定国务院关于工人、职员回家探亲的假期和工资待遇的暂行规定实施细则中若干问题的意见》予以废止。

铁道部、交通部也可以根据《探亲规定》，参照上述意见制定铁道、航运系统的实施细则，在本系统内统一执行，并抄送国家劳动总局备案。

国务院关于职工工作时间的规定

（1994 年 2 月 3 日国务院令第 146 号发布　1995 年 3 月 25 日国务院令第 174 号修订）

第一条　为了合理安排职工的工作和休息时间，维护职工的休息权利，调动职工的积极性，促进社会主义现代化建设事业的发展，根据宪法有关规定，制定本规定。

第二条　本规定适用于在中华人民共和国境内的国家机关、社会团体、企业事业单位以及其他组织的职工。

第三条　职工每日工作 8 小时，每周工作 40 小时。

第四条　在特殊条件下从事劳动和有特殊情况，需要适当缩短工作时间的，按照国家有关规定执行。

第五条　因工作性质或者生产特点的限制，不能实行每日工作 8 小时、每周工作 40 小时标准工时制度的，按照国家有关规定，可以实行其他工作和休息办法。

第六条　任何单位和个人不得擅自延长职工工作时间。因特殊情况和紧急任务确需延长工作时间的，按照国家有关规定执行。

第七条　国家机关、事业单位实行统一的工作时间，星期六和星期日为周休息日。

企业和不能实行前款规定的统一工作时间的事业单位，可以根据实际情况灵活安排周休息日。

第八条　本规定由劳动部、人事部负责解释；实施办法由劳动部、人事部制定。

第九条　本规定自 1995 年 5 月 1 日起施行。1995 年 5 月 1 日施行有困难的企业、事业单位，可以适当延期；但是，事业单位最迟应当自 1996 年 1 月 1 日起施行，企业最迟应当自 1997 年 5 月 1 日起施行。

劳动部贯彻《国务院关于职工工作时间的规定》的实施办法

（1995 年 3 月 25 日　劳部发〔1995〕143 号）

第一条　根据《国务院关于职工工作时间的规定》（以下简称《规定》），制定本办法。

第二条　本办法适用于中华人民共和国境内的企业的职工和个体经济组织的劳动者（以下统称职工）。

第三条　职工每日工作 8 小时、每周工作 40 小时。实行这一工时制度，应保证完成生产和工作任务，不减少职工的收入。

第四条　在特殊条件下从事劳动和有特殊情况，需要在每周工作 40 小时的基础上再适当缩短工作时间的，应在保证完成生产和工作任务的前提下，根据《中华人民共和国劳动法》第三十六条的规定，由企业根据实际情况决定。

第五条　因工作性质或生产特点的限制，不能实行每日工作 8 小时、每周工作 40 小时标准工时制度的，可以实行不定时工作制或综合计算工时工作制等其他工作和休息办法，并按照劳动部《关于企业实行不定时工作制和综合计算工时工作制的审批办法》执行。

第六条　任何单位和个人不得擅自延长职工工作时间。企业由于生产经营需要而延长职工工作时间的，应按《中华人民共和国劳动法》第四十一条的规定执行。

第七条　有下列特殊情形和紧急任务之一的，延长工作时间不受本办法第六条规定的限制：

（一）发生自然灾害、事故或者因其他原因，使人民的安全健康和国家资财遭到严重威胁，需要紧急处理的；

（二）生产设备、交通运输线路、公共设施发生故障，影响生产和公众利益，必须及时抢修的；

（三）必须利用法定节日或公休假日的停产期间进行设备检修、保养的；

（四）为完成国防紧急任务，或者完成上级在国家计划外安排的其他紧急生产任务，以及商业、供销企业在旺季完成收购、运输、加工农副产品紧急任务的。

第八条　根据本办法第六条、第七条延长工作时间的，企业应当按照《中华人民共和国劳动法》第四十四条的规定，给职工支付工资报酬或安排补休。

第九条 企业根据所在地的供电、供水和交通等实际情况，经与工会和职工协商后，可以灵活安排周休息日。

第十条 县级以上各级人民政府劳动行政部门对《规定》实施的情况进行监督检查。

第十一条 各省、自治区、直辖市人民政府劳动行政部门和国务院行业主管部门应根据《规定》和本办法及本地区、本行业的实际情况制定实施步骤，并报劳动部备案。

第十二条 本办法与《规定》同时实施。从1995年5月1日起施行每周40小时工时制度有困难的企业，可以延期实行，但最迟应当于1997年5月1日起施行。在本办法施行前劳动部、人事部于1994年2月8日共同颁发的《〈国务院关于职工工作时间的规定〉的实施办法》继续有效。

《国务院关于职工工作时间的规定》问题解答

（1995年4月22日 劳部发〔1995〕187号）

一、问：1995年2月17日《国务院关于职工工作时间的规定》（以下简称《规定》）发布后，企业职工每周工作时间不超过40小时，是否一定要每周休息两天？

答：有条件的企业应尽可能实行职工每日工作8小时、每周工作40小时这一标准工时制度。有些企业因工作性质和生产特点不能实行标准工时制度的，应将贯彻《规定》和贯彻《劳动法》结合起来，保证职工每周工作时间不超过40小时，每周至少休息1天；有些企业还可以实行不定时工作制、综合计算工时工作制等其他工作和休息办法。

二、问：实行新工时制后，企业职工原有的年休假还实行吗？

答：《劳动法》第四十五条规定，“国家实行带薪年休假制度。劳动者连续工作一年以上的，享受带薪年休假。具体办法由国务院规定。”在国务院没有发布企业职工年休假规定以前，1991年6月15日中共中央、国务院共同发出的《关于职工休假问题的通知》应继续贯彻执行。

三、问：《规定》第九条中“1995年5月1日施行有困难的企业”主要指的是哪些？

答：贯彻执行《规定》有一个很重要的原则，这就是既要维护职工的休息权利，也要保证生产和工作任务的完成，确保全国生产工作秩序的正常，以促进社会主义现代化建设事业的发展。《规定》所提到的有困难的企业主要是指：需要连续生产作业，而劳动组织、班制一时难以调整到位的关系国计民生的行业、企业；确有较多业务技术骨干需经较长时间培训合格上岗才能进一步缩短工时的企业；如立即实行新工时制，可能要严重影响企业完成生产任务、企业信誉和企业职工收入，确需一段准备过渡时间的企业。

这里特别需要指出的是，对于上述暂时存在困难的企业，各地区、各部门务必加强领导，精心指导，帮助他们制定切实可行的实施步骤；上述企业也应立足自身，挖掘潜力，积极创造条件，力争早日实行新工时制度，而不要非拖到1997年5月1日再实行。

四、问：如果有些企业只因极少数技术骨干轮换不过来而影响《规定》的贯彻实施，能不能用加班加点的办法予以解决？

答：为了使更多的企业职工能够实施新工时制度，企业首先要抓紧进行业务、技术骨干的培养，以便有足够的技术力量轮换顶班。只有这样才能既保证全体职工的健康和休息权利，也能保证正常的生产和工作秩序。在抓紧培养技术骨干的同时，为使企业绝大多数职工能尽早实行新工时制度，可以采取一些过渡性措施，即对极少数技术骨干发加班工资或补休。但是，一要与工会和劳动者本人协商，做好工作；二要保障技术骨干的身体健康；三不能无限期地延续下去，必须尽快招聘合格人才或抓紧培养合格人才。

五、问：哪些企业职工可实行不定时工作制？

答：不定时工作制是针对因生产特点、工作特殊需要或职责范围的关系，无法按标准工作时间衡量或需要机动作业的职工所采用的一种工时制度。例如：企业中从事高级管理、推销、货运、装卸、长途运输驾驶、押运、非生产性值班和特殊工作形式的个体工作岗位的职工，出租车驾驶员等，可实行不定时工作制。鉴于每个企业的情况不同，企业可依据上述原则结合企业的实际情况进行研究，并按有关规定报批。

六、问：哪些企业职工可实行综合计算工时工作制？

答：综合计算工时工作制是针对因工作性质特殊，需连续作业或受季节及自然条件限制的企业的部分职工，采用的以周、月、季、年等为周期综合计算工作时间的一种工时制度，但其平均日工作时间和平均周工作时间应与法定标准工作时间基本相同。主要是指：交通、铁路、邮电、水运、航空、渔业等行业中因工作性质特殊，需要连续作业的职工；地质、石油及资源勘探、建筑、制盐、制糖、旅游等受季节和自然条件限制的行业的部分职工；亦工亦农或由于受能源、原材料供应等条件限制难以均衡生产的乡镇企业的职工等。另外，对于那些在市场竞争中，由于外界因素影响，生产任务不均衡的企业的部分职工也可以参照综合计算工时工作制的办法实施。

对于因工作性质或生产特点的限制，实行不定时工作制或综合计算工时工作制等其他工作和休息办法的职工，企业都应根据《中华人民共和国劳动法》和《规定》的有关条款，在保障职工身体健康并充分听取职工意见的基础上，采取集中工作、集中休息、轮休调休、弹性工作时间等适当的工作和休息方式，确保职工的休息休假权利和生产、工作任务的完成。同时，各企业主管部门也应积极创造条件，尽可能使企业的生产任务均衡合理，帮助企业解决贯彻《规定》中的实际问题。

七、问：在特殊条件下从事劳动和有特殊情况的，是否可以进一步缩短工作时间？

答：在特殊条件下从事劳动和有特殊情况，需要在每周工作40小时的基础上再适当缩短工作时间的，应在保证完成生产和工作任务的前提下，根据《中华人民共和国劳动法》第三十六条的规定，由企业根据实际情况决定。

八、问：中外合营企业中外籍人员，应如何执行《规定》？

答：根据《中华人民共和国涉外经济合同法》第四十条规定："在中华人民共和国境内履行、经国家批准成立的中外合资经营企业合同、中外合作经营企业合同、中外合作勘探开发自然资源合同，在法律有新的规定时，可以仍然按照合同的规定执行。"因此，在《规定》发布前，凡以合同形式聘用的外籍员工，其工作时间仍可按原合同执行。

九、问：企业因生产经营需要延长工作时间是在每周40小时，还是在每周44小时基础上计算？

答：1997年5月1日以前，以企业所执行的工时制度为基础。即实行每周40小时工时制度的企业，以每周40小时为基础计算加班加点时间；实行每周44小时工时制度的企业，以每周44小时为基础计算加班加点时间。上述加班加点，仍然按《劳动法》的有关规定执行。

1997年5月1日以后，一律应以每周40小时为基础计算。

劳动部关于职工工作时间有关问题的复函

（1997年9月10日　劳部发〔1997〕271号）

一、企业和部分不能实行统一工作时间的事业单位，可否不实行"双休日"而安排每周工作6天、每天工作不超过6小时40分钟？

根据《劳动法》和《国务院关于职工工作时间的规定》（国务院令第174号）的规定，我国目前实行劳动者每日工作8小时、每周工作40小时这一标准工时制度。有条件的企业应实行标准工时制度。有些企业因工作性质和生产特点不能实行标准工时制度，应保证劳动者每天工作不超过8小时、每周工作不超过40小时、每周至少休息一天。此外，根据一些企业的生产实际情况还可实行不定时工作制和综合计算工时工作制。实行不定时工作制和综合计算工时工作制的企业应按劳动部《关于企业实行不定时工作制和综合计算工时工作制的审批办法》（劳部发〔1994〕503 号）的规定办理审批手续。

二、用人单位要求劳动者每周工作超过 40 小时但不超过 44 小时，且不作延长工作时间处理，劳动行政机关可否认定其违法并依据《劳动法》第九十、九十一条和劳部发〔1994〕489、532 号文件的规定予以处罚？

《国务院关于职工工作时间的规定》（国务院令第 174 号）是依据《劳动法》第三十六条的规定，按照我国经济和社会发展的需要，在标准工时制度方面进一步作出的规定。如果用人单位要求劳动者每周工作超过 40 小时但不超过 44 小时，且不作延长工作时间处理，劳动行政机关有权要求其改正。

三、《劳动法》第四十一、四十四条中的“延长工作时间”是否仅指加点，而不包括休息日或节日等法定休假日的加班（即是否加班不受《劳动法》第四十一条的限制）？

《劳动法》第四十一条有关延长工作时间的限制包括正常工作日的加点、休息日和法定休假日的加班。即每月工作日的加点、休息日和法定休假日的加班的总时数不得超过 36 小时。在国家立法部门没有作出立法解释前，应按此精神执行。

四、休息日或法定休假日加班，用人单位可否不支付加班费而给予补休？补休的标准如何确定？

依据《劳动法》第四十四条规定，休息日安排劳动者加班工作的，应首先安排补休，不能补休时，则应支付不低于工资的百分之二百的工资报酬。补休时间应等同于加班时间。法定休假日安排劳动者加班工作的，应另外支付不低于工资的百分之三百的工资报酬，一般不安排补休。

五、经批准实行综合计算工时工作制的用人单位，在计算周期内若日（或周）的平均工作时间没超过法定标准工作时间，但某一具体日（或周）的实际工作时间超过 8 小时（或 40 小时），“超过”部分是否视为加点（或加班）且受《劳动法》第四十一条的限制？

依据劳动部《关于企业实行不定时工作制和综合计算工时工作制的审批办法》第五条的规定，综合计算工时工作制采用的是以周、月、季、年等为周期综合计算工作时间，但其平均日工作时间和平均周工作时间应与法定标准工作时间基本相同。也就是说，在综合计算周期内，某一具体日（或周）的实际工作时间可以超过 8 小时（或 40 小时），但综合计算周期内的总实际工作时间不应超过总法定标准工作时间，超过部分应视为延长工作时间并按《劳动法》第四十四条第一款的规定支付工资报酬，其中法定休假日安排劳动者工作的，按《劳动法》第四十四条第三款的规定支付工资报酬。而且延长工作时间的小时数平均每月不得超过 36 小时。

六、若甲企业经批准以季为周期综合计算工时（总工时应为 40 时/周 ×12 周/季 =480 时/季）。若乙职工在该季的第一、二月份刚好完成了 480 小时的工作，第三个月整月休息。甲企业这样做是否合法且不存在着延长工作时间问题，该季各月的工资及加班费（若认定为延长工作时间的话）应如何计发？

某企业经劳动行政部门批准以季为周期综合计算工时（总工时应为508小时/季）。该企业因生产任务需要，经商工会和劳动者同意，安排劳动者在该季的第一、二月份刚好完成了508小时的工作，第三个月整月休息。该企业这样做应视为合法且没有延长工作时间。对于这种打破常规的工作时间安排，一定要取得工会和劳动者的同意，并且注意劳逸结合，切实保障劳动者身体健康。

工时计算方法应为：

1. 工作日的计算

年工作日：365天/年－104天/年（休息日）－7天/年（法定休假日）＝254天/年

季工作日：254天/年÷4季＝63.5天

月工作日：254天/年÷12月＝21.16天

2. 工作小时数的计算

以每周、月、季、年的工作日乘以每日的8小时。

七、劳部发〔1994〕489号文第十三条中“其综合工作时间超过法定标准工作时间部分”是指日（或周）平均工作时间超过，还是指某一具体日（或周）实际工作时间超过？

实行综合计算工时工作制的企业，在综合计算周期内，如果劳动者的实际工作时间总数超过该周期的法定标准工作时间总数，超过部分应视为延长工作时间。如果在整个综合计算周期内的实际工作时间总数不超过该周期的法定标准工作时间总数，只是该综合计算周期内的某一具体日（或周、或月、或季）超过法定标准工作时间，其超过部分不应视为延长工作时间。

八、实行不定时工作制的工资如何计发？其休息休假如何确定？

对于实行不定时工作制的劳动者，企业应当根据标准工时制度合理确定劳动者的劳动定额或其他考核标准，以便安排劳动者休息。其工资由企业按照本单位的工资制度和工资分配办法，根据劳动者的实际工作时间和完成劳动定额情况计发。对于符合带薪年休假条件的劳动者，企业可安排其享受带薪年休假。

九、本市拟在审批综合计算工时过程中强制性地附加“保证劳动者每周至少休息一天”和“每日实际工作时间不得超过11小时”两个条件，是否妥当？

实行综合计算工时工作制是从部分企业生产实际出发，允许实行相对集中工作、集中休息的工作制度，以保证生产的正常进行和劳动者的合法权益。因此，在审批综合计算工时工作制过程中不宜再要求企业实行符合标准工时工作制的规定。但是，在审批综合计算工时工作制过程中应要求企业做到以下两点：

1. 企业实行综合计算工时工作制以及在实行综合计算工时工作制中采取何种工作方式，一定要与工会和劳动者协商。

2. 对于第三级以上（含第三级）体力劳动强度的工作岗位，劳动者每日连续工作时间不得超过11小时，而且每周至少休息一天。

企业职工患病或非因工负伤医疗期规定

（1994 年 12 月 1 日 劳动部发布）

第一条 为了保障企业职工在患病或非因工负伤期间的合法权益，根据《中华人民共和国劳动法》第二十六、二十九条规定，制定本规定。

第二条 医疗期是指企业职工因患病或非因工负伤停止工作治病休息不得解除劳动合同的时限。

第三条 企业职工因患病或非因工负伤，需要停止工作医疗时，根据本人实际参加工作年限和在本单位工作年限，给予 3 个月到 24 个月的医疗期：

（一）实际工作年限 10 年以下的，在本单位工作年限 5 年以下的为 3 个月；5 年以上的为 6 个月。

（二）实际工作年限 10 年以上的，在本单位工作年限 5 年以下的为 6 个月；5 年以上 10 年以下的为 9 个月；10 年以上 15 年以下的为 12 个月；15 年以上 20 年以下的为 18 个月；20 年以上的为 24 个月。

第四条 医疗期 3 个月的按个月内累计病休时间计算；6 个月的按 12 个月内累计病休时间计算；9 个月的按 15 个月内累计病休时间计算；12 个月的按 18 个月内累计病休时间计算；18 个月的按 24 个月内累计病休时间计算；24 个月的按 30 个月内累计病休时间计算。

第五条 企业职工在医疗期内，其病假工资、疾病救济费和医疗待遇按照有关规定执行。

第六条 企业职工非因工致残和经医生或医疗机构认定患有难以治疗的疾病，在医疗期内医疗终结，不能从事原工作，也不能从事用人单位另行安排的工作的，应当由劳动鉴定委员会参照工伤与职业病致残程度鉴定标准进行劳动能力的鉴定。被鉴定为一至四级的，应当退出劳动岗位，终止劳动关系，办理退休、退职手续，享受退休、退职待遇；被鉴定为五至十级的，医疗期内不得解除劳动合同。

第七条 企业职工非因工致残和经医生或医疗机构认定患有难以治疗的疾病，医疗期满，应当由劳动鉴定委员会参照工伤与职业病致残程度鉴定标准进行劳动能力的鉴定。被鉴定为一至四级的，应当退出劳动岗位，解除劳动关系，并办理退休、退职手续，享受退休、退职待遇。

第八条 医疗期满尚未痊愈者，被解除劳动合同的经济补偿问题按照有关规定执行。

第九条 本规定自 1995 年 1 月 1 日起施行。

关于企业实行不定时工作制和综合计算工时工作制的审批办法

（1994年12月14日　劳部发〔1994〕503号）

第一条　根据《中华人民共和国劳动法》第三十九条的规定，制定本办法。

第二条　本办法适用于中华人民共和国境内的企业。

第三条　企业因生产特点不能实行《中华人民共和国劳动法》第三十六条、第三十八条规定的，可以实行不定时工作制或综合计算工时工作制等其他工作和休息办法。

第四条　企业对符合下列条件之一的职工，可以实行不定时工作制：

（一）企业中的高级管理人员、外勤人员、推销人员、部分值班人员和其他因工作无法按标准工作时间衡量的职工；

（二）企业中的长途运输人员、出租汽车司机和铁路、港口、仓库的部分装卸人员以及因工作性质特殊，需机动作业的职工；

（三）其他因生产特点、工作特殊需要或职责范围的关系，适合实行不定时工作制的职工。

第五条　企业对符合下列条件之一的职工，可实行综合计算工时工作制，即分别以周、月、季、年等为周期，综合计算工作时间，但其平均日工作时间和平均周工作时间应与法定标准工作时间基本相同：

（一）交通、铁路、邮电、水运、航空、渔业等行业中因工作性质特殊，需连续作业的职工；

（二）地质及资源勘探、建筑、制盐、制糖、旅游等受季节和自然条件限制的行业的部分职工；

（三）其他适合实行综合计算工时工作制的职工。

第六条　对于实行不定时工作制和综合计算工时工作制等其他工作和休息办法的职工，企业应根据《中华人民共和国劳动法》第一章、第四章有关规定，在保障职工身体健康并充分听取职工意见的基础上，采用集中工作、集中休息、轮休调休、弹性工作时间等适当方式，确保职工的休息休假权利和生产、工作任务的完成。

第七条　中央直属企业实行不定时工作制和综合计算工时工作制等其他工作和休息办法的，经国务院行业主管部门审核，报国务院劳动行政部门批准。

地方企业实行不定时工作制和综合计算工时工作制等其他工作和休息办法的审批办法，由各省、自治区、直辖市人民政府劳动行政部门制定，报国务院劳动行政部门备案。

第八条 本办法自1995年1月1日起实行。

劳动和社会保障部办公厅关于部分公民放假有关工资问题的函

（2000年2月12日 劳社厅函〔2000〕18号）

上海市劳动和社会保障局：

你局《关于部分公民放假有关问题的请示》收悉。经研究，答复如下：

关于部分公民放假的节日期间，用人单位安排职工工作，如何计发职工工资报酬问题。按照国务院《全国年节及纪念日放假办法》（国务院令第270号）中关于妇女节、青年节等部分公民放假的规定，在部分公民放假的节日期间，对参加社会或单位组织庆祝活动和照常工作的职工，单位应支付工资报酬，但不支付加班工资。如果该节日恰逢星期六、星期日，单位安排职工加班工作，则应当依法支付休息日的加班工资。

劳动和社会保障部关于职工全年月平均工作时间和工资折算问题的通知

（2008年1月3日 劳社部发〔2008〕3号）

各省、自治区、直辖市劳动和社会保障厅（局）：

根据《全国年节及纪念日放假办法》（国务院令第513号）的规定，全体公民的节日假期由原来的10天增设为11天。据此，职工全年月平均制度工作天数和工资折算办法分别调整如下：

一、制度工作时间的计算

年工作日：365天－104天（休息日）－11天（法定节假日）＝250天

季工作日：250天÷4季＝62.5天/季

月工作日：250天÷12月＝20.83天/月

工作小时数的计算：以月、季、年的工作日乘以每日的8小时。

二、日工资、小时工资的折算

按照《劳动法》第五十一条的规定，法定节假日用人单位应当依法支付工资，即折算日工资、小时工资时不剔除国家规定的11天法定节假日。据此，日工资、小时工资的折算为：

日工资：月工资收入÷月计薪天数

小时工资：月工资收入÷（月计薪天数×8小时）。

月计薪天数=（365天－104天）÷12月=21.75天

三、2000年3月17日劳动保障部发布的《关于职工全年月平均工作时间和工资折算问题的通知》（劳社部发〔2000〕8号）同时废止。

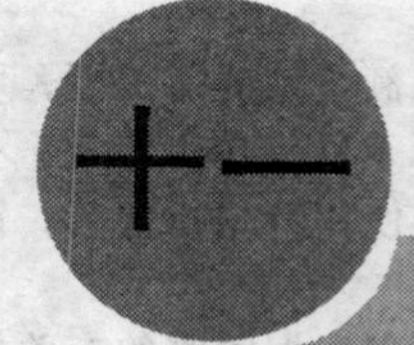

工资待遇

工资基金暂行管理办法

（1985年9月24日 国发〔1985〕115号）

第一条 为促使企业、事业、机关、团体单位加强经济核算，合理地使用工资基金，调动职工的生产和工作积极性，保证社会主义建设顺利进行，特制定本办法。

第二条 本办法适用于全民所有制企业、事业、机关、团体单位。

凡发给职工个人的劳动报酬和按国家规定发放的津贴、补贴等，不论其资金来源如何，属于国家统计局规定的工资总额组成范围的，均应纳入工资基金管理范围之内。

第三条 各企业、事业、机关、团体单位，只能在一个银行建立工资基金专户。跨省、自治区、直辖市的企业，在一个银行建立工资基金专户后，在不超过国家下达的工资总额计划的前提下，可由企业向所属单位分配工资总额指标，并抄送其所属单位所在地的开户银行。

第四条 凡属工资总额组成的支出，不论现金或转账，均应通过开户银行，从工资基金专用账户中列支。

第五条 各省、自治区、直辖市和国务院有关部门应在国家工资总额计划下达后的两个月内，按隶属关系将国家下达的工资总额计划逐级分配到各基层单位，并抄送同级银行和基层单位所在地的开户银行。

国务院有关部门在向直属单位下达年度工资总额计划时，应抄送有关省、自治区、直辖市的劳动人事、计划、财政部门和人民银行。

省、自治区、直辖市和国务院有关部门在下达工资总额计划时，应抄送劳动人事部、国家计委、财政部、中国人民银行备案。

第六条 各基层单位应根据国家下达的年度工资总额计划，编制分季度或分月的工资基金使用计划，送单位所在地开户银行监督支付，并抄报主管部门备案。

第七条 各基层单位在不超过国家下达的年度工资总额计划的前提下，可将本月或本季度节余的工资基金移到本年度的下个月或下季度使用；但是，不得将下个月或下季度的工资基金提前使用。超过工资基金使用计划指标的，银行不予支付。

第八条 国家不直接下达年度工资总额计划的部门，应根据国家的有关规定，结合经核实的上年度实际发放的工资，编制季度的工资基金使用计划，报主管部门核定后，送单位所在地的开户银行监督支付。需要增加工资指标的，应按照劳动工资计划的审批程序办理。

第九条 各基层单位在开户银行支取当月工资基金时，要将上个月的工资基金使用情况，报主管部门并抄送开户银行。

第十条 国家年度工资总额计划未下达前，主管部门对其所属基层单位，可按上年度同期实际支付的工资总额，扣除其中应扣出的部分后，送单位所在地开户银行监督支付，待国家年度工资总额计划下达后，在全年工资总额中统一核算。

第十一条 企业的奖励基金，应按国家规定提取。企业发放的奖金和从奖励基金中支付的浮动工资、津贴、补贴、自费改革工资等各项工资性支出，应从提取的奖励基金中开支，先提后用。

第十二条 隶属关系发生变动的单位，主管部门应将其职工人数、工资总额，报同级劳动人事和计划部门核增、核减，并抄送开户银行。

第十三条 经国家批准实行工资总额同经济效益挂钩的国营企业，有关省、自治区、直辖市或国务院主管部门应按其隶属关系将国家核定的上缴税利、工资总额基数、挂钩比例和按挂钩比例计算的增加工资额，逐级下达到企业并抄送其开户银行，同时报劳动人事部、国家计委、财政部、中国人民银行备案。

企业经济效益比计划指标有增减时，主管部门应按核定的工资总额基数和挂钩比例，计算出实际的工资总额。地方所属企业，经省、自治区、直辖市劳动人事、财政部门批准后，送开户银行；国务院各部门直属企业，经国务院主管部门批准后，送开户银行，并报劳动人事部、国家计委、财政部、中国人民银行备案。

上述企业在提取当月工资基金时，不得超过其工资基金专户中的工资基金数额，超过的部分，银行不予支付。

第十四条 实行百元产值工资含量包干的建筑企业和实行吨煤工资含量包干的煤炭企业，有关地区和部门应按其隶属关系，将国家核定的百元产值工资含量包干系数、吨煤工资单价和增加的工资额，逐级下达到企业，同时抄送其开户银行。

企业在执行计划过程中，因实际完成的产值、产量和规定的经济技术指标比计划有增减时，建筑企业由主管部门会同建设银行按照实际完成的产值和核定的工资含量系数计算出工资总额；煤炭企业由主管部门按照实际完成的产量和核定的吨煤工资单价计算出工资总额。前述两类企业的工资总额，均按其隶属关系报经省、自治区、直辖市的劳动人事、计划部门或国务院主管部门核增、核减后，送开户银行监督执行，同时报劳动人事部、国家计委、财政部、中国人民银行备案。

第十五条 国家下达的年度工资总额计划，必须严格执行。需要追加工资总额计划指标的，应按照劳动工资计划的审批程序办理。

第十六条 现有的计划外用工，其工资额应控制在国家规定的工资总额范围内，不得突破，并应按国家规定进行清退，相应核减工资总额。

第十七条 各专业银行应履行国家赋予的职责，监督检查各单位工资基金的使用情况。

劳动人事、计划、财政、银行、统计、审计等有关部门，应在各级人民政府的统一领导下，密切协同，及时研究、处理执行本办法中存在的问题。

第十八条 违反本办法规定，有下列情形之一的，按干部管理权限，由当地人民政府或主管部门视情节轻重，给主要负责人和当事人以处分，并责令限期退回违反本办法多发的现金和实物：

（一）在工资基金专户以外从其他各项业务收入中坐支现金的；

（二）假借其他名义从银行套取现金的；

（三）动用企业税后留利中的生产发展基金、新产品试制基金、后备基金、职工福利基金和用银行贷款、企业自产自销收入现金、兴办集体经济收入现金发放工资（包括奖金、津贴、补贴等）的；

（四）在国家有关发放工资、奖金、津贴、补贴的规定之外，向职工发放实物的。

违反本办法情节严重，构成犯罪的，由司法机关依法惩处。

第十九条 城镇集体所有制单位工资基金管理办法，由各省、自治区、直辖市人民政府参照本办法自行制定。

第二十条 本办法由劳动人事部负责解释。

第二十一条 本办法自发布之日起实施。1983 年劳动人事部、国家计委、财政部、中国人民银行联合发布的《工资基金管理试行办法》即停止执行。

工资支付暂行规定

（1994 年 12 月 6 日 劳部发〔1994〕489 号）

第一条 为维护劳动者通过劳动获得劳动报酬的权利，规范用人单位的工资支付行为，根据《中华人民共和国劳动法》有关规定，制定本规定。

第二条 本规定适用于在中华人民共和国境内的企业、个体经济组织（以下统称用人单位）和与之形成劳动关系的劳动者。

国家机关、事业组织、社会团体和与之建立劳动合同关系的劳动者，依照本规定执行。

第三条 本规定所称工资是指用人单位依据劳动合同的规定，以各种形式支付给劳动者的工资报酬。

第四条 工资支付主要包括：工资支付项目、工资支付水平、工资支付形式、工资支付对象、工资支付时间以及特殊情况下的工资支付。

第五条 工资应当以法定货币支付。不得以实物及有价证券替代货币支付。

第六条 用人单位应将工资支付给劳动者本人。劳动者本人因故不能领取工资时，可由其亲属或委托他人代领。

用人单位可委托银行代发工资。

用人单位必须书面记录支付劳动者工资的数额、时间、领取者的姓名以及签字，并保存两年以上备查。用人单位在支付工资时应向劳动者提供一份其个人的工资清单。

第七条 工资必须在用人单位与劳动者约定的日期支付。如遇节假日或休息日，则应提前在最近的工作日支付。工资至少每月支付一次，实行周、日、小时工资制的可按周、日、小时支付工资。

第八条 对完成一次性临时劳动或某项具体工作的劳动者，用人单位应按有关协议或合同规定在其完成劳动任务后即支付工资。

第九条 劳动关系双方依法解除或终止劳动合同时，用人单位应在解除或终止劳动合同时一次付清劳动者工资。

第十条 劳动者在法定工作时间内依法参加社会活动期间，用人单位应视同其提供了正常劳动而支付工资。社会活动包括：依法行使选举权或被选举权；当选代表出席乡（镇）、区以上政府、党派、工会、青年团、妇女联合会等组织召开的会议；出任人民法院证明人；出席劳动模范、先进工作者大会；《工会法》规定的不脱产工会基层委员会委员因工会活动占用的生产或工作时间；其他依法参加的社会活动。

第十一条 劳动者依法享受年休假、探亲假、婚假、丧假期间，用人单位应按劳动合同规定的标准支付劳动者工资。

第十二条 非因劳动者原因造成单位停工、停产在一个工资支付周期内的，用人单位应按劳动合同规定的标准支付劳动者工资。超过一个工资支付周期的，若劳动者提供了正常劳动，则支付给劳动者的劳动报酬不得低于当地的最低工资标准；若劳动者没有提供正常劳动，应按国家有关规定办理。

第十三条 用人单位在劳动者完成劳动定额或规定的工作任务后，根据实际需要安排劳动者在法定标准工作时间以外工作的，应按以下标准支付工资：

（一）用人单位依法安排劳动者在日法定标准工作时间以外延长工作时间

的，按照不低于劳动合同规定的劳动者本人小时工资标准的150%支付劳动者工资；

（二）用人单位依法安排劳动者在休息日工作，而又不能安排补休的，按照不低于劳动合同规定的劳动者本人日或小时工资标准的200%支付劳动者工资；

（三）用人单位依法安排劳动者在法定休假节日工作的，按照不低于劳动合同规定的劳动者本人日或小时工资标准的300%支付劳动者工资。

实行计件工资的劳动者，在完成计件定额任务后，由用人单位安排延长工作时间的，应根据上述规定的原则，分别按照不低于其本人法定工作时间计件单价的150%、200%、300%支付其工资。

经劳动行政部门批准实行综合计算工时工作制的，其综合计算工作时间超过法定标准工作时间的部分，应视为延长工作时间，并应按本规定支付劳动者延长工作时间的工资。

实行不定时工时制度的劳动者，不执行上述规定。

第十四条 用人单位依法破产时，劳动者有权获得其工资。在破产清偿中用人单位应按《中华人民共和国企业破产法》规定的清偿顺序，首先支付欠付本单位劳动者的工资。

第十五条 用人单位不得克扣劳动者工资。有下列情况之一的，用人单位可以代扣劳动者工资：

（一）用人单位代扣代缴的个人所得税；

（二）用人单位代扣代缴的应由劳动者个人负担的各项社会保险费用；

（三）法院判决、裁定中要求代扣的抚养费、赡养费；

（四）法律、法规规定可以从劳动者工资中扣除的其他费用。

第十六条 因劳动者本人原因给用人单位造成经济损失的，用人单位可按照劳动合同的约定要求其赔偿经济损失。经济损失的赔偿，可从劳动者本人的工资中扣除。但每月扣除的部分不得超过劳动者当月工资的20%。若扣除后的剩余工资部分低于当地月最低工资标准，则按最低工资标准支付。

第十七条 用人单位应根据本规定，通过与职工大会、职工代表大会或者其他形式协商制定内部的工资支付制度，并告知本单位全体劳动者，同时抄报当地劳动行政部门备案。

第十八条 各级劳动行政部门有权监察用人单位工资支付的情况。用人单位有下列侵害劳动者合法权益行为的，由劳动行政部门责令其支付劳动者工资和经济补偿，并可责令其支付赔偿金：

（一）克扣或者无故拖欠劳动者工资的；

（二）拒不支付劳动者延长工作时间工资的；

（三）低于当地最低工资标准支付劳动者工资的。

经济补偿和赔偿金的标准，按国家有关规定执行。

第十九条 劳动者与用人单位因工资支付发生劳动争议的，当事人可依法向劳动争议仲裁机关申请仲裁。对仲裁裁决不服的，可以向人民法院提起诉讼。

第二十条 本规定自1995年1月1日起执行。

对《工资支付暂行规定》有关问题的补充规定

（1995年5月12日 劳部发〔1995〕226号）

根据《工资支付暂行规定》（劳部发〔1994〕489号，以下简称《规定》）确定的原则，现就有关问题作出如下补充规定：

一、《规定》第十一条、第十二条、第十三条所称“按劳动合同规定的标准”，系指劳动合同规定的劳动者本人所在的岗位（职位）相对应的工资标准。

因劳动合同制度尚处于推进的过程中，按上述条款规定执行确有困难的，地方或行业劳动行政部门可在不违反《规定》所确定的总的原则基础上，制定过渡措施。

二、关于加班加点的工资支付问题

1.《规定》第十三条第（一）（二）（三）款规定的在符合法定标准工作时间的制度工时以外延长工作时间及安排休息日和法定休假节日工作应支付的工资，是根据加班加点的多少，以劳动合同确定的正常工作时间工资标准的一定倍数所支付的劳动报酬，即凡是安排劳动者在法定工作日延长工作时间或安排在休息日工作而又不能补休的，均应支付给劳动者不低于劳动合同规定的劳动者本人小时或日工资标准150%、200%的工资；安排在法定休假节日工作的，应另外支付给劳动者不低于劳动合同规定的劳动者本人小时或日工资标准300%的工资。

2. 关于劳动者日工资的折算。由于劳动定额等劳动标准都与制度工时相联系，因此，劳动者日工资可统一按劳动者本人的月工资标准除以每月制度工作天数进行折算。

根据国家关于职工每日工作8小时，每周工作时间40小时的规定，每月制度工时天数为21.5天。考虑到国家允许施行每周40小时工时制度有困难的企业最迟可以延期到1997年5月1日施行，因此，在过渡期内，实行每周44小时工时制度的企业，其日工资折算可仍按每月制度工作天数23.5天执行。

三、《规定》第十五条中所称“克扣”系指用人单位无正当理由扣减劳动者应得工资（即在劳动者已提供正常劳动的前提下用人单位按劳动合同规定的标准应当支付给劳动者的全部劳动报酬）。不包括以下减发工资的情况：（1）国家的法律、法规中有明确规定的；（2）依法签订的劳动合同中有明确规定的；（3）用人单位依法制定并经职代会批准的厂规、厂纪中有明确规定的；（4）企业工资总额与经济效益相联系，经济效益下浮时，工资必须下浮的（但支付给劳动者工资不得低于当地的最低工资标准）；（5）因劳动者请事假等相应减发工资等。

四、《规定》第十八条所称“无故拖欠”系指用人单位无正当理由超过规定付薪时间未支付劳动者工资。不包括：（1）用人单位遇到非人力所能抗拒的自然灾害、战争等原因，无法按时支付工资；（2）用人单位确因生产经营困难、资金周转受到影响，在征得本单位工会同意后，可暂时延期支付劳动者工资，延期时间的最长限制可由各省、自治区、直辖市劳动行政部门根据各地情况确定。其他情况下拖欠工资均属无故拖欠。

五、关于特殊人员的工资支付问题

1. 劳动者受处分后的工资支付：（1）劳动者受行政处分后仍在原单位工作（如留用察看、降级等）或受刑事处分后重新就业的，应主要由用人单位根据具体情况自主确定其工资报酬；（2）劳动者受刑事处分期间，如收容审查、拘留（羁押）、缓刑、监外执行或劳动教养期间，其待遇按国家有关规定执行。

2. 学徒工、熟练工、大中专毕业生在学徒期、熟练期、见习期、试用期及转正定级后的工资待遇由用人单位自主确定。

3. 新就业复员军人的工资待遇由用人单位自主确定：分配到企业的军队转业干部的工资待遇，按国家有关规定执行。

最低工资规定

（2004 年 1 月 20 日劳动和社会保障部令第 21 号公布　自 2004 年 3 月 1 日起施行）

第一条　为了维护劳动者取得劳动报酬的合法权益，保障劳动者个人及其家庭成员的基本生活，根据劳动法和国务院有关规定，制定本规定。

第二条　本规定适用于在中华人民共和国境内的企业、民办非企业单位、有雇工的个体工商户（以下统称用人单位）和与之形成劳动关系的劳动者。

国家机关、事业单位、社会团体和与之建立劳动合同关系的劳动者，依照本规定执行。

第三条　本规定所称最低工资标准，是指劳动者在法定工作时间或依法签订的劳动合同约定的工作时间内提供了正常劳动的前提下，用人单位依法应支付的最低劳动报酬。

本规定所称正常劳动，是指劳动者按依法签订的劳动合同约定，在法定工作时间或劳动合同约定的工作时间内从事的劳动。劳动者依法享受带薪年休假、探亲假、婚丧假、生育（产）假、节育手术假等国家规定的假期间，以及法定工作时间内依法参加社会活动期间，视为提供了正常劳动。

第四条 县级以上地方人民政府劳动保障行政部门负责对本行政区域内用人单位执行本规定情况进行监督检查。

各级工会组织依法对本规定执行情况进行监督，发现用人单位支付劳动者工资违反本规定的，有权要求当地劳动保障行政部门处理。

第五条 最低工资标准一般采取月最低工资标准和小时最低工资标准的形式。月最低工资标准适用于全日制就业劳动者，小时最低工资标准适用于非全日制就业劳动者。

第六条 确定和调整月最低工资标准，应参考当地就业者及其赡养人口的最低生活费用、城镇居民消费价格指数、职工个人缴纳的社会保险费和住房公积金、职工平均工资、经济发展水平、就业状况等因素。

确定和调整小时最低工资标准，应在颁布的月最低工资标准的基础上，考虑单位应缴纳的基本养老保险费和基本医疗保险费因素，同时还应适当考虑非全日制劳动者在工作稳定性、劳动条件和劳动强度、福利等方面与全日制就业人员之间的差异。

月最低工资标准和小时最低工资标准具体测算方法见附件。

第七条 省、自治区、直辖市范围内的不同行政区域可以有不同的最低工资标准。

第八条 最低工资标准的确定和调整方案，由省、自治区、直辖市人民政府劳动保障行政部门会同同级工会、企业联合会/企业家协会研究拟订，并将拟订的方案报送劳动保障部。方案内容包括最低工资确定和调整的依据、适用范围、拟订标准和说明。劳动保障部在收到拟订方案后，应征求全国总工会、中国企业联合会/企业家协会的意见。

劳动保障部对方案可以提出修订意见，若在方案收到后 14 日内未提出修订意见的，视为同意。

第九条 省、自治区、直辖市劳动保障行政部门应将本地区最低工资标准方案报省、自治区、直辖市人民政府批准，并在批准后 7 日内在当地政府公报上和至少一种全地区性报纸上发布。省、自治区、直辖市劳动保障行政部门应在发布后 10 日内将最低工资标准报劳动保障部。

第十条 最低工资标准发布实施后，如本规定第六条所规定的相关因素发生变化，应当适时调整。最低工资标准每两年至少调整一次。

第十一条 用人单位应在最低工资标准发布后 10 日内将该标准向本单位全体劳动者公示。

第十二条 在劳动者提供正常劳动的情况下，用人单位应支付给劳动者的工资在剔除下列各项以后，不得低于当地最低工资标准：

（一）延长工作时间工资；

（二）中班、夜班、高温、低温、井下、有毒有害等特殊工作环境、条件下的津贴；

（三）法律、法规和国家规定的劳动者福利待遇等。

实行计件工资或提成工资等工资形式的用人单位，在科学合理的劳动定额基础上，其支付劳动者的工资不得低于相应的最低工资标准。

劳动者由于本人原因造成在法定工作时间内或依法签订的劳动合同约定的工作时间内未提供正常劳动的，不适用于本条规定。

第十三条 用人单位违反本规定第十一条规定的，由劳动保障行政部门责令其限期改正；违反本规定第十二条规定的，由劳动保障行政部门责令其限期补发所欠劳动者工资，并可责令其按所欠工资的1至5倍支付劳动者赔偿金。

第十四条 劳动者与用人单位之间就执行最低工资标准发生争议，按劳动争议处理有关规定处理。

第十五条 本规定自2004年3月1日起实施。1993年11月24日原劳动部发布的《企业最低工资规定》同时废止。

附件：

最低工资标准测算方法

一、确定最低工资标准应考虑的因素

确定最低工资标准一般考虑城镇居民生活费用支出、职工个人缴纳社会保险费、住房公积金、职工平均工资、失业率、经济发展水平等因素。可用公式表示为：

M＝f（C、S、A、U、E、a）

M 最低工资标准；

C 城镇居民人均生活费用；

S 职工个人缴纳社会保险费、住房公积金；

A 职工平均工资；

U 失业率；

E 经济发展水平；

a 调整因素。

二、确定最低工资标准的通用方法

1. 比重法 即根据城镇居民家计调查资料，确定一定比例的最低人均收入户为贫困户，统计出贫困户的人均生活费用支出水平，乘以每一就业者的赡养系数，再加上一个调整数。

2. 恩格尔系数法 即根据国家营养学会提供的年度标准食物谱及标准食物摄取量，结合标准食物的市场价格，计算出最低食物支出标准，除以恩格尔系数，得出最低生活费用标准，再乘以每一就业者的赡养系数，再加上一个调整数。

以上方法计算出月最低工资标准后，再考虑职工个人缴纳社会保险费、住房公积金、职工平均工资水平、社会救济金和失业保险金标准、就业状况、经济发展水平等进行必要的修正。

举例：某地区最低收入组人均每月生活费支出为210元，每一就业者赡养系数为1.87，最低食物费用为127元，恩格尔系数为0.604，平均工资为900元。

1. 按比重法计算得出该地区月最低工资标准为：

月最低工资标准 = 210 × 1.87 + a = 393 + a（元）（1）

2. 按恩格尔系数法计算得出该地区月最低工资标准为：

月最低工资标准 = 127 ÷ 0.604 × 1.87 + a = 393 + a（元）（2）

公式（1）与（2）中a的调整因素主要考虑当地个人缴纳养老、失业、医疗保险费和住房公积金等费用。

另，按照国际上一般月最低工资标准相当于月平均工资的40—60%，则该地区月最低工资标准范围应在360元—540元之间。

小时最低工资标准 =〔（月最低工资标准 ÷ 20.92 ÷ 8）×（1 + 单位应当缴纳的基本养老保险费、基本医疗保险费比例之和）〕×（1 + 浮动系数）

浮动系数的确定主要考虑非全日制就业劳动者工作稳定性、劳动条件和劳动强度、福利等方面与全日制就业人员之间的差异。

各地可参照以上测算办法，根据当地实际情况合理确定月、小时最低工资标准。

国务院办公厅转发劳动保障部、财政部关于实行国家公务员医疗补助意见的通知

（2000年5月20日　国办发〔2000〕37号）

各省、自治区、直辖市人民政府，国务院各部委、各直属机构：

劳动保障部、财政部《关于实行国家公务员医疗补助的意见》已经国务院同意，现转发给你们，请认真贯彻执行。

实行国家公务员医疗补助是在城镇职工基本医疗保险制度基础上对国家公务员的补充医疗保障，是保持国家公务员队伍稳定、廉洁，保证政府高效运行的重要措施。各地在实施过程中，要从当地实际情况出发，既要保障国家公务员合理的医疗消费需求，又要考虑各方面的承受能力，并注意做好与城镇职工基本医疗保险制度的衔接工作。要加强对国家公务员医疗补助经费的管理，建

立完善的规章制度，杜绝浪费。

建立城镇职工基本医疗保险制度，是当前建立健全社会保障体系的一项重要任务。《国务院关于建立城镇职工基本医疗保险制度的决定》（国发〔1998〕44号）下发一年来，城镇职工基本医疗保险制度改革正逐步推开，各地要按照“中央确定原则、地方决策”的精神，进一步加快改革步伐，抓紧研究制定改革方案和配套政策，并尽快组织实施。同时，要认真贯彻《国务院办公厅转发国务院体改办等部门关于城镇医药卫生体制改革指导意见的通知》（国办发〔2000〕16号）精神，加快医药卫生体制改革，为城镇职工基本医疗保险制度改革创造良好条件。

各级地方人民政府尤其是各统筹地区人民政府，要切实加强对城镇职工基本医疗保险制度改革工作的领导，劳动保障、财政、卫生、人事等有关部门要密切配合，确保在2000年年底前基本完成建立城镇职工基本医疗保险制度的任务。

中共中央办公厅、国务院办公厅关于转发《中央组织部、国家经贸委、财政部、人事部、劳动和社会保障部、卫生部关于落实离休干部离休费、医药费的意见》的通知

（2000年12月14日　厅字〔2000〕61号）

各省、自治区、直辖市党委和人民政府，中央和国家机关各部委，军委总政治部，各人民团体：

《中央组织部、国家经贸委、财政部、人事部、劳动和社会保障部、卫生部关于落实离休干部离休费、医药费的意见》已经党中央、国务院领导同志同意，现转发给你们，请结合本地区、本部门实际，认真贯彻执行。

离休干部是党和国家的宝贵财富，在中国革命和社会主义建设的各个历史时期都作出了巨大贡献。在政治上关心、生活上照顾离休干部，并发挥他们的作用，是党和国家关于离休干部工作的一项基本政策。落实离休干部的政治、生活待遇，是各级党委、政府的责任，也是一项重要的政治任务。各级党委、政府一定要站在维护改革、发展和稳定大局的高度，重视并切实做好新形势下的离休干部工作。在进一步落实离休干部的政治待遇，加强和改进离休干部思想政治工作的同时，要采取得力措施，认真落实他们的生活待遇，保证广大离

休干部能安度晚年。

一次性补发拖欠离休干部的离休费、医药费，建立离休干部离休费、医药费保障机制和财政支持机制，确保今后不再发生新的拖欠，是落实离休干部生活待遇的重要举措。这项工作政策性强，涉及面广。各级党委、政府要精心组织，统筹规划，加强领导。各有关部门要密切配合，通力协作，确保离休干部的离休费按时足额发放、医药费按规定实报实销。在中央财政对离休干部离休费、医药费的历史拖欠一次性补发之后，今后不能再发生新的拖欠。对今后因工作不力再度发生离休干部离休费、医药费拖欠问题的地方和单位，要予以通报批评，并追究有关领导的责任。

各地区、各部门贯彻落实本意见的情况，请及时报告党中央、国务院。

中央组织部，国家经贸委、财政部、人事部、劳动和社会保障部、卫生部关于落实离休干部离休费、医药费的意见

1982 年建立干部离退休制度以来，党中央、国务院对老干部工作十分重视。各级党委和政府为落实离休干部的政治、生活待遇，采取各种措施，做了大量工作，取得了显著成效。但是，近年来，有些地方和单位出现了拖欠离休干部离休费、医药费（以下简称“两费”）的情况，个别地方和企业拖欠“两费”问题还比较严重。为妥善解决“两费”拖欠问题，确保不再发生新的拖欠，现提出以下意见：

一、切实做好拖欠离休干部“两费”的补发工作

对各省、自治区、直辖市上报的截止 1999 年底拖欠的离休干部“两费”，由中央财政一次性予以补发。其中，机关事业单位拖欠的费用，中央财政通过专项转移支付补助地方政府，由地方政府负责补发；企业拖欠的费用，中央财政予以专项补助，并通过各级财政社会保障基金专户拨付给社会保险机构或其他有关部门负责补发。各地要确保中央财政补发的“两费”及时、足额地发到离休干部手中，任何地方和单位不得截留挪用。上述工作落实情况，通过舆论和群众进行监督。

二、通过建立离休干部离休费、医药费保障机制和财政支持机制，确保今后不再发生新的拖欠各地区和有关部门要按照“单位尽责，社会统筹，财政支持，加强管理”的原则，建立和完善离休干部离休费、医药费保障机制和财政支持机制，采取特殊政策、特殊办法，确保离休干部的离休费按时足额发放、医药费按规定实报实销。

（一）建立和完善离休干部离休费保障机制。

1. 行政、事业单位离休干部的离休费由同级财政负担。地方各级财政部门要通过增收节支、调整财政支出结构、切实加强管理等措施，在预算中足额安排离休干部离休费，并实行由财政统一集中支付。

2. 企业离休干部的离休费，凡是参加基本养老保险统筹的，社会保险经办机构要从统筹基金中优先支付，实行社会化发放；尚未参加基本养老保险统筹的，由离休干部所在单位及主管部门负责发放，同级政府也要采取积极措施，确保离休费按时足额发放。

3. 规范企业离休干部的离休费统筹项目。凡是国家统一规定的离休干部离休费开支项目，要全部纳入基本养老保险统筹，保证足额发放。国家统一规定之外的离休干部离休费开支项目，具体解决措施由各省、自治区、直辖市制定。

（二）建立和完善离休干部医药费保障机制。

1. 企业和原未享受公费医疗的事业单位离休干部的医药费，实行单独统筹（即：在城镇职工基本医疗保险统筹之外，专门对离休干部实行的医疗保险统筹形式）。行政单位和原享受公费医疗的事业单位离休干部的医药费，可维持现行资金渠道不变，也可纳入单独统筹；各地还可以根据本地区的实际情况，采取其他行之有效的离休干部医药费保障形式。

2. 离休干部医药费实行单独统筹的筹集水平，一般可按当地上年的离休干部年人均医药费实际发生额，并考虑增减因素确定。具体标准由各地劳动保障部门会同财政部门核定。

3. 实行单独统筹的行政单位和原享受公费医疗的事业单位离休干部的医药费统筹资金，按各地确定的筹资标准列入同级财政预算安排；企业和原未享受公费医疗的事业单位离休干部的医药费统筹资金，由离休干部所在单位按各地确定的筹资标准缴纳，在原渠道列支。离休干部医药费出现超支的，缺口部分经核实后由地方财政帮助解决。

4. 离休干部的医疗保障，由劳动保障部门统一管理。各地可以参照基本医疗保险的有关规定，制定和完善离休干部就诊、用药、报销等具体管理办法，既要保证离休干部医疗待遇，方便离休干部就医，又要加强管理，防止浪费。有关部门要加强监督，确保离休干部医疗待遇的落实和资金合理使用。

（三）建立和完善财政支持机制。

地方各级财政部门要高度重视离休干部“两费”的保障工作，并给予必要的资金支持，确保离休干部“两费”保障机制的正常运行。同级财政要采取积极措施，帮助解决离休干部“两费”问题，确有困难的，上级财政要帮助解决，特别是省级财政要切实负起责任。中央财政对确有困难的中西部地区和老工业基地的离休干部“两费”资金缺口，经劳动和社会保障部、财政部核实后，给予补助。

三、加强对离休干部“两费”落实工作的组织领导

离休干部是党和国家的宝贵财富，在中国革命和社会主义建设的各个历史

时期都做出了巨大贡献。一次性补发拖欠的离休干部“两费”和确保今后不再发生新的拖欠，是落实离休干部生活待遇的一项重要举措。这项工作政策性强，涉及面广。各级党委和政府要进一步提高认识，统一思想，以高度的政治责任感，精心组织，统筹规划，加强领导。各有关部门要各负其责，密切配合。劳动保障部门和社会保险经办机构负责对统筹基金的筹集、管理和支付；财政部门要保证应由财政负担的资金及时到位；经贸委系统要协助做好企业离休干部“两费”的落实工作；卫生部门要进一步加强对医疗服务和医疗机构的管理；组织、人事、老干部工作等部门要加强协调和检查，确保离休干部部“两费”的落实。

国务院办公厅转发国家经贸委等部门关于解决国有困难企业和关闭破产企业职工基本生活问题若干意见的通知

（2003 年 1 月 7 日　国办发〔2003〕2 号）

各省、自治区、直辖市人民政府，国务院各部委、各直属机构：

国家经贸委、教育部、民政部、财政部、劳动保障部、人民银行《关于解决国有困难企业和关闭破产企业职工基本生活问题的若干意见》已经国务院同意，现转发给你们，请认真贯彻执行。

中华人民共和国国务院办公厅

二〇〇三年一月七日

关于解决国有困难企业和关闭破产企业职工基本生活问题的若干意见

党中央、国务院对国有困难企业和关闭破产企业职工生活问题非常重视，近年来采取了一系列重大政策措施，进一步健全社会保障体系，不断完善国有企业关闭破产有关政策，对维护广大职工群众切身利益，保持企业和社会稳定，发挥了重要作用。当前，国有企业改革与结构调整正处在攻坚阶段，部分国有企业和关闭破产企业职工生活仍然比较困难。对此，地方各级人民政府和有关部门要高度重视，继续落实和完善现有的各项政策，通过多种渠道，切实解决困难职工群众基本生活问题。为进一步做好这方面的工作，现提出以下意见：

一、继续扎实做好“两个确保”工作，巩固“三条保障线”。要进一步深化基本养老保险制度改革，增强基本养老保险基金收支平衡能力。各级财政部门要进一步调整财政支出结构，逐步加大对基本养老保险的资金投入，确保企业离退休人员基本养老金按时足额发放。对按照《研究辽宁部分有色金属和煤炭企业关闭破产有关问题的会议纪要》（国阅〔1999〕33号）和《中共中央办公厅、国务院办公厅关于进一步做好资源枯竭矿山关闭破产工作的通知》（中办发〔2000〕11号）实施关闭破产的中央企业及中央下放地方企业离退休人员统筹项目内养老保险金，中央财政按政策规定补助后如仍有缺口，纳入中央财政对地方企业职工基本养老保险专项转移支付范围统筹解决。要继续按照“三三制”原则，落实国有企业下岗职工基本生活保障资金，按时足额发放下岗职工基本生活费，并代缴社会保险费。对企业和社会筹集资金不足部分，各级财政要切实予以保证。对协议期满暂时无法解除劳动关系的国有企业下岗职工，地方各级人民政府和企业要继续运用现有各类渠道筹措的资金，保障其基本生活；对国有企业新裁减人员和已出再就业服务中心的下岗职工，要按照规定及时提供失业保险，符合条件的纳入低保范围。对解除劳动关系的国有企业下岗职工，要按照规定做好各项社会保险接续工作。

二、采取有效措施，切实做好困难企业职工最低生活保障工作。为完善现有政策，进一步做好低保工作，今后凡申请最低生活保障金的在职职工，无论其是在岗职工还是下岗职工，如因所在企业长期亏损、停产、半停产的原因，连续6个月以上领不到或未足额领到工资或基本生活费，经当地劳动保障和经贸部门认定并出具证明后，可据实核算本人实际收入，符合低保标准的纳入低保范围，确保其基本生活。对恶意拖欠职工工资或基本生活费的企业，一经发现，要严肃处理。各地要合理确定低保标准和保障对象补助水平，认真做好低保申请人员的收入调查核实工作，严格按政策规定审批最低生活保障对象，并及时掌握其收入变化情况。要将符合条件的困难企业职工全部纳入低保范围，切实做到应保尽保。

三、进一步完善关闭破产企业离退休人员医疗保险有关政策措施。对按照国阅〔1999〕33号文件和中办发〔2000〕11号文件规定实施关闭破产的中央企业及中央下放地方企业，中央财政在核定企业离退休人员医疗保险费时，按照企业在职职工年工资总额的6%计算10年进行核定，不再折半。企业所在地财政部门应及时将中央财政补助资金拨付给当地医疗保险经办机构，同时，医疗保险经办机构要将上述企业离退休人员纳入当地医疗保险体系统一管理。

各地政府在扩大医疗保险覆盖面的同时，要尽快通过建立社会医疗救助制度，对暂时无力缴费、没有参加医疗保险的困难企业职工，提供必要的医疗救助。

四、切实关心困难企业和关闭破产企业职工子女就学问题。各级教育、民政、财政等部门，要采取有效措施，加大对这类企业职工子女上学的资助力度。

各地要认真做好企业自办中小学校分离移交工作。要首先将困难企业所办的普通中小学校移交地方政府管理，保证其职工子女完成义务教育。要认真落实资助经济困难大学生的各项政策，及时为特困职工子女上大学提供必要的帮助。

五、进一步做好国有企业实施政策性关闭破产工作。在确保企业和社会稳定前提下，加大国有企业实施政策性关闭破产的工作力度，让那些已不具备市场生存条件的企业尽快退出市场。对拟列入政策性关闭破产范围的企业，有关部门和债权银行、金融资产管理公司要严格按照有关文件的要求抓紧审核，提高办事效率。为了解决企业破产清算经费不足问题，将目前计算破产清算期间职工生活费等有关费用的期限，由3个月延长为6个月。中央企业及中央下放地方企业实施关闭破产时由此所增加的费用，由中央财政解决。

六、妥善解决实施关闭破产的中央企业及中央下放地方企业拖欠职工个人费用问题。对执行国阅〔1999〕33号文件规定，母公司整体关闭破产或子公司关闭破产且母公司亏损严重的，关闭破产企业拖欠职工的工资由中央财政给予补贴。对执行国阅〔1999〕33号文件规定实施关闭破产的企业拖欠职工的医疗费用，由地方政府从中央财政继续拨付的亏损补贴和留给地方的盈利企业所得税中解决。对执行国阅〔1999〕33号文件和中办发〔1999〕11号文件规定实施关闭破产的企业挪用的职工个人缴纳的住房公积金，可以在售房时相应抵扣；企业已经售房的，对欠付职工的住房公积金，地方政府可以从中央财政继续拨付的亏损补贴和留给地方的盈利企业所得税中解决。

七、加快社区建设，完善社会保障平台。社区管理机构要将国有企业的下岗职工、就业转失业人员（包括有偿解除劳动关系的人员）、破产企业职工、退休人员等纳入管理范围，协助政府有关部门做好这部分人员的社会保障和再就业服务等工作，帮助他们解决实际困难。地方各级政府要按照上述要求完善社区职能，保证社区居民委员会必要的工作条件和工作经费。独立工矿区的社区应按照属地化管理原则，由地方政府实行统一管理。企业破产终结后组建的管理机构应及时移交当地政府，避免出现管理盲区。对按照国阅〔1999〕33号文件实施关闭破产且地处偏远地区的企业，当地政府有关部门或社区管理机构要负责企业退休人员的管理和社会保障资金的发放，对财政确有困难地区的社区管理机构的管理费用，中央财政在核定企业破产费用时予以适当补助。

劳动和社会保障部关于非全日制用工若干问题的意见

（2003年5月30日　劳社部发〔2003〕12号）

各省、自治区、直辖市劳动和社会保障厅（局）：

近年来，以小时工为主要形式的非全日制用工发展较快。这一用工形式突破了传统的全日制用工模式，适应了用人单位灵活用工和劳动者自主择业的需要，已成为促进就业的重要途径。为规范用人单位非全日制用工行为，保障劳动者的合法权益，促进非全日制就业健康发展，根据《中共中央国务院关于进一步做好下岗失业人员再就业工作的通知》（中发〔2002〕12号）精神，对非全日制用工劳动关系等问题，提出以下意见：

一、关于非全日制用工的劳动关系

1. 非全日制用工是指以小时计酬、劳动者在同一用人单位平均每日工作时间不超过5小时累计每周工作时间不超过30小时的用工形式。

从事非全日制工作的劳动者，可以与一个或一个以上用人单位建立劳动关系。用人单位与非全日制劳动者建立劳动关系，应当订立劳动合同。劳动合同一般以书面形式订立。劳动合同期限在一个月以下的，经双方协商同意，可以订立口头劳动合同。但劳动者提出订立书面劳动合同的，应当以书面形式订立。

2. 劳动者通过依法成立的劳务派遣组织为其他单位、家庭或个人提供非全日制劳动的，由劳务派遣组织与非全日制劳动者签订劳动合同。

3. 非全日制劳动合同的内容由双方协商确定，应当包括工作时间和期限、工作内容、劳动报酬、劳动保护和劳动条件五项必备条款，但不得约定试用期。

4. 非全日制劳动合同的终止条件，按照双方的约定办理。劳动合同中，当事人未约定终止劳动合同提前通知期的，任何一方均可以随时通知对方终止劳动合同；双方约定了违约责任的，按照约定承担赔偿责任。

5. 用人单位招用劳动者从事非全日制工作，应当在录用后到当地劳动保障行政部门办理录用备案手续。

6. 从事非全日制工作的劳动者档案可由本人户口所在地劳动保障部门的公共职业介绍机构代管。

二、关于非全日制用工的工资支付

7. 用人单位应当按时足额支付非全日制劳动者的工资。用人单位支付非全日制劳动者的小时工资不得低于当地政府颁布的小时最低工资标准。

8. 非全日制用工的小时最低工资标准由省、自治区、直辖市规定，并报劳动保障部备案。确定和调整小时最低工资标准应当综合参考以下因素：当地政府颁布的月最低工资标准；单位应缴纳的基本养老保险费和基本医疗保险费（当地政府颁布的月最低工资标准未包含个人缴纳社会保险费因素的，还应考虑个人应缴纳的社会保险费）；非全日制劳动者在工作稳定性、劳动条件和劳动强度、福利等方面与全日制就业人员之间的差异。小时最低工资标准的测算方法为：

小时最低工资标准=〔（月最低工资标准÷20.92÷8）×（1+单位应当缴纳的基本养老保险费和基本医疗保险费比例之和）〕×（1+浮动系数）

9. 非全日制用工的工资支付可以按小时、日、周或月为单位结算。

三、关于非全日制用工的社会保险

10. 从事非全日制工作的劳动者应当参加基本养老保险，原则上参照个体工商户的参保办法执行。对于已参加过基本养老保险和建立个人账户的人员，前后缴费年限合并计算，跨统筹地区转移的，应办理基本养老保险关系和个人账户的转移、接续手续。符合退休条件时，按国家规定计发基本养老金。

11. 从事非全日制工作的劳动者可以以个人身份参加基本医疗保险，并按照待遇水平与缴费水平相挂钩的原则，享受相应的基本医疗保险待遇。参加基本医疗保险的具体办法由各地劳动保障部门研究制定。

12. 用人单位应当按照国家有关规定为建立劳动关系的非全日制劳动者缴纳工伤保险费。从事非全日制工作的劳动者发生工伤，依法享受工伤保险待遇；被鉴定为伤残5－10级的，经劳动者与用人单位协商一致，可以一次性结算伤残待遇及有关费用。

四、关于非全日制用工的劳动争议处理

13. 从事非全日制工作的劳动者与用人单位因履行劳动合同引发的劳动争议，按照国家劳动争议处理规定执行。

14. 劳动者直接向其他家庭或个人提供非全日制劳动的，当事人双方发生的争议不适用劳动争议处理规定。

五、关于非全日制用工的管理与服务

15. 非全日制用工是劳动用工制度的一种重要形式，是灵活就业的主要方式。各级劳动保障部门要高度重视，从有利于维护非全日制劳动者的权益、有利于促进灵活就业、有利于规范非全日制用工的劳动关系出发，结合本地实际，制定相应的政策措施。要在劳动关系建立、工资支付、劳动争议处理等方面为非全日制用工提供政策指导和服务。

16. 各级劳动保障部门要切实加强劳动保障监察执法工作，对用人单位不按照本意见要求订立劳动合同、低于最低小时工资标准支付工资以及拖欠克扣工资的行为，应当严肃查处，维护从事非全日制工作劳动者的合法权益。

17. 各级社会保险经办机构要为非全日制劳动者参保缴费提供便利条件，开设专门窗口，可以采取按月、季或半年缴费的办法，及时为非全日制劳动者办理社会保险关系及个人账户的接续和转移手续；按规定发放社会保险缴费对账单，及时支付各项社会保险待遇，维护他们的社会保障权益。

18. 各级公共职业介绍机构要积极为从事非全日制工作的劳动者提供档案保管、社会保险代理等服务，推动这项工作顺利开展。

国务院办公厅转发人事部财政部关于2003年7月1日调整机关事业单位工作人员工资标准和增加离退休人员离退休费三个实施方案的通知

（2003年11月17日　国办发〔2003〕93号）

各省、自治区、直辖市人民政府，国务院各部委、各直属机构：

国务院决定，从2003年7月1日起，调整机关事业单位工作人员工资标准、增加机关事业单位离退休人员离退休费。人事部、财政部拟定的《关于调整机关工作人员工资标准的实施方案》、《关于调整事业单位工作人员工资标准的实施方案》、《关于增加机关事业单位离退休人员离退休费的实施方案》已经国务院批准，现转发给你们，请认真贯彻执行。

关于调整机关工作人员工资标准的实施方案

（2003年11月13日）

根据国务院关于调整机关事业单位工作人员工资标准的决定，制定本实施方案。

一、调整工资标准办法

从2003年7月1日起，调整机关行政人员职务工资标准。各职务起点工资标准由现行的100元至850元分别提高到130元至1150元，其他各职务工资档次标准相应提高（调整后的工资标准见附表一）。

在调整机关行政人员工资标准的同时，适当调整机关工人的岗位工资标准（调整后的工资标准见附表二）。机关工人的奖金部分按照其在工资构成中的比例相应提高。

二、其他有关政策问题

（一）适当提高机关新录用人员试用期的工资待遇。提高后的试用期工资待遇标准为：初中毕业生每月425元；高中、中专毕业生每月446元；大学专科毕业生每月474元；大学本科毕业生每月499元；获得双学士学位的大学本科毕业生（含学制为六年以上的大学本科毕业生）、研究生班毕业和未获得硕士学位的研究生每月530元；获得硕士学位的研究生每月570元；获得博士学位的研究生每月635元。

（二）机关新参加工作工人的学徒期、熟练期工资待遇和机关临时人员的工资待遇如何调整，由各省、自治区、直辖市人民政府根据实际情况确定。

三、经费来源

此次调整机关工作人员工资标准所需财政资金，中西部地区全部由中央财政负担；北京、上海、天津、江苏、浙江、福建、广东7省（直辖市）自行负担；辽宁、山东2省中的沈阳、大连、济南、青岛4市自行负担，其他地方由中央财政负担40%。

地方增加年终奖金所需经费由地方自行负担。

四、组织领导

党中央、国务院各部门和全国人大、全国政协、最高人民法院、最高人民检察院以及民主党派、人民团体机关、在京有关单位调整机关工作人员工资标准的工作，由人事部负责协调，各部门（单位）具体实施；各地区和中央各部门在京外单位（少数部门除外），在各省、自治区、直辖市人民政府领导下，由人事部门会同有关部门组织实施。

本实施方案由人事部负责解释。

附表（略）

关于调整事业单位工作人员工资标准的实施方案

（2003年11月13日）

根据国务院关于调整机关事业单位工作人员工资标准的决定，制定本实施方案。

一、调整工资标准办法

从2003年7月1日起，调整事业单位工作人员工资构成中的固定部分（调整后的工资标准见附表一至十八）。固定部分调整后，活的部分按国家规定的工资构成比例相应提高。

二、其他有关政策问题

（一）适当提高事业单位新参加工作人员见习期、初期的工资待遇。提高后的见习期工资待遇标准为：初中毕业生每月425元（含见习期津贴、下同）；高中、中专毕业生每月446元；大学专科毕业生每月474元；大学本科毕业生每月499元；获得双学士学位的大学本科毕业生（含学制为六年以上的大学本科毕业生）、研究生班毕业和未获得硕士学位的研究生每月530元。提高后的初期工资待遇标准为：获得硕士学位伪研究生每月570元；获得博士学位的研究生每月

635元。新进入优秀体育运动队的试训运动员，临时体育津贴调整为每人每月380元。

（二）事业单位新参加工作工人的学徒期、熟练期工资待遇和事业单位临时人员的工资待遇如何调整，由各省、自治区、直辖市人民政府根据实际情况确定。

三、经费来源

此次调整事业单位工作人员工资标准所需财政资金，中西部地区全部由中央财政负担；北京、上海、天津、江苏、浙江、福建、广东7省（直辖市）自行负担；辽宁、山东2省中的沈阳、大连、济南、青岛4市自行负担，其他地方由中央财政负担40%。

地方增加年终奖金所需经费由地方自行负担。

四、组织领导

党中央、国务院直属事业单位和党中央、国务院各部门及全国人大、全国政协、最高人民法院、最高人民检察院以及民主党派、人民团体所属在京事业单位调整工作人员工资标准的工作，由人事部负责协调，各部门（单位）具体实施；地方事业单位和中央各部门所属在京外的事业单位（少数部门除外）调整工作人员工资标准的工作，在各省、自治区、直辖市人民政府领导下，由人事部门会同有关部门组织实施。

本实施方案由人事部负责解释。

附表（略）

关于增加机关事业单位离退休人员离退休费的实施方案

（2003年11月13日）

根据国务院关于增加机关事业单位离退休人员离退休费的决定，制定本实施方案。

一、增加离退休费的办法

机关事业单位2003年6月30日前已办理离退休手续和已到达离退休年龄的人员（按国家有关规定经组织批准留任的除外），从2003年7月1日起增加离退休费。具体办法是：

离休人员按照同职务同条件在职人员的增资额增加离休费。每人每月增加数额不足50元的，按50元增加。

退休人员按下列标准增加退休费：行政管理人员，省（部）级及以上职务165元、厅（局）级120元、处级80元、科级50元、科员及办事员35元；专业技术人员，教授及相当职务115元、副教授及相当职务75元、讲师及相当职务50元、助教（含相当职务）及以下职务35元；工人，高级技师和技师50元、高级工以下（含高级工）及普通工35元。

依照国家规定退职的人员，按每人每月30元增加退职生活费。

二、经费来源

此次增加机关事业单位离退休人员离退休费所需财政资金，中西部地区全部由中央财政负担；北京、上海、天津、江苏、浙江、福建、广东7省（直辖市）自行负担；辽宁、山东2省中的沈阳、大连、济南、青岛4市自行负担，其他地方由中央财政负担40%。

三、组织领导

党中央、国务院各部门和全国人大、全国政协、最高人民法院、最高人民检察院以及民主党派、人民团体机关、所属在京事业单位增加离退休人员离退休费的工作，由人事部负责协调，各部门（单位）具体实施；各地区和中央各部门在京外单位（少数部门除外），在省、自治区、直辖市人民政府领导下，由人事部门会同有关部门组织实施。

本实施方案由人事部负责解释。

关于从2004年7月1日起增加企业退休人员基本养老金的通知

（2004年9月30日　劳社部发〔2004〕24号）

各省、自治区、直辖市人民政府，新疆生产建设兵团：

经国务院批准，从2004年7月1日起，为2003年12月31日前已按规定办理退休手续的企业退休人员提高基本养老金水平。

此次调整基本养老金的水平，按照当地上年企业在岗职工平均工资增长率的45%左右确定。具体调整办法，由各省、自治区、直辖市人民政府根据本地实际情况和企业职工基本养老保险基金承受能力制定，并注意继续向退休早、养老金偏低的人员适当倾斜，基本养老金替代率水平过高的地区要适当控制。企业退休人员调整基本养老金所需资金，参加企业职工基本养老保险的，从企业职工基本养老保险基金中支付。对财政确有困难的中西部地区、老工业基地及新疆生产建设兵团，中央财政通过专项转移支付方式予以适当补助。未参加企业职工基本养老保险的，由原渠道解决。各地要在认真测算的基础上制定调整方案，报劳动保障部、财政部审批后实施。

调整企业退休人员基本养老金水平，体现了党中央、国务院对广大退休人员的亲切关怀。各地区要高度重视，切实加强领导，做好深入细致的思想政治工作，认真组织实施，切实做到确保基本养老金的按时足额发放。

劳动和社会保障部办公厅关于企业跨地区从事生产经营活动工资支付有关问题的函

（2004 年 11 月 8 日　劳社厅函〔2004〕382 号）

北京市劳动和社会保障局：

你局《关于企业跨地区从事生产经营活动工资支付有关问题的请示》（京劳社资文〔2004〕58 号）收悉。经研究，函复如下：

企业跨地区生产经营应执行生产经营所在地的最低工资标准。在工资支付方面，企业应执行国家有关规定以及企业生产经营活动所在地政府依法制定的有关规定。

人事部、财政部关于印发《关于机关事业单位离退休人员计发离退休费等问题的实施办法》的通知

（2006 年 6 月 20 日　国人部发〔2006〕60 号）

各省、自治区、直辖市人民政府，国务院各部委、各直属机构：

经国务院批准，现将《关于机关事业单位离退休人员计发离退休费等问题的实施办法》印发给你们，请认真贯彻执行。

这项工作涉及机关事业单位广大离退休人员的切身利益，政策性很强，各地区、各部门要高度重视，精心组织，按照党中央、国务院的部署，并根据本实施办法，把各项政策落到实处。实施中，要注意做好政策结实和思想政治工作，引导离退休人员统一思想，提高认识，切实维护社会稳定大局。

关于机关事业单位离退休人员计发离退休费等问题的实施办法

根据党中央、国务院批准的《公务员工资制度改革方案》和《事业单位工作人员收入分配制度改革方案》，制定本实施办法。

一、离退休费计发办法

2006 年 7 月 1 日后离退休的人员，在养老保险制度建立前，暂按下列办法计发离退休费：

（一）离休人员。

离休费按本人离休前职务工资和级别工资之和或岗位工资和薪级工资之和全额计发。

（二）退休人员。

1. 公务员退休后的退休费按本人退休前职务工资和级别工资之和的一定比例计发。其中，工作年限满 35 年的按 90% 计发；工作年限满 30 年不满 35 年的，按 85% 计发；工作年限满 20 年不满 30 年的，按 80% 计发。

2. 事业单位工作人员退休后的退休费按本人退休前岗位工资和薪级工资之和的一定比例计发。其中，工作年限满 35 年的，按 90% 计发；工作年限满 30 年不满 35 年的，按 85% 计发；工作年限满 20 年不满 30 年的，按 80% 计发。

3. 机关技术工人、普通工人退休后的退休费分别按本人退休前岗位工资和技术等级工资之和、岗位工资的一定比例计发。其中，工作年限满 35 年的，按 90% 计发；工作年限满 30 年不满 35 年的，按 85% 计发；工作年限满 20 年不满 30 年的，按 80% 计发。

二、增加离退休费的办法

2006 年 6 月 30 日前已办理离退休手续的人员，从 2006 年 7 月 1 日起增加离退休费。具体办法是：

（一）离休人员按适当高于同职务在职人员平均增资额增加离休费，具体办法由各省、自治区、直辖市人民政府根据实际情况制定。

（二）退休人员按下列标准增加退休费：行政管理人员，厅局级 750 元，县处级 450 元，乡科级 275 元，科员及办事员 180 元；专业技术人员，教授及相当职务 700 元，副教授及相当职务 400 元，讲师及相当职务 275 元，助教（含相当职务）及以下职务 180 元；工人，高级技师和技师 275 元，高级工以下（含高级工）及普通工 180 元。

（三）退职人员按适当低于同岗位退休人员增加退休费的数额增加退职生活费。具体办法由各省、自治区、直辖市人民政府确定。

三、离退休费调整办法

机关事业单位养老保险制度建立前，在职人员调整工资标准时，离休人员相应增加离休费，退休人员适当增加退休费。

机关事业单位养老保险制度建立后，离退休人员离退休待遇调整办法另行研究制定。

本实施办法由人事部负责解释。

劳动和社会保障部关于进一步健全最低工资制度的通知

（2007 年 6 月 12 日 劳社部函〔2007〕20 号）

各省、自治区、直辖市劳动和社会保障厅（局）：

最低工资制度实施以来，有效地保障了劳动者的基本生活，在社会经济发展中发挥着越来越重要的作用。但实施中也存在一些问题，主要是一些地区最低工资标准确定不够科学合理，部分企业按照最低工资标准支付职工工资，少数企业采取延长劳动时间、随意提高劳动定额、降低计件单价等手段变相违反最低工资规定。为改进和加强对企业工资分配的宏观调节，促进低收入劳动者的工资水平合理增长，维护劳动者的合法劳动报酬权益，现就进一步健全和严格执行最低工资制度通知如下：

一、充分认识健全和执行最低工资制度的重要意义

健全并严格执行最低工资制度是政府调节企业工资分配的重要措施。进一步做好这项工作，在经济发展基础上逐步合理提高低收入劳动者的工资水平，有利于维护劳动者的合法权益，更好地保障劳动者个人及其家庭成员的基本生活；有利于扩大消费需求，促进国民经济又好又快发展；有利于改善工资分配关系，促进社会公平，实现社会和谐。各地劳动保障部门要继续高度重视健全和执行最低工资制度工作，将其作为当前促进社会发展和解决民生问题的重要任务摆到更加突出的位置，进一步采取积极措施加以推进。

二、继续加大调整最低工资标准的力度

（一）各地劳动保障部门要会同同级工会、企业联合会/企业家协会，定期对最低工资标准进行评估，根据本地区经济发展水平、职工平均工资、城镇居民消费价格指数和就业状况等相关因素变化情况，及时提出调整月最低工资标准和小时最低工资标准的方案，按照规定程序报批。

（二）近两年内只对最低工资标准进行一次调整的地区，以及近年来最低工资标准调整幅度明显低于当地职工平均工资增长幅度和现行最低工资标准相当于当地职工平均工资比例明显偏低的地区，2007 年年底前原则上都要对最低工资标准再次进行调整。各地要通过适时调整最低工资标准，确保最低工资实际水平不因当地消费价格指数上升而降低，并随经济增长逐步提高，使广大普通劳动者共享经济发展成果。

（三）现行最低工资标准档次偏多的地区，要进行合理归并，适当减少不同行政区域的最低工资标准档次。

三、规范用人单位工资支付行为

（一）各地要依托协调劳动关系三方机制，积极推动用人单位建立和完善工资集体协商制度，通过平等协商确定本单位的工资水平、工资分配制度、工资标准和工资支付办法，确保支付劳动者的工资不低于当地的最低工资标准。

（二）实行计件工资形式的用人单位，要通过平等协商合理确定劳动定额和计件单价，保证劳动者在法定工作时间内提供正常劳动的前提下，应得工资不低于当地的最低工资标准；劳动者在完成计件定额任务后，由用人单位安排在日法定工作时间以外、休息日和法定休假节日工作的，应分别按照不低于其本人法定工作时间计件单价的150%、200%、300%支付工资。

（三）各地要结合实际进一步研究规范用人单位执行最低工资标准的条件和程序。生产经营正常、经济效益持续增长的用人单位，原则上不得以最低工资标准支付劳动者在法定工作时间内提供劳动的工资；因生产经营原因确须以最低工资标准支付全体劳动者或部分岗位劳动者工资的，应当经全体职工或职工代表大会讨论同意，并报当地劳动保障部门备案。

四、加强对最低工资制度执行情况的监督检查

各地要在今年已开展劳动用工专项检查的基础上，进一步通过日常巡查、举报专查等方式，加强对用人单位支付劳动者工资和执行最低工资标准情况的执法监察。重点查处用人单位违反加班工资支付规定和变相违反最低工资规定的行为。在认定用人单位支付劳动者工资低于最低工资标准的违法行为时，要严格剔除加班工资、艰苦岗位津贴等项目。对违反《最低工资规定》的用人单位，要依法严肃处理，并记入劳动保障守法诚信档案；对严重违法的，要向社会公布，真正形成社会舆论监督氛围，切实维护劳动者的合法权益。

图书在版编目（CIP）数据

最新社会保障法律政策全书/中国法制出版社编.—北京：中国法制出版社，2008.12

ISBN 978-7-5093-0920-9

Ⅰ.最… Ⅱ.中… Ⅲ.社会保障-法规-汇编-中国
Ⅳ.D922.182.39

中国版本图书馆CIP数据核字（2008）第177193号

最新社会保障法律政策全书

ZUIXIN SHEHUI BAOZHANG FALU ZHENGCE QUANSHU

经销/新华书店

印刷/涿州市新华印刷有限公司

开本/880×1230毫米 32　　印张/19.375　字数/626千

版次/2009年1月第1版　　2009年1月第1次印刷

中国法制出版社出版

书号ISBN 978-7-5093-0920-9　　定价：45.00元

北京西单横二条2号　邮政编码100031　　传真：66031119

网址：http：//www.zgfzs.com　　编辑部电话：66070024

市场营销部电话：66033393　　邮购部电话：66033288